Klaus Engel/Jürgen Großmann/Bodo Hombach (Hg.)
PHÖNIX FLIEG!

KLARTEXT

Klaus Engel/Jürgen Großmann/Bodo Hombach (Hg.)

PHÖNIX FLIEG!

Das Ruhrgebiet entdeckt sich neu

1. Auflage Februar 2011
Satz und Gestaltung: Klartext Medienwerkstatt GmbH, Essen
Umschlaggestaltung: Volker Pecher, Essen
Umschlagabbildung: Redshinestudio/Fotolia.com
Druck: Aalexx Buchproduktion GmbH, Großburgwedel
© Klartext Verlag, Essen 2011
ISBN 978-3-8375-0425-5

www.klartext-verlag.de

Inhalt

Inhalt

Region

Inhalt

Inhalt

Energie und Klima

Inhalt

POLITIK

KULTUR UND MEDIEN

DIE SPANNENDSTE PROVINZ DER WELT

Klaus Engel/Jürgen Großmann/Bodo Hombach

PHÖNIX – FLIEG!
Vorwort

Er ist ein Fabelwesen aus der ägyptischen Mythologie, der heilige Vogel des Osiris, der nach langem Leben in seinem Nest verbrennt, sich aber sogleich wieder aus der Asche erhebt, jung und dynamisch wie zuvor. Skeptiker sollten wenigstens staunen, wie lang schon seine Karriere ist. Die alten Griechen übernahmen diesen Traum von der Unsterblichkeit und übergaben ihn dem Christentum als Symbol für Auferstehung und ewiges Leben. Im allgemeinen Sprachgebrauch lebt er ebenfalls weiter. Der »Phönix aus der Asche« steht für eine eigentlich schon verloren geglaubte Sache, die aber plötzlich neues Leben entwickelt. – Im Ruhrgebiet meint man damit ganz einfach sich selbst.

Mit guten Gründen. Keine andere Region Europas stand und steht so im Feuer einer tiefgreifenden Umbruchsphase wie das Revier. 150 Jahre lang waren Kohle und Stahl Leitbegriff der Industriellen Revolution. Sie verwandelten den langen Atem des südwestfälischen Agrarlandes mit seinen behäbigen Städten und verschlafenen Dörfern in einen hechelnden Hexenkessel greller Gegensätze. Im schmalen Korsett von Ruhr und Emscher türmten sich Zechen und Hochöfen, bohrten sich die Schatzsucher tief in die Erde, explodierten die Vorstädte und drängten sich Menschen aus vielen Zonen des Kontinents. Im Zeitraffer einer ungeheuren Dynamik mussten sie ihre Wurzeln vergessen und miteinander klarkommen, an den Hämmern und Walzen, in den Schächten und Stollen und über Tage im Gewirr der Verkehrswege und Siedlungen, auch im mühsamen Verteilungskampf um die Ergebnisse ihrer gemeinsamen Arbeit. Es war ein ständiges Einüben neuer Techniken und Verfahren, aber auch sozialer Fertigkeiten, wortkarg und grimmig und mit dem Blick nach vorn. Der Blick zurück war viel zu kurz. Er lohnte sich nicht.

Und wieder Umbruch. Seit 50 Jahren ist langer Umbau. Aus der Industriegesellschaft wurde die Dienstleistungsgesellschaft, aus dieser soll die Wissensgesellschaft werden, die wiederum nicht abgekoppelt von Wirtschaft und Industrie funktionieren kann. Dienstleistungen können nämlich nur dort angeboten werden, wo produziert wird (und von diesem Zusammenhang wird noch sehr oft in diesem Buch die Rede sein). Das Ruhrgebiet ist dabei wie keine andere Region

Deutschlands gefragt, denn im Ballungsraum zwischen Duisburg und Hagen entscheidet sich, ob eine moderne Bürgergesellschaft fähig ist, die Herausforderungen anzunehmen und die Chancen nachhaltig zu nutzen.

Es ist ein fliegender Start. Der Strukturwandel hat längst begonnen und eindrucksvolle Ergebnisse hervorgebracht. Die Industrie- und Produktionserfahrung ist ein wertvolles Erbe. Gerade erst wurde die Welt in dramatischer Weise an den Wert langfristiger Perspektiven und geerdeten Wirschaftens erinnert. Eine vom Realwert der Produktion abgekoppelte Finanzwelt erzeugt Blasen, aber keinen Mehrwert. Geld ist dessen virtuelles Abbild, nichts weiter. Als Selbstzweck oder Ware ist es reine Fiktion. Wer sich davon ein Happy End verspricht, glaubt noch an Märchen. In der Ruhrregion weiß man das. Neue wirtschaftliche Chancen erwachsen aus der richtigen Mischung von bewährter Tradition, kreativen Impulsen und einem langen Atem aller Teilnehmer.

Auch Bewegung und Veränderung sind kein Wert an sich. Sie werden es erst, wenn die Richtung stimmt, und diese kann niemand zuverlässig vorgeben. Sie ergibt sich aus Bedürfnissen und ungelösten Spannungen, aus Initiativen und Probeläufen auf allen Ebenen. Das braucht Leuchtturmprojekte, die Eigendynamik entwickeln und einen starken Aufwind schaffen. Das braucht gut »durchblutete« Transplantate, welche die Immunabwehr der Langsamen und der Übereilten unterlaufen und sorgsam zusammenwachsen. Das braucht geduldige Unruhe, um die Kraft der Schrittmacher zu nutzen und die Schwerkraft der Bremser zu verringern. Und das alles schließt Fehlversuche ein, die man korrigieren kann und aus denen sich neue Erkenntnisse ergeben. Es gehört zum Wesen des Experimentes, dass es misslingen kann. Jeder darf Fehler machen, aber keinen ein zweites Mal.

Veränderungen sind relativ leicht zu haben. Echter Wandel ist schwieriger. Er vollzieht sich auf der höheren logischen Ebene, nicht durch Verschieben der Spielsteine, sondern durch neue Regeln. In der Flaute muss man nicht hektisch Segel setzen, sondern rudern oder einen Motor erfinden. Im Albtraum bringt es nichts, vor dem Verfolger immer schneller davonzulaufen. Es hilft nur eines: Aufwachen.

Eine Gesellschaft, die ihre widerstreitenden Kräfte nur durch Regelwerke und Dressurakte in Schach hält, funktioniert vielleicht irgendwie, aber unter Wert und auf niedrigem Niveau. Wenn sie lebendig agieren will, wenn sie Spannkraft entwickeln will, um auch plötzlichen Veränderungen der Parameter gewachsen zu sein, muss sie die Gegensätze ausgleichen, versöhnen und verbünden. In autokratischen Systemen genügt das »Mir nach!« des Panzerführers. Eine demokratische und offene Gesellschaft braucht Konsens, nicht als friedliches Einerlei, sondern als Generalverdacht, dass auch der Gegner gute Gründe haben kann. Ein Vorgehen, was wiederum gute Entscheidungen möglich macht, verbunden mit Planungssicherheit, Einigkeit über die Ziele und Verlässlichkeit.

Wenn Politiker meinen, in der Zwischenwahlkampfzeit auf die innere Teilnahme und Zustimmung der Wähler verzichten zu können, sollten sie sich ein anderes Volk wählen. Wenn die Entscheidungen im Hinterzimmer fallen und sich die Anhörungsrituale als Schautanz enthüllen, entziehen ihnen die Bürger das Vertrauen. Mit Großprojekten der Industrie, des Städtebaus, des Verkehrs und der Landschaftsplanung identifizieren sie sich nur, wenn sie an den Findungsprozessen möglichst früh beteiligt werden.

Ob in Stuttgart ein Bahnhof über oder unter der Erde liegt, ist lokal vielleicht eine wichtige Frage. Nationwide bedeutsam und bis in die New York Times diskutiert war jedoch etwas anderes. Der Schlichtungsversuch vor laufender Kamera und enormer Einschaltquote zeigte mit großer Überzeugungskraft: Die Betroffenen sind weit mehr als nur betroffen. Sie kennen sich aus. Sie haben Sachwissen und Fachkompetenz. Und sie haben ein inneres Engagement, das man nicht an Konferenztischen, vor Messtischblättern und in Powerpoint-Orgien erwirbt, sondern nur, wenn man seine Lebenswelt liebt oder an ihr leidet. Dieses Potenzial sollte man nicht ignorieren. Man kann es auch nicht mehr, denn heutzutage findet es Mittel und Wege, sich Gehör zu verschaffen.

Nichts gegen langfristige Planung und geordnete Entscheidungsverfahren, aber der Zug darf nicht mit Hochgeschwindigkeit durch die kleinen Bahnhöfe brausen, sondern muss – bitteschön – anhalten, um die Leute einsteigen zu lassen. Und bevor diese eine Fahrkarte kaufen, wollen sie wissen, wohin die Reise geht. – Was ist dagegen einzuwenden?

Wohlstand wurzelt in Produktion und Handel. Wohlergehen bedarf feinerer Stellschrauben. Beides muss libidinös zusammengehen, nicht widerwillig wie streitende Kinder, die sich schnaufend und abgewandten Gesichts die Hand geben sollen, sondern im klaren Bewusstsein, dass nur so die kürzeren Wege, die intelligenteren Lösungen und die größeren Erfolge möglich sind – und auch die geringere Zahl an Opfern und Schäden.

Jede Medaille hat zwei Seiten. So haben wir es in der Schule gelernt. Die Lebenserfahrung zeigt jedoch, dass manche noch eine dritte Seite hat – oder sogar eine vierte. Auch Fortschritt oder Wachstum sind kein absoluter Wert. Ohne Wachstum keine soziale Sicherheit und ohne Innovation kein verbesserter Umweltschutz oder medizinische Versorgung. Das wird niemand bezweifeln, der seine Sinne beisammen hat. Trotzdem kann es ihm passieren, dass er zwischen Quantität und Qualität unterscheidet oder unhöflich erst einmal nach der Verteilungsgerechtigkeit von Soll und Haben fragt. Und manchmal setzt er einfach nur andere Akzente, schaltet einen kleineren Gang ein, um lieber kurvenreich und mit Wunschkonzert im Autoradio durch die Landschaft zu fahren, als auf der Autobahn schnurgerade ins Ziel zu rasen. Gerade der freilaufende Ruhri isst gern nicht so heiß wie gekocht. Wenn ihn die Obrigkeit fragt: »Wollen Sie dies oder das freiwillig tun, oder sollen wir Sie zwingen?«, dann spitzt er die Lippen, nickt bedächtig und sagt: »Wenn's euch nix ausmacht, tut's mich bitte zwingen!«

Das Zauberwort heißt »Dialog«; zwischen Bürgern und Wirtschaft, Wirtschaft und Politik, Politik und Bürgern. Die gute Absicht reicht nicht aus. Es braucht Anlässe, Umgangsformen und förderliche Rahmenbedingungen. Nützlich sind regionale Netzwerke, in denen man sich kennt, auch mit den gegenseitigen Sorgen, und wo jeder zu seiner Hochform auflaufen darf, ohne dafür dem anderen den Stuhl wegzuziehen. Der gemeinsame Nutzen war schon immer die stärkste Kraft im Triebleben der Unternehmen, Verbände und Institutionen. Deutschland und Frankreich wären heute noch Erbfeinde, hätten nicht eines Tages ein paar alte Männer entdeckt, wie gut es tut, Kohle und Stahl gemeinsam zu vermarkten.

In einer dialogfähigen und -bereiten Umgebung kann sich auch der »Wutbürger« zum »Mutbürger« fortentwickeln und anregende Erfahrungen sammeln. – Eine Vielzahl unkündbarer Beziehungen, so belehren uns die Sozialpsychologen, ist die Voraussetzung für ein entspanntes, bindungsfähiges und glückliches Leben. Gewiss führen sie auch in der Gesellschaft zu mehr Bruttosozialglück.

Luftschlösser sind schnell gebaut. Strukturwandel braucht Zeit, und wirkliche Innovationen erfinden immer das Unmögliche. Das geht vielen Menschen gegen den Strich. Sie lehnen ab, was nicht im vertrauten Gewand erscheint, und so sind sie unfähig, das Neue in seiner aktuellen Form zu erkennen.

Wenn etwa Wirtschaft und Hochschulen in ihren Geschlechtertürmen hocken und sich gegenseitig verachten, bleiben beide weit hinter ihren Möglichkeiten zurück. Stehen bleiben wäre dann schon Fortschritt. Wenn sie zusammenarbeiten, jede mit eigener Rolle, aber beide im gleichen Stück, dann brummt es auf der Bühne und vibrieren die Zuschauer. Das stärkt nicht nur den Beifall, sondern auch die Abonnentenkasse.

Die Ruhr-Region hat kluge Köpfe und gute Ideen. Man darf sie nur nicht verlieren. Wer in der Hauptsache, dem Arbeitsplatz, zwischen vielen Angeboten wählen kann, der entscheidet sich für die besseren »Nebensachen« wie Kinderbetreuung, Wohnqualität, Kultur- und Freizeitangebote. Dabei ist das Image des Reviers draußen besser als drinnen. Wer es umgekehrt vermutet, leidet – vielleicht genießerisch – an einer Fiktion. In der großen weiten Welt ist das Ruhrpott-Klischee längst ad acta gelegt. Die Ruhris sollten das endlich glauben, einfach nur glauben. – Wer sich zutrauen darf, den permanenten Strukturwandel selbstständig zu meistern, kann sich auch seinem realistischen Selbstbildnis stellen, zumal es so das schönere ist.

Die Ruhr-Region ist nicht das Wachsfigurenkabinett ihrer Vergangenheit oder glamouröse Ausstellungshalle ihrer Erfolge. Hier wird die Industrie der Zukunft als integrierter Teil einer künftigen Gesellschaft entwickelt. Und diese wiederum ist eng verwoben mit globalen Spannungslinien. Sie verlaufen zwischen Klassengesellschaft und Weltrisikogemeinschaft, Energiehunger und Ressourcenknappheit, Profitmaximierung und Nachhaltigkeit. Wachstumskrise trifft auf Wachstumsrekorde, Überalterung auf Bevölkerungsexplosion, Bildungsarmut auf neue Intelligenz. Manches ist kalkulierbar, vieles unberechenbar. Unsere Werkzeuge sind häufig zu grob, unsere Reaktionen zu heftig, um auf plötzliche Probleme adäquat zu reagieren. Dann verschärft die Lösung das Problem.

Wenn nur noch jeder vierte Arbeitsplatz ein industrieller ist, ist das Ruhr-Revier nicht mehr Industriegebiet – und dennoch ein industrieller Kern, wo zahlreiche Industrieunternehmen ihren beachtlichen Beitrag zum Strukturwandel des Ruhrgebietes leisten. Seine Bewohner wiederum müssen für ihr Selbstgespräch neue Vokabeln lernen oder alte mit neuem Inhalt füllen. Die steilen Gegensätze der »Goldgräberzeit« haben ihre Trennschärfe weitgehend verloren. Stärker und vitaler sind heute die wechselseitigen Verflechtungen. Das Zeitalter der Mechanik ist vorbei. Die Welt ist keine Uhr mit exakt vorhersehbaren Abläufen, sondern komplex wie ein biologisches System. Zentralisiertes Wissen kann sie weder verstehen noch gar steuern. Trotzdem ergeben sich aus dem dezentralen Wissen und Wollen von Milliarden Menschen Grundmuster, chaotisch, aber irgendwie stabil.

Wer diese neue Realität erfassen will, auch am Beispiel der Ruhr-Region, darf nicht mehr in Pyramiden oder hierarchischen Blockdiagrammen denken. Er sollte eine Feld- oder Spieltheorie entwickeln, wo hochkomplexe Systeme pulsieren, sensibel auf Außenreize reagieren und wechselnde Verdichtungen die jeweils beste Lösung suchen, nicht entlang eines ideologischen Peilstrahls, sondern im vielgestaltigen Raum eines sozialen Kunstwerks.

Zuletzt die notorische Frage: Was ist das Ruhrgebiet überhaupt? Ein Ballungsraum, eine Mega- oder Ruhrstadt oder ein Nebeneinander von Dörfern und Städten? »Entweder-oder« hilft hier nicht weit. Diese Region hat von allem etwas.

Ohne Zusammenarbeit geht es auf keinen Fall. Im Übrigen: Bisher verweigert sich das Baby allen Erziehungsversuchen. Also soll es in die ihm gemäße Form hineinwachsen und dann alle das Staunen lehren.

RUHR.2010 war ein gutes Signal. 53 Städte und Gemeinden, die Wirtschaft und das Land haben hervorragend zusammengearbeitet und mehr Besucher als jede andere der fast 40 Vorgänger-Kulturhauptstädte in die Region geholt. 10 Millionen Menschen waren hier und sind ein wenig anders gegangen als gekommen. Die abzählbare Masse wäre wenig. Im Vordergrund stand jedoch die Qualität des Konzeptes und der Ereignisse. Und diese war eben nicht der natürliche Gegner großer Besucherzahlen. RUHR.2010 war gut. Ruhr 2011, 12, 13… dürfen nicht schlechter sein. Der legendäre Vogel aus der ägyptischen Mythologie wird noch manches Mal brennen, aber sich immer wieder aus der Asche erheben. Er soll leben und fliegen.

Das hier vorgelegte Buch bietet Informationen und Ideen. Es versammelt Erfahrungen und Einsichten, aber auch Themen und Temperamente. Es ist ein Beispiel für seine eigene und eigentliche These. Am besten, man nimmt es in die Hand, als »Handbuch« sozusagen, nicht als umfassendes und in jeder Hinsicht erschöpfendes Kompendium, sondern als kleinen Sprach- und Reiseführer ins Innere einer interessanten Region und einer aufregenden Zeit.

Wie unterschiedlich die Standpunkte in diesem Buch sein können, verdeutlicht der Beitrag von Peter Sloterdijk. In einem brillanten Interview zeichnet der Philosoph archimedische Punkte und Kreise in den Sand, und heuer wird sie kein römischer Legionär mehr stören, auch nicht, wenn ein solcher Finger wunde Stellen berührt. Im Gegenteil, ein »mesopotamischer Gottkönig« auf Zeitreise hätte weder Neigung und keinerlei Macht, auch nur eine einzige gute Idee zu unterdrücken, wenn deren Zeit gekommen ist. »Energieriesen« vertreten allerdings Interessen. So what! Ob diese sich mit denjenigen des Gemeinwohls decken oder die »richtige« Zukunft wollen, ist öffentliche Verhandlungssache und damit Kerngeschäft der Wähler und Volksvertreter.

Entscheidend ist der Dialog. Dem stellen sich souveräne »Wirtschaftskapitäne«, die ihre Projekte nicht stellvertretend von der Politik durchgesetzt sehen wollen, sondern die selber den Mund aufmachen, zur Feder greifen und für ihre Sache werben. Kritischer Dialog ist unabdingbare Forderung, und da muss man halt durch, denn die Entscheidung selbst liegt irgendwo dahinter. Der Babylonische Turm als »Idee der einsamen Spitze« war schon damals eine Fehlplanung. Er ist die größte Bauruine der Mythologie. Aber er hat uns die Vielsprachigkeit der Völker beschert, und damit war es doch eine lohnende Investition.

Zur Entstehung dieses Buches haben viele Autoren beigetragen. Sie haben recherchiert, untersucht und geschrieben oder sie haben Rede und Antwort gestanden. Herausgekommen ist dabei eine starke Vielfalt – und damit ein Ebenbild unserer Region.

Wir möchten mit diesem Buch eine fruchtbare Auseinandersetzung über die Zukunftsperspektiven des Ruhrgebiets anregen. Zu einer Auseinandersetzung gehören profilierte Standpunkte. Viele Autorinnen und Autoren beziehen mit ihren Beiträgen auch durchaus kontroverse Standpunkte und tragen ganz wesentlich dazu bei, die Potenziale unserer Region zu beschreiben. Allen Mitstreitern gebührt ein großes Dankeschön für ihr Engagement.

Bodo Hombach/Erich Staake*

Gute Beispiele verändern schlechte Sitten
Zur Einleitung

Im Jahr 1989 gegründet, engagiert sich der »Initiativkreis Ruhr« seither für die Region. Der Zusammenschluss von 60 führenden Wirtschaftsunternehmen der Region hat zahlreiche Projekte und Initiativen in Kultur, Wirtschaft und Gesellschaft auf den Weg gebracht. Ziel ist es, dem Ruhrgebiet im Rahmen eines nachhaltigen Strukturwandels neue Zukunftsperspektiven zu geben. Der Initiativkreis Ruhr ist damit weit mehr als eine Wirtschaftsvereinigung, die Innovationen fördern und Investitionen anlocken will.

Er ist, könnte man sagen, in seinem innersten Kern eine gesellschaftspolitische Bewegung. So sahen das schon seine Gründer Alfred Herrhausen, Kardinal Franz Hengsbach, Rudolf von Bennigsen-Foerder und Adolf Schmidt. Die waren nicht die Modernen von gestern, sondern von übermorgen. Ihre Tradition fortzuführen heißt heute ganz aktuell, Wirtschaft, Politik und Bürger miteinander ins Gespräch zu bringen. Wer im Initiativkreis Ruhr Mitglied wird, hat sich lange vor seiner Unterschrift entschieden, statt der gegnerischen Schwächen die gemeinsamen Stärken zu entdecken. Er lässt nichts vor die Wand laufen, was er retten kann. Er freut sich sogar, wenn es den anderen gut geht.

Wir müssen intelligenter miteinander umgehen. Wir brauchen einen neuen und unruhig geduldigen Dialog – zwischen Bürgern und Wirtschaft, Wirtschaft und Politik, Politik und Bürgern. Wir brauchen regionale Netzwerke, in denen jeder zu seiner Hochform auflaufen darf, ohne den anderen den Stuhl wegzuziehen. Die Mitglieder im Initiativkreis Ruhr unterscheiden sich in ihrem Interesse an bürgerschaftlichem Engagement nicht von vielen Menschen in der Region, die an Veränderungen mitwirken wollen. Sie haben das Zeug dazu, und gute Beispiele verändern schlechte Sitten.

---

* Bodo Hombach und Erich Staake sind seit dem 1.1.2011 Moderator bzw. Co-Moderator des Initiativkreises Ruhr.

Die Ruhr-Region ist Werkstatt, Labor und Windkanal für die Industrie der Zukunft. Die Bankenkrise hat wachgerüttelt. Geld erzeugt nicht Geld, sondern zu oft Blasen. Wertschöpfung geschieht durch Produktion und Ideen. Hier leben Leute, die das von Kind auf kennen und können, die nicht grapschen, sondern zupacken. Sie schaffen Werte und haben ein Recht auf ihren Anteil. Sie wollen auch mitreden. Warum denn nicht! Wenn sie nicht in die Lokomotive dürfen, setzen sie sich ins Bremserhäuschen.

Wir müssen neue Vokabeln lernen und alte mit neuem Inhalt füllen. Die Trennung zwischen Industrie und mittelständischer Wirtschaft spielt keine Rolle mehr. Die wechselseitige Verflechtung ist längst schon stärker und vitaler als die klassischen Grenzlinien. So auch bei Hochschulen und Wirtschaft. Wer heute noch zwischen edlem Elfenbeinturm und schmuddeliger Waschkaue unterscheidet, für den wäre Stehenbleiben schon Fortschritt. Erfolge werden erzielt, wo Gewerbeparks eng mit den Hochschulen verknüpft sind. Die Ansiedlung des kanadischen Blackberry-Herstellers RIM in Bochum war maßgeblich der Expertise der Universität Bochum zu verdanken.

Das Ruhrgebiet ist mit einfachen Schlagworten nicht zu fassen. Es ist Ballungsraum, eine Art Megastadt und zugleich eine Ansammlung von 53 Kirchtürmen. Das verweist vielleicht auf einen Geburtsfehler; heute ist es Alleinstellungsmerkmal. Abgrenzung und regionales Kirchturmdenken sind gestrig, aber auch Einheitsbrei und regional-patriotischer Schulterschluss. Ratsam erscheint eine pragmatische Neugier auf die Entwicklungsmöglichkeiten der Region. Wir werden in eine zeitgemäße Form hineinwachsen. Darüber wird man noch staunen.

Unsere Stärke liegt in der Vielfalt der Städte, in der Arbeitsteilung und Unterscheidbarkeit. Wenn jeder haben will, was und nur weil es die anderen haben, bleibt das Ganze weit unter seinen Möglichkeiten. Das Ergebnis ist Mittelmaß. Provinzialismus ist keine Frage der Regionalität, sondern ein Gemütszustand. Und der lässt sich behandeln.

Vielleicht könnten wir uns New York als Vorbild nehmen: Dort spielt jeder Stadtteil seine charakteristische Rolle. Der eine hat das mittelständische Gewerbe, der andere seine berühmte Opernbühne. Der eine hat die Wall Street und der andere seine köstlichen Peking-Enten. Das ist kein Schmelztiegel, sondern ein Netzwerk von Nachbarschaften. Jeder Bereich ist unverzichtbar, und trotz Welt-Metropole kann man sich in seinem Stadtteil heimisch fühlen. Im Kulturhauptstadtjahr ist im Ruhrgebiet ein Gefühl dafür gewachsen, dass Kooperation besser ist als eine Stadt in der anderen aufzulösen.

Wir sollten erst einmal füreinander nützlich sein. Liebe kommt dann von allein. Die großen Verwaltungsstrukturreformen sind unerotisch. Einige bis heute mental nicht verarbeitet. Der Fortschritt liegt in den praktischen Dingen. Zum Beispiel: Die Gleisbreite bei den Verkehrsbetrieben wird so angepasst, dass eine Straßenbahn tatsächlich von Duisburg bis nach Dortmund fahren kann. Europa ist nicht dadurch zusammengerückt, dass man sich über die Grenzverläufe beugte, sondern dass man intelligenter und profitabler mit Kohle und Stahl umgehen wollte und dafür dann Autobahn- und Zugverbindungen brauchte. Auch im Ruhrgebiet wird gegenseitiger Nutzen und Vernetzung den Zusammenhalt stärken.

Die InnovationCity Ruhr, die der Initiativkreis Ruhr in Bottrop auf den Weg bringt, ist ein grünes Konjunkturprogramm für das gesamte Ruhrgebiet. Das Ruhrgebiet wird in den nächsten Jahren weltweit Logistik-Standards setzen und neue Akzente profilieren. Der Lebensraum zwischen Emscher und Ruhr darf sich mit jeder Kulturlandschaft der Erde messen. Er ist Kompressor großer Gegensätze, aus deren Spannung – wie in einem geladenen Akku – Wirkungen entstehen. Er liegt nicht nur im Herzen Europas, sondern könnte dessen Herz werden, nicht als poetische Metapher, sondern als das, was ein Herz nun einmal ist: Werkzeug, Maschine, Umschlagsplatz und Verknüpfungspunkt, pulsierender Binnenhafen und »Tor zur Welt«, Labor für Zukunft und Schmelztiegel ungezählter Nachbarschaften, in denen zusammenwächst, was zusammengehört.

Glück auf!

Peter Sloterdijk

»Dann könnte vom Ruhrgebiet geradezu eine Art Welt-Revolution ausgelöst werden«
Über die vielfältigen Chancen einer Region

Herr Sloterdijk, was genau ist für Sie Sklavensprache?

Sklaverei heißt bekanntlich nicht Herr seiner selbst sein und an bürgerlichen Freiheiten nicht teilnehmen können. Das war bis vor wenigen Jahrhunderten oder Jahrzehnten die Situation der meisten Menschen in Europa – und ist es noch in weiten Teilen der Welt, unabhängig von der Frage, ob die Sklaverei noch als förmlich rechtlicher Sachverhalt existiert oder nicht. Die Idee, dass Menschen sich selbst gehören und sich als Selbsteigentümer verwirklichen dürfen, ist ein Modernismus. Hegel hat in seiner großen Erzählung vom solaren Gang des Geistes von Osten nach Westen die Idee ausgeführt, wonach in der orientalischen Welt die Menschen den Gottkönigen gehörten – in diesem Weltzustand war nur einer, der Herrscher, wirklich frei, indessen in der griechischen Welt schon mehrere frei waren – dieser Weltzustand war ein aristokratischer Pluralismus bzw. eine »Demokratie« über einem Unterbau aus Sklavenwirtschaft; gleichwohl wurde in Griechenland erstmals das Ideal der parrhesia, der vorbehaltlosen Aussprache der eigenen Meinung, formuliert, das im modernen Menschenrecht wiederkehrt. Doch erst auf dem Boden des Christentums, insbesondere nach der Reformation, wurde, dieser Darstellung zufolge, die Freiheit für alle Menschen gewonnen – demnach wäre die Französische Revolution bloß die Vollendung der deutschen Reformation mit politischen Mitteln gewesen. Richtig ist an dieser Vision, dass in ihr Freiheit als Errungenschaft begriffen wird, und die freie Rede ebenso. Folglich ist die Sprachgeschichte immer auch die Geschichte der Ablösung von Sklavensprache durch die freie Rede. Sklavensprache wird noch heute überall gesprochen, wo Unfreiheiten fortbestehen.

… oder eine neue Bedeutung bekommen.

In der Tat. Eine freiheitsbasierte Gesellschaft ist eine real existierende Hyper-Unwahrscheinlichkeit. Viel wahrscheinlicher ist eine Gesellschaft, in der das meiste völlig determiniert ist – bis hin zu dem, was die Leute sagen und nicht sagen. Die Sprecher der Sklavensprache in unserer Zeit sind entweder Überlebende aus älteren Zuständen, die an den seither eingetretenen Emanzipationen nicht teilgenommen haben, oder es sind Menschen, die unter dem Anschein eigener Unternehmensfreiheit in neue Formen von Versklavungen geraten sind. Ich rede vor allem von den Unfreiheiten, die heute Dienstleistungen heißen. Die meisten Dienstleister heute sprechen unfreie Sprachen, 95 Prozent aller Journalisten, fast alle Angestellten, fast alle Berater.

Nehmen wir mal einzelne Worte aus dem Vokabular der Dienstleister von heute heraus. Was bedeutet ein Wort wie Innovation für Sie?

Das Wort »Innovation« wird gebraucht, seit Menschen angefangen haben, das Neue als solches positiv zu bewerten. Diese lobende Auffassung des Neuen ist aus kulturgeschichtlicher Sicht kaum älter als 400 oder 500 Jahre. Es sollte mich wundern, wenn sie in einer beliebigen älteren Kultur einen Beleg dafür finden, dass Neuheit per se jemals hoch gewertet wurde. Prestige und Bedeutsamkeit lagen früher immer beim Alten, und wenn sich vorzeiten in einer Kultur etwas Neues als nützlich und bewahrenswert erwies, musste es als etwas Uraltes, immer schon Dagewesenes mystifiziert werden. Wir hingegen haben aufgrund der Dynamisierung unserer Wirtschaft durch das Kreditsystem seit dem 15. Jahrhundert eine Weltform erzeugt, in der es darauf ankommt, originell zu sein. Dergleichen hat es früher nirgendwo gegeben. Vorzeiten konnte nur der Teufel originell sein, und dies aus einem evidenten Grund: Alle guten Ideen hatte Gott in seiner Schöpfung verwirklicht, so dass originelle Zusätze zu dem Guten, das es bereits gibt, nur von dem großen Verneiner stammen können. Folglich war alle Originalität oder Innovativität zunächst nur als gegenkreatürliche oder diabolische Aktivität zu denken. Das Drama der Moderne besteht darin, dass in ihr die Innovation, die Modernisierung positiv bewertet wurden, bis an den Punkt, dass es heute in manchen Milieus bereits genügt, zu irgendeinem Produkt das Beiwort »neu« hinzuzufügen, um es, fast ohne jeden Test, als ausgezeichnet zu qualifizieren.

Was halten Sie unter diesem Gesichtspunkt von einem Wort wie Kreativitätswirtschaft? Steckt hinter der Floskel genügend Substanz? Als Rektor einer Hochschule stehen Sie ja selbst einem Kreativitätszentrum vor.

Ja, wir bringen an unserer Schule Berufsinnovatoren hervor. Wir lehren Fächer wie Produktdesign, Kommunikationsdesign, Ausstellungsdesign und ähnliches, bei denen die Substanz der Kunst darin besteht, die bekannten Dinge neu zu machen. Genau das meint Design – Zeichnen als Neuzeichnen. Design ist die Mitte der Innovativität als Beruf. In ihm geht es darum, Dinge, die es schon gibt, so zu betrachten, als gäbe es sie noch nicht. Wir erfinden das bereits Erfundene ständig von neuem und regenerieren das Vorhandene, indem wir darüber nachdenken, wie es funktioniert und wie man es anders machen könnte. Es gibt an unserem Haus junge Leute, die erfinden tatsächlich den Stuhl und die Lampe und den Bleistift noch einmal. Sie befassen sich mit der Form und Funktion von Dingen, von denen wir gewöhnlichen Sterblichen glauben, wir hätten ihre definitive Form gesehen. Aber dann kommt ein junges Talent und zeigt, dass es auch anders geht. Im übrigen wird heute ein Großteil des ökonomischen Mehrwerts auf diesem Weg geschaffen, durch die ständige Neuformung von Objekten und Zeichen. Design heißt also Arbeit an der praktischen Differenz. Man könnte geradewegs sagen, die Differenz ist der Wert aller Werte. Die meisten Verkäuflichkeiten der Zukunft werden aus diesem Bereich stammen. Die Wertschöpfung im 21. und im 22. Jahrhundert wird großteils von daher kommen – nicht von der Rückkehr zu Salz und Brot. Damit hat man früher Hochzeitspaare vor der Kirche beschenkt, weil es Symbole für immerwährende Versorgtheit mit dem Nötigen waren. Aber es ist nicht das Elementare, womit die Menschen in Zukunft ihr Leben bestreiten, es ist das Komplexe, das Veränderte, das Umgewandelte. Diese Sachverhalte muss man im Auge behalten, wenn man über die Umrüstung großer Industrielandschaften auf post-industrielle Produktionen nachdenkt. Die zukünftige Wertschöpfung kann nicht in einer Rückkehr ins Grüne bestehen – auch im Ruhrgebiet nicht.

Glauben Sie denn, dass die von Ihnen beschriebene Kreativwirtschaft eine Chance bietet, den Strukturwandel in Industriegebieten zu beeinflussen?

Der ganz große Strukturwandel, von dem der aktuelle noch immer ein Ausläufer ist, begann im frühen 18. Jahrhundert, als die Europäer in das Abenteuer der fossil-energetischen Wirtschaftsweise einstiegen. Dieses Zeitalter ist in sich noch einmal in mehrere große Kapitel geteilt: die Steinkohlezeit, als dieser Brennstoff das heroische Produkt des Kapitalismus schlechthin war, und in die Energie-Regime nach der Kohle. Damals haben die Menschen einen natürlichen Arbeitsdämon in ihre Kultur integriert, einen nicht-menschlichen Energiedämon, der die Hauptlast der industriellen Arbeit zu leisten hatte. Die menschlichen Arbeiter, vormals Proletarier genannt, waren gewissermaßen nur die Handlanger der Kohle, denn die war der wahre Gott des früheren Industriezeitalters, ein »Gott von unten«, wie die Theologen sagen. Die Steinkohle ging als Energiedämon weit über den Kraft-Radius der proletarischen Muskeln hinaus. Sie drang in alle Wirtschaftsprozesse ein, sie revolutionierte das Leben der Menschen und prägte die Landschaften. Nicht zuletzt formte sie aus dem Ruhrgebiet einen Brennpunkt der fossil-energetischen Zivilisation der ersten Stufe. Etwa vom Jahr 1900 an haben wir dann den Siegeszug des zweiten fossilen Energieträgers erlebt, beginnend mit dem texanischen Spindletop-Gusher vom 10. Januar 1901. Das magische Petroleum löste den Gott Steinkohle ab. Inzwischen sind beide Energieträger von der weiteren Industriegeschichte auf die schiefe Ebene gesetzt worden, die Steinkohle schon früher, das Erdöl ab jetzt.

Die Kreativwirtschaft im Ruhrgebiet kann also nur Rettung bringen, wenn sie mehr leistet, als neue Stühle zu erfinden?

Wenn man der Kreativwirtschaft im großen Strukturwandel einen tragfähigen Sinn geben will, müssen wir fragen: Welches ist die nächste prometheische Energie? Welchen Energiedämon will die Menschheit als nächsten für sich arbeiten lassen? Das sind die entscheidenden Fragen der aktuellen Industriegesellschaft an sich selbst, und indem sie im Ruhrgebiet gestellt werden, werden sie von hier aus an den Rest der Welt gestellt. Im Übrigen hat sich etwas Ähnliches auch in Frankreich vollzogen, obschon in kleinerem Maßstab, als vor gut 20 Jahren die alte Bergbauregion um Saint-Étienne südlich von Lyon in eine postindustrielle Dienstleistungslandschaft transformiert worden ist. Dort scheint die Umstellung von einer schmutzigen Industrie auf saubere postindustrielle smarte kreativwirtschaftliche Funktionen exemplarisch gelungen.

Naja, in Lothringen ist den Franzosen weniger gelungen …

Bei solchen Prozessen spielen immer regionale Besonderheiten mit, oft sind es die Ideen und der Elan von zwei, drei Leuten, die den Unterschied machen. Es sind manchmal kleine Zufälle, die dafür sorgen, dass in einer Region etwas gelingt, was anderswo nicht vorankommt. Solch ein Wandel kann leicht danebengehen, dann wird aus einer Region im Umbruch ein feudales Subventionsfürstentum. Vielleicht ist es nicht nur ein Zufall, dass Oskar Lafontaine aus dem Saarland kam. Seit ich vor längerer Zeit die Staatskanzlei in Saarbrücken besucht habe, kann ich mir vorstellen, wie die Zukunft aussieht, wenn postindustrielle Transformationen fehlschlagen. Dann bekommen wir in vielen Regionen in Europa eine Mischung aus Neofeudalismus und Neosozialismus.

Wie schätzen Sie die Situation im Ruhrgebiet ein? Auch diese Region lebt seit Jahren von Transferleistungen aus Brüssel, aus Berlin und aus Düsseldorf. Milliarden und Abermilliarden werden in immer neue Subventionsprojekte gesteckt.

Wir sehen im Moment viel Scheinblüte. Allgemein gesprochen: Solange es produktive Regionen gibt, die Überschüsse erwirtschaften, stehen Transfermassen zur Verfügung, die benutzt werden können, um Subventionsenklaven zu bezahlen, wie im Saarland und im Ruhrgebiet. So entsteht ein neofeudaler Subventionsstaat. Der wirkliche Strukturwandel kann nicht aus einer transfer-finanzierten Seifenblasenkultur entstehen. Stattdessen muss eine neue Primärproduktion aufgebaut werden. Ich würde sagen, nach dem, was die sozial-evolutionäre Uhr geschlagen hat, muss sich das Ruhrgebiet ganz dezidiert an der globalen Energiewende beteiligen, ja sogar sich an die Spitze setzen. Das ist plausibel, weil das Energiethema in dieser Region archetypisch verankert ist. Folglich müsste hier, gerade hier, ein ähnliches Programm, wie es der im Oktober 2010 verstorbene SPD-Energiepolitiker Hermann Scheer seinerzeit für Andrea Ypsilanti in Hessen geschrieben hatte, verfasst und verwirklicht werden. Vom Ruhrgebiet aus wäre der Beweis zu führen, dass eine alternative Energiepolitik eine ganze Region neu dynamisieren kann. In diesem Kontext wäre zu zeigen, dass die langgestreckten Zeitpläne, die die vier großen Energiekonzerne in Deutschland für ihre Vision der Energiewende ausgeben, ein scheinprogressives Ablenkungsmanöver darstellen, in dem die Selbsterhaltung der Unternehmen und die Selbstschädigung der Gesellschaft im ganzen ineinander verflochten sind. Zur Stunde wird dieses Programm unter dem Vorwand verkauft, wir seien ohnedies kühn und schneller als fast alle anderen, wenn wir uns der Aufgabe stellen, dreißig oder fünfzig Prozent unseres Energiebedarfs bis zum Jahr 2050 aus alternativen Quellen zu decken.

Dabei wissen wir seit längerem, dass die Umstellung auf regenerative Energien binnen eines Jahrzehnts bis zur Volldeckung des Bedarfs an jedem beliebigen Platz der industrialisierten Gesellschaft vollzogen werden könnte. Wenn man das weiß – oder zu wissen glaubt –, dann erscheinen einem die Verzögerungsspiele der Energieriesen wie ein Tanz auf einer Selbstmörderparty.

Will man dem Ruhrgebiet eine starke Idee injizieren, dann sollte man sich hier um das ideelle Erbe von Hermann Scheer kümmern. Man sollte in die Kommunen investieren, damit diese befähigt werden, dezentrale Energieversorgungen aufzubauen. Hierdurch könnte ein Geflecht aus neuen Primärproduktionen auf der Basis sehr avancierter Technologien entstehen. Man müsste das Ruhrgebiet zu einer paradigmatischen postfossilen und postindustriellen Region umbauen, der weltweit eine Vorbildfunktion zukommen könnte. Was hier gelingt, kann überall glücken. Von hier aus wäre zu zeigen, dass es möglich ist, die gefährliche Liaison demokratischer Gesellschaften mit den riesenhaften quasi-mesopotamischen Stromdespotien aufzulösen.

Ich sehe im aktuellen Energieregime einen Basiswiderspruch der modernen Gesellschaft, die sich demokratisch versteht und undemokratisch verwaltet. Wir pflegen in der Energiewirtschaft weiterhin einen despotischen Gigantismus. Wir erlauben neo-mesopotamischen Gottkönigen an der Spitze von Stromkonzernen, die politischen Volksvertreter zu Komparsen zu degradieren. Kurzum, wenn wir den Begriff Strukturwandel ernst nehmen, müssen wir bei dem Primärthema der jetzigen und künftigen Epoche ansetzen. Vor uns liegen die technische Transformation des Energie-Regimes und die politische Gestaltung des postfossilen Zeitalters.

Eine schwierige Aufgabe. Es geht ja um nicht weniger als um die größte Enteignung der Geschichte. Die Besitzer von Kohleflözen und von Erdölvorräten müssten überredet werden, auf die Nutzung ihres Eigentums zu verzichten. Wie sollen die Chinesen überzeugt werden, keine Kohlestoffe mehr zu verbrennen?

Das ist in der Tat paradox, denn zum ersten Mal erscheinen Besitzstände und Vorräte als Gefahr, um nicht zu sagen als Fluch. Es gibt in der Tat noch viel zu viel Kohle und viel zu viel Erdöl. Hätten sich beide Ressourcen vollständig verbraucht, bräuchten wir über das Problem nicht mehr diskutieren. Doch wie es aussieht, stehen noch immer riesige Lager zur Verfügung, wir haben erst etwa die Hälfte der Erdvorräte verpulvert. Die zweite Hälfte ließe sich in den nächsten fünfzig Jahren mühelos durchbringen, seit mit China, Indien und Brasilien neue Großverbraucher auf der Bühne erschienen sind. Wollte man aber wirklich alles verbrennen, was an fossilen Reserven vorhanden ist, dann scheint eine durchschnittliche Erderwärmung von 5 Grad und mehr unausweichlich – eine Situation, die mit Leben auf der Erde, wie wir es gekannt haben, nicht kompatibel wäre. Doch das ganze Hickhack um die 2-Grad-Grenze, die im Vorfeld der Kopenhagener Konferenz beschworen wurde, dürfte entfallen, sobald den Karbon-Ideologen bewiesen werden kann, dass die regenerativen Technologien keine bloßen Notbehelfe und launige Dachaufbauten sind, sondern reifende Alternativen zum fossilenergetischen Komplex insgesamt.

Das Problem bleibt aber das gleiche. Wir müssen den Arabern und Chinesen erklären, dass sie zwar jetzt ganze Volkswirtschaften nach unserem Beispiel aufgebaut haben, nämlich auf der Basis der Verbrennung von Kohlenstoffen. Und dann kommen wir mit der neuen Idee, dass sie keine Kohlenstoffe mehr verbrennen, sondern stattdessen von uns erneuerbare Energie kaufen sollen. Das ist kompliziert, oder?

Kompliziert vielleicht. Aber zum Glück können sich sowohl Araber als auch Chinesen die Umrüstung leisten. Wenn sich Abu Dhabi Atomkraftwerke kaufen konnte – was ohnehin ziemlich erstaunlich ist, wenn man auf einem riesenhaften Erdölsee sitzt –, dann kann es sich auch solare Spitzentechnik ins Land holen. Zudem sind die Chinesen nicht dumm. Wenn man ihnen erklärt, was kommt und kommen muss, dann sind sie die ersten, die verstehen. Natürlich handeln die Chinesen immer zweideutig. Sie sagen auf der einen Seite: Wir lassen uns vom Westen nicht dreinreden, auf der anderen nehmen sie neue Ideen mühelos auf. Sie sind die erste Nation auf der Welt, die eine reine Solarstadt errichtet, und zwar in einer Agglomeration mit fünf Millionen Einwohnern. Etwas Ähnliches sucht man in Europa vergebens, sogar im heißen Spanien haben wir nur halbherzige Ansätze zur Erzeugung von Solarstrom. Dabei erlebt das Land einen Desertifikationsprozess, die Sahara will nicht einsehen, dass sie an der Straße vor Gibraltar Halt machen muss.

Um nicht falsch verstanden zu werden: Ich will nicht sagen, dass die Solarenergie für das Ruhrgebiet die Lösung wäre. Das Spektrum der alternativen Energien ist aber so weit, dass auch für das Ruhrgebiet etwas dabei ist. Je nördlicher eine Region liegt, desto stärker wäre die weltweite Ausstrahlung eines guten Beispiels, wenn dort die Energiewende gelingt.

Sie fordern viel. Etliche Konzerne berichten darüber, dass sie in China in Innovationen investieren, weil sie dort Sachen ausprobieren können, die ihnen in Deutschland aufgrund von Bürgerprotesten oder behördlichen Auflagen verwehrt bleiben. Die angeblichen Blockierer werden selbst blockiert. Und so verschleppt sich die Energiewende.

Ja, das ist schrecklich. Auf dem Entwurfspapier scheinen die Sachen nicht so schwierig. Sobald man sich mit der praktischen Umsetzung beschäftigt, werden sie so kompliziert, dass leicht die Melancholie überhandnimmt.

Immerhin werden auch zementierte Interessen berührt.

Da hilft nur systemisches Denken weiter. Zunächst ist es ja durchaus positiv zu sehen, dass wir in einer Kultur leben, in der eine kleine Gruppe von Innovatoren einer Mehrheit von Verhinderern und Skeptikern gegenübersteht.

Wie das?

Wenn wir alles, was technisch machbar ist, sofort eingeführt hätten, läge der Weltuntergang schon hinter uns.

Könnte was dran sein.

Wir sollten über das Verhindern, über das Bremsen, über das Unrealisiert-Lassen von Ideen, über das Nicht-Ausschöpfen von Ressourcen neu nachdenken. Eine Kultur kann nur bestehen, wenn sie über genügend Erhaltungsfunktionen verfügt, dazu gehören Trägheiten, Immobilitäten, Konventionen, Konservatismen. Es könnte zum semantischen Lernprozess des 21. Jahrhunderts gehören, die so genannten konservativen Funktionen in einem neuen Licht zu sehen. Nehmen Sie den Begriff Nachhaltigkeit: Seine durchschlagende Karriere beweist, dass Bewahrungsfunktionen inzwischen ihrerseits von der Modernisierung erfasst wurden. Das Nachdenken über Erhaltungsfunktionen ist in vielen Punkten progressiver geworden als die einseitige *Progressivität alten Stils*. Nach zweihundert Jahren Innovationismus und Revolutionarismus ist das ein bemerkenswerter Befund.

Diesen Prozess kann man sogar im Handel nachvollziehen. Mittlerweile wird es interessant, in Fonds zu investieren, die Wälder nachhaltig bewirtschaften.

Ich war kürzlich eingeladen, zum zehnjährigen Bestehen der Gruppe econsense in Berlin einen Festvortrag zu halten, das war eine lehrreiche Veranstaltung. In dieser Initiative sind praktisch alle Dax-notierten deutschen Industrieunternehmen von der Allianz bis Volkswagen organisiert – die gesamte Unternehmenselite entsendet ihre Nachhaltigkeitsoffiziere in dieses Gremium, das dadurch so etwas wie den

Nachhaltigkeitsbeirat der deutschen Wirtschaft bildet. Man kann an der Tätigkeit dieser Organisation zweierlei erkennen. Erstens: Aus der Sorge um Nachhaltigkeit wird ein Berufsbild. Zweitens: Das neue Denken schlägt selbst dort durch, wo man die stärksten Widerstände vermutet hatte. Mit der Zeit wird man auch über andere Basiswerte, etwa über Konzepte wie »Grund und Boden« neu nachdenken. Das hat nichts mit neuem Feudalismus zu tun, sondern mit der allgemeinen Zuwendung zu einem Bewusstsein von Erhaltungswerten. Das 21. Jahrhundert wird von solchen semantischen Umpolungen und Schwankungen ganz erheblich bestimmt sein. Der Titanenkampf zwischen Innovation und Erhaltung, der uns seit der Dampfmaschinenzeit beschäftigt, tritt offensichtlich in ein neues Stadium. Großprojekte wie die Transformation von Wirtschaftsprozessen in ganzen Regionen werden notwendigerweise ein Schauplatz dieses Ringens sein.

Sie haben dafür plädiert, dass die Reichen und Starken die Richtung für diesen Wandel vorgeben sollen. Sie haben sogar von einer Revolution der gebenden Hand gesprochen. Wir meinen, gerade im Ruhrgebiet ist das eine spannende Frage, weil bei uns die Leute eher von der Faust kommen und der Solidarität.

Solidarität artikuliert sich in der klassischen Linken vor allem aufgrund von gemeinsamer Empörung. Das ist ein Motiv, das man nicht ernst genug nehmen kann. Ich habe vor wenigen Jahren ein Buch vorgelegt, unter dem Titel *Zorn und Zeit*, in dem ich unter anderem versuche, die Geschichte der Arbeiterbewegung unter dem Gesichtspunkt der Empörungs- und Zorn-Organisation neu zu erzählen, nicht mit einer radikalsozialistischen, sondern mit einer sozialdemokratischen Pointe.

Dabei bin ich mit den osteuropäischen Varianten der Bewegung hart ins Gericht gegangen, weil sie in ihrer totalitären Politik viel zu viel ungefiltertes Ressentiment ausagiert haben. Ich habe mehr für die Idee übrig, dass Wut und Empörung – zwei wichtige Regungen des politischen Thymos, das heißt des menschlichen Stolz- und Würdebewusstseins – durch einen Klärungsprozess gehen müssen, bevor sie politisch wirksam werden dürfen. In diesem Sinne halte ich Parteien für psychopolitische Klärwerke. Sie müssen Affektabfälle aufnehmen und diese zu höherwertigen Produkten aufbereiten. Es fängt mit Wut an und muss in respektfordernden parlamentarischen Interventionen enden, die den Fortschritt in Gesetze umwandeln.

Ich sage aber auch, man muss den Thymos, das Würdebewusstsein, nicht notwendigerweise bis zur Klangfarbe der Empörung treiben. Man kann ihn auch direkt auf einer seiner höheren Stufen ausdrücken – vor allem durch die Manifestation von Großzügigkeit, allgemeiner gesprochen durch die gebenden Tugenden.

Mein Vorschlag für die basale Umstimmung der Gesellschaft lautet daher, die Zwangssteuern sollten in Beiträge für das Gemeinwesen umgeformt werden – ohne dass man fürs erste an die Höhe der Beiträge rühren müsste. Warum nicht freiwillig geben, was man sonst gezwungenermaßen geben muss? Nur so werden die Geber aus der Haltung der übellaunigen passiven Steuerduldsamkeit befreit, nur so können sie die Haltung von Sponsoren des Gemeinwesens annehmen, unabhängig von der Größe der Beträge. Damit würden wir eine psychopolitisch revolutionär veränderte Neudeutung des Besteuerungsvorgangs bewirken – folglich eine gewandelte Gesellschaft: Die Menschen würden dem Staat, besser dem Gemeinwesen, nicht mehr so mürrisch ausweichen, wenn es ans Zahlen geht. Sie würden sich im Augenblick ihrer intensivsten Zuwendungen zum Staat, beim Steuernzahlen, nicht mehr als geschorene Schafe erleben, wie es jetzt der Fall ist. Im Gegenteil, sie würden sich im Augenblick des Gebens als Geber geachtet wissen. Sie würden sich nicht mehr mit ihren Schwarzgeldern an der Staatskasse vorbeidrücken wollen, denn sie würden ganz konkret erleben, dass sie als diejenigen geschätzt werden, die das Ganze erhalten.

Noch einmal zu Ihrer Idee von der Umkehrung des Steuerprinzips. Würde es ausreichen, wenn der Staat das Geld nicht mehr direkt vom Lohn einbehält, sondern wenn jeder Arbeiter und Angestellte einen Steuerscheck ausschreiben müsste? Denn wer einmal im Jahr über 10.000 Euro an den Staat schicken muss, der würde danach jedem auf die Finger gucken, der mit seinem Geld hantiert. Auch das könnte eine Bewusstseinsänderung auslösen.

Man müsste tatsächlich ein Verfahren einführen, das den Steuerzahlern ein Gebererlebnis erlaubt, ansonsten hat die Umstellung keinen Sinn. Mein Vorschlag geht aber noch weiter. Ich sage, man sollte einen Teil der Steuern subjektivieren, das heißt dem Zahler anheimstellen zu entscheiden, wofür die Summe, die er aufbringt, verwendet wird. Das muss fürs erste kein hoher Prozentsatz sein, aber wenn jeder, der Steuern zahlt, einen Teil des Geldes, das er an das Gemeinwesen abtritt, innerlich bis zum Ort der Anwendung begleiten kann, dann erlebt er auch einen direkten Zusammenhang zwischen Einzahlung und Verwendung. Ich bin sicher, dass dies das Klima sozialer Partizipation enorm beleben würde.

Sozialpsychologen sagen seit geraumer Zeit, der öffentliche Raum leide darunter, dass nicht genug positive Energien in ihn einfließen. Er ist nicht affektiv positiv »besetzt«. Gleichwohl sind die Energien massenhaft vorhanden, sie werden jedoch durch ein falsch konstruiertes Steuerwesen neutralisiert. Wir hören in jüngster Zeit hin und wieder einigermaßen sensationelle Berichte über die freiwilligen Dienste in Deutschland. Fast 20 Millionen Personen engagieren sich kostenlos in irgendeiner Weise für das Gemeinwesen. Wer spricht von ihnen? Sie existieren in der dominierenden Rhetorik nicht. Schon als ich Student war, war von dergleichen nie die Rede. Ich habe immer gelesen, wir leben in einer eiskalten Ellenbogengesellschaft, jeder schaut allein auf seinen Vorteil. Von wegen. Ich kenne nicht wenige Wohlhabende, die erklären, ein paar Prozent mehr Steuern wären überhaupt kein Problem, wenn dadurch ein verändertes soziales Klima entstünde. Wahrscheinlich geschieht bei uns jedoch das Gegenteil: Die Steuern werden steigen, und das Hassklima nimmt erst recht zu. Doch eines Tages, da bin ich zuversichtlich, wird sich die Einsicht durchsetzen, dass unser Steuersystem eine psychopolitische Fehlkonstruktion darstellt.

So wie wir Sie verstanden haben, sind Sie der Ansicht, dass man das Bürgertum für den Wandel braucht. Leider haben wir im Ruhrgebiet genau daran einen Mangel. Glauben Sie, es geht auch ohne großes Bürgertum?

Man müsste im Ruhrgebiet gleichzeitig mit der Schaffung einer neuen Energiekultur ein neues Unternehmertum heranziehen, das sich an die Spitze der transformativen Bewegung setzt. Ohne ein Trägermilieu wird es nicht gehen. Doch die Zeit der großen Schlotbarone kommt nicht wieder, mit ein paar herrschaftlichen Villen lässt sich kein neubürgerliches Milieu darstellen. Zum Glück gibt es heute die viel zitierte kreative Klasse, diese besitzt auf ihre Weise milieubildende Kraft. Wenn solche Leute sich vernetzen, kann viel geschehen. Sie werden naturgemäß eher in der alternativen Szene eine Rolle spielen als bei der Wiederbelebung von bildungsbürgerlichen Ritualen, wie wir sie einst gekannt haben, samt Violine spielender Hausfrau und Töchtern im Ballett. Zeitgemäß sind jetzt andere Muster. Ich denke an Leute wie Software-Entwickler, sie leben aktuell mit der einen Frau und haben mit der nächsten ein Kind, normale postmoderne Zustände also. Ich denke an Architekten, Urbanisten, Ökostrom-Erzeuger, Landschaftsgärtner, Filmemacher, Musiker, Designer, Kuratoren, Ärzte, vegetarische Köche, Betreiber von Copyshops und Internetcafés – eine lange Liste von Existenzen, die alle das eine gemeinsam haben, dass bei ihnen das unternehmerische Denken angekommen ist. Und ich sehe, wie die thymotische Komponente bei diesen Leuten erwacht, sobald erste Erfolge da sind.

Dann gibt es ja eine Hoffnung im Ruhrgebiet. Wir haben heute über 100.000 Studenten. Vor 30 Jahren waren es vielleicht 15.000. Dafür haben wir heute nur noch 15.000 Bergleute. Vor 30 Jahren waren es über 100.000.

Jetzt müsste nur noch eine vernünftige Bildungspolitik betrieben werden, und man hätte ziemlich rosige Aussichten. Entscheidend ist, wir dürfen keine Diplomarbeitslosen ausbilden, vielmehr müssen die jungen Leute auf eine berufliche Schiene gesetzt werden. Man soll sie in Theorie und Praxis qualifizieren. Wenn sie die Hochschulen verlassen, müssen sie mit Existenzgründern gesprochen haben und etwas von Steuerrecht, Betriebsführung und Marktbeobachtung wissen. In jedem einzelnen Studenten ist ein künftiger Selbstständiger zu sehen.

In unserem Karlsruher Modell ist das Allerwichtigste, dass die Studenten mit Professoren arbeiten, die selber auf dem Markt erfolgreich sind. In meinen Augen ist das der Punkt, um den sich alles dreht. An der HfG haben wir keine akademischen Professoren, denen die Hochschule die letzte Zuflucht ist. Wir setzen auf Leute, die nach wie vor in ihren Büros, ihren Studios, ihren Ateliers verankert sind, in Berlin, Wien, Venedig, Prag oder London. Die meisten operieren international. Solche Leute kommen in ihre Klassen und bringen die Arbeitsstimmung von draußen mit. So wird alles, was gelehrt wird, anwendungsorientiert, ernstfallbezogen, exzellenzbewusst. Gleichzeitig setzen wir auf berufsbegleitende Reflexion. Ohne Nachdenken über die eigene Arbeit kann man heute in keinem kreativen Beruf mehr erfolgreich sein.

Nehmen wir mal ruhig die Selbstständigkeit, denn auch in einem großen Unternehmen muss man selbstständig arbeiten können.

Selbstverständlich sollen die Studenten teamfähig bleiben und fähig sein, in angestellten Funktionen tätig zu werden. Aber vom Typus her sollten sie an Selbstständigkeit und Eigeninitiative ausgerichtet sein. Wir helfen ihnen, ein Profil von Techniken und Fähigkeiten zu entwickeln, um in der Berufswelt eine gute Rolle zu spielen.

Noch einmal zu den Grundlagen jeden Wandels. Glauben Sie, die Krise ist Auslöser für den Wandel?

Man kann den Auslöser Krise nennen. Gemeint ist einfach, sobald die Grundlagen für ein älteres System nicht mehr gegeben sind, erzwingt sich die Umstellung auf ein anderes von selbst. Derzeit liegt ja viel in der Luft, Hoffnungsvolles und Bedrohliches. Was Letzteres angeht, genügt es, sich zu vergegenwärtigen, was aktuell östlich der Oder passiert. Große Teile Osteuropas sind in einem dramatischen Schrumpfungsprozess begriffen, nicht nur demographisch, sondern auch vital. Der Elan der Menschen und die Projektionskraft ihrer Gesellschaften scheinen gebrochen. Deutschland nimmt in diesem Drama eine Mittelstellung ein. Zwar sind wir auch »bionegativ« und demographisch auf dem absteigenden Ast, aber die unternehmerische Potenz des Landes bleibt eindrucksvoll. Es gibt verschiedene Szenarien für deutsche Zukünfte: Die einen sagen: Bis 2050 werden wir auf 50 Millionen Einwohner geschrumpft sein, bei milderen Varianten kommen wir auf 60 oder 65 Millionen Menschen. So oder so ist die absteigende Linie evident. Positives Denken drängt sich auf: Weniger Deutsche – das ist doch auch eine Chance.

Was ergibt sich hieraus, auf Bergarbeiter bezogen? Ganz klar, weniger Bergarbeiter sind eine Chance für das Ruhrgebiet. Denn wie Sie gesagt haben, es wird mehr Studenten geben. Sie werden die Landschaft umkrempeln, sobald sie beruflich aktiv werden.

Viele gehen leider weg, wenn sie ihre Ausbildung hinter sich gebracht haben.

Viele gehen dorthin, wo das Butterbrot noch schmeckt. Etliche kommen zum Beispiel nach Baden-Württemberg – der wilde Südwesten ist immer noch ein Attraktor. Bayern ebenso, denn auch dort laufen die Dinge rund. Naturgemäß möchten gut ausgebildete Menschen ihr Potenzial entfalten. Sie wollen das Beste aus ihrem Leben machen. Aber genauso natürlich werden nicht alle das Ruhrgebiet aufgeben. Schließlich können nicht alle Absolventen abwandern. Es gibt unter ihnen jungunternehmerische Energien, und wenn die Regionpolitiker die Rahmenbedingungen für eine attraktive Energiewende-Kultur anbieten und damit ein politisches und technisches Exellenzprogramm entwickeln, dann geht es ohne Zweifel aufwärts. Die Region hat die Chance zu zeigen, wie man mit einem Großexperiment in Sachen Energiewende auf die Überholspur kommt.

Bottrop ist gerade Sieger des Wettbewerbs InnovationCity geworden. Die Stadt soll möglichst viel ihrer Infrastruktur mit Blick auf eine moderne Energiepolitik umstellen.

Ein effektives Signal-Projekt kann weltweit ausstrahlen. Wenn die erste größere Region in der Welt den Beweis führt, dass sie auf diesem epochalen Gebiet mehr leistet als die trägen Transformationsprogramme der großen Stromanbieter vorsehen, wenn es also gelänge, in einem definierten Raum den Energieverbrauch binnen zehn Jahren zu über 70 Prozent und mehr auf postfossile Energieträger umzustellen, dann könnte vom Ruhrgebiet geradezu eine Art Welt-Revolution ausgelöst werden. Es müsste mit dem Teufel zugehen, wenn eine geglückte Demonstration nicht eine ungeheure Attraktorwirkung hätte.

Zurück zum Anfang, Herr Sloterdijk. Was von dem Gespräch, das wir jetzt geführt haben, wurde in Sklavensprache geführt?

Sklavensprache hat in unserem Dialog nichts zu suchen. Die unfreie Rede finden Sie heute in den Aussagen von Politikern, die sich von Großindustriellen einschüchtern lassen, etwa mit falschen Behauptungen über den Zeitbedarf für den Übergang zu alternativen Energien. Das Thema ist für den künftigen Zivilisationsprozess von vitaler Bedeutung, es wäre fatal, wollte man es sklavisch diskutieren. Um auf diesem Gebiet klarer zu sehen, sollte man sich zunächst an den Ausspruch von François Mittérand erinnern: Man muss der Zeit Zeit lassen – il faut donner du temps au temps, ein Zitat, das auf Cervantes zurückgeht.

Der Satz ist aus der Perspektive eines Menschen gesprochen, der über die politische und historische Welt nachdenkt und zu dem Schluss kommt, dass dies die Welt der zweiten Chancen ist. In ihr ist nie alles ein für alle Male gewonnen oder ein für alle Male verloren. Ein Prozesstheoretiker, ein Ökologe, ein Systemiker würde einwenden, das mag für die moralische Welt richtig sein, für die Welt der physikalischen Abläufe gilt es nicht. Hier herrscht das harte Gesetz der Irreversibilität. Ein abgestürztes Flugzeug kann man nicht noch einmal starten lassen, ein biologisch toter Ozean wird sich nicht mehr regenerieren, ein in Wüste verwandelter Wald kehrt nicht wieder, zumindest nicht in menschlich sinnvollen Zeiträumen.

Kurzum, alle Politik wird in Zukunft ein Kampf um die Zeit sein, genauer ein Kampf um die Geschwindigkeit, mit der bestimmte als notwendig erkannte Transformationen implantiert werden. Ich will nicht sagen, dass schnell immer gut ist. Aber es gibt Bereiche, in denen das Schnellere das Bessere bedeutet. Ein Grund mehr dafür, ein Projekt wie InnovationCity so bald wie möglich auf die Ebene einer ganzen Region zu übersetzen.

Das Gespräch führten Rolf G. Heinze und David Schraven.

Kurt Biedenkopf

Begegnungen mit dem Ruhrgebiet
Politische und sehr persönliche Erinnerungen

Meine erste Begegnung mit dem Ruhrgebiet war im Jahr 1956. Als junger Assistent an der Johann Wolfgang Goethe-Universität hatte ich von Wilhelm Schulte zu Hausen, einem väterlichen Freund und Mäzen meines Lehrers Heinrich Kronstein, eine Einladung erhalten, zusammen mit zwei amerikanischen Stipendiaten, das Revier zu besuchen. Vier Tage waren für die Begegnung vorgesehen. Es wurde ein unvergesslicher Besuch. Auf der Tagesordnung stand die Einfahrt in eine Kohlenzeche, der Besuch eines Stahlwerkes und einer Walzstraße und selbstverständlich auch des Bergbaumuseums.

Damals war eine Grubenfahrt – anders als 20 Jahre später – noch ein wirkliches Abenteuer. Vor Ort war es dunkel. Die Kumpels arbeiteten mit nacktem Oberkörper. Die einzige Beleuchtung war die Lampe an ihrem Helm. Sie brachen die Kohle mit Presslufthämmern, schippten sie auf ein Transportband und arbeiteten in gebückter Haltung, denn die Decke hing ziemlich tief. Wie sehr die Männer aufeinander angewiesen waren, konnte man im wahrsten Sinne des Wortes mit Händen greifen. Die Mühen der Arbeit, der Kohlestaub, alles war so wie wahrscheinlich schon Jahrzehnte früher.

»Einen Kurzen und einen Langen«

Als wir wieder zu Tage fuhren, waren wir schwarz im Gesicht. Später, so lernte ich bei Einfahrten in Gruben Ende der 1960er und Anfang der 1970er Jahre, als alles modern und technisch organisiert war, wurde empfohlen, sich einige Kohlestreifen ins Gesicht zu malen, damit das spätere Foto als Zeugnis für eine Grubenfahrt verwertet werden konnte. Bei unserer Grubenfahrt 1956 waren derartige Maßnahmen nicht erforderlich.

Später, in der Kantine, machte ich die erste Bekanntschaft mit dem, was man in Niedersachsen eine »Lüttge Lage« nennt. Ein Bier und ein Korn. Als Weintrinker kann ich nicht sagen, dass ich sofort begeistert war. Später aber, in meiner Bochumer Zeit, an der Ruhr-Universität und in meiner Zeit als Vorsitzender der westfälischen CDU, hatte ich diese Kombination verinnerlicht. Es ist mir heute ein Vergnügen, in einer Kneipe im Ruhrgebiet einzukehren und das zu verlangen, was man dort auch »einen Kurzen und einen Langen« nennt.

Unvergessen ist mir der Besuch in der Drahtwalzerei. Damals liefen die glühenden Stäbe noch nicht automatisch durch die ganze Walzanlage. Sie mussten am Ende einer Walzstrecke mit einer Zange aufgefangen und in die nächste schneller laufende Walzstrecke eingeführt werden. Die Arbeit war mit hohen Risiken verbunden. Man erzählte mir, dass die Arbeitsplätze fast vererbt wurden, vom Vater auf den Sohn und innerhalb von Familien. Innerhalb der Familien war das Vertrauen in die Zuverlässigkeit derer, die den glühenden Draht aufzufangen hatten, offenbar größer als unter normalen Arbeitskollegen. Jedenfalls hat mich die »Vererbung« von Arbeitsplätzen bei Gefahr geneigten Tätigkeiten auch an bäuerliche Traditionen erinnert, die es im Revier im Grunde bis heute gab. Auf der Rückfahrt nach Frankfurt, auch daran erinnere ich mich, haben wir die Kohle auf den Kohlentendern der Lokomotiven mit ganz anderen Augen gesehen als vorher.

Besuch aus Deutschland

Meine nächste, wenn auch mittelbare Begegnung mit dem Ruhrgebiet hatte wieder mit Kohle zu tun. 1958/59 war ich mit meinem Lehrer Heinrich Kronstein als dessen Assistent ein knappes Jahr lang an der Georgetown University in Washington. Im Herbst 1958 erwartete Thurman Arnold, einer der einflussreichsten Anwälte in Washington und ein guter Freund meines Lehrers, Besuch aus Deutschland. Angemeldet hatten sich führende Repräsentanten der Ruhrkohle, unter ihnen Dr. Kaiser. Anlass war ein schwieriges Problem.

Die Weisen der Montanunion hatten wohl im Jahre 1956 prognostiziert, der schnell ansteigende Bedarf an Energie könne in Deutschland und Europa zu einer Verknappung von Kohle führen. Daraufhin hatte man sich um die Möglichkeit bemüht, Kohle aus den USA nach Europa und insbesondere nach Deutschland zu importieren. In West Virginia wurde man fündig. Die Bergarbeitergewerkschaft, geführt von John L. Lewis, hatte sich bereit erklärt, die Wünsche der Montanunion nach Belieferung mit Importkohle aufzunehmen und für entsprechende Voraussetzungen zu sorgen. Mit Unterstützung der Gewerkschaft wurde eine Eisenbahnlinie von den Kohlegruben in West Virginia an die Atlantikküste gebaut. Die Ruhrkohle hatte rund 40 Millionen Tonnen Importkohle unter Vertrag.

Aber, wie so häufig, hatten auch die Weisen der Montanunion nicht die Fähigkeit erworben, zuverlässig in die Zukunft zu blicken. Als die Kohlelieferungen beginnen sollten, hatte das Erdöl bereits einen wesentlichen Teil des Marktes erobert. Die Leute kauften für ihre Heizungen keine Kohle mehr. Sie stellten auf Ölöfen um. Das Gleiche geschah in der Wirtschaft. So saß man plötzlich auf Kontrakten, die man nicht mehr bedienen konnte, ohne Kohleberge zu erzeugen, wie sie sich dann in späteren Jahren im Ruhrgebiet türmten.

Als die Herren am Flughafen in Empfang genommen wurden, fragten sie nach den Gesprächsteilnehmern. Offensichtlich waren sie, deutschen Gepflogenheiten folgend, auf Gespräche mit den Unternehmensleitungen der Kohlezechen vorbereitet. Umso größer war ihr Erstaunen, als sie erfuhren, dass der einzige Gesprächspartner, der ihnen wirklich helfen konnte, der Vorsitzende der Bergarbeitergewerkschaft, John L. Lewis war. Das rund zweistündige Gespräch zwischen dem damals 70-jährigen Gewerkschaftsführer und den führenden Repräsentanten der Ruhrkohle werde ich nicht vergessen. Nachdem die Herren aus Deutschland in längeren Ausführungen ihre besonderen Probleme, ihre Sorgen und ihre Wünsche geäußert hatten, war zunächst eine Weile Ruhe.

Dann erhob sich John L. Lewis und hielt, ohne jeden Notizzettel, den Herren einen Vortrag über die Situation, wie er sie sah. Er nannte ihnen die Investitionen, die mit Hilfe der Gewerkschaft inzwischen vorgenommen worden waren. Er beschrieb die Vorkehrungen, die man getroffen hatte, um die zusätzliche Kohlenmenge zu fördern. Er beschrieb ausführlich die Kohlesituation in der Montanunion einschließlich genauer Angaben der Fördermengen und des Bedarfs. Zum Schluss erklärte Lewis, er müsse seiner Verantwortung als Gewerkschaftsführer gerecht werden und dafür sorgen, dass die plötzlichen Schwierigkeiten, die ihm so eindrucksvoll vorgetragen worden seien, nicht auch auf seine eigene Industrie übergreifen könnten.

Letztlich fand man, dank der Hilfe von Thurman Arnold, eine Lösung. Als wir die Herren wieder zum Flugzeug brachten, meinte einer von ihnen: Gott sei Dank, dass wir nur die paritätische Mitbestimmung haben. Ihm war deutlich geworden, warum ein Gewerkschaftsführer, der diese Art von Einfluss ausüben könne, nie auf die paritätische Mitwirkung in einem deutschen Aufsichtsrat angewiesen wäre.

Unsere neue Universität

1964 erhielt ich dann als junger Dozent einen Ruf auf einen Lehrstuhl an der Ruhr-Universität. Ein Jahr vorher war ich an der Frankfurter Universität habilitiert worden. In der Zeit danach hatte ich in Frankfurt und Tübingen Vorlesungen gehalten. Die Berufung mit 34 Jahren war damals noch ein Ereignis. Als ich nach Bochum kam, fand ich, wie alle anderen jungen Dozenten, die nach Bochum berufen worden waren, eine große Herausforderung und eine eben so große Baustelle. Ich bin nicht sicher, ob mir die »moderne« Betonarchitektur damals wirklich gefallen hat. Aber es gab auch keinerlei Veranlassung, darüber nachzudenken.

Denn noch standen nur zwei der großen Hochbauten. Die Baustelle war riesig und wir waren begeistert von der Chance, am Aufbau der ersten Universität im Ruhrgebiet mitwirken zu können.

Später erfuhr ich, dass Kaiser Wilhelm II. Ende des neunzehnten Jahrhunderts angeordnet hatte, im Ruhrgebiet sollten weder Universitäten noch Kasernen entstehen. Das Ruhrgebiet galt zu Kaisers Zeiten als »die Waffenschmiede« des Deutschen Reiches. Es war in bestimmter Weise ein exterritoriales Gebiet. Sein Herrscher wohnte in der Villa Hügel.

Zwei Jahre nach meiner Berufung nach Bochum wurde ich zum designierten Rektor der Ruhr-Universität gewählt. Es war die Zeit der beginnenden so genannten 68er Jahre. An vielen Universitäten wurde heftig demonstriert, gestritten, oft auch außerhalb akademischer Regeln. »Unter den Talaren der Muff aus tausend Jahren« war der Spruch, mit dem die Jugend gegen eine in ihren Augen verkrustete akademische Professorenschaft protestierte.

In Bochum ging man die Sache ruhiger an. Zum einen hatte die Universität noch keine Tradition, über die man mit »tausend Jahren« lästern konnte. Vor allem aber war es eine Universität, auf die die Menschen stolz waren. Sie sollte vorwiegend jungen Menschen aus dem Ruhrgebiet selbst dienen. Als es dann doch zu Auseinandersetzungen kam und ich mir, es war das einzige Mal, den Zugang zu meinem Büro in einem der beiden Gebäude mit einem gewissen Nachdruck verschaffen musste, meldete sich kurz darauf der Betriebsratsvorsitzende des Opelwerkes in Bochum. Auch diesen Anruf werde ich nie vergessen. Er hatte wohl von der Besetzung des Gebäudes durch Studenten gehört, in dem auch das Rektorat untergebracht war.

»Magnifizenz«, fragte der Betriebsratsvorsitzende voller Stolz, »haben Sie Ärger?« Ich sagte ihm, was »Sache war«, äußerte aber sonst nicht irgendwelche Wünsche. Daraufhin antwortete der gute Mann: »Wenn Sie Ärger haben, lassen Sie es mich bitte wissen, dann schicke ich meine Leute rüber.« In keinem Gespräch habe ich die Zuneigung der arbeitenden Bevölkerung zu »ihrer« neuen Universität intensiver gefühlt als in diesem kurzen Angebot, zu helfen. Ich empfand es wie eine »Eingemeindung« der Universität in das Revier.

Der Nachbar Dufhues

Als ich, im Jahre 1968, bereits Rektor war, erreichte mich auch die Berufung als Vorsitzender der ersten Mitbestimmungskommission. Zugleich interessierte mich, aus wissenschaftlichen Gründen, die Weiterentwicklung der Ruhrkohle. Vor kurzem habe ich beim Aufräumen eine Schrift aus dem Jahre 1968 gefunden. In ihr hatte ich Thesen für die zukünftige Entwicklung des Kohlebergbaus entwickelt. Als ich sie las, hat sie mich an vieles erinnert, was uns, jedoch mit einem inzwischen absehbaren Ende, seit den 1960er Jahren bis heute im Ruhrkohlebergbau beschäftigt hat.

Natürlich wollten meine Familie und ich sobald wie möglich auch in Bochum wohnen. Die Universität hatte versprochen, die berufenen Professoren bei der Suche nach Grundstücken zu unterstützen. Als diese Unterstützung auch nach längerer Zeit noch immer auf sich warten ließ, erinnerte ich mich an mein Lehrfach, nämlich Wettbewerbsrecht, und bemühte den Grundstücksmarkt. Wir fanden ein Grundstück an der Charlottenstraße in Bochum-Wiemelhausen. Wir fanden auch einen tüchtigen Architekten, Heinz Bruns. Er war bereit, uns ein Haus zu bauen. Als wir während der Fertigstellung des Hauses kritische Bemerkungen anbrachten, erklärte er: Wenn Sie ein Buch schreiben, dann sieht man dem Buch nicht den Inhalt an. Wenn ich ein Haus baue, sieht jeder was ich gebaut habe. Wenn Ihnen meine Überlegungen nicht gefallen, suchen Sie sich einen neuen Architekten. Wir haben uns keinen neuen Architekten gesucht. Wir haben gerne in »seinem Haus« gewohnt.

Nachdem wir eingezogen waren, stellten wir zu unserer Überraschung fest: Wir waren Nachbarn von Josef Hermann Dufhues geworden. Unsere Grundstücke grenzten aneinander. So begann eine verehrungsvolle Freundschaft zu einer der herausragendsten Persönlichkeiten, die ich im Ruhrgebiet habe kennen lernen dürfen. Dufhues war es auch, der mir 1966, als der damalige Ministerpräsident Meyers seine letzte Regierung bildete, vorschlug, in Meyers neuer Regierung das Justizressort zu übernehmen. Glücklicherweise war ich eine Woche vorher als designierter Rektor gewählt worden. So hatte ich einen guten Grund, Hermann Josef Dufhues' Bitte abzuschlagen. Ein Jahr später wäre ich Minister a. D. gewesen.

Viele Erinnerungen verbinden mich bis heute mit dem Revier. Eine von ihnen ist deshalb besonders intensiv, weil sie den Wahlkampf 1976 betrifft, den ich als Generalsekretär für die CDU führte. Er fand, wie vielleicht erinnerlich, unter dem Motto »Freiheit oder Sozialismus« statt. Die CDU erzielte in der Bundesrepublik Deutschland das beste Ergebnis, das sie je aus der Opposition erzielt hat und das drittbeste überhaupt. Nur 600.000 Stimmen trennten sie von der absoluten Mehrheit.

Das Ruhrgebiet hat nicht sehr viel zu diesem Erfolg beigetragen. Aber sehr viel zu meinem Wissen über das wirkliche Leben im Revier. Wahlkämpfe, wenn man sie vor Ort miterlebt, erschließen andere Einblicke als ein Besuch. Ein Aspekt unseres Revierwahlkampfes war die Behauptung, es gäbe im Revier Verfilzungen, die man bekämpfen müsste. Viele nahmen das als Aufforderung, von ihren Erfahrungen mit Verfilzungen zu berichten. Ein Fall ist mir in Erinnerung geblieben: Die Beschwerde eines Elternpaares darüber, dass ihr Sohn, der eine Lehrstelle im Ruhrkohlenbergbau antreten wollte, zunächst in das Gewerkschaftsbüro gebeten wurde, um sich das Formular für eine Beitrittserklärung zur IG Bergbau abzuholen. Seine Eltern sollten es unterschreiben. Der Junge war noch nicht volljährig.

Später habe ich erfahren, dass es sich keineswegs um einen ungewöhnlichen Vorgang handelte. Getröstet hat mich, nach dem Wahlkampf, im Frühjahr 1977, die Erklärung Willy Brandts: Es gebe zwei Regionen in Deutschland, die total verfilzt seien. Die eine sei Berlin, die andere das Revier. Ich empfand das nicht einmal als unsympathisch.

Die »Glück auf!«-Geschichte

Heute ist die Ruhr-Universität Bochum eine der großen und leistungsfähigen Universitäten Deutschlands. Die Gebäude gefallen mir immer noch nicht so recht, obwohl man sie inzwischen renoviert hat. Umso mehr gefällt mir, was in ihnen stattfindet. Es wird gelehrt und geforscht, mit guten Professoren und zehntausenden Studenten, von denen immer noch ein großer Teil aus dem Revier stammt.

Meine Beziehung zum Revier habe ich auch nach dem Wechsel in den Freistaat Sachsen nie ganz einschlafen lassen. Mein politischer Freund aus Bochum, Norbert Lammert, ist jetzt Präsident des Bundestages. Auch mit anderen bleibe ich in Verbindung. Das gilt auch für die Tradition des Reviers. So bei einer Einladung als Ministerpräsident zu einer Veranstaltung des Bergbaus. Ich war als einer der Redner eingeladen. Meine Rede schloss ich, wie ich es auch in Sachsen halte, mit dem Wunsch »Glück auf«.

Zurückkehrt an den Tisch der Gäste und Honoratioren, wurde ich dafür gelobt, dass ich den Bergmannsgruß verwendet hätte. Er habe im Ruhrgebiet großes Ansehen. Angesichts des Stolzes meiner Gastgeber konnte ich es mir nicht verkneifen, darauf hinzuweisen, dass der Gruß »Glück Auf« in Sachsen etwa 600 Jahre alt ist, also zu einer Zeit genutzt wurde, zu der das Ruhrgebiet noch eine tief verschlafene landwirtschaftliche Region war, dass der erste Lehrer des Bergbaus, Agricola, in Sachsen lebte und die Bergakademie Freiberg die »Mutter« der Akademie in Clausthal-Zellerfeld sei. Ich weiß nicht, ob diese Bemerkungen besonders klug waren. Aber sie wurden mit verhaltenem Humor entgegen genommen.

Wenn ich heute ins Ruhrgebiet komme, bin ich beeindruckt von dem Wandel, der sich dort vollzogen hat. Aber ich bin auch ein wenig nachdenklich bei der Frage, wie viel früher sich dieser Wandel hätte vollziehen können, wenn es der konservativen Ruhrgebietsbevölkerung leichter gefallen wäre, sich von alten Strukturen zu befreien und neue zu schaffen. Dennoch: Wenn die Bayern sich heute brüsten, wie erfolgreich und modern sie geworden seien, vergesse ich nie darauf hinzuweisen, dass sie bis zum Jahre 1984 auf der Nehmerseite des horizontalen Finanzausgleichs zu finden waren. Das Ruhrgebiet war damals ein Zahlender und nicht ein Nehmender. So ändern sich die Zeiten.

Glück auf!

Unternehmen
und Standort

Ulrich Hartmann

Nur der Wandel ist beständig
E.ON im Ruhrgebiet

Liebes Ruhrgebiet,

Du bist eine Region mit Persönlichkeit und Charakter, eine Region, in der in den vergangenen Jahrzehnten Altes und Neues härter als anderswo aufeinander getroffen ist. Deshalb sind gesellschaftliche Trends, aber auch neue Marktentwicklungen hier besonders früh spürbar und verlangen immer wieder nach unternehmerischen Antworten. Und so haben viele Unternehmen des Reviers mit Weitblick und Courage die Veränderungen in ihren Märkten genutzt, um sich zu erneuern, zu wachsen und Arbeitsplätze zu sichern und zu schaffen. Ich habe das in der Energiewirtschaft hautnah erlebt.

Bis zur 1998 gestarteten Liberalisierung der europäischen Energiemärkte warst Du eine Bastion der »alten Welt« der Energieversorgung. Diese Welt war klar geordnet: Jedem großen Versorgungsunternehmen waren Teile des deutschen Marktes als Demarkationsgebiete fest zugewiesen. Sie waren Regionalmonopole unter staatlicher Investitions- und Preisaufsicht, Platzhirsche im zugewiesenen Revier, aber praktisch ohne Wachstumsmöglichkeit im Kerngeschäft. Aus dem kleinen Kreis dieser Unternehmen hatten RWE und VEW ihren Sitz im Ruhrgebiet bzw. VEBA in Düsseldorf, das ja als »Schreibtisch des Reviers« gilt. Nimmt man noch die Ruhrkohle AG und die Ruhrgas AG als Brennstofflieferanten hinzu, kann man Dich – damals wie heute – mit Fug und Recht den wichtigsten deutschen Energiestandort nennen – und einen der bedeutendsten in Europa. Natürlich braucht auch die Energiewirtschaft eine gesunde Mischung aus Unternehmen aller Größenklassen vom Großkonzern über Regionalversorger bis hin zu Stadtwerken. Aber es sind die Großen, die einer Branche und einer Region im internationalen Vergleich Gesicht und Gewicht geben.

Dann kam die europäische Liberalisierung – welch eine Herausforderung für die Energieunternehmen! Am 1. Juli 1998 wurde die hergebrachte Ordnung der Stromwirtschaft über Nacht abgeschafft; die Gaswirtschaft folgte zwei Jahre später. Plötzlich endete der Markt nicht mehr an der Demarkationsgrenze, sondern wurde europaweit für den grenzüberschreitenden Energiehandel weit geöffnet. Das Ziel war ein einheitlicher, offener Binnenmarkt für Energie in Europa. Und in der Tat: Warum sollte der Wettbewerb nicht auch in der Energiewirtschaft für niedrige Kosten und Preise sorgen? Die Liberalisierung war eine kluge und mutige Entscheidung der Politik, auch wenn nicht alle in der Branche gleich begeistert waren – manche sahen sich gar für immer aus dem Paradies vertrieben! – und auch wenn die Politik es in den Folgejahren immer mehr an der Konsequenz mangeln ließ, sich wirklich auf das Setzen von Rahmenbedingungen für im Wettbewerb agierende Unternehmen zu beschränken. So hat die Politik in Deutschland die Liberalisierungsdividende des Verbrauchers durch höhere Staatslasten auf dem Strompreis wieder abgeschöpft.

Die Zeit für den Systemwechsel vom Staat zum Markt war damals günstig, weil die Versorgungssicherheit, das lange dominierende Motiv der Energiepolitik, nicht gefährdet schien. Die weltweite Versorgungslage war entspannt, wie ein Ölpreis um 25 US-Dollar je Barrel anzeigte. Auch die deutsche Steinkohle war längst von einem Thema der Energiepolitik zu einem der Regional- und Strukturpolitik geworden. Und die Stromversorgung war gesichert. In Deutschland war die stromwirtschaftliche Infrastruktur in der »alten Zeit«, in der nicht Controller, sondern Ingenieure den Ton angaben, auf einen Stand gebracht worden, um den man uns in der Welt, aber auch in Europa beneidet hat. Davon konnten wir lange zehren.

Die europaweite Liberalisierung war eine kopernikanische Wende für die bisher regional unanfechtbaren Energieversorger und damit auch für Dich, den Energiestandort Ruhrgebiet. Dein Abstieg in die Regionalliga der europäischen Energiewirtschaft drohte! Gleichzeitig bot die europäische Marktöffnung den Energieunternehmen die historische Chance, aus dem »goldenen Käfig« der Regionalmonopole zu entkommen und die internationale Bühne zu betreten.

Wir haben damals bei VEBA die neue Situation gründlich analysiert und verschiedene Optionen geprüft. Sollten wir uns mit einem Energieunternehmen aus einem großen europäischen Nachbarland zusammentun? Warum aber dann nicht gleich zum Sprung in den amerikanischen Energiemarkt ansetzen und dort mit einem Partner zusammen gehen? Nach vielen Analysen und Gesprächen, unter anderen mit der französischen Suez und der amerikanischen Enron, wurde uns aber klar, dass wir zunächst im deutschen Heimatmarkt die nötige kritische Masse gewinnen müssen, bevor wir mit europäischem oder internationalem Anspruch auftreten konnten. Mehr noch: Dieser Weg erforderte überdies die Konzentration auf das Energiegeschäft – und damit standen wir vor einem grundlegenden Umbau des Konzerns!

Mischkonzerne in der Kritik

VEBA war ja eines jener breit aufgestellten Konglomerate, wie sie lange Zeit in der deutschen Industrie, gerade auch an Rhein und Ruhr, typisch waren. Für diese Organisationsform sprach vor allem die Möglichkeit, Risiken und geschäftliche Schwankungen über verschiedene, unabhängige Märkte auszubalancieren. Dagegen sprach die Komplexität der Aufgabe, unterschiedliche Geschäfte so zu steuern, dass insgesamt ein Mehrwert geschaffen wird. Konglomerate wurden in den 1990er Jahren immer kritischer betrachtet, weil Wachstumsstrategien in zunehmend globalisierten Märkten eine Konzentration der Kräfte verlangten. Diese Kritik kam aus der akademischen Betriebswirtschaftslehre und aus den Kapitalmärkten und stand in engem Zusammenhang mit dem »Shareholder-Value-Konzept«. Diese Diskussion richtete sich gegen die »Deutschland AG« oder den »Rheinischen Kapitalismus«, also jenes Netzwerk untereinander verflochtener Großunternehmen, das sehr stark auf persönlicher Verbundenheit und Vertrauen beruhte – Fluch und Segen zugleich!

Gerade Deine industrielle Struktur und Kultur, liebes Ruhrgebiet, war damit massiv herausgefordert. Bei VEBA haben wir das Shareholder-Value-Konzept in der Form übernommen, dass wir uns an der Steigerung des langfristigen Unternehmenswertes orientiert haben, die nicht nur den Aktionären, sondern auch den Mitarbeitern, Kunden und anderen Interessengruppen zugute kommt. Uns war immer wichtig, kurzfristige Exzesse zu vermeiden und eine langfristige Strategie zu verfolgen.

Fokussierung

Die Zeit von »Alleskönnern« wie VEBA ging also letztlich deshalb vorbei, weil man eben nicht mehr *alles* gut genug können kann, wenn der Wettbewerb härter und globaler wird. Zwar hatten wir schon in den 1990er Jahren das Spektrum unserer Aktivitäten verengt, doch hatte die VEBA Ende des Jahrzehnts noch immer ein breites Portfolio aus Stromversorgung, Mineralölverarbeitung, Chemieindustrie, Telekommunikation, Wohnungswirtschaft, Logistik und Handel. Nicht jedes Konglomerat hat unbeherrschbare Nachteile, aber VEBA war, das muss rückblickend klar gesagt werden, in der damaligen Aufstellung im europäischen Wettbewerb nicht zukunftsfähig. Es lag deshalb auch im Interesse des Ruhrgebiets, diesen aufgefächerten Konzernverbund geordnet aufzulösen, um den einzelnen Beteiligungen, darunter so bedeutende und traditionsreiche

Unternehmen der Region wie Stinnes in Mülheim, Hüls in Marl und Veba Oel in Gelsenkirchen, neue Perspektiven zu eröffnen, was in der Folge auch gelang.

In einer ähnlichen Situation befand sich VIAG, ein Mischkonzern mit Sitz in München, der neben der Stromversorgung in der Chemieindustrie, der Verpackungsindustrie, der Logistik und der Telekommunikation tätig war. Auch VIAG wollte sich stärker fokussieren und suchte einen Partner. Hinzu kamen weitere Parallelen zwischen VEBA und VIAG: Beide waren ehemalige Staatsunternehmen – VEBA wurde 1929 durch den Freistaat Preußen gegründet, VIAG 1923 durch das Deutsche Reich – und beide hatten als deutsche Mischkonzerne mit einem Schwerpunkt im Energiegeschäft eine verwandte unternehmenskulturelle Prägung. Man kannte sich und man verstand sich. Ich will aber rückblickend nicht idyllisieren: Eine Fusion ist immer auch eine kreative Erschütterung der beteiligten Unternehmen, die man nutzen kann, um Hergebrachtes zu hinterfragen und neue Wege zu öffnen. Wir haben deshalb auch die Chance gesehen, notwendige Veränderungsprozesse enorm zu beschleunigen.

Vom Rhein an die Isar?

Im Spätsommer 1998, wenige Wochen nachdem Wilhelm Simson den Vorstandsvorsitz der VIAG übernommen hatte, habe ich mit ihm einen möglichen Zusammenschluss beider Unternehmen diskutiert. Diese ersten Überlegungen wurden aber zunächst nicht weiter verfolgt, weil der Freistaat Bayern, der 25,1 Prozent an VIAG hielt, München als Sitz der neuen Gesellschaft verlangte. Liebes Ruhrgebiet, *das* konnten wir natürlich nicht akzeptieren!

Als sich im folgenden Jahr der Wettbewerb im Energiegeschäft bis hin zu teilweise irrationalen Preiskämpfen steigerte und immer tiefere Spuren in den Ergebnissen des Energiegeschäfts zog, wurden grundlegende strategische Antworten immer drängender. Vor allem diese Entwicklung bewog die bayerische Staatsregierung, von ihrer Forderung abzugehen. So konnten die Gespräche im Mai 1999 fortgesetzt werden und wurden bald zu konkreten Fusionsverhandlungen.

»… nicht in Äonen untergehn«

Die Fusion von VEBA und VIAG zur E.ON AG, die bislang größte in der deutschen Industriegeschichte, wurde im Juni 2000 vollzogen. Der neue Name sollte »Energie« und »Innovationskraft« assoziieren, erinnerte aber manchen auch an Goethes »Faust«, wo es an entscheidender Stelle heißt: »Zum Augenblicke würd'

ich sagen, verweile doch, du bist so schön. Es kann die Spur von meinen Erden-
tagen nicht in Äonen untergehn.« Auch wenn wir nicht gleich in Äonen rechnen
wollen, so hat E.ON seither doch eine deutliche Spur in seinen Märkten gezogen.
Damit ging von Dir, dem Ruhrgebiet, die Initiative aus zu einer industriellen
Neuordnung der deutschen und europäischen Energiewirtschaft, wie sie nach der
europaweiten Liberalisierung notwendig geworden war. Schon bald nach Ankündigung des Fusionsvorhabens begann sich das europäische Karussell zu drehen:
Die schwedische Vattenfall engagierte sich bei der Hamburger HEW, später folgten weitere Beteiligungen in Deutschland; die französische EdF beteiligte sich an
der Baden-Württemberger ENBW, aus der sie vor kurzem wieder ausgestiegen ist.
Im Jahr 2001 gelang E.ON mit dem Erwerb der britischen Powergen ein großer
Schritt in Richtung Internationalisierung, zumal damit nicht nur der Einstieg in
den britischen, sondern, über ein Tochterunternehmen von Powergen, auch in
den amerikanischen Energiemarkt verbunden war. Mit Investitionen und Desin-
vestitionen im Volumen von insgesamt fast 100 Milliarden Euro haben wir E.ON
in nur fünf Jahren zu einem der führenden europäischen Energieunternehmen
gemacht – eine beispiellose Transformation.

Entscheidend für den Erfolg von E.ON war, dass die Fusion und der nachfolgende Umbau des Konzerns von den Mitarbeitern, Belegschaftsvertretungen
und Gewerkschaften unterstützt und konstruktiv begleitet wurde. Es gab weder
Proteste noch Demonstrationen, sondern vielmehr eine vertrauensvolle Zusammenarbeit vor allem mit der Industriegewerkschaft Bergbau, Chemie und Energie. Hier zeigte sich jene gemeinsame Verantwortung der Sozialpartner für die
erfolgreiche Entwicklung der Unternehmen, wie sie immer ein besonderes Kennzeichen des Ruhrgebiets war.

Ruhrgas und Ruhrkohle

Tiefe Spuren zogen die Fusion und die nachfolgende Fokussierung des Konzerns
auf das Energiegeschäft – sowie zunächst auch noch auf die Spezialchemie –
aber auch im Ruhrgebiet. E.ON hatte von RWE im Tausch gegen Anteile an
der Dortmunder VEW eine Option auf deren Beteiligung an der Bergemann
GmbH erhalten, die Teil der Eigentümerstruktur der Ruhrgas in Essen war.
Diese Eigentümerstruktur war durch mehrere Vorschaltgesellschaften, die teilweise auch noch miteinander verbunden waren oder ihre Stimmrechte gepoolt
hatten, denkbar kompliziert und hatte die Entwicklung der Ruhrgas immer mehr
behindert. Denn dieses traditionsreiche Ruhrunternehmen, einer der führenden

Importeure und Großhändler für Erdgas in Europa, wollte eine eigene Position in der Exploration und Förderung von Erdgas aufbauen. Diese Strategie, die das Unternehmen nachhaltig stärken und die Sicherheit der deutschen und europäischen Gasversorgung deutlich verbessern würde, wurde von den Ölmajors, die unter den Eigentümern der Ruhrgas den Ton angaben, nicht mitgetragen, weil sie in diesem Geschäft eigene Interessen verfolgten. E.ON suchte hingegen die strategische Ergänzung ihres Gasvertriebsgeschäfts durch eine starke Position auf der Import- und Produktionsstufe. Die Lösung lag im Ruhrgebiet – Ruhrgas passte ideal.

Im Verlauf des Jahres haben wir Schritt für Schritt die Eigentümerstruktur von Ruhrgas entflochten und Anteil um Anteil erworben. Wichtig waren dabei vor allem zwei Vereinbarungen: Den Ruhrgas-Anteil von BP übernahmen wir im Tausch gegen VEBA Oel und deren ARAL-Tankstellen; dieses Unternehmen konnte damit seine relativ isolierte Stellung im Ölmarkt überwinden und sich einem der führenden Ölkonzerne der Welt mit starker, eigener Ölförderung anschließen. Den von der RAG an Ruhrgas indirekt gehaltenen Anteil erwarben wir durch eine schrittweise Abgabe von Degussa an RAG. Dies entsprach unserem strategischen Ziel einer Konzentration auf das Energiegeschäft. RAG stärkte damit seinen eigenen Chemiebereich und schuf so die Voraussetzung für eine Trennung des subventionierten deutschen Kohlebergbaus vom so genannten »weißen Bereich«, also dem Chemiegeschäft, den Kraftwerken und der Wohnungswirtschaft der RAG, die nunmehr stark genug waren, unternehmerisch neue, eigene Wege zu gehen. Die spätere Gründung der RAG-Stiftung zur geordneten Beendigung des deutschen Steinkohlenabbaus und der aus dem »weißen Bereich« gebildeten EVONIK waren mithin eine Fernwirkung der mit der E.ON-Fusion und der Ruhrgas-Übernahme ausgelösten industriellen Entflechtungen.

Was viele nicht für möglich gehalten hatten, war E.ON gelungen: Mitte 2002 verfügten wir über den direkten oder indirekten Zugriff auf 100 Prozent an Ruhrgas. Das Investment dafür betrug insgesamt gut 11 Milliarden Euro. Grundlegend für diesen Erfolg war auch, dass das Ruhrgas-Management ein Zusammengehen mit E.ON aus unternehmerischer Überzeugung unterstützt hat. Eine wichtige Rolle hat dabei auch der langjährige Ruhrgas-Vorstandsvorsitzende Klaus Liesen gespielt, der zu dieser Zeit Vorsitzender des Aufsichtsrats bei Ruhrgas und bei E.ON war.

Dennoch ging der Übernahmekrimi weiter: Das Bundeskartellamt untersagte die Transaktion, weshalb E.ON eine Ministererlaubnis beantragte, die unter einschneidenden Auflagen erteilt wurde. Einige Wettbewerber erreichten allerdings eine einstweilige Verfügung gegen den Vollzug der Übernahme. Die Auflagen der Ministererlaubnis wurden daraufhin nochmals verschärft, das Hauptsacheverfahren vor dem OLG Düsseldorf stand aber noch aus. Durch eine außergerichtliche Einigung mit den Beschwerdeführern konnte aber dann der Weg für eine Übernahme der Ruhrgas doch noch freigemacht werden.

Liebes Ruhrgebiet,
ich habe keine andre Akquisition erlebt, die sich so lange hinzog – annähernd drei Jahre! –, so viele Höhen und Tiefen zu überwinden hatte, so viele Unternehmen und politische Akteure involvierte und die in ihrer Komplexität solche Ansprüche stellte. Dennoch haben sich diese außerordentlichen Anstrengungen gelohnt: E.ON war nun auch im Gasgeschäft als integrierter Versorger aufgestellt, Ruhrgas standen neue Entwicklungsperspektiven offen, die Sicherheit der Gasversorgung wurde substantiell verbessert, der Energiestandort Ruhrgebiet gestärkt, dem Strukturwandel im Revier kräftige Impulse gegeben und die allmähliche Rückführung der Steinkohlesubventionen ermöglicht.

Unter allen Geschichten, die im Wandel des Ruhrgebiets geschrieben wurden, ist für mich die Entstehung von E.ON eine der spannendsten – das wirst Du, liebes Ruhrgebiet, mir hoffentlich nachsehen. Aber, im Vertrauen: Wenn in solchen Geschichten von mutigen Entscheidungen die Rede ist, von Nervenstärke und Findigkeit, von großen Plänen und dem Glück des Tüchtigen, dann sollte man zwei Dinge nicht vergessen. Erstens: Rückblickend ist immer alles Strategie. Und zweitens: Die Zukunft von Unternehmen wird nicht allein an großen Schreibtischen entschieden, sondern in einer komplexen gesellschaftlichen Wirklichkeit aus vielen widerstreitenden Einflüssen und Interessen. Aber genau das macht für mich den Reiz des Wirtschaftslebens aus! Entscheidend für Deinen Erfolg, liebes Ruhrgebiet, war immer die gemeinsame Überzeugung, dass Unternehmen nicht nur in ihre eigene Zukunft investieren, sondern immer auch in den Fortschritt der Region und ihrer Menschen.

Ich wünsche Dir, liebes Ruhrgebiet, Deinen Unternehmen und den Menschen der Region, weiterhin die Gelassenheit und die Fortune desjenigen, der aus eigener Erfahrung weiß, dass der Wandel das einzig Beständige ist.

Heinz-Peter Schlüter

Was wird aus dem Revier bis 2030?
Ohne Industrie kein Ruhrgebiet,
ohne Ruhrgebiet kein Industriestandort Deutschland

4.435 Quadratkilometer umfasst die Fläche, um deren Zukunft es geht, gut 5 Millionen Einwohner in 53 Städten brauchen eine persönliche Perspektive. Denn nach wie vor gilt das Ruhrgebiet als strukturschwache Region mit überdurchschnittlicher Arbeitslosenquote, und es ist absehbar, dass die Bevölkerungszahlen schrumpfen.

»Metropole Ruhr«, das offizielle Informationsportal des »Regionalverbandes Ruhr (RVR)«, begeistert sich derweil im Internet wie folgt: »Hightech statt Hochöfen, Zechen als neue Orte für Kulturevents, Partymeile statt Malocherkneipe. Der monumentale Strukturwandel von der Montanregion zur kreativen europäischen Metropole des 21. Jahrhunderts ist in vollem Gange.«

Beschreiben wir so unsere gemeinsame Vision vom künftigen Ruhrgebiet?

Die Marke des Ruhrgebiets ist nicht der mit Kultur und Disco verbrachte Feierabend, sondern die zeitgemäß aufgestellte industrielle Produktion. Das Revier ist auch nach 2030 vor allem Industriestandort! Wir brauchen keinen resignierenden Bruch mit unserer Geschichte, sondern die geduldige, zeitgemäße und kompetente Weiterentwicklung dessen, was frühere Generationen geschaffen haben.

Als Freizeitpark für kulturell interessierte IT-Spezialisten kann das Ruhrgebiet künftig nicht internationalen Metropolen wie London, New York, Shanghai, Tokio oder Paris Paroli bieten. Das Projekt »Weltmetropole Ruhr« muss man umfassend angehen und mit sachbezogener Ambition. Ein Ruhrgebiet ohne Industrie wäre ein unheilbar krankes Revier. Übrigens: Hochöfen sind heute »Hightech«, genau so, wie Elektrolyseöfen in der Aluminiumhütte es sind.

Wir sollten auch gelernt haben aus den haarsträubenden Missachtungen für die Industrie in den Jahren, in denen die Finanzmärkte vor allem auf Dienstleister setzten. Heute mag man es kaum noch glauben, aber am 14.2.2000 war eine Firma EM.TV zweier Filmehändler namens Haffa, die 320 Millionen Euro Umsatz machten und nur wenige Mitarbeiter hatten, an der Börse 14 Milliarden Euro wert. Das war genau so viel wie Thyssen Krupp mit 200.000 Mitarbeitern,

32 Milliarden Euro Jahresumsatz (1999) und 368 Millionen Euro Dividendenausschüttung.

Streiten wir uns angesichts solcher Verwirrtheiten nicht um »Old« und »New« Economy, sondern sprechen wir von der »True Economy«, derer das Ruhrgebiet bedarf wie die »True Economy« das Ruhrgebiet braucht: dank der bodenständigen Geschichte, der besonderen Menschen, dank der Infrastruktur.

Glücklicherweise war Wandel nach Maß schon immer die Stärke des Reviers und seiner Menschen, und beharrlicher Tatendrang der Stoff, der den Ballungsraum an Rhein und Ruhr am Laufen hielt. »Ruhe is nich an der Ruhr«, heißt es, denn Stillstand wäre Rückschritt.

Dazu ein Beispiel aus der TRIMET-Vorgeschichte: 1966 beschlossen die Unternehmensgruppen Metallgesellschaft AG und Schweizerische Aluminium AG (Alusuisse) den gemeinsamen Bau einer Aluminiumhütte in Deutschland. Die Standortwahl fiel, nach gründlichster Prüfung, auf eine Industriebrache am Standort Essen-Borbeck.

Wandel ist nicht Abstieg – Wandel ist Wende zum Besseren

Im Essener Norden kauften die industriellen Investoren der Fried. Krupp GmbH ein rund 1,7 Millionen Quadratmeter großes Gelände ab, auf dem bis zum Kriegsende ein Stahl- und Walzwerk gestanden hatte und daneben eine Rennanlage betrieben worden war: Stillgelegte Drehrohröfen und leere Hallen zeugten auf der Industriebrache noch von vormals geschäftigen Zeiten.

Das Grundstück hatte schon seinerzeit einen eigenen Hafen (am Rhein-Herne-Kanal), einen eigenen Bahnanschluss, gute Anbindung ans überregionale Straßennetz und Zugriff auf engmaschige Verbundnetze für Strom und Gas: Typisch Ruhrgebiet eben.

Das Land Nordrhein-Westfalen hatte die erneute Nutzung der Krupp'schen Industriebrache energisch beflügelt, denn die Kraftwerke des Rheinischen Braunkohlenreviers brauchten dringend industrielle Stromkunden. Die Standortentscheidung war auch in diesem Sinne ideal: Tag für Tag, rund um die Uhr, 365 Tage im Jahr benötigt eine Aluminiumhütte damals wie heute eine große und stets gleiche Menge Strom. Diese für Versorger ideale »Grundlast« – ohne die Höhen und Tiefen der Verlaufskurven privaten Verbrauchs – sichert die Kraftwerke wirtschaftlich ab und dämpft tendenziell die Strompreise für alle privaten Nutzer.

Als Träger für das Aluminiumprojekt wurde die Leichtmetall-Gesellschaft mbH (LMG) gegründet, Grundsteinlegung war im April 1969, Inbetriebnahme

am 4.I.I97I. 480 Millionen Mark betrug das Investitionsvolumen, am Eröff-
nungstag standen 800 Mitarbeiter der unterschiedlichsten Berufserfahrungen
bereit: LMG hatte die Bergleute, Stahlarbeiter und Arbeitnehmer vieler anderer Berufszweige über ein Jahr lang in ihren Muttergesellschaften ausgebildet.
I26.000 Tonnen Hüttenkapazität für Primäraluminium waren in zwei Hallen
entstanden, wenige Jahre später kam eine dritte Halle hinzu. Das bei der Grundsteinlegung gewagte Versprechen, es entstehe die »schönste und modernste Aluminiumhütte«, war Wirklichkeit geworden.

Bis Anfang der I990er Jahre florierte die Hütte und war der Stolz der Eigner,
des Managements und der Mitarbeiter. Mit dem Niedergang der Sowjetunion
wendete sich das Blatt: Die 2,5 Millionen Tonnen Primäraluminium, die die
Sowjetrepubliken bis dahin fast ausschließlich im eigenen Lande und vor allem
für militärische Zwecke genutzt hatten, wurden von den Militärs nun nicht mehr
gebraucht und flossen in den Weltmarkt. In Folge des so entstandenen Überan-
gebots und des damit einher gehenden Preisverfalls kam es zu einem bis heute
einmaligen Agreement aller anderen Aluminiumproduzenten weltweit: Im globalen »Moratorium of Understanding« verpflichteten sich I992 die Hüttenbetreiber
mit dem Segen der Kartellbehörden, I0 Prozent ihrer Kapazitäten dauerhaft vom
Markt zu nehmen. So sollte das Gleichgewicht von Angebot und Nachfrage mit
dem Ziel stabiler Preise wieder hergestellt werden. Die weltweit zurückgefahrene
Tonnage entsprach exakt dem Angebot, das die Russen zusätzlich in die Märkte
gaben.

Auch der zwischenzeitlich alleinige Eigner der Essener Hütte Alusuisse – die
Metallgesellschaft war schon früher ausgestiegen – kappte seine Produktion um
I0 Prozent und beschloss, in Konsequenz dessen seinen Hüttenstandort Essen
aufzugeben. Denn dort produzierten die Elektrolyseöfen exakt die Tonnage, um
die der Alusuisse-Konzern die Produktion zu reduzieren versprochen hatte. Im
konzerninternen Vergleich galten die Gestehungskosten für Primäraluminium in
Essen als die höchsten.

Das war I993, und wieder war Zeit für Wandel, für die Wende zum Besseren:
Trimet, gegründet I985 als Handelshaus und seit I993 Inhaber eines Recycling-
werks in Gelsenkirchen, kaufte nach intensiven Verhandlungen das Werk und
rettete 650 Mitarbeitern den Arbeitsplatz: 300 waren vom Vorbesitzer bereits entlassen worden und wurden zurückgeholt, den restlichen 350 Beschäftigten drohte
die Arbeitslosigkeit – nun blieben sie. Trimet erarbeitete sich bei der Belegschaft
neues Vertrauen, reaktivierte auch die bereits deaktivierten und teils schon abge-
bauten Ofenzellen.

57

Mehr als 260 Millionen Euro hat Trimet bis heute am Standort Essen investiert. Im Wissen um die in der Essener Hütte und Gießerei zu erzielende Produktqualität, die perfekte Infrastruktur, die faszinierende Zukunft des Aluminiums generell und die besonderen fachlichen und menschlichen Qualitäten der Mitarbeiter wurde und wird alles getan, den Produktionsstandort als Benchmark der Branche zu erhalten.

Schon bald nach der Übernahme lag die Jahreskapazität der 360 Elektrolyseöfen bei 170.000 Tonnen jährlich, die der angeschlossenen Gießerei bei 245.000 Tonnen. So lässt man sich die immer wiederkehrende Erneuerung des Ruhrgebiets gefallen. Wo Großkonzerne aufgeben, bleibt dem inhabergeführten Mittelstand immer noch die Chance, Erfolg zu haben.

Für den Wandel zum Besseren ist jeder Tag zu nutzen – fangen wir heute an

Das Ruhrgebiet sollte seine über alle Friktionen hinweg erfolgreiche Industriegeschichte fortschreiben. Nicht zuletzt die gezielt forcierten Gründungen von insgesamt sechs neuen Universitäten und etlichen Gesamthochschulen haben die eh optimalen Voraussetzungen für erfolgreiches Wirtschaften von Industrieunternehmen im Ruhrgebiet gestützt. Nun verfügt das Ruhrgebiet über eine in Deutschland ansonsten unerreichte Hochschuldichte. Technologiezentren, Gründerzentren und Beratungseinrichtungen zur Förderung von Start up-Engagements, Forschungsinstitute und Wissenschaftsparks ergänzen die wissenschaftliche Infrastruktur. Das bringt die bestens ausgebildeten Akademiker schon während der Studiengänge auf kurzen Wegen mit der Praxis zusammen. Der Fach- und Führungspositionen anstrebende Nachwuchs hat die Vorzüge des Lebens im Revier schon während der Ausbildung kennengelernt. Die jungen Frauen und Männer brauchen für ihre erste Stelle also nicht umzuziehen. Sie müssen nicht erst davon überzeugt werden, dass nicht nur die Jobs an Rhein und Ruhr attraktiv sind, sondern auch die Bedingungen für Wohnen und Freizeit.

Bislang ist die unterschiedliche Geschwindigkeit, mit der sich die Städte des Reviers neu aufstellen, problematisch. Zahl und Arbeitsfelder der kommunalen, regionalen und überregionalen öffentlichen Einrichtungen und geförderten Initiativen der Wirtschaft zur Beschleunigung und Qualifizierung des Strukturwandels sind zugleich unübersichtlich. Eine aufeinander abgestimmte und systematische Aufarbeitung der anstehenden Aufgaben in der »Metropole Ruhr« wird dadurch erschwert. Der »Lokalpatriotismus« mancher Entscheider ist immer noch eher »lokal« als »regional« oder gar aufs »große, ganze Ruhrgebiet« bezogen. Müsste beispielsweise nicht eine einzige IHK Ruhr reichen?

Große Strahlkraft wird die »InnovationCity Bottrop« haben, die in den kommenden 10 Jahren 1,5 Milliarden Euro bewegen wird, um – in Reichweite unserer Hütte und Gießerei – in einem Musterquartier Ideen zum nachhaltigen und energieeffizienten Wohnen, Arbeiten und Leben zu realisieren. »InnovationCity« ist das Projekt der Arbeitsgruppe Energie des Initiativkreises Ruhr; es verfolgt das Ziel, die Innovationskraft der beteiligten Firmen in Bezug auf CO_2-Reduzierung, Energieeffizienz und Klimaschutz darzustellen, zu bündeln und modellhaft umzusetzen.

Dem Initiativkreis Ruhr, der sich seit 1989 als Impulsgeber und treibende Kraft für eine erfolgreiche Zukunft der Metropole versteht, Millioneninvestitionen in Industrie- und Infrastruktur gesteckt hat – auch als Lückenfüller des Geldes, das in den Aufbau Ost ging – verdankt das Ruhrgebiet zahlreiche förderliche Aktivitäten. Schon vor Jahren hat der Initiativkreis seine Strategien für die Metropole Ruhr vorgestellt. Das sind einige der Schwerpunkte: Ein Innovationsnetzwerk soll Kreative, Ingenieure, Produzenten und Finanziers – auch Business Angels – verstärkt zusammenführen, Wirtschaft und Schule sollen besser zueinanderfinden, ein Klinik-Führer Angebote des Gesundheitswesens transparenter machen und promoten.

Erfolgreiches Standort-Marketing als Frage des Standpunkts – weg vom »Ich«

Wahrnehmung und Image des Ruhrgebiets sind immer noch weitgehend durch die in Deutschland einmalige Konzentration von Kohlebergbau, Stahlerzeugung und Stahlverarbeitung geprägt. Bekanntheit und Image des veränderten Ruhrgebiets lassen leider zu wünschen übrig. Dass NRW ein »Medienland« und »Dienstleistungsland« sei und Dortmund eine Software-Stadt, das reicht fürs Gedeihen des Ruhrgebiets nicht aus. Immer noch wird das Ruhrgebiet – wenn es jenseits der Grenzen Deutschlands denn überhaupt bekannt ist – in weiten Teilen der auswärtigen Bevölkerung – national wie international – immer wieder als Montan- und Industriezentrum alten Stils missverstanden.

Der Mangel ist auch hausgemacht. Beim allumfassenden Standortmarketing hat das Ruhrgebiet erheblichen Nachholbedarf: Die Marketing-Claims müssen anders lauten als die absenderbezogenen Selbstbekundungen à la »RUHRKRAFT – Eine Region auf dem Weg zur Weltspitze«, »Der Pott kocht«, Bilder vom »blauen Himmel überm Ruhrgebiet«, Sprüche vom »starken Stück Deutsch-land« oder »WE LOVE THE NEW Leading Region in Europe«. Die Diskrepanz zwischen Montan-Image und Relaunch-Realität des Ruhrgebiets muss im Rah-men einer Gesamtkonzeption endlich wirksam aufgearbeitet werden, um den Strukturwandel zu beschleunigen und substanziell wie medial zu festigen. Als geborenem Rheinländer sei mir an dieser Stelle erlaubt, auch für die emotio-nale, sachliche und organisatorische Integration von Düsseldorf ins Ruhrgebiet einzutreten: Für viele steht in Düsseldorf der Schreibtisch des Ruhrgebiets, der internationale Flughafen versorgt das gesamte Revier, eine internationale Schule macht die Stadt auch für jene Familien attraktiv, deren Ernährer in Oberhausen, Duisburg, Essen oder Bochum ihr Brot verdienen.

Manche Kernkompetenz, etwa die für Unterhaltungselektronik, Compu-ter, Bildschirme, Handys, ist an der Ruhr wohl für immer verloren gegangen. Wird der Trimet die Produktion von Hüttenaluminium durch ein Beharren auf den einseitigen und wettbewerbsverzerrenden politischen Aufschlägen auf den Strompreis unmöglich gemacht, so hat auch die Kernkompetenz der Elektro-lyse in Deutschland keine Heimat mehr. Tausende Arbeitsplätze in der Wert-schöpfungskette in NRW stehen dann in Frage, und diese Deindustrialisierung wäre wahrlich »ein starkes Stück Deutschland«, wenn mir an dieser Stelle ein wenig Ironie erlaubt sei. Eine Energiedebatte ohne Rücksicht auf die Zwänge der Industrie ist unverantwortlich fürs ganze Land: Die Rahmenbedingungen für die Industrie dürfen nicht verschlechtert, sie müssen verbessert werden.

Unter dem nun blauen Himmel des Ruhrgebiets liegt nicht etwa eine naturbe-lassene Landschaft, in der selbstzufriedene Ureinwohner Party machen. Vielmehr sollten dies die Botschaften sein: Prosperierende Unternehmen nutzen modernste Technologien für effiziente Produktion, für nachhaltiges Wirtschaften sowie Klima- und Umweltschutz. Sie arbeiten mit tüchtigen Fachkräften, bilden sie aus und bilden sie weiter. Das moderne Ruhrgebiet ist *der* Industriestandort im Herzen Europas und wird es um des Wohlstandes willen bleiben. Von wem sonst als vom arbeitsintensiven primären und material- und kapitalintensiven sekun-dären Wirtschaftssektor wollen die personalintensiven Dienstleister, die Banken, Versicherer, die Gastronomen, der Handel und die Verwaltungen aller Art ihre Aufträge und ihre Arbeit bekommen? »Industriepolitik« darf kein Schimpfwort sein, erst recht an Rhein und Ruhr nicht!

Die Stärken strategisch stärken – Schwächen pragmatisch abstellen

Für das Ruhrgebiet geht es nicht mehr um Stilllegungen, sondern um eine flächendeckende »Renaissance« der Industrie entlang der Wertschöpfungskette: Ohne deren Anfang im primären und sekundären Sektor gibt es für den dritten Sektor so gut wie nichts zu tun. Die Industrie ist und bleibt der Wertetreiber für die ganze Region, sichert die Zukunft mit Zukunfts- und Überlebenstechnologien, die angesichts von Umweltverschmutzung und knapper werdenden Rohstoffen global gefragt sind. So wird die so genannte »Old Economy« zur »True Economy«.

Der Trend zu kleinteiligeren Firmen wird sich dabei fortsetzen, mehr Förderung von Mittelstand muss sein, und wenn sie alleine aus weniger politisch gewollter Belastung des Mittelstands besteht. Das Ruhrgebiet ist leider kein Finanzplatz wie New York, Tokyo oder London, da muss die Realwirtschaft sich und ihresgleichen wohl selber helfen – mit Bereitstellung von Seed Capital für Start-ups oder zur auch privaten Finanzierung neuer Produkte. Hohe Gewerbesteuerhebesätze sind freilich dazu angetan, die zahlreichen Förderungen für Jungunternehmer zu konterkarieren, wie sie in Form von Support Service Stationen für Betriebserweiterungen und Start-ups, wie zum Beispiel dortmund-projekt, Starter-Center NRW oder Ruhr-Networker Hilfestellung geben. Hohe Steuern leisten auch ihren Beitrag dazu, vor allem ausländische Investoren von einem Engagement im Ruhrgebiet abzuhalten. Gleichzeitig kämpfen die Förderprogramme des Bundes, des Landes NRW, des Ruhrgebiets sowie einzelner Kreise und Städte des Ruhrgebiets und die mit der Abwicklung betrauten Finanzinstitute mit ihren Mitteln um Gewerbe- und Industrieansiedlung.

Gut im Wettbewerb mit anderen Großzentren steht das Ruhrgebiet da, wenn es um die Qualität der Technologieverfügbarkeit geht. Informationstechnologie, Mikroelektronik, Nanotechnologie und Biotechnologie sind notwendige Ergänzung des Bestehenden bei der Kreation neuer Produkte und Verfahren. Damit sie schneller auf die Beine kommen, sind den neuen Bereichen Initiativen des NRW-Wirtschaftsministeriums hilfreich, wie etwa das »IKT-Cluster«, das landesübergreifend »vorhandene Stärken im Bereich der Informations- und Kommunikationstechnologien weiterentwickeln und Chancen nutzen« will. Recht bald werden auch Industrieunternehmen aus den Ergebnissen dieser Förderungen Nutzen ziehen.

Das Ruhrgebiet bleibt Deutschlands bester Platz für Produktion: Hier gibt es die sehr gut ausgebildete Infrastruktur, und das Gesetz zur Beschleunigung von Planungsverfahren ist beschlossene Sache. Seien die Autobahnen auch oft verstopft und kommt die Bahn auch oft zu spät. Es gibt sie aber, die Bundes- und Landstraßen, die Wasserwege, die Häfen für Schiffe und Flugzeuge, die Gleisschlüsse und den öffentlichen Nahverkehr. Das ist weiß Gott nicht überall so! Und es gibt, neben den besonders vielen und guten Forschungs- und Bildungseinrichtungen, die ganz besonderen Menschen, die hier wohnen.

Die Menschen im Ruhrgebiet haben Charakter. Als Mitarbeiter sind sie meist von einem besonderen Maß an Ehrlichkeit beseelt, stehen zu ihrem Wort, geben nicht auf, sie halten zusammen. Seit dem Beginn der Industrialisierung hat das Ruhrgebiet seine Zuwanderer aufgenommen, integriert, und man hat sich gegenseitig zu Eigen gemacht. Bei Trimet in Essen und in Gelsenkirchen arbeiten Menschen aus 18 Ländern, alle sind mit Leidenschaft dabei und viele von ihnen gehen »auf Schalke«. Auch das ist ein Indiz dafür, dass das Ruhrgebiet auf gutem Wege ist: Weltläufigkeit verbindet sich mit Bodenständigkeit, fremde Kultur mit neuer Heimat. Die Kombination mit der vorherrschenden Arbeitsmoral und verbreiteten Kameradschaft nach Art der Kumpel (die nicht mit Kumpanei zu verwechseln ist), mit Pflichtgefühl und Zuverlässigkeit, über 100 Jahren entwickelt und stets den Kindern weitergegeben, müsste doch den Stoff für eine Erneuerung auf Basis tradierter Werte und Erfahrungen hergeben, die dem Ruhrgebiet eine gute Zukunft sichern. An den Menschen im Revier wird's jedenfalls nicht scheitern!

Winfried Materna

Informationstechnologie in allen Lebenslagen
Aus dem Innenleben eines
inhabergeführten IT-Unternehmens

Eigentlich fing es nicht zu Hause am Küchentisch an, wie oft vermutet, sondern an der Universität Dortmund, der heutigen TU Dortmund. Aber der Reihe nach.

Der erste Computer geht zurück auf Konrad Zuse, der seinen Rechenautomaten Z3 bereits im Jahr 1941 entwickelte. Sein damaliges Prinzip von Rechen- und Speichereinheit trifft im Kern auch heute noch auf moderne Rechnersysteme zu. So richtig los ging es mit der Computer-Branche erst in den 1970er Jahren. Microsoft, nach wie vor weltweit einer der größten IT-Konzerne, wurde 1975 gegründet. Branchenkennern war zwar bewusst, dass der IT-Bereich eine ausgezeichnete Perspektive bieten würde, aber sicherlich hatte sich damals niemand vorgestellt, dass die Informations- und Kommunikationstechnologie einmal den beruflichen und privaten Alltag derart durchdringen würde: Ob wir Auto fahren, telefonieren oder Wäsche waschen, nichts funktioniert heute mehr ohne Bits und Bytes. Die Informationstechnologie hat ein weltumspannendes Netz für die Kommunikation und für Geschäftsprozesse geschaffen und so die Globalisierung in dem jetzigen Maß erst ermöglicht.

In den 1970er Jahren gehörte die Technische Universität (TU) Dortmund zu den wenigen wissenschaftlichen Einrichtungen, die bereits einen Lehrstuhl für Informatik eingerichtet hatten. Die Universität bildete ganz sicher die Keimzelle für den Wandel des westfälischen Ruhrgebiets. Der Aufbau von TU, Fachhochschule sowie die Entwicklung des Campus-nahen Technologieparks waren der Königsweg für Dortmund beziehungsweise die Region für den Wandel von einem Schwerindustriestandort zu einem industriebasierten Dienstleistungsstandort. Auch wir zogen deshalb dorthin, und das Unternehmen MATERNA profitiert bis heute immer wieder von diesem Know-how-Transfer.

Nach meiner Promotion in Hamburg übernahm ich daher im Jahr 1978 die Leitung eines Forschungsprojekts über die »Leistungsbewertung von Rechnersystemen« am Fachbereich Informatik der TU Dortmund. Dennoch kam eine Hochschulkarriere für mich nicht in Frage, da ich immer ein Faible für das selbstständige Unternehmertum hatte. An der Hochschule fehlt oftmals der enge Bezug zur praktischen Umsetzung und vor allem zu konkreten Ergebnissen im Umgang mit Kunden. So folgte 1980 der Schritt in die Selbstständigkeit – gemeinsam mit meinem Geschäftspartner Helmut an de Meulen: Die MATERNA GmbH ist dabei als Spin-Off der TU Dortmund entstanden.

Es war nicht abzusehen, welche Entwicklung das frisch gegründete Unternehmen einschlagen wird. Die Abkehr von der Hochschule war für uns damals nicht unbedingt opportun. Den wohl behüteten Bereich von Forschung und Lehre zu verlassen und sich in ein Abenteuer ohne Venture Capital und Business Angel zu stürzen, war eine Herausforderung, die wir mit glücklicher Hand gemeistert haben. Inzwischen sind wir seit 30 Jahren erfolgreich als IT-Berater tätig. Dabei haben wir generell immer von der technischen Entwicklung profitiert. Hätte sich die Technik nicht so rapide weiterentwickelt – Internet, Mobilfunk oder Web 2.0 –, wären wir wahrscheinlich nicht da, wo wir heute sind. Vor allem der Zugriff auf die Personalressourcen aus der umliegenden Hochschullandschaft war einer der wesentlichen Gründe, das Unternehmen in Dortmund aufzubauen und dort auch zu bleiben. Dass wir aus der gesamten Hochschullandschaft immer wieder hochqualifizierte Mitarbeiter gewinnen können, ist bis heute einer der wichtigsten Erfolgsfaktoren für das Unternehmen. Eine unserer zentralen Fragen ist, wie wir gute Mitarbeiter für uns begeistern und wie wir sie langfristig an das Unternehmen binden können. Für ein Beratungsunternehmen sind qualifizierte Mitarbeiter essenziell. Daher haben wir traditionell stets eine gute Verbindung zur Universität und zur Hochschule gepflegt; das gilt auch für andere Standorte des Unternehmens. Die Hochschullandschaft ist gewissermaßen unsere Kaderschmiede. Es hat sich nie wirklich die Frage eines Standortwechsels gestellt, da die Region unsere Kernanforderung nach qualifizierten Mitarbeitern sehr gut erfüllt. Eine hohe Ausbildungsquote im Unternehmen, die Partnerschaft zur Fachhochschule Dortmund im Rahmen eines dualen Ausbildungsmodells für Bachelor-Studenten sowie interne Weiterbildungs- und Förderungsprogramme stellen unter anderem den Nachschub an neuen Talenten und die Qualität der Mitarbeiter sicher. Das Unternehmen wird daher auch künftig von Dortmund aus seine europaweiten Aktivitäten steuern.

Obwohl ich viele Jahre in Berlin und Hamburg gelebt habe, schlägt mein Herz inzwischen für das Ruhrgebiet. Es ist eine lebendige Region, deren Gesicht sich in den vergangenen drei Jahrzehnten immer wieder verändert hat. Standen bis in die 1980er Jahre die großen Industriezweige Kohle, Stahl und Bier für die heimische Wirtschaft, ist das Ruhrgebiet inzwischen über die Grenzen der Region hinaus bekannt als Standort für moderne Industrien wie die Informationstechnologie, die Telekommunikation und die Logistik. Der Region ist es gelungen, Industrie und Handel mit der Ansiedlung von zukunftsfähigem Dienstleistungsgewerbe zu verknüpfen. Die bereits erwähnte breit gefächerte Hochschul- und Wissenschaftslandschaft, die einen Schwerpunkt bei Studiengängen der Informatik und neuer Technologien hat, unterstützt dieses Konzept perfekt.

Das Vorhandensein einer Förderkulisse war für das Unternehmen daher nicht entscheidend. Vielmehr ist aus dem damaligen Forschungsprojekt das erste Kundenprojekt entstanden. Wir haben solide Beratungsarbeit abgeliefert und uns so einen Namen gemacht. Darüber hinaus haben wir auch davon profitiert, dass sich insgesamt eine sehr positive Stimmung entwickelte. Der Markt forderte geradezu, dass die IT sich zum Nervengerüst vieler Unternehmen und öffentlicher Verwaltungen entwickeln sollte. Auch heute gilt das ursprüngliche Prinzip: Bei hoher Komplexität der Aufgabenstellung ist das Unternehmen MATERNA als Ratgeber und Lösungsanbieter gefragt. Aus den anfänglichen Kunden Nixdorf und Siemens ist ein weitgespanntes Unternehmensnetzwerk mit vielfältigen Aktivitäten hervorgegangen. Die Pflege guter und langfristiger Beziehungen zu unseren Kunden ist ein wichtiges Faustpfand, mit dem das Unternehmen daher traditionell aufwarten kann.

Auch für heutige Unternehmensgründer empfiehlt es sich, rasch ein Netzwerk an Kunden und Geschäftspartnern aufzubauen, und was heute deutlich einfacher möglich ist: interessierte und risikobereite Geldgeber zu finden. Doch reicht es nicht aus, eine gute Idee zu haben oder ein gutes Produkt zu entwickeln – die Vermarktung hat einen noch höheren Stellenwert. Ein Erfahrungsaustausch mit Gleichgesinnten ist sicher förderlich. Wer die technologischen Möglichkeiten des Web 2.0 mit seinen sozialen Netzwerken wie Xing, Twitter und Facebook richtig für sich nutzt, kann auf breiter Front mit Geschäftspartnern und Kunden in Kontakt treten.

Gründer, die sich über Risikokapitalgeber oder Banken so genanntes Chancenkapitel beschaffen, müssen jedoch auch erkennen, dass sie damit einen Mitgesellschafter ins Boot holen. Dieser bietet zwar ein hilfreiches Netzwerk, nimmt aber auch Einfluss auf die Geschäftspolitik. Jeder Unternehmer muss in der Frühphase entscheiden, ob er sein Geschäft aus eigener Kraft entwickeln kann oder fremde Hilfe in Anspruch nimmt. Bei hohen Investitionen oder riskanter Perspektive empfiehlt sich in jedem Fall die Einbindung von Partnern.

Gut aufgestellt auch für die nächsten 30 Jahre

Im Jahr 1990 – zehn Jahre nach der Firmengründung – hatten wir uns als einer der wichtigsten Ansprechpartner für die Industrie profiliert und beschäftigten knapp 200 Mitarbeiter. Mit dem Boom im liberalisierten Telekommunikationsmarkt tat sich Anfang der 1990er Jahre ein weiterer Geschäftszweig auf: Lösungen, Dienste und Plattformen für Telekommunikationsunternehmen. Vor allem der Kurznachrichtendienst SMS war extrem erfolgreich. Damit haben wir ein starkes Wachstum erzielt. Die Netzbetreiber hatten völlig unterschätzt, welche Bedeutung das Medium SMS annehmen würde. Im Jahre 2000 – zwanzig Jahre nach Firmengründung – gehörte MATERNA dann bereits zu den wenigen noch inhabergeführten IT-Unternehmen in Deutschland. Die Mitarbeiterzahl hatte inzwischen die Tausendermarke überschritten.

Zu den großen Meilensteinen des Unternehmens zählt auch der Einstieg in den Bereich der öffentlichen Verwaltung. Anlass war eine Anwendungsentwicklung für den Zoll im Auftrag der Bundesfinanzverwaltung. Wir haben diese Lösung komplett neu entwickelt und uns in 18 Jahren zum Know-how-Führer in Deutschland auf diesem Gebiet entwickelt. Das ist eines unserer erfolgreichsten Projekte überhaupt. Zwischenzeitlich haben wir uns eine marktführende Position in der öffentlichen Verwaltung aufgebaut. Die Ausrichtung unseres Unternehmens sowohl auf die Privatwirtschaft als auch auf die öffentliche Verwaltung hilft uns, Nachfrageschwankungen gut auszugleichen.

Zukünftig wird sich das Unternehmen noch intensiver mit der Optimierung von Geschäfts- und Verwaltungsprozessen auf der Basis von Informationstechnologie beschäftigen. Neben der Produktinnovation spielt zukünftig die Innovation von Prozessen bei der Steigerung der Wertschöpfung eine zentrale Rolle bei Unternehmen und Verwaltungen. Flexible Prozesse erlauben es Unternehmen und Verwaltungen, schneller auf veränderte Markterfordernisse zu reagieren, und die öffentliche Verwaltung kann schonender und kundenorientierter agieren. Dabei reicht das Leistungsspektrum von MATERNA von der Beratung über die Umsetzung bis zum Betrieb von Lösungen für unsere Kunden.

Das große Ziel für die Zukunft ist, MATERNA als Familienunternehmen auch für die kommenden 30 Jahre zu bewahren. Die Unternehmensgruppe soll wie bisher aus eigener Kraft weiter wachsen. Das Paradigma des profitablen Wachstums wird weiter erhalten bleiben. Rund 1.300 Mitarbeiter arbeiten heute europaweit für MATERNA. Die zunehmende Komplexität in der Geschäfts- wie in der Privatwelt ist eine gute Basis für ein spezialisiertes IT-Beratungsunternehmen. Solange wir unseren Kunden einen Mehrwert in dieser komplexen Welt bieten können, werden sich unsere Dienstleistungen und Produkte einer hohen Nachfrage erfreuen.

Herbert Lütkestratkötter

Aufbruch vom »Schreibtisch des Ruhrgebiets«
Aus Essen in die Welt

HOCHTIEF, weltweit tätiger Baudienstleister und der internationalste Konzern der Branche, wäre ohne Essen – undenkbar. Unser Konzern hat sich aus dieser Region heraus seine Schlüsselstellung erarbeitet. Und er hat die Geschichte des Reviers seit dem frühen 20. Jahrhundert nicht nur als Unternehmen am Standort begleitet, sondern als »Baumeister« auch mitgeprägt. HOCHTIEF hat dazu beigetragen, der Region ihr heute unverwechselbares Gesicht zu geben. Die Firmenhistorie ist eng mit der Geschichte von Essen und der Geschichte des gesamten Ruhrgebiets verbunden. Darüber hinaus gibt es auch viele Parallelen zwischen beiden: Region und Unternehmen erlebten tiefe Krisen und konnten nur dank eines rechtzeitigen und grundlegenden Wandels zukunftsfähig bleiben.

Allerdings stand die Wiege von HOCHTIEF nicht im Ruhrgebiet, sondern in Frankfurt. Dort gründeten Balthasar und Philipp Helfmann 1873 die Firma »Gebrüder Helfmann«. 1896 wurde diese in die »Aktiengesellschaft für Hoch- und Tiefbauten« umgewandelt – viele Jahre später wurde daraus einfach HOCHTIEF. Schnell wuchs das Unternehmen, war bald überregional tätig, von Berlin bis Freiburg. Zunehmend rückte das Revier an der Ruhr, Standort der Kohle-, Stahl- und Verarbeitungsindustrie, in das Blickfeld des expandierenden Bauunternehmens. Ab 1910 baute HOCHTIEF am Rhein-Herne-Kanal mit – der Einstieg ins Baugeschäft im Ruhrgebiet war damit geschafft. Der Kanalbau brachte auch den wichtigen Kontakt zum mächtigen Stinnes-Konzern mit seinen Bergwerksbetrieben, Schifffahrtsgesellschaften und Maschinenbauunternehmen. 1921 wurde zwischen Stinnes und HOCHTIEF eine Interessengemeinschaft vereinbart: Das Bauunternehmen sollte fortan alle Bauprojekte des Stinnes-Konzerns ausführen – höchst attraktive Aussichten für HOCHTIEF. Folgerichtig verlegte das Unternehmen 1922 seinen Firmensitz nach Essen – zunächst an den Essener Pferdemarkt, später in die neue Hauptverwaltung am Opernplatz. Der Wechsel war vollzogen. HOCHTIEF prägt seitdem die Baukultur im Ruhrgebiet und engagiert sich als Unternehmen der Region für die Entwicklung der Metropole Ruhr.

Viele Bauwerke sind bis heute Zeugen des frühen Schaffens von HOCHTIEF in der Stadt Essen. Dazu gehören die Börse Essen (heute Haus der Technik), die Lichtburg – bei ihrer Eröffnung 1928 das modernste Filmtheater in Deutschland – ebenso wie der Schacht XII der Zeche Zollverein, heute Weltkulturerbe der UNESCO und Wahrzeichen der Stadt Essen. HOCHTIEF war breit aufgestellt, deutschlandweit tätig und mit einem Niederlassungsnetzwerk im ganzen Land vertreten.

Nach dem Zweiten Weltkrieg stand neben dem Wiederaufbau im schwer zerstörten Ruhrgebiet für HOCHTIEF zunächst der Kraftwerks- und Zechenbau im Vordergrund. Anlagen für die Rohstoffgewinnung und in der Energietechnik sind bis heute wichtige Marktsegmente bei HOCHTIEF – die Grundlagen für diese Kompetenz wurden in den 1950er Jahren im Revier gelegt.

Die Rettung sinkender Tempel

Parallel entwickelte sich Essen in dieser Zeit mehr und mehr zum Verwaltungsstandort des Ruhrgebiets. Diesen Schritt begleitete HOCHTIEF ebenfalls aktiv: So entstanden zahlreiche Bürogebäude und die repräsentativen Standorte von Unternehmen wie Ruhrgas, Ferrostaal, AEG und Allianz. Nach den verheerenden Kriegszerstörungen wurde der Wiederaufbau von den Stadtvätern sehr bewusst betrieben – modern sollte Essen sein und attraktiv für seine Einwohner. Die Grugahalle, eine frühe Multifunktionsstätte, zeugt vom Geist dieser Zeit. Zudem wurde Essen verkehrstechnisch auf den neuesten Stand gebracht – HOCHTIEF realisierte fast das gesamte U-Bahn-Netz und große Teile des Ruhrschnellwegs. In den 1960er und 1970er Jahren entstanden dann vor allem Gesundheits- und Bildungsbauten, wie zum Beispiel Gebäude für die Universitätsklinik, die Universität Essen und die Messe Essen. Die Stadt verstand es, sich zur rechten Zeit nach vorne zu orientieren – und Essen galt bald als der »Schreibtisch des Ruhrgebiets«: Hier entstand die Basis-Planung für eine zukunftsorientierte Metropolregion, die längst mehr als nur Kohle und Stahl zu bieten hatte.

Ebenso systematisch und innovativ entwickelte auch HOCHTIEF sein Geschäft in dieser Zeit weiter. In den 1960er Jahren zeichnete sich eine Tendenz zu erweiterten Bauaufgaben ab: Das Bauen wurde – nicht zuletzt dank der Ingenieurleistungen aus dem Essener Konzern – etwa durch den Ansatz des schlüsselfertigen Bauens revolutioniert. HOCHTIEF wurde immer stärker zum »Generalunternehmer«, koordinierte nun alle Phasen und Gewerke des komplexer werdenden Baugeschäfts. An Neuentwicklungen war der Konzern immer wieder beteiligt und machte sich auch über die Grenzen Deutschlands hinaus einen Namen – auch als die UNESCO das Unternehmen in Ägypten zu Hilfe rief, um die versinkenden Tempel von Abu Simbel auf sicheren Grund zu versetzen: Die spektakuläre Aktion machte HOCHTIEF weltweit bekannt. Das Unternehmen war in dieser Zeit an zahlreichen internationalen Bauprojekten beteiligt, agierte dabei aber stets aus der Essener Zentrale heraus.

Nach dem Niedergang der Montanindustrie seit den 1980er Jahren erlebte nun das Ruhrgebiet einen einschneidenden Strukturwandel. Die Verantwortlichen wussten, dass ohne soziale und ökologische Verbesserungen die Region mit der hohen Arbeitslosigkeit, den verschmutzten Brachflächen und ungenutzten Industrieruinen am Ende war. Zukunftsprogramme wurden ins Leben gerufen, Architektur- und Städtebau-Projekte gestartet. Es begann ein Erneuerungsprozess, der gerade aus seinen fundamentalen Umwälzungen eine Erfolgsgeschichte schrieb.

Auch für HOCHTIEF änderte sich in den 1990er Jahren nach langen und guten Jahren die Situation: In Deutschland geriet die Baubranche in eine tiefe Krise, die Strukturprobleme traten deutlich zutage. Weil der Preisdruck immer stärker wurde, nahmen viele Unternehmen immer größere Risiken zu immer schlechteren Preisen in Kauf, um Aufträge zu erhalten. Das kostete zahlreiche Wettbewerber die Existenz. In Deutschland blieben von mehr als zehn am Ende nur zwei börsennotierte Bau-Aktiengesellschaften übrig – eine davon HOCH-TIEF. Auch für den Essener Baumeister galt: Nur ein konsequenter Wandel konnte den Konzern zukunftsfähig machen.

Das Revier als Innovationsstandort

HOCHTIEF entwickelte sich gezielt weiter, setzte zunächst einmal auf das internationale Geschäft. Dazu gehörte es, sich auf dem amerikanischen Markt – dem größten Baumarkt der Welt – zu etablieren und die seit den 1980er Jahren bestehende Präsenz in Australien zu verstärken. Zudem baute das Unternehmen seine vorhandenen Kompetenzen aus und erschloss sich damit neue, attraktive Märkte. So übertrug HOCHTIEF seine Prozesskompetenz auf das Management von Flughäfen und gründete eine erfolgreiche Gesellschaft – sie ist heute als unabhängiger Flughafeninvestor einer der weltweit führenden Akteure auf dem Flughafenprivatisierungsmarkt. Ebenso nutzte HOCHTIEF sein Bauwissen für neue Sparten, gründete Gesellschaften für Projektentwicklungen und für Baudienstleistungen. Heute begleitet HOCHTIEF mit Planung, Bau und Services den gesamten Lebenszyklus von Infrastrukturprojekten, Immobilien und Anlagen – weltweit wie weiterhin auch im Ruhrgebiet.

Der Konzern ist auf dem Weltmarkt erfolgreich tätig und genießt international hohes Renommee. Am Opernplatz, umgeben von den durch HOCHTIEF realisierten Bauten Aalto-Theater und RWE-Turm, schlägt bis heute das Herz des Konzerns. Hier gelingt es uns, Internationalität und Projektgeschäft in aller Welt mit Beständigkeit und auch mit Bodenständigkeit zu verbinden. Das Ruhrgebiet hat sich in bald 90 Jahren als hervorragender Konzern-Standort erwiesen: Mit seiner zentralen Lage und der hervorragenden infrastrukturellen Anbindung bietet es optimale Voraussetzungen. Das sehen nicht nur wir bei HOCHTIEF so – das verrät die große Zahl international erfolgreicher Unternehmen, die ebenfalls in Essen oder einer der Nachbarstädte an der Ruhr ihren Hauptsitz haben.

Im Kulturhauptstadtjahr 2010, das HOCHTIEF als Technischer Leiter und Sponsorpartner begleitet hat, konnte das Ruhrgebiet der breiten Öffentlichkeit endlich zeigen, was in ihm steckt. Während sich das triste Image des »Kohlenpotts« außerhalb des Reviers hartnäckig über Jahrzehnte gehalten hatte, hat sich das Revier zum erfolgreichen Innovationsstandort gemausert. Gesundheits- und IT-Dienstleister haben sich in der Region ebenso angesiedelt wie gut 3.000 Logistikunternehmen, Opernhäuser und Philharmonien machen von sich reden, namhafte Festivals wie das Klavier-Festival Ruhr und die Ruhrtriennale sorgen für überregionale Aufmerksamkeit, und der Wissenschafts- und Forschungsstandort Ruhr genießt dank überragender Institutionen internationalen Ruf. Dem Aufruf »Komm zur Ruhr« der neuen Ruhrgebietshymne sind viele Menschen gefolgt. Das Ruhrgebiet hat es geschafft, neue Bilder zu prägen – und an Selbstbewusstsein gewonnen.

Allerdings: Alle Begeisterung über die vielen Erfolgsgeschichten darf nicht darüber hinwegtäuschen, dass unsere Region weiterhin vor großen Herausforderungen steht. Für das Ruhrgebiet als modernes Industrie-, Dienstleistungs- und Logistikstandort sind vor allem Investitionen in die überlastete Verkehrsinfrastruktur unerlässlich. Es ist höchste Zeit für ein integriertes Gesamtkonzept für alle Verkehrsträger zu Lande, zu Wasser und in der Luft – und dazu bedarf es entsprechender Finanzmittel. Ob es uns gelingt, eine infrastrukturelle Wende herbeizuführen, entscheidet über den Erfolg unserer Region mit. Darum ist es wichtiger denn je, dass alle Partner in der Region mit einer gemeinsamen Stimme sprechen. Ebenso gilt es, den demographischen Wandel, der im Ruhrgebiet besonders weit vorangeschritten ist, verantwortlich zu begleiten. Hier ist auch die Baubranche gefragt, etwa wenn es um Rückbaumaßnahmen auf ehemaligen

Industrie-Grundstücken oder die Gestaltung von Stadtquartieren geht. Nicht zuletzt sind wir als Unternehmen der Bauindustrie gefordert, neue Modelle zu etablieren, damit trotz des Investitionsstaus bei Städten und Kommunen dringend notwendige Projekte – etwa Schulsanierungen – realisiert werden können. Hier hat HOCHTIEF mit dem von uns international erprobten Public-Private-Partnership-Modell auch im Ruhrgebiet, etwa beim Rathaus Gladbeck, bereits neue Möglichkeiten für die Zusammenarbeit zwischen öffentlicher Hand und Privatwirtschaft aufgezeigt.

Die Herausforderungen sind vielfältig. Es gilt, Zukunft im Ruhrgebiet aktiv zu gestalten. Der HOCHTIEF-Konzern, der seinen Weg aus Essen heraus erfolgreich gestaltet hat, steht dafür bereit – mit Herz und Hand. Glück auf!

Bertram R. Müller

Pulverturm statt Förderturm
MC-Bauchemie – die Entwicklung
zum internationalen Technologieführer

Es war nicht strukturpolitische Regionalförderung, sondern die unternehmerische Vision des Firmengründers, die den Start der MC-Bauchemie vor 50 Jahren
auslöste.

Der Essener Unternehmer Heinrich W. Müller suchte in seiner Heimatstadt
ein entwicklungsfähiges Industriegrundstück mit Gleisanschluss. Im Zuge seiner
Bemühungen wurde er auch bei der Essener Stadtverwaltung vorstellig. Jedoch
vergeblich. Zwar half die Stadt damals schon bei der Industrieansiedlung, jedoch
bekam der Unternehmensgründer zu hören: »Dies ist aber reserviert für ... und
jenes ist reserviert für ...« Bei den Inhabern der Grundstücksreservierungen handelte es sich um große Unternehmen, die heute zum Initiativkreis Ruhrgebiet
gehören. Damals waren diese Unternehmen in erster Linie noch dem Bereich
Kohle und Stahl zuzuordnen.

Der Firmengründer setzte seine Suche über den nördlichen Stadtrand hinaus
fort und wurde in Bottrop fündig. Dort stand die erste Zechenschließung an. Ein
neues Industriegebiet war geplant und stand zur Verfügung.

Bescheiden waren die Anfänge. In der WAZ vom 23.3.1969 hieß es, dass das
Unternehmen im Endausbau einmal 60 Mitarbeiter beschäftigen sollte.

Die ursprüngliche Geschäftsidee entstammt der Beobachtung, dass auf den
zahlreichen Baustellen in Nordrhein-Westfalen der Ortbeton, das heißt, der auf
der Baustelle gemischte Beton, vom Transportbeton, also dem fix und fertig ange-
lieferten Beton abgelöst werden würde. Dieser neue Wirtschaftszweig benötigte
Zusatzmittel und Hilfsstoffe für die Qualitätssicherung und Produktivitätsstei-
gerung. Die Aktivitäten des neuen Unternehmens waren zunächst auf die nordrhein-westfälische Heimat beschränkt. Später kamen zunächst die Großräume
München und Hamburg hinzu, in den folgenden Jahren die gesamte Bundesrepublik.

Heute bietet MC ein komplettes Programm von Produkten für den Neubau
und die Instandhaltung von Betonbauwerken sowie für die Erhaltung historischer Bausubstanz.

Projekte in Singapur und Taiwan

Die Schwerpunkte liegen im Bereich der Errichtung und Erhaltung von Bauwerken der weltweiten Infrastruktur. Hierzu zählen Systeme für den Schutz und die Erhaltung von Kühltürmen, Schornsteinen, Abwasseranlagen und Trinkwasserbehältern. Auch auf dem Gebiet des Brücken-, Tunnel- und Straßenbaus und bei allem, was mit Bodenbeschichtungen zu tun hat, bietet das Unternehmen die passenden Produktsysteme. Zwei Schwesterunternehmen bedienen den Handel mit modernen standardisierten Baustoffen.

Durch gezielte Wachstumspolitik hat MC von den Baubooms des vergangenen Jahrhunderts profitieren können; vom Zusammenwachsen der Europäischen Union, von der Wiedervereinigung Deutschlands und vom Zusammenbruch der kommunistischen Diktaturen im östlichen Teil von Europa. Überall sind heute Tochter- und Schwesterunternehmen entstanden.

Heute werden in dem gesamten Unternehmensverbund über 1.700 Personen beschäftigt. Mehr als 70 Prozent des Geschäftes werden außerhalb der deutschen Grenzen getätigt.

»Made im Ruhrgebiet«, aber nicht um jeden Preis. Das ist die Wachstumsdevise des zukunftsorientierten Unternehmens.

Viele Erzeugnisse können seit langem nicht mehr ausschließlich in Bottrop hergestellt werden. Hohe Lohnkosten, teure Frachtraten bei gleichzeitiger Notwendigkeit, auf regionale Besonderheiten einzugehen, machen es unmöglich, ein bauchemisches Basis-Produktprogramm für die internationalen Märkte im Ruhrgebiet herzustellen. Erzeugnisse wie fertige Trockenmörtel-Systeme, Fliesenkleber oder auch Standard Beton- und Mörtelzusatzmittel müssen auf der Basis lokal verfügbarer Rohstoffe in den einzelnen Ländern entwickelt und hergestellt werden. Dies geschieht in mehr als 20 Produktionsstandorten rund um die Welt. Nur durch die Basisfertigung vor Ort hat ein insgesamt ausgewogener Produktmix mit Erzeugnissen »made im Ruhrgebiet« seinen sicheren Platz auf den Weltmärkten.

Der Standort Ruhrgebiet mit seinen Forschungs- und Entwicklungslabors, seinem internationalen Ausbildungszentrum und seinen großen anwendungstechnischen Kapazitäten versteht sich heute als die Innovationsschmiede der MC für die internationale Bauwelt von morgen.

Neben den neuen EU-Mitgliedsstaaten und Mitgliedsaspiranten östlich unserer Grenzen stehen Russland, Brasilien und Süd-Ost-Asien im Mittelpunkt des derzeitigen Wachstumsgeschehens im Unternehmen. Prestige-Projekte, wie zum

Beispiel die größte Kläranlage der Welt in Singapur oder das High-Speed-Train-Project in Taiwan, kann MC dank dieser Strategie als Erfolge für sich verbuchen.

Das Verschwinden des Bergbaus im Ruhrgebiet wird bei MC mit einem lachenden und einem weinenden Auge gesehen. Der früher große Kunde »Ruhrbergbau« hat im Kundenportfolio nur noch bei der Erhaltung des riesigen Immobilienvermögens einen hohen Stellenwert. Neue Industrien und neue Herausforderungen, die im Zuge der Strukturveränderungen entstehen, bieten jedoch große neue Chancen. Ein Beispiel ist die Renaturierung der Emscher, ein weiteres die Umwidmung vieler ehemaliger Zechengelände in Standorte für Zukunftstechnologien.

Friedrich P. Kötter

»Nur wo etwas entsteht, wird Dienstleistung dauerhaft benötigt«
Über den gesunden Mix aus Industrie, Handel und Dienstleistung

Die Symbole des Strukturwandels im Ruhrgebiet sind allgegenwärtig: die neue ThyssenKrupp Konzernzentrale in Essen, die Logistik-Drehscheibe logport in Duisburg, das CentrO in Oberhausen oder die Universitäten in Dortmund und Bochum. Wer sich weiter auf die Spurensuche begibt, findet die Zeichen der tiefgreifenden Veränderung aber vor allem in den zahlreichen Gewerbegebieten, die noch heute die Namen der traditionsreichen Zechen tragen: Friedrich Ernestine, Germania, Graf Bismarck und viele mehr.

Auch die Zeche Katharina in Essen-Frillendorf steht exemplarisch für diese Veränderungen. Anfang des 20. Jahrhunderts gegründet, war sie bis 1972 in Betrieb. Heute findet sich dort ein Mix von rund 30 Unternehmen aus den Bereichen Logistik, Handwerk, Soziales und eben der Dienstleistung mit dem Stammsitz der KÖTTER Unternehmensgruppe.

Der Aufschwung des tertiären Sektors

Wofür aber steht überhaupt der Begriff Dienstleistung? Und welche Bedeutung hat der Dienstleistungssektor heute in Deutschland und speziell dem Ruhrgebiet?

Der so genannte tertiäre Sektor (Dienstleistungssektor) umfasst unter anderem Handel und Gastgewerbe, Transport und Logistik, Rechtsanwälte, Steuerberater und Unternehmensberatungen sowie unternehmensnahe Dienstleistungen (zum Beispiel Sicherheits-, Reinigungs- und Personaldienstleistungen, wie sie unsere Unternehmensgruppe erbringt). Die Dienstleistungsbereiche erreichen heute in Deutschland insgesamt einen Anteil von rund 73 Prozent an der gesamtwirtschaftlichen Wertschöpfung. Im Dienstleistungssektor sind rund 29 Millionen Menschen beschäftigt. Dies entspricht rund 73 Prozent der insgesamt ca. 40 Millionen Erwerbstätigen in Deutschland. Zum Vergleich: 1970 waren es nur rund 45 Prozent der 26,6 Millionen Erwerbstätigen, die ihr Einkommen mit Dienstleistungen sicherten. In der früheren Kohle- und Stahlregion Ruhrgebiet ist dieser Wandel ebenfalls längst angekommen. Mittlerweile sind rund 70 Prozent der Beschäftigten im Dienstleistungsbereich tätig.

Der gesunde Mix aus Industrie, Handel und Dienstleistung

Allerdings bleibt an dieser Stelle auch in aller Deutlichkeit festzuhalten: Ein immer weiteres Abgehen von einer aktiven Industriepolitik, wie es in einigen politischen Kreisen zurzeit »en vogue« zu sein scheint, wäre auch aus Dienstleistersicht verheerend. Denn gerade ein Anbieter unternehmensnaher Dienstleistungen wie wir kann immer nur dort seine Leistungen unterbreiten, wo auch produziert wird. Wir sind die Branche, die meist erst zum Zuge kommt, wenn etwas Neues entstanden ist. Gerade das Ruhrgebiet ist traditionell auch ein großer Produktionsstandort. Daher ist es für einen Dienstleister wie uns nach wie vor eine wichtige Region. Und deshalb muss der gesunde Mix aus Industrie, Handel und Dienstleistung auch künftig bestehen bleiben. Diese besondere Bedeutung gerade einer wettbewerbsfähigen Industrie für den Dienstleistungssektor wird im Übrigen auch durch eine Studie der Universität Bremen im Auftrag des Bundeswirtschaftsministeriums bestätigt. Die Autoren erteilten schon vor Jahren Stimmen, die angesichts eines im Vergleich zu den USA geringeren Beschäftigungs- und Wertschöpfungsanteils des deutschen Dienstleistungssektors »für eine verstärkte Förderung der Dienstleistungen und so implizit für eine Vernachlässigung der Industrie plädierten«, eine Absage. Denn dieses Konzept greift aus Sicht der Wissenschaftler zu kurz, »da es die Wechselbeziehungen zwischen Industrie und Dienstleistungen außer Acht lässt«[1].

Zentrale Rahmenbedingungen

Diese Experten-Einschätzung verdeutlicht darüber hinaus noch einmal, dass Dienstleistung nicht im quasi »luftleeren Raum« erfolgt. Was aber sind die maßgeblichen Rahmenbedingungen, die unsere wirtschaftliche Entwicklung fördern – oder leider auch hemmen?

---

1 Kurzfassung zum Schlussbericht von Projekt 22/02 des Bundesministeriums für Wirtschaft und Arbeit (BMWA): Die Bedeutung einer wettbewerbsfähigen Industrie für die Entwicklung des Dienstleistungssektors (Peter Kalmbach et al.). Bremen 2003.

1. Die Lohnnebenkosten, die Steuerbelastung, die Komplexität des Steuerrechts und ein flexibleres Arbeitsrecht sind gerade für mittelständische Unternehmen zentrale Themen. Dabei liegt insbesondere bei der »Entrümpelung« des Steuerrechts und anderer bürokratischer Hemmnisse noch viel Arbeit vor uns. Und erst zu Jahresbeginn hat die Anhebung der Krankenkassenbeiträge zu neuen Belastungen für Arbeitgeber und Arbeitnehmer geführt bzw. frühere Entlastungen wieder abgeschmolzen.

2. Weitere wichtige Faktoren sind die Ausbildung von Fach- und Nachwuchskräften, eine gute Infrastruktur sowie die Attraktivität des Standortes für Unternehmen und Fachkräfte. Und hier hat das Mitte Dezember von der »Initiative Neue Soziale Marktwirtschaft« (INSM) vorgelegte Städteranking[2] im Ruhrgebiet erneut die Alarmglocken schrillen lassen. Die Studie untersuchte die 100 größten kreisfreien Städte in Deutschland. Das »Niveauranking« bewertet unter anderem das verfügbare Einkommen pro Einwohner, die Arbeitsmarkt-Situation, den durchschnittlichen Bildungsgrad der Beschäftigten sowie die Struktur der ansässigen Unternehmen. Zum »Dynamikranking« gehört die wirtschaftliche Entwicklung von 2004 bis 2009. Aus beiden Rankings zusammen ergibt sich die jeweilige Gesamtplatzierung. Der überwiegende Teil der Ruhrgebietsstädte findet sich sowohl bei der Wirtschaftsleistung als auch bei der Dynamik im hinteren Viertel der Rangliste wieder. Gute Platzierungen erreichen allein Mülheim an der Ruhr und mit Abstrichen Bottrop. Die Studie legt damit noch einmal die Schwächen der Region offen, die Anfang 2010 auch der unter anderem vom Initiativkreis Ruhr initiierte »Ruhr2030Index«[3] angeführt hatte: Nachholbedarf bei Forschung und Entwicklung, gravierende Defizite bei der Verkehrsinfrastruktur, dringend notwendige Verbesserungen bei der Standort-Attraktivität (Lebens- und Arbeitsumfeld insbesondere für Fachkräfte und Hochqualifizierte).

Die Schlussfolgerungen

Die Dienstleistungswirtschaft wird häufig mit markanten Vokabeln belegt: »Jobmotor«, »Zugpferd«, »Zukunftsbranche«. Diese Beschreibungen schmeicheln, dürfen aber nicht den Blick dafür verstellen (siehe oben), wie sehr insbesondere

2 Vgl. z. B. Internetseiten des Initiativkreises Ruhr, www.i-r.de
3 Vgl. www.i-r.de

der tertiäre Sektor von äußeren Faktoren abhängig ist. Und dies bedeutet in der Praxis:

1. Die politischen Entscheidungsträger in Bund, Ländern und Kommunen müssen den Unternehmen durch eine verlässliche Politik Planungssicherheit verschaffen. Gleichzeitig gilt es, zusätzliche Steuer- und Abgabenbelastungen für Unternehmen und Arbeitnehmer zu vermeiden. Denn nur so können Investitions- und Konsumbereitschaft gesichert und gefördert werden.

2. Der tertiäre Sektor hat weitere Wachstumspotenziale. Anbieter wie unsere Dienstleistungsgruppe können Unternehmen und öffentliche Hand dabei unterstützen, sich auf ihr Kerngeschäft zu konzentrieren. Dies bedeutet aber gleichzeitig, dass unser Erfolg insbesondere ohne eine starke produzierende Wirtschaft undenkbar ist. Daher benötigen wir dringend eine aktive Industriepolitik, die die vorhandenen regionalen Stärken nutzt (wie etwa Energie, Werkstoffe und Logistik im Ruhrgebiet)!

3. Die aktuelle Diskussion um den drohenden Fachkräftemangel ist ein weiteres zentrales Thema. Nach einer Studie der Beratungsgesellschaft Prognos werden dem Arbeitsmarkt bis 2015 rund drei Millionen Arbeitskräfte fehlen. Eine Entwicklung, die für einen personalintensiven Dienstleister wie uns von ganz besonderer Bedeutung ist. Die Aus- und Weiterbildung ist daher der Schlüssel zur Zukunftssicherung für Dienstleistungsunternehmen – speziell angesichts der steigenden Anforderungen. Beispiel Sicherheit: Der einfache Wachmann hat längst ausgedient. Sicherheit heute und morgen, das bedeutet immer mehr Technik, mehr Elektronik, mehr Qualität in der Ausbildung. Wir brauchen qualifizierte Köpfe – denn auch die »Ganoven« werden raffinierter.
Gerade aber in Nordrhein-Westfalen und dem Ruhrgebiet wird die Rekrutierung von geeigneten Nachwuchskräften und Mitarbeitern auch für uns immer schwieriger. Im Vergleich zu anderen Bundesländern wie etwa Baden-Württemberg oder Bayern muss Nordrhein-Westfalen weitere Investitionen in die Bildung vornehmen. Gleiches betrifft den Ausbau der Infrastruktur gerade im Ballungsraum Ruhrgebiet. Neben Gewerbeflächen und Straßen, die für die Ansiedlung unserer (potenziellen) Kunden in Industrie, Handel, Logistik etc. von entscheidender Bedeutung sind, betrifft dies auch das Lebensumfeld. Speziell für hochqualifizierte Fachkräfte und Spezialisten ist die Frage, wie attraktiv eine Region ist, ganz wichtig bei der Auswahl ihres Wohn- und Arbeitsortes.

4. Kern aller Visionen und Projekte für die Zukunft des Ruhrgebiets ist die Überwindung lokaler Befindlichkeiten, um die Schlagkraft auf Gebieten

wie Wirtschaftsförderung, Bildung, Infrastruktur etc. weiter zu stärken. Die Chance besteht darin, einerseits die »bunte Vielfalt« der Revierstädte und den kreativen Wettbewerb untereinander als Stärke zu nutzen, gleichzeitig das Kirchturmdenken aber dort ad acta zu legen, wo es zum Hemmnis wird.

Es wartet somit auf alle Beteiligten noch eine Menge Arbeit. Mit dem gemeinsamen Ziel einer möglichst prosperierenden Wirtschaft sowie einem weiteren Schub für den erfolgreichen Strukturwandel im Ruhrgebiet sollte es uns aber leicht fallen, diese Herausforderungen anzugehen.

79

Bodo Buschmann

Die Bildung ist entscheidend
Der Aufstieg eines Mittelständlers
oder wie der Edeltuner BRABUS aus Bottrop
sein Geschäft gemacht hat

Unser Unternehmen BRABUS hätte sich in den vergangenen drei Jahrzehnten sicherlich nicht so brillant entwickelt, wenn sich nicht auch unsere Heimat, das Ruhrgebiet, so fulminant gewandelt hätte.

Die Zeiten, als Bergbau und Stahlproduktion, die früher das Ruhrgebiet symbolisierten und Hunderttausenden Arbeit gaben, sind längst vorbei. Doch die Menschen im Pott haben sich nicht in ihr Schicksal ergeben. Sie haben während dieses Strukturwandels genauso hart gekämpft wie nach dem Zweiten Weltkrieg, als sie aus den Ruinen einen der wichtigsten Industriestandorte der Welt aufbauten.

Das Ruhrgebiet hat es geschafft, sich von einem Zentrum für Schwerindustrie zu einem überdimensionalen Gewerbepark zu wandeln, der Arbeitsplätze und Ausbildungsstellen in allen Branchen bietet. In diesem Sinne ist auch unser Unternehmen ein Beispiel für den gelungenen Wandel.

Die Bandbreite der Arbeitsplätze bei BRABUS reicht heute vom Lkw-Fahrer, der unsere Fahrzeuge in ganz Europa zu den Kunden bringt, über den Wagenpfleger und den Mechatroniker bis zum mehrsprachigen Vertriebsprofi oder Ingenieur für Fahrzeugelektronik. Diese Fachkräfte finden wir hier in der Region.

Für mich kam es zudem nie in Frage, aus Bottrop weg zu gehen. Ich liebe den Schlag hier, den unglaublichen Fleiß der Menschen, gepaart mit großer Liebe zum Detail und bewundernswertem Einfallsreichtum. Die meisten von unseren über 300 Mitarbeitern kommen aus der Gegend, viele meiner Mitarbeiter sind trotz mannigfaltiger Abwerbungsversuche von Seiten der Konkurrenz bereits seit langem bei BRABUS beschäftigt.

Natürlich profitieren wir auch von den Fortschritten in der Lebensqualität des Ruhrgebietes. Die Luft ist den letzten Jahren viel sauberer geworden, das Städtebild muss längst keinen Vergleich mehr mit anderen deutschen Städten scheuen und die großen Investitionen in die Infrastruktur der Region sind beispielhaft. Damit ist das Ruhrgebiet auch für Fachkräfte zu einem potenziellen Lebensmittelpunkt geworden, die wir nicht hier aus der Gegend rekrutieren können. In Bottrop lebt es sich mindestens so schön wie in Stuttgart, Ingolstadt oder München.

Und wir dürfen natürlich auch nicht vergessen, dass es hier mehr als 5,3 Millionen Einwohner gibt, aus denen wir nicht nur hervorragende Mitarbeiter verpflichten konnten, sondern unter denen wir auch Kunden für unsere Autos, Komponenten und Dienstleistungen finden.

Die Anfänge von BRABUS

Die 1970er Jahre waren die perfekte Zeit, um sich mit Automobilveredelung eine Existenz aufzubauen. Die Ölkrise war schnell vergessen, Individualität wurde immer mehr zum Thema. Die Zeiten waren wild, alles durfte, ja musste ein bisschen anders sein – und das galt nicht nur für unsere zahlungskräftigen Kunden aus dem Nahen Osten.

Die einzigartige Qualität eines Mercedes war schon damals weltweit geschätzt. Gleichzeitig gab es immer mehr Besitzer der Autos mit dem Stern auf der Haube, hier in Deutschland und auch überall sonst auf dem Globus, denen ihr Fahrzeug ab Werk zu konservativ und nicht sportlich genug war. Sie wünschten sich breitere Reifen, Spoiler, mehr Leistung und ein luxuriöseres Interieur.

Natürlich hatten wir im letzten Land der Welt ohne Geschwindigkeitsbegrenzungen auch den perfekten Nährboden für unser Geschäft. Gleichzeitig spielte einem Jungunternehmer wie mir, der eine Produktlinie für Autoenthusiasten rund um den Globus aufbaute, auch die globale politische und wirtschaftliche Entwicklung in die Hände.

Die europäische Wirtschaftsgemeinschaft entwickelte sich prächtig in den 1970er und 1980er Jahren. Der Wegfall von Zollschranken und die Angleichung der Zulassungsbestimmungen im EU-Raum machten es uns leichter, Kunden auf dem ganzen Kontinent zu bedienen.

Weil deutsche Autos zu Recht rund um den Globus als die besten Autos der Welt angesehen werden, waren sie überall extrem begehrt und damit wuchs natürlich auch die Nachfrage nach BRABUS Produkten. Der starke US-Dollar öffnete uns in den 1980er Jahren den amerikanischen Markt, der bis heute zu den wichtigsten Standbeinen von BRABUS gehört.

Gleichzeitig taten sich neue Märkte in Asien auf, zuerst vor allem Japan, dann auch die so genannten Tigerstaaten wie beispielsweise Indonesien, Malaysia oder Thailand.

Geschichtlich extrem bedeutend und für uns geschäftlich ein Glücksfall erster Güte war der Fall des Eisernen Vorhangs. Er eröffnete uns die Möglichkeit, hervorragende Geschäfte im ehemaligen Ostblock und hier vor allem in den Staaten der ehemaligen UdSSR zu machen.

Die immer weiter fortschreitende Globalisierung der Wirtschaft Ende des 20. und zu Beginn des 21. Jahrhunderts war auch für uns bei BRABUS von enormer Bedeutung. Wir konnten uns immer breiter aufstellen, unseren Exportanteil weiter steigern und konnten dadurch auch die ab Herbst 2008 heraufziehende Weltwirtschaftskrise unbeschadet überstehen.

Wenn ich auf die Parallelen zwischen der geschichtlichen Entwicklung und der Evolution von BRABUS in den letzten drei Jahrzehnten zurück schaue, muss ich sehr dankbar sein, wie sich alles entwickelt hat.

Der Weg von BRABUS

Ich machte mich 1977 selbstständig und entwickelte nach und nach ein eigenes BRABUS Tuningprogramm für verschiedene Mercedes-Modelle.

Die erste Werkstatt gegenüber dem Autohaus meines Vaters wurde schnell zu klein und wir zogen in eine größere Halle in der Nachbarschaft um und freuten uns über eine stetig wachsende Nachfrage.

Immer mehr Kunden kamen, nicht mehr nur aus der unmittelbaren Umgebung, sondern schon bald aus dem ganzen Ruhrgebiet, dann aus dem Norden. BRABUS wurde immer mehr zu einer echten Alternative zu AMG und Lorinser, die beide schon länger im Geschäft waren. Zu Beginn kamen vor allem Mercedes-Kunden zu uns, denen der Weg ins Schwabenländle zu weit war. Dann verkauften wir die ersten Spoiler und Felgen nach Stuttgart und Umgebung. Die Automagazine berichteten immer häufiger über BRABUS und schließlich kamen die ersten Anfragen aus dem Ausland.

Die Tage und Nächte, die Samstage und Sonntage, an denen in unserer Werkstatt die Lichter niemals verloschen, begannen sich auszuzahlen. Die Zahl der Mercedes-Modelle aller Baureihen, die bei uns in Bottrop ganz individuell an die Wünsche unserer Kunden angepasst wurden, stieg genauso stetig wie die Zahl der Pakete mit BRABUS Teilen, die wir in alle Welt verschickten.

Damals waren die Zeiten noch wilder und vor allem unsere ersten Kunden aus dem arabischen Raum hatten ganz ausgefallene Wünsche: Ein Scheich wünschte sich für seine S-Klasse zusätzlich zu unserem Aerodynamik-Kit einen Kühlergrill mit 24-Karat Vergoldung – ein Emir wollte eine ins Armaturenbrett integrierte

HiFi-Anlage mit goldenen Rahmen und Brillanten auf den Befestigungsschrauben.

1984 konnte ich meinen ersten, für damalige Zeiten für die Branche fast unvorstellbaren Großauftrag an Land ziehen: Autovermieter Erich Sixt ließ sich von mir überzeugen, seinen Fuhrpark mit 200 Mercedes 190 E mit BRABUS Tuning aufzurüsten. Diese Eyecatcher halfen nicht nur SIXT, sich von den Mitbewerbern abzuheben. Unsere getunten 190er, die meisten auffällig rot oder weiß, standen auf jedem Flughafen auf den Sixt-Displays und machten unglaublich viel Werbung für beide Unternehmen. Viele, die damals eine der ständig ausgebuchten Limousinen für einen oder zwei Tage gemietet hatten, wurden danach treue BRABUS Kunden.

Einen großen Anteil am Erfolg von BRABUS hatten aber schon früh unser weit gefächertes Motorenprogramm und unsere bärenstarken Sondermodelle. Bereits in den 1980er Jahren wurden wir vom Kraftfahrtbundesamt in Flensburg als Fahrzeughersteller akkreditiert. Mit BRABUS Fahrgestellnummer machten Autos wie unser 190er mit V8 Triebwerk oder eine Leichtbauversion des gleichen Basisautos weltweit Furore und erschlossen uns neue Kunden und Märkte.

Den ersten Eintrag ins Guinness Buch der Rekorde verdienten sich unsere Designer im Jahr 1985. Bei Windkanaltests erreichte eine Mercedes Limousine der W 124 Baureihe mit BRABUS Aerodynamik-Kit einen cW-Wert von cW = 0,26. Ein Ergebnis, das auch heute immer noch nur von wenigen, weit moderneren Autos erreicht wird.

Dank der weltweit steigenden Popularität und der hohen Qualität der BRABUS Automobile und Komponenten benötigte unser Geschäft dringend mehr Platz. 1986 wurde der BRABUS Neubau direkt an der Kirchhellener Straße in Bottrop bezogen, der 1999 durch einen großzügigen Anbau auf heute 112.000 m² Betriebsfläche erweitert wurde.

Parallel wurde in den letzten drei Jahrzehnten das bis heute unangefochten größte Hochleistungsmotorenprogramm der Welt für Mercedes-Benz Automobile entwickelt. 1992 präsentierten wir mit dem 509 PS/375 kW starken BRABUS 6.9 Hubraummotor für den V12 des Mercedes 600 eine neue Leistungsdimension für Mercedes-Benz Automobile. Heute, knapp zwei Dekaden später, nimmt der 800 PS/588 kW starke, für den neuen E V12 entwickelte BRABUS SV12 R 800 Biturbo die Pole Position als stärkste Motorisierung für einen straßenzugelassenen Mercedes ein.

Im Oktober 1996 zog dann mit dem E V12 der nächste BRABUS Weltrekordler ins Guinness Buch der Rekorde ein. Der 582 PS/428 kW starke Viertürer auf

Basis der E-Klasse der W 210 Baureihe wurde mit einer elektronisch auf 330 km/h begrenzten Höchstgeschwindigkeit die »Schnellste Limousine der Welt«. Das gleiche Zwölfzylinder-Triebwerk befeuerte auch den BRABUS T V12, der 1997 mit 320 km/h zum damals schnellsten Kombi der Welt wurde.

Diese Höchstleistungen untermauern seit jeher unser hohes Ansehen bei Kunden und Medien aus aller Welt. Gleichzeitig legten wir von BRABUS auch schon immer höchsten Wert auf die Umweltverträglichkeit unserer High Performance Automobile: Als erster Selbstzünder überhaupt hatte der BRABUS E V8 Diesel von 2001 einen Partikelfilter und erfüllte damit die zu dieser Zeit noch nicht einmal aktuelle EURO IV Abgasnorm.

Über die Jahre entwickelte sich mein Unternehmen durch die Expansion auf zahlreiche weitere Geschäftsfelder zur BRABUS GROUP. 2002 durften wir nicht nur das 25-jährige Jubiläum des Unternehmens feiern: Als Joint Venture mit der Daimler AG wurde die smart-BRABUS GmbH hier in Bottrop gegründet, die seither als offizieller Werkstuner arbeitet und die Spitzenmodelle von smart entwickelt.

Im gleichen Jahr demonstrierte mein Unternehmen mit der Einführung der einzigartigen BRABUS Tuning-Garantie über 3 Jahre bis 100.000 Kilometer einmal mehr unsere Rolle als Marktführer auf dem Tuningsektor.

Was kommen muss: Die Bildung macht den Unterschied

Als Unternehmer sollte man bekanntlich niemals zufrieden sein und so habe ich natürlich auch sehr genaue Vorstellungen, was unsere Region noch mehr für uns tun könnte.

Dreh- und Angelpunkt für die Zukunft ist sicherlich die Bildung, denn wir können unseren Wirtschaftsstandort nur dann weiter erfolgreich gestalten, wenn wir qualifizierte Mitarbeiter haben. Hier muss sicherlich von Seiten der Politik noch viel mehr geschehen.

Dabei liegt mir besonders die sprachliche Weiterbildung am Herzen. Fremdsprachen werden immer wichtiger. Ich habe dafür ein gutes Beispiel: Unsere Techniker und Mechaniker sind oft auch im Ausland unterwegs, um unseren Partnern vor Ort bei einem komplexen Umbau zur Seite zu stehen. Da muss die Kommunikation stimmen – ohne gute Fremdsprachenkenntnisse ist das unmöglich.

Außerdem muss es dringend einen spürbaren Bürokratieabbau geben. Wenn ich sehe, wie viele Stunden in meinem Unternehmen für überflüssige Meldungen und Statistiken für Ämter und Behörden, vom Land über den Bund bis zur EU, verschwendet werden, ärgere ich mich als Unternehmer darüber, dass wir diese Zeit nicht effizienter für unser eigenes Geschäft einsetzen können.

Diese Liste ließe sich beinahe beliebig lange fortsetzen. Ich will nur noch den beklagenswerten Zustand unserer Straßen benennen, der mich speziell im Winter eher an ein Entwicklungsland als an eine Hightech-Nation wie Deutschland erinnert. Wie viele Kilometer Autobahn im Ruhrgebiet sind wegen dringend notwendiger Reparaturarbeiten, für die angeblich kein Geld da ist, nur sehr eingeschränkt nutzbar?

Eine andere elementare Forderung ist die Sicherung der Energieversorgung und die weiter verstärkte Förderung alternativer Energien. Auch wir stellen uns dieser Herausforderung, arbeiten mit unserer Sparte »BRABUS Zero Emission« seit Jahren an umweltfreundlichen Fahrzeugkonzepten wie beispielsweise Elektroautos. Der Erfolg dieser Fahrzeuggattung ist aber auch dringend darauf angewiesen, dass Ökostrom überall und in ausreichender Menge vorhanden ist.

Es wäre zweifellos auch eine gute Sache, die hohe Güte der Arbeit, die hier im Ruhrgebiet geleistet wird, mit einem eigenen Gütesiegel nach außen zu dokumentieren. Die Menschen und Unternehmen hier leisten so viel Großartiges, dass es weltweit mit einer eigenen Marke deutlich sichtbar gemacht werden müsste.

Stärkung des Unternehmertums

Die Politik ist zweifellos gefordert, uns Unternehmer zu stärken und in vielen Bereichen zu entlasten. Das betrifft sicherlich nicht nur die Senkung von Steuern und Lohnnebenkosten.

Vor allem der Mittelstand, zu dem ich auch BRABUS zähle, darf gegenüber Großunternehmen nicht noch weiter ins Hintertreffen geraten. Die Vergangenheit hat immer wieder gezeigt, dass Konzerne sehr viele Privilegien genießen. Dennoch haben sie immer mehr Produktionskapazitäten und oft sogar Teile der Verwaltung ins Ausland verlegt, um dort von deutlich niedrigeren Lohnkosten und besseren steuerlichen Rahmenbedingungen zu profitieren.

Die Mittelständler haben diese Entwicklung der letzten Jahrzehnte nicht mitgemacht. Sie sind hier, speziell auch im Ruhrgebiet geblieben, haben Arbeitsplätze bewahrt und viele neue Jobs geschaffen. Das sollte endlich honoriert werden, indem man Reformen wie beispielsweise die Reduktion der Unternehmenssteuern, praxisgerechte Abschreibungsfristen für Investitionen und die Abschaffung der Erbschaftsteuer einleitet.

Ein gigantisches Problem ist auch die immer weiter ausufernde Bürokratie, die so schnell wie möglich auf ein vernünftiges Maß zurück gefahren werden muss.

Auch wenn es mein Unternehmen sicherlich weniger betrifft: Wir benötigen mehr Chancengleichheit, nicht nur weltweit, sondern schon in unserem eigenen Land. Es ist nicht einzusehen, warum ein mittelständischer Unternehmer im Ruhrgebiet viel weniger Chancen auf Förderzuschüsse und zinsgünstige Kredite vom Land oder vom Staat hat als sein Mitbewerber in den neuen Bundesländern. Der Standort Ruhrgebiet und die hier geschaffenen Arbeitsplätze sind viel zu wertvoll, als sie durch eine fehlgeleitete Subventionspolitik zu gefährden!

Wir haben ein riesiges Potenzial an kreativen und engagierten Menschen, die sich verwirklichen und erfolgreich sein wollen. Dafür muss es aber nicht nur Fortschritte bei der Bildung geben. Es muss für diese Jungunternehmer auch einfacher werden, an Kapital für Start-Ups und Betriebsmittelkredite zu kommen.

Blick in die Zukunft

Wir bei BRABUS sehen zuversichtlich nach vorne. Wir sind in den mehr als drei Jahrzehnten, in denen es mein Unternehmen jetzt gibt, zu einer weltweit anerkannten Marke für Wertarbeit Made in Germany gewachsen.

BRABUS ist heute in mehr als 110 Ländern durch Partner oder eigene Niederlassungen vertreten und baut dieses Netzwerk konsequent weiter aus. Unser Exportanteil hat sich im letzten Jahrzehnt auf mehr als 70 Prozent gesteigert.

Wir werden auch weiterhin auf unser stärkstes Kapital, unsere hoch qualifizierten Mitarbeiter setzen, die Produkte entwickeln, fertigen und verkaufen, die weltweit begehrt werden.

Gleichzeitig sind wir schon jetzt hervorragend für neue, alternative Antriebskonzepte im Automobilbau gerüstet. Um die emissionsfreie Mobilität durch Autos mit Elektroantrieb schneller voranzubringen, werden wir gemeinsam mit unserem Kooperationspartner RWE Konzepte wie das »Green Package« weiter vorantreiben. Dieses innovative Rundum-Sorglos-Paket ist die Kombination aus faszinierendem TESLA Roadster Sport BRABUS Elektrosportwagen und der RWE-BRABUS Autostrom High Tech Ladestation. Damit hat der Besitzer dieses Elektroautos die Möglichkeit, zu Hause umweltfreundlich und schnell »auftanken« zu können. Kunden in Deutschland erhalten zusätzlich umweltfreundlichen RWE Ökostrom für 30.000 Kilometer sowie eine »Jahreskarte« zur kostenlosen Nutzung aller öffentlichen RWE Stromtankstellen, von denen es gerade im Ruhrgebiet schon sehr viele gibt.

Bis es endlich Elektroautos in Großserie gibt, setzen wir parallel unsere lang bewährte Politik konsequent fort, konventionelle Motoren sowohl leistungsfähiger als auch noch umweltfreundlicher zu machen.

High Performance und Umweltschutz zu einer perfekten Symbiose zu vereinen ist schon immer eines der wichtigsten Prinzipien meines Unternehmens. Ein perfektes Beispiel dafür ist der BRABUS ECO PowerXtra D6S Leistungskit für den Mercedes S 350 BlueTEC. Im Januar 2011 präsentierten wir diese Tuningstufe, die nicht nur 55 PS/40,5 kW mehr Leistung und ein maximales Drehmoment von 690 Nm produziert, und erfüllten als erster Tuner die strengen Grenzwerte der EURO VI Abgasnorm, die eigentlich erst ab dem Jahr 2014 bindend ist.

Ich bin der festen Überzeugung, dass wir von BRABUS für eine erfolgreiche Zukunft hervorragend aufgestellt sind.

Aber auch für die Region dürften die kommenden zwanzig, dreißig Jahre erfolgreich werden. Wir dürfen uns hier im Ruhrgebiet über eine noch sauberere Luft, weniger Lärmbelästigung, noch schönere Städte und über einen weiter gewachsenen Wohlstand freuen.

Unsere Autos werden sicherlich immer noch nicht fliegen, sie werden weniger Energie als heute verbrauchen und noch umweltverträglicher sein. Das Konzept des smart mit seiner unschlagbaren Kompaktheit wird dank der bis dahin weiter enorm zunehmenden Verkehrsdichte noch attraktiver als heute sein.

Der Elektromotor wird zumindest in urbanen Räumen wie hier im Ruhrgebiet eine Schlüsselrolle spielen. Welches Potenzial alternative Technologien wie die Brennstoffzelle oder Wasserstoffantrieb im Individualverkehr haben werden, hängt sicherlich auch von ihrer künftigen Förderung durch die Europäische Union und die Staaten ab, in denen deren Hersteller angesiedelt sind.

Ein BRABUS Automobil wird auch dann noch außergewöhnlich sein. Exklusivität und Leistung werden auch dann noch keine Sünde sein, wenn man sie, wie wir es schon immer tun, mit geringem Verbrauch und minimaler Umweltbelastung verbinden. Das Design eines Serienautos wird auch in Zukunft noch Spielraum für geschmackvolle Veredelung à la BRABUS bieten, größere Räder werden weiter gut aussehen.

Der Innenraum eines Autos im Jahr 2035 wird sicherlich ab Werk schon sehr viele Multimedia-Applikationen besitzen, wie wir sie als Pionier auf diesem Gebiet in den letzten zwei Jahrzehnten etabliert haben.

Wir werden immer noch gut damit zu tun haben, individuelle Wünsche unserer Kunden für eine ganz auf sie abgestimmte Innenausstattung zu erfüllen. Bei der Farb- und Materialwahl werden wir unverändert persönliche Noten bis hin zum Leder im exakt gleichen Farbton wie der Lippenstift der Lebensgefährtin zu verwirklichen haben.

Der alte Wunsch, schneller fahren zu können, wird auch in der Zukunft unverändert weiter leben – er hat das Automobil groß gemacht! Vielleicht fahren wir dann mit einem BRABUS Sportwagen mit Elektroantrieb mehr als 400 oder 450 km/h schnell, sauber und fast lautlos. Das wird auch in Zukunft eine spektakuläre Nachricht sein. Die Medien werden auch dann noch weltweit in Magazinen, Internet, Fernsehen und Radio darüber berichten. Zumindest hier wird alles beim Alten bleiben!

Wolfgang Schulhoff

Zukunft Handwerk
Über das Qualitätsversprechen »Made im Ruhrgebiet«

Handwerk und Ruhrgebiet: Beides vermittelt spontan nicht den Eindruck, dass es da besonders enge Beziehungen geben könnte. Das Ruhrgebiet ist mit anderen Attributen verbunden. Wenn schon nicht mehr Kohle und Stahl, so der große Einzelhandel, Gesundheitswirtschaft, Chemie, Energie, Logistik und manches andere. Aber Handwerk als wesentlicher Teil des Reviers oder gar als prägend für das Ruhrgebiet, daran denken viele zunächst nun gerade nicht. Ganz zu Unrecht, wie ich meine.

Die Zahlen sprechen eine andere Sprache: Im Ruhrgebiet sind insgesamt rund 42.000 Handwerksbetriebe bei den zuständigen Handwerkskammern in Dortmund, Münster und Düsseldorf erfasst. Damit ist etwa jeder fünfte Betrieb im Revier ein Handwerksbetrieb. Hier finden 280.000 Menschen Arbeit und Brot. Es schmälert ja nicht die Bedeutung großer Unternehmen des Ruhrgebietes, wenn man daran erinnert, dass beispielsweise der gesamte ThyssenKrupp-Konzern zum Stichtag 30. September 2010 177.346 Menschen beschäftigt – wohlgemerkt weltweit in einer großen Zahl von Unternehmen und davon im Ruhrgebiet gut 32.000. Die Gesundheitswirtschaft, in der Einschätzung der Metropole Ruhr der »größte Arbeitsmarkt«, kommt auf 244.000 Beschäftigte. Der Energiesektor beschäftigt gerade mal 52.000 Menschen.

Das Ruhrgebiet bietet 1.517.000 Menschen eine sozialversicherungspflichtige Beschäftigung. Auf das Handwerk entfällt ein Anteil von etwa 18 Prozent. Es ist damit größter Arbeitgeber – auch im Revier. Das war nicht immer so: In früheren Jahren war der Anteil der Industrie sehr wohl höher als der des Handwerks. Deutlicher kann man den Strukturwandel im Ruhrgebiet kaum veranschaulichen.

Im Jahr 2008 hat das Handwerk im Ruhrgebiet 27,5 Milliarden Euro Umsatz erwirtschaftet. Auch hier zeigt der Vergleich zu den als besonders wichtig eingeschätzten Branchenclustern Chemie mit einem Umsatz von 15,2 Milliarden Euro oder Logistik mit 10,6 Milliarden Euro das wirtschaftliche Gewicht des Handwerks in dieser Region. (Die Zahlen sind dem »Kleinen Zahlenspiegel der Metropole RUHR.2010« entnommen.)

Das Handwerk hat also keinerlei Anlass, sich in Bescheidenheit zu üben. Nur weil die Beschäftigten auf so viele kleine Einheiten verteilt sind, werden sie in ihrer Gesamtheit kaum wahrgenommen – schon gar nicht im Ruhrgebiet. Das ändert an ihrer ökonomischen Relevanz aber nichts. Im Gegenteil: Die kleinen, dezentralen Einheiten bedeuten eine Stärke für die Region, die man im Ruhrgebiet lange übersehen hat, deren Wert man aber mehr und mehr zu schätzen lernt.

Dabei gibt es durchaus einige Besonderheiten, die das Handwerk im Ruhrgebiet von anderen Regionen unterscheiden:

1. Im Ruhrgebiet gibt es bezogen auf die Zahl der Einwohner vergleichsweise weniger handwerkliche Betriebe als im Bundesdurchschnitt: Kommen im Ruhrgebiet 8,0 Betriebe auf 1.000 Einwohner, sind es in Deutschland 11,9 Betriebe. Oder anders ausgedrückt: Die Betriebsdichte im Revier macht nur zwei Drittel des Bundesdurchschnitts aus. Im Regierungsbezirk Düsseldorf mit einer annähernd gleichen Einwohnerzahl wie im Ruhrgebiet sind etwa 12.000 handwerkliche Betriebe mehr registriert als im Revier.

2. Dagegen ist der Umsatz, den das gesamte Handwerk im Ruhrgebiet erwirtschaftet, mit 5.230 Euro um etwas über 200 Euro pro Einwohner höher als im Bundesdurchschnitt (5.018 Euro).

3. Die handwerklichen Betriebe sind mit Blick auf die Zahl der Beschäftigten im Ruhrgebiet mit durchschnittlich 6,8 Beschäftigten deutlich größer als auf Bundesebene, wo ein Handwerksbetrieb im Durchschnitt fünf Mitarbeiter beschäftigt.

4. Damit erreicht das Handwerk im Ruhrgebiet trotz der merklich geringeren Betriebsdichte annähernd die gleiche beschäftigungspolitische Bedeutung wie auf Bundesebene.

Die Angaben beziehen sich auf das Jahr 2009, weil neuere regionalisierte Daten noch nicht vorliegen. Erste Hinweise, die sich aus den Auswertungen des so genannten Unternehmensregisters, einer virtuellen Vollerhebung seitens der amtlichen Statistik ergeben, deuten darauf hin, dass die Beschäftigtenzahlen im Handwerk noch etwas günstiger ausfallen könnten.

Festzuhalten bleibt somit: Die handwerkliche Betriebsdichte im Ruhrgebiet ist geringer als in anderen Regionen. Aber die Betriebe sind größer, die wirtschaftliche Bedeutung des Handwerks hinsichtlich Beschäftigung und Umsatz unterscheidet sich nicht wesentlich von anderen Regionen. Die Produktivität dürfte eher überdurchschnittlich hoch sein.

Das Handwerk schafft Vielfalt im Alltag

Das Handwerk ist in gewisser Weise ein Abbild regionaler Strukturen und Besonderheiten. Das ist im Ruhrgebiet auch so. Das Ruhrgebiet ist ein dicht besiedelter Ballungsraum, der auch nach einem langen und tiefgreifenden Strukturwandel immer noch industriell geprägt ist. Diese Prägung findet im Handwerk in vielen Bereichen ein Gegenstück.

So fällt beispielsweise auf, dass hier weniger Baubetriebe des Handwerks angesiedelt sind als im Umland. Dagegen ist das Ausbauhandwerk besonders stark vertreten und bietet der Wohnungswirtschaft im Ruhrgebiet starke und häufig über Instrumente der modernen Kommunikationstechnik verbundene Partner für das Gebäudemanagement. Reparaturen, Renovierungen und Modernisierungen führen selbstständige Handwerker aus, auch wenn die Mieter sich ausschließlich an ihren Vermieter halten.

Das technische Handwerk, vor allem das Elektrohandwerk, mit einem hohen Anteil an industriellen Auftraggebern ist auch hinsichtlich der Zahl der Unternehmen deutlich stärker als in anderen Regionen vertreten. Zur Gebäudetechnik kommt die IT- und die Netzwerktechnik, die Automatisierungstechnik und die Beleuchtungstechnik hinzu. Konkret: Wer am Abend den beleuchteten Gasometer in Oberhausen sieht, blickt auf eine Lichtinstallation von Neon Berger, einem handwerklichen Spezialisten für Beleuchtung, Lichtgestaltung und Werbetechnik aus Duisburg. Viele Fassaden, Verwaltungsgebäude, Einzelhandelsgeschäfte bekommen ihr strahlendes Licht von solchen Handwerksbetrieben.

Handwerker sind, weil sie kaum Serienfertigung betreiben, keine klassischen Zulieferbetriebe, die Teile in großen Stückzahlen an industrielle Abnehmer liefern. Aber als Partner der Industrie und auch von Dienstleistungsunternehmen treten sie als Anbieter von Maschinensteuerungen für den Maschinen- und Anlagenbau auf. Sie sind Spezialisten im Werkzeug- und Sondermaschinenbau, erfüllen spezielle Anforderungen an Drehteile, bauen Formen für Gießereien im Schiffsbau oder für den Bau von Turbinen und Dieselmotoren. Oder sie installieren und warten den Kälte- und Wärmeschutz, ohne die Kraftwerke, Produktionsprozesse in der Chemie oder der Lebensmittelindustrie nicht funktionieren würden. Schon diese wenigen und keineswegs vollständigen Hinweise auf typische Betätigungsfelder von Handwerksunternehmen machen deutlich, dass die gewerblich-technische, die industrielle Produktion oder die Energieerzeugung im Revier ohne die Zuarbeit des Handwerks gar nicht denkbar wären.

91

Natürlich spielt auch im Ruhrgebiet das Handwerk, das sich direkt an private Kunden wendet, eine wichtige Rolle. Dazu gehört etwa die handwerkliche Lebensmittelproduktion in Bäckereien, Konditoreien und Fleischereien. Nur sind die Bäckereien und Fleischereien häufig größer als in anderen Regionen – wohl auch als Folge der urbanen Dichte. Und obgleich es ansonsten vielleicht weniger den spezifischen Bäcker des Ruhrgebietes gibt, findet man hier Beispiele für die aktive Teilhabe des Handwerks am Strukturwandel dieser Region. Nehmen wir die Bäckerei Peter in Essen, die kurz vor der Jahrtausendwende eine neue, hochmoderne Produktionsstätte im M1 Gewerbepark in Essen errichtet hat. M1, das waren riesige Industriehallen der Krupp'schen Lokomotiv- und Waggonfabrik, die abgerissen wurden und Platz für Neues boten. Nun ist hier eine Vielzahl von mittelständischen Unternehmen wie die Bäckerei Peter angesiedelt und veranschaulicht so den Wandel von der Großindustrie zu Handwerk und Mittelstand.

Schließlich, um einen weiteren Vergleich zu ziehen: Friseure und Kosmetiker sind im Ruhrgebiet verglichen etwa mit Städten wie Düsseldorf weniger häufig anzutreffen. Auch das sicher ein Reflex der Bevölkerungsstruktur ohne die »Reichen und Schönen« auf die Struktur des Handwerks. Gerade deshalb ist der Hinweis wichtig, dass einer der zehn besten Friseursalons in Deutschland im Ruhrgebiet zu finden ist: »Eine echte Perle im Ruhrgebiet«, weiß die Internetseite »www.friseur-fragen.de« über das Geschäft von Irene Panse im Duisburger Hafen zu berichten, das diese Position ohne Prominentenbonus wie ihre Kollegen in Berlin oder Hamburg behauptet. Wüsste man nicht, dass das Revier längst anderes und viel mehr zu bieten hat als Industriearbeit, das Beispiel zeigt es auf anschauliche Weise.

Neben dem Alltäglichen gibt es auch für den privaten Kunden das ganz Besondere im Handwerk. Und auch hier der besondere Bezug zum Ruhrgebiet: Die Keramikwerkstatt Margarethenhöhe gehörte bis vor einigen Jahren zur Ruhrkohle AG, bis man fand, dass Töpferei nicht zum Kerngeschäft des Konzerns gehört und Young-Jae Lee, die langjährige Leiterin, den Betrieb als selbstständiges Unternehmen übernahm. Angesiedelt ist die Keramikwerkstatt aber weiterhin auf dem Gelände der Zeche Zollverein in Essen. Und sie bedient mit einem höchst traditionellen Erzeugnis des Handwerks den Wunsch nach Keramiken auf hohem künstlerischem Niveau vor allem im Fernen Osten.

Das Handwerk bietet eine große Vielfalt. Und es gibt sehr viel und durchaus Überraschendes im Handwerk dieser Region zu entdecken. Die wenigen Beispiele mögen dies deutlich machen und zugleich belegen: Das Handwerk führt im Ruhrgebiet alles andere als ein Nischendasein.

Das Handwerk vermittelt Selbstständigkeit und Verantwortungskultur

Zahlen und Strukturvergleiche sind das Eine. Die qualitative Bedeutung des Handwerks als wirtschaftliche und gesellschaftliche Gruppe für das Ruhrgebiet und seine Zukunft beschränkt sich nicht allein auf die ökonomischen Zahlen. Es lohnt, sich mit Fragen der Sozialisation und des Selbstverständnisses im Handwerk zu beschäftigen. Mit seiner Bereitschaft und seiner Fähigkeit zur Selbstständigkeit bildet das Handwerk ja geradezu den Gegenentwurf zu einer Haltung im Ruhrgebiet, die eine abhängige Beschäftigung in einem Großunternehmen anstrebt. Hier wurde Sicherheit gesucht, die mit dem Strukturumbruch immer weniger zu finden war, die aber eben die Bereitschaft, selbst Verantwortung wahrzunehmen, nicht eingeübt hat. Die großbetrieblichen Strukturen boten lange – zu lange – eine vermeintliche Sicherheit, die Tugenden wie Selbstverantwortung und die Bereitschaft zum Risiko zu wenig gefordert hat.

Genau das aber leistet das Handwerk – auch im Ruhrgebiet. Die Sozialisation im Handwerk vom Lehrling über den Gesellen zum Meister (oder auch zum Ingenieur) vermittelt zusätzlich zu den nötigen handwerklichen Fertigkeiten auch das Vorbild der Selbstständigkeit. Dieses Beispiel zeigt, dass unternehmerisches Risiko nicht unbedingt in undurchschaubaren Managerwelten, sondern eben auch überschaubar und kalkulierbar in kleinen, dezentralen Strukturen bewältigt werden kann. Das Handwerk bildet den Teil der Gesellschaft, der überall vor Ort Initiative entfaltet und eine Kultur der Verantwortung entwickelt und tradiert.

Dieses Selbstverständnis zur Selbstständigkeit ist notwendig im Ruhrgebiet wie der Sauerteig im Brot. Und es ist gerade das Handwerk, das dafür die Voraussetzungen mitbringt, diesen Teig liefert und damit dem Ruhrgebiet auf eine sehr unspektakuläre Weise (wir reden nicht gleich von Spin-offs oder Management-Buy-outs) zumindest einen Teil der Dynamik verleiht, die es zur Erneuerung und zum Aufbau einer neuen, stärker mittelständisch geprägten Unternehmensstruktur weiterhin benötigt. Das Handwerk hat hier ohne Frage eine Vorbildfunktion auch über den eigenen Wirtschaftsbereich hinaus.

Das Handwerk übernimmt Verantwortung vor Ort

Handwerker sind ganz selbstverständlich in das gesellschaftliche Leben vor Ort eingebunden. Dabei ist der Fokus weniger die Stadt oder gar die ganze Region, als das eigene Viertel. Handwerker sind verwurzelt in Dortmund-Mengede, in

Bochum-Sterkrade oder in Essen-Borbeck. Hier engagieren sie sich und nehmen den Teil der gesellschaftlichen Verantwortung wahr, der vor Ort nötig ist. Sie fördern den Turnverein, den Fußball oder den Kanuclub. Hier repräsentieren sie oft den Teil der bürgerlichen Gesellschaft, der nötig ist, die Gesellschaft im Kleinen vor Ort zusammenzuhalten.

Besucht man eine Turnhalle oder einen Sportplatz, dann findet man auf Plakaten oder auf der Bandenwerbung geradezu das »Who is who« im Handwerk des Stadtteils. Der Heizungsbauer, der Augenoptiker, der Fliesenleger oder der Fleischer, sie werben für ihre Leistungen und fördern damit die Vereine. Der Werbeeffekt für die Betriebe mag sich in sehr überschaubaren Grenzen halten. Für den Breitensport, für das Vereinsleben und so für den Zusammenhalt der lokalen Gemeinschaften ist diese Förderung unerlässlich.

Dieses Engagement im Kleinen übersteigt meist kaum die Schwelle der Wahrnehmung etwa der Presse. Berichtet wird darüber wenig. Meist wollen die Handwerker auch gar nicht, dass berichtet wird. Ihr Tun ist vielen eine Selbstverständlichkeit, eine Möglichkeit, ein bisschen vom eigenen Können weitergeben und so zum Gemeinwohl beitragen zu können. Und natürlich auch ein Schutz vor überzogenen Erwartungen weiterer Bittsteller. Weil aber über dieses sehr bodenständige, auf der örtlichen Verwurzelung basierende Engagement wenig gesprochen wird, wird dieser Teil des Corporate Social Responsibility vielfach gar nicht wahrgenommen. Und doch spielt gerade dies für die Lebensqualität im Alltag, für den Zusammenhalt in den Quartieren eine große Rolle. Denn die Handwerker sind Teil dieser Gesellschaft vor Ort. Sie kennen das Leben, die Arbeitsbedingungen und die Sorgen der Menschen. Das schafft Nähe und macht einen Teil der Liebenswürdigkeit aus, die das Ruhrgebiet kennzeichnet.

Das Handwerk bildet aus

Die Ausbildungsleistung des Handwerks ist geradezu sprichwörtlich. Dass sie auch im Ruhrgebiet erbracht wird, versteht sich von selbst. Über 23.341 junge Menschen waren Ende 2009 in einem Handwerksbetrieb des Ruhrgebietes in einer Berufsausbildung. Das Handwerk im Ruhrgebiet bildet aus und kümmert sich so um den beruflichen Nachwuchs und die Integration junger Menschen in das Berufsleben. Bezieht man die Zahl der Auszubildenden auf die Gesamtzahl der Beschäftigten, ist die Ausbildungsleistung hier ebenso hoch wie im Regierungsbezirk Düsseldorf. Im Ruhrgebiet sind 8,3 Prozent der Beschäftigten im Handwerk Lehrlinge, im Regierungsbezirk Düsseldorf ebenfalls.

94

Um einen Bezug zur Ausbildungsleistung des Handwerks zu allen Ausbildern herzustellen, fehlt hier als Basis die Gesamtzahl der Ausbildungsverhältnisse im Ruhrgebiet. Es spricht aber wenig dagegen, auch hier die gleiche Relation wie insgesamt in Nordrhein-Westfalen zu unterstellen. Das heißt: Fast jeder dritte Lehrling in der dualen Ausbildung wird in einem Handwerksberuf ausgebildet.

Wie nur in wenigen anderen Regionen spielen dabei junge Menschen mit Migrationshintergrund eine wesentliche Rolle. Schon jetzt ist die Integrationsleistung des Handwerks unverzichtbar: Etwa neun Prozent der Auszubildenden haben keinen deutschen Pass. Der Anteil der Lehrlinge mit deutschem Pass und Migrationshintergrund ist nicht bekannt, dafür fehlen die Zahlen. Dass aber Handwerker nicht nur eine besondere Bereitschaft zur Integration, sondern auch gute Voraussetzungen dafür mitbringen, steht außer Frage: Integration geschieht durch Bildung und Ausbildung. Und im Handwerk wird eben nicht nur theoretisches Wissen, sondern auch praktisches Können und eine Arbeitshaltung vermittelt, wie ihn der betriebliche Alltag erfordert – alles in einem persönlichen und überschaubaren Umfeld.

Die These, zukünftige deutsche Handwerksmeister hätten vielfach türkische Wurzeln, wird gerade in Teilen des Ruhrgebietes immer mehr zur Realität. Das Ruhrgebiet könnte hier sogar eine Vorreiterrolle spielen. Und die Qualifikationsanstrengungen des Handwerks sorgen dafür, dass auch in Zukunft Verlass auf den Handwerksmeister ist – egal woher er kommt.

Das Handwerk ist Teil des Innovationsprozesses

Im Handwerk findet man den echten Innovator, der ein Verfahren, eine Technologie oder ein Produkt entwickelt und mit Erfolg vermarktet. Kennzeichnend für diese Innovatoren im Handwerk ist, dass sie nicht allein theoretische Erkenntnisse umzusetzen versuchen, sondern Erfahrungen aus ihrer alltäglichen Arbeit nutzen. Das sind im Ruhrgebiet häufig Erfahrungen aus dem Bergbau.

Ein Beispiel steht für andere: Die GTA Maschinensysteme in Hamminkeln hat ihre Wurzeln im Bau und in der Weiterentwicklung von Maschinen für den Vortrieb unter Tage. Auf diesem Know-how aufbauend wurden Maschinen für den Tunnel- und den U-Bahnbau konzipiert und beispielsweise für den Einsatz beim St. Gotthard-Tunnel gebaut. So verläuft gerade im Ruhrgebiet die Übertragung von technologischem Know-how und handwerklichem Können auf andere Einsatzfelder und in neue Märkte ganz hervorragend.

Aufs Ganze gesehen dürften aber weniger die einzelnen Innovatoren von diesem Schlag die Funktion des Handwerks im Innovationsprozess ausmachen, als die vielen, die beispielsweise ihrer Rolle als Multiplikatoren von neuen Technologien gerecht werden. Das Ruhrgebiet hält lohnende, aber eben auch notwendige Aufgaben für diese Handwerker bereit: Der Einsatz von neuen, intelligenten Gebäudeleitsystemen, Techniken zum Energiesparen und zur dezentralen Gewinnung regenerativer Energien oder moderne LED-Beleuchtung sind dafür Beispiele. Eine Studie des Prognos-Instituts aus dem Jahr 2006 (Zukunft Handwerk! Der Beitrag des Handwerks zum Innovationsprozess) zeigt auf sehr anschauliche Weise, wie umfassend das Handwerk an Innovationsprozessen beteiligt ist, ohne selbst im engeren Sinne Forschung und Entwicklung betreiben zu müssen. Sie geben Neuerungen in ihren Produkten und Diensten weiter, sie bilden junge Menschen in diesen Techniken aus und überzeugen ihre Kunde, solche Techniken einzusetzen.

So helfen Handwerker, der Region ein neues, modernes und zukunftsfähiges Profil zu verleihen. Beispielsweise braucht die Gesundheitswirtschaft mit ihren besonderen Stärken im Revier die Partnerschaft zu den Handwerkern, die eigene Kompetenzen in diesem Wirtschaftsbereich mitbringen. Dabei handelt es sich auch um Handwerksbetriebe, die durch Zulieferungen etwa in der Feinmechanik oder im Apparatebau oder auch im barrierefreien Bau und Ausbau erweiterte Marktfelder für sich erobern und zugleich die Wettbewerbsfähigkeit der ganzen Region steigern. Auch hier nur ein Beispiel für viele andere: Karl-Otto Soßdorf in Schermbeck baut, installiert und wartet Türen für Operationsräume und Reinräume und hat inzwischen Kunden auf der ganzen Welt.

Ein »Zentrum für Wohnen im Alter«, das die Handwerkskammer in Oberhausen unterhält, qualifiziert interessierte Handwerker für den Markt des barrierefreien, besonders komfortablen Wohnens und bietet Investoren und Handwerkern konkrete Anschauungen zur alten- und behindertengerechten Wohnraumgestaltung. Die Akzeptanz des Zentrums zeigt, welche Zukunftschancen der so genannte Senioren- und Gesundheitsmarkt gerade für Handwerker bietet und dass diese Chancen im Ruhrgebiet als ein Teil des Erneuerungsprozesses tatsächlich genutzt werden.

Handwerk steht für Qualität

Handwerk ist Qualität oder es ist kein Handwerk. Was sich als Grundsatz leicht ausspricht, wird im Alltag mitunter auf die Probe gestellt. Auch Handwerker sind nicht immer und schon gar nicht alle perfekt. Seit die Politik einen Teil des Handwerks aus der Verpflichtung zur meisterlichen Qualifikation entlassen hat, ist es hiermit bedauerlicherweise nicht leichter geworden.

Dennoch bleibt der Grundsatz mehr als richtig: Handwerk behauptet sich durch Qualität und die persönliche Qualifikation. Das ist es, was Handwerker vor allem kennzeichnet: Sie haben gelernt und ganz praktisch eingeübt, was sie tun. Sie wissen, was sie tun. Und sie sind ihrem Qualitätsanspruch verpflichtet. Wenn der amerikanische Soziologe Richard Sennett davon spricht, Handwerk sei, etwas um seiner selbst willen gut zu machen, so drückt er damit eine Haltung aus, die für das Handwerk prägend ist und als Einstellung zur Arbeit für viele Bereiche die eigentlich sinnstiftende Motivation schafft.

Die Arbeit der Handwerker ist konkret, der Arbeitsprozess überschaubar. Sie verschafft Befriedigung gerade deshalb, weil sie nicht zerstückelt ist, auf die Wiederholung von gleichen Arbeitsschritten angelegt ist, sondern weil sie auf den ganzen Arbeitsprozess ausgelegt ist. Der ganze Mensch ist gefordert. Die Arbeit erfordert ein Verständnis von grundlegenden Zusammenhängen, also theoretisches Wissen, und die Fähigkeit, dieses Wissen praktisch anzuwenden. Beides kennzeichnet den Handwerker: das Wissen und das Können. Die Abfrage von Wissen aus einer Wissensdatenbank wird ihm helfen, ein Rezept zu übernehmen, das Handbuch einer elektronischen Steuerung abzurufen. Sein Können wird die Datenbank ihm aber niemals ersetzen.

Das Handwerk – Chancen im Revier

Nimmt man Handwerk als Einstellung zur Arbeit, als Streben nach Qualität und Verlässlichkeit, ist es weit mehr als das rechtlich abgegrenzte, in der Handwerksrolle bei den Handwerkskammern registrierte Handwerk. Es ist auch die Marke, das Qualitätsversprechen, das auf der Grundlage einer handwerklich geprägten Arbeitshaltung entsteht. Diese Haltung muss nicht und darf nicht auf Handwerksbetriebe allein beschränkt sein. Qualität »Made im Ruhrgebiet« basiert auf diesem Versprechen; es sichert auch für die Industrie und Dienstleistungsunternehmen das Image, das diese Unternehmen für den (weltweiten) Absatz ihrer Produkte benötigen.

Darauf wird eine industriell geprägte Region wie das Ruhrgebiet nicht verzichten können. Eine Tertiärisierung der Wirtschaft um jeden Preis kann nicht das Ziel der Wirtschaftspolitik sein. Die jüngste Wirtschafts- und Finanzkrise, die ja vor allem eine Bankenkrise war, hat deutlich gemacht, wie gefährlich ein wachsender Anteil von (Finanz)-Dienstleistungen und der Verzicht auf die gewerblich-technische Basis werden können. Eine Volkswirtschaft ohne diese gewerbliche Basis verliert an Stabilität und gefährdet die eigene Wettbewerbsfähigkeit.

Ein entscheidender Faktor ist dafür die handwerklich geprägte Arbeitshaltung: ein Qualitätsbewusstsein auf der Grundlage praktischer Könnerschaft, das nicht allein auf formelhaften Anweisungen in Qualitätshandbüchern fußt. Es bleibt eine große Herausforderung, dieses Qualitätsbewusstsein zu sichern. Dass dafür Tugenden, die das Handwerk traditionell lebt, eine entscheidende Rolle spielen, darf nicht in Vergessenheit geraten. Die duale Ausbildung, die Fähigkeit zur Bindung und zur Übernahme von Verantwortung gehören als entscheidende »handwerkliche« Elemente dazu.

Unverzichtbarer Teil der gewerblich-technischen Basis ist aber auch das Handwerk im engeren Sinne. Ohne die infrastrukturelle Grundlage, die das Handwerk für viele Bereiche sichert, ohne das Können und die Flexibilität in den dezentralen Einheiten des Handwerks würden Innovationsprozesse sich ungleich schwerer gestalten und Kosten entstehen, die die Wettbewerbsfähigkeit ganz erheblich in Frage stellen würden. Und auch die Lebensqualität würde erheblich leiden. Man muss sich ja nicht gleich eine Welt ganz ohne Handwerk vorstellen, um zu ahnen, auf welche Dinge des Alltags und auf welche Annehmlichkeiten wir dann verzichten müssten.

Weniger Handwerk ist deshalb sicher nicht die Perspektive für das Ruhrgebiet. Im Gegenteil: Es gibt eine Reihe von Hinweisen, die eher auf eine Stärkung hindeuten. Beispielhaft seien nur einige genannt:

– Die energetische Sanierung ist längst nicht abgeschlossen und bedarf weiterer erheblicher Anstrengungen, die ohne Handwerk nicht denkbar sind. Gebäude müssen besser gedämmt werden, Energieressourcen etwa zur Wärmegewinnung viel effizienter genutzt werden.

– Ob die Energieproduktion im bisherigen Umfang und mit bisherigen Großtechnologien dauerhaft aufrecht zu erhalten ist, erscheint fraglich. Konzepte zur dezentralen Energieerzeugung, Kraft-Wärme-Kopplung, die Nutzung der Erdwärme werden auf mittelständische Unternehmensstrukturen und hier vor allem auf typische Leistungen des Handwerks zurück greifen.

– Die alternde Gesellschaft wird zunehmend auf altengerechtes Wohnen angewiesen sein. Damit steigen Anforderungen im Bereich der Gesundheitswirtschaft, an Erleichterungen für die Pflege älterer Menschen etc. Hier entstehen Aufgaben für Handwerker, die bislang erst in Umrissen zu erkennen sind.

– Die Bevölkerung im Ruhrgebiet schrumpft und wird weiter schrumpfen. Notwendig sind Konzepte zum Rückbau und zur Konzentration im Wohnungsbestand und in der kommunalen Infrastruktur. Der Erfolg solcher Vorhaben hat qualifizierte handwerkliche Arbeiten zur Voraussetzung.

– Die Flucht aus der Stadt wird mit Blick auf steigende Energiekosten und wachsende Mobilitätskosten für Pendler nicht ungebrochen bleiben. Im Gegenteil: Wohnen in der Stadt wird attraktiver, ist es vielfach schon jetzt. Damit entsteht zusätzlicher Bedarf an Modernisierungsaufwendungen in den Ballungsgebieten etwa des Ruhrgebiets.

– Seine gewerblich-technische Basis behält das Ruhrgebiet nur dann, wenn Handwerker als Partner in einer effizienten Arbeitsteilung zur Verfügung stehen: Hochwertige Einzel- und Sonderfertigungen im Maschinen- und Werkzeugbau, Wartungs- und Reparaturarbeiten, die Gebäudetechnik etc. behalten nicht nur ihren Wert, sondern werden in ihrer Bedeutung weiter steigen.

Diese wenigen und keineswegs abschließenden Hinweise zeigen die Chancen für den Wirtschaftsbereich Handwerk im Ruhrgebiet, die zugleich Chancen der Region selbst sind. Das Handwerk ist kein schlafender Riese, den es zu wecken gilt. Denn das Handwerk ist zwar von gewaltiger Dimension, jedenfalls viel größer als vielfach angenommen wird. Dabei ist es aber von quirliger Lebendigkeit. Von Schlaf ist keine Rede. Es behauptet sich im Wettbewerb, bietet vielen Menschen eine sinnvolle und erfüllende Arbeit und hilft die Erneuerung der Region zu gestalten und lebenswert zu machen. Dabei gibt es viel zu entdecken. Wenn ich mehr Neugier und mehr Aufmerksamkeit für das Handwerk wecken konnte, würde es mich freuen. Denn das ist gut für den Wirtschaftsbereich Handwerk. Und es ist gut für das Ruhrgebiet.

Frank Thorwirth

Eine wechselseitige Beziehung
Das Ruhrgebiet, die Messe Essen und die Energiebranche

Messen werden häufig als Spiegelbild der Wirtschaft und deren unterschiedlicher Branchen wahrgenommen und sind dabei gleichzeitig auch Motoren für Innovationen. In Zeiten der Globalisierung und der Internationalisierung des Messewesens gewinnen Entwicklungen und Trends aus allen Teilen der Welt auch für die Messe Essen zunehmend an Bedeutung. Wirtschaftliche, politische und soziale Veränderungen in der Region stellen jedoch ebenfalls wichtige Einflussgrößen für die Unternehmensentwicklung dar. Der Strukturwandel im Ruhrgebiet spiegelt sich somit auch im Betrieb der Messe Essen wider.

Jeder Wandel beinhaltet Herausforderungen, aber auch Chancen für alle Beteiligten. Dies gilt insbesondere dann, wenn der Wandlungsprozess – wie dies im Ruhrgebiet der Fall ist – so tiefgreifend ist und sich über einen solch langen Zeitraum erstreckt. Herausforderungen anzunehmen und Chancen zu nutzen ist dabei auch Aufgabe der Messe Essen. Auf sich verändernde Branchen muss auch das Messewesen adäquat reagieren, und die Entwicklung neu aufstrebender Branchen kann durch entsprechende Messethemen unterstützt werden.

Durch die Sekundäreffekte, die die Veranstaltungen der Messe Essen für die regionale Wirtschaft erzeugen, kann darüber hinaus auch ein positiver Einfluss auf die Bewältigung des Strukturwandels geleistet werden. Wenn in einem Messejahr rund 1,3 Millionen Besucher und 13.000 Aussteller aus aller Welt in Essen zusammenkommen, dann profitieren davon z. B. auch die regionale Hotellerie und Gastronomie, die messeorientierten Standbauunternehmen und Marketingagenturen, die örtlichen Taxiunternehmen und öffentlicher Nahverkehr sowie der Einzelhandel und kulturelle Einrichtungen. Durch die fließenden Stadtgrenzen, die das Ruhrgebiet kennzeichnen, gehen diese positiven Effekte auch weit über die Grenzen Essens hinaus.

Wandel im Energiesektor

Um die Ausprägung dieser Wechselbeziehung zwischen der Messe Essen und der Region nachzuempfinden, bietet sich ein Blick auf eine Branche an, die traditionell eine wesentliche Rolle im Ruhrgebiet spielte und immer noch spielt: die Energiebranche.

Was in Zeiten, in denen noch Kohle und Stahl das Bild des »Potts« prägten, für jedermann deutlich erkennbar war, bedarf heute allerdings einer etwas genaueren Betrachtung. Wurden einstmals Zechen und rauchende Schlote mit dem Energiesektor assoziiert, so ist es heute eine breite Unternehmenslandschaft, vielfach geprägt durch den Bereich der Erneuerbaren Energien, die das Ruhrgebiet zu einem Zentrum von Zukunftstechnologien macht und somit auch für den Erhalt und die Schaffung von Arbeitsplätzen steht.

Der Wettbewerb des Initiativkreises Ruhr um den Titel »InnovationCity«, den die Stadt Bottrop für sich entscheiden konnte, hob dabei das Potenzial hervor, das im Ruhrgebiet im Hinblick auf Klimaschutz, Erhöhung von Energieeffizienz und Einsatz von neuen Energieträgern vorhanden ist. Die Energiebranche im Ruhrgebiet kann somit als ein hervorragendes Beispiel angesehen werden, wie struktureller Wandel erfolgreich bewältigt werden kann. Willy Brandts Forderung nach einem »blauen Himmel über der Ruhr« ist – sofern das Wetter mitspielt – längst Realität geworden.

Messen für das Ruhrgebiet!

Der Wandel von einer einst montanwirtschaftlich- hin zu einer technologie- und innovationsgeprägten Region wirkt sich auch auf die Messe Essen aus und wird durch sie zusätzlich katalysiert. War die Messe Essen in den 1950er Jahren noch Gastgeber der Deutschen Bergbau-Ausstellung, so führt sie mittlerweile in Kooperation mit der con|energy AG jährlich die E-world energy & water in den Hallen der Messe durch.

Die europäische Leitmesse für die Energie- und Wasserwirtschaft ist seit ihrem Start im Jahr 2001 enorm gewachsen. Diese erfreuliche Entwicklung wurde auch durch die regionale Unternehmensentwicklung im Energiesektor begünstigt. Von den 500 Ausstellern, die 2010 an der E-world teilnahmen, kamen über 150 aus Nordrhein-Westfalen, ein großer Teil davon aus dem Ruhrgebiet. Gleichzeitig wächst der internationale Anteil der Messeteilnehmer stetig, so beteiligten sich zuletzt Aussteller aus 20 Ländern an der E-world und die 18.000 Besucher reisten aus 48 Nationen an.

Von dieser Entwicklung profitieren nicht nur die Messe und die (regionale) Energiebranche. Durch die stetig wachsende Zahl an Ausstellern und Besuchern aus aller Welt steigen auch die genannten Sekundäreffekte. Während die Unternehmen aus der Energiebranche zu den wichtigsten Arbeitgebern der Region zählen, tragen auch Messen wie die E-world zur wirtschaftlichen Stabilität bei. Neben der sich rasant entwickelnden E-world betreiben insbesondere Weltleitmessen wie die Schweissen & Schneiden, die Security oder die Reifen regionale Wirtschaftsförderung.

Im Jahr 2010 erfreuten sich außerdem die Angebote der Kulturhauptstadt bei den Messegästen großer Beliebtheit. Viele internationale Gäste waren angetan von der kulturellen Vielfalt, die das Ruhrgebiet zu bieten hat. So konnte auch die Messe ihren Teil zum Erfolg von RUHR.2010 beitragen.

Doch schon vor dem Kulturhauptstadtjahr wurde die Region in das Messegeschäft aktiv mit einbezogen. So gab es in der Vergangenheit bereits zahlreiche gemeinsame Veranstaltungen und Kooperationen mit regionalen Einrichtungen, von Aalto-Theater bis Zeche Zollverein. Zweifellos sind hier die Wechselwirkungen zwischen der Messe und der Stadt Essen am größten – zumal die Stadt Essen auch Hauptgesellschafter der Messe Essen GmbH ist. Jedoch wurden auch Einrichtungen in den angrenzenden Städten schon zum Austragungsort messebezogener Veranstaltungen. Diese Form des Standortmarketings wird auch in Zukunft eine wichtige Rolle spielen. Die Messe Essen versteht sich somit auch stets als Botschafter des Ruhrgebietes.

Als Fazit lässt sich festhalten, dass in der Beziehung zwischen der Messe Essen und dem Ruhrgebiet beide Seiten stark voneinander profitieren. Die Chancen, die sich aus den potenziellen Synergien zwischen Messe und Region ergeben, sind auch mit einer großen Verantwortung verbunden.

Die Vergangenheit hat gezeigt, wie Herausforderungen erfolgreich gemeistert werden können. Der Wandel des Energiesektors und die Entwicklung der E-world ist so ein erfolgreiches Beispiel. Die Zukunft hält weitere Herausforderungen für uns bereit. Packen wir es an.

Thomas A. Lange

Gegenwart und Zukunft des Ruhrgebietes
Wirtschaftskompetenz fördern –
das Selbstverständnis der NATIONAL-BANK

Wie für kaum ein anderes Finanzinstitut war und ist die Entwicklung des Ruhrgebietes prägend für die NATIONAL-BANK – ebenso, wie diese ihrerseits das
Ruhrgebiet seit Jahrzehnten beeinflusst hat. 1921 durch die christliche Gewerk-
schaftsbewegung in Berlin gegründet, ist die Bank seit 1922 in Essen beheimatet.
Mit insgesamt 25 Standorten, darunter Bochum, Dortmund, Duisburg, Mülheim und Oberhausen, ist die NATIONAL-BANK heute eine der bundesweit
führenden unabhängigen Regionalbanken für anspruchsvolle Privat- und Fir-
menkunden. Kennzeichnend für die NATIONAL-BANK ist ihr ausschließlich
kundengetragenes Geschäftsmodell. Neben dem Angebot wettbewerbsspezifi-
scher und kundengruppenspezifischer Finanzlösungen prägen die individuelle
Beratung und der persönliche Service das Angebot der Bank. Diese ist auch im
90. Jahr ihrer Geschichte weder börsennotiert noch verfügt sie über ein externes
Rating und ist nicht zuletzt deshalb auf ein solides Verständnis ihrer Anteilseigner
und Kunden für wirtschaftliche Zusammenhänge angewiesen.

Das Ruhrgebiet ist exemplarisch für die im 19. Jahrhundert eintretende grundlegende »Verwandlung der Welt«, wie der Historiker Jürgen Osterhammel diese
Epoche kennzeichnet. Die Region erlebte durch die Industrialisierung einen
gewaltigen Entwicklungsschub insbesondere auf den Gebieten der Montan- und
Stahlindustrie. Mit mehr als 5 Millionen Einwohnern gehört das Ruhrgebiet
heute zu den größten Ballungszentren Europas; als eigenständiger Staat würde
dieser an 17. Stelle unter den leistungsstärksten Ländern der Welt stehen.

Spätestens seit dem Beginn der Kohlekrise 1957/1958 befindet sich das Ruhr-
biet in einem tiefgreifenden Strukturwandel, der immer noch nicht abgeschlossen
ist. Das Wirtschaftssystem wandelt sich von der Industriegesellschaft zur Wissens-
und Dienstleistungsgesellschaft. Damit einher gehen eine entscheidende Veränderung der Arbeitswelt sowie massiv veränderte Anforderungen an die Erwerbstätigen und die Arbeitsbedingungen. Die Bedeutung des Mitarbeiters, der »Human
Resources«, hat sich für Unternehmen entscheidend gewandelt: Ausbildung, Information und Wissen sind der Motor der modernen Dienstleistungsgesellschaft.

Ein derzeit im »Pott« häufig zu lesendes Graffiti lautet: »Fördere Dein Wissen – denn Wissen ist die Kohle der Zukunft!« Nun besteht über die gestiegene Bedeutung einer soliden Wissensvermittlung von wirtschaftlichen Zusammenhängen im Schulunterricht als Voraussetzung einer darauf aufbauenden Berufsausbildung bereits seit längerer Zeit breiter Konsens. Und der oben skizzierte Wandel mit dem sich daraus ergebenden Wegfall geringer qualifizierter Arbeitskräfte hin zu gerade in Wirtschaftsfragen gut ausgebildeten Mitarbeitern im Tertiär- und Quartärsektor, also dem Dienstleistungs- und Informationsbereich, hat diese Notwendigkeit weiter verschärft und die Themen Ökonomie und Finanzen auch für Jugendliche noch mehr in den Vordergrund gerückt.

Jugendstudie des Bundesverbands deutscher Banken

Nach einer Befragung des Bundesverbands deutscher Banken (BdB), die im Juli 2009 zum Wirtschafts- und Finanzverständnis Jugendlicher durchgeführt wurde, halten 70 Prozent der 14- bis 24-Jährigen Informationen über die allgemeine wirtschaftliche Entwicklung für wichtig oder sehr wichtig und interessieren sich für wirtschaftliche Zusammenhänge. Dabei erwarten die Jugendlichen und jungen Erwachsenen Wirtschaftsinformationen in erster Linie von den Medien (75 Prozent) und von der Schule (70 Prozent) und wünschen sich die Einführung eines eigenen Schulfachs »Wirtschaft«. Die Zahlen belegen, dass die Jugend ökonomische Bildung als grundlegendes Rüstzeug für ihre Zukunft einschätzt – allerdings zeigt die Studie auch, dass es mit den wirtschaftsspezifischen Kenntnissen der Befragten nicht nur zum Besten steht: Die Studie deckt teilweise erhebliche Wissenslücken bei ökonomischen Sachverhalten auf. So konnten 40 Prozent der Teilnehmer mit dem Begriff der sozialen Marktwirtschaft »nichts Bestimmtes« verbinden und immerhin 30 Prozent hatten keine bestimmte Vorstellung von dem, was sich hinter dem Schlagwort »Globalisierung« verbirgt. Noch gravierender sind die Defizite bei konkreten Kenntnissen wirtschaftlicher Grundlagen wie beispielsweise dem Prinzip von Angebot und Nachfrage. Hiervon hatten zwar fast drei Viertel der Befragten schon gehört, aber nur etwas mehr als die Hälfte konnten den Begriff auch richtig erklären. Und lediglich 6 Prozent der Umfrageteilnehmer waren in der Lage, auch nur ungefähr die momentane Höhe der Inflationsrate in Deutschland anzugeben.

Überprüfung der Lehrpläne notwendig

Nach wie vor spielt das Thema Wirtschaft an den Schulen nur eine Nebenrolle und wird fast überall nur ergänzend zu anderen Fächern wie Politik, Geschichte, Sozialwissenschaften oder Gemeinschaftskunde unterrichtet. Vor diesem Hintergrund verwundert es nicht, dass Ulrich Junghans, ehemaliger Vorsitzender der Wirtschaftsministerkonferenz der Länder, eine Überprüfung der Lehrpläne einfordert.

Als Reaktion auf die erkannten Defizite hatte der BdB bereits im Jahre 2008 einen Vorschlag für die ökonomische Bildung in Deutschland erarbeiten lassen. Kernüberlegungen des Konzeptes waren neben der Forderung nach einem eigenen Schulfach die Thesen, dass

– ökonomische Bildung zur Allgemeinbildung und nicht zur Spezialbildung gehört,
– gute ökonomische Bildung auch entsprechend qualifizierte Lehrer benötigt und
– ökonomische Bildung eine neue Lern- und Leistungsqualität in das deutsche Schulsystem bringt.

Planspiel Schul/Banker des Bankenverbands

Auch mit dem Planspiel »Schul/Banker«, in dem Schülern Kenntnisse zum Bankgeschäft vermittelt werden, versucht der BdB, die festgestellten Wissenslücken zu schließen. Das Planspiel wird mittlerweile seit elf Jahren veranstaltet; mehr als 45.000 Jugendliche haben sich daran beteiligt. Teams von vier bis sechs Schülern führen in dem Projekt eine Bank und übernehmen die Aufgaben eines Bankvorstands, um das eigene Institut im Wettbewerb mit anderen Planspielbanken möglichst erfolgreich zu führen. Hierzu müssen die Schüler eine Vielzahl von realitätsnahen Entscheidungen treffen, darunter in den Bereichen Sparen und Kredite, Aktienfonds, Online Banking, Aufbau eines Filialnetzes, Aus- und Weiterbildung ihrer Mitarbeiter, Werbung, Marktforschung und Konkurrenzbeobachtung. Zu den Aufgaben des Planspiels gehört zudem die Beobachtung der Marktentwicklung, der Konjunkturlage und das Verhalten der Wettbewerber, wobei auch die gesetzlichen Rahmenbedingungen und die Vorschriften der Bankenaufsicht zu berücksichtigen sind. Auf diese Weise sollen die Schüler hautnah erleben, wie Marktwirtschaft und Wettbewerb funktionieren, und auch auf diese Weise das notwendige Wissen im Finanz- und Wirtschaftswesen vermittelt bekommen.

Innovativer Ansatz der NATIONAL-BANK

Die genannten Beispiele belegen, dass die privaten Banken ihre Bemühungen um die Wissensvermittlung wirtschaftlicher Zusammenhänge als einen wichtigen Teil ihres gesellschaftspolitischen Engagements begreifen. Dies gilt namentlich auch für die NATIONAL-BANK, die als eine der führenden unabhängigen Regional-banken für anspruchsvolle Firmen- und Privatkunden von dem Research-Unter-nehmen Corporate Research Foundation in Zusammenarbeit mit unabhängigen Wirtschaftsjournalisten und dem Magazin »Junge Karriere« als »TOP-Arbeit-geber Deutschland 2010« ausgezeichnet wurde. Um diesem Anspruch und Selbst-verständnis besonders auch im Bereich der Aus- und Weiterbildung gerecht zu werden, hatte die NATIONAL-BANK bereits vor drei Jahren beschlossen, neben der ohnehin breit angelegten Vermittlung von Wirtschafts- und Finanzwissen verstärkt auch innovative Wege zu gehen und deshalb eine ausschließlich von Auszubildenden geführte Filiale ins Leben zu rufen. Mit dem in dieser Filiale verwirklichten Betreuungs- und Vertriebskonzept durch unmittelbar vor dem Abschluss ihrer Ausbildung stehende Auszubildende will die Bank ihren Nach-wuchskräften die Möglichkeit geben, ihr theoretisches Wissen in der Praxis ein-zusetzen und selbstständiges und eigenverantwortliches Arbeiten zu lernen.

Darüber hat die Bank ein Gemeinschaftsprojekt mit dem Burggymnasium Essen durchgeführt, in dem einer Gruppe von etwa 20 Schülern der Oberstufe durch Führungskräfte der NATIONAL-BANK die Funktion und Arbeitsweise der unterschiedlichen Bankbereiche erläutert wurde. In den als Workshops kon-zipierten, wöchentlich stattfindenden Veranstaltungen hatten die Schüler dane-ben die Möglichkeit, sich durch Fragen auch zu aktuellen Themen rund um die Finanzkrise zu informieren und Antworten von einer Bank zu erhalten, deren kundengetragenes Geschäftsmodell sich in der Krise als herausragend stabil erwiesen hat.

Die beschriebenen Ansätze zeigen unterschiedliche Wege auf, das Wirtschafts-verständnis Jugendlicher bereits frühzeitig zu fördern. Nur wenn dieser Weg konsequent weiter beschritten wird und die Unternehmen des Ruhrgebietes den Bildungsauftrag gemeinsam annehmen und als Chance für unsere Region begrei-fen, wird das Ruhrgebiet auch künftig seine Stärke und Wettbewerbsfähigkeit behaupten können.

Rüdiger Grube

Mobilität für das Ruhrgebiet
Die Bedeutung des Ruhrgebiets
für die Deutsche Bahn AG

Die Eisenbahn ist das leistungsfähigste und dabei effizienteste Verkehrsmittel und trifft im Ruhrgebiet auf einen der am dichtesten besiedelten Wirtschaftsräume Europas. Daraus ergibt sich eine natürliche Passung zwischen dem Verkehrsträger Schiene und der Region Rhein-Ruhr mit zahlreichen Chancen für die Zukunft. Die weltweiten Trends der Umweltorientierung und Ressourcenschonung legen es nahe, gerade im Ruhrgebiet zukünftig auf eine stärkere Rolle der Bahn zu setzen.

Für das Unternehmen Deutsche Bahn AG ist das Ruhrgebiet eine wichtige Region – traditionell bis heute, aber auch in Zukunft. Die großen Eisenbahnmagistralen aus Berlin, Hamburg, Frankfurt und Amsterdam durchqueren das Revier. Ins Fernverkehrsnetz der Deutschen Bahn sind alle großen Städte direkt eingebunden. Die zahlreichen Strecken des Nahverkehrs und der S-Bahnen sorgen für die Mobilität der Menschen und sind entscheidende Lebensadern des Ruhrgebiets. Im Güterverkehr leben die Städte zwischen Duisburg und Dortmund auch von der hervorragenden Anbindung an die Nordseehäfen. Der Binnenhafen Duisburg ist eine der größten Logistikdrehscheiben Europas mit einer hervorragenden trimodalen Anbindung auf Wasser, Schiene und Straße. Bis heute wäre Transport und Logistik für die Industrie des Ruhrgebiets ohne die Bahn nicht vorstellbar. Dabei erweitert sich die Rolle der Bahn immer mehr von einem nationalen Transporteur hin zu einem europäischen Logistikdienstleister, der in der industriellen Wertschöpfung des Ruhrgebiets eine zentrale Funktion einnimmt.

Modernisierung der Infrastruktur

Gemeinsam rüsten sich Bund, Land und Bahn in Nordrhein-Westfalen für den Verkehr der Zukunft. Verschiedene Vereinbarungen sehen den gezielten Ausbau und die Modernisierung von Strecken und Bahnhöfen vor. Wichtig für die Sicherung der dringend nötigen Verkehrsinvestitionen der Zukunft ist, dass die Region Ruhr mit einer Stimme spricht und ihr Gewicht gebündelt in die politischen

Waagschalen in Berlin und Düsseldorf legt! Nur so werden die wichtigsten Vorhaben auch umgesetzt werden können.

Zu den wichtigsten Projekten gehören die Planungen für den Rhein-Ruhr-Express, die Modernisierung der Strecke Emmerich-Oberhausen als Verlängerung der niederländischen Betuwe-Linie und als Teil der europäischen Güterverkehrsmagistrale von Rotterdam bis Genua sowie die weitere Umsetzung der Modernisierungsoffensive für nordrhein-westfälische Bahnhöfe. In den kommenden Jahren investieren hier Bund, Land und Bahn rund 407 Millionen Euro in 108 kleinere und mittlere Bahnhöfe in NRW, vorwiegend für den behindertengerechten Ausbau, neue Bahnsteige sowie moderne Beleuchtung und Beschallung.

Zudem steht nach Essen, Gelsenkirchen und Bochum auch die Modernisierung der Hauptbahnhöfe von Duisburg und Dortmund an. Die Empfangsgebäude sind bereits Ende 2010 weitgehend fertig gestellt – die Verkehrsstationen sollen abhängig von einer gesicherten Finanzierung in den kommenden Jahren folgen.

Logistikdrehscheibe Duisburg

Duisburg gilt als bedeutendste Handels- und Verkehrsdrehscheibe der Rhein-Ruhr-Region. Als größter Binnenhafen Europas stellt Duisburg gleichzeitig den wichtigsten Hinterlandumschlagplatz der ARA-Häfen (Amsterdam, Rotterdam, Antwerpen) dar.

Das Schienengüterverkehrsaufkommen in den öffentlichen Häfen wird sich nach Angaben der duisport-Gruppe bis zum Jahr 2015 von heute rund 12 Millionen Tonnen auf etwa 27 Millionen mehr als verdoppeln. Hinzu kommen die Verkehre der Privathäfen. Hauptumschlaggüter sind Montanerzeugnisse, Baustoffe, Mineralölprodukte und vor allem in stark wachsendem Umfang Container. Diese prognostizierte Entwicklung würde bedeuten, dass im Jahre 2015 – also in nicht einmal 5 Jahren – täglich 112 Güterzüge zusätzlich verkehren werden, für die geeignete Trassen gefunden werden müssen. Diese Wachstumszahlen machen einmal mehr deutlich, wie wichtig der Ausbau der Schieneninfrastruktur ist, damit dieses Wachstum umweltfreundlich auf der Schiene stattfinden kann.

Betuwe-Linie als Brücke zum Seehafen Rotterdam

Die 73 Kilometer lange Ausbaustrecke Emmerich-Oberhausen ist als vordringliches und internationales Vorhaben im Bundesverkehrswegeplan 2003. Geplant ist u. a. ein dreigleisiger Ausbau, die Beseitigung von mehr als 50 Bahnübergängen und eine so genannte Blockverdichtung, mit deren Hilfe die Kapazität der Strecke erhöht werden kann. Mit dem Ausbau der Strecke werden die Verbindungen des internationalen Schienenverkehrsnetzes in der Nord-Süd-Relation von Rotterdam bis Genua gestärkt und eine weitere Lücke im Transeuropäischen Verkehrsnetz geschlossen.

RRX – Der Rhein-Ruhr-Express für die Mobilität des 21. Jahrhunderts

Rund 500 Millionen Menschen sind pro Jahr nach Angaben des nordrhein-westfälischen Verkehrsministeriums im Streckennetz von NRW unterwegs. Der Rhein-Ruhr-Express (RRX) soll als Premium-Produkt das Rückgrat des zukünftigen Schienenpersonennahverkehrs in Nordrhein-Westfalen werden. Er sieht vor allem die Einführung eines 15-Minuten-Taktes auf der Kernstrecke zwischen Dortmund, Duisburg, Düsseldorf und Köln – für insgesamt vier RRX-Linien – vor.

ICE-Verbindungen Amsterdam/Brüssel/London

Der ICE International ist die schnelle und komfortable Verbindung aus Deutschland in die Niederlande. Von Köln aus erreichen die DB-Kunden die Grachtenmetropole Amsterdam schon in weniger als 2¾ Stunden, von Duisburg nach Amsterdam benötigt man lediglich 1 Stunde 59 Minuten. Hier konnten in den letzten Jahren viele Fahrgäste gewonnen werden und weitere Zuwächse sind zu erwarten.

Zudem will die DB ihr ICE-Netz sukzessive Richtung Westen ausweiten. Im Oktober ist erstmals ein Test-ICE durch den Kanaltunnel bis London gefahren, Deutschland und Großbritannien sollen damit künftig näher zusammen rücken. Die Fahrzeit zwischen Köln und London soll unter vier Stunden liegen. Auch im deutschen Kernnetz will die DB das Fernverkehrsangebot weiter verdichten, weil mit steigenden Kraftstoffpreisen ein verstärkter Umstieg auf die Schiene prognostiziert wird. Dafür wird in den kommenden Jahren die Nachfolgegeneration der IC- und ICE1-Züge beschafft.

Die Deutsche Bahn und das Ruhrgebiet – Blickrichtung Zukunft

Vieles verbindet die Deutsche Bahn mit dem Ruhrgebiet – die Geschichte, aber auch die Chancen der Zukunft. So, wie es die Deutsche Bahn geschafft hat, sich von einer Behörde zu einem erfolgreichen Wirtschaftsunternehmen zu entwickeln, so ist es dem Ruhrgebiet gelungen, den Wandel von einer Bergbauregion hin zu einem modernen Industrie- und Dienstleistungsstandort mit hoher Lebensqualität einzuleiten.

Für beide – Ruhrgebiet und Deutsche Bahn – ist dieser tiefgreifende Wandel noch nicht abgeschlossen. Viele Potenziale warten noch darauf, erschlossen zu werden. Das wichtigste dabei ist, die Köpfe der Menschen für gemeinsame Ideen zu gewinnen. Was das Ruhrgebiet mit der RUHR.2010 geleistet hat – darauf lohnt es, aufzubauen: Internationalität, Innovation, Kreativität und auch ein wenig Stolz auf das gemeinsam Geleistete.

Wir – die Deutsche Bahn und ihre Mitarbeiterinnen und Mitarbeiter von der Ruhr – wollen für Mobilität sorgen, insbesondere in der Urbanität dieses einzigartigen Ballungsraums. Wir freuen uns auf diese Aufgabe – heute und in Zukunft!

Christoph Blume

Internationale Erreichbarkeit
Über den Schlüssel zur Weiterentwicklung
des Ruhrgebiets als Metropolregion

> *»Die Zukunft soll man nicht voraussehen,
> sondern möglich machen.«*
> (Antoine de Saint-Exupéry)

Das Ruhrgebiet ist Bestandteil des Ballungsraumes Rhein-Ruhr, welcher hinsichtlich seiner Bevölkerung (18 Millionen Einwohner) und seiner Wirtschaftsleistung auf einem Niveau mit London und Paris als den bedeutendsten Wirtschaftsräumen Europas liegt. In Deutschland gibt es keinen annähernd vergleichbaren Wirtschaftsraum. Neun der 30 Dax-Unternehmen haben hier ihren Sitz. Diese Unternehmen stehen für die wirtschaftliche Potenz der Region, aber auch für den Strukturwandel der gesamten Wirtschaft im Ruhrgebiet: Kohle- und Stahlunternehmen von früher sind heute weltweit tätige Dienstleistungsunternehmen in allen Sparten geworden wie z. B.: Energiedienstleistung, weltweiter Anlagenbau, life-science, Umwelttechnologie, Autozulieferindustrie, Telekommunikation.

Dem Ruhrgebiet hat es seit seiner Entstehung nie an Internationalität gemangelt, wohl aber an einer guten internationalen Erreichbarkeit.

Vor 150 Jahren reichte die Erreichbarkeit mit Eisenbahn und Wasserstraßen und vor 50 Jahren die gute Anbindung an das europäische Autobahnnetz aus, um an der Entwicklung der überregionalen Wirtschaft teilzuhaben.

Inzwischen sind angesichts der weltweiten Arbeitsteilung Wirtschaftsregionen nur dann zukunftsfähig, wenn sie darüber hinaus auf der Landkarte des weltweiten Luftverkehrs sichtbar sind. Dies ist nur mit einem internationalen Flughafen möglich, der von den weltweit tätigen Airlines angeflogen und mit ihrem Netzwerk verknüpft ist.

Für eine leistungsfähige Flughafen-Infrastruktur

Wegen dieses unmittelbaren Zusammenhanges zwischen Entwicklungschancen und luftverkehrlicher Erreichbarkeit hat die Wirtschaftsförderung metropoleruhr kürzlich eine Vergleichsstudie mit den fünf größten europäischen Metropolen und Tokio, Moskau, Istanbul und New York in Auftrag gegeben.

Die Verfasser um Prof. Klophaus gehen in dieser Studie weiterhin von einer langfristigen Steigerung des weltweiten Luftverkehrs um ca. 5 Prozent pro Jahr aus, mit den höchsten Zuwachsraten im Nahen Osten und Asien. Im Wettbewerb der europäischen Regionen (und darüber hinaus) gilt, dass nur diejenigen an der dynamischen Weltwirtschaftsentwicklung teilhaben, die als Wachstumsvoraussetzung über eine entsprechend leistungsfähige Flughafen-Infrastruktur verfügen.

Eine Befragung von international tätigen Unternehmen in deutschen Ballungsräumen hat ergeben,
– für 86 Prozent der Unternehmen ist die Luftverkehrsanbindung ein sehr wichtiger Standortfaktor
– bei unzureichender Luftverkehrsanbindung erwägt die Mehrheit eine Standortverlagerung

Wichtig für die Attraktivität der Luftverkehrsanbindung ist allerdings nicht nur das Airlineangebot, sondern die verkehrliche Erreichbarkeit, vor allem mit dem Pkw.

Der Flughafen Düsseldorf ist als einziger NRW Flughafen von allen Großstädten des Ballungsraumes Rhein-Ruhr in weniger als 1 Stunde Fahrzeit erreichbar. Diese Lagegunst hat u. a. dazu geführt, dass Düsseldorf mit fast 19 Millionen Passagieren in 2010 ca. 53 Prozent des gesamten Passagieraufkommens umfasst, beinahe doppelt so viel wie der nächstgrößere Flughafen in NRW (Köln).

Dennoch ist die signifikante Größe Lokalpassagiere/Einwohner im Ballungsraum Rhein-Ruhr mit 2,3 im unteren Drittel aller untersuchten Ballungsräume. In London liegt dieser Wert mit 7,8 Lokalpassagieren/Einwohnern dreimal so hoch. Die Untersuchung zeigt ebenfalls, dass Bruttosozialprodukt und Passagiervolumen stark korrelieren. Auch hier liegt Rhein-Ruhr mit 30.000 Euro/Einwohner nur im unteren Mittelfeld.

Obwohl in der Metropolregion Rhein-Ruhr der Luftverkehr eine Beschäftigungswirkung von rund 100.000 Arbeitsplätzen erzeugt, kommt die Studie zu dem Ergebnis, dass u. a. aufgrund der Kapazitätsengpässe am Flughafen Düsseldorf das Nachfragepotenzial für Luftverkehr nicht ausgeschöpft wird. Dies hat für die gesamte Region eine vergleichsweise geringe Wachstumsdynamik und Attraktivität zu Folge.

Unser Handlungsbedarf

Der Flughafen Düsseldorf bietet zwar als einziger Flughafen in der Region ein gutes Angebot zu den europäischen Drehkreuzen, allerdings kann er angesichts der bestehenden genehmigungsrechtlichen Restriktionen sein Potenzial nicht voll ausschöpfen. Das Ziel, mit Hilfe der weltweit tätigen Netzcarrier die globalen Metropolen direkt anzubinden, erfordert eine optimierte Nutzung der vorhandenen technischen Kapazität, die die Generierung zusätzlicher Umsteigerverkehre ermöglicht. Angesichts des rasanten Ausbaus der Flughäfen von Frankfurt, München und Berlin einerseits, aber auch der neuen Großflughäfen im arabischen Raum andererseits sollten wir uns dem Wettbewerb der Regionen um Teilhabe an der weltweit zunehmenden Wirtschaftsentwicklung stellen. Natürlich erfordert eine solche Politik auch einen Interessenausgleich zwischen betroffenen Anwohnern und übergeordneten wirtschaftspolitischen Erfordernissen.

Enzo Ferrari, der begnadete Konstrukteur, hat folgenden Satz geprägt: »Wenn Du morgen aufwachst und keine Wünsche mehr hast, wirst du alt.« Ich wünsche mir, dass das Ruhrgebiet eine internationale Anbindung erfährt, die es gegenüber anderen Regionen konkurrenzfähig und nachhaltig entwicklungsfähig macht. Dies kann nur gelingen, wenn Politik und die Wirtschaftsunternehmen der Region gemeinsam mit dem Flughafen Düsseldorf diese Herausforderung annehmen.

Erich Staake

Erfolgreicher Strukturwandel im Ruhrgebiet
Wie Logistikkonzepte neue Chancen für die Region eröffnen

Als sich Anfang 1998 die beiden Stahlkonzerne Krupp und Thyssen zu einer Fusion entschieden, sah der damalige nordrheinwestfälische Ministerpräsident Wolfgang Clement die Chance gekommen, das alte Krupp Hütten-Gelände in Rheinhausen endlich wieder einer neuen Nutzung zuzuführen. Doch wer sollte es machen? 270 Hektar Fläche, teilweise kontaminiert, ein nicht mehr nutzbarer Hafen und die baulichen Überreste des ehemaligen Krupp Hüttenwerkes erforderten einige 100 Millionen Euro, um dieses riesige Areal baureif zu machen. Möglich war dies, weil man auf EU-Fördergelder zurückgreifen konnte.

Die eigentliche Herausforderung lag allerdings in der Frage der zukünftigen Nutzung. Entsprechend wurden Gutachten in Auftrag gegeben. Sie lasen sich wie ein »Leipziger Allerlei«; von allem etwas. Ein bisschen Maschinenbau, chemische Industrieansiedlungen, ein Kraftwerk usw. Ein überzeugendes, im Markt kommunizierbares Konzept war darin nicht zu erkennen.

Die Duisburger Hafen AG war nicht zuletzt aufgrund ihrer Gesellschafterstruktur Anfang der 1990er Jahre nach der großen Stahlkrise mit einer erheblichen Eigenkapitalaufstockung ausgestattet worden. Über diesen Weg konnten Bund und Land die besonders betroffene Stadt Duisburg unterstützen.

Die Landesregierung war zwar nicht überzeugt, dass die Duisburger Hafen AG so ein Jahrhundertprojekt zu einem Erfolg führen könnte – es sei hier angemerkt, dass der Vorstand der Duisburger Hafen AG in den 1990er Jahren mehrfach den Erwerb des Geländes abgelehnt hatte –, fand aber niemanden, der dieses Projekt in Angriff nehmen wollte. Letztlich entschloss man sich, die Duisburger Hafen AG in einer neuen Aufstellung als Erwerber und Entwickler einzusetzen. Die eigentliche Entwicklung und Vermarktung des Projektes sollte allerdings getrennt in einer eigenen Gesellschaft vollzogen werden.

Im September 1998 wurden die Verträge unterschrieben und das Abenteuer konnte beginnen.

Hohe Erwartungen

Ich hatte im August des gleichen Jahres dem Aufsichtsrat der Duisburger Hafen AG meine Zusage gegeben, sowohl die Hafen-Gruppe zu leiten als auch hier Verantwortung für das Krupp-Rheinhausen-Gelände und seine neue Gesellschaft zu übernehmen. Die Erwartungen waren hoch gesetzt. Der damalige Wirtschafts- und Verkehrsminister Bodo Hombach sprach bei der Pressekonferenz anlässlich der Vertragsunterzeichnungen von neuen Beschäftigungsperspektiven, die an die glorreiche Krupp-Zeit anknüpfen sollten.

Eines war mir allerdings nach kurzer Zeit völlig klar: Auf der Basis der erarbeiteten Grundlagen würden wir kaum Erfolg haben können.

Unter dem Begriff Logistik konnten sich in den 1990er Jahren relativ wenige Zeitgenossen etwas Konkretes vorstellen. In Duisburg sprach man vom Hafen-Geschäft und von speditionellen Aufgaben. Es ging um den An- und Abtransport sowie den Umschlag von Gütern und Waren. Hier lag das Know-how der vielen Kunden des Duisburger Hafens. Die Hafen-Gruppe selbst agierte ausschließlich als Landlord in der Bereitstellung von geeigneter Infrastruktur. Die Beschäftigungswirkung von Transport- und Speditionsleistungen war nicht sehr groß.

Andererseits hatten die großen deutschen Industrieunternehmen damit begonnen, sich auf ihre Kernkompetenzen zu konzentrieren und vielfältige, dem Produktionsprozess vor- und nachgelagerte Aktivitäten auszugliedern oder, wie es neudeutsch heißt, »outzusourcen«. Viele Transport- und Logistik-firmen sahen hierin ihre Chance, ihre Geschäftsaktivitäten deutlich ausweiten zu können.

Dieses als Kontraktlogistik bezeichnete Geschäftsfeld definierte eine deutlich höhere Wertschöpfung als das traditionelle Transportgeschäft. Es war also naheliegend, die Entwicklung des Krupp-Hütten-Geländes im größten Binnenhafen der Welt hieran festzumachen. Aufbauend auf der Kompetenz des vorhandenen Kundenstamms konnten wir hier eine klare Marktpositionierung erreichen.

Zwei neue Marken

Als ich dieses Konzept meinem Aufsichtsrat vorstellte und gleichzeitig darauf hinwies, dass wir das Areal als ein Produkt, eine Marke positionieren müssten, blickte ich in viele skeptische Gesichter. Eine von uns beauftragte Agentur präsentierte am gleichen Tage eine neue Marke: *logport*.

Am Ende stimmten alle zu und waren auch wenig später bereit, der Muttergesellschaft Duisburg-Ruhrorter Häfen AG, Rhein-Ruhr Hafen Duisburg ein neues Brandig zuzugestehen: *duisport*.

Doch was nutzen schöne Marken und gute Konzepte, wenn sie nicht gelebt werden. Mir war sehr früh klar, dass man diese enorme Herausforderung nicht durch das Eintreten einiger neuer Fachleute erreichen konnte, sondern, dass es entscheidend darauf ankam, die bestehende Mannschaft auf diesem Weg mitzunehmen, sie zu motivieren und zu Protagonisten einer neuen Unternehmensausrichtung zu machen.

Ich bin im Übrigen davon überzeugt, dass erfolgreicher Strukturwandel nur gelingen kann, wenn die Menschen überzeugt werden können von dem neuen Weg, wenn sie mitgenommen werden. Sehr häufig bin ich in den letzten Jahren gefragt worden, wie logport zu einem der erfolgreichsten Förderprojekte in der Europäischen Union werden konnte. Die Antwort ist nicht besonders schwer. Es ist das erfolgreiche Zusammenspiel aller beteiligten Kräfte gewesen. Die jeweilige Landesregierung, auf deren Unterstützung wir uns immer verlassen konnten; die Bundesregierung, die sehr schnell erkannte, dass hier etwas Besonderes im Entstehen war und die eigenen Vorstellungen für eine zukünftige Transport- und Logistikwirtschaft geradezu beispielhaft umsetzte, sowie die Stadt Duisburg, die ganz unbürokratisch und unkonventionell Genehmigungen für die vielen Dutzend Ansiedlungen herbeiführte. Aber ohne ein national und international überzeugendes Konzept und die Menschen, die es umsetzen, ist ein Erfolg nicht möglich.

Logistik in Netzwerken

Um internationale Investoren zu gewinnen, müssen sie etwas Besonderes bieten. Warum sollten sie auch in Duisburg in einem Binnenhafen im europäischen Hinterland investieren, wenn sie wie bisher in ausreichendem Umfang in den großen europäischen Seehäfen Rotterdam, Antwerpen und Hamburg geeignete Angebote vorfanden? Die Grundstücke in Duisburg waren nicht billiger als in den Seehäfen zu haben. Die großen Überseeschiffe konnten nicht bis Duisburg fahren. Warum also gerade hier investieren?

Es war uns schnell klar, dass wir Logistik in Netzwerken denken und entwickeln mussten. Von und über Duisburg musste man möglichst den gesamten europäischen Kontinent wettbewerbsgerecht ver- und entsorgen können.

Dazu reichten effiziente Schiffsverkehre alleine nicht aus. Es war von entscheidender Bedeutung, ein intermodales Hinterlandkonzept zu entwickeln, das alle

116

relevanten Verkehrsträger umfasste. Insbesondere der Schiene kam eine große Bedeutung zu, denn mit der Liberalisierung des Schienengüterverkehrs durch die Europäische Union wurde der grenzüberschreitende Schienengüterverkehr deutlich gefördert.

Erst dann, wenn wir die Neuansiedlungen der großen Kontraktlogistiker in optimierte Transportnetzwerke und Umschlagsmöglichkeiten im Hafen direkt einbinden, könnten wir im Wettbewerb zu den großen Logistikstandorten an der Küste erfolgreich bestehen und unsere Hinterlandlage als Vorteil nutzen.

Heute operieren zwei Dutzend Anbieter im Schienengüterverkehr von und über den Duisburger Hafen, vor zehn Jahren waren es lediglich zwei. Heute betreiben wir drei Container-Terminals auf dem logport-Areal, vor zehn Jahren waren es drei im gesamten Hafen.

Die Kombination dieser verschiedenen Aktivitäten im Rahmen eines Gesamt-konzeptes haben am Ende dazu geführt, dass heute über 3.000 Menschen wieder einen direkten Arbeitsplatz auf dem Logport-Areal gefunden haben, Unterneh-men aus 25 Nationen in Duisburg Logistik betreiben und Duisburg zu einem der führenden Logistikplätze in Europa geworden ist. Die Anzahl der direkt und indirekt vom Duisburger Hafen abhängigen Arbeitsplätze liegt heute bei ca. 40.000.

Längst ist aus logport eine logport-Familie entstanden, die weitere kleinere Areale in Duisburg selbst, aber auch im Ruhrgebiet, für logistische Dienstleis-tungen entwickelt. Ob im Chemiepark Marl zusammen mit unserem Partner EVONIK, in Castrop Rauxel gemeinsam mit unserem Partner Rütgers Chemie oder an verschiedenen anderen Stellen im Ruhgebiet mit unserem Partner RAG, versuchen wir die erfolgreiche Entwicklung des Krupp-Hütten-Geländes zu mul-tiplizieren. Das ist nicht einfach, denn ein Hafenstandort wie Duisburg genießt naturgemäß eine höhere Wertigkeit. Umso wichtiger ist, dass wir mit intelligen-ten Konzepten die Vernetzung des Ruhrgebietes vorantreiben.

Vom Lkw auf die Schiene

Ende der 1990er Jahre galt unter Experten der Grundsatz, dass Schienengüter-verkehr mit Containern, Trailern und Wechselbrücken nur auf Strecken über 500 Kilometern Wettbewerbsvorteile gegenüber dem Lkw verzeichnen würde. Nicht zuletzt der Wettbewerb auf der Schiene hat dazu beigetragen, dass wir heute über geringere Entfernungen sprechen, auch auf Strecken von 200 bis 300 Kilometern Länge kann bei hocheffizientem Einsatz der Schienenverkehr im Wettbewerb mithalten. Doch im Rhein-Ruhrgebiet sprechen wir nicht über solche Streckenrelationen. Die Distanzen bewegen sich zwischen 20 und 80 Kilometern.

Die damalige DB-Cargo und heutige Schenker Rail hatte Anfang der 1990er Jahre folgerichtig beschlossen, Kurzstrecken und Anlaufpunkte mit geringem Güteraufkommen nicht mehr zu bedienen. In der Konsequenz hätte dies für das Ruhrgebiet bedeutet, dass in der stärksten Industrieregion Europas mit einigen Dutzend Unternehmen, die über einen eigenen Schienenanschluss verfügten, weitere Warenströme von der Schiene auf den Lkw verlagert worden wären.

Es war in der Tat nicht einfach, meinen Aufsichtsrat davon zu überzeugen, dass ausgerechnet die Duisburger Hafen AG mit der Gründung einer eigenen Güterbahn duisport Rail in diesem Sektor tätig werden sollte.

Wir sind das Risiko eingegangen, haben uns gebrauchte Lokomotiven beschafft, eine kleine, aber sehr qualifizierte Mannschaft aufgebaut und es letztendlich geschafft, zu Selbstkosten Relationen im Umkreis von 20 bis 80 Kilometern zu bedienen.

Heute entsorgt duisport Rail die Chemiecontainer an Rhein und Ruhr, fährt tägliche Züge für die Handelslogistik im östlichen Ruhrgebiet, verknüpft das Dortmunder Terminal entlang der Schiene Gelsenkirchen-Duisburg und wird in Kürze auch die Region Ostwestfalen in sein Netzwerk integrieren. Manchmal war es schwierig, den Durchhaltewillen aufrecht zu erhalten und erhebliche Anlaufverluste für verschiedene Schienengüterrelationen in Kauf zu nehmen, insbesondere im Krisenjahr 2009, als Lkw-Spediteure nahezu jeden Preis offerierten. Aber was wäre die Alternative gewesen?

Heute können wir feststellen, dass auf Jahresbasis ca. 100.000 Lkw-Bewegungen durch unsere Angebote auf die Schiene verlagert werden konnten. Im Übrigen gilt auch hier: Dieses Netzwerk ist eine elementare Voraussetzung dafür, dass die Ver- und Entsorgungsfunktion für die Industrie im Ruhrgebiet wettbewerbsgerecht aufrechterhalten werden kann und logistische Dienstleistungen auch über Duisburg hinaus erfolgreich in der Ruhrregion implementiert werden können.

Internationale Partnerschaften

Aber der Netzwerkgedanke erstreckt sich nicht nur auf die Region. In einer globalisierten Welt, die nicht nur durch extreme Arbeitsteilung geprägt ist, sondern auch durch ständige geografische Veränderungen der industriellen Produktion, ist es sehr entscheidend, dass unsere international aufgestellten Unternehmen auf globale Netzwerke zurückgreifen können. Darüber hinaus müssen wir konstatieren, dass neue industrielle Wertschöpfung nicht mehr vorzugsweise in Deutschland stattfindet, sondern in den aufstrebenden Schwellenländern.

Wertschöpfung für NRW zu generieren ist allerdings nur möglich, wenn man dafür Sorge trägt, dass internationale Waren- und Güterströme als Halb- oder Fertigfabrikate auch auf unsere Region gelenkt werden können. Dies ist der zentrale Ansatz für die seit einigen Jahren betriebene internationale Ausrichtung der Duisburger Hafengruppe.

Dies allein zu bewerkstelligen ist für eine mittelständische Unternehmensgruppe, wie die unserige, nur bedingt möglich. Schon seit vielen Jahren treiben wir den Aufbau internationaler Partnerschaften voran und begleiten mittlerweile die ersten Projekte mit unserem Know-how.

Mit der gerade getroffenen Vereinbarung mit dem Hochtief-Konzern, der mit seiner Hochtief-Concessions seit vielen Jahren international erfolgreich tätig ist, haben wir eine weitere Grundlage gelegt. Dieses Joint Venture wird uns in die Lage versetzen, in den wichtigen aufstrebenden Märkten weltweit gemeinsame Projekte zu verwirklichen, aber auch das europäische Netzwerk weiterzuentwickeln.

Leitthema Logistik

Es hat sich erfreulicherweise viel in der Logistik als Wissenschaft, in der Aus- und Weiterbildung sowie in der akademischen Ausbildung getan. Die Universität Duisburg-Essen und das Fraunhofer Institut in Dortmund sind beispielhaft für herausragende Leistungen im akademischen Umfeld anzuführen.

Dennoch ist noch sehr viel zu tun, um insbesondere jungen, engagierten und begabten Menschen die Chancen in dieser Wachstumsbranche Logistik, in der Deutschland seit vielen Jahren einen Spitzenplatz weltweit einnimmt, näher zu bringen.

In 2009 ist uns im Zusammenwirken vieler Unternehmen aus Industrie, Handel, IT und Logistikwirtschaft für das Ruhrgebiet etwas Besonderes gelungen. Erstmalig kann sich die Logistik in einem bundesdeutschen Spitzenclusterwettbewerb zu den Gewinnern zählen und das mit dem Effizienzcluster Ruhr. Wer hätte sich das noch vor einigen Jahren vorstellen können? Erstmalig haben wir die Chance, die Logistik nicht nur als eine eigene Disziplin zu positionieren, sondern maßgebliche Neuentwicklungen im Zusammenspiel von Wissenschaft und Wirtschaft weltweit zu präsentieren.

Der Initiativkreis Ruhr hatte bereits vor einigen Jahren mit den Leitthemen Energie, Werkstoffe und Logistik wichtige Zukunftsfelder für das Ruhrgebiet 2030 definiert. Als wichtigster Partner des Effizienzcluster Ruhr unterstützt der Initiativkreis daher folgerichtig dieses herausragende Projekt.

Das Potenzial der Logistik für die weitere Entwicklung des Ruhrgebiets und für ganz Nordrhein-Westfalen ist enorm. Der Duisburger Hafen wird als Impulsgeber und in der konkreten Umsetzung immer an vorderster Stelle mitwirken und seinen Beitrag leisten. Dem Initiativkreis Ruhr gebührt Dank, dieses Potenzial erkannt zu haben und mit der ganzen Kraft seiner Mitgliedsunternehmen eine erfolgreiche Entwicklung möglich zu machen. Was gibt es Schöneres, als jungen Menschen eine solche Perspektive aufzeigen zu können?

Jewgeni Maximowitsch Primakow

Ein beispielhaftes Verhältnis
Das deutsch-russische Verhältnis und
sein Architekt Otto Wolff von Amerongen

Für mich ist das Ruhrgebiet eng mit dem Namen Otto Wolff von Amerongen verbunden. Ihn bezeichnet man oft mit Recht als Architekten der deutsch-russischen wirtschaftlichen Zusammenarbeit. Wir standen immer in einem positiven Austausch miteinander, und mit ihm verbinden mich sehr angenehme Erinnerungen. Lange galt er als Garant der Zuverlässigkeit und Vertrauenswürdigkeit der Ost-West-Beziehungen. Es war Wolff von Amerongen, der den Ostausschuss der deutschen Wirtschaft aus der Taufe gehoben hat. Nach dem Zweiten Weltkrieg, im Eifer des kalten Krieges, hat sich dieser Ausschuss als wichtiges Instrument für Problemlösungen erwiesen. Als Vertreter von Politik und Wirtschaft hat der Ausschuss dazu beigetragen, scheinbar inkompatible Strukturen zusammenzuführen und die Annäherung unserer zwei Völker in diesem schwierigen Zeitraum zu ermöglichen.

In Russland wurde das konstruktive Vermitteln in gesellschaftlichen und wirtschaftlichen Fragen, das Wolff von Amerongen als Präsident des Ostausschusses und später, ab 1960, als Präsident des Deutschen Industrie- und Handelskammertages umgesetzt hat, sehr hoch geschätzt. Es ist allgemein bekannt, dass diese Vermittlungstätigkeit in Deutschland nicht immer mit Verständnis wahrgenommen wurde. Zum Beispiel wurde im Jahre 1954 die Geschäftsreise nach Moskau einer von Wolff von Amerongen geleiteten Delegation vom deutschen Auswärtigen Amt blockiert, damit aber auch die geplanten Verhandlungen über vertragliche Regelungen des Waren- und Devisenaustauschs.

Der Weg zur pragmatischen Normalisierung in den 1970er Jahren war nicht leicht. Und man muss auch die Geduld und Beharrlichkeit von Otto Wolff von Amerongen, der damals als »Geheimminister für Osthandel« bezeichnet wurde, und seine historische Rolle in der Entpolitisierung der wirtschaftlichen Beziehungen gebührend beurteilen.

In Russland ist auch gut bekannt und hoch geschätzt, dass Otto Wolff von Amerongen am Anfang der heftigen demokratischen Veränderungen in unserem Land einer der ersten war, der sich mit der Suche nach konstruktiven Maßnahmen für die Förderung der Transformationsprozesse sowie nach den zeitgemäßen Formen der Unterstützung von direkten Kooperationsbeziehungen beschäftigte. Mit seinem Namen ist die Organisation der ersten Programme für die Ausbildung und Umschulung anfangs der sowjetischen und dann der russischen Fachleute und Führungskräfte, die Entwicklung von Empfehlungen für die Sanierung der russischen Wirtschaft, die Bestätigung des Pluralismus als Grundlage des wirtschaftlichen und politischen Lebens, die Förderung der Entwicklung von organisatorischen Selbstverwaltungsformen sowie der internationalen Zusammenarbeit der Unternehmer und vieles mehr verbunden.

Mit der Unterstützung des von ihm gegründeten und betreuten Otto-Wolff-Fonds wurde in Russland im Jahre 1994 die einzigartige Freie Russisch-Deutsche Fakultät für Publizistik an der ersten russischen Moskauer M. W. Lomonossov-Universität gegründet, die eine neue demokratische Generation von Journalisten ausbildet. Als Beispiel des Verhaltens von Otto Wolff von Amerongen zu humanitären Problemen in Russland dient die Übergabe aller Geldmittel aus seinem Dr. Friedrich Joseph Haass-Preis, mit dem er im Februar 2000 für außerordentliche Verdienste im Bereich der Entwicklung der deutsch-russischen Beziehungen ausgezeichnet wurde, für den Fonds des Projektes »Bedürftige Kinder«.

Das Ruhrgebiet als Labor für wirtschaftliche Transformationsprozesse

Die Prinzipien, nach denen Otto Wolff von Amerongen sich gerichtet hat, sollten Postulat für alle Unternehmer sein: Die Entwicklung der wirtschaftlichen Beziehungen ist im Interesse aller Menschen, ob in Russland oder in Deutschland, und man muss diese Partnerschaft mittels Kooperationen und Investitionen weiterentwickeln, im Sinne einer besseren Zukunft beider Länder. Eine würdige und erfolgreiche Vertreterin dieser Prinzipien war über viele Jahre die von mir persönlich und von vielen russischen Vertretern aus Politik und Wirtschaft geschätzte Delegierte der Deutschen Wirtschaft in Russland, Dr. Andrea von Knoop. Sie gehört zu den Architekten der engen Beziehungen der deutschen und russischen Industrie- und Handelskammern.

Heute entwickelt sich die Handels- und Industriekammer der Russischen Föderation als Mitgestalter der Marktwirtschaft und als Verein von 170 regionalen Kammern und mehr als 100 Unternehmerverbänden von föderaler Bedeutung, zu einer führenden Institution der Wirtschaftsförderung und Weiterentwicklung internationaler Beziehungen. Was diese bilateralen Beziehungen angeht, hat sich aus der Zusammenarbeit der HIK Russland, ihren Konzerngesellschaften und vielen deutschen Unternehmen eines der dichtesten Wirtschaftsnetzwerke Europas entwickelt. Messen und Ausstellungen, Fachkräfteausbildung, Warengüterbegutachtung, Schutz von geistigem Eigentum, Informationsaustausch oder Unternehmenssicherheit – auf allen Gebieten gibt es bereits Grundlagen und nützliche Kooperationserfahrungen auf föderaler und regionaler Ebene. Diese Erfahrungen werden von knapp dreitausend russischen Firmen, die in Deutschland agieren, und von mehr als sechstausend deutschen Unternehmen in Russland in Anspruch genommen.

Von besonderem Interesse ist für uns die Zusammenarbeit mit den Unternehmen des Ruhrgebiets, weil diese Region zu einer Art Labor für wirtschaftliche Transformationsprozesse in der modernen Welt geworden ist. Die ehemaligen Zentren der Kohle- und Metallindustrie haben hier nicht nur die Weiterentwicklung der historisch starken Energie- und Logistikbranche vollzogen, den Dienstleistungssektor erweitert und gefestigt, sondern auch das Angebot in solch perspektivreichen Branchen wie Biomedizin, Nanotechnologie, Robot-Technik, Informations- und Umwelttechnologie entwickelt.

Die große Rolle solcher Ruhr-Giganten wie E.ON Ruhrgas, ThyssenKrupp, Hochtief und weiterer deutscher Unternehmen in der Entwicklung der russisch-deutschen Handels- und Wirtschaftsbeziehungen ist seit längerem bekannt. Heute wächst allerdings auch die Anzahl russischer Unternehmen in der Region. Neben solchen Großkonzernen wie Gasprom sind es kleine und mittelständische russische Unternehmen, die ins Ruhrgebiet kommen – unter anderem aus dem High-Tech Bereich. Im Dortmunder nanotechnologischen Cluster arbeiten gleich mehrere Unternehmen, die von den russlandstämmigen Unternehmern und Forschern gegründet wurden. Die weltweit bekannte LIMO GmbH – gegründet 1992 von Vitalij Lissotschenko – ist eins der größten Produktionsunternehmen der Stadt. Heute sind hier 190 Mitarbeiter aus 24 Ländern beschäftigt, die über 300 Erfindungspatente beantragt und erhalten haben.

Hohes Wachstumstempo

Es könnten viele Beispiele der fruchtbaren deutsch-russischen Zusammenarbeit im Hochtechnologiebereich genannt werden. Im Zusammenhang mit dem angestrebten Modernisierungskurs der Nationalwirtschaft Russlands werden umfangreiche Entscheidungen getroffen, die entsprechende Änderungen der nationalen Gesetzgebung mit sich bringen. In erster Linie betrifft es die Patentgerichte, die Förderung von Innovationen, den Schutz des geistigen Eigentums, die Zollabwicklung, die Besteuerung und das Gesellschaftsrecht. Für Investitionsprojekte mit Innovationscharakter werden lukrative Bedingungen geschaffen. Ich bin sicher, dass all dies sowohl zur Entwicklung der Handelsbeziehungen als auch zum Erfolg der länderübergreifenden Transformationsprozesse beitragen wird.

Nach den vorläufigen Zahlen hat das Handelsvolumen zwischen unseren Ländern im Jahre 2010 die Marke von 50 Milliarden US-Dollar überschritten und lag damit um 30 Prozent über dem Volumen des Vorjahres. Der russische Export steigerte sich dabei mit einem Volumen von 25 Milliarden US-Dollar um 35 Prozent gegenüber dem Vorjahr. Die deutschen Importe stiegen im gleichen Zeitraum um 26 Prozent auf 26 Milliarden US-Dollar.

Der Zufluss deutscher Investitionen in die russische Wirtschaft hat sich in der ersten Jahreshälfte 2010 mehr als verdoppelt und belief sich auf 5,8 Milliarden Euro. Der Investitionsgesamtumfang beträgt 22,6 Milliarden US-Dollar, der Umfang direkter Investitionen 7,8 Milliarden US-Dollar. Gleichzeitig muss allerdings erwähnt werden, dass trotz des vergleichsweise hohen Wachstumstempos in beiden oben genannten Bereichen weder der Umfang an direkten Investitionen noch der Warenumsatz zwischen unseren Ländern (in absoluten Zahlen) unseren umfangreichen Potenzialen entsprechen.

Bei der Weiterentwicklung unserer Wirtschaftsbeziehungen fällt aus meiner Sicht der Modernisierungspartnerschaft eine Schlüsselrolle zu. Dabei muss man die positiven Erfahrungen des Ruhrgebiets stets in Betracht ziehen. In diesem Zusammenhang möchte ich insbesondere hervorheben, dass die Industriezentren bei ihrer Entwicklungsstrategie der Region sich auf Technologien konzentriert haben, die ihrer Zeit voraus waren. Weiterhin wurde auf das Humankapital sowie Bildung und Umqualifizierung des Personals gesetzt. Schließlich wurden attraktive Bedingungen für die Entwicklung der länderübergreifenden Kooperationen in den wissenschaftsintensiven Wirtschaftszweigen geschaffen.

Region

Jochen Stemplewski

Das Neue Emschertal 2020
Die Renaturierung der Emscher als Motor des Wandels zur Metropolregion

So wie das Bild von Rom, Paris oder London durch Petersdom, Eiffelturm oder Tower geprägt ist, sind es Zechen, Fabriken und rauchende Schornsteine, die das Bild und den Charakter unserer Region in der öffentlichen Wahrnehmung bestimmen. Weniger bekannt ist, dass mitten durch den dichtest besiedelten Industrie- und Ballungsraum Europas die Emscher fließt. Schweigend, schluckend, schuftend kam sie ihrer Funktion nach, das Abwasser von 3 Millionen Menschen und der Industrie zusammen mit dem Regen- und Bachwasser zügig fortzuleiten. Sie floss hinter Stacheldraht und Verbotsschildern, möglichst unauffällig und versteckt hinter Hecken. Trotzdem war die Emscher mit ihren Nebenläufen zwischen den Kirchtürmen und Fußballstadien eines der wenigen verbindenden Elemente des Reviers. Die Funktion einer lebendigen Entwicklungsachse konnte die alte »schwatte« Emscher nicht übernehmen. Das wird sich schon in naher Zukunft mit der »Neuen Emscher« mehr und mehr ändern.

Fragt man allerdings danach, welche Rolle eine solche »neue«, d. h. naturnah umgebaute Emscher für die Zukunftsfähigkeit der Region spielt, so eröffnen sich einzigartige Perspektiven. In der Metropolregion zwischen Dortmund und Dinslaken ist seit Jahrhunderten der Wandel zu Hause, immer begleitet von der und ermöglicht durch die Umgestaltung ihres prägenden Gewässers. Gerade die Radikalität des Wandels macht das Potenzial dieser Stadtlandschaft aus. Die klassischen Metropolen Europas setzen einschneidenden Veränderungen ein erhebliches, historisch begründetes Beharrungsvermögen entgegen. Rom ist schon seit Jahrtausenden Rom, Paris und London sind nicht ganz so alt, aber in ihrem Charakter ebenso gefestigt. Selbst Berlin ist trotz aller Wiedervereinigungs- und Gentrifizierungsprozesse letztlich immer Berlin geblieben. Die Region an den Ufern der Emscher dagegen hat ihr Gesicht in den letzten Jahrhunderten mehrfach dramatisch verändert und ist gerade dabei, dies erneut zu tun. Noch gilt die Stadtlandschaft an den Ufern der Emscher als prototypisch für den »Ruhrpott« mit seinen Spätschäden aus schwerindustriellen Zeiten. Große Teile der nördlichen Region haben erhebliche strukturelle Probleme. Sozialdaten wie die Arbeitslosenrate, das Qualifikationsniveau, die Altersstruktur, die Ausländerquote oder der Anteil der Erwerbslosen belegen eine Misere, die sich möglicherweise noch zuspitzen wird. Das Emschertal hat also einerseits den Strukturwandel besonders nötig, es war jedoch lange Zeit andererseits ebenso deutlich in seinen Entwicklungsmöglichkeiten eingeschränkt. Gerade diese prekäre Ausgangslage macht das Emschertal aber zu einem Modellfall für andere Regionen weit über Deutschland hinaus. Das größte »Renaturierungs«-Projekt in Europa (oder gar weltweit) zeigt auf, wie die Modernisierung der Wasserwirtschaft und der Umbau eines Flusssystems zu einem ökologisch intakten, attraktiven Erlebnisraum regionalgesellschaftliche Veränderungs- und Lernprozesse anstoßen kann, die das Potenzial der Region nachhaltig erschließen.

Die drei Gesichter der Emscher

Am Beispiel der historischen Veränderung des Emscherraums lässt sich die Wechselwirkung zwischen Gewässerumgestaltung und Strukturwandel anschaulich belegen. Den Ausgangspunkt bildet dabei ein ausgesprochen eigenwilliger Fluss inmitten einer kaum besiedelten Auenlandschaft. Durch nur 122 Meter Gefälle von der Quelle bis zum Rhein gehörten Überschwemmungen hier im Emscherbruch zum Alltag. 1748 unternahm deshalb die Fürst-Äbtissin des Stifts Essen einen ersten Versuch, der Misere abzuhelfen – ebenso erfolglos allerdings wie alle Umbauversuche der folgenden 150 Jahre.

Mit dem Beginn des Bergbaus und der Montanindustrie in der Mitte des 19. Jahrhunderts verlor die Region ihren ländlichen Charakter. Die Bevölkerungszahl verzehnfachte sich; immer mehr Zechen und Industriebetriebe siedelten sich an und leiteten ihre Abwässer in die Emscher ein. Gleichzeitig verschlechterte sich der Abfluss durch großflächige Bergsenkungen. Der Fluss begann, tief liegende Geländebereiche auf Dauer zu überfluten; durch die faulenden Abwässer in den Senken verbreiteten sich Seuchen. Nun musste endlich eine Lösung für die Regulierung der Emscher gefunden werden, ein Projekt, das – wie vorausgegangene und fehlgeschlagene Versuche zeigten – nur in gemeinsamen Anstrengungen gelingen konnte. Plattform hierfür war die 1899 gegründete Emschergenossenschaft, die seitdem aus guten wasserwirtschaftlichen Gründen das ganze Flusseinzugsgebiet der Emscher von rund 870 Quadratkilometer bewirtschaftet. 1904 wurde mit der Arbeit begonnen – die Emscher erhielt ihr zweites Gesicht. Sie wurde begradigt, vertieft und eingedeicht, von ursprünglich 109 Kilometern auf 81 Kilometer verkürzt. Auch die Seitenläufe wurden in die Umbaumaßnahmen einbezogen und in begradigte, mit Sohlschalen aus Beton ausgekleidete Kanäle verwandelt – ein System von insgesamt rund 350 Kilometern so genannten offenen Schmutzwasserläufen in der Kernzone des Reviers. Ihre Aufgabe war es, über viele Jahrzehnte Abwässer und Niederschläge der Region offen zu transportieren. Eine unterirdische Kanalisation konnte nicht gebaut werden, denn durch die häufigen Bergsenkungen wären die Rohre immer wieder zerstört worden. Ergebnis war eine wenig appetitliche, aber sehr effiziente und pragmatische Lösung, denn ohne den damaligen Gewässerumbau hätte sich die Region nicht zu einem dicht besiedelten Ballungsraum, zum industriellen Zentrum Europas entwickeln können.

Rund 38 Prozent des Emschergebietes sind infolge des Bergbaus abgesunken – und damit wasserwirtschaftlich betrachtet »Poldergebiet«. Dass die Flüsse dennoch wie selbstverständlich abfließen, muss die Emschergenossenschaft seit ihren Anfangstagen vor über 100 Jahren und in alle Zukunft technisch aufwändig organisieren. 137 Kilometer Deichstrecke leiten die Gewässer durch die Senkungsbereiche; über 100 große Pumpwerke entwässern die Region. All dies gehört damit zu den so genannten »Ewigkeitslasten« des Bergbaus.

Fast ein Jahrhundert lang prägten die technisch ausgebaute Emscher und ihre schnurgeraden Nebenläufe das Gesicht der Region. Nach der Nordwanderung des Bergbaus verändert die Emscher ihr Gesicht nun erneut. Da keine gravierenden Bergsenkungen mehr zu erwarten sind, kann das Abwasser jetzt in unterirdischen Kanälen geführt werden. Schon in wenigen Jahren wird es nur noch saubere Gewässer mit einer vielfältigen Tier- und Pflanzenwelt geben. Ein dichtes Wegenetz erschließt Freizeitangebote an den entstehenden naturnahen Wasserläufen, Wohnen und Arbeiten am Wasser macht das »Neue Emschertal« für Bürger und Investoren attraktiv.

Die Emscher erhält ein drittes Gesicht, das gut zu einer Region passt, die den Übergang von der Schwerindustrie zu moderner Industrie, innovativer Technologie und Dienstleistung vorantreibt. Der erneute Umbau des Emschersystems ist ein Projekt, dessen Dimensionen – auch im internationalen Maßstab – einzigartig sind. Vom Startschuss 1992 bis zur vollständigen Umgestaltung der Wasserläufe werden rund drei Jahrzehnte vergehen. Das Investitionsvolumen beträgt rund 4,5 Milliarden Euro, von denen gegenwärtig rund 200 Millionen Euro pro Jahr aufgewendet werden – d. h. über 500.000 Euro an jedem Arbeitstag. Inzwischen sind mehr als 2 Milliarden Euro investiert, neue, große Kläranlagen nach dem Stand der Technik errichtet, mehr als 200 Kilometer an Abwasserkanälen gebaut und 70 Kilometer Flussläufe in saubere Gewässer verwandelt. Bis zum

Jahr 2017 soll der Bau der Abwasserkanäle abgeschlossen sein, rund drei Jahre später dann die gesamte Gewässerumgestaltung mit der neuen »blauen« Emscher der Zukunft.

Umgestaltung im Dialog: Der Masterplan Emscher-Zukunft

An den Ufern der Emscher finden sich eine Vielfalt baulicher Strukturen und Nutzungen. Traditionelle Schwerindustrie und junge Unternehmen, Verkehrsinfrastruktur, Siedlungen und Freizeitangebote konkurrieren bei der Raumnutzung mit Wasserwirtschaft und Ökologie. Dementsprechend viele Akteure müssen beim Emscher-Umbau an einen Tisch gebracht werden. Die Emschergenossenschaft setzt dabei wie stets in ihrer Geschichte auf den Dialog und die Zusammenarbeit aller Beteiligten. Gebündelt werden die Ergebnisse dieses Dialogs seit 2006 im Masterplan Emscher-Zukunft. Als anpassungsfähige, flexibel agierende und reagierende Planungsgrundlage sorgt der Masterplan für einen tragfähigen Konsens zwischen den Akteuren und schafft Impulse für neue Projekte. Zur Aufgabe des Masterplans gehört es, unter Berücksichtigung der erforderlichen wasserwirtschaftlichen Rahmenbedingungen ein Leitbild für die räumliche, städtebauliche und landschaftliche Entwicklung des Neuen Emschertals aufzustellen, zu vermitteln und weiterzuentwickeln. Er setzt Impulse für die Raum- und Stadtplanung, nimmt aber auch Impulse aus dem Umfeld auf und sorgt für die Bündelung aller Planungen im Kontext des Emscher-Umbaus. Ein positives Zeichen setzen hier zahlreiche Städte und Unternehmen, indem sie die Chancen des Emscher-Umbaus aufgreifen, um ihr Gesicht zur Emscher hinzuwenden. Die im Masterplan Emscher-Zukunft entwickelten Konzepte für den Emscher-Umbau sind daher eng auf parallele oder übergreifende Planungsvorhaben abgestimmt, insbesondere auf den Emscher Landschaftspark des Regionalverbandes Ruhr.

Wasserwirtschaft, Ökologie und Freiraumgestaltung

Ausgangspunkt des Umbauprojekts ist die Umgestaltung des Emschersystems. Der Hochwasserschutz, der Gewässerschutz durch Abwassermanagement, die Regenwasser- und Grundwasserbewirtschaftung sind die Kernkompetenzen der Emschergenossenschaft. Der Hochwasserschutz hat dabei große Bedeutung – in einer so dicht besiedelten Region können Überschwemmungen rasch dramatische Folgen haben. Die Neue Emscher wird daher einen mindestens ebenso guten Hochwasserschutz bieten wie die alte. Zusätzlich wird der naturnahe

Umbau von Flüssen und Bächen dazu beitragen, die Hochwasserabflüsse deutlich zu verringern und die Hochwasserwellen langsamer fließen zu lassen. Einen weiteren Beitrag zum Ausgleich des bislang infolge menschlicher Einwirkungen sehr ungleichmäßigen Wasserhaushalts leistet ein neuer Umgang mit Grund- und Regenwasser. Bisher wird das Regenwasser der Region meist über die Kanalisation abgeführt, dadurch fehlt es bei der Grundwasserneubildung und in den umgestalteten Wasserläufen. Wenn die Neue Emscher und ihre Nebenläufe genug Wasser zur Verfügung haben sollen, muss das Regenwasser zukünftig so weitgehend wie möglich vor Ort auf möglichst einfachen, kurzen und kostengünstigen Wegen dem Grundwasser und den Gewässern (z. B. durch Versickerung oder offene Gräben) zugeführt werden. Das ist zugleich ein wesentlicher Schritt, um die Kanäle und Regenbecken bei Starkregen vor Überlastung zu schützen, und damit ein Baustein des vorsorgenden Hochwasserschutzes.

Die erste Etappe auf dem Weg hin zu einer modernen wasserwirtschaftlichen Infrastruktur waren die Errichtung und der Umbau von vier modernen Großkläranlagen in den 1990er Jahren. Sie reinigen alles Abwasser der Region nach dem Stand der Technik.

Nach dem Bau unterirdischer Abwasserkanäle als zweitem Schritt wurde dann begonnen, die Haupt- und Nebenläufe der Emscher wieder in möglichst naturnahe Gewässer umzugestalten. Zurzeit entsprechen der Verlauf vieler Gewässer, ihr Profil oder die Gestaltung ihrer Flussbetten noch nicht wieder dem natürlichen Zustand. Grundlage für den laufenden Umbau ist ein Leitbild, das die ökologisch optimale Gewässergestaltung identifiziert. Das so definierte neue Profil der Emschergewässer ist zweigeteilt: Zentrales Element ist das bei Niedrig- und Mittelwasser durchflossene, flache und im Idealfall recht breite Gewässerbett. Es wird so gestaltet, dass die Gewässer ihre Ufer und Auen regelmäßig fluten und damit die Voraussetzungen für deren typische Entwicklung schaffen. An den vom Gewässer beherrschten Raum schließen sich vielerorts Böschungs- oder Deichflächen an, die den eigendynamisch bestimmten Gewässerbereich vom umgebenden Raum abtrennen und für einen zuverlässigen Hochwasserschutz sorgen. Wie viel Raum für das neue Profil der Flüsse und Bäche tatsächlich zur Verfügung steht, hängt jeweils von der unmittelbaren Umgebung des Flusses ab. In jedem Fall wird der Umbau aber Platz für eine natürliche Entwicklung der Gewässer schaffen. Darüber hinaus wird es keine Barrieren zwischen den einzelnen Gewässern des Systems mehr geben, die eine Wiederbesiedlung umgebauter Bereiche aus artenreichen Gewässern verhindern. Schon heute zeigen bereits vor längerer Zeit umgebaute Bäche und der Oberlauf der Emscher selber, wie schnell und vielfältig sich die Natur unter solchen Voraussetzungen ihren Lebensraum zurückerobert.

Durch die Umgestaltung der Gewässer zu ökologisch intakten Flüssen und Bächen werden auch die Freiräume an ihren Ufern aufgewertet. Aus eingezäunten Meideräumen werden attraktive Grünflächen mit hohem Freizeitwert. Hinzu kommen die bereits jetzt vorhandenen Attraktionen der Region wie Industriedenkmäler, Parks oder künstlerische Aktivitäten. Ein dichtes Netz einheitlich gestalteter Wege übernimmt die Aufgabe, neue und alte Angebote miteinander zu verbinden.

Allein entlang der Emscher beträgt die Länge des Emscher-Wegs zwischen Holzwickede und Dinslaken heute schon 106 Kilometer. Über weitere Wege – auch an den Nebenläufen – werden alle lokalen Sehenswürdigkeiten an diese Achse angebunden. Auf diese Weise entsteht ein dichtes System aus Hauptwegen, Nebenwegen, Promenaden, Einstiegspunkten und Stationen. Ein Leitsystem macht dabei stets deutlich, wo man sich befindet und welche Orte auf dem jeweiligen Weg erreicht werden können. Die Gewässer werden also nicht nur der Natur, sondern auch den Menschen zurückgegeben.

Impulse für die regionalgesellschaftliche Innovation

Bei der Umgestaltung der Gewässer und ihrer unmittelbaren Umgebung ergreift die Emschergenossenschaft die Initiative – dies ist ihr gesetzlicher Auftrag. Fast zwangsläufig ergeben sich dabei gemeinsame Projekte mit Kommunen oder Unternehmen im benachbarten Umfeld der Gewässer, bei denen die Emschergenossenschaft mit Rat und Tat aktiv werden kann. Auch bei der Unterstützung kultureller und pädagogischer Initiativen mit Bezug zu den Gewässern engagiert sich die Emschergenossenschaft. Damit ist das Potenzial des Emscher-Umbaus aber noch bei weitem nicht ausgeschöpft. Das Entstehen attraktiver, ökologisch intakter Erlebnisräume in der Stadtlandschaft bedeutet eine erhebliche Aufwertung der Region. Zudem kehrt sich die Ausrichtung der Städte um – aus dem Hinterhof wird ein Vorgarten; wo bisher eine Kloake floss, wird Wohnen und Arbeiten am Wasser möglich.

Überall dort, wo es um Stadtentwicklung, um Wohnungsbau oder die Ansiedlung neuer Unternehmen geht, kann die Emschergenossenschaft aber nur Impulse setzen, die von den Akteuren der Region wie den Wohnungsbaugesellschaften, Grundeigentümern, wirtschaftlichen und gesellschaftlichen Organisationen aufgegriffen werden müssen. Letztlich entscheidet sich an dieser Schnittstelle, ob

aus den wasserwirtschaftlichen Maßnahmen der Gegenwart umfassender Struk-
turwandel für eine erfolgreiche Zukunft wird. Jenseits der Umgestaltung des
Emschersystems gibt es eine Reihe von Handlungsfeldern, in denen sich unsere
Metropolregion beweisen kann.

Hier ist zunächst die Schaffung von Arbeitsplätzen als wichtiger Hebel des
Strukturwandels zu nennen. Wenn es darum geht, Investoren und hochqualifizierte Arbeitskräfte ins Revier zu holen, ist die Schaffung attraktiver Wohn- und
Freizeitangebote ein unschätzbarer Standortfaktor und ein wichtiger Beitrag zur
Trendwende bei der Abwanderung aus einer vermeintlich vom Fortschritt abge-
hängten alten Industrielandschaft. Allein schon der Emscher-Umbau als wasserwirtschaftliche Maßnahme hat erheblichen Einfluss auf den Arbeitsmarkt. Eine
Analyse der Universität Duisburg-Essen zeigt, dass bundesweit durchschnittlich
rund 5.500 Arbeitsplätze pro Jahr unmittelbar durch das Investitionsprojekt neu
geschaffen oder gesichert werden. Die Bedeutung des Emscher-Umbaus geht
jedoch weit über diese unmittelbaren Beschäftigungseffekte hinaus. Die Entwicklung des Neuen Emschertals setzt Impulse, die von führenden Unternehmen
der Region aufgegriffen und weiterentwickelt werden – beispielsweise im Initiativkreis Ruhr mit seinen vielfältigen Aktivitäten zur Förderung von Innovation,
Ökologie und Wirtschaftskraft.

Mit dem Umbau des Emschersystems eröffnet sich die Möglichkeit zur grundlegenden Neuausrichtung der Wasserwirtschaft im Sinne nachhaltiger Zukunfts-
strategien. Der Klimawandel hat unmittelbare Folgen für den Wasserhaushalt in
der Region. Die wasserwirtschaftliche Infrastruktur muss so angepasst werden,
dass sie die zu erwartenden extremen Wetterlagen bewältigt – Starkregen ebenso
wie ausgeprägt regenarme Perioden. Hierbei sind auch parallele Veränderungsprozesse in der Gesellschaft und der Flächennutzung zu berücksichtigen. Mit
der Beteiligung am europaweiten Projekt »Future Cities« oder dem großen regionalen Netzwerk »Dynaklim« engagiert sich die Emschergenossenschaft dafür,
Strategien und Lösungen zu entwickeln, mit denen sich Ballungsräume wie die
Emscher-Lippe-Region produktiv mit dem Klimawandel und seinen Folgen aus-
einandersetzen können. Um die Stadtregionen »klimafit« zu machen, setzen die
Überlegungen an drei Bereichen an: an den Grün- und Freiflächen, an den Was-
sersystemen und am Energieverbrauch. Klimafreundlicher Strom und Wärme,
aus dem Faulgas von Klärwerken oder aus Klärschlamm als Biomasse zu gewinnen, ist bei der Emschergenossenschaft längst Realität. Weitere Optionen wie
die unmittelbare Nutzung der Abwasserwärme als Energielieferant mit Hilfe von
Wärmetauschern oder die Erzeugung von Erdgas und Wasserstoff aus Klärgas,

werden praktisch erprobt. Die renaturierte Gewässerlandschaft mit 350 Kilometern sauberen Flüssen und Bächen und vielen Quadratkilometern begleitender Grün- und Freiflächen wird zukünftig noch stärker als ein System von Frischluftschneisen im Ballungsraum als große »Klimaanlage« der Region fungieren.

Mit dem Emscherumbau und begleitenden Projekten leistet die Emschergenossenschaft also einen Beitrag für die Region, den Herausforderungen des Klimawandels zu begegnen. Das Finale des Emscherumbaus 2020 ist insofern ein guter Zeitpunkt, die Entwicklung der Region von dem fossilen Energielieferanten und -verbraucher Nr. 1 hin zum nachhaltigen Klimavorbild für Metropolregionen der Welt zu präsentieren. Es wäre eine vertane Chance, wenn es der Region nicht gelänge, sich auf ein Ausstellungsformat für dies nächste »Dekadenprojekt« zu verständigen.

Das letzte Dekadenprojekt, die Kulturhauptstadt 2010, hat gezeigt, wie wichtig solche Meilensteine sind, hinter denen sich eine ganze Region versammeln kann, die das Heimat- und Wir-Gefühl der Menschen stärken. Denn wenn sich eine Region so grundsätzlich wandelt wie das Land an den Ufern der Emscher, so muss die Identifikation der Menschen mit ihrer Heimat dabei Schritt halten. Hier sind Kunst und Kultur als Mittler gefragt. In einer von Monumenten der Industriekultur geprägten Region spielt dabei das Verhältnis von Kunst und Technik eine besondere Rolle. Dies betrifft auch die Umgestaltung der Emscher als technisch geprägtes Projekt. Kunst hat die Aufgabe, diesen Wandlungsprozess zu begleiten und kritisch zu hinterfragen. Eine Teilhabe der Bürger an konstruktivem Dialog und gestalterischer Arbeit ist dabei ausdrücklich erwünscht. Das Umbauprojekt wird daher von der Emschergenossenschaft nicht nur durch Ausstellungen, Kunstprojekte und Installationen wie bei der Emscherkunst.2010, dem größten Kunstprojekt der Kulturhauptstadt, begleitet. Vielmehr engagieren wir uns auch in vielen anderen gesellschaftlichen Bereichen wie Sportvereinen oder Schulen – vor allem im Bereich der Umweltbildung von Kindern und Jugendlichen.

Gerade vor dem Hintergrund der sozialen Unterschiede im Revier kommt der Bildung eine entscheidende Rolle im Innovationsprozess zu. Der Niedergang traditioneller Industrien hat die Entstehung bildungsferner Milieus gefördert, bei denen aktive Zukunftsbewältigung und sozialer Zusammenhalt kaum eine Rolle spielen. Viele Stadtteile mit besonderem Erneuerungsbedarf liegen ja an der Emscher – und nicht etwa im Süden des Reviers. Ein Gemeinschafts- und Generationenprojekt wie der Emscher-Umbau kann dazu beitragen, diese Defizite abzubauen. Als Bildungsgegenstand verbessert der Emscher-Umbau das Wissen über die eigene Region, als sinnliches Lernerlebnis macht er die unmittelbare bauliche Umsetzung vor der Haustür und, in einem höheren Abstraktionsgrad, die kontinuierliche Veränderung der Umwelt sichtbar. Die Erfolge des Wissenstransfers der Emschergenossenschaft, etwa beim Projekt »EmscherKids« oder den Bachpatenschaften, zeigen, dass der eingeschlagene Weg richtig ist.

Die Emscher – Motor des Wandels

Viele Impulse sind also gesetzt, wichtige Weichen gestellt. Wir haben das erforderliche Know-how und engagierte Akteure. Notwendig ist aber ein gemeinsames Leitbild. Die Geschichte und Zukunft der Emscher als verbindendes Element des Reviers hat das Zeug dazu. Wie vor gut 100 Jahren mit dem regionalen Schulterschluss zur Errichtung des »alten« Emschersystems der Schritt vom ländlichen Idyll zum schwerindustriellen Ballungsraum gelang, hat die »neue« Emscher heute die Kraft, die Akteure zu motivieren und auf ein gemeinsames Ziel auszurichten: die Metropolregion im Neuen Emschertal.

Jürgen Rüttgers

Die Fähigkeit, sich neu zu erfinden
Der Emscher-Aufbruch

> *»Ich verlange von einer Stadt, in der ich leben soll:*
> *Asphalt, Straßenspülung, Haustorschlüssel, Luftheizung,*
> *Warmwasserleitung. Gemütlich bin ich selbst.«*
> Karl Kraus

Unsere Welt befindet sich in einem tiefgreifenden Wandel. Unser Leben verändert sich rasend, so wie wir es bislang noch nicht erlebt haben. Zum ersten Mal in der Geschichte unseres Planeten leben mehr Menschen in der Stadt als auf dem Land. Zu Beginn des letzten Jahrhunderts lebten erst zehn Prozent der Menschen in Städten. Heute sind es mehr als 50 Prozent. Tendenz: steigend.

Städte gibt es im Ruhrgebiet genug. Aber ist das Ruhrgebiet städtisch? Entstanden im 19. Jahrhundert im Zuge der Industrialisierung, sind das Ruhrgebiet und seine Städte seit Jahrzehnten auf der Suche nach einer neuen Rolle im Konzert der urbanen Räume dieser Welt. Vor wenigen Jahren ist (wieder einmal) ein Versuch gescheitert, dem Ruhrgebiet ein urbanes Gesicht zu geben. Die »Ruhrstadt« war eine Kopfgeburt. Die Idee entstand aufgrund medialer Unterstützung. Sie verschwand so schnell, wie sie gekommen war. Tastende Versuche der Landespolitik, über eine gemeinsame Regionalplanung eine neue Gemeinsamkeit zwischen den auf ihr Eigenleben bedachten Städten zu stiften, müssen sich erst noch bewähren. Das ständige Bemühen der lokalen Politik, den RVR klein zu halten, stimmten dabei nicht optimistisch.

Ein weiterer Versuch, Gemeinsamkeit zu stiften, die Kulturhauptstadt Europas 2010, war erfolgreich. Alle Beteiligten konstatieren ein neues Gemeinschaftsgefühl. Ob das auch für den Versuch gilt, das Ruhrgebiet als »neue Metropole Europas« zu verstehen, wird sich zeigen. Eines jedenfalls hat die Kulturhauptstadt gezeigt: Auch im Ruhrgebiet macht Gemeinsamkeit stark.

135

Die Vision der modernen Stadt

Zudem: Das Ruhrgebiet hat keine Alternative. Die Region muss sich neu erfinden. In den kommenden Dekaden wird das Ruhrgebiet schrumpfen. Die Region wird wie das ganze Land kleiner, älter, bunter. Die Hoffnung auf den weißen Ritter, der von außen kommt, wird wie bisher trügen. Die Musealisierung der Industrie-Kulisse wird nicht weiterführen. Auch die Beschwörungsformel »Das Ruhrgebiet ist anders« beruhigt allenfalls die Bestandsverherrlicher. Was haben die Bewohner von sozialen Brennpunktgebieten davon, dass es sich in anderen Teilen der Stadt sehr gut leben lässt? Der demographische Wandel und die darauf beruhenden ökonomischen Veränderungen werden Konsequenzen haben, ob die Politik das will oder nicht.

Dabei gibt es an der Ruhr gute Ansätze: Das Projekt »InnovationCity« des Initiativkreises ist spannend. Alle Welt fährt nach Abu Dhabi, um Masdar City zu besuchen. Dort wird auch mit Hilfe deutscher Ingenieure eine neue Stadt gebaut. Sie soll ökologisch und nachhaltig sein: Die von Sir Norman Foster entworfene Stadt soll ohne Autos auskommen, keine Treibhausgase emittieren, keine Müllhalden benötigen, ihren eigenen Strom produzieren und ohne fossile Brennstoffe auskommen. Es ist die Vision der modernen Stadt des 21. Jahrhunderts. Ob sie realisierbar ist, muss sich noch zeigen.

Masdar City entsteht im Sand. Dort, wo »InnovationCity« entsteht, leben Menschen. Das Experiment wird in einem bestehenden Stadtteil stattfinden. Das ist mehr als spannend. Denn der Glaube, die »Stadt« könnte neu erfunden werden, ist nicht realistisch.

Der Wandel wird stattfinden

Die Kulturhauptstadt hat gezeigt, wie Stadtumbau funktionieren kann. Als ich vor einigen Jahren einen überzeugten und überzeugenden Ruhrgebietler fragte: »Können Sie sich vorstellen, den notwendigen Wandel des Ruhrgebiets durch Kultur zu bewirken?«, sagte er nach langem Nachdenken: »Der Kumpel geht nicht ins Museum.« Und er fügte nach einer weiteren Pause hinzu: »Aber er will, dass sein Sohn da hin geht.«

Wer erlebt hat, wie Essen sich durch den Neubau des Folkwang-Museums verändert hat, weiß, was er meinte. Das hat die Stadt ausschließlich Berthold Beitz zu verdanken. Wer sieht, wie die oft gescheiterte Neuerfindung des Dortmunder U's mit den bewundernswerten Installationen von Professor Adolf Winkelmann das Bild der Stadt verändert hat, sieht, was möglich ist. Markus Lüpertz' Herkules auf dem THS-Turm in Gelsenkirchen, der transparente Aufbau der Küppersmühle in Duisburg und das Emil Schumacher Museum in Hagen sind weitere Beispiele. Das neue Landesarchiv im Duisburger Binnenhafen und die Mercatorinsel können gleiches bewirken.

Es geht also nicht um eine Stadtsanierung, schon gar nicht um eine Totalsanierung. Es geht darum, die Teilung des Ruhrgebiets in Nord und Süd, in Arm und Reich, in Zukunft und Vergangenheit zu überwinden. Dazu wird es in den kommenden Jahren eine einzigartige Chance geben. Der Wandel wird stattfinden. Demografie und Globalisierung werden Antworten erfordern.

Zum Beispiel Malmö

Grundlegendes Merkmal des Wandels ist der Übergang von der Industrie- zur Wissensgesellschaft. War 1965 noch fast die Hälfte aller Erwerbstätigen in Deutschland im produzierenden Gewerbe beschäftigt, ist es heute nur noch rund ein Viertel. Ganz anders dagegen die Entwicklung im Bereich der Dienstleistungen: Hier stieg der Anteil der Erwerbstätigen von rund 40 auf 73 Prozent.

Immer mehr Menschen werden im kreativen Sektor arbeiten: in Wissenschaft, Forschung und Technik, in Kunst und Musik, in Architektur und Design. Dies zeigt: Wir sind auf dem Weg in die Kreative Ökonomie. Wissen und Kreativität werden zu den wichtigsten Wirtschaftsgütern, ja zu einem neuen Produktionsfaktor im 21. Jahrhundert.

Welches Potenzial dahinter steckt, zeigt uns die schwedische Stadt Malmö, die – von der Struktur durchaus vergleichbar mit den Ruhrgebiets-Städten – als alte Industrie- und Hafenstadt von dem Strukturwandel besonders betroffen ist. Dort hat man vor allem die alten, brach liegenden Hafenanlagen genutzt, um das Fundament für ein neues, kreativeres Malmö zu schaffen: durch die Gründung einer Hochschule, durch die große Bauausstellung Boo1, die eindrucksvoll gezeigt hat, welches Potenzial im modernen und ökologisch nachhaltigen Wohnungsbau steckt, durch ein positives Umfeld für Museen und Galerien. Beobachter bezeichnen Malmö schon heute als eine postindustrielle Metropole des 21. Jahrhunderts.

Ähnliche Projekte hat es in den letzten Jahren auch im Ruhrgebiet gegeben: der Gesundheitscampus in Bochum mit einer Fachhochschule für Gesundheitsberufe, die neue Fachhochschule in Mülheim an der Ruhr, die private Fachhochschule und das Heinrich-von-Kleist-Forum in Hamm, das europaweit einzigartige Forschungsinstitut für Werkstoffforschung und Werkstoffentwicklung ICAMS in Bochum und das in Dortmund ansässige Lead Discovery Center (LDC) zur Entwicklung innovativer medizinischer Wirkstoffe sind solche Beispiele.

Am Ruhrgebiet fasziniert mich etwas ganz Besonderes: die Fähigkeit, sich stets neu zu erfinden. Es gibt wenige Regionen in Europa, die sich in den letzten zwei Jahrhunderten immer wieder so tiefgreifend verändert haben.

Wenn man Reiseberichte aus dem frühen 19. Jahrhundert liest, staunt man: Da ist das Ruhrgebiet die reinste ländliche Idylle. In den Städten wohnten nur wenige tausend Einwohner. Hundert Jahre später war das Ruhrgebiet schließlich die Herzkammer einer boomenden deutschen Industrie mit Stahl und Kohle. Folge: Während es 1870 in Deutschland gerade einmal acht Großstädte mit mehr als 100.000 Einwohnern gab, waren es rund 40 Jahre später, bei Ausbruch des Ersten Weltkrieges, bereits 48.

Ein Meer von Millionen Lichtern

Heute findet im Ruhrgebiet erneut eine große Veränderung statt: Es ist kaum eine Generation her, da haben im Ruhrgebiet noch hunderttausende Menschen unter Tage gearbeitet. Da war das Gebiet zwischen Hamm und Duisburg, zwischen Herne und Hagen vor allem Synonym für Kohle und Stahl, für riesige Zechen, dunkle Schächte und rauchende Schlote, deren Qualm den Blick in den Himmel nahezu unmöglich machte.

Inzwischen zeigt sich das Ruhrgebiet in einem ganz anderen Licht – und zwar im wahrsten Sinne des Wortes. Wenn wir uns heute ein Satellitenbild von Europa bei Nacht ansehen, strahlt im Herzen unseres Kontinents ein Meer von Millionen Lichtern. Es sind die Lichter der Metropole Ruhr. Das Satellitenbild ist somit mehr als ein Foto: Es ist ein Symbol für die großen Veränderungen in der Region.

Das Ruhrgebiet wird auch in Zukunft ein zentraler Standort industrieller Produktion sein. Zugleich jedoch hat es sich in den vergangenen Jahren immer mehr zu einer der führenden Kreativregionen in Europa entwickelt. Das Jahr der europäischen Kulturhauptstadt, die RUHR.2010 hat das beeindruckend gezeigt.

Nun wird man auch das Ruhrgebiet nicht auf dem Reißbrett neu entwerfen können. Da können noch so viele »Masterpläne« gemacht werden. Sie werden nicht die Kräfte freisetzen, die notwendig sind.

Jahrhundertprojekt Emschertal

Bei einem Besuch in Sao Paulo habe ich die Verantwortlichen für Stadtentwicklung gefragt, was sie tun, um mit den schier unglaublichen sozialen, ökonomischen und städtebaulichen Problemen dieser 11-Millionen-Einwohnerstadt fertig zu werden. Ich habe gefragt, was sie tun, um Veränderungen möglich zu machen. Sie haben mir gezeigt, wie sie durch eine Veränderung in ausgewählten Stadtbereichen Initialzündungen für Veränderungen in umliegenden Stadtteilen geben.

Aus allen Metropolen dieser Welt, ob es Sao Paulo, New York, Philadelphia, Bilbao, Manchester oder jetzt gerade aus Anlass der Expo Schanghai ist, weiß man, dass Veränderung im Sozialen, Ökonomischen und Ökologischen in einer Stadt eine Veränderung des Stadtbildes erfordert. Zwischen Architekten und Stadtplanern auch in Nordrhein-Westfalen wird heute heftig diskutiert, was eine »schöne Stadt« ist. Natürlich gibt es dabei unterschiedliche Meinungen. Aber eines vereint alle Beteiligten: das Bewusstsein von der Bedeutung des Stadtbildes für das Funktionieren der Urbanität einer Stadtregion.

Wer sich fragt, ob im Ruhrgebiet die Chance besteht, einen solchen Stadtumbau möglich zu machen, der landet bei der Emscherregion. Hier an dieser Stelle prallen im Ruhrgebiet der Norden und der Süden, Arm und Reich, Industrie und Kreativität zusammen. Das Projekt »Neues Emschertal« *kann das große, identitätsstiftende und verbindende Leitprojekt für die ganze Region werden. Es ist ein Jahrhundertprojekt.* Es setzt – auch international – Maßstäbe für einen nachhaltigen und umweltschonenden Städtebau, für die Verbindung von Arbeiten, Wohnen, Kunst, Freizeit und Umweltschutz in der umweltfreundlichen Industrieregion der Zukunft. Es folgt der Vision, dass nicht nur der Himmel über der Metropole Ruhr wieder blau ist, sondern dass im Emschertal eine neue grüne Lunge für die Metropole Ruhr entsteht.

Die Emscherregion – das war einmal die »Schmuddelecke« des Ruhrgebiets, in der ein ganzer Fluss zu einem Abwasserkanal verkam. Vor allem die große Internationale Bauausstellung Emscher Park 1989–1999 hat dann den Wandel eingeleitet. Sie hat wesentliche Weichenstellungen vorgenommen und durch die Umnutzung von Industriegebäuden neue Akzente für mehr Lebensqualität gesetzt. Mit dem Plan für den Emscher Landschaftspark 2010 und dem Umbau und der Renaturierung der Emscher wird dieser Weg fortgesetzt.

Hinter dem Plan steht der Leitgedanke, dass die Entfaltung einer kreativen Ökonomie entscheidend von den Räumen abhängt, in denen Menschen sich bewegen. Nur in lebenswerten Städten kann sich ein kreatives Klima entfalten, nur in lebenswerten Städten werden sich überhaupt erst kreative Menschen ansiedeln. Dazu genügt es nicht, einige »Leuchttürme« in ansonsten verödete Stadtlandschaften zu bauen. Vielmehr braucht es ganzheitliche Strategien zur Wiederbelebung des Städtebaus.

Mut und Muße

In Zeiten, in denen die Herausforderungen des Alltags immer komplexer werden, sehnen sich die Menschen nach Sicherheit und Überschaubarkeit. Die Menschen wollen nicht in Parallelgesellschaften und Ghettos leben. Sie sehnen sich nach lebenswerten Städten, in denen gesellschaftliches Miteinander gelebt werden kann. Zugleich soll genügend Raum für die individuelle Entfaltung bleiben. Das heißt: Wir dürfen bei der Stadtentwicklung nicht länger alles bis auf den letzten Quadratzentimeter definieren und festlegen. Wir müssen Spielräume für Neues und Ungewöhnliches lassen. Schönheit braucht Freiheit.

Sie braucht aber auch Ordnung, die früher in vielen Städten durch Bauordnungen gewährleistet wurde. Nachdem im 19. Jahrhundert durch die Überbetonung von Größe und Originalität der Architektur und im 20. Jahrhundert durch die Betonung der Funktionalität der Architektur das Stadtgefüge mehr beschädigt als gestaltet wurde, ist es an der Zeit, wieder Mut zur Schönheit im Städtebau zu entdecken. Schönheit entsteht durch Vielfalt. Aber diese Vielfalt erfordert gestalterische Rücksichtnahme auf das Stadtbild.

Und Schönheit braucht Muße. Die Menschen wollen mitten im Geschehen sein, den Flair des Urbanen mit all seinen vielfältigen kulturellen Angeboten genießen. Zugleich jedoch muss auch die Möglichkeit eines Rückzugs bestehen, um im Grünen und am Wasser Orte der Ruhe und der Beschaulichkeit zu finden. Zwei Wissenschaftler der Harvard-Universität, Mohsen Mostafavi und Gareth Doherty, bezeichnen diesen Spagat in einem kürzlich von ihnen herausgegebenen Buch als »ökologischen Urbanismus«.

Der Aufbruch der Emscherregion kann beispielhaft für diese Überlegungen werden. Dreh- und Angelpunkt des Projekts ist die Emscher selber. Das Ziel, um sie herum einen regionalen Stadtpark zu schaffen, der von Ost nach West, von Dortmund bis Duisburg das ganze Ruhrgebiet durchquert, ist eine kluge Idee. Denn Wasser ist die Grundlage allen Lebens – nicht nur im biologischen Sinne. Leben, Arbeiten und Wohnen am Wasser und im Grünen ist auch deshalb so attraktiv, weil es uns ein Gefühl der Ursprünglichkeit vermittelt, weil es Begegnungen mit der Natur schafft.

Bei der Gestaltung des Emscherparks geht es um mehr als die Schaffung eines Parks im klassischen Sinne. Es geht um den Rückbau von Brachen und die Rückgewinnung lebenswerter Stadträume links und rechts vom Emscherpark. Es geht darum, die der Emscherregion eigentümliche Mischung aus Industriedenkmälern und moderner Architektur in einer unverwechselbaren städtebaulichen Landschaft weiterzuentwickeln. Es geht darum, die Forschungsförderung zu intensivieren, Wissenschaft und Wirtschaft besser zu vernetzen, die Innenstädte zu beleben und Kreativquartiere zu schaffen. Es gibt hierfür schon zahlreiche gute Ansätze und Projekte, darunter »Phoenix« in Dortmund, »Graf Bismarck« in Gelsenkirchen oder »Neue Wege zum Wasser« in Essen. Oder die »Emscherkunst« im Rahmen der RUHR.2010.

Die »Emscherkunst« sollte kein einmaliges Ereignis bleiben, sondern im Rahmen einer Biennale fortgesetzt werden. Denkbar ist zudem ein Programm für Kreativquartiere, um den Zuzug von Künstlern und Kreativen in leerstehende Immobilien zu fördern und Stadtteile attraktiver zu machen.

Vor allem aber sollte es gelingen, eine zweite große Internationale Bauausstellung zu initiieren – als Motor für die Weiterentwicklung der Emscherregion. Sie könnte wichtige Impulse für zukunftsfähige Konzepte des Städtebaus, der Industrieansiedlung, des Wohnungsbaus, der dezentralen und regenerativen Energieversorgung sowie der sozialen Stadtteilentwicklung geben.

Die Kulturhauptstadt hat bewiesen, was in der Metropole Ruhr geht. Oft geht aber mehr, als man denkt.

Simone Raskob

Zwischen Emscher und Ruhr
Neue Lebensqualität durch Wasser und Grün

Woran lässt sich der Strukturwandel im Ruhrgebiet festmachen? Nach klassischer Betrachtungsweise sind es zunächst die Entwicklungen der Arbeitswelt, durch die – zumindest in den großstädtischen Bereichen – lange Zeit prägendes industrielles Gewerbe durch verschiedenste Dienstleistungsbereiche ergänzt oder sogar ersetzt worden ist. Diese augenscheinlichen Veränderungen sind es, die auch Besucher wahrnehmen. Das Motto der Kulturhauptstadt RUHR.2010 »Wandel durch Kultur – Kultur durch Wandel« hatte einen weiteren wesentlichen Faktor benannt, der das Bild der Region zunehmend prägt.

Daneben richtet sich die Wahrnehmung immer mehr auf die Landschaft an sich, die Chancen zur und durch Veränderung bietet. Die Internationale Bauausstellung IBA EmscherPark stand in dem Zeitraum zwischen 1989 und 1999 für neue Akzente und wirkt darin bis heute nach. Die aktuellen Impulse kommen erneut aus dieser West-Ost-Achse im mittleren Ruhrgebiet, ausgelöst durch die Renaturierung der Emscher. Hieraus haben sich Anknüpfungspunkte für die Anliegerstädte ergeben, Frei- und Wasserflächen attraktiv zu entwickeln. Dem Regionengedanken folgend, gehen dabei – beispielweise bei der Gestaltung von Freizeitwegen – vernetzende Projekte auch über Stadtgrenzen hinaus.

Die Renaturierung der Emscher

Die Metropole Ruhr verfügt mit Ausnahme der Stadt Mülheim im Vergleich zu anderen Metropolen im nationalen Maßstab über keine großen Flussläufe in Innenstadtlagen (wie z. B. Hamburg mit der Hafen-City, IBA Wilhelmsburg oder Berlin mit den Wasserlagenprojekten an Spree und Havel). Mit dem größten Flussrenaturierungsprojekt Europas, der Emscherrenaturierung, besteht die einmalige Chance für viele Ruhrgebietsstädte, im Rahmen des Umbaus der Fluss- und Bachzulaufsysteme zur Emscher eine ganzheitliche Stadtentwicklungsstrategie für Freiflächen- und Wasserlagenentwicklungen voranzutreiben.

Mit dem Bau des über 50 Kilometer langen Abwasserkanals Emscher von Dortmund bis zur Mündung in den Rhein bei Dinslaken und die dadurch mögliche »Rückkehr« der Emscher als Fluss schafft die Emschergenossenschaft die Voraussetzungen für die Neugestaltung des Emschertals. Deren wesentliche Ziele und planerischen Vorgaben sind im Masterplan »Emscher-Zukunft« formuliert, der auch Grundlage war für den Masterplan »Emscher Landschaftspark 2010«. Diese Kooperation von 20 Kommunen und zwei Kreisen der Metropole Ruhr mit dem Land NRW und Emschergenossenschaft/Lippeverband steht unter Trägerschaft des Regionalverbandes Ruhr. Parks und Freizeitangebote auf alten Industrieflächen und Halden sowie Landmarkenkunst sind die sichtbaren und mittlerweile bekannten Zeichen und haben neue Lebens- und Wohnqualitäten in den Geltungsbereich gebracht.

Der Umbau des Emschersystems umfasst aber auch die Zuläufe. Dadurch besteht die Möglichkeit, Wasserlagen bis in die Innenstadtlagen zu entwickeln. Durch den naturnahen Umbau der Emscherzuläufe entstehen neue Lebensräume, unansehnliche Abwasserläufe werden in hochwertige Erholungs- und Lebensräume verwandelt. Die Gestaltung der lokalen Übergangsbereiche zwischen Siedlung und angrenzenden Wasserläufen, insbesondere in Zusammenarbeit mit großen Wohnungsgesellschaften, integriert die vorgesehenen Maßnahmen in die umliegenden Stadtteilbereiche und verbessert die Erlebbarkeit des Elementes Wasser. In diesem Zusammenhang sind auch Regenwasserabkopplungen, die das Wasser insbesondere als gestalterisches Element nutzbar machen, vorgesehen.

Das Beispiel der Stadt Essen zeigt die Chance, auf diese Weise auch die historische stadträumliche Trennung von Nord- und Südhälfte der Stadt zu überwinden, indem Wasserläufe von der Emscher bzw. dem Rhein-Herne-Kanal bis zur Ruhr erlebbar werden. Die erreichten freiraumplanerischen Qualitäten des Emscherraumes müssen den Vergleich mit dem attraktiven Ruhrtal nicht scheuen.

Masterpläne und Handlungsprogramme

Abgeleitet aus dem regionalen Masterplan »Emscher Landschaftspark« zeigt die Verankerung des Masterplans »Freiraum schafft Stadtraum« in der Stadtentwicklungsperspektive Essen 2015+ auf lokaler Ebene die Bedeutung von Freiraum- und Wasserflächenentwicklung. Zur raschen Umsetzung dieses Grün- und Freiraumkonzeptes wurde das Handlungsprogramm »ESSEN. Neue Wege zum Wasser« geschaffen.

Inzwischen sind insgesamt rund 200 Projekte in diesen drei zentralen Nord-Süd-Grünachsen in der Umsetzung. Sie stellen ein dichtes, netzartiges Grünflächen- und Wasserflächensystem in der Gesamtstadt dar, das die Siedlungsgebiete

143

mit der freien Landschaft verbindet und nachhaltig die Qualität der Stadtteile als Wohn- und Gewerbestandorte verbessert und stabilisiert.

Renaturierte Bachläufe, neue oder sanierte Teiche und Seen, neue oder überarbeitete Wegeverbindungen sowie neu in Szene gesetzte Grünanlagen verbessern zum einen die Lebensqualität vieler Menschen in ihrem direkten Wohnumfeld, zum anderen erleben aber auch Touristen mit einem neuen Blick die Stadt oder einzelne Stadtteile.

Die »Rheinische Bahn« als Entwicklungsband für Stadtentwicklung und Freiraumplanung

Insbesondere die Reaktivierung der ehemaligen Güterbahntrasse »Rheinische Bahn« durch den Regionalverband Ruhr als Rad- und Wanderweg zeigt, wie ehemals zerschneidende Eisenbahnstrecken ideale Voraussetzung für kreuzungsfreie, umweltfreundliche Verbindungen sein können. Diese in ihrer Funktion neue Wegeverbindung soll im Endausbau auf einer Gesamtlänge von 21 Kilometern von der Universität Essen über den Hauptbahnhof Mülheim bis zum Rheinpark Duisburg führen und perspektivisch über Bochum bis nach Dortmund als zentrale, schnelle Fahrradachse der Metropole Ruhr entwickelt werden. Seit Juni 2010 kann ein fünf Kilometer langer Abschnitt auf Essener Stadtgebiet bereits von Radfahren und Spaziergängern genutzt werden.

In der Gesamtheit aus den Wegeverbindungen dieser Ost-West-Achse, der Strahlen in Nord-Süd-Richtung und ergänzender thematischer Routen ist in Essen – in Zusammenarbeit mit Regionalverband Ruhr und Emschergenossenschaft und Ruhrverband – ein rund 140 Kilometer langes Wegenetz entstanden. Neben der Steigerung des Wohnwertes schaffen diese Komponenten so auch neue Freizeitangebote. Die großräumige Vernetzung durch Grün und Wasser bietet bereits heute rd. 250.000 Essener Bürgern die Möglichkeit, die Rad- und Fußwege in einer Entfernung von unter 500 Metern zu erreichen.

Grün- und Wasserflächen als »Motor« der Stadtentwicklung

Die »grüne Stadtentwicklung« hat mit ihren Freiraum- und Gewässerqualitäten zur Aufwertung innenstadtnaher Lagen beigetragen und sich als wichtiger Faktor bei der baulichen Entwicklung von neuen Stadtquartieren wie am Phönixsee in Dortmund, dem Innenhafen in Duisburg oder dem Projekt Ruhrbania in Mülheim erwiesen.

Das Maßnahmenprogramm »ESSEN. Neue Wege zum Wasser« zeigt in Verbindung mit der »Rheinischen Bahn«, welche Bedeutung Grün und Wasser als Standortfaktoren haben.

Entlang des bereits realisierten Teilstückes auf Essener Stadtgebiet finden sich gleich drei markante Entwicklungsschwerpunkte: Geradezu eine Initialzündung hat der neue Park für das lange Zeit brachliegende Universitätsviertel ausgelöst. Nachdem die Planung für diese zentrale 4 Hektar große Grün- und Wasserachse vorgestellt und inzwischen auch baulich realisiert wurde, konnte das Gelände am nordwestlichen Rand der Innenstadt erfolgreich für eine Wohn- und Geschäftsbebauung als »grüne mitte Essen« vermarktet werden. Dieses Projekt steht bereits jetzt als erfolgreiches Beispiel, dass öffentliche Vorleistungen in die Standortqualität private Investitionen nach sich ziehen.

Nur etwas mehr als einen Kilometer westlich verbindet der Krupp-Park mit seinen bisher realisierten Grün- und Wasserflächen von rund 12 Hektar den Stadtteil Altendorf mit der westlichen Innenstadt. Gemeinsam mit der neuen Konzernzentrale im ThyssenKrupp Quartier bildet er einen wichtigen Baustein innerhalb des Krupp-Gürtels, dessen Entwicklung allein aufgrund seiner Größe von 230 Hektar eine historische Dimension für die Stadt Essen hat.

Noch einmal wenige Gehminuten weiter in westlicher Richtung entsteht im Rahmen des Städtebauförderungsprogrammes »Stadtumbau West« in Kooperation zwischen Stadt Essen und der städtischen Wohnungsgesellschaft Allbau AG das Projekt »Neues Wohnen am Niederfeldsee«. Dieses neue Wohnquartier ersetzt und ergänzt den dortigen Bestand mit modernen Wohnungen.

Der geplante Niederfeldsee mit einer Größe von 2,2 Hektar liegt mit dessen angrenzenden Grünflächen innerhalb eines rund 50 Hektar großen Freiraums, dem so genannten Niederfeld, das die wohnlich geprägten und stark verdichteten Stadtteile Bochold und Altendorf verbindet.

Zum einen erfährt dieser Bereich eine Aufwertung im Rahmen des ökologischen Umbaus des Emschersystems mit dem Borbecker Mühlenbach und dem Sälzerbach. Gleichzeitig werden über den Rad- und Wanderweg auf der Trasse der ehemaligen »Rheinischen Bahn« in Brückenführung über den See sowohl die Innenstadt als auch andere attraktive Freiräume wie der Grugapark oder weitere Naherholungsbereiche entlang des Ruhrtals und des Emschertals erreichbar. Des weiteren werden die weitgehend isolierten und mit nur wenigen Grünflächen ausgestatteten Stadtteile Bochold und Altendorf durch die Anlage neuer Wegeverbindungen entlang der Gewässer und den Umbau der Rheinischen Bahn mit den umgebenden Freiräumen und regionalen Grünzügen des Ruhrgebietes vernetzt.

Insgesamt wird so die ökologische Leistungsfähigkeit des bislang isoliert liegenden Niederfelds erheblich verbessert. Der etwa vier Meter hohe Bahndamm der Rheinischen Bahn, der über Jahrzehnte eine ausgeprägte, isolierende Barriere zwischen dem Stadtteil Altendorf und dem Freiraum Niederfeld bildete, wurde in diesem Bereich auf einer Länge von 300 Metern einschließlich zweier Brückenbauwerke bereits abgetragen. Die weiteren Baumaßnahmen sowohl zur Gestaltung des Geländes als auch für den Wohnungsbau beginnen noch in 2011, die Fertigstellung ist für das Jahr 2013 geplant.

Eberhard Geisler/Jürgen Gramke

Freiraum und Grünzüge
Der Emscher Landschaftspark

Mit den Begriffen Freiraum, Grünzüge und Emscher Landschaftspark lässt sich eine Einzigartigkeit des Ruhrgebietes – der Metropolregion Ruhr – beschreiben. Sie kommt anders daher als die bekannten, zentral ausgerichteten Metropolen. Sie ist räumlich gegliedert durch Grünzüge, die von Nord nach Süd verlaufen und der Region ein grünes Webmuster verleihen. Und das schon seit 1920; am 5. Mai 2010 exakt seit 90 Jahren.

Ein erster, herausragender und bis heute strahlender Gedanke war der von Robert Schmidt. In seiner Denkschrift von 1912 hat er niedergelegt: Der Raum muss zwingend mit Grünzügen gegliedert, geordnet und geplant werden.

Warum:

Als Reaktion auf die damalige Industrialisierung, auf damaliges schnelles und ungeordnetes Wachstum, auf Flächenverbrauch sowie katastrophale sanitäre Lebensbedingungen war es das zentrale Anliegen von Robert Schmidt, »Grünflächen für die Volksgesundheit« zu sichern und den Bedürfnissen entsprechend zu vergrößern, um das chaotische Wachstum regional zu lenken.

Damit wurde Robert Schmidt als Verbandsdirektor der Begründer der modernen Stadt- und Regionalentwicklung, die dann zur Umsetzung seiner Thesen und Vorschläge in der dazu 1920 gegründeten Institution erarbeitet und entwickelt wurde – und die sich von 1920 bis 1976 Siedlungsverband Ruhrkohlenbezirk nannte, von 1976 bis 2004 Kommunalverband Ruhrgebiet und seit 2004 schließlich Regionalverband Ruhr.

Die den Raum des Ruhrgebietes bis heute gliedernden Grünzüge sind nach wie vor das Gerüst allen freiraumbezogenen Planens und Handelns.

Abb. 1 zeigt die Regionalen Grünzüge zum Planungszeitpunkt des Jahres 1920. Die Grünzüge durchziehen den Raum des Verbandsgebietes von Nord nach Süd und sie schaffen elementar wichtige Lebensraumfunktionen: Frischluftentstehung und Frischluftzufuhr, Staubfilterung, Regenwasserversickerung und Wasserhaltung, Grundwasseranreicherung, Lebensräume für Fauna und Flora, Freiräume für aktive und erholsame Freizeitgestaltung.

Diese Funktionen erfüllen die Regionalen Grünzüge bis heute.

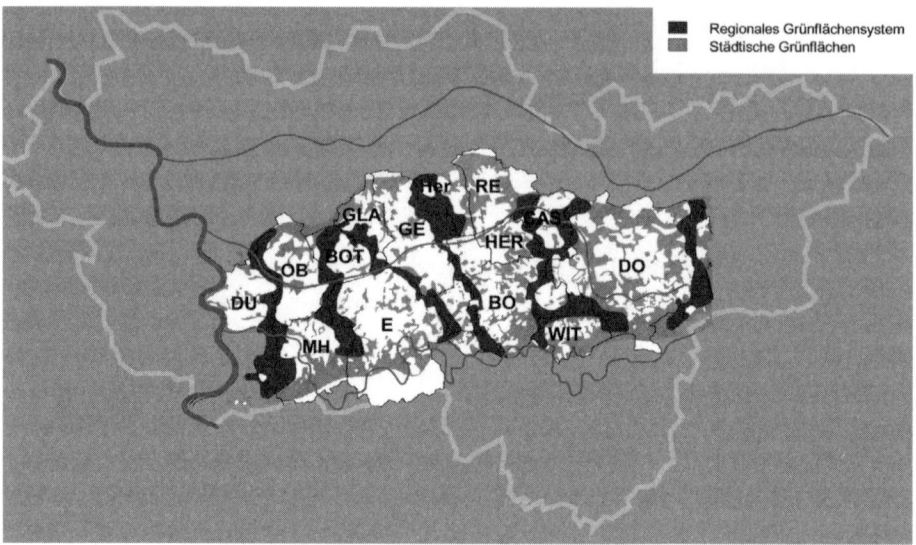

Abb. 1

Sie haben sich zwar von 1920 bis heute verändert – die ökologisch wirksame Freifläche ist deutlich zurückgegangen. Die regional abgestimmte Flächenkulisse des Emscher Landschaftsparks (Ost-West-Grünzug) erweitert jedoch diese Kulisse in seinem Geltungsbereich und bezieht Stadt- und Freiraumkategorien mit ein. Doch nach wie vor ist die durch die Regionalen Grünzüge vorgegebene Raumordnung Grundlage für die zukünftige Entwicklung, wie Abb. 2 zeigt.

Es gibt nämlich zwei bedeutsame Entwicklungen im Ruhrgebiet – in der Metropoleregion Ruhr –, die besonderer Erwähnung bedürfen und die die Zukunft des Reviers stark beeinflussen werden:

Es handelt sich um die Planung und Gestaltung eines Ost-West Grünzuges, der die Emscherzone, in der Mitte des Kernruhrgebietes, durchzieht und alle Nord-West verlaufenden Grünzüge miteinander verbindet. Das gab es noch nie, das ist neu. Aktuell neu ist auch die Tatsache, dass dem Regionalverband Ruhr (RVR) seit Oktober 2009 wieder die Regionalplanungen als Pflichtaufgabe vom Land zugewiesen wurden. Die Ruhrgebietsgemeinden können nun wieder ihr planerisches Schicksal selbst in die Hand nehmen.

Für den KVR bzw. RVR ist es eine mühevolle, schöne und interessante Aufgabe, der er sich mit dem Engagement, das seinen Wurzeln erwächst, stellt. Die

148

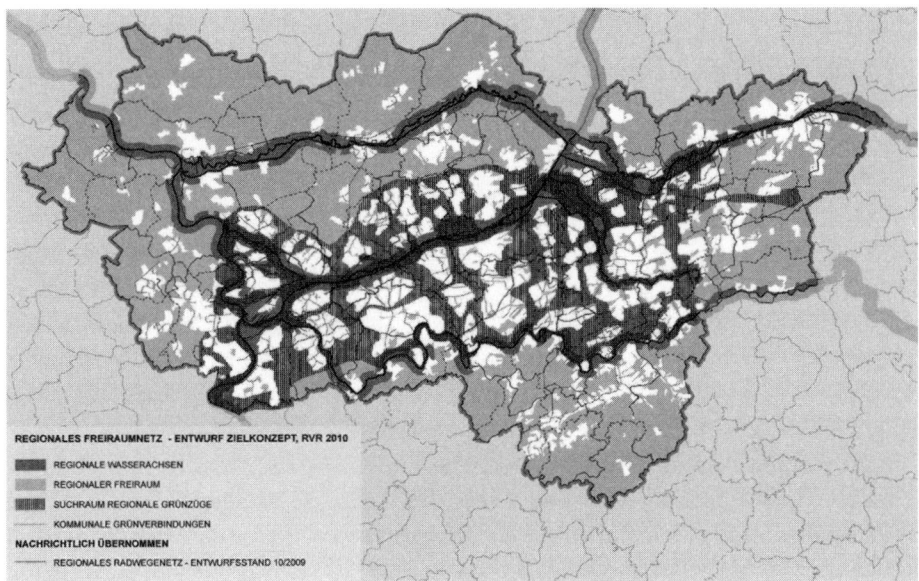

Abb. 2

regionalplanerische Sicherung des Freiraums, der Grünzüge und des Ost-West verlaufenden Grünzuges – des so genannten Emscher Landschaftsparks – ist, neben den Themen Infrastruktur/Verkehr und Siedlung/Bebauung, ein entscheidendes Element der neuen Regionalplanung.

Nördlich und südlich der Grünzüge schließen sich zur Ruhr, zur Lippe, jenseits des Rheins und im östlichen Ruhrgebiet die größeren landschaftsbezogenen Freiräume an. Innerhalb dieser Flächen hat der KVR bzw. RVR in den letzten ca. 30 Jahren ca. 17.000 Hektar Wald- und Wasserflächen erworben und damit – ohne damalige Regionalplanungskompetenz – Freiflächenpolitik betrieben, die der Erhaltung und der Verbesserung der Freiräume im Hinblick auf ihre ökologischen und freizeitbezogenen Funktion dienen.

Durch das netzartige Grünflächenraster ist die Metropolregion Ruhr räumlich-strukturell mit anderen Metropolen nicht vergleichbar. Sie besitzt mit ihren landschaftlich und zugleich industriell geprägten Freiräumen eine einzigartige und spannungsreiche Kulisse, die der Region ein eigenes »Gesicht« – eine eigene Marke – verleiht. Die Bemühungen, frei werdenden Industrieflächen (Halden, Stahlwerke, Zechengelände etc.) wieder eine wirtschaftliche und/oder freiräumliche Funktion zuzuweisen, sind eine Kulturleistung der Region, die eine etwas andere, besondere und überraschende Metropolregion entstehen lässt. Grundlage sind und bleiben die Regionalen Grünzüge und der Freiraum: ein Modell von wirklich internationaler Bedeutung.

Albert Speer

Ein neuer Ruhrplan
Schrumpfen, Wachsen, Neuerfinden – Ideen zur weiteren räumlichen Entwicklung des Ruhrgebiets

Auf den Wirtschafts-, Sozial- und Siedlungsstrukturen des Ruhrgebiets lastet schon seit Jahrzehnten ein umfassender Veränderungsdruck. Die Situation des mit über fünf Millionen Einwohnern bevölkerungsstärksten deutschen Ballungsraums ist mit dem keines anderen im Lande zu vergleichen. Auch in Europa sind wirklich vergleichbare Fälle kaum zu finden. Als Folge des Niedergangs großer Teile der Montanindustrie leidet das Ruhrgebiet stärker als die anderen Ballungsräume Deutschlands unter Arbeitslosigkeit, Überalterung, Bevölkerungsrückgang, Umweltbelastung und schrumpfenden Städten. Die Bevölkerungsprognosen zeigen eine hohe Wahrscheinlichkeit der Trendfortentwicklung. Die derzeitige, über Jahrzehnte mühsam veränderte Wirtschaftsstruktur der Region zeigt sich in weiten Teilen noch immer unterdurchschnittlich innovationsorientiert. Und die beschriebenen Prozesse verlaufen nicht räumlich ausgeglichen, so dass Teilräume sogar überproportional betroffen sind. Unter diesen Rahmenbedingungen und trotz großer Anstrengungen der Kommunen vermindert sich die allgemeine Lebensqualität vor Ort in vielen Fällen zunehmend, weil der Erhalt der Infrastruktur nur bedingt möglich ist. Dies wiederum beschleunigt die Abwanderung. Bei weiteren Bevölkerungsverlusten ist eine Abwärtsspirale der kommunalen Ausstattung und Leistungsfähigkeit wahrscheinlich.

Die überkommene Raumstruktur der Region hat sich auf Basis weniger Städte und Gemeinden erst während der Industrialisierung gebildet. Dies geschah dann mit sehr großer Geschwindigkeit und in der Regel ohne eine übergeordnete räumliche Planung. Heute, nach dem Niedergang von Kohle- und Stahlindustrie, fehlt der so entstandenen, spezifischen Siedlungsstruktur in der gesamten Region oft schlichtweg die wirtschaftliche und funktionale Begründung. Im Zusammenspiel mit den Auswirkungen des demographischen Wandels führt dies dazu, dass die Ruhrregion den Anforderungen der Wissensgesellschaft, der kreativen urbanen Ökonomie, derzeit nicht optimal gerecht wird.

Einen ähnlich erklärbaren Sonderweg hat die gesellschaftliche Entwicklung der Region genommen. Während der stürmischen Industrialisierung wurden im

Ruhrgebiet in großem Stil Arbeitskräfte aus anderen deutschen und europäischen Regionen angeworben. Familienstrukturen, Bildungsbiografien, gesellschaftliche Organisationen und das Vereinswesen sowie die entsprechenden Infrastrukturen vom Sportplatz bis zur Universität orientierten sich über Generationen an den Bedürfnissen und Anforderungen der Schwerindustrie. Die heute vorzufindenden beruflichen Qualifikationen, die ethnische Vielfalt und die Mentalitäten großer Bevölkerungsteile spiegeln, kaum zwei Generationen nach dem Strukturwandel, die Populationsgeschichte des Reviers im Industriezeitalter in hohem Maße wider.

Dieser Umstand ist Teil der strukturellen Problemlage. Er kann mit einigem Optimismus aber auch als eines der großen Potenziale der Region angesehen werden. In jedem Fall darf der Aspekt der überkommenen Bevölkerungszusammensetzung aber nicht aus Gründen falsch verstandener, politischer Empfindsamkeit negiert werden.

Kultur als Motor?

Nun sieht sich das Ruhrgebiet auf dem Weg zur »Metropole Ruhr«. Sicher ist der Anspruch auf diese Raumkategorie plausibler und nachvollziehbarer als bei einigen anderen der elf definierten Metropolregionen Deutschlands. Alleine die Ballung an Bevölkerung spricht schon dafür. Eine Metropole im klassischen Sinn aber entsteht nicht nur aus Größe, sondern hat auch funktionale Kriterien zu erfüllen, die in einer immer noch vornehmlich industriell geprägten Region eher seltener zu finden sind. »Es müssen hier in erheblichem Umfang wirtschaftliche, politisch-administrative und kulturelle Steuerungs- und Dienstleistungsfunktionen lokalisiert sein« (Blotevogel). Die Metropole Ruhr muss in weiten Teilen erst noch urban oder zumindest reurbanisiert werden. Andere Städte und Metropolregionen in Deutschland und den europäischen Nachbarländern haben diesen Zustand bereits in hohem Maße erreicht. Das Ziel einer Aufholjagd in Zeiten hohen Konkurrenzdrucks und definitiv unter Schrumpfungsbedingungen, und dann auch noch mit dem Anspruch einer flächendeckenden und räumlich weitgehend ausgeglichenen Entwicklung für alle Teilräume, klingt wenn nicht aussichtslos, so doch zumindest kühn.

Als wesentlicher Motor der Entwicklung wurde und wird die Kultur angesehen. Nicht erst im Jahr der Kulturhauptstadt 2010, sondern mindestens seit der Internationalen Bauausstellung IBA EmscherPark werden in großem Stil die Ruinen der Industrielandschaft zu hochwertigen und hoch subventionierten Orten der Kultur umgewidmet, mit großer Kraft, mit Esprit und Elan und mit beeindruckenden Ergebnissen. Andreas Rossmann erlaubt sich anlässlich seines Resümees zum Kulturhauptstadtjahr in der FAZ die Frage, ob allein Kulturförderung ausreicht, um den tiefgreifenden Problemen des Ruhrgebiets entgegenwirken zu können: »An die Kultur wurden überzogene Erwartungen geknüpft: als könnte sie es schaffen, die infrastrukturellen, städtebaulichen, wirtschafts- und verwaltungspolitischen Defizite zu beheben und den größten deutschen Ballungsraum zu einer Metropole, zu der ihm so vieles fehlt, zu entwickeln.« Nicht nur Rossmann vermutet, dass das Ruhrgebiet weiter ein von der Produktion lebender Ballungsraum bleiben wird. In diesem Zusammenhang konstatiert er, dass zur Zeit Duisburg immerhin noch der zweitgrößte Stahlstandort der Welt ist. So soll und wird die kulturelle Entwicklung auch weiterhin den Transformationsprozess unterstützen, der am Ende des Tages aber wiederum nur auf einer marktfähigen Produktion von Gütern und Dienstleistungen gründen kann. Und um über fünf Millionen Einwohner zu finanzieren, bedarf es marktgängiger Produktion in stattlichem Umfang.

Ungewöhnliche Strategien

Dieser je nach Blickwinkel durchaus bedrückenden Ausgangslage muss ein positives Zukunftsbild entgegen gestellt werden. In jedem Fall ist es Erfolg versprechender, ohne dem Gesundbeten zu verfallen, von einem halbvollen, statt von einem halbleeren Glas auszugehen. Viele Aspekte sprechen für die Entwicklungsmöglichkeiten der Region. Ihre Begabungen zu ermitteln und zu analysieren erfolgte in dieser sicherlich am intensivsten durch die Raum- und Stadtplanung bearbeiteten Region Deutschlands und vielleicht Europas bereits ungezählte Male. Neue Erkenntnis kann nur die Ableitung weiterer, gegebenenfalls ungewöhnlicher Strategien liefern.

Eine für den Handlungswillen und die vielfältige Aktivität im Ruhrgebiet bezeichnende Initiative aus der Privatwirtschaft verschaffte uns 2009 die Möglichkeit, uns mit unserem Büro AS&P über ein knappes Vierteljahr hinweg mit möglichen planerischen Strategien für die Region zu befassen. Wir arbeiteten aus einer im Planungsalltag des Reviers eher unüblichen Außensicht, von Frankfurt am Main aus. Der kurze Zeitraum bot kaum die Möglichkeit, die vorliegenden Planungen, Konzepte, Initiativen und Kooperationen in allen Details zu erfassen. Dennoch wagten wir sowohl Analysen wie Vorschläge. Die Aufgabe umfasste eine Ideenskizze für ein strategisches planerisches Vorgehen, als Teil des Kulturhauptstadtjahres oder als einer der erwünschten Folgeprozesse. Dazu fertigten wir auch eine Situationsanalyse und loteten grundsätzliche inhaltliche Optionen aus. Diese hatten natürlich nur den Anspruch, erste Thesen zu sein, sollten die Notwendigkeit des Planungsprozesses aufzeigen und dessen Struktur skizzieren. Diese Planungsansätze wurden dann aber als das eigentlich erst zum Ende des vorgeschlagenen Prozesses erwartete Ergebnis missverstanden und entsprechend kontrovers diskutiert. Die teils harsche Kritik an den inhaltlichen Vorschlägen weist auf die Brisanz der Lage hin und zeigt die Bedeutung einer inhaltlich offenen Diskussion im Rahmen eines strategischen Planungsprozesses. Damit haben die Ideenskizzen aus unserer Sicht ihre Aufgabe erfüllt. Es freut uns, dass der von uns geprägte Begriff eines Strategieatlas Ruhr auch in der »Charta Ruhr«, wie sie durch die Kollegen der Landesgruppe der Deutschen Akademie für Städtebau und Landesplanung DASL etwa zeitgleich erarbeitet wurde, Verwendung findet. Dabei ist uns die Urheberschaft des Begriffs weder besonders wichtig noch vollends klar. Wir benutzen ihn seit Mai 2009. Erfreulich ist es, dass die DASL-Charta zu vergleichbaren Vorschlägen für ein adäquates planerisches Handeln kommt. In Zeiten dynamischen gesellschaftlichen Wandels erscheint uns die Etablierung einer Art »Emotionaler Regionalplanung« neben der formellen Regionalplanung und als Unterstützung für diese Ziel führend. Ein breiteres thematisches Spektrum, die flexible Einbindung wesentlicher Akteure und ein frei zu konstruierendes, spezifisches Instrumentarium stellen Vorteile eines solchen Prozesses dar, die man sich zu nutze machen sollte.

Wir entwarfen also in einer ersten Ideenskizze unter dem Titel Ruhrplan21 den Vorschlag für ein Instrument, das ein positives Bild der regionalen Entwicklung weiter ausbauen, schärfen und verwirklichen hilft, und stellen dieses zur Diskussion. Wir nennen das Instrument im Arbeitstitel weiterhin Strategieatlas Ruhr, auch um diesen geeigneten Begriff zu festigen und den Forderungen der Charta Ruhr wie unseren eigenen Vorschlägen Nachdruck zu verleihen.

Vision Ruhrplan21: Wandel, Vielfalt, Fairness

Ausgegangen sind wir von einem positiven Zukunftsbild, welches das Ruhrgebiet als eine polyzentrale und vielfältige Metropolregion mit hohem Grünanteil darstellt, eine Region mit prosperierender Wirtschaft, international anerkannten Hochschulen und mit spezialisierten, sich gegenseitig ergänzenden Siedlungsschwerpunkten.

Unser Revier der Zukunft sollte neben dem wirtschaftlichen Erfolg, der durch die Entwicklung neuer Technologien, Produkte und Dienstleistungen in

Zukunftsbranchen getragen wird, auf stabilen Stadtgesellschaften mit adäquaten Lebens-, Bildungs- und Erwerbschancen für alle Bürger gründen. Die angestrebte räumlich-funktionale Struktur der Region sollte in allen Dimensionen – ökologisch, ökonomisch und sozial – im besten Sinne nachhaltig sein.

Um diese Vision zu verwirklichen, muss das Ruhrgebiet sich in drei zentralen Aufgabenfeldern bewähren. Wandel, Vielfalt, Fairness heißen die Zukunftsaufgaben, deren Herausforderungen im Folgenden skizziert sind:

Wandel

Die wirtschaftliche Strukturkrise ist im Ruhrgebiet auch eine Krise des Raumes, die den Umbau und die Neuinterpretation der gesamten Region erfordert. Zur Überwindung der Strukturkrise sind regionale Innovationssysteme aus Wirtschaft, Wissenschaft und Forschung zu etablieren, die auf vorhandenen Branchenschwerpunkten sowie wirtschaftlichen und wissenschaftlichen Kompetenzfeldern aufbauen. Die zusätzliche Flächeninanspruchnahme von 2 Hektar täglich ist vor dem Hintergrund sinkender Bevölkerungszahlen und Siedlungsdichten ebenso unverantwortlich wie unzeitgemäß. Daher muss die Raumentwicklung im Ruhrgebiet nachhaltiger gestaltet werden und auch den Realitäten notwendigen Rückbaus Rechnung tragen.

Vielfalt

Die große Vielfalt räumlich getrennter Angebote und Qualitäten in der Region muss in leistungsfähigen Netzen der Lebensqualität, der Kultur, der Wissenschaft etc. miteinander verbunden, organisiert und ausgebaut werden. Entwicklungsunterschiede und ungleiche Chancen und Perspektiven in den Teilräumen des Ruhrgebiets sind als Realität des polyzentralen Ballungsraums anzuerkennen. Das Ruhrgebiet ist eine regionale Netzstadt, deren flächendeckende Metropolwerdung nicht stattfinden wird. Will diese Netzstadt attraktiv für Unternehmen und Wissensarbeiter sein, so muss sie ihre urbanen Kerne stärken und gleichzeitig die Zwischenstadtlandschaften aufwerten.

Fairness

Die Bevölkerung in der Ruhrregion nimmt nach aller Wahrscheinlichkeit insgesamt weiter ab und entwickelt sich zudem räumlich ungleichmäßig. Ihre

Bildungsleistungen liegen zumindest teilweise, aber nachweislich und mit eher schlechter Prognose unter dem nationalen Durchschnitt. Die Lebensqualität für die Bewohner in der Region vermindert sich durch Probleme beim Erhalt und Ausbau der Infrastruktur mutmaßlich weiter. Neben der Schaffung von Arbeitsplätzen in Zukunftsbranchen müssen die Stadtgesellschaften des Ruhrgebiets deshalb auch soziale Anerkennung und Perspektiven für die große Gruppe der Modernisierungsverlierer in der Bevölkerung bieten. Hier gilt es, wirtschaftliche, soziale und räumliche Modelle für stabile Stadtgesellschaften auf einem niedrigeren materiellen Wohlstandsniveau zu entwickeln. In der Bewältigung des demographischen Wandels und der Herausforderungen in Bildung und Integration liegen auch Chancen: Im Zukunftslabor Ruhrgebiet kann Wissen gesammelt, können Gesellschafts- und Geschäftsmodelle erprobt werden, die auch auf andere Regionen übertragen werden. Fairness beinhaltet auch, dass die Förderung regionaler Wachstumspole durch geeignete Ausgleichsmechanismen für alle Akteure akzeptierbar wird.

Synthese aus selbstorganisierter Strukturentwicklung und einer übergeordneten räumlichen Richtkraft – der Strategieatlas Ruhr

Das Ruhrgebiet ist eine der am intensivsten überplanten Regionen Europas, für die in den letzten fünf Dekaden zahllose Konzepte und Planungen entworfen wurden. Ein gemeinsames Bild der Region entsteht bislang lediglich in den teilregionalen Masterplänen für das Freiraumsystem (z. B. Masterplan Emscher Landschaftspark) sowie mit dem thematisch fokussierten Masterplan Kultur des RVR. Eine realistische Perspektive für die gesamte Raumentwicklung – insbesondere für die Systeme Siedlung und Verkehr – fehlt hingegen.

Gegenwärtig wird im Revier eine Strukturpolitik von unten praktiziert, welche die Region aus ihren Stärken heraus und im Wettbewerb der besten Ideen und Standorte entwickeln soll. Die Vorteile dieser Praxis liegen in der Förderung kommunaler Eigeninitiative und Eigenverantwortlichkeit, höherer Dynamik und Ideenvielfalt. Nachteile der selbstorganisierten Strukturpolitik bestehen in der Unübersichtlichkeit sowie mangelnder Koordination von Partikularinteressen und in der Inflation von konkurrierenden Einzelplanungen.

Hier soll der Strategieatlas ansetzen, indem er zeigt, wie die regionale Strukturpolitik auf übergeordnete Ziele der Raumentwicklung auszurichten ist. So kann ein komplexes Text-Kartenwerk entstehen, das notwendige schmerzhafte Anpassungen der Raumstruktur präzise benennt und auch unangenehme Wahrheiten zur Standortbestimmung und zur Zukunft des Ruhrgebiets formuliert. Dies sollte neben einer realistischen Einschätzung der regional sehr unterschiedlichen wirtschaftlichen Entwicklungschancen der Städte auch den Umgang mit den immer deutlicheren sozio-ökonomischen Ungleichheiten in der Bevölkerung umfassen. Aufbauend auf den Stärken, Selbstorganisationskräften und der Eigeninitiative der Region muss ein regionalräumliches Gesamtbild für das Ruhrgebiet der Zukunft entwickelt werden. Dafür kann der Strategieatlas die vielen raumrelevanten Ziele, Strategien, Konzepte und Projekte im Hinblick auf Chancen und Risiken und Zukunftsaussichten prüfen, kalibrieren und bündeln, sie ggf. um neue wichtige Ziele und Strategien erweitern, sinnfälligen räumlichen Einheiten zuordnen, und in eine zeitliche Folge bringen.

Thematische Fokussierung

Als inhaltliche Schwerpunkte zur weiteren thematischen Fokussierung des Strategieatlas wollen wir folgenden Dreiklang vorschlagen: Entwicklung zukunftsfähiger Wirtschaftstrukturen, Gestaltung neuer Urbanität und Förderung nachhaltiger Mobilität.

Das Ruhrgebiet muss anerkennen, dass allein durch die Musealisierung einer glorreichen (industriellen) Vergangenheit und die Pflege des dazu gehörenden baukulturellen Erbes keine tragfähige wirtschaftliche Perspektive für die Region entwickelt werden kann. Identität durch Kultur ist sicherlich ein wichtiger Wirtschaftsfaktor, aber eben nur einer unter vielen. Die Region sollte an alte – vor allem auch industrielle – Stärken anknüpfen: Der Strategieatlas müsste ein neues räumlich-funktionales Bild für die hochindustrielle Wirtschaftsregion Ruhr skizzieren, das die Raumstrukturen für Wissenszentren und Produktionsschwerpunkte in Wachstumsbranchen optimiert und für deren sinnfällige Verbindung sorgt.

Eine große Chance des Reviers liegt in der Positionierung als international führende »Umwelteffiziente und ressourcenschonende Technologieregion«. Dazu müssen vorhandene Stärken in Energiewirtschaft, Maschinenbau, Chemie und Materialtechnik weiter auf innovative Umwelttechnologien ausgerichtet werden. Gleiches gilt für die Raumstruktur mit den Systemen Siedlung, Verkehr, Freiraum, die sich an Nachhaltigkeitskriterien orientieren müssen und ein breites Feld für die Erprobung neuer technischer Lösungen aus Wissenschaft und Industrie bieten; Solartechnik, Elektromobile und Industriewaldnutzung sind hier nur einige Beispiele. Mit dem Projekt »InnovationCity« ist ein wichtiger Schritt in diese Richtung bereits getan.

Aus der Herausforderung, Nachhaltigkeit auch im gesellschaftlichen und kulturellen Sinne zu interpretieren, erwächst eine weitere Chance für die Region. Das Ruhrgebiet könnte angesichts der erheblichen demographischen und sozioökonomischen Veränderungsbedarfe zu einer maßgeblichen »Modellregion für Integration und Solidarität« in Europa werden. Ein solches Postulat würde auch Überlegungen beinhalten müssen, wie man mit Modernisierungsverlierern in der Bevölkerung umgeht.

Dem Ruhrgebiet, übereilt geformt durch die Wellen der Industrialisierung, mangelt es an Urbanität, den klassischen Qualitäten der europäischen Stadt. In der dritten Industriellen Revolution, die auf dem Substrat städtisch geprägter Wissensgesellschaften gedeiht, wird aber gerade Urbanität zum entscheidenden Standortfaktor. Ein Strategieatlas Ruhr müsste daher aufzeigen, wie in der fast flächendeckenden regionalen Zwischenstadt städtische Wachstumspole mit hoher Anziehungskraft für Wissensarbeiter und deren Unternehmen entstehen können. Eine wichtige Aufgabe wäre dabei die Ausdeutung entwicklungsfähiger Teilräume mit Bedeutungs- und Urbanitätsgewinnen als Motoren des Fortschritts im Ruhrgebiet. Bei den Kultureinrichtungen müsste der Strategieatlas Wege weisen, durch bessere Koordination und auch durch die Zusammenlegung regionaler Angebote international strahlkräftige Kulturangebote im Ruhrgebiet zu schaffen.

Mobilität ist die Grundbedingung für das Funktionieren der weit ausgreifenden Metropolregion Ruhr und damit ein Thema, das im Strategieatlas besonders berücksichtigt werden sollte. Ein »Verkehrsmasterplan Ruhr« als Bestandteil des Atlas müsste eine Mobilitätskultur für das Ruhrgebiet entwickeln, die stadt- und umweltfreundliche Mobilität ebenso zum Gegenstand hat wie innovative und nachhaltige Lösungen für die bedeutende Logistikregion.

Schlüsselstrategien: Konzentration, Stabilisierung, Dekonzentration

Konzentration bedeutet vor allem Rekonzentration von knappen Ressourcen an wenigen Stellen – dies werden die Innenstädte, vor allem die der Hellwegzentren sein. Konzentration an wenigen Wachstumsknoten heißt unter Schrumpfungsbedingungen aber unausweichlich Dekonzentration in anderen Teilräumen, also Bedeutungs- und Urbanitätsverluste gerade für die Mittelzentren und Städte am Ballungsrand. Perspektiven für diese Räume liegen im massiven Rückbau, der politisch vermittelt und sozial, technisch sowie gestalterisch bewältigt werden will. Stabilisierung dient dem Funktionserhalt räumlicher Einheiten, z. B. durch

Konversion oder Umbau, ohne eine dezidierte Wachstums- oder Schrumpfungs-
politik zu verfolgen.

Diese wie wir glauben unumgängliche Fragestellung für einen Umbau unter
Schrumpfungsbedingungen, die offenkundig vorliegen, hat bisher zu den intensivsten Diskussionen geführt. Als »unhistorisch und zukunftsblind« gescholten
und als »verhängnisvoll für die Zukunft einer Metropole Ruhr« bewertet, solle
die Aufteilung des Raums in Gewinner und Verlierer jedenfalls vermieden werden. Sicher wird es eine der zentralen Aufgaben sein, im Rahmen eines Planungsprozesses handhabbare und zumutbare Strategien für die Orte und Teilregionen
zu entwickeln, die vordergründig als Verlierer gelten können. Zumindest muss
zur Diskussion gestellt werden, wie die Alternativen zum zwar gewünschten, aber
nicht ansatzweise realistischen Szenario eines flächendecken »Zusammen-Wach-
sens« aller Teile der Region aussehen können.

Interdisziplinäre Expertise und die richtigen Adressaten

Der Strategieatlas Ruhr sollte als unabhängiges wissenschaftliches Gutachten auf
Beiträgen aus mindestens vier Fachrichtungen basieren: Planung, Wirtschafts-
geografie, Stadt- und Regionalgeografie sowie Verwaltungswissenschaften. Dieser
breite Ansatz erscheint notwendig, um die Region als Gesamtsystem zu erfassen
und so den notwendigen Umbau in wirtschaftlicher, sozialer und räumlich-funk-
tionaler Hinsicht zu steuern.

Zentrale Akteure bei der Erstellung des Strategieatlas werden die Ruhrgebietskommunen sein. Sie bringen ihr planungs- und ortsspezifisches Know-how ein
und werden federführend die Umsetzung der Entwicklungsziele auf Projektebene
betreiben.

Der Regionalverband Ruhr soll der Hauptnutzer des Atlas sein. Mit der
Summe teilräumlicher Konzepte und einem Gesamtbild für die Raumentwicklung stünde dem RVR ein Orientierungsrahmen zur Verfügung, der wichtige
Anhaltspunkte für die Erstellung regionaler Flächennutzungspläne oder Masterpläne gibt.

Hauptadressaten des Strategieatlas Ruhr sind die verantwortlichen Stellen
in der Landesregierung und die Bezirksregierungen Arnsberg, Düsseldorf und
Münster. Diesen Akteuren kann das Gutachten wertvolle Empfehlungen für die
regionale Strukturentwicklung, den Infrastrukturausbau und öffentliche Investitionen in Bildung, Forschung etc. geben.

Die Entwicklung des Ruhrgebiets zur Metropole Ruhr kann glücken. Verschiedene Wege können dorthin führen. Diese Wege sind aber mit Sicherheit unterschiedlich Erfolg versprechend. Jedenfalls scheint es ein zentraler Aspekt zu sein, den allenthalben spürbaren Aufbruchswillen und die emotionale Stärke der Region in ihrer ganzen Vielfalt zu bündeln und zu kanalisieren. Zu dieser kraftraubenden Aufgabe bedarf es eines starken planerischen Instrumentariums in den Händen der verantwortlichen Akteure.

Jürgen Schröder/Florian Weig

Segeln auf Phoenix
Was in Dortmund alles geht

Heinrich Kahmeyer kann bald segeln gehen. In Dortmund, auf dem Phoenix-See: Eine Fläche, auf der 150 Jahre Stahl produziert wurde, wird Ende 2011 vollständig geflutet sein.

Als Kahmeyer vor über zehn Jahren zum Ende seiner Tätigkeit als Personaldirektor bei ThyssenKrupp dabei mithalf, das dortmund-project zu starten, war die Idee des Phoenix-Sees noch ferne Zukunftsmusik. Ehrgeiziges Ziel war es, bis 2010 rund 70.000 neue Arbeitsplätze zu schaffen. Ein zentraler Bestandteil war die neue Nutzung des ehemaligen Werkes Phoenix: Phoenix West sollte Standort für Spitzentechnologien wie Mikrosystemtechnik werden. Auf Phoenix Ost sollte ein See zur Freizeitnutzung eingebettet in ein Wohngebiet entstehen.

Besonders die Planung eines Sees stieß anfangs in Dortmund auf viel Skepsis. Ungläubig, so erinnert sich Kahmeyer noch heute, sagte ein Dortmunder Manager sinngemäß: »Wenn der See kommt, lasse ich Ihnen ein Segelboot bauen.« Der Mann könnte jetzt an die Arbeit gehen. Denn am 1. Oktober 2010 war es soweit: Die Flutung des Phoenix-Sees begann.

Damit wurde vollendet, was am 15. Juni 2000 mit dem Votum aller Fraktionen des Stadtrats, der so genannten Dortmund-Fraktion, zum Start des dortmund-project auf den Weg gebracht wurde. Längst gilt das Projekt deutschlandweit als Erfolg: Die befürchtete Abwanderung aus der Stadt blieb aus, neue Branchen kompensieren den Niedergang von Kohle und Stahl, auch wenn zum Ziel von 320.000 Erwerbstätigen – dem historischen Höchststand in Dortmund – noch gut 25.000 Arbeitsplätze fehlen.

Diagnose: Dortmund hatte Schwächen, aber auch Potenzial

Die Geschichte des Projekts begann 1999, als der Vorstandsvorsitzende von ThyssenKrupp, Ekkehard D. Schulz, die Kernfrage stellte: »Wie kann Dortmund das Wegbrechen der Stahlindustrie kompensieren?« Von da an erarbeitete im Auftrag des Unternehmens ein Projektteam das erste Konzept. Mit dabei: Vertreter der Stadt, von ThyssenKrupp und Berater von McKinsey.

Die Diagnose des Teams war ernüchternd: Seit 1972 hatte die Stadt durch das allmähliche Verstummen des alten Dortmunder Dreiklangs von Kohle, Stahl und Bier mehr als 80.000 Arbeitsplätze verloren. Die Erwerbslosen- und Arbeitslosenquoten waren auch im Vergleich mit anderen Standorten hoch, weil es besonders viele gering qualifizierte Arbeitskräfte gab. Deshalb rechnete das Landesamt für Datenverarbeitung und Statistik (LDS) damit, dass Dortmund bis 2010 rund zehn Prozent seiner Einwohner verlieren würde. In den meisten Statistiken rangierte die Stadt im Bundesvergleich bestenfalls auf einem Platz im unteren Mittelfeld. Ihr Image in Deutschland war schlecht, international war Dortmund – abgesehen vom Fußballverein BvB – fast unbekannt.

Das Projektteam fand aber auch Positives. So waren im Schatten der früheren Leitbranchen neue Stärken entstanden: Das Technologiezentrum Dortmund galt in Fachkreisen als Erfolgsbeispiel für die gelungene Ansiedlung neuer Unternehmen rund um einen Universitätscampus. Zusammen bildeten die Informatikfakultäten der Dortmunder Hochschulen den größten Fachbereich der Republik. Dortmund hatte die meisten Arbeitsplätze in Mikrosystemtechnik in Europa. Die Logistikkompetenz war dank des Fraunhofer-Instituts für Materialfluss und Logistik einzigartig, die Lage am östlichen Einfallstor des Ruhrgebiets ohnehin hervorragend. Das Projektteam war sich einig: Diese Vorteile musste die Stadt gezielt nutzen.

Konzept: Dortmund stärkt seine Stärken

Der ursprüngliche Plan des Teams atmete noch den Geist der New Economy. Dortmund sollte sich als E-City positionieren: Mit »E-Commerce« und IT-Dienstleistungen könnte – so die Hoffnung – ein Großteil des Arbeitsplatzschwunds ausgeglichen werden. Dieser Schwerpunkt änderte sich noch im Jahr 2000 hin zu einem neuen Dortmunder Dreiklang: IT, Mikrosystemtechnik (MST) und Logistik. Mit diesen Führungsbranchen als Zugpferden sollten bis zu 70.000 neue Arbeitsplätze in Dortmund entstehen, womit die Verluste seit 1972 kompensiert würden.

Ähnliche Ziele hatten sich auch schon andere Initiativen gesetzt. Doch das Konzept des dortmund-project war in zweierlei Hinsicht neu: Es stützte sich auf vorhandene Vorteile (»Stärken stärken«) und hatte die gesamte Entwicklung der Stadt im Blick. Somit trat an die Stelle einzelner – für sich sinnvoller – Initiativen nun ein Gesamtprogramm mit koordinierten Projekten zur Stärkung der Führungsindustrien, zur Schaffung von Kompetenzen und zur Steigerung der

Lebensqualität sowie der Entwicklung der Flächen am Standort. Damit waren die Eckpunkte abgedeckt: Nachfrage nach Arbeitskräften, Angebot von Arbeitskräften und Attraktivität zur Ansiedlung.

Auch methodisch zeigte das Konzept neue Wege:

- Jede Maßnahme sollte sich an wirtschaftlichen Prinzipien orientieren: »Investieren statt subventionieren« wurde zum Grundsatz.
- Jedes Teilprojekt hatte seinen eigenen Geschäftsplan und klare Kennzahlen, die in einem zentralen Controlling erfasst und berichtet wurden. Dadurch ließen sich Mittel rasch zu den erfolgreichsten Ansätzen (um-)steuern.
- Wettbewerbe zur Gründung neuer oder zum Wachstum etablierter Unternehmen waren als zentrales Element der Förderung vorgesehen.
- Geschwindigkeit galt als Erfolgsfaktor im Wettbewerb mit anderen Standorten.
- Die Projektstruktur war als Mix aus städtischen und privaten Organisationen aufgebaut. Mit der Dortmund-Stiftung hatten private Unternehmen und

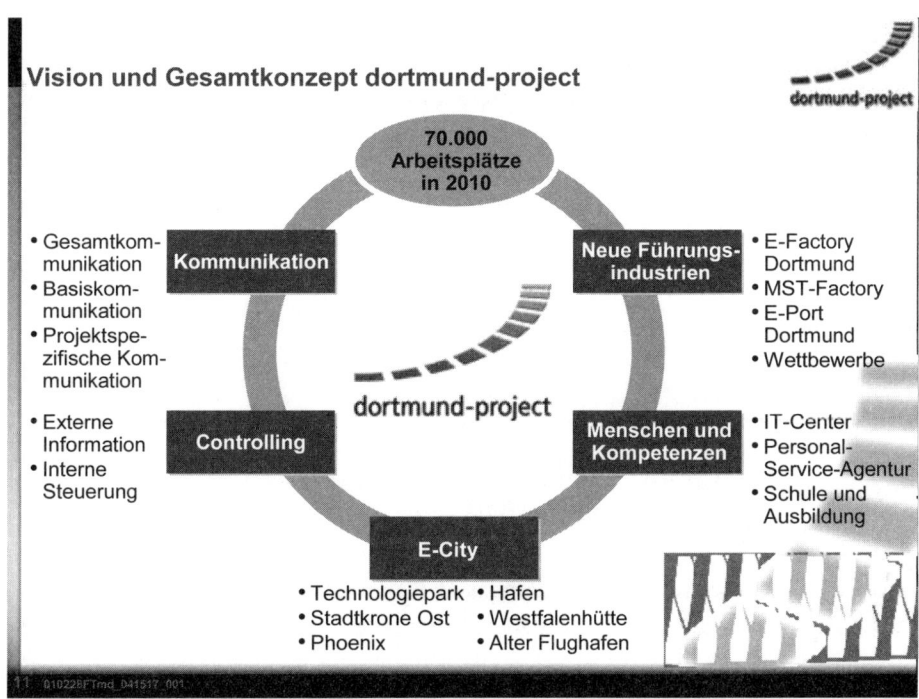

Abb. 1: Originalkonzept des dortmund-project, Stand 2000

163

Bürger der Stadt die Möglichkeit, sich an der Entwicklung des Standorts zu beteiligen.

– Eine gezielte Kommunikation sollte das Programm nach innen (also in Dortmund) und nach außen (Land NRW, Bund etc.) den Zielgruppen nahe bringen.

Nach der Kommunalwahl im September 1999 stellten die Initiatoren das Gesamtkonzept für »Das neue Dortmund« im März 2000 erstmals der Öffentlichkeit vor. Daraufhin formierte sich schnell eine breite Koalition unter Führung des neuen Oberbürgermeisters Gerhard Langemeyer, die eine einmalige Chance für die Stadt erkannte – zumal das Jahrzehnt bis 2010 für Dortmund auch die Gelegenheit bot, als strukturschwaches Gebiet von der EU-Regionalförderung zu profitieren.

Und so wurde das Konzept am 15. Juni 2000 im Stadtrat mit überwältigender Mehrheit beschlossen. Die Stadt Dortmund verpflichtete sich damit auch, in diesem Fall einen langen Atem zu beweisen: Denn bis 2010 sollten jährlich mehr als zehn Millionen DM in die Förderung des dortmund-project fließen, in Summe 67 Millionen Euro. Um die besondere Stellung des Projekts zu unterstreichen, wurde das Team außerhalb der existierenden Strukturen als eigenständige Projektgruppe direkt dem Oberbürgermeister zugeordnet. Stadtintern führte es die Bezeichnung »Stadtamt 05«.

Kurz darauf wurde auch die Dortmund-Stiftung gegründet, mit der Dortmunder Unternehmen und Bürger sich direkt an den Zukunftsprojekten beteiligen konnten. ThyssenKrupp erklärte sich im Steuerkreis bereit, im Anfang der Umsetzungsphase weitere Anschubhilfe in Form zusätzlicher Personalkapazität zu leisten.

Umsetzung: Dortmund mobilisiert seine Kräfte

Intensiv, leidenschaftlich, begeisternd – die Atmosphäre der ersten Monate im dortmund-project glich mehr der in einem Start-up als in einem Amt. Unter Führung des Projektleiters Udo Mager arbeiteten alt gediente Wirtschaftsförderer und junge Absolventen des Studiengangs Raumplanung der Universität Dortmund zusammen mit Managern von ThyssenKrupp und Beratern von McKinsey.

Sie alle wussten, dass die ersten Meilensteine entscheidend für das Außenbild und damit für den Erfolg des Projekts sein würden. Deshalb war Mobilisieren der Schlüsselbegriff – vor allem für den so wichtigen ersten Wettbewerb start2grow, mit dem das Projektteam im März 2001 das Potenzial der Stadt und der Region für Unternehmensgründungen ausschöpfen wollte. Dafür waren vor allem mögliche Gründer anzusprechen, das Team baute aber auch ein leistungsfähiges Netzwerk aus Patentanwälten, Business Angels, Coaches und Gutachtern auf.

Bei dieser intensiven und interdisziplinären Arbeit blieben auch gelegentliche Reibungen nicht aus. Mit einem Augenzwinkern erinnerte man sich beim zehnjährigen Jubiläum beispielsweise an hitzige Debatten über das Binnen-I, als es darum ging, weibliche und männliche Adressaten in einer Broschüre anzusprechen, und den eigenmächtigen Einsatz einer Gruppe von Studentinnen in »start2grow« T-Shirts, um in Informatikvorlesungen Flyer an potenzielle Gründer zu verteilen. Wegen des großen Erfolgs wurden die Studentinnen bald danach als freie Mitarbeiterinnen eingestellt.

Am 7. März 2001 kamen dann mehr als 700 Teilnehmer zum Auftakt von start2grow in das alte Straßenbahndepot. Die intensiven Diskussionen zwischen Gründern, Coaches, Investoren und Veranstaltern dauerten bis in die Morgenstunden. Am folgenden Tag erschienen die Zeitungen des Ruhrgebiets mit Überschriften wie »Das könnte etwas werden« – der erste große Auftritt war also geglückt.

Zügig und fast geräuschlos verlief zugleich die Gründung von Infrastrukturgesellschaften wie e-Port Dortmund und MST.factory oder die Einrichtung neuer Studiengänge wie den am IT-Center Dortmund. Die ersten Preisträger der Gründungs- und Wachstumswettbewerbe konnten so bereits eine provisorische Infrastruktur nutzen.

Koordiniert wurden die Einzelprojekte vornehmlich von Udo Mager und vom Lenkungskreis des dortmund-project. Der Erfolg hätte sich aber wohl kaum eingestellt, wenn nicht alle zwei Wochen ein Kernteam getagt hätte, in dem hochrangige Vertreter der Stadt ihr Vorgehen mit anderen Institutionen wie der IHK, dem DGB oder lokalen Industrieverbänden abstimmten und koordinierten. In diesem Kernteam herrschte der bereits in der politischen und wirtschaftswissenschaftlichen Literatur beschworene Dortmunder Konsens, der frühzeitige Weichenstellungen für die kommenden Jahre ermöglichte.

Gerade im Fall der großen Industriebrachen auf Phoenix waren umfangreiche Vorbereitungen und Genehmigungen im Zusammenspiel mit den Behörden auf Landes-, Bundes- und Europäischer Ebene notwendig. Ein Leuchtturm des Programms ist seit 2005 die MST.factory auf Phoenix West: Noch während sie gebaut wurde, musste auf Grund des Ansturms junger Unternehmen aus der Mikrosystemtechnik eine Erweiterung geplant werden. Nicht nur hier zeigten sich die Vorteile des langfristig angesetzten Programms für Dortmund: Auf Basis der ermittelten Kennzahlen konnten erfolgreiche Wettbewerbe und Projekte intensiviert, andere neu positioniert werden. Im Laufe der Zeit wurden auch die Führungsindustrien systematisch ausgebaut und ergänzt, etwa mit der Gründung des BioMedizinZentrums im Technologiezentrum Dortmund.

Nach gut fünf Jahren endete 2005 auch der Sonderstatus des »Stadtamts 05«. Das dortmund-project wurde methodisch und als Geschäftsbereich in die Struktur der Wirtschaftsförderung Dortmund eingegliedert, deren Leitung Udo Mager übernahm. Damit war die Methode dortmund-project zum Standard geworden; sie wurde in der zweiten Hälfte des Jahrzehnts kontinuierlich ausgebaut.

Ergebnis: Dortmund wird ein stiller Star

Das anfangs berechnete Potenzial von bis zu 70.000 neuen Jobs hat Dortmund bisher noch nicht komplett realisiert. Die positive Dynamik reichte für eine Reduktion um über 5 Prozent auf aktuell 12,6 Prozent, aber noch nicht, um die Arbeitslosenquote auf unter 10 Prozent zu drücken. Der weiterhin hohe Anteil von gering Qualifizierten, von älteren und Langzeit-Arbeitslosen hat hier bisher einen Durchbruch verhindert.

Doch immerhin sind seit dem Tiefpunkt in der Stadt mehr als 40.000 zusätzliche Arbeitsplätze entstanden. Allein aus start2grow gingen seit 2001 über 600

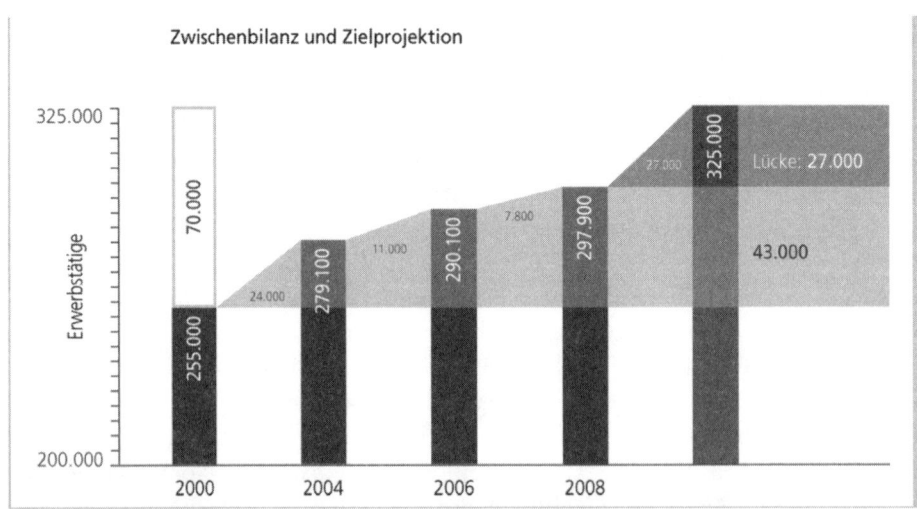

Abb. 2: Zielprojektion

Erfolgsfaktoren der Regionalentwicklung

Die Unternehmensberatung McKinsey hat neben dem dortmund-project in den vergangenen Jahren weltweit rund 300 weitere Initiativen zur Regionalentwicklung begleitet. Besonders erfolgreich waren Programme, die die folgenden Kriterien erfüllten:

1. *Führung.* Eine regional anerkannte Persönlichkeit leitet die Initiative, alle Hauptakteure der Region bekennen sich zu den Zielen.

2. *Vision.* Regionalentwicklung braucht ein gut kommunizierbares, zentrales Zielbild für langfristiges Wachstum – ebenso wie konkrete Projekte an der Basis.

3. *Messbarkeit.* Die Einzelprojekte haben quantifizierte Ziele. Kennzahlen sorgen dafür, dass die Zielerreichung gemessen wird. Bei Abweichungen von den Zielen kann die Projektleitung mit geeigneten Maßnahmen eingreifen.

4. *Fokus.* Das Programm konzentriert sich auf innovative Wachstumsbranchen, die Anspruch auf eine nationale und internationale Spitzenposition erheben können.

5. *Ausgangsbasis.* Die Initiative baut auf existierenden regionalen Stärken auf, die die Innovationsbasis und regionale Attraktivität sichern (Stärken stärken).

6. *Selbstverstärkung.* Die geförderten Einzelprojekte sollten sich schnell gegenseitig unterstützen, um Cluster-Effekte zu erzeugen.

7. *Wirtschaftlichkeit.* Investieren statt Subventionieren – das Projekt setzt nur wirtschaftlich tragfähige Ansätze um.

8. *Zeithorizont.* Schnelle Erfolge (Quick Wins) sind ebenso wichtig wie Durchhaltevermögen.

9. *Organisation.* Öffentliche Stellen, Unternehmen und andere regionale Institutionen arbeiten in einer langfristig angelegten Public Private Partnership zusammen. Großunternehmen können die Initiative übernehmen.

10. *Kontext.* Lokale Ansätze gedeihen dann am besten, wenn sie in ein regionales oder überregionales Konzept eingebettet werden.

11. Die Suche nach einem Projekt »Phoenix Ruhrgebiet« könnte anhand dieser Kriterien beginnen – für die einzelnen Städte oder die Region als Ganzes. Denn verborgene Stärken gibt es überall, Herzblut ist reichlich vorhanden, Führungskraft ist gefragt.

Unternehmen mit mehr als 3.000 Arbeitsplätzen hervor. In den Zukunftsindustrien IT, Logistik, Mikro-/Nano- und Biotechnologie arbeiten mittlerweile mehr als 40.000 Beschäftigte. Seit dem Jahr 2000 hat Dortmund in der regionalen Statistik für Gründungsdynamik des Instituts für Mittelstandsforschung Bonn (IfM) mehr als 300 Plätze gutgemacht und steht nun an der Spitze des Ruhrgebiets.

Zugleich ist Dortmund attraktiver geworden: Auf Grund des starken Zuzugs blieb die Einwohnerzahl – entgegen allen pessimistischen Prognosen – fast konstant bei rund 585.000. Auch in den Städterankings der vergangenen Jahre landet Dortmund nicht mehr unter »ferner liefen«, vielmehr wird die Stadt hier mitunter sogar als »stiller Star« gefeiert. Und vom Herbst 2011 an kann man dort sogar segeln gehen.

Fazit: Strukturwandel ist möglich

Dortmund hatte in den vergangenen zehn Jahren eine einmalige Chance: Das Ende der Montanindustrie erforderte einen Neuanfang; es gab dafür starke, kontinuierlich aufgebaute Fundamente, die (wie das Technologiezentrum) weit in die 1980er Jahre zurückreichen; zugleich konnte die Stadt die EU-Regionalförderung nutzen. Zum Glück für Dortmund haben wichtige Akteure diese Chance erkannt und mit langem Atem genutzt.

Am Beispiel Dortmund zeigt sich: Regionaler Strukturwandel ist möglich, stellt sich aber kaum von selbst ein. Deshalb professionalisieren immer mehr Städte und Regionen ihre Wirtschaftsförderung. Die grundsätzlichen Stellhebel dafür sind mittlerweile bekannt – ob sie nun auf der Cluster-Theorie von Michael Porter basieren oder auf dem Konzept der kreativen Klasse von Richard Florida. Der Wettbewerb der Regionen ist also entbrannt. Doch wirtschaftliche Entwicklung ist kein Nullsummenspiel, bei denen eine Region auf Kosten der anderen lebt. Systematik, Fokus, Weitsicht und Ausdauer werden – wie das Beispiel Dortmund zeigt – mit Erfolg belohnt.

Interview mit Udo Mager

seit 2005 Geschäftsführer der Wirtschaftsförderung Dortmund;
zuvor war er seit 2000 Direktor des dortmund-project.

Herr Mager, Sie haben die wirtschaftliche Entwicklung Dortmunds in den vergangenen zehn Jahren entscheidend miterlebt und mitgestaltet. Was war Ihrer Ansicht nach entscheidend für den Erfolg?

Das dortmund-project ist ein Gemeinschaftswerk. Nach dem Niedergang der Montanindustrie haben alle Akteure in der Stadt gemeinsam daran gearbeitet, die Kehrtwende zu schaffen. Wir wollten die Stärken stärken und nicht an den Schwächen herumlaborieren.

Mit welcher Methode wurde das konkret umgesetzt?

Unser methodischer Ansatz im dortmund-project hieß von Anfang an: investieren statt subventionieren. Es ging nicht darum, einzelne Unternehmen zu fördern, sondern Infrastruktur für alle zu schaffen. Konkret bedeutete das: herausragende Kompetenzen zu identifizieren und anhaltende Konzentration auf diese Stärken, hohes Umsetzungstempo bei den Teilprojekten, Förderung der Selbstständigkeit und des Unternehmertums, maßgeschneiderte Qualifizierungsangebote auf allen Ebenen, Ausbau der Kooperation zwischen Wirtschaft und Wissenschaft, Investitionen in wirtschaftsfördernde Infrastruktur (und nicht in Einzelunternehmen), Bereitstellung von Flächen für Themen und Gestaltung der neuen Stadt als Arbeits- und Lebensraum.

In welche Branchen wurde investiert?

Wir haben uns konsequent auf Branchen und Technologiefelder mit Potenzial konzentriert. Zu Beginn waren das die Bereiche Informations- und Kommunikationstechnologie, Logistik und Mikro-/Nanotechnologie. Später kam noch die Biotechnologie dazu. Seit 2005 haben wir »die Methode dortmund-project« konsequent auf andere Branchen, wie die Kreativwirtschaft oder die Produktionswirtschaft, übertragen.

Was sind für Sie die großen Erfolge der letzten zehn Jahre?

169

Auf der Haben-Seite der Bilanz stehen das Großprojekt Phoenix (mit Phoenix See und dem Technologie-Areal Phoenix West), die MST.factory und die kontinuierliche Reduzierung der Arbeitslosenquote. Das hat bundesweit und international Beachtung gefunden und war nur möglich, weil sich die »Dortmund-Fraktion« gebildet hat und damit ein einzigartiges Netzwerk der Zukunftsgestalter aus Wirtschaft, Wissenschaft, Politik und Verwaltung entstanden ist.

Und welche Enttäuschungen gab es?

Bislang überwiegen die positiven Ergebnisse und es musste bisher wenig »Enttäuschungsmanagement« betrieben werden. Zu bedauern ist, dass die ambitionierten Zielzahlen noch nicht erreicht werden konnten. Es müssen weitere 26.000 Arbeitsplätze entstehen, um die Lücke von 70.000 komplett zu schließen. Aber dass wir bereits soweit gekommen sind, bestätigt den eingeschlagenen Weg. Und wer konnte 1999 ahnen, welche Turbulenzen die Wirtschaft weltweit noch erschüttern würden? Jedenfalls sind in Dortmund im Krisenjahr 2009 fast 4.000 neue sozialversicherungspflichtige Arbeitsplätze entstanden.

Wesentliche strategische Leitideen aus dem dortmund-project sind seit fast zehn Jahren konstant. Ist dieser lange Atem, ist Kontinuität an sich ein Erfolgsfaktor?

Ohne Penetranz und Konsequenz beim Verfolgen der tragenden Strategie stellt sich kein Erfolg ein. Dazu muss es stets gelingen, die politisch Verantwortlichen von der Richtigkeit des Weges zu überzeugen und Rückschläge nicht zum Anlass für Rückschritte werden zu lassen. Die kontinuierliche Kommunikation von Zwischenergebnissen ist deshalb unabdingbar.

Wie haben Sie dennoch auf aktuelle Trends reagieren können?

Die wirklich wichtigen Trends erkennt man bei strikter Anwendung der methodischen Ansätze ohnehin. So wurde 2004 das BiomedizinischeZentrum im TechnologiePark aufgebaut, obwohl dieses Thema in der Startphase des dortmund-project noch keine Rolle spielte. Entscheidend ist aber immer, zukunftsweisende Trends vom reinen Zeitgeist zu unterscheiden. Mit dem Kreativwirtschaftlichen Zentrum am Dortmunder U wird Dortmund auch den Akteuren in diesem wachsenden Bereich Raum für kreativ-unternehmerisches Wirken bieten.

Was kann Dortmund vom Ruhrgebiet, was das Ruhrgebiet von Dortmund lernen?

Wir lernen gemeinsam, nicht unbedingt voneinander. So haben wir gelernt, dass Zusammenarbeit mehr bringt als blockierendes Konkurrenzdenken. Die Konkurrenten der Metropole Ruhr sind andere Metropolregionen und nicht unsere unmittelbaren Nachbarn. Deshalb war es gut, dass die Wirtschaftsförderungsgesellschaft Metropole Ruhr (wmr) gegründet wurde. Natürlich arbeitet jeder Wirtschaftsförderer zunächst einmal im Interesse der eigenen Stadt, will besser sein als andere. So wie in jeder Fußballmannschaft jeder Spieler gut sein und ein eigenes Profil entwickeln will. Trifft man aber auf die gegnerische Mannschaft, zählt nur noch das Team. Und wir müssen weiter lernen, besser als andere Teams zu sein. Dann hat die Metropole Ruhr eine gute Zukunft.

Reinhold Schulte

Ein Haus am Phoenix-See
Die SIGNAL IDUNA Gruppe in Dortmund

In der letzten Maiwoche des Jahres 2010 setzte ein gelber, heliumgefüllter Ballon ganz in der Nähe der Dortmunder Hauptverwaltung der SIGNAL IDUNA Gruppe ein besonderes Zeichen: ein »Schachtzeichen«. Er markierte den ehemaligen Schacht Veltheim der Zeche Friedrich Wilhelm. Sie förderte zwischen 1841 und 1885 Kohle. SIGNAL IDUNA hatte den Ballon als »Schachtzeichen« gesponsert. Mit insgesamt 311 großen leuchtend gelben Ballons erinnerte das Ruhrgebiet im Rahmen der Kulturhauptstadt 2010 an das, was einmal den Anstoß für seine Entwicklung gegeben hatte: die Bergwerke.

Nicht nur die Bergwerke sind verschwunden, auch der Stahl wird heute längst woanders gekocht. Auch hieran erinnert ein Entwicklungsprojekt, knapp drei Kilometer von der SIGNAL IDUNA Hauptverwaltung in südöstlicher Richtung entfernt: der Phoenix-See. Wo einst 160 Jahre lang Stahl produziert wurde, wird jetzt eine 24 Hektar große Seelandschaft geflutet, die am Ende größer als die Hamburger Binnenalster sein wird. Eine Wassermenge, die fünf Millionen gefüllten Badewannen entspricht, fließt allmählich in die alte Industriebrache ein. Hier ist in der Tat ein Phoenix aus der Asche – oder sollte man sagen Schlacke – gestiegen. Unübersehbare Landmarken im benachbarten Umfeld sind der SIGNAL IDUNA Park, das schönste Fußballstadion der Welt, wie die Londoner Times fand, und natürlich die SIGNAL IDUNA Hauptverwaltung an der Dortmunder Stadtkrone.

Sicherheit aus Dortmund für ganz Deutschland

Der Strukturwandel in Dortmund hat hier ein unverwechselbares Gesicht. Heute ist »Sicherheit aus Dortmund« ein in ganz Deutschland verbreiteter Markenartikel. Dafür stehen die drei Hauptverwaltungen der Versicherungs- und Finanzdienstleistungsunternehmen Continentale, Volkswohl-Bund und SIGNAL IDUNA. Daneben sind die meisten der in Deutschland tätigen Versicherer hier mit Niederlassungen, Geschäftsstellen und Agenturen vertreten. SIGNAL IDUNA ist heute mit rund 2.500 Mitarbeitern der größte private Arbeitgeber in

Dortmund. 1980, als die damaligen SIGNALVersicherungen ihre neue Hauptverwaltung an der Dortmunder Stadtkrone bezogen, lag die Beschäftigtenzahl noch bei rund 800, sie schnellte bereits 10 Jahre später auf knapp 1.400 hoch. Und so musste bereits Anfang der 1990er Jahre angebaut werden.

Im Laufe des Jahres 2010 hat SIGNAL IDUNA einen weiteren Anbau ihrer Hauptverwaltung bezogen. Mit diesem Neubau senden wir eine positive Botschaft aus: Wir blicken mit Optimismus in die Zukunft. Wir wollen uns weiterentwickeln mit neuen Produkten, mit neuen Dienstleistungen, mit neuen Kooperationspartnern. Wir begreifen uns schon seit über hundert Jahren als gestaltender Teil des so genannten Strukturwandels in unserer Region, eines Wandels, den es hier immer gegeben hat.

Die Dortmunder Versicherer und Finanzdienstler haben sich in diesem Wandel gut geschlagen. Sie sind eben nicht von der Landkarte verschwunden wie der größte Teil der einst die Region prägenden Montanindustrie. Und nebenbei: Sie sind Steuerzahler und keine Steuergeldempfänger, sie stellen umweltfreundliche, sichere und moderne Arbeitsplätze bereit.

Strukturwandel als Daueraufgabe

Also alles sozusagen in Butter? Nicht unbedingt. Der Strukturwandel in der Region ist noch längst nicht »bewältigt«. So sind große Revierstädte bei den kürzlich veröffentlichten Städterankings auf Plätzen »ganz weit hinten« zu finden. So belegt Dortmund beim Anfang Dezember 2010 veröffentlichten Städteranking der »Initiative Soziale Marktwirtschaft« unter den 100 größten kreisfreien deutschen Städten Platz 89, »umrahmt« von Essen und Herne. Wenig erfreulich sind auch die Ergebnisse, die im jüngsten »Zukunftsatlas« des Schweizer Prognos-Instituts veröffentlicht wurden. Unter 412 Städten und Kreisen ist Dortmund um 135 Plätze weit zurückgefallen.

Die Zuverlässigkeit dieser Rankings mag man anzweifeln. Fest steht, dass sie dennoch bundesweit das Image beeinflussen. Dieses Image muss aber verbessert werden, damit unsere Region für qualifizierte Arbeitskräfte so attraktiv erscheint, wie sie tatsächlich ist.

An einigen Fakten ist nicht zu rütteln: Dortmund leidet nach wie vor unter einer hohen Arbeitslosigkeit. Die entsprechende Quote lag im November 2010 bei 12,1 Prozent. Die demographische Entwicklung wird die Verhältnisse auf dem Ausbildungsmarkt verändern. Die Zahl der Schulabgänger im IHK-Bezirk wird bis zum Jahr 2019 um 13 Prozent abnehmen.

Die hiesige Wirtschaft braucht aber qualifizierte Arbeitnehmer. Das gilt auch für die Versicherungswirtschaft. Sie ist eine Branche mit Zukunft, denn künftig wird eher mehr private Vorsorge, insbesondere für das Alter, nötig sein. Der Staat kann nur eine knapp bemessene Grundversorgung garantieren, der Rest muss privat abgesichert werden. Hier ist qualifizierte Beratung und Arbeit gefordert, also Expertenwissen auf hohem Niveau.

Ausbildung auf hohem Niveau

SIGNAL IDUNA mit knapp 14.000 Mitarbeitern in ganz Deutschland gehört traditionell zu den Unternehmen, die großen Wert auf die Ausbildung von Nachwuchskräften legen. Bundesweit bilden wir jährlich 600 junge Menschen aus. Das Spektrum ist sehr breit angelegt: Es reicht vom klassischen Ausbildungsberuf »Kaufmann für Versicherungen und Finanzen« über Fachinformatiker bis hin zu Bank-, Immobilien- und Investmentkaufleuten. Im Jahr 2010 wurde erstmals auch ein duales Studium an der Fachhochschule Dortmund – mit einem Schwerpunkt Versicherungswirtschaft – angeboten.

Damit der Einstieg in diese anspruchsvollen Ausbildungswege gelingt, ist es künftig wichtiger denn je, dass unsere Jugendlichen, deren Zahl geringer wird, die allgemeinbildenden Schulen mit ausreichender Ausbildungsreife verlassen. Das gilt vor allem für die Fächer Deutsch und Mathematik. Die Schulen müssen die Grundlagen dafür legen, dass die jungen Menschen so fit sind, dass sie ohne Nachschulungen in den Betrieben erfolgreich am alltäglichen Wirtschaftsleben teilnehmen können.

Das gilt für unsere Region in besonderer Weise, denn nur ausreichend qualifizierte junge Menschen können helfen, dass wir von unserer hiesigen überdurchschnittlich hohen Arbeitslosigkeit herunterkommen. Auch das hat etwas mit Strukturwandel und Nutzung von Zukunftschancen zu tun.

Zukunftschancen werden auf der anderen Seite mit Sicherheit verbaut, sollte die Gewerbesteuerbelastung in Dortmund weiter steigen. Die Gewerbesteuerhebesätze sind jetzt schon zu hoch. Hier liegt Dortmund auf Platz 92 im Städteranking. Das ist ein Kostennachteil nicht nur für unsere Branche gegenüber Wettbewerbern, die an Standorten mit günstigeren Hebesätzen arbeiten. Anstatt weitere Anhebungen der Gewerbesteuer ins Auge zu fassen und damit diesen Standortnachteil noch zu verschärfen, ist es geboten, verstärkt über Ausgabensenkungen in der Verwaltung nachzudenken.

Für die hiesige Versicherungswirtschaft mit einem Schwerpunkt auf der privaten Krankenversicherung senden zudem die immer wieder aufflammenden Vorschläge zur Einführung einer einheitlichen Bürgerversicherung die denkbar schlechtesten Signale aus.

Den größten Teil ihres Umsatzes machen die privaten Krankenversicherungsunternehmen mit der Krankheitskostenvollversicherung. Würden sie von diesem Geschäftszweig abgeschnitten, bliebe dies nicht ohne Folgen für die Arbeitsplätze, die hier vorgehalten werden. Gerade das Ruhrgebiet kann aber sicher eher mehr als weniger Arbeitsplätze gebrauchen. Davon ganz abgesehen löst die »Bürgerversicherung« nicht das Hauptproblem der gesetzlichen Krankenversicherung, nämlich die mit dem Älterwerden unserer Gesellschaft steigenden Ausgaben im Gesundheitswesen.

Neue Arbeitsplätze könnten beispielsweise entstehen, wenn sich die Politik entschlösse, die Pflegepflichtversicherung um eine starke kapitalgedeckte Komponente zu ergänzen. Hier böten sich die privaten Krankenversicherungsunternehmen der Politik als Partner an. Diese Unternehmen verfügen immerhin über eine mehr als fünfzehnjährige Erfahrung in der Kalkulation des Pflegerisikos. Gerade in Dortmund liegt besonders viel wertvolles Know-how auf diesem Gebiet.

Von diesem Know-how in Sachen demografiefester Daseinsvorsorge könnte übrigens das Ruhrgebiet in besonderer Weise profitieren. Denn die Ruhrgebietsbevölkerung wird von zurzeit 5,3 Millionen Menschen bis zum Jahr 2020 auf knapp über 5 Millionen zurückgehen. Die deutsche Bevölkerung insgesamt wird in den nächsten Jahren stark altern, aber speziell im Ruhrgebiet wird der Effekt früher auftreten. Schon jetzt leben hier mehr über als unter 35-jährige Menschen. Zudem beschleunigt die Abwanderung jüngerer Menschen den Prozess des Alterns im Revier. Die Zahl der pflegebedürftigen über 80-Jährigen wird bis zum Jahr 2020 stark ansteigen.

Diese wenigen Beispiele zeigen: Der Dortmunder Phoenix-See und die in der Nähe seiner Ufer domizilierende Hauptverwaltung der SIGNAL IDUNA Gruppe liefern anschauliche Beispiele für einen gelungenen Strukturwandel. Sie rufen aber auch in Erinnerung, dass der Strukturwandel ein fortdauernder Gestaltungsauftrag ist, der immer wieder neu mit Leben gefüllt werden muss. Strukturen wandeln sich schließlich selten von selbst. Die hiesige Versicherungswirtschaft und speziell das Haus SIGNAL IDUNA haben gezeigt, dass sie in diesem Prozess eine aktive Rolle gespielt haben und auch künftig zu spielen gedenken. Die Rahmenbedingungen müssen aber stimmen. Die Politik ist aufgefordert, hier ihren Beitrag zu leisten.

175

Ludwig Jörder

Auf dem Boden bleiben, bitte!
Ein Appell an die Region

Die Zukunft des Ruhrgebiets braucht unter anderem zwei Eigenschaften: den klaren Blick für das wirklich Notwendige und die Konsequenz, sich von Kopfgeburten, Wasserköpfen und unrealistischem Ballast fernzuhalten. Die Region und ihre Menschen hatten eigentlich schon immer ein gutes Gespür dafür, was wirklich zählt. »Bodenhaftung« nennt man das wohl – ohne mit einer solchen Formulierung in billige Klischees abgleiten zu wollen. Diese Sicht auf die Dinge sollten wir positiv nutzen, wo sie doch an der Ruhr ohnehin schon Tradition hat.

Augenfällig wird zum Beispiel, was ich meine, wenn man das Konzept der »Großstadt Ruhr« betrachtet. Um es gleich vorweg zu sagen: Ich schlage vor, sich von diesem Ansatz endgültig zu verabschieden.

Warum? Vielleicht, weil eine bedingungslose Umsetzung dieses Konzeptes niemand wirklich braucht. Von den vielen Argumenten, die für eine Stadt zwischen Duisburg und Dortmund vorgetragen werden, ist eins besonders signifikant: Nur der Oberbürgermeister dieser Ruhr-Stadt finde Beachtung z. B. beim Oberbürgermeister von Rio de Janeiro, heißt es. Leider wird nie erläutert, für wen das letztlich – außer für den deutschen Bürgermeister – wichtig ist. Es gibt viele Städte mit glücklichen Bewohnern, die das nicht nötig haben.

Aber an diesem Beispiel wird deutlich, dass die Diskussion häufig aus der Sicht von Eliten oder Gruppierungen, die noch dazu gehören möchten, geführt werden. Der Normalbürger lebt nicht deshalb besser, weil seine Stadt größer und bedeutender ist. Oft kann er sich das Wohnen in einer »Stadt von Welt« gar nicht leisten. Die gewaltigen Probleme zum Beispiel in Randzonen der internationalen Metropolen sind wahrlich nicht erstrebenswert.

Es spricht trotzdem natürlich nichts gegen Zusammenarbeit entlang der Ruhr, wo sie wirklich nützlich ist. Zum Beispiel trifft das für den Tourismus zu. Hier gibt es das gemeinsame Thema Industriekultur, das sich sehr gut national wie international vermarkten lässt, und sehr viel weniger Gemeinsamkeiten mit dem Umland.

Wendet man sich jedoch anderen Themen zu, verändert sich die Bedeutung dieses Umlandes sehr schnell. Schon für das gern gewählte Beispiel ÖPNV gilt eine besondere Wichtigkeit der Ruhrgebietsstädte füreinander nur eingeschränkt. Für Dortmund, z. B. auch für die Westfalenhallen, ist die Nahverkehrsverbindung nach Mönchengladbach weit weniger relevant als die nach Ascheberg, nach Hamm, nach Arnsberg und nach Lüdenscheid. Und was ist mit den Planungsgrenzen? Die gibt es immer irgendwo. Auch hier ist die Einbeziehung des Umlandes mindestens ebenso wichtig wie die Großstadt nebenan.

Ascheberg, Hamm und Arnsberg verbindet freilich nicht nur der Nahverkehr mit Dortmund, sondern auch die gemeinsame Zugehörigkeit zu Westfalen. Es war völlig selbstverständlich, dass das Dortmunder Fußballstadion früher »Westfalenstadion« hieß, und es wundert niemanden, dass ein neues Hochhaus in Dortmund »Westfalen-Tower« genannt wird. Zu Recht. Weitere Beispiele bieten sich an. Warum aber soll Dortmund dieses tradierte Gemeinschaftsgefühl einer »Großstadt Ruhr« opfern und sich damit von Westfalen abkoppeln lassen? Wäre es nicht merkwürdig, wenn die genannten Einrichtungen nach einer Teilung des Landes in drei Verwaltungsbezirke gar nicht mehr in Westfalen liegen würden?

Meine Meinung ist: Das jeweilige Problem muss letztlich den Weg zur Lösung vorgeben. Kooperationen sollten dafür maßgeschneidert sein. Das Problem kann eine Zusammenarbeit innerhalb des Ruhrgebietes notwendig machen, muss es aber nicht.

Kompetenz durch Nähe

Von »Bodenhaftung« war ja eingangs schon die Rede. Es wird also niemanden wundern, dass ich dafür plädiere, »unten«, also vor Ort, zu erledigen, was »unten« erledigt werden kann. Das Stichwort heißt hier »Subsidiarität«. Wenn man den Menschen, die »nah dran« sind, die Lösung der Probleme überantwortet, sorgt das für mehr Sachnähe, weniger Bürokratie und insgesamt für weniger Streuverluste.

Wenn »unten« hingegen von »oben« gesteuert wird, kann das zu skurrilen Verwerfungen führen. Oft bleibt unter dem Strich mehr Aufwand als Nutzen. Was für einen Sinn macht es zum Beispiel, wenn der RVR für irgendein Projekt einer kommunalen Einrichtung den vergleichsweise geringen Zuschuss von 5.000 Euro gewährt, dieser aber mit großem Aufwand abgerufen werden muss? Er muss beantragt, genehmigt, geprüft und verwaltet werden. Es ginge auch anders, wenn das Geld nicht nur oben nicht verteilt, sondern gleich unten gelassen würde.

Das Gleiche gilt entsprechend, für andere Größenordnungen, für das Land, den Bund und Europa. Müssen die Probleme von Stadtbezirken mit besonderem

Erneuerungsbedarf wirklich mit vielen Mitteln aus Brüssel behoben werden? Wer beurteilt die richtigen Konzepte, wer kontrolliert den Erfolg? Auch hier sollte das Geld besser gleich vor Ort belassen werden. Für gerechten Ausgleich, etwa zwischen Arm und Reich, gibt es bessere Methoden.

Wie kommt es überhaupt zu den Zuständen, die ich kritisiere? Das Verteilen von Geld entsteht oft erst dadurch, dass es Bürokratien gibt, die gerne Konzepte entwickeln, als »Beschenker« oder großzügig Gewährende auftreten. Schließlich verleiht ihnen das auch Daseinsberechtigung. Möglich gemacht wird das Ganze durch den politischen Rahmen, deren Akteure gerne die sich daraus ergebenden PR-Termine wahrnehmen. Zu wirklich erfolgsorientierten Maßnahmen allerdings führt es keineswegs immer.

Plädoyer für den Markt

Das gilt auch für die stark ausgebreitete »Subventionitis« – nicht zuletzt in unserer Branche, der Messe-, Kongress- und Veranstaltungswirtschaft. Hier gibt es quer durch die Republik, aber auch quer durch das Land, große Unterschiede. Was an einem Standort mit vielen Millionen subventioniert wird, geschieht am anderen mit sehr viel weniger oder nichts – auch wenn es fast überall einmal ähnlich angefangen hat.

Die Stützung der Unternehmen erfolgt auf den verschiedensten Wegen: über direkten Defizitausgleich oder die Übernahme der Investitionskosten. Auch die Aufspaltung in eine Besitz- und Betreibergesellschaft ist nur ein Weg hierhin.

Gerne wird mit der so genannten Umwegrentabilität argumentiert, wenn die Frage gestellt wird, ob das alles wirklich sein muss. Zum einen wird diese Rentabilität dann aber oft sehr großzügig berechnet. Zum anderen ist sie im Saldo (Gesamtsubventionen minus Umwegrendite) manchmal gar nicht gegeben.

Außerdem: Umwegrentabilität ist kein Privileg von Messe-, Kongress- oder Veranstaltungshallen. Sie kann also nicht ungeprüft als Argument für eine besondere Behandlung der entsprechenden Branche herhalten. Denn jeder Produktions- und Dienstleistungsbetrieb löst, natürlich in unterschiedlichem Umfang, solche Effekte aus. Und für die Messe-, Kongress- und Veranstaltungsbranche gilt ja außerdem: Keine oder weniger Subventionen heißt nicht: keine Umwegrentabilität, sondern im Saldo höchstens: höhere. Die Westfalenhallen Dortmund beispielsweise lösen auch ohne finanzielle Unterstützung Steuereinnahmen für die Stadt Dortmund in Höhe von 2,1 Millionen Euro pro Jahr aus, und fast 2.000 Arbeitsplätze hängen hier von ihnen ab. Jeder Euro Messe-, Kongress- und

Veranstaltungsumsatz führt im Jahresdurchschnitt zu 4,6 Euro Umsatz in unserer Stadt, so das Ergebnis einer Studie des renommierten Münchner ifo-Institutes.

Mittelzuflüsse aus der öffentlichen Hand kosten nicht nur den Steuerzahler viel Geld, sie stellen auch eine Wettbewerbsverzerrung dar. Sehr einfach ausgedrückt: Wer mehr Zuschüsse bekommt, kann häufig auch zu niedrigeren Preisen anbieten. Nicht der Bessere, sondern der Geförderte setzt sich letztlich durch.

Subventionsmittel – und da ähnelt das Szenario einigen Folgen der zuvor erwähnten »Brüssel-Fernsteuerung« – führen häufig zu gar nicht gewünschten Entwicklungen, zum Teil versickern sie einfach. Die Frage nach dem »Warum eigentlich?« wird kaum noch gestellt. Zum Teil ergibt sich die Notwendigkeit einfach, weil es eben »die anderen auch machen«. Überflüssig wäre es, wenn es keiner machte. Nur müsste der eine oder andere Kunde dann echte Marktpreise zahlen. Schlechter für ihn, gut für das Gemeinwohl.

Eine grundsätzliche Änderung der beschriebenen Zustände wird nicht morgen schon eintreten, aber wir können daran arbeiten. Wenn entlang der Ruhr diejenigen die Aufgaben erledigen, die am meisten davon verstehen, wenn der Bessere letztlich die Nase vorn hat, weil er seinen Erfolg allein auf seine Leistung begründen kann, dann wird unsere Region unabhängig und wettbewerbsfähig sein.

Bodo Hombach

Pragmatismus statt Visionen
Perspektiven des regionalen Wandels

Herr Hombach, lassen Sie uns über den Strukturwandel im Ruhrgebiet sprechen. Wann wurde Ihrer Meinung nach die Idee von der Metropole Ruhr geboren? Mit den Protesten in Rheinhausen, als die Arbeiter aus dem gesamten Revier die Brücken besetzten?

Ich war damals auf politischer Seite in die Lösung der Probleme involviert. Die Montanindustrie war unwiederbringlich auf dem Rückzug. Gleichzeitig war damals die Verteilungsmasse noch sehr groß und damit ein gemeinsames Interesse der Städte erkennbar, den Wandel zu gestalten. Allerdings sind mit dem Rückzug der Montanwirtschaft die Probleme des Ruhrgebietes sichtbarer geworden.

Haben wir uns denn einer Metropole angenähert?

Das Wesentliche ist: Wir haben keine Montanindustrie mehr und damit weniger gemeinsame Interessen. Wenn wir ehrlich sind, müssen wir auch zugeben, dass unter dem Wortschwall von einer Ruhrstadt oder einem zu ehrgeizig definierten Metropolenbegriff die tatsächliche Entwicklung rückläufig ist. Wir haben mangelnde Kooperationen, wir haben überflüssige Rivalitäten, wir haben eine unterentwickelte Arbeitsteilung. Denken Sie an den lächerlichen Zustand, dass wir bald zwei Dutzend Verkehrsbetriebe im Ruhrgebiet haben. Die haben sogar technische Schwierigkeiten in der Kompatibilität …

… die Straßenbahnschienen passen nicht zusammen und man kann nicht von Essen nach Gelsenkirchen fahren …

… wir erleben einen Schwund der Bevölkerung, wir erleben eine soziale Entmischung in den Stadtquartieren. Gerade in den Zentren der Städte verwahrlost das geschäftliche Umfeld. Diese Entwicklungen sind eher alarmierend als beruhigend. Ich will aber auch nicht verhehlen, dass es auch positive Prozesse gibt. Zum Beispiel hat die Internationale Bauausstellung (IBA) dafür gesorgt, dass die Zeu-

180

gen der Industrialisierung nicht platt gemacht, sondern als gemeinsames Erbe erhalten wurden, auf das wir alle stolz sein können. Wahrscheinlich hat die IBA damit auch die Basis für die Kulturhauptstadt gelegt.

Wie soll es weiter gehen?

Ich glaube die Chance liegt jetzt darin, dass man von den großen Illusionen der Kollektivrhetorik zur realen Kooperation kommt. Diesen Schritt haben wir noch nicht gemacht.

Sie selbst gelten als Schöpfer des Slogans »Wir in NRW«. Dieses »Wir« gibt es also nicht?

Das »Wir« in der klassischen Form, als landsmannschaftliches Bewusstsein und als Abgrenzung wie in Bayern »wir hier und die da«, existierte in unserer Region nie. Das »Wir in NRW« war auch nie gegen andere gerichtet, sondern ein Begriff der Integration. Darüber hinaus existierte ein weiteres Element für unser »Wir«. Hier konnten sich 84 Prozent mit dem Satz identifizieren: »Wir hier haben größere Probleme als andere, aber wir schaffen es immer alleine.« Dieses stolze »Wir-Gefühl« existiert noch – auch wenn es vernachlässigt wird.

Gibt es denn eine »Wir«-Idee, die Basis für eine Metropole Ruhr sein kann?

Im Ruhrgebiet bezieht sich das »Wir«-Gefühl weniger auf ein Zentrum, sondern mehr auf die eigene Stadt und das Umland. Das kann das Münsterland sein, das Sauerland oder das Bergische Land. Die Menschen beziehen diese Landstriche in ihr Leben mit ein. Sie wandern dort oder fahren Rad. Das ist fast trivial. Alle Metropolen beziehen ihr Umland mit ein, aber im Ruhrgebiet steht das Umland auch gegen ein Zentrum. Man kann das Ruhrgebiet nicht abgrenzen. Das würde auch eine soziale Entmischung fördern. Im Gegensatz zu anderen Metropolen wurde hier ja die Mittelschicht mit billigen Grundstücken aus dem Zentrum raus in das Umland gelockt. In Paris, London und anderen Metropolen gab es auch negative Entmischung, aber hier war dies umgekehrt. Dort wurden die sozial bedrängten Schichten in die Vorstädte abgedrängt.

Das bedeutet, dass Sie die Integration des Ruhrgebietes zu einer Stadt, Metropole oder zu einem Bezirk kritisch sehen?

Das will ich so nicht sagen. Aber wir müssen an die Stelle von verbalen Einheitsbeschwörungen tatsächliche Kooperationen setzen. Eine große Herausforderung ist die Mobilität. Das ist die Stunde der Wahrheit. Kann der Nahverkehr so gestaltet werden, dass er die Region integriert. Ich sehe hier eine Chance für die Metropole. Wir können über eine stärkere Kooperation und Arbeitsteilung zu einer realen Perspektive kommen. Wenn wir für diesen Ansatz die positiven Erfahrungen der Kulturhauptstadt nutzen und uns auch den finanziellen Erfordernissen beugen, kann auf Basis der Städte und Kommunen eine echte Metropole Ruhrgebiet entstehen. Ich sehe aber keine Chance für Modelle wie die Ruhrstadt. Das ist ein Irrweg. Das Ruhrgebiet wird nicht eine Stadt. Diskussionen in diese Richtung führen uns in falsche politische Konflikte und Debatten. Man muss das, wovon man träumt, auch erreichen können.

Was kann denn Ihrer Meinung nach erreicht werden?

Lassen Sie mich ein Beispiel geben. Wir haben gute Krankenhäuser. Wir haben gute Gesundheitsstandorte. Wir können also Medizincluster bilden – das ist ein Markt. Wenn ich jetzt aber die Konflikte um den Gesundheitscampus NRW in Bochum sehe, erkenne ich die Probleme mangelnder Zusammenarbeit. Der Campus ist eine große Chance. Aber wie lange alleine die Standortfrage umstritten war und mit welchen vergifteten Argumenten man hier gegeneinander gekämpft hat! Es ist eine wichtige Aufgabe, diese Konkurrenz im Revier zu überwinden. An die Stelle der Leuchtturmpolitik darf nicht Kirchturmpolitik gesetzt werden.

Was erwarten Sie von der Landespolitik?

Ich war mal eine gewisse Zeit zuständig für den Balkan. Dort haben wir gelernt, dass es sinnvoll sein kann, Förderprogramme an die Kooperation von Ländern zu binden, die sich vorher noch bekriegten. Wenn die Förderungen an grenzüberschreitende Projekte wie etwa den Autobahnbau geknüpft war, dann hat das funktioniert. Das muss doch auch bei uns im Ruhrgebiet möglich sein. Wenn man Förderprogramme an mehr Kooperation, an mehr Arbeitsteilung und Differenzierung knüpft. Da bin ich sehr zuversichtlich.

Bislang gab es auch die Gemeinsamkeit der Städte, von der Landesregierung Geld zu erpressen. Wird dieser Konflikt nicht durch Ihre Ideen geschürt?

182

Früher war das Ruhrgebiet eine geballte politische Macht. Entlang der Themen Kohle und Montanindustrie konnten hier hoch dotierte Subventionsprogramme durchgesetzt werden. Davon hat das Ruhrgebiet gut gelebt. Das ist heute allerdings vorbei. Mit dem Zusammenbruch der Montanindustrie ist das gemeinsame Interesse beendet. Selbst die Restsubventionen für die Kohle sind nicht für alle Städte im Revier gleich bedeutend. Es muss eine neue regionale Strukturpolitik geben. Hier können Landesprogramme flankierend wirken und sowohl Anreize als auch Druck entwickeln, dass es zu Kooperationen kommt. Das Instrumentarium ist klar. Differenzierungshemmnisse müssen abgebaut und Differenzierungsanreize gesetzt werden. Es geht nicht darum, ständig Rettungsfonds und Gieskannenförderungen zu gewähren.

Das Gespräch führte David Schraven im Februar 2010.

Gesellschaft

Stephan Holthoff-Pförtner

Wider den Wutbürger
Die Bürgergesellschaft der Metropole Ruhr
am Beispiel des Politischen Forums Ruhr

> »Wir wollen lernen, miteinander zu reden. Das heißt, wir wol
> len nicht nur unsere Meinung wiederholen, sondern hören, was
> der andere denkt. Wir wollen nicht nur behaupten, sondern
> im Zusammenhang nachdenken, auf Gründe hören, bereit
> bleiben, zu neuer Einsicht zu kommen. … Ja, wir wollen das
> uns Widersprechende geradezu aufsuchen. Das Ergreifen des
> Gemeinsamen im Widersprechen ist wichtiger als die vor
> eilige Fixierung von sich ausschließenden Standpunkten, mit
> denen man die Unterhaltung als aussichtslos beendet.«[1]

Die Gesellschaft für deutsche Sprache kürt seit 1977 am Ende eines jeden Jahres
das so genannte »Wort des Jahres«. Darunter befanden sich politische Kampfbegriffe wie »Szene« oder »konspirative Wohnung«, Erschütterndes wie »Holocaust« oder »Tschernobyl« oder Neologismen à la »Besserwessi« und »Teuro«. Am
16. Dezember 2010 hat sich die Jury einmal mehr für einen Begriff entschieden,
der scheinbar den Nerv der deutschen Sprachseele am intensivsten berührt hat:
den »Wutbürger«. In der Begründung heißt es, dass diese Neubildung von zahlreichen Zeitungen und Fernsehsendern verwendet werde, um einer Empörung
in der Bevölkerung darüber Ausdruck zu geben, dass politische Entscheidungen über ihren Kopf hinweg getroffen würden. Das Wort dokumentiere ein gro
ßes Bedürfnis der Bürgerinnen und Bürger, über ihre Wahlentscheidung hinaus ein Mitspracherecht bei gesellschaftlich und politisch relevanten Projekten
zu haben.[2] Der Wutbürger setzte sich unter anderem gegen die Konkurrenten
»Stuttgart 21«, »Sarrazin-Gen«, »Vuvuzela« und »Femitainment« durch. Wir werden auf ihn zurück kommen.

---

1 Aus: Karl Jaspers, Die Schuldfrage. Von der politischen Haftung Deutschlands. Heidelberg/Zürich 1946, Neuausgabe München 1987.
2 Vgl. http://www.gfds.de/presse/pressemitteilungen/171209-wort-des-jahres-2010/

Mit seiner Schrift zur Schuldfrage, der das einleitende Zitat entstammt, setzte sich Karl Jaspers 1946, tief bewegt durch die unermesslichen Gräueltaten im Zweiten Weltkrieg, mit existenziellen Fragestellungen auseinander, die bis heute nichts an Charakteristik, Aktualität und elementarer Bedeutung eingebüßt haben: Verantwortung des Einzelnen und wider den Zeitgeist des Verdrängens. Der wohl bedeutendste deutsche Existenzialphilosoph des 20. Jahrhunderts lieferte in der »Schuldfrage«, zugleich seine erste Vorlesung an der 1946 neu gegründeten Universität Heidelberg, gleich ein Kommunikationsmodell mit. Darin entwickelt er Spielregeln für das, was wir gemeinhin Demokratie nennen, und das auch für den Begriff Bürgergesellschaft Bedeutung hat, wie wir später noch sehen werden. Denn eines seiner zentralen Credos lautete: »Verantwortung ist immer konkret. Sie hat einen Namen, eine Adresse und eine Hausnummer.«

Migration, Innovation und Integration

Wer nach Entwicklungschancen und Perspektiven einer Bürgergesellschaft im Ruhrgebiet fragt, wer nach materiell, geistig und sozial Verbindendem sucht, muss erst einmal in die Vergangenheit blicken. Denn das Ruhrgebiet lässt sich weniger durch kalte Analysen im internationalen Regionalvergleich erklären, sondern vielmehr als konkreter lebensweltlicher, historisch gewachsener Sozialraum, der nicht umsonst eine spezifische Entstehungsgeschichte hat.

Seit Beginn der industriellen Revolution im 19. Jahrhundert hat das Ruhrgebiet als boomender Wirtschaftsraum arbeitswillige Menschen zunächst aus ganz Deutschland, später aus allen Teilen Europas, angezogen. Aus England, Frankreich und natürlich aus Osteuropa, insbesondere Polen. Hier entstand der klassische Prototyp des melting pot, in dem Menschen aus unterschiedlichen Kulturkreisen eine gemeinsame Identität herausgebildet haben. Die Menschen kamen ins Revier, weil sie hier Perspektiven für sich und ihre Familien sahen.

Dieser Prozess vollzog sich mit einem ungeheuren Tempo. Innerhalb weniger Jahrzehnte wurde das Ruhrgebiet zu einer der dynamischsten Wachstumsregionen und zur stolzen Lokomotive der deutschen Wirtschaft. Eine Leistung, die wir in erster Linie einer gewaltigen Migrationsbewegung zu verdanken haben. Es ist ein unverzichtbares Kapitel der Erfolgsgeschichte im Ruhrgebiet, dass diese Menschen bei uns bleiben wollten und den ganz sicher nicht einfachen Dreisprung aus Migration, Innovation und Integration ausgerechnet hier gewagt haben und über Generationen bei uns blieben.

Allerdings vollzog sich dieser Wandel auch auf der Folie eines konstitutionell-monarchistischen Obrigkeitsstaates im Deutschen Kaiserreich. Trotz Arbeiterbewegung, liberaler Ideen und vielfältiger Modernisierungstendenzen gelang es dem preußisch dominierten deutschen Nationalstaat, insbesondere Bismarck, traditionelle obrigkeitsstaatliche Denkmuster in eine entsprechende politische Kultur zu transformieren. Dies blieb selbstverständlich nicht ohne mentalitätsbildende Auswirkungen.[3] Parallel dazu entwickelte sich eine Tradition der »Reform von oben«, die letztlich zum Ziel hatte, die autoritäre Regierungsform gegen revolutionäre/emanzipatorische Tendenzen abzusichern. Vor diesem Hintergrund ist beispielsweise auch die Sozialversicherungsgesetzgebung im Deutschen Kaiserreich zu sehen. Selbstverständlich entstand im Zuge der Industrialisierung ein sich zunehmend verschärfender sozialer Handlungsdruck. Die Etablierung der Unfall-, Kranken- und Rentenversicherung war aber zugleich Ausdruck einer unverhohlenen Zähmungspolitik, die revolutionäres Potenzial bändigen und somit der Sozialdemokratie den Wind aus den Segeln nehmen sollte.[4]

»Macht uns satt«

Dieses Konstrukt erinnert mich stets an das biblische Motiv der drei Versuchungen Jesu in der Wüste und insbesondere seine literarische Aufarbeitung durch Dostojewski. In den »Brüdern Karamasoff« überführt Dostojewski in einer brillanten literarischen Transformation den biblischen Stoff in das Zeitalter der spanischen Inquisition. Er entfaltet einen existenzphilosophischen Diskurs, der unter anderem auch das Thema Freiheit berührt, das für unsere Definition einer Bürgergesellschaft von zentraler Bedeutung sein wird. Offensichtlich erkennt Dostojewski hierin eine anthropologische Konstante: »Keine Wissenschaft wird ihnen Brot geben, solange sie frei bleiben, und so wird es denn damit enden, daß sie uns ihre Freiheit zu Füßen legen und sagen werden: ›Knechtet uns lieber, aber macht uns satt.‹«[5] Brot und Freiheit – offenbar zwei Begriffe, die in unauflösba-

---

3 Vgl. Wilfried Loth, Das Kaiserreich. Obrigkeitsstaat und politische Mobilisierung, 2. Aufl., München 1997, S. 167.

4 Vgl. Hans-Ulrich Wehler, Deutsche Gesellschaftsgeschichte. Dritter Band: Von der »Deutschen Doppelrevolution« bis zum Beginn des Ersten Weltkrieges, 1849–1914, München 1995, S. 907–915.

5 Fjodor M. Dostojewski, Die Brüder Karamasoff. 27. Aufl., München 1996, S. 412.

rem Widerspruch zueinander stehen, denn Brot schafft Abhängigkeit – von einer höheren Instanz, einer Autorität, wie auch immer sie beschaffen sein mag.

Geht es bei der ersten Versuchung also noch um das, was die politische Theorie unter *negativer Freiheit*, also der *Freiheit von etwas*, begrifflich gefasst hat, steht im Zentrum der zweiten Versuchung die Frage nach der *positiven Freiheit* als *Freiheit zu etwas*. In diesem Sinne ist Freiheit gleichzusetzen mit dem Wunsch, mein eigener Herr zu sein, selbstbestimmt (Gewissens-)Entscheidungen zu treffen, Verantwortung für meine Handlungen zu übernehmen. Freiheit bedeutet also »Selbst-Beherrschung«.[6] In seiner »Beweisführung« greift der »Großinquisitor« diesen positiven Freiheitsdiskurs ebenfalls auf: »Oder hattest Du vergessen, daß Ruhe und selbst der Tod dem Menschen lieber sind als freie Wahl in der Erkenntnis von Gut und Böse? Es gibt nichts Verführerisches für den Menschen als die Freiheit seines Gewissens, aber es gibt auch nichts Quälenderes für ihn.«[7] In dieser Lesart verzichtet der Mensch nur allzu gern auf seine Freiheit, wenn ihm die Sorge um das Brot und die Bürde des Gewissens genommen werden.

Nach ähnlichem Strickmuster, nur unter spezifischen Bedingungen funktionierte dieser Mechanismus auch im Ruhrgebiet. Bereits lange bevor der Staat sich in einer Mischung aus sozialpolitischer Notwendigkeit und machtpolitischem Eigeninteresse um die Lösung der Sozialen Frage kümmerte, engagierten sich einzelne Unternehmerpersönlichkeiten, um die Lage ihrer Belegschaft zu verbessern. Kaum ein anderer verkörperte diese paternalistische Unternehmerfigur so sehr wie seinerzeit Alfred Krupp, der in der zweiten Hälfte des 19. Jahrhunderts gewissermaßen damit begann, unternehmerische Sozialpolitik zu entwickeln. Er gründete Kranken-, Pensions- und Sterbekassen, die berühmten Kruppschen Konsumanstalten, errichtete Kindergärten, Fabrikschulen und Arbeitersiedlungen. So wohnten etwa im Jahr 1900 ca. 12 Prozent aller Essener in Kruppschen Wohnungen.[8] Dieses Engagement entsprach auf der einen Seite einem paternalistischen Selbstverständnis verbunden mit der Forderung nach hoher Loyalität, auf der anderen Seite aber auch einem sozioökonomischen Kalkül. Denn die »Kruppianer«, meist gut ausgebildete Arbeiter, sollten sowohl langfristig an das

---

6 Vgl. zu den Begriffen *positive und negative Freiheit*: Isaiah Berlin, Zwei Freiheitsbegriffe. In: Ders., Freiheit. Vier Versuche, Aus dem Englischen von Reinhard Kaiser, Frankfurt am Main 1995, S. 197–256.

7 Dostojewski, Die Brüder Karamasoff, a. a. O., S. 414.

8 Vgl. Michael Sauer, Die Industrialisierung. Die Entstehung der modernen Welt, Leipzig/ Stuttgart/Düsseldorf 1999, S. 83.

Unternehmen gebunden als auch gegen sozialdemokratische Tendenzen immunisiert werden.

So meinte Alfred Krupp: »Ich habe den Mut gehabt, für die Verbesserung der Lage der Arbeiter Wohnungen zu bauen, worin bereits 20.000 Seelen untergebracht sind, ihnen Schulen zu gründen und Einrichtungen zu treffen zur billigeren Beschaffung von allem Bedarf. ... Genießet, was Euch beschieden ist. Nach getaner Arbeit verbleibt im Kreise der Eurigen bei den Eltern, bei der Frau und den Kindern und sinnt über Haushalt und Erziehung. Das sei Eure Politik ... Ihr erreicht aber sicher nichts als Schaden, wenn Ihr eingreifen wollt in das Ruder der gesetzlichen Ordnung. Das Politisieren in der Kneipe ist nebenbei sehr teuer, dafür kann man im Hause Besseres haben.«[9]

Typisch Ruhrgebiet

Auf einen provokanten Nenner gebracht: Ich sorge für Euch, damit Ihr den *Vorwärts* nicht lest. Damit ich an dieser Stelle nicht fehlinterpretiert werde: Die Familie Krupp hat mit ihrem Unternehmen herausragende soziale Leistungen für unsere Region erbracht, die ihr einen mehr als berechtigten Platz in den Geschichtsbüchern zuweisen und die Metropole Ruhr bis heute zu tiefem Dank verpflichten. Gleichwohl flankierte diese patriarchalische Unternehmenspolitik eine obrigkeitsstaatliche Mentalität, die für die Entwicklung einer freiheitlichen Bürgergesellschaft nicht gerade förderlich ist. Spricht man mit Berthold Beitz über die Geschichte unserer Region, wird diese ruhrgebietstypische Mentalität deutlich. Für ihn ist diese regionalspezifische Autoritätsgläubigkeit ein wesentlicher Faktor für unsere Entwicklung, denn der Niedergang des Ruhrgebiets münde, wie er stets leicht amüsiert im vertraulichen Gespräch meint, in den drei Worten: »Jawohl, Herr Bergassessor!« Nebenbei sei bemerkt, dass auch viele Zuwanderer vergleichbare Denkmuster ins Ruhrgebiet importierten. Die hiesige Bevölkerungsexplosion im 19. Jahrhundert resultierte in erster Linie aus einer gewaltigen Ost-West-Wanderung aus den preußischen Ostgebieten. Polnische Landarbeiter aus Posen, Ost- und Westpreußen kamen aus politisch-gesellschaftlichen Gegebenheiten, in denen die ostelbischen Großgrundbesitzer als Herrschaftselite bis ins 20. Jahrhundert hinein das Leben prägten. Der Landadel bildete eine wichtige

9 Alfried Krupps Briefe 1826–1887, hg. v. Wilhelm Berdow, S. 343 ff.

reaktionäre Stütze des preußischen Obrigkeitsstaates und impfte sein streng konservatives und antiliberales Wertegefüge tief in seine Untergebenen ein.

Wir finden also im Deutschland des frühen 20. Jahrhunderts ein gesellschaftspolitisches System vor, das für die Entwicklung einer freien Gesellschaft nicht gerade vorteilhaft war. Zugleich durchdrang die Mentalität des preußischen Verwaltungsstaates auch weite Teile der Zivilgesellschaft. Oder wie es Max Weber formulierte: »Die ›Demokratisierung‹ im Sinne der Nivellierung durch den *Beamtenstaat* ist eine Tatsache. Man hat nur die Wahl: in einem bureaukratischen ›Obrigkeitsstaat‹ mit Scheinparlamentarismus die Masse der Staatsbürger rechtlos und unfrei zu lassen und wie eine Viehherde zu ›verwalten‹, – oder sie als Mitherren des Staates in ihn einzugliedern. … Man kann die Demokratisierung sehr wohl (für jetzt) vereiteln. … An den unvermeidlichen politischen Folgen mögen einzelne Kreise interessiert sein. Aber gewiß nicht: das Vaterland.«[10]

Im Grunde genommen hat sich diese Denktradition bis in unsere heutige Zeit hinein gehalten. Es entwickelte sich eine Art »Antragstellerwesen«: Anstatt Eigeninitiative, Subsidiarität, Hilfe zur Selbsthilfe zu individuellen Handlungsmaximen zu machen, wird Verantwortung an höhere Instanzen abgegeben. Für eine Bürgergesellschaft, die auf Leistungsbereitschaft und Selbstverantwortung des Einzelnen fußen soll, die auf Selbstorganisation statt Fremdbestimmung baut, recht düstere Voraussetzungen. Die weitere deutsche Geschichte ist gespickt mit Beispielen für dieses zum Teil spezifisch deutsche Phänomen. Im Umkehrschluss heißt dies: Jede staatliche, zentral gesteuerte, nicht notwendige Verantwortungsübernahme ist ein Stück individueller Entmündigung. Übergeordnete Institutionen dürfen kleineren sozialen Einheiten nicht aus der Hand nehmen, was sie selbst zu leisten imstande sind. Ein Handlungsgebot besteht nur, wenn die kleineren Einheiten mit ihren Problemen und Aufgaben überfordert sind. Als gesellschaftliches Gestaltungsprinzip betont Subsidiarität die Freiheit und Selbstverantwortlichkeit der Person. Sie ist die Grundlage der Bürgergesellschaft, da sie der Problemlösungskompetenz und Zuständigkeit des Einzelnen, der Familie und des sozialen Nahbereichs vertraut. Dies ist, wenn man in dieser Metaphorik bleibt, die erste Adresse in Jaspers' Verantwortungssystem. Dieser sozialethische Ansatz ist jedoch zunehmend aus dem Blick geraten, wie nicht zuletzt am Wachstum – manche würden sagen Ausufern – des deutschen Sozialversicherungssys-

---

10 Max Weber, Zur Politik im Weltkrieg. Schriften und Reden 1914–1918, hg. v. Wolfgang J. Mommsen in Zusammenarbeit mit Gangolf Hübinger, Tübingen 1988, S. 188–189.

tems seit dem Ende der 1960er Jahre zu erkennen ist. Soziale Leistungen wurden institutionalisiert und professionalisiert, auf der Strecke blieben Traditionslinien ehrenamtlicher Sozialarbeit. Es ist bezeichnend, dass in Deutschland Debatten um ehrenamtliches Engagement und Entwicklungen wie Corporate Citizenship erst mit den Grenzen des Sozialstaates nach der deutschen Wiedervereinigung auflebten.[11]

Das Überwinden der Sprachlosigkeit

Gesellschaftliche Verkrustungen und parteipolitische Verkrampfungen mit »ratlosen Riesen«[12] kennzeichneten auch das damals noch westdeutsche Klima der ausgehenden 1980er Jahre. In dieser Zeit entstanden Begriffe wie Politikverdrossenheit – 1992 immerhin von der Gesellschaft für deutsche Sprache ebenfalls zum »Wort des Jahres« gewählt – und Parteienverdrossenheit, die eine wachsende negative Attitüde der Bürger hinsichtlich politischer Aktivitäten und Strukturen reflektierten. Politik und politisches Handeln stießen vermehrt auf Desinteresse, die letztlich zur mangelnden Partizipation an politischen Prozessen führte und auch heute noch führt. Insbesondere die Parteien, durch Artikel 21 des Grundgesetzes immerhin als wichtigste Akteure der politischen Willensbildung in den Rang verfassungsrechtlicher Institutionen erhoben, gerieten immer mehr zu »Closed Shops«, und ihr öffentliches Bild wurde zunehmend durch Begriffe wie Filz, Klüngel und Machterhalt um jeden Preis geprägt. Und von einer Bürgergesellschaft, die von dem freiwilligen Engagement ihrer Bürger getragen wird und sich durch die aktive Teilnahme ihrer Mitglieder weiterentwickelt, war nach wie vor weit und breit nichts zu sehen: Es gab sie faktisch nicht.

Diese Standortbestimmung Ende der 1980er Jahre ist charakteristisch für das späte 19. und weite Teile des 20. Jahrhunderts. Lord Ralf Dahrendorf hat in diesem Zusammenhang, scharfsinnig wie stets, diesen Zustand als Liberaler alter Schule gegeißelt und auf die Tradition dieser Mentalität verwiesen: »Autoritäre Regierung hingegen lebt von der Apathie der Bürger, die ihren eigenen, ›privaten‹ Interessen nachgehen, während eine Nomenklatura das öffentliche Interesse in eines zur eigenen Machterhaltung verwandelt hat. Diese Nomenklatura besteht

---

11 Vgl. Holger Backhaus-Maul, Corporate Citizenship im deutschen Sozialstaat. In: Aus Politik und Zeitgeschichte 14/2004, 29. März 2004, S. 23–30, hier S. 25.

12 So der Titel eines Sammelbandes von Rudolf Wildemann: Volksparteien: ratlose Riesen?, Baden-Baden 1989.

aus Funktionären, solchen der Parteiapparate, aber auch solchen der internationalen Organisationen. Sie erinnert sehr an die Wärter und Wächter des ›ehernen Gehäuses der Hörigkeit‹, das Max Weber schon vor fast einem Jahrhundert als Produkt der Herrschaft der Bürokratie gesehen hat.«[13]

Ich bin heute mehr denn je davon überzeugt, dass dies bereits Symptome eines tief liegenden Problems waren. Sie waren letztlich Ausdruck einer Sprachlosigkeit, die weite Teile der Gesellschaft und des öffentlichen Lebens umfasst hatte. Nicht nur im Bereich der Politik, sei es auf kommunaler, Landes- oder Bundesebene, gestaltete sich der Dialog zwischen Parteien und Bürgern, zwischen Parteien untereinander und auch parteiintern zunehmend schwieriger. Dies galt auch für andere bedeutende gesellschaftliche Gruppen, deren Kommunikation untereinander zunehmend verstummte: zwischen Wissenschaft und Wirtschaft, Kultur und Verbänden – der Transfer untereinander, aber insbesondere zum Bürger geriet nach und nach ins Stocken. Man sprach nicht mehr miteinander, sondern allenfalls schlecht übereinander. Der Ansatz, diese Sprachlosigkeit zu überwinden, Begegnungsstätte für Menschen und gesellschaftliche Gruppen mit unterschiedlichen Denkansätzen zu sein und deren Dialog zu fördern – dies ist und bleibt Auftrag des Politischen Forums Ruhr.

Die Begriffe Zivil- oder Bürgergesellschaft erhielten im Zuge der Aufklärung insbesondere durch Kant ihre moderne Bedeutung: Menschen leben als freie Bürgerinnen und Bürger ohne staatliche Gängelung, religiöse Orthodoxie und soziale Ungleichheit – selbstverständlich gedacht im Zusammenhang einer ständisch strukturierten Gesellschaft. Dieses Denken wirkte weit in die europäische Ideengeschichte hinein, nicht zuletzt auf Alexis de Tocqueville, der in *De la démocratie en Amérique* 1836 die Fähigkeit der amerikanischen Gesellschaft zur Selbstorganisation beschrieb. Durch Hegel und insbesondere Marx wurde die *bürgerliche Gesellschaft* schließlich zu einem polemischen, ja politischen Kampfbegriff.

Erst seit den 1980ern erlebt der Begriff eine »fulminante Renaissance«.[14] Die Inflation des Begriffs lässt sich allein an der Zahl der Versuche und der Gremien ablesen, ihn in der öffentlichen Diskussion zu verankern. Die Regierung Schröder erhob die »zivile Bürgergesellschaft« zum gesellschaftspolitischen Programm, es gab eine Enquete-Kommission »Zukunft des Bürgerlichen Engagements«, und

---

13 Ralf Dahrendorf, Auf der Suche nach einer neuen Ordnung. Eine Politik der Freiheit für das 21. Jahrhundert, 4. Aufl., München 2007, S. 127.

14 Vgl. Jürgen Kocka, Die Rolle der Stiftungen in der Bürgergesellschaft der Zukunft. In: Aus Politik und Zeitgeschichte, 14/2004, 29. März 2004, S. 3–7, hier S. 3.

mittlerweile verfügt der Deutsche Bundestag über einen »Unterausschuss Bürger-schaftliches Engagement«, um nur wenige Beispiele zu nennen.

Perspektiven für die Metropole Ruhr

In diese Gemengelage fiel 1990 die Gründungsphase des Politischen Forums Ruhr. Wir haben uns zu Beginn unserer Aktivitäten entsprechende Fragen gestellt. Sind gemeinwohlorientierte Akteure überhaupt in der Lage, verkrustete Strukturen aufzubrechen? Können wir Lücken schließen, die die klassische Politik in ermü-denden Debatten und endlosen Konsensrunden zum Teil selbst gerissen hat? Unser Ansatz sollte sich nicht auf die rein soziale Komponente des Bürgerengage-ments im Sinne von Zivilcourage und Ehrenamt beschränken, sondern bewusst auch eine politische Dimension umfassen. Der Bürger sollte wieder mehr in den politischen Willensbildungsprozess zurückgeholt werden, an Themen und Dis-kussionen teilhaben, sich selbst einbringen, Impulsgeber sein. Doch wieso sollte dies ausgerechnet hier, im Ruhrgebiet, funktionieren?

Ein Blick auf die regionalen Startvoraussetzungen: Das Ruhrgebiet ist seit jeher Gradmesser für die Leistungsfähigkeit Deutschlands. Die Menschen an Rhein, Ruhr, Emscher und Lippe vollenden heute den gewaltigen Strukturwandel vom industriellen Rückgrat Deutschlands hin zum Energie-, Dienstleistungs-, Medi-zin- und Wissensstandort Nr. 1 in Europa. Das Herz dieser Entwicklung schlägt bei uns in der Metropole Ruhr. Hier verschmelzen die traditionellen Industrien Kohle und Stahl mit den Technologien und dem Know-how des 21. Jahrhun-derts. Wir verfügen über *das* europäische Logistikdrehkreuz, erstklassige Soft-ware- und Dienstleistungsstandorte, die höchste Konzerndichte Deutschlands, wenn nicht Europas, die größte Hochschuldichte Deutschlands, einen geballten medizinisch-technologischen Wissenstransfer, der international wettbewerbsfä-hig ist, sowie eine in ihrer Vielfalt konkurrenzlose Kulturlandschaft. Hier findet der Brückenschlag zwischen Tradition und Moderne, aber auch zwischen Ost, West, Nord und Süd statt. Denn die Metropole Ruhr ist nicht nur ein starkes Stück Deutschland – sie ist auch ein zentraler Brückenpfeiler im zusammenwach-senden Europa.

Trotz der großartigen Voraussetzungen gibt es Handlungsbedarf, um qualifi-zierte und kreative Menschen in die Metropole Ruhr zu holen und sie hier lang-fristig zu binden. Es gilt, zu den Voraussetzungen echte Perspektiven zu formen.

Migration ist immer auch ein Indikator für wirtschaftliche und gesellschaftli-che Transformationsprozesse. Zuwanderer transportieren Innovationspotenziale in Wirtschafts- und Gesellschaftssysteme. Überall gibt es hervorragend ausgebildete, junge Menschen, um die wir heute im Wettstreit um die besten und fähigsten Köpfe mit anderen Regionen werben müssen. Denn sie sind letzten Endes auch Träger einer Bürgergesellschaft.

Der Konkurrenzkampf um die jungen, mobilen, kreativen Eliten ist in der globalisierten Welt eine Frage der Überlebensstrategie für Städte und Regionen und wird im urbanen 21. Jahrhundert den Unterschied ausmachen, ob Städte zukunftsfähig sind oder abgehängt werden. Diese Eliten suchen sich ihr individuelles Arbeits- und Lebensumfeld nach bestimmten Kriterien aus: berufliche Perspektiven in innovativen Branchen, städteplanerische Lebensqualität und Vielfalt statt in Architektur gegossene Monotonie und Langeweile, *fruchtbarer Austausch mit Gleichgesinnten.*

Unser Angebot an die brillanten Köpfe der Wissensgesellschaft, die sich individuell optimale Arbeits- und Lebensbedingungen aussuchen, muss lauten: Ihr könnt bei uns kreativ arbeiten *und* dauerhaft gut leben! Denn diese kreativen Leistungsträger sind es, die in den neuen regionalen Metropolen der Welt für Wachstum, Arbeitsplätze und Wohlstand sorgen. Dies wird angesichts der internationalen Konkurrenz nur mit einer ausgefeilten, professionellen Netzwerkarbeit gelingen, die Menschen mit rationalen *und* charmanten Argumenten gewinnt.

Wir müssen mit unserer Identität als Metropole, in der sich Tradition und Moderne auf einem einzigartigen kulturellen Fundament verbinden, offensiv und professionell werben. Den Titel »Kulturhauptstadt Europas« haben wir zu Recht geführt, wenn wir das kulturelle Erbe des Industriezeitalters annehmen und zugleich die Metropole Ruhr als Perspektivregion für die jungen, kreativen, innovativen Menschen der Welt wachsen lassen und dieses Selbstverständnis leben.

Die moderne Bürgergesellschaft

Der Erfolg des Politischen Forums Ruhr beruht auf einer Mischung aus Themen und Gastvortragenden vor einem Publikum, das Katalysator dieses *City Building im 21. Jahrhundert* ist: kreativ und innovativ, generationenübergreifend, wissensorientiert und engagiert, mutig und durchsetzungsstark, dabei traditionsbewusst und zukunftsoffen. Beim Politischen Forum Ruhr tauscht sich im Auditorium der Wissenschaftler mit dem Sportler, der Medienmacher mit dem Ingenieur, der Ökonom mit dem Künstler, der Dichter mit dem Computer-Freak, der Biotechniker mit dem Diplomaten und der Handwerksmeister mit dem Musiker im

Ambiente einer modernen, weltoffenen Bürgergesellschaft aus. Im Spannungsfeld dieses heterogenen Auditoriums und des Charismas unserer Gastredner entstehen das besondere Flair und die atmosphärische wie inhaltliche Dichte unserer
Abendkongresse. Die Einbettung musikalischer Veranstaltungselemente ist der
bewusst gewählte Brückenschlag zwischen pluralem gesellschaftspolitischem Diskurs und kultureller Vielfalt an symbolhaften Orten, die für das Selbstverständnis
der Region stehen.

Wir führen Menschen zusammen, die sich sonst selten oder gar nicht begegnen würden. In diesem Sinne ist das Politische Forum Ruhr bereits heute die
gesellschaftspolitische Facette des wirtschaftlich prosperierenden und kulturell
vielfältigen Integrationsmodells der Zukunftsmetropole Ruhr.

Diese Geschichte musste natürlich wachsen. Den ersten gesellschaftspolitischen Gehversuch des Politischen Forums Ruhr besuchten vor 20 Jahren gerade
einmal 12 Interessierte. Seit 1990 haben wir mittlerweile über 80 Abendkongresse
durchgeführt, mit über 200 Referenten und Podiumsteilnehmern, vor insgesamt
über 90.000 angemeldeten Gästen. Gesamtgesellschaftlich relevante Fragestellungen durch demokratische Meinungsvielfalt in das öffentliche Bewusstsein zu
rücken und entsprechendes Engagement zu aktivieren – offensichtlich gibt es
dafür eine intensive Nachfrage. Es geht nicht um spontanen Protest, um Abgrenzung oder pure individualistische Entfaltung. Es geht vielmehr um den Unterschied zwischen »Meinwohl« und Gemeinwohl. Es geht weniger um Gegenwart
und Aktualität als vielmehr um Zukunft und Nachhaltigkeit, weniger um Spon-
tanes als um Grundsätzliches.

Der »Wutbürger« hingegen scheint völlig anders gelagert zu sein. Dirk Kurbjuweit hat ihm in einem Spiegel-Essay den Zerrspiegel am Beispiel von »Stuttgart 21« vorgehalten: »Der Wutbürger denkt an sich, nicht an die Zukunft seiner
Stadt. Deshalb beginnt sein Protest in dem Moment, da das Bauen beginnt, also
die Unannehmlichkeit. Nun schiebt er das beiseite, was Bürgertum immer ausgemacht hat: Verantwortlichkeit, nicht nur das Eigene und das Jetzt im Blick zu
haben, sondern auch das Allgemeine und das Morgen.«[15] In der persönlichen
Betroffenheit verortet Kurbjuweit das eigentliche Protestpotenzial. Es scheint das
eigentlich Verbindende in einem bunten Blumenstrauß an Contra-Motiven zu
sein, die von ökonomischem Aberwitz über die Rettung von Borkenkäfern bis

15 Vgl. Dirk Kurbjuweit, Der Wutbürger. Stuttgart 21 und Sarrazin-Debatte: Warum die
Deutschen so viel protestieren, in: Der Spiegel 41/2010, S. 26–27, hier S. 26.

hin zum »Nazi-Design« des Bahnhofs reichen. Die Zielperspektive ist Verhinderung, nicht konstruktiver Dialog. Es ist in vielerlei Hinsicht blinde Wut, nicht gerechter Zorn. Die Wut ist eruptiv, unmittelbar und oft planlos. Sie schert sich nicht um gesamtgesellschaftlichen Nutzen oder politische Weitsicht. Gerechter Zorn wird uns seit der Bibel durch den »heiligen Zorn« der Propheten und durch die Tempelreinigung durch Jesus transportiert. Er kanalisiert die Affekte, hat das Ganze im Blick und entwickelt aus den ungerechten Zuständen konstruktive Alternativen.

Mutet vor diesem Hintergrund die eingangs zitierte Begründung der Gesellschaft für deutsche Sprache nicht ein wenig entrückt an? Ist der Wutbürger nicht eher Symptom einer Empörungskultur, die mit rechtsstaatlichen Normen und demokratisch legitimierten Spielregeln nicht viel am Hut hat, sondern eher mit dem persönlichen Status quo? Wer hier mit Jaspers nach Namen, Adressen und Hausnummern fragt, findet lediglich Interessenwahrnehmung – und zwar in erster Linie für das eigene Wohlergehen, und nicht für eine Bürgergesellschaft, die Zukunft verantwortlich gestalten will.

Franz-Josef Overbeck

»Was wir im Bistum Essen erlebt haben, erlebt ganz Westdeutschland in spätestens zehn bis 15 Jahren«
Der Ruhrbischof und das Ruhrgebiet

Bischof Overbeck, Sie stammen von einem von Wiesen umgebenen Bauernhof in Marl, haben in Rom studiert, waren lange in Münster tätig und sind jetzt Bischof von Essen – sind Sie eigentlich ein »Ruhri«?

Ich stamme aus einer sehr alten Familie, deren Wurzeln sich bis in das Jahr 1270 verfolgen lassen. Meine Familie war schon mehr als 600 Jahre in Marl, ehe die Kohle entdeckt wurde, und 650 Jahre bevor die Chemieindustrie kam. Zudem war die Gegend, aus der ich stamme, ursprünglich sehr ländlich. Den Bach, der unserem Hof und mir den Namen gibt – Overbeck heißt so viel wie »über den Bach« – gibt es heute noch. Wir waren Bauern, wurden aber schon mit Beginn der Industrialisierung um 1870 zu Unternehmern. Mein Urgroßvater hat damals die Kornbrennerei gegründet, die es bis heute gibt. So ist meine Familiengeschichte die Geschichte dieser Region. Zugleich ist das Schicksal unseres Hofes typisch für das Ruhrgebiet. Eine der großen Schachtanlagen Marls ist nur wenige hundert Meter entfernt. Unser Umland ist nach dem Zweiten Weltkrieg derart bebaut worden, dass es dort für einen klassischen Bauernhof heute gar keinen Platz mehr gibt.

Insofern bin ich ein Grenzgänger zwischen Münsterland und Ruhrgebiet, aber zu Westfalen gehörend. Seit ich Bischof von Essen bin, höre ich jedenfalls viele Formulierungen, die mich wissen lassen: »Hier bist du zu Hause«.

Geografisch scheint diese Region weder ein Zentrum noch eine Begrenzung zu haben – was gibt ihr trotzdem eine Identität?

Vor allem die gemeinsame Geschichte. Die Wurzeln der Kirche reichen hier bis ins 9. Jahrhundert zurück und knüpfen eng an die Wurzeln des Kaufmännischen und Gewerblichen an. Das sieht man etwa an den vielen alten Kirchen entlang der traditionsreichen Handelswege.

Viel präsenter ist heute natürlich die Zeit der Industrialisierung und der damit einhergehenden Bevölkerungswanderungen seit dem frühen 19. Jahrhundert. Diese Ära zeigt: Identität wächst durch gemeinsame Arbeit. Und wir sehen etwa bei den Bergleuten oder den Stahlarbeitern zum Teil noch heute, wie sehr diese Identität auch Lebensformen prägen kann. Gleichzeitig macht dieser Zusammenhang das große Drama des Strukturwandels aus. Was stiftet heute die Identität dieser Region? Die gemeinsame Klammer der Arbeit gibt es so nicht mehr. Heute haben wir es viel schwerer, von einer regionalen Identität zu sprechen. Zumal viele Menschen im Ruhrgebiet ein Stück ihrer Identität aus ihrem Stadtviertel ziehen. Nur Auswärtige sehen das Ruhrgebiet doch als eine Riesenstadt. Die Mentalität vieler Menschen hier konzentriert sich vor allem auf die Stadtteile, in denen Gemeinschaft und Heimatgefühl entstehen.

Als einzige Diözese in Deutschland trägt das Bistum Essen seit seiner Gründung vor gut 50 Jahren einen fast volkstümlichen Zusatznamen. War das »Ruhrbistum« eher ein Mitbegründer der Ruhrgebiets-Identität oder ein Profiteur von ihr?

Schon in den 1920er Jahren hatte der damalige Nuntius Eugenio Pacelli in Berlin den Gedanken, ein großes Ruhrbistum zu gründen. Der Plan konnte, bedingt durch die Zeit der Nationalsozialisten und den Zweiten Weltkrieg, nicht verwirklicht werden. Nach dem Krieg wurde unser Bistum dann in einer anderen Weise gegründet, als es zunächst geplant war. Aber natürlich gehört das Ruhrgebiet sozusagen als Wiege des Ruhrbistums zu unserer Identität. Angesichts dieser Geschichte müssen wir heute jedoch alle im Ruhrgebiet – nicht nur in der Kirche – aufpassen, nicht in einem schlechten Sinne nostalgisch zu werden. Es funktioniert nicht, sich nur an die angeblich glorreichen Zeiten zu erinnern und zu glauben, damit schon eine Identität zu haben.

Andererseits ist es ein großer Vorteil, dass wir im Ruhrbistum durch unsere eigentümliche Geschichte anders als viele andere Bistümer gezwungen sind, »heutig« zu sein. Wir können es uns nicht leisten, uns auf den Meriten der Vergangenheit auszuruhen und zu sagen: »Es wird schon werden.« Wir sind ganz anders entstanden als andere Bistümer und nehmen deshalb auch ganz anders am Geschick der Menschen teil, die hier leben. Das kann man jetzt anhand des demographischen Wandels und des Strukturwandels deutlich sehen.

Gerade die Kirche kommt aber gelegentlich ziemlich traditionell daher: Bislang gehörte für jeden Ruhrbischof ein Antrittsbesuch im Bergwerk genau so dazu wie der jährliche Kreuzweg auf der Bottroper Halde Haniel – Bilder, die doch sehr mit dem alten Ruhrgebiet verbunden sind.

Ja, aber genau das gehört zur Kraft der Tradition, die wir auch in der Moderne brauchen. Der Kreuzweg auf der Halde zum Beispiel verbindet uralte Motive der Frömmigkeit mit dem heute so gefragten Pilgerbewusstsein. Und natürlich gilt auch für den Bischof von Essen, dass nur der eine Zukunft hat, der seine Wurzeln kennt. Da war es für mich selbstverständlich, mich auch mit dem Bergbau und den anderen Industrien, die diese Region prägen, zu verbinden. Wobei gerade bei meiner Grubenfahrt deutlich geworden ist, dass ich mit Prosper Haniel in Bottrop die letzte verbliebene Zeche im Ruhrbistum besucht habe.

Vor mehr als 20 Jahren hat der erste Ruhrbischof Franz Hengsbach den Initiativkreis Ruhrgebiet mit initiiert. Als sein Nachfolger sitzen Sie dort heute mit den Wirtschaftsführern des Ruhrgebiets an einem Tisch. Sind Sie dann eher Manager oder Mahner?

Ich sitze dort als Bischof am Tisch – und nur so. Ich will kein Manager sein, weiß aber, dass man in meinem Amt durchaus gewisse Eigenschaften eines Managers braucht. Dazu gehört die Kompetenz, sich in komplizierte Zusammenhänge von Wirtschaft und Politik einzuarbeiten und gleichzeitig zu wissen, von welchem Standpunkt aus man dies macht. Wenn ich mit Unternehmern und Managern diskutiere, dann immer im Sinne der Menschlichkeit und der katholischen Soziallehre. Ich bin in erster Linie Anwalt für die, die Arbeit brauchen, um zu leben. Und da es kein wirtschaftliches Handeln ohne ethische Konsequenzen gibt, setze ich mich dafür ein, dass wirtschaftliche Prozesse so ablaufen, dass »die Geringen«, wie Jesus sie nennt, ihre Achtung erfahren.

Geben Sie im Initiativkreis eine bestimmte Botschaft mit auf den Weg?
Hinter den Zielen, die sich der Initiativkreis jetzt gegeben hat, stehen große, auch ethische Fragen, zu denen ein Bischof Wesentliches sagen kann. Verbirgt sich doch etwa hinter der »InnovationCity« – neben aller Wirtschaftsförderung für Bottrop – die Frage nach der Bewahrung der Schöpfung und dem verantwortlichen Umgang mit den Ressourcen unserer Erde. Ich stehe jedenfalls dafür, dass sich wirtschaftliches Handeln nicht nur der Gewinnmaximierung unterwerfen darf.

Als zweites großes Feld beschäftigt sich der Initiativkreis jetzt mit der Logistik. Das bietet die Chance, den unvollendeten Strukturwandel ein Stück weit fortzuschreiben und langfristig Arbeitsplätze zu schaffen, die junge Leute dazu bewegen, hier leben zu wollen. Wenn man die Logistik an verschiedenen Standorten weiter fördert und gleichzeitig das Verkehrssystem ausbaut, kann das die Vitalität der Region sehr unterstützen.

Und das dritte Initiativkreis-Thema – die Werkstoffe – ermöglicht eine Verbindung von Wissenschaft und Industrie, die nach der großen Zeit der Montanindustrie neue Chancen verspricht. Wir dürfen nicht vergessen, das Ruhrgebiet ist in den letzten Jahrzehnten zu einer Universitätslandschaft geworden. Nur mit Bildung können wir konkurrenzfähig bleiben. Davon bin ich auch deshalb überzeugt, weil wir als katholische Kirche schließlich so etwas wie der Global Player der Bildung sind. Das entspricht nicht unbedingt der Mentalität der meisten Menschen, die hier leben – trotzdem gehört Bildung für mich zu den Perspektiven für das Ruhrgebiet, denen ich Zukunft zutraue.

Wie bei keiner anderen deutschen Kirchenregion verbindet sich mit dem Namen »Ruhrbistum« auch ein Programm: ein besonderer, gewissermaßen doppelter Blick, einerseits auf das Wirtschaftsleben in der Region, andererseits auf das Soziale. Engt dieses Programm einen katholischen Bischof nicht auch ein?

Als Bischof habe ich Sorge zu tragen für die Identität des Glaubens und die Möglichkeiten, diesen zu leben. Daraus erwachsen aber zugleich Aufgaben, die mit der konkreten Gestaltung der Welt zu tun haben – und die sind hier im Ruhrbistum nun einmal vor allem wirtschaftlicher und sozialer Natur. Von daher ist das keine Einengung, sondern eine Herausforderung, etwa die Inhalte der Bergpredigt, des Vaterunsers, des Glaubensbekenntnisses oder der zehn Gebote anzuwenden auf den konkreten Alltag, den die Menschen hier zu bewältigen haben. Die Kirche darf sich niemals in das Ghetto einer wie auch immer gearteten Frömmigkeit zurückziehen, weil dies nicht dem Evangelium entspräche. Sie kann sich aber auch nie nur dem Wirtschaftlichen und Sozialen stellen, wenn sie nicht gleichzeitig auch in einem gewissen Sinne fromm ist.

Seit dem 19. Jahrhundert sind in mehreren Wellen hunderttausende Zuwanderer ins Ruhrgebiet gekommen. Die Integration dieser Menschen hat relativ gut funktioniert, wohl auch dank der katholischen Kirche. Schließlich waren viele Einwanderer – ob aus dem heutigen Polen oder später aus dem Mittelmeerraum – katholisch. Was – außer dem »passenden« Glauben – hat damals noch bei der Integration geholfen?

Es gibt vor allem drei Faktoren, die die Integration der Zuwanderer begünstigt haben: Der erste Faktor war die gemeinsame Arbeit. Arbeit wirkt verbindend – erst recht, wenn sie gleichzeitig einen Raum im Glauben findet. Und das war hier im Ruhrgebiet der Fall, man denke nur an die Verehrung der heiligen Barbara durch die Bergleute. Der zweite Faktor war die Familie, die sich immer auch religiös verstanden und hier im Ruhrgebiet – ob bei katholischen oder evangelischen Christen – sofort Anknüpfungspunkte gefunden hat. Und der dritte war die Religion selbst, die fast alle Zuwanderer mitbrachten – und zwar nicht im Sinne eines primär moralischen Bekenntnisses, sondern als handfeste Praxis mit klaren Traditionen und Gewohnheiten. Das ist aber schon seit den 1950er Jahren deutlich schwächer geworden.

Und welches Integrations-Potenzial hat das Ruhrgebiet heute?

Heute stehen wir bei diesen drei Faktoren vor ganz anderen Herausforderungen: Bei der Arbeit dominieren im Ruhrgebiet heute Arbeitsplätze im Dienstleistungsbereich, oft noch in prekären Verhältnissen. Das generiert kaum die Gemeinschaft, die für Integration so wichtig ist. Hier wird Bildung wichtig, damit die Menschen zu sich selbst finden und Wertzusammenhänge erkennen. Eine zentrale Bildungsaufgabe ist der Umgang mit kultureller und religiöser Vielfalt. In einer pluralen Gesellschaft kann die Einheit nicht über Einheitlichkeit hergestellt werden. Stattdessen müssen wir lernen, auf der Grundlage der Menschenrechte respektvoll, tolerant und fair miteinander umzugehen. Dazu braucht es ein differenziertes Wissen über Kulturen und Religionen, damit die gegenseitige Wahrnehmung nicht von Vorurteilen und Fehlinformationen geprägt wird. Bildung darf sich jedoch auch hier nicht in Wissensvermittlung erschöpfen. Es geht auch um das Erlernen einer Haltung, die dem Fremden offen begegnet und bereit ist, zuzuhören und vorhandene Bilder zu korrigieren. Schließlich geht es um die Fähigkeit, Konflikte fair auszutragen und einen Ausgleich der Interessen zu suchen. Diese Bildung beginnt in der Kindertagesstätte. Der KiTa-Zweckverband in unserem Bistum hat dieses Ziel explizit in seinem Leitbild formuliert. Aber auch der schulische Religionsunterricht ist für diese Bildungsaufgabe unverzichtbar. Wir brauchen daher dringend einen islamischen Religionsunterricht als ordentliches Schulfach, wie er in Artikel 7 Absatz 3 des Grundgesetzes beschrieben wird. Auch in vielen Familien sind die Beziehungen heute brüchiger als früher. Wenn wir aber Familien nicht weiter fördern, wird es keine integrierenden Faktoren geben, die die Menschen auf Dauer zusammen und dann auch hier halten. Wer auf Dauer nicht durch seine Familie gebunden ist, wird es manchmal vielleicht noch durch Freunde sein, ansonsten aber Vereinsamungsprozesse durchleben, die wir Menschen der Moderne kennen. Das kann man hier im Ruhrgebiet deutlich sehen. In vielen Familien, die aus Osteuropa und aus islamischen Ländern zugewandert sind, haben familiäre Werte eine deutlich höhere Bedeutung als in unserer an der persönlichen Freiheit orientierten Gesellschaft. Damit ist jedoch häufig ein sehr traditionelles Frauenbild verbunden, dass die Integration erschwert. Auch hier ist Bildung der Schlüssel zur Integration. An der Ruhr-Universität in Bochum etwa kann man beobachten, dass inzwischen viele junge muslimische Frauen studieren. Es muss uns gelingen, die Familie zu stärken, ohne dass dies auf Kosten der Frauen geht. Gesellschaftlich muss die Entscheidung für Familie genau so anerkannt werden wie die Entscheidung für Beruf und Karriere und dies muss für Männer wie für Frauen gelten.

Schließlich ist für mich das Thema Religion die große Nagelprobe unserer Zivilisation, und zwar im Sinne einer doppelten Frage: Bleibt das positive Verhältnis unseres säkularen Staates zur gelebten Religion erhalten, und gelingt es auch dem Islam, ein positives Verhältnis zum säkularen Staat und den Grundwerten unserer Verfassung einzunehmen? Mit Blick auf das Verhältnis von Staat und Religion gibt es hier und da die Tendenz, auf die wachsende Vielfalt im religiösen Bereich und die damit verbundenen Konflikte mit dem laizistischen Modell zu antworten: Religion ist Privatsache und hat im öffentlichen Leben nichts zu suchen. Ich sehe darin keine Lösung, sondern ein Verdrängen der notwendigen Aushandlungsprozesse. Und als Bischof muss ich daran erinnern, dass die Kirche ein anderes Selbstverständnis hat. Sie will die Gesellschaft mit gestalten und im Ringen um die besten Lösungen ihre im Glauben begründete Sicht einbringen. Diese Möglichkeit steht auch dem Islam in Deutschland offen. Voraussetzung für ein vertrauensvolles Zusammenwirken ist jedoch die vorbehaltlose Anerkennung der Menschenrechte, die unserer Verfassung zugrunde liegen. Auch wenn die übergroße Mehrheit der Muslime in Deutschland die Gesetze dieses Landes achten und die freiheitliche Grundordnung schätzen, enthält die islamische Tradition Positionen, etwa im Bereich der Religionsfreiheit oder der Gleichberechtigung von Mann und Frau, die nicht mit dem Grundgesetz übereinstimmen. Hier hoffe ich, dass die gerade im Aufbau befindliche islamische Theologie an deutschen Hochschulen dazu beiträgt, Klarheit zu schaffen, wo der Islam heute steht.

Schon allein wegen seines Namens ist das Ruhrbistum gewissermaßen auf Gedeih und
Verderb mit dem Ruhrgebiet verbunden. Und so wie dem dramatischen Aufstieg der
Region die Bistumsgründung folgte, folgt der Krise und dem Wandel der Industrie nun
ein Kleinersetzen der Kirche. Ist das der Konjunkturzyklus der Kirche?

Anders als in manchen Unternehmen, die man hier schon mit einer 200-jäh-
rigen Geschichte für alt hält, erlaubt uns unsere 2000 Jahre alte Geschichte als
Kirche eine gewisse Gelassenheit. Die Kirche kennt große historische Auf- und
Abwärtsbewegungen. Große Gedanken, etwa die des heiligen Augustinus, sind
in Nordafrika entstanden, also in einer Region, in der die Kirche heute kaum
noch präsent ist. Parallel zum Niedergang dort hat sich der Glaube hier bei uns
in Mitteleuropa ausgebreitet. Hier im Ruhrgebiet hat die Katholische Kirche im
19. Jahrhundert zu einer Sozialgestalt gefunden, die bis zum Ende des 20. Jahrhunderts getragen hat, sich aber nun radikal ändert. Dies einzusehen, ist für
viele sehr schwer. Wir sind hier heute keine klassische Volkskirche mehr, aber
Kirche im Volk mit volkskirchlichen Elementen – etwa mit den guten Traditionen, Kinder zu Erstkommunion und Firmung zu führen, in einer Kirche zu
heiraten oder Verstorbene kirchlich zu bestatten. Es ist typisch menschlich, sich
an das zu halten, was man kennt. Und gerade wenn es in der Gesellschaft eisig
wird, hoffen viele, dass ihnen die Religion eine warme Heimat geben kann. Wir
als Kirche sind aber Teil der Gesamtgesellschaft und stehen nicht daneben, so
dass wir von gesellschaftlichen Entwicklungen wie dem wirtschaftlichen Wandel
der Region, aber auch der Überalterung der Gesellschaft voll erfasst werden. Das
macht diesen radikalen Umbruchprozess nötig, den mein Vorgänger im Amt,
Bischof Dr. Felix Genn, für das Bistum eingeläutet hat. Ein Prozess übrigens,
der bei uns nur deutlicher und schneller gekommen ist als anderswo. Was wir
im Bistum Essen erlebt haben, erlebt ganz Westdeutschland in spätestens zehn
bis 15 Jahren.

Aus der Umstrukturierung Ihres Bistums kann man aber doch auch die Lehre ziehen,
dass im sich wandelnden Ruhrgebiet der am besten überlebt, der lernt zusammen-
zuarbeiten. Können Sie diese Botschaft nicht noch stärker dem verbreiteten Kirch-
turmdenken der weltlichen Kommunen entgegensetzen?

Das tun wir ja schon, aber es ist eben sehr mühevoll. Die Menschen verhalten sich
heute oft so, wie es die Bibel von der Frau des Lot erzählt, die lieber zurückschaut
als nach vorne zu gehen (im Buch Genesis, Kapitel 19, wird erzählt, wie Lot und

seine Frau Zeugen der Zerstörung von Sodom und Gomorra werden, Anm. der Red.). Doch dann werden wir – wie die Frau des Lot – zur Salzsäule erstarren.

Wir brauchen einen Gesinnungswandel, um neu über Vernetzung und Mobilität im Ruhrgebiet nachdenken zu können. Gleichzeitig aber müssen wir den Menschen die Gewissheit geben, dass wir so auch ein neues Heimatgefühl generieren, sonst fühlen sie sich verloren. Angesichts der oft mehrfach vorhandenen Strukturen – egal ob in der Verwaltung, im Bereich Schule, Wirtschaft oder Kultur – wäre es dringend geboten, diese Form der Vernetzung im gesamten Ruhrgebiet umzusetzen. Natürlich brauchen wir hier Kultur. Aber wir haben hier eine Dichte von kulturellen Einrichtungen, die nicht nur nicht mehr finanzierbar ist – es gibt hier bald auch nicht mehr die Menschen, die sie besuchen können. Letztlich müssen wir eine Art neuen Masterplan für das Ruhrgebiet entwickeln, der allerdings auch eine entsprechende politische Grundstruktur braucht.

Spielen Sie da auf einen gemeinsamen Regierungsbezirk für das Ruhrgebiet an oder auf eine neue kommunale Struktur, eine gemeinsame Ruhrgebiets-Stadt?

Ich meine Letzteres. Ich gebe zu, dass eine solche Ruhrgebiets-Kommune im Moment noch ziemlich schwer umzusetzen ist. Aber ich erlebe immer mehr Menschen, die zumindest schon einmal darüber nachdenken.

Wie stellen Sie sich dann das Ruhrgebiet in 20 oder 30 Jahren vor?

Ich hoffe, dass die erwähnten Strategien des Initiativkreises, aber auch eine nachhaltige Stärkung der mittelständischen Wirtschaft hier langfristig für sichere Arbeitsplätze und für so gute Lebensbedingungen sorgen, dass das Ruhrgebiet Menschen anlockt, die dann auch gerne hier wohnen bleiben. Dennoch werden hier künftig deutlich weniger Menschen leben. Und darauf wird sich auch die Infrastruktur noch einmal radikal einstellen müssen. Allein die Stadt Essen hat eine Infrastruktur, die auf 750.000 Einwohner ausgelegt ist, obwohl schon jetzt nur noch 580.000 Menschen hier leben. Bei allem Realismus bin ich aber grundsätzlich optimistisch gestimmt. Gerade die Erfahrungen im Bereich der Kulturhauptstadt RUHR.2010 haben gezeigt, welch ungeheures Potenzial hier in dieser Region steckt. Dem dürfen und sollen wir trauen.

Das Gespräch führten Rüdiger Oppers und Thomas Rünker.

Nikolaus Schneider

»Es müssen noch jede Menge Egoismen überwunden werden«
Der Präses und das Ruhrgebiet

Präses Schneider, Sie sind im Duisburger Süden geboren, also unzweifelhaft ein Kind des Ruhrgebiets, wohnen heute aber im Norden Düsseldorfs. Für die einen liegen dazwischen nur ein paar Kilometer, für andere sind es Welten – und für Sie?

Wenn ich vom Büro nach Hause fahre, sehe ich die Industrielandschaft des Ruhrgebiets und denke oft: Das ist wirklich eine andere Welt. Zumindest war es eine völlig andere, als ich dort groß geworden bin. Das Leben in Duisburg-Huckingen/Hüttenheim war ein Leben in einer Arbeiterkolonie, geprägt vom Rhythmus des Hüttenwerks, in dem mein Vater arbeitete. Der Arbeitsrhythmus meines Vaters hat bis in die Familie hinein unser Leben strukturiert, erst die Schichtarbeit, später dann der Tagesdienst. Die Hütte hat auch sonst unser Leben bestimmt. In meiner Jugend gab es in der Stahlerzeugung noch die Bessemerbirnen. Wenn da von unten Sauerstoff hinein geblasen wurde, mussten wir bei Westwind immer vom Fahrrad absteigen. Sonst hätte man den ganzen Dreck, der da ohne Filter hinausgepustet wurde, gleich inhaliert. Oder die Siemens-Martin-Öfen: Wenn die beschickt wurden, war ganz Hüttenheim glühend rot – eine ganz besondere Form von Romantik. Es war ein Leben, das sehr stark von der Industrie geprägt war.

Heute ist das völlig anders. Düsseldorf-Angermund ist im Grunde eine Schlafstadt für Menschen, die in Düsseldorf, Duisburg oder Mülheim arbeiten.

Diese Industrie – und mit ihr den Lebensrhythmus – gibt es im Ruhrgebiet ja heute kaum noch. Was hält die Region trotzdem zusammen, was gibt ihr Identität?

Ich glaube, das Ruhrgebiet ist im Augenblick auf der Suche nach einer neuen Identität. Der Strukturwandel ist längst nicht bewältigt, und das Identitätsstiftende der gemeinsamen Arbeit ist noch lange nicht durch etwas Adäquates ersetzt. Die Region ist noch mitten im Umbruch. Da ist es jetzt umso wichtiger, dass das Ruhrgebiet endlich ernsthaft zusammenwächst. Das Klein-Klein von Duisburg über Essen und Bochum bis Dortmund muss überwunden werden. Die Region muss lernen, sich als ein eigener Raum zu verstehen und dann auch entsprechende Konsequenzen in der Politik und in der Infrastruktur zu ziehen.

Wie stellen Sie sich das konkret vor?

Es muss eine zentrale Verwaltung geben, die aber den Städten und Stadtteilen noch Freiheiten lässt. Die Kirche gehört ins Dorf, und auch ein Rathaus gehört ins Dorf. Für die gesamte Region aber brauchen wir in erster Linie eine übergreifende Raum- und Wirtschaftsplanung, so wie es in anderen europäischen Großräumen auch funktioniert. Nur so können wir manch unsinnige Konkurrenz zwischen den Städten verhindern.

Die Diskussion über solche Modelle gibt es seit Jahrzehnten, Sie dürften sie schon aus Ihrer Zeit als Pfarrer in Rheinhausen in den 1980er Jahre kennen ...

Ja, aber ich habe die Hoffnung, dass letztlich die Not des Strukturwandels die Verantwortlichen in Politik und Wirtschaft im Ruhrgebiet zur Vernunft bringt.

Im Kulturhauptstadtjahr 2010 wurde besonders der identitätsstiftende Wert der Kultur betont. Sehen Sie das auch so?

In der Tat erscheint mir die herausragende Kulturlandschaft noch am ehesten ein Element einer neuen Ruhrgebiets-Identität sein zu können: Das wunderbare Bochumer Schauspielhaus, Ballett in Recklinghausen, das Essener Aalto-Theater mit seiner Klangqualität auf Weltniveau oder die tolle Orchester-Nachwuchsförderung in Duisburg ... – da hat sich vielerorts eine Qualität herausgebildet, deren Bedeutung für das Ruhrgebiet nicht zu unterschätzen ist. Fritz Pleitgen hat gesagt, dass das Ruhrgebiet nach dem Kulturhauptstadtjahr verändert ist, weil es sich in neuer Weise als eine Gemeinschaft erlebt hat – und zwar im Zusammenhang von Zentralität und Dezentralität. Das sehe ich auch so. So gab es den wunderschönen »Stillleben«-Tag auf der A 40, als sich praktisch das gesamte Ruhrgebiet auf der gesperrten Autobahn getroffen hat. Und es gab über das Jahr verteilt die vielen kleinen Local-Hero-Aktionen, bei denen dezentral die Eigenheiten der Ruhrgebietsstädte gepflegt wurden. Genau diese Mischung ist es, die für die Zukunft des Ruhrgebiets wichtig ist. Kultur ist Ausdruck der Reflexion der Menschen über sich und ihr Zusammenleben. Das ist allerdings noch etwas anderes als die soziale Basis dieses Zusammenlebens. Diese Lebens-Basis werden wir noch weiter entwickeln müssen.

Also ein Strukturwandel, der vor allem neue Arbeitsplätze schafft?

Der Umbau der Industriestruktur in eine Restindustriestruktur ist noch nicht abgeschlossen. Mit ThyssenKrupp, HKM oder ArcelorMittal in Duisburg, aber etwa auch den Walzwerken in Bochum gibt es ja noch einige Komplexe der Stahlindustrie. Dazu kommt die Chemieindustrie, etwa in Marl, und viele weiterverarbeitende Betriebe. Die Industrie ist nicht mehr bestimmend für die Region, das sind heute die Dienstleistungsbranchen. Aber es wird ein Kern Industrie bleiben – und das halte ich für absolut wichtig. Die Zerstörung industrieller Strukturen in Ländern wie Großbritannien ist für die betroffenen Gesellschaften fürchterlich verlaufen. Die Infrastruktur verrottet, der soziale Zusammenhalt bricht auseinander, wichtige Teile der Wertschöpfung sind einfach nicht mehr da. Stattdessen sind etwa die Briten, aber auch die Iren ganz anders vom Bankensektor abhängig als wir es sind. So etwas wollen wir hier nicht. Ein gewisses Maß an Industrie muss bleiben – und ich finde es klasse, dass ThyssenKrupp sein neues Quartier in Essen entwickelt hat und mit seiner Zentrale von Düsseldorf zurück ins Ruhrgebiet gezogen ist. Das ist ein Bekenntnis, das ich nur sehr begrüßen kann.

Daneben wird die Logistik in Zukunft wohl eine noch größere Rolle spielen. Flüsse und Kanäle, Autobahnen und Eisenbahnstrecken stellen für das Ruhrgebiet ein enormes Entwicklungspotenzial dar. Mit seiner Anbindung an Holland, Belgien und die dortigen Häfen, in Richtung Nord- und Ostdeutschland, aber auch an die Rheinschiene von Düsseldorf bis Bonn kann das Ruhrgebiet eine wichtige Drehscheibenfunktion für ganz Deutschland übernehmen.

Auch die Hochschulen werden zum Wandel beitragen, die Universitäten von Dortmund bis Duisburg, aber auch die Fachhochschulen, etwa mit den neuen Einrichtungen in Hamm, Bottrop/Mülheim und Kleve/Kamp-Lintfort. Aus diesen Hochschulen bilden sich oft Initiativen, die im Umfeld neue Arbeitsplätze schaffen.

Unterm Strich glaube ich, dass sich das Ruhrgebiet künftig nicht mehr als Monostruktur, sondern als interessante Mischung präsentieren wird. Es wird eine diversifizierte Struktur mit ganz vielen verschiedenen Ausprägungen sein. Dahinter steckt die unglaubliche Stärke der Region.

Aber wer sorgt bei dieser Vielfalt noch für die Einheit des Ruhrgebiets?

Das werden die Menschen sein. Wie sich da allerdings die neuen Arbeitsbedingungen im Ruhrgebiet auswirken, werden wir erst noch sehen müssen.

Gibt es immer noch die angeblich so besondere Mentalität der Ruhrgebiets-Bewohner, die angeblich so anders ist als etwa die der Rheinländer?

Aber natürlich! Im Ruhrgebiet ist vieles direkter, klarer, richtig erdverwachsen. Bestimmte Arbeitsbedingungen formen eben Charaktere. Wer im Bergbau arbeitet, ist lebensnotwendig darauf angewiesen, dass die Kameradschaft stimmt. Diese Treue, diese Zuverlässigkeit prägt und ist heute ein großes Pfund für die Region. Das wird sich mit dem Wandel des Ruhrgebiets ändern und nachlassen. Aber im Augenblick ist das noch ein deutlich spürbarer Unterschied zu anderen Regionen.

Einen ähnlich tiefgreifenden Wandel wie die Wirtschaft machen derzeit auch die Kirchen im Ruhrgebiet durch – kann man da etwas voneinander lernen?

Ja, sowohl die Wirtschaft als auch die Kirchen haben ein Problem des Übergangs, wobei das Wegbrechen der alten Struktur bei uns nicht so rasant und brutal vor sich geht wie in der Wirtschaft. Allerdings wachsen bei uns auch die neuen Strukturen deutlich langsamer nach. In diesem Übergang können wir durchaus voneinander lernen, wie man ihn so gestaltet, dass er menschenwürdig bleibt. Und da hat das Ruhrgebiet Enormes geleistet. Wir haben hier keine flächendeckende Verelendung. Es sieht bei uns nicht so aus wie etwa in den USA oder in England, wo man in vielen Städten nach einem ähnlichen Strukturwandel Elend, Verwahrlosung und Verslummung sehen kann. So etwas gibt es bei uns allenfalls in Ansätzen. Staat und Wirtschaft haben Enormes geleistet – aber auch die Kirchen haben diese Prozesse begleitet. Für sie kommt es nun jedoch darauf an, diese Entwicklungen ein Stück weit auch auf die eigenen Institutionen anzuwenden.

Müsste es nicht längst – analog zum katholischen Ruhrbistum – eine evangelische Landeskirche Ruhrgebiet geben?

In der Tat haben wir das schon häufiger diskutiert, aber dann immer gemerkt, wie prägend doch die Traditionen sind. Die westfälische und die rheinische Kirche haben eine sehr große Identität in sich selbst. Zudem sieht man etwa an den Strukturproblemen des Ruhrbistums, dass es kein Fehler ist, eine größere

Mischung aus städtischen und ländlichen Regionen in unseren Landeskirchen zu vereinen. So können die starken Regionen die besonders von demographischem Wandel und Arbeitslosigkeit betroffenen Kirchenkreise im Ruhrgebiet ein Stück weit mittragen. Gleichwohl muss es darum gehen, auch in der Kirche das Spezifische des Ruhrgebiets darzustellen. Dafür haben wir die Ruhrgebiets-Superintendentenkonferenz, die bislang allerdings vor allem ein Forum für Austausch und Diskussion ist und keine Entscheidungs-Kompetenz hat.

Die Probleme der evangelischen Kirche – vor allem Mitgliederschwund und Kirchensteuerverluste – sind im Ruhrgebiet deutlich gravierender als im Rest des Landes. Überall stehen die Zeichen auf kleiner setzen, und weniger werden. Das muss doch frustrieren.

Wenn man erlebt, dass man überall nur kürzen und abschneiden muss, muss man schon aufpassen, dass man nicht frustriert wird. Gott sei Dank sind die Probleme und die Herausforderung zur Kooperation noch nicht überall so groß wie im Ruhrgebiet.

Außerdem geschieht in den Kirchengemeinden im Ruhrgebiet etwas unglaublich Positives, das immer eine Stärke dieser Region war – nämlich Integration. Das Ruhrgebiet hat immer Zuwanderer aufgenommen und unterschiedliche Kulturen zusammengeführt. Früher hat die Arbeit in den Bergwerken und Fabriken die Menschen verbunden – und der Glaube. Meine Eltern sind selbst als Zuwanderer der Arbeit wegen hierher gekommen: Mein Vater aus dem französischen Lothringen, meine Mutter aus dem Memel-Gebiet im heutigen Polen. Beide Kirchen haben für die Integration der Fremden im Ruhrgebiet eine enorme Rolle gespielt.

Das ist heute anders geworden, weil viele Menschen muslimischen Glaubens zugewandert sind. Da spielt die Arbeit nach wie vor eine integrierende Rolle, nur die Kirchen können nicht mehr so wirken wie früher, aber sie helfen nach wie vor: Heute nehmen wir die Zuwanderer nicht mehr direkt in unsere Gemeinden auf, sondern arbeiten eng mit den muslimischen Gemeinden zusammen. So prägen wir gemeinsam ein religiöses und kulturelles Leben in den Stadtteilen. Mit diesem Zusammenleben in Frieden und Verständnis füreinander und miteinander kann das Ruhrgebiet ein Vorbild für andere Regionen in Deutschland sein.

Spätestens seit Ihrer Wahl zum Ratsvorsitzenden der Evangelischen Kirche in Deutschland sind Sie auch in weltlichen Dingen ein gefragter Mann. In der Finanz- und

210

Wirtschaftskrise haben Sie Wirtschaften ohne Verantwortung und gewissenloses Spekulantentum heftig kritisiert. Hat die Wirtschaft daraus gelernt, so dass sie jetzt auch ethisch gestärkt vom Aufschwung profitieren kann?

Der wesentliche Teil der Wirtschaft sind Handwerker und andere Mittelständler, die unter der Krise genau so gelitten haben wie alle anderen. Diese Firmen sind froh, wenn die großen Spieler, die die Krise zu verantworten haben, endlich anders wirtschaften. Mit denen sind wir einig, da habe ich wenig zu kritisieren. Bei den großen Unternehmen ist mir wichtig, dass sie ihren lokalen Verantwortlichkeiten nachkommen – das tun zumindest die meisten, gerade hier im Ruhrgebiet. Da muss man sich nur den Ausbildungsbereich anschauen. Sehr kritisch sehe ich weiter die Finanzindustrie. Nach wie vor verbinden manche Investmentbanker ihre Zockerei mit dem normalen Bankgeschäft, das die reale Wirtschaft finanziert. Also bleiben die gleichen Gefahren, die uns schon einmal in die Krise geführt haben. Hier muss man eine Brandmauer einziehen und noch viel mehr regulieren als bislang. Die Zocker können von mir aus weiter zocken, so lange sie das auf eigene Rechnung und Gefahr tun – aber nicht so, dass halb Europa erneut für Verluste dieser Wettgeschäfte in Haftung genommen wird und unverantwortliches Handeln folgenlos bleibt.

Zurück in die Region. Jüngst hat die rheinische Wirtschaft beschlossen, sich künftig stärker vom Ruhrgebiet abzusetzen und das Rheinland als eigene Marke zu profilieren. Ist das ein kluger Weg?

Letztlich muss das Maß an Solidarität und das Maß an Konkurrenz immer wieder neu ausgependelt werden. Wir brauchen beides – wobei unser Problem sicherlich nicht ein Übermaß an Solidarität ist. In jedem Fall darf ein stärkeres Profilieren des Rheinlands nicht dazu führen, dass andere Regionen zurückgelassen werden. In unserer Kirche werden wir einen solchen Prozess auf keinen Fall mitmachen. Denn das könnte im Augenblick nur so verstanden werden, als wollten sich die prosperierenden Gebiete von den armen Verwandten trennen, damit die ihnen nicht weiter auf der Tasche liegen.

Mancher sah in dem Schritt auch die Sorge des Rheinlands vor einem zu starken Ruhrgebiet, das sich ja mittlerweile schon selbst Metropolregion nennt. Ist das Ruhrgebiet eine Metropole?

211

Nein, derzeit ist das Ruhrgebiet keine Metropole, es bleibt hinter seinen Möglichkeiten zurück. Die Städte nutzen nicht die Chancen, die sie bei einem gemeinsamen Auftreten haben könnten. Das Ruhrgebiet ist keine Metropole, aber es hat alle Voraussetzungen, eine spannende zu werden.

Für den Initiativkreis Ruhrgebiet wird die Region im Jahr 2030 »eine Modellregion für die nachhaltige Lösung globaler Herausforderungen« sein ...

Da kann ich nur viel Erfolg wünschen. Man muss sich ehrgeizige Ziele setzen, um etwas zu erreichen, aber die Utopie muss auch noch an die Realität angebunden sein. Dieses Szenario funktioniert nur, wenn die Politik noch einmal ganz anders mitzieht und endlich die Strukturen dieser Region an diesen Lebensraum anpasst. Dafür müssen aber noch jede Menge Egoismen überwunden werden.

Das Gespräch führte Thomas Rünker.

Ludger Pries

Transnationale Migration als Innovationspotenzial
Oder: Vielfalt als Vorteil

Über die Herausforderungen und Chancen von Migration für die Menschen und für Regionen wird seit Jahrhunderten, ja seit Jahrtausenden trefflich gestritten. Bei Odysseus und dessen von Homer in der Ilias beschriebenen Heldentaten handelt es sich um eine Aneinanderreihung von Irrfahrten durch das gesamte Mittelmeer. Die meisten Helden dieser klassischen Sagen sind ständig auf der Wanderung, migrieren zwischen den Welten – fast alle diese Überlieferungen enden tragisch. Der Vogel Phönix dagegen ist in der Antike das Symbol der Unsterblichkeit. Er kann sich immer wieder neu erfinden. Aus seinem verbrannten Nest bleibt ein Ei zurück – das Zeichen des Neuanfangs. Steht das Ruhrgebiet für einen tragischen Untergang? Oder ist es gerade dabei, sich neu zu erfinden? Welche Rolle spielt dabei Migration? Sind die im Ruhrgebiet besonders konzentrierten »Gastarbeiter« und deren Nachkommen – neben Kirchturmdenken, bürokratischer Verfilzung, ökologischen Altlasten und Anderem – ein Teil der »Bleischwere«, die ein Durchstarten der Region zu neuer Dynamik verhindert? Oder repräsentieren die Menschen mit Migrationsgeschichte und die transnationale Migration ein beachtliches Innovationspotential, welches nur richtig genutzt werden muss, damit das Ruhrgebiet »wie der Phönix aus der Asche« wieder aufsteigen kann?

Ganz offensichtlich ist Migration ein zentraler, nur allzu häufig unterschätzter Mosaikstein in diesem Phönix-Puzzle. Es gibt wohl keine metropolitane Region auf der Welt, die in so kurzer Zeit einen solchen Bevölkerungszuwachs durch Zuwanderung erfahren hat wie das Ruhrgebiet seit der zweiten Hälfte des 19. Jahrhunderts bis zum Ersten Weltkrieg. Überdurchschnittliches Bevölkerungswachstum konzentriert sich in der Regel in und um bereits bestehende große Städte. Dies gilt für Hamburg, Frankfurt und Berlin, für London, Paris und New York und auch für Mexico City, Sao Paulo, Jakarta, Beijing, Shanghai oder Delhi. Im Ruhrgebiet dagegen explodierte geradezu die Bevölkerungszahl vieler kleiner Städte und Gemeinden parallel. So entstand innerhalb von etwa drei Generationen eine polyzentrische, auf Kohle-und Stahlindustrie aufbauende Wirtschafts- und Bevölkerungsstruktur. Zuwanderung und multikulturelles Zusammenleben prägen damit seit über eineinhalb Jahrhunderten diese Region.

Diese sozial-kulturelle Vielfalt hat über Generationen dem Ruhrgebiet nicht nur nicht geschadet, sie war vielmehr eine notwendige Voraussetzung für den wirtschaftlichen Aufschwung der Region. Ohne Zuwanderung, ohne die Kooperation und das Zusammenleben von Menschen aus unterschiedlichen Regionen und Kulturkreisen hätte es das Ruhrgebiet nie gegeben. Migrationsprozesse – dieses Mal als Abwanderungsprozesse – haben auch geholfen, den seit den 1960er Jahren einsetzenden Strukturwandel und die entsprechenden Anpassungsprozesse besser zu bewältigen. Wanderungsbewegungen und multi-kulturelles Zusammenleben können in der Zukunft ein enormes Innovations- und Entwicklungspotenzial bedeuten, wenn denn die verantwortlichen Akteure – Politiker, Verbände, Unternehmen, öffentliche Verwaltungen und alle Bewohner der Region – entsprechende Sicht- und Handlungsweisen entwickeln.

Im Folgenden[1] wird zunächst gezeigt, welche Bedeutung Wanderungsprozesse in das Ruhrgebiet und Pendelmigration zwischen dem Ruhrgebiet und anderen Regionen schon seit dem 19. Jahrhundert gespielt haben, und zwar nicht nur für die Arbeitskräftegewinnung, sondern vor allem auch für den Erwerb des notwendigen Produktionswissens. Die Menschen im Ruhrgebiet haben dabei – trotz durchaus vorhandener Spannungen und Konflikte – unaufgeregt, pragmatisch und sehr erfolgreich das bewältigt, was heute neumodisch *managingdiversity* genannt wird, also den Umgang mit sprachlicher und kultureller Vielfalt. Migration war auch von großer Bedeutung für die weitgehend sozialverträgliche Gestaltung des Strukturwandels seit den 1960er Jahren (Abschnitt 1). Richtet man den Blick in die Zukunft, so erscheint die ungeheure Vielfalt der Menschen im Ruhrgebiet als eine bisher nur unzureichend mobilisierte Quelle für Kreativität und grenzüberschreitende Entwicklungspotenziale. So wie ein genau zur Hälfte gefülltes Glas als halb voll oder halb leer wahrgenommen werden kann, so kommt es für die Zukunft auf die nüchterne Analyse der tatsächlichen Ressourcen und Chancen der Region an. Hierfür reicht ein nur auf das Ruhrgebiet beschränkter Blick nicht aus. Dieses sollte vielmehr stärker im globalen Zusammenhang und im Lichte globaler Debatten betrachtet werden (Abschnitt 2). Der große amerikanische Soziologe William Thomas hat es sinngemäß so ausgedrückt: Wenn Menschen eine Situation als real wahrnehmen, dann ist diese Situationseinschätzung auch real in ihren sozialen Konsequenzen. Gegenüber vielen anderen Regionen in Deutschland, Europa und in der Welt zeichnet sich das Ruhrgebiet durch die

---

[1] Ich danke Katharina Westerholt und Frank Borchers für hilfreiche Recherchen.

Vielfalt seiner Menschen – nach Herkunftsregionen, nach Sprache, nach Glaubensvorstellungen, nach kulturellen Orientierungen, auch nach Qualifikationen und Berufserfahrungen – aus. Vielfalt war bisher für das Ruhrgebiet ein – allerdings kaum beachteter – Vorteil. Sie kann es in Zukunft noch stärker sein, wenn die Potenziale von Diversität systematisch genutzt werden.

Wanderungen von Menschen, Wissen und Kultur im Ruhrgebiet

Beim Blick in die Geschichte des Ruhrgebiets wird meistens hervorgehoben, wie stark diese Region von *Ein*wanderung geprägt ist. Tatsächlich explodierte die Bevölkerung des Ruhrgebiets geradezu seit der zweiten Hälfte des 19. Jahrhunderts. Lebten um 1816/18 etwa 220.000 und im Jahre 1850 etwa 400.000 Menschen im Ruhrgebiet, so waren es 1905 ca. 2,6 Millionen und 1925 ca. 3,8 Millionen; die Bevölkerungszahl des Ruhrgebiets erreichte 1961 mit 5,67 Millionen ihren bisherigen Höhepunkt. Eine solche Wachstumsdynamik hat ihre Ursachen in erster Linie in massenhafter *Zu*wanderung. Dies darf aber den Blick nicht dafür versperren, dass das Ruhrgebiet schon immer von Wanderungsbewegungen *in beide Richtungen* geprägt war. Es fanden auch Abwanderungen und vielfältige Formen von Pendelwanderungen statt.

Ingenieursmigration als Wissenserwerb im 19. Jahrhundert

Ein zentraler Aspekt der Dynamik von Kohleförderung und Stahlproduktion im Ruhrgebiet des 19. Jahrhunderts ist die Migration von Menschen und Ideen über Ländergrenzen hinweg. Ob Friedrich Harkort, Friedrich Thyssen oder Alfried Krupp, die großen Entrepreneurs des Ruhrgebiets haben viele ihrer Ideen und einen nicht unerheblichen Teil des von ihnen mobilisierten Produktionswissens aus Belgien, Frankreich und vor allem aus England gewonnen. Zum einen wanderten weitsichtige Unternehmer und Ingenieure aus Deutschland selbst in die damals hoch entwickelten Industrieregionen, um sich schnellstmöglich das neueste produktionstechnische Wissen anzueignen. Zum anderen wurden Ingenieure und andere Fachkräfte aus diesen Ländern ins Ruhrgebiet geholt. Nicht wenige der Ruhrgebietsunternehmer hatten dabei von Anfang an nicht nur technische, sondern auch sozialpolitische Utopien; sie wollten nicht nur innovative Produkte und hocheffiziente Produktion, sondern auch vorbildliche Arbeitsverhältnisse und nachhaltige Lebensbedingungen für die Beschäftigten.

Friedrich Harkort, der in Wetter an der Ruhr eine große Maschinenfabrik aufbaute, kann als Beispiel dienen. Er studierte intensiv die englischen Erfahrungen

und kam zu dem Schluss, dass man »nur unter schnellster Benutzung der eng-
lischen Erfahrungen und Leistungen« in Deutschland industriell vorankommen
könne; er plädierte dafür, nicht nur englische Maschinen, sondern auch englische
Arbeiter nach Deutschland zu holen, denn: »jeder andere Weg dauert zu lange«.
Friedrich Harkort wollte dabei zusammen mit Heinrich Kamps im Ruhrgebiet
eine in jeder Beziehung vorbildliche Fabrik gründen. Nachdem der Standort
Wetter ausgemacht war, reiste Harkort im Juni 1819 nach England. Er wollte
Menschen und Maschinen einwerben und konnte erfolgreich – gegen den pro-
tektionistischen Kurs der englischen Regierung – modernste Technik und einen
englischen Ingenieur und Entrepreneur gewinnen. Auch Alfried Krupp unternahm ausgedehnte Erkundungsreisen in Europa. Er bereiste 1838/39 für mehr als
ein Jahr Frankreich und England und konnte dadurch neue Kunden gewinnen
und seine Produktionskenntnisse vertiefen.

Die Bedeutung der Einwanderung von Ingenieuren, Fachkräften und auch
nicht ausgebildeten, meistens aus agrarischen Verhältnissen stammenden Arbeitskräften für die wirtschaftliche Dynamik des Ruhrgebiets kann kaum überschätzt
werden (Wisotzky/Wölk 2010). Im Rhythmus der wirtschaftlich-industriellen
Entwicklung der Region kamen auch die Wellen der Arbeitsmigranten. Bis etwa
zur Reichsgründung kamen die Arbeitskräfte vor allem aus den umliegenden
Regionen wie dem Bergischen und dem Siegerland, Ausländer engagierten sich in
dieser Zeit vor allem als Ingenieure und Unternehmer. Zu diesen ausländischen
Wissensträgern und Investoren zählte z. B. der irische Wasserbauingenieur William Thomas Mulvany (1806–1885), der die Zechen Hibernia (in Gelsenkirchen),
Shamrock (in Herne) und Erin (in Castrop-Rauxel) gründete. Der belgische
Bohringenieur Joseph Chaudron (1822–1905) war Techniker und Unternehmer
im deutschen Bergbau und entwickelte zusammen mit dem sächsischem Inge-
nieur Karl Gotthelf Kind (1801–1873) das so genannte Kind-Chaudron-Schacht-
bohrverfahren und beteiligte sich an der Zeche Dahlbusch in Gelsenkirchen-
Rotthausen. Der belgische Bergingenieur Charles Détillieux (1819–1876) war
Mitbegründer der Zechen Rheinelbe und Alma in Gelsenkirchen (Rheinelbe
Bergbau AG). Ab den 1870er Jahren wanderten dann Tausende aus dem östlichen
Preußen ins Ruhrgebiet. Allein im Bergbau wuchs die Zahl der Beschäftigten
von 1850 bis 1913 von etwa 12.000 auf mehr als 444.000 Beschäftigte – eine Steigerung um das 37-Fache in nur drei Generationen! Die Geschichte des Ruhrge-
biets ist ein Beispiel dafür, dass dynamische Wirtschaftsregionen immer auch im
Fokus massiver Migrationsprozesse stehen. Dabei geht es nicht nur um eine nur
in eine Richtung weisende *Ein*wanderung – es handelt sich immer um komplexe

Austauschbeziehungen von Menschen, Ideen, Konzepten, Wissen und Kultur in *beide* Richtungen.

»Fremd ist der Fremde nur in der Fremde«

Für das aufstrebende Ruhrgebiet des 19. Jahrhunderts waren nicht nur die oben skizzierten transnationalen Wanderungsprozesse von technischen und wirtschaftlichen Eliten als Form raschen Wissenserwerbs bedeutsam. Auch die aus den unterschiedlichsten Regionen zuströmenden nicht technisch vorgebildeten Arbeiter brachten das Produktionswissen und die Handwerkstraditionen aus ganz Europa zusammen. Zudem hatten die Migrationsprozesse von Fach- und Führungskräften sowie von einfachen Arbeitern nicht nur eine Wissens-, sondern auch eine Kulturdimension. Bis Ende der 1860er Jahre speiste sich das Wachstum der Ruhrgebietsbevölkerung vorrangig durch »Nahwanderung« aus umliegenden Regionen. Die z. B. aus dem Oberbergischen Land, also aus weniger als hundert Kilometern Entfernung Zugewanderten, brachten andere Gewohnheiten, Begriffe und Ideen mit; sie wurden im Ruhrgebiet bis zur Mitte des 19. Jahrhunderts durchaus als Fremde wahrgenommen. Als die Arbeitskräftepotenziale der näheren Umgebung ausgeschöpft waren, warben z. B. die Bergbauunternehmen zunehmend Arbeitskräfte aus den preußischen Ostprovinzen Posen, Ost- und Westpreußen und Schlesien an. Polnische und masurische Arbeiter migrierten ins Ruhrgebiet am Ende des 19. Jahrhunderts bis zum Ersten Weltkrieg massenhaft ein; etwa eine halbe Million von ihnen lebte um 1910 im Ruhrgebiet.

Auch wenn ein Teil dieser Einwanderer die deutsche Staatsangehörigkeit hatte und trotz ihres katholischen Glaubens wurden auch diese Einwanderer vielfach als Fremde gesehen. Es stabilisierten sich vielfältige Kräftefelder unterschiedlicher Kulturen und Sprachen, die einerseits vergleichsweise unproblematisch mit- und nebeneinander lebten, andererseits aber auch ihre jeweils eigenen Lebenswelten und Verbandsstrukturen aufrecht erhielten oder sogar neu ausbildeten. Eigenständige sozial-kulturelle Milieus stabilisierten sich um religiöse, politische, soziale oder kulturelle Fragen; gleichzeitig gab es aber auch vielfältige Überlappungen dieser unterschiedlichen »sozialen Kreise« etwa durch die gemeinsame Arbeit, durch gemeinsame Organisationen wie die Gewerkschaften oder Kirchen und durch das Zusammenwohnen in der gleichen Stadt oder dem gleichen Stadtteil. In allen hier angesprochenen Dimensionen bildeten sich zum Teil unterschiedliche und zum Teil gemeinsame Aktivitäten und Lebensformen heraus. Dadurch war das Ruhrgebiet von Anfang an durch ein spannungsreiches Kräftefeld von

Vielfalt und Zusammenhalt, von sozialer Differenzierung und sozialer Integration geprägt. Weder das einfache Bild eines harmonischen und konfliktfreien »Schmelztiegels« noch die Vorstellung einer dauerhaften Ausgrenzung und Segregation kann dieses Kräftefeld angemessen erfassen.

Bezogen auf die polnische Einwanderung ins Ruhrgebiet wurde die damit verbundene Vielfalt eigener Organisationen (z. B. Gewerkschaften, katholische Messen) und Kultur (z. B. Sprache, Essen, Kleidung) von deutscher Seite eher als notwendiges Übel akzeptiert. Sie war nicht anerkannt im Sinne einer »Willkommenskultur«, wie dies in klassischen Einwanderungsländern wie den USA oder Brasilien eher der Fall war. In der alltäglichen Lebenspraxis bildete sich dann aber doch ein für das Ruhrgebiet typischer »modus vivendi« von friedlichem Neben- und Miteinander durchaus unterschiedlicher nationaler, ethnischer und sprachlich-kultureller Identitäten heraus. Das Ruhrgebiet kann in diesem Sinne als ein gelungenes Beispiel von »Zusammenhalt in Vielfalt« bzw. von »Vielfalt im Zusammenhalt« angesehen werden. Es zeichnet sich durch ein vergleichsweise konfliktarmes Zusammenleben von Menschen aus inzwischen fast 200 Ländern aus, wobei die unterschiedlichsten Formen und Grade differenter Lebensweisen praktiziert werden.

Der Ausspruch »Fremd ist der Fremde nur in der Fremde« von Karl Valentin verdeutlicht, dass es von den Zuwandernden und von den bereits an einem bestimmten Ort lebenden Menschen selbst abhängt, wie das Zusammenleben zwischen ihnen gestaltet und erfahren wird. Wenn Migrantinnen und Migranten als Außenseiter abgestempelt werden, erfahren sie und die »Einheimischen« den Migrationsprozess aller Voraussicht nach als Herausforderung, Irritation oder gar Störung. Werden Zugewanderte hingegen als ökonomische, soziale und kulturelle Bereicherung und als Erweiterung von Potenzialen wahrgenommen, so wird Fremdheit eher als Andersartigkeit und Lernchance gesehen. Das Ruhrgebiet zeichnet sich durch ein im Vergleich zu anderen Regionen Deutschlands, Europas und der Welt größtenteils gelungenes »Zusammenleben in Vielfalt« aus. Dieser »Zusammenhalt in Vielfalt« ist nicht Ergebnis von einmaliger Einwanderung, sondern von beständigen Prozessen des Ein- und Auswanderns von Menschen, Wissen und Ideen. Die Potenziale und Chancen dieser mehrdirektionalen Mobilitätsprozesse sind noch längst nicht vollständig erkannt, geschweige denn ausgeschöpft. Sie zeigen sich in der Rückschau bei der vergleichsweise erfolgreichen Bewältigung des Strukturwandels und für die Zukunft in den Innovationspotenzialen grenzüberschreitender Verflechtungen von sozialen, kulturellen und wirtschaftlichen Beziehungen.

Strukturkrise und Abwanderung im Schmelztiegel

Seit den 1960er Jahren hat in weniger als einer Generation die Montanindustrie im Ruhrgebiet ihre Funktion als Leitindustrie abgegeben, das Ruhrgebiet befindet sich auf dem Weg zu einer modernen Wissens-und Dienstleistungswirtschaft. Es gibt wohl keine Metropolregion auf der Welt, in der sich ein so drastischer Strukturwandel in vergleichsweise so kurzer Zeit und ohne dramatische soziale Verwerfungen vollzogen hat. Damit sollen keineswegs die wirtschaftlichen und arbeitskulturellen Herausforderungen und Krisen für Unternehmen und Beschäftigte schön geredet werden. Es darf aber als ein gemeinsames Verdienst von Politik, Unternehmen, Gewerkschaften und Beschäftigten gewertet werden, dass das Ruhrgebiet diesen Strukturwandel insgesamt ohne wilde Streiks, völlig pauperisierte Arbeitslose oder brennende Straßen und Autos bewerkstelligt hat.

Hierbei spielte die massenhafte Frühpensionierung und Rückwanderung von Arbeitsmigranten in die ehemaligen Anwerbeländer eine bisher nur ungenügend aufgearbeitete Rolle. Die Gewerkschaften, vor allem die ehemalige Industriegewerkschaft Bergbau und Energie, betonen zu Recht, dass nicht zuletzt aufgrund ihrer Arbeit kein Beschäftigter »ins Bergfreie« entlassen worden sei. Es war aber nicht nur die Politik von Sozialplänen, Umschulungen, Altersteilzeit und Frühverrentungen, die sozialen Konfliktstoff minderte und die Arbeitslosenzahlen nicht in der gleichen Weise in die Höhe trieb, wie dies aus anderen europäischen Montanregionen bekannt ist. Die Strukturkrise des Ruhrgebiets wurde auch dadurch »gemeistert«, dass sehr viele Migrantinnen und Migranten aufgrund fehlender Beschäftigungsperspektiven und/oder von für sie attraktiven Rückkehrbeihilfen in ihre Herkunftsländer zurückwanderten. Auch hier zeigt sich, dass Migrationsprozesse – zumindest für einen erheblichen Teil der Betroffenen – immer in mehrere Richtungen weisen und als komplexe mehrdirektionale Wanderungen zu untersuchen sind.

Die Strukturkrise von Kohle und Stahl im Ruhrgebiet traf die zugewanderten »Gastarbeiter« und deren Kinder als Menschen »mit Migrationsgeschichte« überdurchschnittlich stark. Die aus den Anwerbeländern im Rahmen der Gastarbeiterprogramme Zugewanderten – die ja allesamt nach den Kriterien der aufnehmenden Bundesrepublik Deutschland ausgewählt worden waren! – wiesen im Vergleich zur restlichen Bevölkerung des Ruhrgebiets eine geringere Schulbildung und weniger berufliche Kenntnisse und Ausbildungen auf. Die »Gastarbeiter« konzentrierten sich in den Branchen, die seit den 1970er Jahren am stärksten von Beschäftigungsabbau betroffen waren. Die berufliche Mobilität dieser Migranten gruppen war sehr stark auf industriell-manuelle Tätigkeiten beschränkt – diese aber verloren im Zuge des Übergangs zu wissensbasierter und Dienstleistungs-Wirtschaft an Gewicht. Ein Fünftel bis ein Viertel der im Bergbau in den 1970er Jahren Arbeitenden waren Ausländer, vor allem aus der Türkei. Die vergleichsweise geringe Bildung und die Konzentration in Arbeitstätigkeiten und Branchen mit besonderen Struktur- und Schrumpfungsproblemen erklärt die überdurchschnittlichen Arbeitslosenraten vieler Migrantengruppen. Migration ist nicht die Ursache für Arbeitslosigkeit, sondern Element einer spezifischen Risikokonstellation.

Angesichts dieser Dramatik und Konzentration von Risiken in bestimmten Bevölkerungsgruppen ist es umso erstaunlicher, dass es im Ruhrgebiet in den vergangenen dreißig Jahren nicht zu überdurchschnittlichen oder bemerkenswerten kollektiven oder individuellen sozialen Konflikten gekommen ist. Hiermit soll keineswegs die durchaus Besorgnis erregende Konzentration von spezifischen Problemzonen und Problemgruppen für Bildung, Familie und Arbeitsmarkt geleugnet werden. Ein erheblicher Teil der als »Gastarbeiter« Angeworbenen holte die Familie nach. Ähnlich wie die Familien anderer sozialer Unterschichtengruppen sind diese oft durch viele Kinder, Bildungsarmut und schlechte Gesundheit charakterisiert. In den letzten Jahrzehnten hat eine »Unterschichtung« der Gesellschaft in Deutschland durch Zuwanderer mit überwiegend niedriger Qualifikation stattgefunden, wobei das geringe Bildungsniveau häufig – trotz hoher Bildungsaspirationen – an die nächste Generation »sozial vererbt« wird. Dies gilt für das Ruhrgebiet in besonderem Maße.

Dabei ist aber die Tatsache zu betonen, dass das soziale Merkmal »Migrationsgeschichte« nicht die *Ursache* für gesellschaftliche Problemlagen ist, sondern in erster Linie ein Indikator für die Kombination und Konzentration bestimmter sozialrelevanter individueller Merkmale. Menschen mit Migrationsgeschichte sind nicht überdurchschnittlich häufig von Arbeitslosigkeit betroffen, weil sie fauler oder dümmer sind oder weil ihre Glaubensvorstellungen oder ihr Ehrenkodex anders sind. Sie sind eine besondere Risikogruppe, weil sie in Elternhäusern mit vergleichsweise niedrigem Bildungsstand aufwuchsen, häufig erst spät oder gar nicht in den Kindergarten geschickt wurden, in der Schule ihre herkunftsspezifischen (z. B. Sprach-) Defizite nicht systematisch kompensiert wurden, die herausragende Bedeutung einer guten beruflichen Ausbildung (auch jenseits einer akademischen Karriere) nicht hinreichend familiär verankert war und sie vornehmlich in Stadtteilen aufwuchsen, in denen nur wenige der Mitbewohner (auch derjenigen ohne Migrationsgeschichte) ihnen andere Orientierungen und Arbeitsmarktstrategien vorgelebt hätten.

Tauscht man aber diese »Defizitbrille« gegen eine »Stärkenbrille« aus, so zeigt sich etwa, dass die Bildungsaspirationen in Familien mit Migrationsgeschichte sehr stark entwickelt sind. Viele Studien zeigen, dass Migranten im Durchschnitt höhere Erwartungen an die Bildungskarriere ihrer Kinder haben als diejenigen, die nicht gewandert sind. Diese hohen Erwartungen können aber nicht immer umgesetzt werden – zum Teil aufgrund fehlender Qualifikationen der Betroffenen, zum Teil wegen fehlender Hilfestellungen durch öffentliche Stellen. Gegen eine vornehmlich auf Defizite ausgerichtete Sichtweise spricht auch die Tatsache, dass die Segregation, also die räumliche Konzentration von Bevölkerungsgruppen mit spezifischen sozialen Risiken und Problemlagen, in Deutschland und auch im Ruhrgebiet im Vergleich zu den meisten anderen großen Einwanderungsländern insgesamt weniger stark ausgeprägt ist. Die ausländische Wohnbevölkerung verteilt sich in Deutschland trotz starker Konzentration auf Großstädte im Vergleich zu anderen Ländern sehr stark auch auf kleinere Städte und ländliche Regionen. Die Hälfte aller Ausländer lebte zu Beginn des ersten Jahrzehnts des 21. Jahrhunderts in Städten mit weniger als 100.000 Einwohnern. Im Gegensatz zu vielen Städten in anderen Ländern stellte keine einzelne Nationalität mehr als ein Zehntel der gesamten Wohnbevölkerung in deutschen Städten. Auch für das Ruhrgebiet gilt: Selbst bei stärkerer räumlicher Konzentration von Menschen mit Migrationsgeschichte auf Stadtteilebene leben in aller Regel Migrantinnen und Migranten mit sehr unterschiedlichen Nationalitäten, Sprachen und Glaubensvorstellungen zusammen. Die durchaus sicht- und nachweisbare Anhäufung bestimmter Migrantengruppen in Städten und Stadtteilen sollte insgesamt stärker als Ausdruck und Chance für multikulturelles Zusammenleben gesehen werden. Dies wird in Zukunft zu einem immer bedeutsameren Standortfaktor: Sozio-kulturelle Vielfalt zieht kreative und hochqualifizierte Menschen an.

Kreativitäts- und Wachstumspotenziale von Pendelmigration

Mehrdirektionale Migration war nicht nur – wie an der Geschichte des Ruhrgebiets gezeigt – in der Vergangenheit eine wichtige Quelle für Wissenserwerb und Wachstumsdynamik und für die Krisenbewältigung des Ruhrgebiets. Die gegenwärtige soziale und kulturelle Vielfalt der Region als Ergebnis der skizzierten Wanderungsbewegungen kann vor allem für die Zukunft als ein enormes Potenzial verstanden werden. Hochqualifizierte und kreative Menschen wollen, so zeigen verschiedene Studien, in einem Umfeld von Vielfalt, Toleranz und sehr guter Infrastruktur leben. Die Diversität des Ruhrgebiets nach den Herkunfts-

221

ländern seiner Bewohner hat sich in den letzten Jahrzehnten erheblich erweitert. Dies kann als ein Anzeichen für die erfolgreiche Überwindung der Periode gewertet werden, die durch wenig ausgebildete »Gastarbeiter« aus den Anwerbeländern dominiert war.

Kreativität und Vielfalt als Potenzial

Betrachtet man die Zusammensetzung von Migrantinnen und Migranten nach Herkunftsländern, so zeigen sich für Deutschland, Nordrhein-Westfalen und das Ruhrgebiet (wie übrigens für fast alle Länder der Welt) einerseits ein zunehmender Anteil von Menschen mit Migrationsgeschichte an der Wohnbevölkerung und andererseits eine Zunahme der Anzahl der Herkunftsländer dieses Bevölkerungsteils. Die kulturelle und Herkunfts-Vielfalt nimmt also in doppelter Weise zu: als relativer Anteil an der Gesamtbevölkerung und in der internen Zusammensetzung der Migrierenden und Zugewanderten. Für das Ruhrgebiet lässt sich diese Ausdifferenzierung der Zusammensetzung der Wohnbevölkerung nach Herkunftsländern gut veranschaulichen (vgl. Abb. 1). Der Anteil der Zuwanderer,

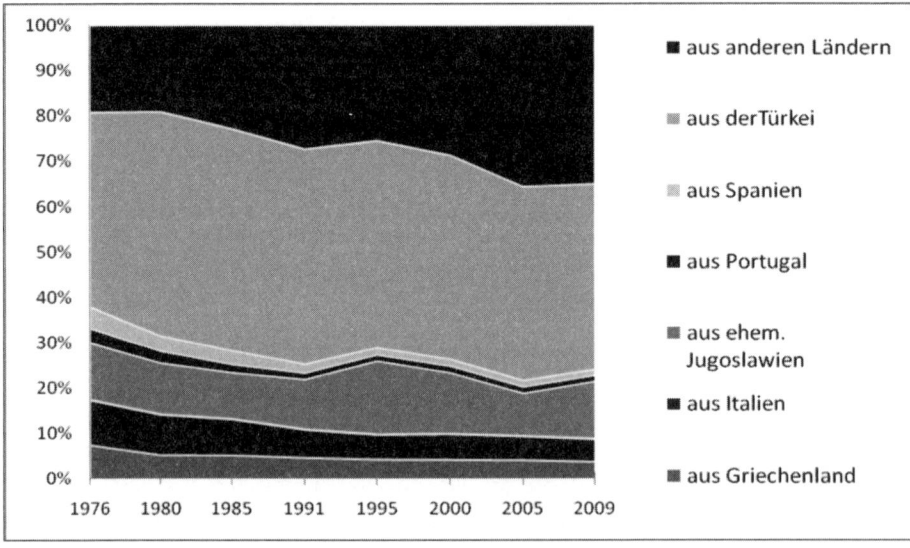

Abb. 1: Ausländische Bevölkerung im Ruhrgebiet (RVR) nach Herkunftsland (1976–2009)
Quelle: Eigene Zusammenstellung nach Landesamt für Datenverarbeitung und Statistik, NW;
Ausländerzentralregister beim Bundesverwaltungsamt, Köln; RVR-Datenbank.

die aus anderen als den sechs klassischen Anwerbeländern Griechenland, Italien, (ehemaliges) Jugoslawien, Portugal, Spanien und Türkei im Ruhrgebiet ansässig waren, betrug 1976 nur 19 Prozent. Im Jahre 2009 waren es bereits 35 Prozent.

Im Ruhrgebiet war besonders die Zuwanderung aus Polen von großer Bedeutung, was wiederum auf die komplexen sozialen Netzwerke verweist, die über viele Generationen zwischen diesen Regionen gewachsen sind. Gerade für Migrationsprozesse mit Polen zeigen sich vielfältige mehrdirektionale und transnationale Wanderungen. Es handelt sich häufig um Pendelmigration im Wochen-, Monats oder Saisonrhythmus. Neuerdings ist in diesem Zusammenhang auch häufig von zirkulärer oder transnationaler Migration die Rede. Diese kann unter bestimmten konjunkturellen, persönlichen und institutionellen Voraussetzungen auch zu dauerhafter Einwanderung werden. Die im Ruhrgebiet über mehr als eineinhalb Jahrhunderte gelebte Vielfalt durch Migrationsprozesse weist weiterhin eine beachtliche Dynamik auf. Auch wenn das Erbe der montanindustriellen »Gastarbeiter«-Wanderungen noch immer gewichtig ist, so zeigt sich doch auch seit den 1980er Jahren eine Ausdifferenzierung der Herkunftsländer und Zuwanderer. Gleichzeitig ist festzustellen, dass Nordrhein-Westfalen und das Ruhrgebiet diese (wachsende) Vielfalt als weltoffene und relativ tolerante Region leben. Nimmt man den Anteil von Ausländern an der Gesamtbevölkerung, den Anteil von rechtsextremen Parteien bei Bundestagswahlen, die Zustimmung zu fremdenfeindlichen Äußerungen und den Anteil künstlerischer Berufe, so zeigt sich Nordrhein-Westfalen als das nach den drei Stadtstaaten Berlin, Hamburg und Bremen toleranteste Bundesland in Deutschland (Agiplan 2010). Die über viele Generationen im Ruhrgebiet gewachsene Vielfalt von Kulturen und deren vergleichsweise konfliktarmes und tolerantes Zusammenleben können eine erhebliche Chance für nachhaltige Standortentwicklungen in der Zukunft sein.

Schon jetzt versuchen in Nordrhein-Westfalen im Vergleich zu anderen Bundesländern wesentlich mehr Menschen mit Migrationsgeschichte eine Existenzgründung. Im Ruhrgebiet liegt die Selbstständigenquote allerdings hinter anderen Städten wie Nürnberg oder Berlin weit zurück. Innerhalb von NRW weist die Rheinschiene eine über dem NRW-Durchschnitt liegende Gründungsaktivität von Menschen mit Migrationsgeschichte auf, während das Ruhrgebiet hier nur unterdurchschnittliche Werte aufweist. Die bereits erwähnte montanindustrielle »Gastarbeiter«-Tradition zeigt sich im Ruhrgebiet auch noch bei dem Unternehmensgründungsverhalten. Während z.B. mehr als die Hälfte der an der Ruhr ansässigen Briten selbstständig sind und die Quote der Existenzgründungen bei polnischen Migrantinnen und Migranten weit überdurchschnittlich ist, liegen die Gründungsquoten etwa bei Italienern oder Türken zwar über denen der Deutschen, allerdings unter dem Durchschnitt aller Ausländer. Durch politisch-institutionelle Faktoren (Information, Anerkennung von Abschlüssen etc.) kann das Gründungspotenzial von Menschen mit Zuwanderungsgeschichte erheblich erweitert werden. Die Förderung von Unternehmensgründungen kann dabei nicht nur regionale wirtschaftliche Dynamik unterstützen. Unternehmer mit Migrationshintergrund und »ethnisches Unternehmertum« bergen auch zusätzliche Chancen in einer sich globalisierenden Welt.

Transnationale Migration und »ethnisches Unternehmertum«

Internationale Migrationsprozesse wurden lange Zeit fast ausschließlich als uni-direktionale und einmalige Ortswechsel von einem Herkunfts- in ein Ankunfts-land verstanden. Ein Teil grenzüberschreitender Wanderungen sind aber eher als vorläufige, kurzfristige oder vorübergehende Ortsveränderungen gedacht. Migration erfolgt immer häufiger als zirkuläre oder als Pendelmigration. Bei transnationaler Migration besteht im Hinblick auf alltagsweltliche Sozialzusammenhänge und Lebensstrategien ein relatives Gleichgewicht zwischen der Herkunfts- und der Ankunftsregion (Pries 2008). Viele unternehmerische Aktivitäten von Menschen mit Migrationshintergrund basieren auf deren besonderen Kenntnissen und Fähigkeiten im Hinblick auf kulturelle, soziale, politische und ökonomische Wertorientierungen und Präferenzen ihrer »Landsleute«. Die Gründungs- und Erfolgsgeschichte des deutsch-türkischen Tourismusunternehmens *Öger Tours* ist ein gutes Beispiel für den Zusammenhang von solchen Transnationalisierungs-prozessen, ethnischem Unternehmertum sowie einer genuin transnationalen Karriere.

Vural Öger, 1942 in eine Offiziersfamilie geboren, lebte zunächst in Ankara und später in Istanbul. Mit 18 Jahren kam er für einen Sprachkurs und ein anschließendes Ingenieurstudium, das er 1968 erfolgreich beendete, an die TU Berlin. Schon während des Studiums entdeckte er eine Marktlücke bei Fern-flugangeboten für türkische Arbeitsmigranten. Diese waren häufig flugunerfahren, misstrauisch gegenüber den für sie nicht verständlichen und teuren regulären Linienflügen, die zudem als Direktflüge nur zwischen einigen deutschen Groß-städten und sehr wenigen türkischen Großstädten ohne weiterführende Bus- oder Bahnlogistik verkehrten. Als Vural Öger ab 1969 Heimflüge für türkische »Gastarbeiter« anbot, gründete sein Erfolg letztendlich auch darauf, dass er die Ängste und Befürchtungen seiner türkischen Kunden in Bezug auf das Fliegen ernst nahm und selbst jedes Wochenende mit in die Türkei flog; seine Kunden konnten sich auf die Sicherheit und den Service der Flüge verlassen und in ihrer eigenen Muttersprache an Bord den Reisedienstinhaber kontaktieren. In den 1970er Jahren baute Vural Öger dann weitere Reisebüros in vielen Städten mit einer hohen Konzentration türkischer Arbeitsmigranten auf und gründete 1982 die Öger Tours GmbH in Hamburg. Als viertgrößtes Tourismusunternehmen auf dem deutschen Markt wird Öger Tours gegenwärtig häufig als ein Unternehmen zitiert, welches sich ausgehend von einer Nischenposition (Flugreisen für türkische Arbeitsmigranten) erfolgreich auf dem Tourismusmarkt allgemein (Anbieter preiswerter Urlaube für nicht vorrangig ethnisch definierte Klientelgruppen) platzieren konnte.

Vor dem Hintergrund seines unternehmerischen Erfolges gründete Vural Öger 1998 die Deutsch-Türkische Stiftung mit dem Ziel, die Verständigung zwischen den beiden Ländern zu fördern. Nachdem er 2002 in die Zuwanderungskommission der Bundesregierung berufen wurde, war er seit 2004 als Europaabgeordneter für die SPD im Europaparlament vertreten. Vural Öger versteht sich selbst durchaus als transnationalen Europäer und betont die Gemeinsamkeiten der europäischen Geschichte. Schon seit seiner Studienzeit in Deutschland begegnete er immer wieder Migranten aus der Türkei, die für ihren Aufenthalt in Deutschland nur einige Jahre vorgesehen hatten. Ähnlich wie bei ihm selbst wurde hieraus ein immer längerer Aufenthalt, allerdings ohne einen völligen Bruch der sozialen, kulturellen, emotionalen, wirtschaftlichen und politischen Bezüge zur Türkei. Sein Vater erwartete von Vural Öger, dass er in die Türkei zurückkehren würde, um dort an der Entwicklung des Landes mitzuarbeiten. Vural Öger begann seine Unternehmerkarriere auf der Basis komplexen kulturellen Wissens über die türkische und die deutsche Gesellschaft. Sein zunächst auf eine ethnisch geprägte Marktnische ausgerichtetes Unternehmen hat sich im Weiteren aus dieser Nische herausentwickelt. Gleichzeitig hat Vural Öger selbst seine transnationale Identität eher gefestigt; er versteht sich als »Deutscher mit großem türkischem Herzen«.

Das Beispiel zeigt, dass die Bedeutung des ethnischen Unternehmertums für die Inkorporation von Migranten, für die gesellschaftliche Integration und auch für wirtschaftliche Entwicklung in den Herkunfts- und Ankunftsländern von Migranten kaum überschätzt werden kann. Vieles deutet darauf hin, dass eine »Inkorporation durch Verschiedenheit« im Rahmen des ethnischen Unternehmertums einen möglichen Pfad der sozio-ökonomischen Eingliederung in die deutsche Gesellschaft darstellt. Es werden aber auch Risiken und Gefahren von transnationalen ethnisch eingefärbten Wirtschaftsaktivitäten und des ethnischen

Unternehmertums sichtbar. Diese reichen von prekären Arbeits- und Beschäftigungsbedingungen auf der individuellen Ebene bis hin zu kriminellen Formen von transnationalem Unternehmertum, welches sich in der einen oder anderen Weise ethnischer Selbst- und Fremdzuschreibungen bedient.

Trotz der durchaus bestehenden Gefahren kann transnationale Migration und ethnisches Unternehmertum gerade für das Ruhrgebiet eine wichtige Chance bedeuten. Die Türkei erlebte in den letzten Jahren ein dynamisches Wirtschaftswachstum in industriellen und Dienstleistungssektoren. Transnationales Unternehmertum kann von solchen Entwicklungsdynamiken häufig schneller profitieren als solche Unternehmen, die mit den jeweiligen Landesbedingungen nur wenig vertraut sind. Auf diese Weise können die Herkunfts- und die Ankunftsregionen von Migranten eine positive Entwicklung nehmen. Dies gilt nicht nur für die Tourismusbranche, sondern z. B. auch für Automobilzuliefer- und Bekleidungsunternehmen, die in der Türkei fertigen und sich in Deutschland auf türkischstämmige Zuwanderer und in der Türkei auf Rückkehrmigranten stützen können. Nicht wenige Hochqualifizierte und Akademiker mit türkischer Migrationsgeschichte« haben inzwischen durch »Rückkehr« in das oder Pendeln zu dem Land ihrer Eltern oder Großeltern an diesen Wachstumsprozessen teilgenommen. Ähnliches gilt schon heute und wird zukünftig noch bedeutsamer für viele mittel- und osteuropäische Länder. Pendelmigration ist aber nicht nur für die aktive Erwerbsbevölkerung von wachsender Bedeutung, sie betrifft immer mehr auch ältere Menschen mit und ohne Migrationsgeschichte.

Pendelmigration älterer Menschen als Chance

Auch in der Bevölkerung mit Migrationshintergrund nimmt der Anteil älterer Menschen zu. Das Statistische Bundesamt konstatiert, dass die Geburtenhäufigkeit bei ausländischen Frauen seit 1991 um 17 Prozent zurückgegangen ist, und geht davon aus, dass sich dieser Trend fortsetzen und langfristig zu einer Angleichung der Geburtenraten von Migrantinnen und deutschen Frauen auf niedrigerem Niveau führen wird. In Kombination mit einer gleichzeitig steigenden Lebenserwartung ist also davon auszugehen, dass auch die Bevölkerung mit Migrationsgeschichte zeitversetzt einem ähnlichen demographischen Wandel unterliegen wird wie die deutsche Mehrheitsbevölkerung ohne Migrationshintergrund. Lange Zeit wurde dieser Aspekt der Alterung der Migranten kaum zur Kenntnis genommen. Besonders hoch ist der Anteil der Alten in der Gruppe der Migranten, die Staatsangehörige ehemaliger Anwerbestaaten sind. Bei diesen handelt es sich vor allem um Arbeitsmigranten und deren nachgezogene Familienangehörige. Wie bereits gezeigt, ist diese Gruppe im Ruhrgebiet besonders stark vertreten.

Trotz des auch in der migrantischen Bevölkerung stattfindenden demographischen Wandels waren ältere Migranten lange Zeit kein Thema in Wissenschaft und Politik. Häufig wird immer noch angenommen, es gebe vor allem eine »junge« Migrantenbevölkerung. Hinzukommt die lange von der Mehrheitsgesellschaft und den Migranten selbst geteilte »Illusion der Rückkehr«. Im »Gastarbeiter«-Konzept ist das Altern von Migrantinnen und Migranten nicht vorgesehen. Selbst wenn alternde Migrantenpopulationen in Rechnung gestellt werden, wird vielfach immer noch selbstverständlich davon ausgegangen, dass diese im Bedarfsfall von ihren Familienangehörigen gepflegt werden. Entgegen diesem »Mythos der harmonischen Gastarbeiter-Großfamilie« leben auch bei den älteren Menschen mit Migrationsgeschichte immer mehr allein und sind auf öffentliche Unterstützungsangebote angewiesen.

Seit einiger Zeit hat nun ein Umdenkprozess begonnen: In Berlin-Kreuzberg wurde im Dezember 2006 das erste türkische Altenpflegeheim in Deutschland eröffnet, um den spezifischen Bedürfnissen älterer pflegebedürftiger Migranten gerecht zu werden. Das Multikulturelle Seniorenzentrum »Haus am Sandberg« des Deutschen Roten Kreuzes in Duisburg setzt auf interkulturelle Organisationsentwicklung, beschäftigt Mitarbeiter aus der Türkei, Russland, Italien, Polen und anderen Ländern und hält für die Bewohner Gebetsräume für Christen und Muslime, eine internationale Bibliothek und weitere multikulturelle Angebote bereit. Im Jahr 2006 schlossen sich verschiedene Verbände und Organisationen aus dem Bereich der Altenhilfe und Migrationsarbeit zu einem Forum für eine kultursensible Altenhilfe zusammen, um die Diskussion über die interkulturelle Öffnung der Altenhilfe voranzutreiben. Aus diesem Bündnis heraus entstand auch ein »Memorandum für eine kultursensible Altenhilfe«, in dem der Aspekt betont wird, »dass eine pflegebedürftige Person entsprechend ihrer individuellen Werte, kulturellen und religiösen Prägungen und Bedürfnisse leben kann«.

Im Zuge des demographischen Wandels werden nicht nur Ältere generell, sondern auch ältere Migranten vermehrt als Wirtschaftsfaktor entdeckt. Es wird geschätzt, dass sich der Anteil von Ausländern über 50 Jahren an der Gesamtbevölkerung bis 2015 von zwei auf vier Prozent verdoppeln wird. Damit gerät diese Personengruppe immer stärker auch als Wirtschaftsfaktor, z. B. als relevante Nachfrager nach altersbezogenen und kultursensiblen Dienstleistungen in den Blick. Aufgrund zu großer Unsicherheitsfaktoren für die Berechnung der genauen Auswirkungen dieses Wirtschaftsfaktors – wie etwa Entwicklungen am Arbeitsmarkt, Strukturwandel und Produktivitätssteigerungen, aber auch migrationsspezifische Faktoren wie die Entwicklung der Rückkehrmigration, bzw. verstärkte Pendelmigration – sind genaue Prognosen über die zukünftige Entwicklung schwierig. Wegen der wachsenden Bedeutung dieses Bereiches sind weitere Forschungen hier besonders wichtig.

Die bisherigen Betrachtungen gingen von weitgehend dauerhaft und stabil in einem Land – hier konkret Deutschland bzw. dem Ruhrgebiet – lebenden älteren Menschen aus. Tatsächlich gibt es aber durchaus einen nicht zu unterschätzenden Anteil von Arbeitsmigranten, die als Ruheständler ein grenzüberschreitendes Leben zwischen Orten in verschiedenen Ländern führen. Eine solche grenzüberscheitende Lebensstrategie beinhaltet im Extremfall ein häufiges Pendeln zwischen Ländern und oft auch zwischen Teilen der eigenen Familie, die in Deutschland und anderen, die im Herkunftsland dauerhaft leben. Transnationale Lebenspraxis von Ruheständlern kann aber auch beinhalten, in einem sehr intensiven dauerhaften Kommunikationskontakt zu Familienmitgliedern entweder in Deutschland oder im Herkunftsland (je nach eigenem relativ festen Wohnort) zu stehen. Transnationale Lebenspraxis kann sich auch dadurch äußern, dass beachtliche Ressourcen über die Grenzen hinweg regelmäßig einseitig verschickt oder ausgetauscht werden. Hierzu können Geldzahlungen genauso gehören wie die Übernahme von bestimmten Aufgaben und Arbeiten (etwa: Haus einhüten; Garten- oder Feldbestellungen). Schließlich kann eine solche transnationale Lebenspraxis auch die Betreuung von Familienmitgliedern, die aus einem andern Land »geschickt« wurden, oder aber eine zeitweilige Wohnsitzänderung wegen Behandlung von Krankheiten beinhalten.

Ein erster Anhaltspunkt für solche transnationalen Lebensweisen sind die grenzüberschreitenden Ressourcenflüsse älterer Menschen, die durchaus von beachtlicher und wahrscheinlich steigender Bedeutung sind. So zeigen die Berichte der Deutschen Rentenversicherung, dass die an Ausländer in das Ausland gezahlten Renten von 855.000 (1992) auf 1,4 Millionen (2005) angestiegen sind. Mit fast der gleichen Rate stiegen auch die Rentenauszahlungen an Ausländer in Deutschland. Dies spiegelt die Tatsache wider, dass in zunehmendem Umfang auch Menschen mit Migrationshintergrund ins Rentenalter eintreten. Gleichzeitig stieg die Anzahl von Rentenzahlungen an Deutsche ins Ausland von 115.000 (1992) auf 170.000 (2005) ganz erheblich an, nämlich um etwa die Hälfte. Schon diese Zahlen verdeutlichen, dass das Thema Altern und Ruhestand und vor allem die damit verbundenen Ressourcenflüsse aus Rentenzahlungen und für

Gesundheitsdienstleistungen immer stärker in einem globalen Zusammenhang betrachtet werden müssen. Betrachtet man für ausgewählte ehemalige Anwerbestaaten – Griechenland, Italien, Spanien und die Türkei – die Anzahl der insgesamt ins Ausland ausgezahlten Renten, so zeigt sich die im Jahre 2006 (zum 31. Dezember) immer noch überragende Bedeutung der frühen Anwerbeländer Italien und Spanien. Nach Angaben der deutschen Rentenversicherung wurden von insgesamt etwa 1,3 Millionen ins Ausland ausgezahlten Renten nur etwas mehr als 43.000 in die Türkei gesandt.

Die Zunahme grenzüberschreitender Rentenzahlungen verweist zwar darauf, dass auch Alter und Ruhestand zukünftig immer mehr in einem internationalen Kontext betrachtet werden müssen – sie allein sind jedoch noch kein Beleg für die Zunahme transnationaler Lebenspraxen. Allerdings besteht offenbar bei vielen älteren Migranten der Wunsch, sich nicht zwischen Deutschland und ihrem Herkunftsland entscheiden zu müssen, sondern zwischen beiden zu pendeln und die Vorteile beider Länder zu nutzen. Die Leiterin des oben bereits erwähnten türkischen Altenpflegeheims sagt über die Bewohner, dass diese zwischen Deutschland und der Türkei pendeln, bis sie aus Gesundheitsgründen nicht mehr könnten. Diese Mobilität sieht sie als eine Ressource, die viele gleichaltrige Deutsche nicht haben. Transnationale Migration älterer Migranten ist offenbar ein recht verbreitetes Phänomen, es liegen hierzu aber bisher keine repräsentativen Studien vor. Insbesondere wäre zu erforschen, wie die soziale Absicherung für ältere Transmigranten verbessert und die Altenhilfe für ältere Migranten mit grenzüberschreitenden Lebensentwürfen nutzbar gemacht werden kann. Weiterhin wäre es interessant, auch transnationale Migration älterer Menschen aus anderen Herkunftsländern als der Türkei zu untersuchen. Darüber hinaus wären auch quantitative Studien wünschenswert, die sich mit den volkswirtschaftlichen Folgen für die Herkunfts- und Ankunftsländer beschäftigen. Für das Ruhrgebiet könnten so eine reine »Defizitperspektive« überwunden und neue Wachstumsstrategien entwickelt werden.

Vielfalt als Vorteil

Das Ruhrgebiet ist ein Produkt grenzüberschreitender Wanderungsprozesse von Menschen, Ideen und Wissen. Ohne diese Migration gäbe es das Ruhrgebiet nicht. Sie hat zu einem kreativen Spannungsfeld unterschiedlicher Kulturen, Sprachen und Traditionen geführt. Diese reale Vielfalt geht mit einer Fülle globaler Verflechtungen einher, die von den transnationalen alltagsweltlichen Sozialbeziehungen der Menschen mit Migrationshintergrund bis zu den grenzüberschreitenden Wertschöpfungsketten von Unternehmen reichen. Das Ausmaß dieser globalen Verflechtungen ist für kaum ein anderes Land ähnlich hoch wie für Deutschland. Wie kaum ein anderes Land hat Deutschland von der Globalisierung der letzten drei Jahrzehnte profitiert, durch Exporte und durch Sicherung von Beschäftigung. Weder die USA noch Frankreich oder China sind so stark von diesen globalen Wirtschafts- und Sozialbeziehungen abhängig wie Deutschland. Für das Ruhrgebiet sind grenzüberschreitende Austauschbeziehungen von Anbeginn existentiell gewesen. Das Ruhrgebiet steht aber auch exemplarisch für die Herausforderung, von der Dominanz der industriellen Produktion auf die Dienstleistungs- und Wissensökonomie als Leitbranchen umzuschalten.

Mit dem Übergang von der Industrie- zur Wissensgesellschaft ist ein grundlegender Paradigmenwechsel verbunden, der bisher nur unzureichend reflektiert wurde: Ging es im industriellen Kapitalismus vordringlich um das richtige Management von technisch-stofflichen Fertigungsprozessen, so wird die Zukunft vom angemessenen Management der Mobilität von Menschen und Wissen bestimmt. In agrarischen Gesellschaften bestimmte die Organisation von Bewässerung, Bodenbearbeitung und Erbfolgeregelung weitgehend die Entwicklungsmöglichkeiten. In der Industriegesellschaft wuchs der gesellschaftliche Reichtum in erster Linie mit der Fähigkeit, materielle Produktionsprozesse auf der Grundlage technischen Wissens und beruflichen Könnens systematisch zu organisieren (Standardisierung, Arbeitsteilung, Massenproduktion etc.).

In der Wissensgesellschaft hängt der Reichtum von Regionen in erster Linie von ihrer Attraktivität für kreative und innovative Menschen ab und von der Fähigkeit, die kreativen Netzwerke von Menschen und Wissen angemessen zu organisieren. Während der »Wohlstand der Nationen« im Zeitalter des industriellen Kapitalismus weitgehend von der optimalen Organisation örtlich gebundener Produktionsressourcen (technische Anlagen und Arbeitskräfte) bestimmt war, kommt es in der Wissens- und Dienstleistungsgesellschaft in zunehmendem Maße auf die Schaffung nachhaltiger und attraktiver Lebens- und Arbeitsbedingungen für mobile hochqualifizierte Menschen an.

Das Ruhrgebiet hat in dieser Hinsicht Entfaltungsmöglichkeiten, die bisher nur ansatzweise überhaupt in den Blick genommen wurden. Hierzu zählen zuvorderst die gewachsene Arbeits- und Lebenskultur eines »Zusammenhalts in Vielfalt« sowie die damit verbundenen realen grenzüberschreitenden Sozialbeziehungen. Die hier lebenden Menschen aus etwa 180 verschiedenen Ländern sind gleichzeitig eine enorme Chance, an der Wirtschafts- und (Aus-)Bildungsentwicklung der entsprechenden Herkunftsregionen teilzuhaben. Das Ruhrgebiet zeichnet sich aber auch durch viele hier ansässige grenzüberschreitend tätige Unternehmen und durch Möglichkeiten der Stärkung migrantischen Unternehmertums aus. Die Chancen der bestehenden und der potenziellen globalen Verflechtungsbeziehungen sind bisher nur wenig ausgeleuchtet worden. Die in das und aus dem Ruhrgebiet verlaufenden Wanderungsbewegungen sind schon heute ein Teil der neuen transnationalen Wissenskultur des 21. Jahrhunderts.

Literatur

Agiplan (2010): Kreative Klasse in Deutschland 2010. Technologie, Talente und Toleranz stärken Wettbewerbsfähigkeit – eine Chance für offene Städte und Kreise. Mülheim an der Ruhr: agiplan.

Pries, Ludger (2010): Familiäre Migration in Zeiten der Globalisierung. In: Fischer, V./Springer-Geldmacher, M. (Hrsg.), Migration und sozialpädagogische Arbeit mit Familien. Schwalbach: Wochenschau Verlag.

Pries, Ludger (2008): Die Transnationalisierung der sozialen Welt. Frankfurt/M.: Suhrkamp.

Klaus Wisotzky/Ingrid Wölk (Hrsg.) (2010): Fremd(e) im Revier!? Zuwanderung und Fremdsein im Ruhrgebiet. Essen: Klartext.

Recep Keskin

Chancen nutzen!
Erfolgreiche Migranten fordern die Gesellschaft heraus

Geboren wurde ich 1949 in einem kleinen Dorf, namens »Dervisli«, welches um die 120 Einwohner zählt. Es liegt in Anatolien in der Provinz Usak, der typischen Herkunftsregion der damaligen Gastarbeiter aus der Türkei.

Mein Vater verfolgte die Vision, dass es seinen Kindern einmal besser gehen sollte als ihm. So besuchte ich im Alter von 12 Jahren, nach Abschluss der fünfjährigen Grundschule, die weiterführende Schule in der Kreisstadt Esme. Das Schulgeld finanzierte ich mir mit dem Verkauf von Obst und Gemüse.

Nachdem ich die Schule 1964 abgeschlossen hatte, bewarb ich mich in Ankara an einer renommierten Hotelfachschule und verließ Anatolien. Die Kosten für die Schule wurden vom Staat getragen, sonst wäre es mir nicht möglich gewesen, diese zu besuchen. Als besonderen Anreiz für uns Auszubildende vergab die Schule in Kooperation mit der Bundesrepublik Deutschland für die besten 50 Absolventen jedes Jahrgangs ein zweijähriges Stipendiat in namhaften deutschen Hotels. Somit war für mich klar, wenn ich mich anstrenge, werde ich vielleicht nach Deutschland kommen und wertvolle Erfahrungen sammeln können.

Als ich 1967 das Abschlusszeugnis in den Händen hielt, gehörte ich zu den glücklichen Absolventen, die nach Deutschland durften. Fortan war ich Mitarbeiter des Steigenberger Hotels in Karlsruhe und später in Heidelberg. Nebenher besuchte ich die Abendschule, um das Fachabitur nachzumachen und somit meinem Traum, in Deutschland Bauingenieurwesen zu studieren, näher zu kommen.

Nachdem ich sowohl das Stipendium als auch die Abendschule beendet hatte, bewarb ich mich an der Fachhochschule Konstanz für das Fach Bauingenieurwesen und nahm 1971 das Studium auf. Den Abschluss erhielt ich 1979 nach einem Studienortswechsel in Münster, von wo aus ich meine erste Stelle als wissenschaftlicher Mitarbeiter an der Universität Bochum antrat. Allerdings zog es mich schon nach zwei Jahren in die freie Marktwirtschaft, so dass ich bei einem Betonfertigteilwerk in Dülmen-Buldern (Münsterland) als Ingenieur anfing.

Dort hatte ich zum ersten Mal das Gefühl, nicht willkommen zu sein und fühlte mich fremd. Es hat eine zeitlang gedauert, bis alle Kollegen mich akzeptiert hatten und Vorurteile aus dem Weg geräumt waren. Schon damals versuchte ich mich durch meine Arbeit zu beweisen und wurde nach zweijähriger Tätigkeit, im Jahre 1983, in die Geschäftsführung berufen, was für mich nach Jahren harter Arbeit eine ehrenvolle Aufgabe gewesen ist. Natürlich verlief dieser Wechsel nicht komplikationslos, da einige meiner damaligen Kollegen sich auf Grund längerer Betriebszugehörigkeit ungerecht behandelt fühlten.

Ich machte es mir zur Aufgabe, ein multikulturelles Verständnis im Betrieb zu erzeugen, in dem verständnisvoll zusammengearbeitet wird, da ich mittlerweile nicht mehr der einzige Angestellte ausländischer Herkunft war.

Nach mehreren Jahren in der Geschäftsführung bekam ich 1989 ein Angebot eines mittelständischen Unternehmers im Ennepe-Ruhr-Kreis, welcher mich als geschäftsführender Gesellschafter einstellen wollte. Dieses Angebot nahm ich an, da es für mich auf Grund einer vorzunehmenden Umstrukturierung des bisher in Familienbesitz gewesenen Betriebs eine neue Perspektive schuf und ich meine eigenen Vorstellungen einer Betriebsphilosophie einbringen konnte. Mittlerweile bin ich alleiniger Gesellschafter dieses Unternehmens mit dem Namen »Betonfertigteilwerk Mark« und beschäftige Menschen aus 15 verschiedenen Nationen in meinem Betrieb. Auf Grund dieser multikulturellen Vielfalt in meinem Unternehmen erhielt ich im Jahre 1995 die Auszeichnung »Bürger des Ruhrgebiets«, da es uns gelungen war, ein internationales Team zu formen, welches trotz der verschiedenen Nationalitäten engagiert und respektvoll zusammenarbeitet.

Eckpfeiler unserer Betriebsphilosphie sind »Deutsch als Betriebssprache«, »Respekt und Toleranz«, »Anerkennung ausländischer Abschlüsse – Mitarbeiter werden nicht nach Abschluss beurteilt, sondern nach Fähigkeiten«, »Vorurteilen wird durch Aufklärung vorgebeugt«.

Neben dem betrieblichen Alltag engagiere ich mich als Vorsitzender des deutsch-türkischen Unternehmerverbandes ATIAD und vertrete diesen beispielsweise beim Integrationsgipfel der Bundesregierung, unterrichte im Rahmen einer Professur an der Hochschule Dessau und bin ehrenamtlicher Richter beim Arbeitsgericht Hagen. Auf Grund meiner vielfältigen Erfahrungen werde ich regelmäßig zu interkulturellen Themen befragt, halte Vorträge oder verfasse Beiträge. Ich sehe es als meine persönliche Pflicht an, meine Erfahrungen weiterzugeben und zurückzugeben, was mir dieses Land mit seinen beruflichen Möglichkeiten geboten hat.

Es liegt eine große Herausforderung vor uns, um dem demographischen Wandel entgegenzuwirken und eine erfolgreiche Integration aller Menschen in Deutschland zu ermöglichen. Im Zeitalter der Globalisierung, wo Märkte rasend schnell wachsen und alles eng miteinander verknüpft ist, benötigen wir Einwanderung aus anderen Ländern. Sonst kann Deutschland nicht nachhaltig seine starke wirtschaftliche Stellung halten. Allerdings ist die Grundbedingung für eine erfolgreiche Einwanderung eine nachhaltige Integrationspolitik der bereits hier lebenden Menschen anderer Herkunft und der neu in dieses Land kommenden Menschen.

Vom Gastarbeiter zum Mensch mit Migrationsgeschichte

Wer kann sich nicht an die typischen Bilder der ankommenden Gastarbeiter erinnern, wie sie ab 1955 mit ihrem Koffer am Bahnhof ankamen, zunächst in Wohnunterkünfte gebracht wurden, um in den zahlreichen Zechen des Ruhrgebiets, bei ThyssenKrupp in Duisburg-Bruckhausen, bei Opel in Bochum und vielen anderen Unternehmen tatkräftig beim deutschen Wirtschaftswunder mitzuhelfen.

Damals war die politische Marschrichtung klar, es sind Arbeiter, die in Deutschland zu Gast sind und die, wenn Deutschland sie nicht mehr benötigt, wieder zurück in ihre Heimatländer gehen. So lautete der Tenor des Gastarbeiterabkommens. Wir alle wissen, dass nur die Wenigsten zurückgekehrt sind und ein Großteil der Gastarbeiter später seine Familie hierher geholt hat. Viele haben sich in ihren Stadtteilen Existenzen aufgebaut und zudem noch Geld an die zurückgebliebenen Verwandten in der Türkei geschickt. Einige sind nach Eintritt des Rentenalters zurückgekehrt und leben heute ein schönes und wohlhabendes Leben in der Türkei.

Nahezu jede Großstadt im Ruhrgebiet hat so genannte »Migrantenviertel,« oftmals auch als »soziale Brennpunkte«, »Klein-Istanbul« oder »benachteiligte Stadtteile« betitelt. Es gibt wenige, die positiv von diesen Vierteln sprechen und sie als multikulturelle Viertel mit enormem Entwicklungspotenzial sehen. Selbst ich tue mich manchmal schwer damit, durch den Riesenberg von Problemen in diesen Vierteln das Positive zu sehen.

Die Fehler aus der Vergangenheit, frühestmögliche Integrationsarbeit zu leisten, sind nicht rückgängig zu machen. Von daher nutzt es auch nichts, die politische Debatte auf gemachte Fehler auszurichten, sondern Konzepte zu finden, die es ermöglichen, an einer gemeinsamen multikulturellen Gesellschaft zu arbeiten.

Gerade im Ruhrgebiet sind von 1955 bis zum Anwerbestopp am 23.11.1973 viele Gastarbeiter heimisch geworden, denn damals blühte die Wirtschaft und an den zahlreichen Industriestandorten wurden händeringend Arbeiter benötigt. Der Bedarf wurde mit Gastarbeitern gedeckt, die sich durch Arbeitsmoral und Bescheidenheit auszeichneten. Da die Gastarbeiter irgendwo unterkommen mussten, wurden sie zunächst in Wohnheimen untergebracht und sind von dort aus, nachdem klar war, dass sie in Deutschland bleiben werden und ihre Familien rüberholen durften, in ihre »eigenen Stadtteile« gezogen. Es sei dahingestellt, ob die Gastarbeiter im Rahmen von Stadtplanung durch die Kommunen diesen Vierteln zugewiesen wurden oder ob sie von selber ihre eigenen Viertel aufgebaut haben.

Durch den Wohlstand in Deutschland konnten auch die Gastarbeiter, deren Anzahl sich nach dem Anwerbestopp auf ungefähr 2,5 Millionen belief, in ihren Vierteln eine eigene ökonomische und soziale Infrastruktur aufbauen, so dass sie mit Lebensmitteln, Möbeln, Kleidung aus ihrer Heimat und Frisören, Lokalen, Gastronomiebetrieben, Moscheeräumen und Kultureinrichtungen ausgestattet waren.

So lebten sie jahrelang neben den Deutschen her, lernten wenig bis kaum Deutsch und nahmen auf ihre eigene Art und Weise am Leben in Deutschland teil. Schon damals war es so, dass gut ausgebildete Menschen mit Migrationshintergrund, oftmals Akademiker, diese Viertel zumeist verließen und in wohlhabendere Gegenden umzogen. Doch es waren eher Randerscheinungen, denn die meisten Gastarbeiter blieben Arbeiter.

Im Jahre 1973 fingen die heutigen Probleme an, denn das »Wirtschaftswunder« war zu Ende. Das Zechen- und Industriesterben im Ruhrgebiet begann, zahlreiche Arbeitnehmer wurden entlassen oder mussten, um weiteren betriebsbedingten Kündigungen vorzubeugen, unbezahlten Urlaub nehmen.

Dieses Schicksal traf alle Arbeitnehmer gleichermaßen, gleichgültig ob Deutscher, Türke, Italiener oder Spanier, und sorgte für einen ökonomischen Wechsel. Insbesondere junge Menschen fanden keine Arbeit mehr, mussten sich mit Perspektivlosigkeit herumschlagen und hatten den Glauben an eine Rückkehr des Wirtschaftsbooms verloren. Die Kinder der Gastarbeiter konnten kaum richtig deutsch sprechen, hatten schlechte Abschlüsse und fanden mit ihnen keine Arbeit mehr, denn die war rar geworden in Deutschland. Zu höheren Abschlüssen waren sie kaum befähigt und fristeten ihr Dasein in ihren Vierteln.

Erst heute hat man erkannt, dass fehlende Integrationsmaßnahmen dazu geführt haben, dass nunmehr die dritte bis vierte Generation der Gastarbeiterkinder in ein ständiges Hin und Her zwischen den heimatlichen Traditionen und modernem westlichen Leben gerissen sind. Sie sprechen weder richtig Deutsch noch ihre Herkunftssprache und können aus dem Kreislauf der mangelnden Bildung und Perspektivlosigkeit nur selten ausbrechen.

Die Probleme, die uns heute überwiegend beschäftigen, sind die Bildungs- und Ausbildungssituation junger Menschen mit Migrationshintergrund, die nicht vorhandene Identität, Respektlosigkeit und was die Viertel betrifft, eine zunehmende Ghettoisierung.

Es gibt Stadtteile im Ruhrgebiet, in denen ein Leben ohne deutsche Sprache möglich ist und wo überhaupt kein Anlass besteht, die deutsche Sprache zu erlernen. Trotzdem darf man nicht missachten, dass es auch zahlreiche Migranten gibt, die sich hier erfolgreich integriert haben und als fester Bestandteil der deutschen Gesellschaft gelten. Die Zahl dieser ist allerdings proportional zu der gesamten migrantischen Bevölkerung eher gering.

Die Probleme sind uns mittlerweile bekannt und werden auch öffentlich angeprangert, doch nicht konstruktiv. Es wird viel mehr über den Ist-Zustand diskutiert als Lösungen zu finden, um den Soll-Zustand, ein akzeptiertes und tolerantes Miteinander, zu erreichen.

Durch den Strukturwandel im Ruhrgebiet musste umgedacht werden, um eine weitere Bevölkerungsabwanderung zu verhindern und das Ruhrgebiet weiterhin als attraktiven Wirtschaftsstandort zu erhalten.

Das Ruhrgebiet ist dabei sich neu aufzustellen, es wurde in erneuerbare Energien investiert, wie z. B. in der Solarstadt Gelsenkirchen, die Universitäten werden attraktiver und auch die Industrie wächst wieder, wie z. B. in Duisburg-Bruckhausen, wo durch die Erbauung eines neuen Stahlhochofens auf dem ThyssenKrupp-Gelände zahlreiche Arbeitsplätze erhalten und neue geschaffen wurden.

Damit Bewohner mit Migrationshintergrund, aber auch die deutsche Bevölkerung in den »Problemvierteln« am neuen Ruhrgebiet teilhaben können, muss aktiv an Lösungen gearbeitet werden. Ansonsten droht durch eine zunehmende Ghettoisierung der soziale Verfall dieser Stadtteile.

Was können wir tun?

Die Frage, die sich abschließend stellt, heißt: Welche Lösungen führen zur nachhaltigen Behebung der Probleme?

Fangen wir bei den kleinsten Mitgliedern unserer Gesellschaft an, bei den Kindern. Um nachhaltig den richtigen Gebrauch der deutschen Sprache sicherzustellen, sollte jedes Kind den Kindergarten besuchen. Im 8. Migrationsbericht der Integrationsbeauftragten wurde festgestellt, dass Kinder mit Migrationshintergrund seltener den Kindergarten besuchen als deutsche Kinder und somit erstmals in der Grundschule mit der deutschen Sprache konfrontiert werden. Laut diesem Bericht liegt die Betreuungsquote bei Kindern mit Migrationshintergrund bei 84 Prozent, welche allerdings in den einzelnen Bundesländern zwischen 60 und 91 Prozent variiert. In den so genannten Problemvierteln liegen die Betreuungsquoten sowohl bei deutschen als Kindern mit Migrationshintergrund im unteren Drittel. Kinder, die keinen Kindergarten besucht haben, weisen in der Schullaufbahn mehr Defizite auf und haben schlechtere Abschlüsse als Kinder, die einen Kindergarten besucht haben.

Wir dürfen nicht weiterhin dulden, dass Kinder benachteiligt werden, weil sie nicht den Kindergarten besuchen können. Somit sollte es ein Recht sein, dass jedes Kind den Kindergarten besucht und für die Eltern Pflicht sein, ihr/e Kind/er im Kindergarten anzumelden. Somit würde kein Kind mehr in die Schule kommen und der deutschen Sprache nicht mächtig sein.

Es hat sich als vorteilhaft erwiesen, dass das Personal der Kindergärten sich aus Menschen zusammensetzt, die interkulturelle Kompetenz mitbringen.

Die Grundschule soll Kinder befähigen, erfolgreich eine weiterführende Schule zu besuchen. In vielen Umfragen, gerade in Problemvierteln, wurde festgestellt, dass Kinder nur noch selten realistische Berufswünsche haben. Den Kindern fehlen Vorbilder aus dem richtigen Leben, wie z. B. der große Bruder, der nach dem Abitur studiert hat und jetzt ein erfolgreicher Anwalt ist, obwohl beide Eltern nur Arbeiter waren. Oftmals gibt es in den Familien, auch auf Grund der hohen Arbeitslosigkeit, keine echten Vorbilder mehr.

Deshalb hat der Unternehmerverband ATIAD mit Unterstützung des Landesarbeitsministeriums im Jahre 2010 ein landesweites Projekt gestartet. Ziel ist es, Personen, die im Berufsleben stehen und sich in türkischen Migrantenselbstorganisationen engagieren, als ehrenamtliche Berufseinstiegsberater (EBB) zu qualifizieren, damit sie wiederum dieses Wissen an die Eltern und Jugendlichen an der Basis weitergeben. Im Jahr 2010 wurden 120 EBBs aus 66 Städten in NRW gewonnen und führten über 110 Informationsveranstaltungen zum Thema Berufsorientierung durch.

Als ein weiteres Beispiel ist das Projekt »Bärenstark für Kids« des Diakonischen Werkes im Kirchenkreis Recklinghausen e. V. zu nennen. Grundschüler erhalten einen Mentor, der sich ehrenamtlich um das Grundschulkind kümmert, ihm sozusagen als Vorbild dient. Vorzugsweise werden Mentoren genommen, die ebenfalls aus dem gleichen Stadtteil kommen und gerade einen höherwertigen

Abschluss oder eine Ausbildung machen. Die Erfahrung zeigt, dass Kinder, die durch einen Mentor begleitet wurden, erfolgreicher durch die Schulzeit gehen und erreichbare Ziele verfolgen. Hierbei sei erwähnt, dass von diesem Projekt sowohl die Kinder als auch der Mentor profitieren.

Bildung, Bildung, Bildung

In der weiterführenden Schule angekommen, manifestieren sich die sprachlichen, aber auch die sozialen Probleme, die Noten sind schlecht, der Abschluss in Gefahr, von einer Ausbildungsstelle oder gar einem Studienplatz kann gar keine Rede sein. Der Anteil von Schülern mit Migrationshintergrund liegt auf der Hauptschule bei knapp 20 Prozent, während dieser auf dem Gymnasium bei nur 4,4 Prozent liegt.

In NRW schaffen nur knapp 13 Prozent der Schüler mit Migrationshintergrund (Deutsche 31,4 Prozent) das Abitur, während rund 33,5 Prozent (Deutsche 18,4 Prozent) nur den Hauptschulabschluss erreichen und 14 Prozent (Deutsche 5,4 Prozent) die Schule ohne einen Abschluss verlassen. Das sind alarmierende Zahlen, da dringend gut ausgebildete Fachkräfte im kommenden Jahrzehnt benötigt werden und dieser Zustand ein Grund dafür ist, dass der Mangel an Fachkräften mit ausländischen Arbeitnehmern ausgeglichen werden muss. Dabei verfügen wir über genügend junge Menschen, deren Potenzial nicht erkannt und ausgeschöpft wird. So ließ beispielsweise der ehemalige Bundeskanzler Helmut Schmidt während eines TV-Interviews Mitte Dezember 2010 in der Sendung »Menschen bei Maischberger« auf die Frage »Was er davon hält, dass der Fachkräftemangel durch ausländische Arbeitnehmer aufgefangen wird?« verlauten, dass erstmal im eigenen Land ausgebildet werden muss, als direkt auf das Ausland zurückzugreifen. Dieser Antwort stimme ich voll zu, denn wir können es als Gesellschaft nicht verantworten, junge Menschen, die schlechtere Chancen haben, ohne Unterstützung im Abseits stehen zu lassen, sondern müssen investieren, um die Chancen zu verbessern. Erst wenn wir im eigenen Land alle Möglichkeiten der Ausbildung von Fachkräften ausgeschöpft haben, macht es Sinn, Fachkräfte aus anderen Ländern zu integrieren.

Wenn ein Schüler nicht weiß, was er beruflich werden möchte, muss das Bildungssystem ihm diese Unwissenheit nehmen, indem frühzeitig Praktika absolviert werden und das Fach »Berufskunde« den Schülern den Berufsalltag näher bringt. Wer Maurer werden will, muss wissen, was ein Maurer macht und es auch praktisch erfahren können, bevor er sich für eine Ausbildung als Maurer entscheidet und erst dann merkt, dass ihm der Beruf nicht zusagt.

Ferner sollten alle Schüler die Möglichkeit haben, auch die Sprache ihrer Eltern zu lernen. In Gelsenkirchen ist mittlerweile das Abitur mit Türkisch als Leistungskurs erfolgreich eingeführt worden. Denn wer sowohl die deutsche als auch seine Herkunftssprache sicher beherrscht, hat davon später berufliche Vorteile. Denn Mehrsprachigkeit ist im Zeitalter der Globalisierung eine Pflicht. Ein in Deutschland aufgewachsener Mensch türkischer Herkunft kann bei Mehrsprachigkeit beispielsweise als Sprachrohr seines Unternehmens fungieren, indem er die wirtschaftliche Brücke zu der Türkei schlägt. Ein eigens engagierter Dolmetscher wird somit unnötig. Wenn einem Betrieb auffällt, dass ein Mitarbeiter sprachliche Defizite aufweist, so sollte dieser einen (Pflicht-)Sprachkurs absolvieren. Gerade Unternehmen, die im Ruhrgebiet ansässig sind, können über Ethnomarketing und Internationalisierung des Unternehmens ihren Marktanteil erweitern, und das nicht nur bundesweit.

Zusammenfassend betrachtet, muss die Bildungs- und Ausbildungssituation in Deutschland für Menschen mit Migrationshintergrund nachhaltig verbessert werden.

Kommen wir nun zu dem Problem der so genannten »Problemviertel«, die mittlerweile in nahezu jeder Stadt im Ruhrgebiet existieren. In diesen Vierteln sind die bisherigen kommunalen Angebote zu einer Verbesserung der Integration nur ein Tropfen auf den heißen Stein.

Unser Miteinander

Wir brauchen dringend eine soziale Infrastruktur, es müssen flächendeckende niedrigschwellige soziale Angebote für alle Bevölkerungsschichten geschaffen werden. Wir brauchen mehr Jugendzentren, mehr soziale Aufenthaltsräume, die dem Austausch untereinander dienen sowie Freizeit- und Bildungsangebote anbieten. Ferner bedarf es einer engen Kooperation zwischen Schulen und den Jugendämtern, wie z. B. die Einbindung der Schule in Jugendhilfemaßnahmen, so dass alle beteiligten Personen wie Eltern, Jugendamtsmitarbeiter, Schule und Sozialarbeiter an den so genannten Hilfeplänen mitwirken.

Hinzu müssten vermehrt Menschen mit Migrationshintergrund im öffentlichen Dienst beschäftigt werden, wie z. B. im Jugendamt, als Sozialarbeiter, bei der Polizei und Justiz, im Nahverkehr, bei der Bank, im Pflegebereich und als Lehrkräfte. Erfahrungen zeigen, dass Polizisten, die einen Migrationshintergrund haben, schneller Akzeptanz bei auffälligen Jugendlichen mit Migrationshintergrund erfahren als deutsche Polizisten.

Im Berliner Stadtteil Neukölln wird derzeit der Einsatz von »Stadtteilmüttern« oder »Stadtteillotsen« erfolgreich geprobt. Diese von kommunaler Seite eingestellten Personen sind Ansprechpartner im Viertel und verfügen über weit reichende Kenntnisse der öffentlichen, sozialen und ökonomischen Infrastrukturen. Die Bürger können diese Personen ansprechen und werden dann weitervermittelt. Sucht eine Bürgerin beispielsweise einen offenen Treff für junge Mütter, so kann diese direkt weitervermittelt werden. Gleichermaßen können Jugendgruppen, die sich auf einem öffentlichen Platz treffen und wo es immer wieder zu Zwischenfällen mit Anwohnern kommt, direkt über vertrauensbildende Maßnahmen angesprochen werden und an ein Jugendzentrum, einen »erlaubten« Ort oder an Freizeiteinrichtungen weitergeleitet werden. Gleichzeitig tragen die »Stadtteillotsen« und »Stadtteilmütter« zu einem toleranten Umgang zwischen den Bürgern bei.

Ein weiteres und ständig diskutiertes Thema ist die Religion. Zumeist sind es Vorurteile und Unwissenheit, die zu Konflikten führen. Unwissenheit und Vorurteile können nur aus dem Weg geräumt werden, wenn es einen konstruktiven Dialog zwischen den Religionen gibt und die einzelnen Glaubensrichtungen gemeinsam zusammenarbeiten. Es können Maßnahmen ergriffen werden, wie »Tag der offenen Tür«, gemeinsame Stadtteilfeste, Aufklärungsarbeit innerhalb der Messen und Gebete durch die Geistlichen und religiöse Austauschrunden. Darüber hinaus verfügen die Glaubenseinrichtungen über einen direkten Draht zu den Menschen und genießen hohes Vertrauen. Die Glaubenseinrichtungen können als Sprachrohr für gesellschaftliche Themen genutzt werden, wie z. B. Bildung, Gesundheit, Multikulturalität, Toleranz, Erziehung und Förderung etc. Wenn ein Imam oder Pastor in seiner Gemeinde die Menschen darüber aufklärt, wie wichtig es ist, Deutsch zu lernen oder dass Kinder den Kindergarten besuchen, so hat das ein anderes Gewicht, als wenn einzelne Wissenschaftler und Politiker dazu Stellung nehmen. Dieser Vorteil muss konstruktiv genutzt werden.

Die Wirtschaft

Mittlerweile ist die Zahl von selbstständigen Unternehmern mit Migrationshintergrund in Deutschland auf 667.000 angestiegen und steigt jährlich doppelt so hoch wie die Zahl deutscher Selbstständiger. Sie beschäftigen rund 2,5 Millionen Menschen und schaffen im Verhältnis zu früheren Jahren deutlich mehr Ausbildungsplätze, wobei das Potenzial bei weitem nicht ausgeschöpft ist. Die beschäftigungspolitische und stadtteilökonomische Bedeutung der Migrantenunternehmen, insbesondere im Ruhrgebiet, wird in den kommenden Jahren immer weiter zunehmen.

Selbstständige Unternehmer mit Migrationshintergrund sind mittlerweile über die gesamte Branchenstruktur verteilt und wachsen rasant. So wird sich die Zahl von Mitarbeitern in Unternehmen mit türkischstämmigen Betriebsinhabern in Deutschland bis zum Jahr 2020 von 380.000 auf 750.000 erhöhen, was einem Umsatz von 70 Milliarden Euro entspricht.

Darüber hinaus haben wir bisher keine einheitliche Regelung für die Anerkennung von ausländischen Abschlüssen, was ebenfalls die Einstellungsmöglichkeiten für Menschen mit Migrationshintergrund verschlechtert. So gibt es beispielsweise bei den zugewanderten »Spätaussiedlern« viele gut ausgebildete Fachkräfte, die allerdings keine Anstellung finden, weil ihre Abschlüsse nicht anerkannt werden. Hier muss es Regelungen geben, die, unter der Voraussetzung, die deutsche Sprache sicher zu beherrschen, eine Einstellung eines Mitarbeiters mit ausländischem Abschluss zulassen.

Fazit

Das Ruhrgebiet steht vor einem Neubeginn, der Strukturwandel wurde in vielen Bereichen vollzogen. Jedoch dürfen wir dabei nicht vergessen, dass alle Menschen am Neubeginn beteiligt werden. Es muss Chancengleichheit geben für die Menschen, die auf Grund ihres sozialen Status erschwerten Zugang zu Bildung und Ausbildung haben, unabhängig davon, welcher Herkunft sie sind.

Es muss flächendeckend in benachteiligte Stadtteile investiert werden, Grenzen und Vorurteile gehören abgebaut, Deutsch muss zur Pflicht für jedermann werden und die Menschen selber müssen einen bereitwilligen Schritt in die gemeinsame Zukunft gehen. Kinder, Jugendliche und junge Menschen, auch mit Migrationshintergrund, müssen realistische Ziele verfolgen und auch ihre Chancen nutzen können. Jedoch können sie ihre Chancen auch nur nutzen, wenn sie überhaupt welche haben. Nur mehr Ausbildungsplätze nutzen jungen Menschen nichts. Sie müssen eine Perspektive haben, auch nach der Ausbildung! Die haben sie nur, wenn sie einen erfolgreichen Abschluss in der Tasche haben. Dann müssten wir in den kommenden Jahrzehnten auch keinen Fachkräftemangel befürchten.

Gerade im Ruhrgebiet sollten sich Unternehmen international ausrichten, sich an der Globalisierung beteiligen. Dafür benötigen sie Menschen, die mehrere Sprachen sicher beherrschen und über interkulturelle Kompetenzen verfügen. Das Ruhrgebiet beheimatet genug Menschen, die über diese Voraussetzungen verfügen. Nutzen wir unsere Chancen gemeinsam und packen es an!

Jürgen Mittag

Sport im Ruhrgebiet
Chancen und Grenzen der Sportmetropole Ruhr

Das Ruhrgebiet mit seinen fünf Profivereinen, Zehntausenden von aktiven Fuß-ballspielern und einer an die Million zählenden Schar begeisterter Anhänger zählt zu den wichtigsten Fußballzentren der Welt. Zwischen Duisburg und Dortmund hat sich der Profifußball zu einer herausragenden Erscheinung entwickelt, die Menschen mobilisiert, Stadionbauten befördert, Kommunikation anregt, Integration schafft und bisweilen sogar als Ersatzreligion dient.

Die geradezu übermächtige Präsenz des Fußballs verstellt jedoch den Blick auf die Sportlandschaft Ruhrgebiet in der Breite, auf ihre weiteren Facetten und Potenziale – aber auch auf ihre Grenzen, die in der Binnenwahrnehmung mit Verweis auf die viel zitierte Sportbegeisterung der Region bisweilen übersehen werden. Im Sinne einer tour d'horizon, die schlaglichtartig einzelne Kernbereiche beleuchtet, soll im Folgenden ein kritischer Blick auf fünf Problemfelder des Sports im Ruhrgebiet geworfen werden, der Stärken und Schwächen verdeutlicht, aber auch Vergleiche heranzieht. Zu diesen Feldern gehören erstens der Profi- und Leistungssport, zweitens der Breiten- und Vereinssport, drittens der Schulsport, viertens Sportgroßereignisse und schließlich fünftens die Verankerung dieser Felder in Wissenschaft und Kultur.

Profi- und Leistungssport

Mit den beiden fest etablierten Bundesligisten Schalke 04 und Borussia Dortmund, die regelmäßig um Spitzenplätze im nationalen und internationalen Geschäft ringen, dem VfL Bochum und dem MSV Duisburg, die in der letzten Dekade beständig an der Schwelle zwischen Erster und Zweiter Bundesliga gependelt sind, sowie den Traditionsvereinen Rot-Weiß Oberhausen und, bis Juni 2010, auch Rot-Weiss Essen kommt dem Profifußball im Ruhrgebiet eine herausragende Stellung zu, die sich auch in hohen Aktiven- und Zuschauerzahlen widerspiegelt.

In anderen populären Mannschaftssportarten sind die Erfolge indes deutlich weniger sichtbar. Weder im Handball noch im Basketball und Eishockey stellen

Vereine aus dem Ruhrgebiet gegenwärtig einen Vertreter in der höchsten Spielklasse, sieht man einmal von der im äußersten Nordosten des Ruhrgebiets aktiven HSG Ahlen-Hamm ab, die 2010/11 den Aufstieg in die Handball-Bundesliga geschafft hat. Im Frauensport sieht es mit dem FCR 2001 Duisburg und der SG Essen-Schönebeck im Fußball, den evo New Basket Oberhausen und dem Herner TC im Basketball sowie dem EC Bergkamener Bären hingegen etwas besser aus. Insgesamt ist jedoch ein deutlicher Rückgang von Spitzenteams zu verzeichnen; Namen wie TUSEM Essen (Handball) oder Moskitos Essen (Eishockey) stehen sogar für den Gang in die Insolvenz, eine Ansiedlung neuer Teams von außerhalb ist bislang nicht angebahnt worden.

Auffällig ist zudem der jenseits des Fußballs vergleichsweise niedrige Anteil von Spitzensportlern, deren sportliche Anfänge im Ruhrgebiet liegen. Stammen mit dem auf dem Bolzplatz in Gelsenkirchen-Bulmke groß gewordenen Mezut Özil und dem in Gelsenkirchen-Buer aufgewachsenen Manuel Neuer sowie den Dortmunder Eigengewächsen Klos, Zorc und Ricken bzw. Sahin und Großkreutz eine größere Anzahl namhafter Fußballspieler aus der Region, sind die Zahlen etwa bei den Olympiasiegern weit weniger beeindruckend. In der Leichtathletik liegen die Erfolge der Siebenkämpferin Sabine Braun aus Essen, Bronzemedaillengewinnerin der Olympiade 1992, der Schwimmer Christian Keller, Essen, und Mark Warnecke, Bochum, beide Dritte bei den Olympischen Spielen 1996, und des Zehnkämpfers Frank Bußemann, Silbermedaillengewinner der Olympiade 1996, bereits mehr als einenhalb Dekaden zurück. Zu den erfolgreichsten Olympioniken der Spiele 2008 in Peking gehörten als Silber-Medaillengewinner der Wittener Ringer Mirko Englich und der Kanute Tomasz Wylenzek aus Essen sowie als Goldmedaillenträger die Hockey-Nationalspieler Benjamin und Timo Weß aus Moers und Matthias Witthaus aus Oberhausen. Ingesamt entfielen nicht einmal ein Viertel aller Medaillen, die von Sportlern aus NRW 2008 errungen wurden, auf das Ruhrgebiet. Auch bei den nordrhein-westfälischen Sportlerehrungen, den FELIX-Awards, kommt den Athleten aus dem Ruhrgebiet keine besondere Rolle zu, es dominieren vor allem Fußballer und Fußballerinnen aus der Region.

Die geringe Repräsentanz von Ruhrgebietssportlern unter den Topathleten – vor allem in der Leichtathletik und im Schwimmen – überrascht umso mehr, als dem Leistungssport mit den beiden Olympia-Stützpunkten Rhein-Ruhr mit dem Zentrum in Essen und Westfalen mit der Zentrale Dortmund verschiedene Leistungszentren sowie dem Sportpark Duisburg und dem SportCentrum Kamen-Kaiserau hervorragende Sportstätten zur Verfügung stehen. Einfache Lösungen zur Verbesserung des Leistungssports im Ruhrgebiet liegen nicht auf der Hand. Gewiss kann die Talentsichtung und Nachwuchsförderung durch die Landesverbände noch verstärkt und der Stab hauptamtlicher Trainer ausgebaut werden. Da diese Maßnahmen aber erhebliche Kosten nach sich ziehen, sind auch alternative Schritte zu verfolgen. Ein kohärentes Gesamtkonzept für den Leistungssport, eine intensivere Zusammenarbeit zwischen Verein, Verband und Schule bei der Talentsuche, beim Training und selbst bei der Berufsausübung sowie eine verstärkte Unterstützung von Sportarten jenseits des Fußballs durch die Wirtschaft sind sicherlich einige der Aspekte, deren Potenzial auch im Ruhrgebiet noch nicht in vollem Umfang ausgeschöpft wurde. Ob darüber hinaus auch das Konzept der sportbetonten Schulen und der Partnerschulen des Leistungssports im Ruhrgebiet auszuweiten wäre, bliebe zu erörtern, der Anteil des Ruhrgebiets liegt hier zumindest unterhalb des Landesschnitts.

Breiten- und Vereinssport

Die Rolle des Sports als Träger von Werten und Normen wird heute ebenso wenig in Frage gestellt wie seine Bedeutung für die Gesundheitsversorgung und die gesellschaftliche Integration. Angesichts einer umfassenden Berichterstattung zur Sportentwicklung in Deutschland sowie mit Blick auf die Statistiken des Landessportbundes sind wir mittlerweile vergleichsweise gut über die rund 20.000 Sportvereine in NRW und die ca. 5.500 Vereine des Ruhrgebiets, aber auch über das Sportverhalten der Bevölkerung informiert. Konstatiert wird, dass sich der vereinsbezogene Organisationsgrad einzelner Ruhrgebiets-Großstädte unterhalb des NRW-Durchschnitts bewegt; so liegt eine Stadt wie Bochum mit einen Anteil von knapp 22 Prozent der Bevölkerung, die in Vereinen aktiv sind, unter dem Landesschnitt von rund 28 Prozent.

Die in den letzten Jahren vorgenommenen Erhebungen verdeutlichen zugleich, dass rund zwei Drittel aller Sport- und Bewegungsaktivitäten privat organisiert werden und hierbei der überwiegende Anteil der Aktivitäten in frei zugänglichen Sporträumen ausgeübt wird, zugleich aber auch kommerzielle Fitnessstudios ein deutliches Wachstum zu verzeichnen haben. In diesen Zahlen spiegeln sich sowohl die Pluralisierung der Sportlandschaft und die Individualisierungstrends der Gesellschaft wider als auch veränderte Freizeitbudgets und die wachsende Bedeutung so genannter Freizeitsportarten gegenüber den formal organisierten Aktivitäten. Vor dem Hintergrund dieser Entwicklung kommt öffentlich zugänglichen Sportstätten, aber auch Sportgelegenheiten in der Natur, in Parks, auf öffentlichen Plätzen und Spielplätzen eine zentrale Funktion zu. Ohne dass bislang eine systematische Bestandsaufnahme der Sportraumstruktur erfolgt ist, lässt sich ein bisweilen bemitleidenswerter Zustand zahlreicher öffentlich zugänglicher Sportstätten und Spielplätze im Ruhrgebiet konstatieren. Nicht nur die Trimm-Pfade der 1970er Jahre sind mittlerweile weitgehend vermoost oder verrottet, sondern auch zahlreiche Sport- und Bolzplätze bieten angesichts der seit Jahrzehnten zurückgehenden Investitionen in die Infrastruktur ein wenig attraktives Erscheinungsbild. Das Radfahren, das Umfragen zufolge zu den beliebtesten Sportaktivitäten im Ruhrgebiet gehört, stellt zwar vor allem an der Ruhr und an den Kanälen eine attraktive – an Sommerwochenenden allerdings auch überlaufene – Sportmöglichkeit dar, in den Innenstädten zugleich jedoch auch bisweilen ein lebensgefährliches Unterfangen. Neue Trendsportarten wie das Haldenbiking auf der Halde Hoppenbruch in Herten oder das Skifahren im alpincenter Bottrop gelten gegenwärtig noch eher als Ausnahme, vor allem in den Zentren an der Ruhr.

Ein besonderes Problem markiert die Situation der Schwimmbäder. Neben der Schließung von Bädern und der Reduzierung von Badöffnungszeiten wurde an einigen Orten, so etwa in Bochum und Duisburg, auch eine Absenkung der Wassertemperaturen vorgenommen – mit der Konsequenz eines deutlichen Besucherrückgangs.

Gerade im Bereich der öffentlichen Sportinfrastruktur zeichnen sich angesichts der zum Teil desaströsen Lage der Kommunen einfache Lösungen noch weniger als beim Leistungssport ab, stehen doch mehr als ein Drittel der NRW-Kommunen ohne genehmigten Haushalt unter Nothaushaltsrecht, darunter zahlreiche Ruhrgebietsstädte. Eine erhebliche Kreativität, aber auch entsprechender politischer Wille sind gefordert, um die Situation grundlegend zu verbessern. Ein Weg ist sicherlich eine noch stärkere Abstimmung der Akteure im Bereich Sport. Die interkommunale und regionale Anpassungsstrategie, die im Bereich der Schwimmbäder zu einer stärkeren Zusammenarbeit der kommunalen Sportverwaltungen und Stadtsportbünde Essen, Bochum und Gelsenkirchen sowie des Regionalverbands Ruhr als Betreiber der Revierparks geführt hat, kann hier sicherlich ebenso als Lösung verstanden werden wie die Zusammenarbeit der Städte Mülheim, Essen und Oberhausen.

Um aber dem Sportverhalten der Bevölkerung Rechnung zu tragen und erweiterte Angebotsmöglichkeiten in den Bereichen Koordination, Kraft, Ausdauer und Beweglichkeit zu schaffen, sind weitergehende Schritte notwendig. Eine Renaissance der Trimm-Dich Bewegung der 1970er Jahre unter zeitgemäßen Vorzeichen scheint hier durchaus eine Möglichkeit zu sein: Kostenlose Outdoor-Fitnessstudios mit wetterfesten Geräten oder entsprechenden Schutzvorrichtungen vor Wettereinflüssen versprechen angesichts der deutlich steigenden Nachfrage nach Angeboten im Bereich Gesundheit und Fitness eine hohe Attraktivität. Wer in den vergangenen Jahren im dicht bebauten Städtemeer der 15-Millionen-Metropole Istanbul einmal erlebt hat, wie rege die in den letzten Jahren errichteten »Outdoor-Fitnessstudios« frequentiert werden – auch von zahlreichen Frauen mittleren Alters mit Mänteln und Kopftuch, die in der Regel nicht als sportaffin gelten –, ahnt das Potenzial, das in entsprechenden Sportangeboten für den individuellen Gebrauch steckt. Ohne finanzielle Investitionen bei der Errichtung – und vor allem beim Unterhalt – sind derartige Projekte indes nicht zu stemmen.

Aus Sicht der Sportvereine des Ruhrgebiets stellen unzureichende Sportstätten in einigen Fällen ebenfalls ein Problem dar, jedoch nicht das maßgebliche. Obwohl selbstbewusst darauf verwiesen wird, dass im Ruhrgebiet über 10.000 Sportanlagen zur Verfügung stehen, kann diese Zahl, bedenkt man die schiere Größe des Ballungsraums, nicht darüber hinwegtäuschen, dass etwa eine Stadt wie Hattingen bis heute nur einen einzigen Kunstrasenplatz besitzt, der aufgrund einer massiven Mobilisierungskampagne vom Verein in Eigenregie errichtet wurde. Vergleicht man diese Situation mit der Anzahl der Kunstrasenplätze im Münsterland oder auch in Baden-Württemberg, werden durchaus auch Grenzen des qualitativen Angebots im Ruhrgebiet deutlich. Das Sportstättenprogramm »Vereine und Verbände« ist hier von zentraler Bedeutung. Anders als beim so genannten »Goldenen Plan« der 1950er und 1960er Jahre mit seiner Orientierung an der Sportfläche pro Einwohner bei infrastrukturellen Maßnahmen ist aber gerade in Zeiten rückläufiger demographischer Werte und anhaltender gesellschaftlicher Differenzierung eine Orientierung an Zielgruppen unumgänglich. Daraus folgt, dass zum Beispiel der Rolle der türkischen Migranten besondere Beachtung zu schenken wäre, die eine starke Orientierung am Fußball und Basketball aufweisen.

Obwohl beim (gescheiterten) Bürgerentscheid gegen den lokalen Masterplan Sport in Essen, der eine Schließung bzw. einen Rückbau mehrerer Sportstätten vorsieht, gezielt die Sportstätten im Blickpunkt standen, scheinen aus Sicht der Ruhrgebietsvereine die eigene finanzielle Lage, die Mitgliederbindung und die Wahrung des Übungsbetriebs durch ehrenamtliche Funktionsträger und Übungsleiter die entscheidenderen Problemfelder darzustellen. Hinzu kommt, dass sich Vereine veranlasst sehen, neben den bisherigen Zielen Kinder- und Jugendarbeit,

Leistungssport, Breitensport und Geselligkeit auch einem lebensbegleitenden Sporttreiben stärker Rechnung zu tragen.

Der in jüngster Zeit entbrannten Debatte um die Gefahren für den gesellschaftlichen Zusammenhalt und die Demokratie durch eine Erosion der kommunalen Infrastruktur kommt im Ruhrgebiet eine besondere Bedeutung zu. Auch hier sind in einigen Stadtteilen Sportvereine die letzte Instanz von Gemeinschaft, deren Bedeutung kaum zu überschätzen ist. Das Feld kommerziellen Anbietern allein zu überlassen hieße mittel- bis langfristig, auch ein Stück weit den gesellschaftlichen Zusammenhalt preiszugeben.

Mit Blick auf die Strukturen des Ruhrgebiets gilt, dass viele Vereine nur überleben können, wenn sie kooperieren, Angebote aufeinander abstimmen und sich nicht auf das selbstständige Nebeneinander verlassen. Angesichts der beständig steigenden Zahl von Ganztagsschulen und der anhaltenden Reformen im Bildungswesen stellt nicht zuletzt auch die Kooperation mit Schulen eine wesentliche Strategie dar, die es ermöglichen kann, Angebote aufeinander zu beziehen, zu vernetzen und den aktuellen Herausforderungen anzupassen. Eine derartige Kooperation bedarf aber in der Regel professioneller Strukturen, über die bei weitem nicht alle Vereine verfügen bzw. angesichts ihrer finanziellen Verhältnisse verfügen können. Aufgabe der Kommunen, aber auch der Stadt- und Kreissportbünde sowie des Landessportbundes muss es sein, hier entsprechende Unterstützung zu leisten, um eine weitgehende Sicherung der gegenwärtigen Vereinslandschaft zu gewährleisten.

Schulsport

Zu den Kernherausforderungen für den Bereich des Schulsports gehört neben der Sicherung eines dauerhaften qualifizierten Lehrangebots vor allem der Ausbau des nicht unterrichtsgebundenen Sportangebots. Hinzu kommt auch hier das Angebot an Sportstätten, das insbesondere in einigen Städten der Emscherzone an der mangelnden Infrastruktur krankt; so verfügt etwa das Ernst-Barlach-Gymnasium in Castrop-Rauxel über keine angemessene Turnhalle, so dass Schüler unter zum Teil erheblichem Zeitaufwand benachbarte Anlagen nutzen müssen, während in Moers das Sportzentrum 2008 mitten im Schuljahr aufgrund seiner Baufälligkeit geschlossen werden musste. Immer noch bewegen sich zahlreiche Sporthallen und Schulzentren im Ruhrgebiet auf dem Niveau der 1970er Jahre, als die Mehrzweckhallen noch neu, die Sanitäranlagen hygienisch und die Geräte aktuell waren. Mehr als drei Dekaden später ist dies bei zum Teil unveränderter Ausstattung aber nicht mehr der Fall. Statt großräumiger, nur mit hohem Auf-

wand modifizierbarer Sporthallentypen stellen heute Raumsysteme mit bedarfs-
bzw. nutzergruppenangepassten Erweiterungs- und Umnutzungsoptionen das
Maß der Dinge dar, das im Ruhrgebiet aber noch zu selten zu finden ist. Mit
Blick auf sinkende Schülerzahlen und bevorstehende Schulschließungen bzw.
Zusammenlegungen ist sicherlich nicht jede Sporthalle zu renovieren; neben der
Schließung von überflüssig werdenden Anlagen erscheint aber auch der Umbau
von veralteten oder gar maroden Turnhallen unumgänglich.

Während die Aufrechterhaltung des Lehrangebots im Sport – namentlich im
Schwimmen – dabei ein grundsätzliches Problem darstellt, das mit einer deutlichen Steigerung der Zahlen der Ertrunkenen in Deutschland korreliert, zeigen
Erhebungen, dass die klassischen Schulsportarten Leichtathletik, Turnen und
Schwimmen im Ruhrgebiet im Vereinssport zunehmend an Bedeutung verlieren.
Zugleich machen Untersuchungen der letzten Jahre deutlich, dass die strukturellen Belastungen von Kindern aus Risikogruppen, die sowohl im Gesundheits-
als auch im Bildungsbereich erhebliche Benachteiligungen erfahren, durch die
erfolgreiche Teilhabe am Sportunterricht reduziert werden können.

Dass die Schulen sich verstärkt dem außerschulischen Umfeld öffnen müssen,
resultiert vor allem aus dem Bedeutungszuwachs der Ganztagsschulen und eröffnet für Felder wie den Pausensport und die Schulsport-Arbeitsgemeinschaften,
aber auch für Sportfeste und Sportwettkämpfe neue Perspektiven für das Zusammenspiel von Schulen und Vereinen.

Sportgroßereignisse

Sportregionen sind nicht nur durch die Möglichkeiten zur Ausübung von Sport,
sondern auch durch attraktive und publikumswirksame Angebote zum Besuch
von Sportgroßereignissen gekennzeichnet. Die durchschnittlichen Zuschauerzahlen von Borussia Dortmund (77.244 in der Saison 2009/10) und FC Schalke 04
(61.313) markieren seit Jahrzehnten Spitzenplätze in der Bundesliga; die Kapazitäten der Stadien dieser beiden Vereine haben auch bei der Weltmeisterschaft 2006
und bei Länderspielen für volle Stadien und eine begeisterte Stimmung gesorgt.
Sportgroßereignisse in anderen Sportarten haben in der vergangenen Dekade
jedoch erheblich an Bedeutung verloren.

Das frühzeitige Scheitern der Bewerbung der Region Rhein-Ruhr für die
Olympischen Spiele 2012 ist wohl im Wesentlichen auf politische Gründe im
Lichte einer gesamtdeutschen raison d'être zurückzuführen. Dass es der Region
aber an anderen Sportgroßereignissen mangelt, hat zum Teil auch hausgemachte

Gründe. Die Universiade 1989 und die World Games 2005 in Duisburg waren ebenso wie die Kanu WM 2007 an gleicher Stelle sicherlich herausragende Ereignisse, deren Bekanntheitsgrad und Mobilisierungspotenzial sich zum Teil aber nur auf den westlichen Teil des Ruhrgebiets erstreckte, was sich auch mit den fragmentierten Kommunikationsstrukturen der Region erklären lässt. Zudem ist die dominante Sportart in der medialen Berichterstattung von WAZ und Ruhr-Nachrichten, aber auch von RevierSport und WDR, einmal mehr der Fußball. Der Wegfall der Dortmunder Sechstagerennen seit 2009, das vorläufige Ende des Ruhr-Marathons 2010 und auch der Verzicht auf die Ruhrolympiade im Jahr 2011, die seit 1964 in wechselnden Städten ausgerichtet wird und zu den größten Jugendsportveranstaltungen in Europa zählt, sind deutliche Indikatoren eines Rückgangs von Sportgroßereignissen, welche die ganze Region mobilisieren. Das Biathlonevent in Gelsenkirchen hat dies indes teilweise kompensieren können.

Erklären lässt sich der Verlust von Sportgroßereignissen nicht zuletzt mit mangelnden Sponsorengeldern, nicht mehr konkurrenzfähigen Hallen – die einstmals größte Halle Deutschlands, die Dortmunder Westfalenhalle, rangiert in Größe und Ausstattung nicht mehr im Spitzenfeld –, aber auch mit dem mangelnden Lobby-Potenzial des Sports in der Region. Zieht man nochmals Istanbul als Vergleich heran, so lassen sich das seit 2005 ausgetragene Formel 1-Rennen auf dem Istanbul Park Circuit und die Basketball-Weltmeisterschaft 2010 als Beispiele für erfolgreich angesiedelte Sportgroßereignisse heranziehen, die auch erhebliche Strahlkraft für die Wahrnehmung der Metropole nach außen und deren Identitätsstiftung nach innen haben.

Die mit großem Medienecho gefeierte Kulturhauptstadt 2010 hat die Region mit Blick auf die Kultur und die überkommunale Kooperation mobilisiert; doch einen substanziellen Beitrag zum Sport hat RUHR.2010, auch wenn dies im Vorfeld wiederholt gefordert wurde, nicht geleistet – und konnte dies vielleicht auch nicht. In diesem Zusammenhang kommt künftig insbesondere dem Kultur- und Sportausschuss des Regionalverbandes Ruhr (RVR) eine wichtige Rolle zu, im Netzwerk von Kommunen, (Sport-)Wirtschaft und (Groß-)Vereinen des Ruhrgebiets eine stärker koordinierende Rolle einzunehmen und die Sichtbarkeit der Region, aber auch die Angebotsmöglichkeit für die Bevölkerung deutlich auszuweiten. Erst wenn die kommunalen Partikularinteressen im Sinne einer stärker zielorientierten Kooperation überwunden werden und wenn der RVR als Zweckverband in einer begrenzten Anzahl von Bereichen, zu denen auch die Sportrepräsentanz des Ruhrgebiets als Ganzes zählt, reale Kompetenzen erhält, wird es möglich sein, weitere oder neue populäre Sportgroßereignisse in die Region zu holen. Die Wirkung dieser Sportgroßereignisse ist kaum zu überschätzen: Sie schaffen nicht nur ein neues Bewusstsein für den Sport, sondern auch für die Region, und sie fungieren nicht zuletzt als Impulsgeber für den Ausbau der regionalen Infrastruktur.

Wissenschaft und Kultur

Die Verwissenschaftlichung des Sports und die Analyse seines sozio-kulturellen und ökonomischen Umfelds haben in den vergangenen Jahrzehnten erheblich an Umfang und Tiefe gewonnen. Dies gilt sowohl für die vergleichsweise junge Wissenschaftslandschaft des Ruhrgebiets als auch für die kulturelle Einbettung der Sportaktivitäten. Mit sechs Stationen der Radwanderroute der Fußballkultur NRW im Ruhrgebiet und der für 2014 vorgesehenen Eröffnung des DFB-Fußballmuseums in Dortmund ist einmal mehr vor allem der Fußball in der Region repräsentiert. Ausstellungen wie »Der Ball ist rund« im Gasometer im Jahr 2000 oder die Wanderausstellung »Fußballregion Ruhrgebiet«, die im Vorfeld der Weltmeisterschaft 2006 in 15 Ruhrgebietsstädten gezeigt wurde, dokumentieren die beachtliche, aber auch einseitige Ausrichtung der Sportkultur auf den Fußball.

Im wissenschaftlichen Bereich kann das Ruhrgebiet mit rund 180.000 Studierenden, 500 Studiengängen und fünf Universitäten sowie 15 weiteren Hochschulen mittlerweile auf ein erhebliches Spektrum schauen. An der Hellweglinie bieten sowohl Dortmund und Bochum als auch der Campus Essen entsprechende universitäre Lehr- und Forschungsangebote im Sport an. Hinzu kommt das Willibald Gebhardt Institut in Duisburg. Die wissenschaftlichen Forschungsergebnisse dieser Einrichtungen sind bemerkenswert, ihre Sichtbarkeit ist es jedoch nicht in gleichem Maße. Hier könnte in noch stärkerem Maße eine Profilierung erfolgen, aber auch eine stärkere wissenschaftliche Kooperation im Rahmen der Universitätsallianz Ruhr, die im Lichte der beschriebenen Defizite weitere Handlungsoptionen anbietet – nicht zuletzt mit Blick auf die Zielsetzung, das Ruhrgebiet zu einem Zentrum der Gesundheitswirtschaft auszubauen. Populäre Veranstaltungen wie die seit 1991 in Essen stattfindende, allerdings künftig nach Köln wechselnde, FIBO als internationale Messe für Fitness und Wellness könnten diese Transferleistungen verstärken.

Fazit

Der hier aus einer gewissen Flughöhe unternommene Blick auf die Sportregion Ruhrgebiet zeigt, dass dem Fußball selbst im internationalen Vergleich eine herausragende Bedeutung zukommt, er verdeutlicht zugleich aber auch, dass die darüber hinausgehenden Angebote im Leistungs- und Breitensport weit schwächer ausgeprägt sind. Sowohl der Zustand der öffentlich zugänglichen Sporträume als auch die Lage der Vereine und die zurückgehende Zahl von Sportgroßereignissen weisen auf Optimierungsbedarf bzw. auf künftige Herausforderungen hin. Eine zentrale Aufgabe der Zukunft wird es sein – gerade in Zeiten äußerst begrenzter Finanzmittel –, neue Ressourcen zu aktivieren und zugleich die überkommunalen Kooperationen zu stärken. Dass die Rahmenbedingungen des Sports idealerweise partnerschaftlich im Zusammenspiel von Land, Kommunen, Verbänden, Vereinen, Unternehmen und Wissenschaft konturiert werden, ist ein Gemeinplatz. Diese Binsenwahrheit muss indes auch mit Leben gefüllt werden und sie darf vor allem den privat organisierten Sport nicht in dem Maß außer Acht lassen, wie es bislang der Fall ist. Ein kritischer Blick ist zudem auch auf den Werks- oder Betriebssport zu richten, der lange Zeit einer der Motoren von Sportaktivitäten im Ruhrgebiet war, mittlerweile aber nur ein Schattendasein zu führen scheint.

Die Debatte um den Masterplan Sport des Ruhrgebiets mit der Vision einer »Sportmetropole Ruhr«, die eine künftige Positionierung »als bedeutende europäische Sportregion« zur Zielsetzung erhebt, zeigt, dass entsprechende Reformüberlegungen und Neukonzeptionen eingeleitet wurden; das anhaltende Ringen um Positionen und Formulierungen in der entstehenden polyzentrischen Metropole Ruhr verdeutlicht zugleich aber auch, wie schwierig derartige Abstimmungsprozesse sind. Ein erstes Erfolgsergebnis des »Masterplans Sport für die Metropole Ruhr« wäre eine Schärfung des politischen und auch des öffentlichen Bewusstseins für das Problemfeld Sportpolitik. Dieses lange Zeit von der Politik lediglich stiefmütterlich behandelte Politikfeld bedarf mit Blick auf die sozialen, ökonomischen und vor allem die gesundheitlichen Implikationen dringend einer Neujustierung; gerade die drohende Überalterung der Ruhrgebietsgesellschaft erfordert hier verstärkte Aktivitäten und eine Ausrichtung an bedarfsorientierten Angeboten.

Dem Regionalverband Ruhr kommt in diesem Prozess zweifelsfrei eine wichtige, aber nur im Zusammenspiel mit dem Landessportbund und der Landesregierung erfolgreich zu bestreitende Funktion zu. Sinnvoll erscheint, nicht neue Institutionen oder Agenturen zu installieren – auch keinen Regio-Sportbund wie in Aachen –, sondern vielmehr in konzentrierten Abstimmungsprozessen einen langen Atem bei strategischen Entscheidungen zu beweisen. Der im Kontext der Olympiabewerbung für 2012 im Jahr 2002 abgeschlossene und kurz darauf bereits wieder aufgegebene »Pakt für den Sport« zwischen Landesregierung und Landessportbund NRW markiert hier eher ein Negativbeispiel, das aktuelle »Bündnis für den Sport« besitzt hingegen eine längerfristige Perspektive.

Abschließend soll ein letztes Mal der Vergleich mit der Metropole Istanbul bemüht werden, die angesichts ihrer Bevölkerungszahl mit ähnlichen strukturellen Herausforderungen konfrontiert ist und deren sportliches Leben ebenfalls von der Fußballbegeisterung für die drei Istanbuler Großvereine dominiert wird. Am Bosporus hat man es in den vergangenen Jahren vermocht, allen strukturellen Widrigkeiten zum Trotz, ein breiter gestecktes sportliches Angebot zu präsentieren. Standen sich das Ruhrgebiet und Istanbul im Jahr 2010 beim Titel Kulturhauptstadt Europas noch auf Augenhöhe gegenüber, ist dies mit Blick auf die Ausgestaltung des Sports nicht im gleichen Maße der Fall. Während Istanbul im Jahr 2012 den Titel der »Europäischen Hauptstadt des Sports« tragen wird, scheint eine Titelanwartschaft für das Ruhrgebiet gegenwärtig noch eine ferne Vision zu sein. Die mit dem Titel verbundenen Zielsetzungen im Sinne einer stärkeren Diversifikation der Sportarten jenseits des Fußballs, einer effizienteren Kooperation der Akteure und größerer finanzieller Investitionen zu verfolgen, wäre indes für die Region ein ebenso lohnenswertes wie zukunftsträchtiges Unterfangen.

Stefan Zowislo

Melancholisches Marketing
Eine Erinnerung an den Ruhrgebiets-Forscher Heinrich Böll

Eigentlich hätten die beiden gut zueinander gepasst. Der nachdenkliche Dichter und die gerupfte Region. Beide nicht krachledern, doch meist kameradschaftlich, beide nicht besonders laut, aber selten ungehört. Die Republik war noch keine zehn Jahre alt, da kurvte Heinrich Böll durch das Ruhrgebiet und machte anschließend das, was er am besten konnte: schreiben. Hier im Ruhrgebiet wohnte einer seiner besten Kumpels, Ernst-Adolf Kunz, der als Philipp Wiebe, gemeinsam mit seiner Frau Gunhild, ab 1953 die literarische Agentur »Ruhr-Story« ans Laufen brachte, um Texte für Zeitungen und Zeitschriften zu vermitteln (klar, heute würde man sagen: vermarkten) – ob eigene oder die anderer Literaten, darunter natürlich auch Böll. In Gelsenkirchen war der »gute Heinrich« oft zu Gast (1947/48 fast wöchentlich), nach Gelsenkirchen konnte er Briefe schreiben, in denen er seine anfängliche Erfolglosigkeit mit solch drastischen Worten rekapitulierte wie »keine Sau will etwas vom Krieg lesen oder hören«, und aus Gelsenkirchen bekam er die unmissverständliche Antwort zurück: »Du schaffst es, Hein, bestimmt.«

Als das Prophetische dieser Zeilen schon Wirklichkeit wurde – also ab Mitte der 1950er Jahre – und Bölls Zeit kostbar, er Irland entdeckte und beim WDR ein und aus ging, entstand bei den Kunzens in Gelsenkirchen die Essay-Idee »Im Ruhrgebiet«. Im Mittelpunkt, auf 121 Seiten, die Fotos von Karl Hargesheimer – Künstlername: Chargesheimer (»Ich habe keinen Vornamen«) –, steuerte Böll 28 Seiten Text hinzu. Was der bis heute allseits geachtete Gelsenkirchener Kulturdezernent H. Peter Rose 1993 ein »Zeitdokument (…) von unschätzbarem Wert« nannte, sorgte bei seinem Erscheinen im Jahre 1958 hierzulande für helle Aufregung (und für umfangreiche Berichterstattung, u. a. im SPIEGEL). Essens Oberbürgermeister Wilhelm Nieswandt schrieb einen offenen Brief und empörte sich über alle Kirchtürme hinweg: »Die Ruhrgebietsstädte (…) sind es gründlich leid, von Außenseitern in einer Weise dargestellt zu werden, die nicht einmal mit der Realität der Gründerjahre übereinstimmt, geschweige denn mit der Gegenwart. Wir haben nicht die Absicht, derartige Veröffentlichungen unwiderspro-

chen zu akzeptieren.« Der Verkehrsdirektor von Gelsenkirchen schloss sich voller
Furor dem Essener Vorbild an: »Die Ruhrgebietsstädte, die wie Gelsenkirchen
sich bemühen, der Heimat und dem Ausland ihr wahres Gesicht zu zeigen – ihre
eindrucksstarken Äußerungen harmloser Lebensfreude, ihre hohen kulturellen
Leistungen, ihre ausgedehnten, mit liebevoller gärtnerischer Sorgfalt gepflegten
Grünanlagen und ihre beispielhaften neuzeitlichen Wohngegenden –, sind über
dieses Werk bitter enttäuscht und lehnen es als allgemeingültige Aussage ab.«
Böll und Chargesheimer wurden »pessimistische Voreingenommenheit und beispiellose Einseitigkeit« vorgeworfen, beide Autoren hätten – »das gilt für Mensch
und Landschaft« – nur »Entartung« dargestellt. Und aus Bochum kam die vermeintlich härteste Keule: In einem Brief an den Kiepenheuer-Verlag sah man sich
»restlos getäuscht« in der Erwartung, das Buch »als repräsentative Gabe an besonders interessierte Besucher der Stadt Bochum und für Zwecke der Stadtwerbung
verwenden zu können«. Das war's dann. Wahrscheinlich blieb's bei Krawatten,
für die »Zwecke der Stadtwerbung«.

Selbstverständlich, die Herren hatten ihre Hausaufgaben gemacht und gewis-
senhaft gelesen. Sie notierten des Schriftstellers Beobachtung, dass die »Fortbe-
wegung der Menschen à la 1890 betrieben wird; wahrscheinlich waren die Pfer-
debahnen damals schneller als heute die Straßenbahnen«. Es traf sie vielleicht
die Beschreibung, dass »zwischen Dortmund und Duisburg Weiß nur ein Traum
ist, die Städte auswechselbar sind«. Es passte ihnen wohl kaum, dass Böll über
»diese Provinz, die Ruhrgebiet heißt«, meinte, dass sie sich »dem Fremden nicht
leicht erschließt, der Besichtigung abhold ist, (…) touristische Einrichtungen nur
für solche hat, die hinaus, nicht für die, die herein wollen, Hotels knapp sind,
selbst in den Großstädten«. Und was sollten sie mit dem Satz anfangen: »Macht
entsteht heute durch Konzentration verzwickter, undurchsichtiger Verwaltungs-
gebilde«?

Ja, Böll hatte genau hingeschaut, hatte Lust auf Zuspitzung und Provokation,
wollte mit seinem Text nicht hinter den Fotografien von Chargesheimer zurück-
stehen. Aber wieso nur hatten die Revier-Repräsentanten von Essen über Gelsenkirchen bis Bochum nicht die Muße, nicht den Abstand, nicht die Größe, Böll
»ganz zu lesen«. Sich selbst und die Menschen, die sie vertraten, wiederzufinden
in Formulierungen wie »Aber es riecht dort ›im Ruhrgebiet‹ vor allem nach Menschen, nach Jugend (…) und Unverdorbenheit«. Es klingt doch »wie von heute«,
geradezu ursprünglich, wenn Böll vor über fünf Jahrzehnten meinte: »Nirgendwo
sind die Menschen unpathetischer, einfacher und herzlicher.« Immer wieder
sind sie »hilfsbereit«, auch »schlagfertig«, stets »herzlich«, letztendlich »weniger

verdorben«. Nicht »bloße Floskel« sei hier der Gruß »Glückauf!«, vielmehr voller »Sinn«. Schon in den 1950er Jahren hatte »der Fußball hier seine echtesten Freunde«, als von sechzehn Vereinen der Oberliga West zwölf im Ruhrgebiet beheimatet waren.

Dem Chronisten Böll folgt der Literat auf dem Fuße. Rund um Duisburg, Mülheim und Oberhausen siedelt er den Dialog eines jungen Pärchens an, just als es mit seinem kleinen Auto über einen »hübschen Fluß mittlerer Größe, den ein Blechschild lakonisch als Ruhr kennzeichnet«, fährt, zurückgekehrt aus dem Urlaub, worauf das Dachgepäck hindeutet, besteht es doch aus Camping-Utensilien aller Art, genutzt zu »drei Wochen Urlaub in Gefilden, wo es weder Hochöfen noch Zechen gibt«. Böll lässt die junge Frau – »etwa dreißig Jahre alt, modisch gekleidet, schlank, blond« – auf der Brücke über dem Fluss aussteigen. Sie verweilt einen Augenblick am Geländer, geht zurück zum Auto und ihr Mann fragt sie: »Was war denn los?« Die Frau antwortet: »Oh, nichts (…). Nichts war los, ich wollte nur sehen, wollte riechen, ob wir wirklich zu Hause sind. (…) Und ich bin ausgestiegen, weil ich einen Augenblick allein sein, dir nicht meine Rührung zeigen wollte.« Und weiter:

»›Ich freue mich, daß ich wieder zu Hause bin, ich war all die Schönheit und den blauen Himmel ein wenig leid.‹ Kopfschüttelnd, ohne zu antworten, steuert der junge Mann das kleine Auto nordwärts, auf Oberhausen zu. ›Und alle die schneeweißen Berge, die Seen, diese sauberen Dörfchen, ich hätte es keine zwei Tage mehr ausgehalten; und diese Barockkirchen da unten, soviel Gold, soviel Gips, soviel liebliche Engel; nein, ich freue mich, wenn ich heute abend mit dir im Kintopp sitze, weißt du, in dem alten, unten an der Ecke der Bochumer Straße.‹ ›Ausgerechnet in dem?‹ ›Ausgerechnet in dem, in dem will ich sitzen und will die Leute riechen, und nachher will ich ein Bier und einen Schnaps trinken in der Kneipe unten an der Ecke zum Wiehagen.‹ ›Da?‹ ›Ja, da. Ich will so richtig wissen, daß ich wieder zu Hause bin. Und am Sonntag will ich auf den Fußballplatz gehen und auf die Kirmes auf der Wiese hinter Stratmanns Haus, ich will …‹ ›Langsam‹, sagt der Mann am Steuer, ›langsam …‹ ›Ich will zu Großvaters gehen, in seinen Schrebergarten hinter der Kokerei, will sehen, ob die Tomaten reif geworden sind und die Kaninchen fett. Und er muß mir erzählen, ob die Tauben, die er nach Brüssel geschickt hat, alle zurückgekommen sind. Und ich werde mich von Tante Else zum Kaffee einladen lassen und das ganze Geklatsche und Geklöne anhören, über Anita und Willi und …‹ ›Werde mir nur nicht romantisch‹, sagt der junge Mann lächelnd. ›Ich will ja nur wissen‹, sagt die junge Frau, ›daß ich wirklich zu Hause bin.‹«

So sind wir. Meistens jedenfalls, vielleicht nicht alle, aber viele. Auf jeden Fall so viele, dass auch in diesem Sammelband zahlreiche Autoren nicht vergessen (ob Unternehmensboss oder Universitätsprofessor, ob Kulturmensch oder Kirchenmann), das stabile Wurzelwerk der Ruhrgebiets-Menschen zu erwähnen, weil sie es schätzen. Das war auch im Jahr der Kulturhauptstadt so, wenn die Macher über uns sprachen (und Grönemeyer seine Adjektivfolgen sang: »Schnörkellos, ballverliebt, wetterfest, schlicht, geradeaus, warm, treu«). Erdverbundenheit, Ehrlichkeit und ein Selbstbewusstsein, das niemals arrogant erscheint, gehören demnach zu den Revierbürger-Attributen. Ja, und wenn das so ist, dann sind doch die Böllschen Sätze von einst Marketing vom Feinsten, weil sie wahr sind und stimmen, oder?

Deshalb hätten wir gut zueinander gepasst, der Kölner Böll und die Menschen von der Ruhr. Melancholiker, die wir sind. Woher wir das wohl haben? Wir werden da etwas angenommen, uns zu eigen gemacht haben (das können wir nämlich ziemlich gut), von den Menschen, die ins Ruhrgebiet kamen. Viele von ihnen aus Polen, sie nannten Oberschlesien und Ostpreußen ihre Heimat und packten an. Von den Polen wissen wir – so hat es Adam Soboczynski, ZEIT-Autor und mit seinen Eltern Anfang der 1980er Jahre nach Deutschland gekommen (wenn auch nicht ins Ruhrgebiet, sondern nach Koblenz), in seinem wunderschönen Buch »Polski Tango: Eine Reise durch Deutschland und Polen« beschrieben –, dass sie »gerne melancholisch sind«. Gerne deshalb, weil die Melancholie für sie »eine ins Traurige gewendete Form von Zufriedenheit« ist. Das ist eine Erklärung, die leben lässt, die nicht nur tröstet, die vieles versöhnt.

Einmal entdeckt, feiert die Melancholie hier und da ihre Urstände. Noch ein Journalist (nämlich beim SPIEGEL), der Bücher schreibt, heißt Markus Feldenkirchen, der in seinem 2010 erschienenen und vielerorts gelobten Roman »Was zusammengehört« seinen Protagonisten Benjamin, einen Investmentbanker, den Kampf um sich selbst erfahren lässt, bei dem er sich die »Gabe der Melancholie bewahren« will, in »diesem Tempel des Zynismus«. Ihm, dem »nichts köstlicher ist als die Wehmut und ihre Schwester, die Melancholie«, widerfährt eine Liebesgeschichte, die zu Zeiten des Mauerfalls beim Schüleraustausch in Irland – mit im Gepäck: Bölls Irisches Tagebuch – ihren Anfang nimmt, und die nicht enden kann, weil nichts vergessen werden kann. Schließlich gehört der Melancholiker, so fand der Soziologe Wolf Lepenies im Rahmen seiner Doktorarbeit mit dem Titel »Melancholie und Gesellschaft« heraus, »einer Gattung an, die sich durch ihre unstillbare Neigung zur Reflexion auszeichnet«. In Zeiten wie diesen ein echtes Alleinstellungsmerkmal.

Bildung und Wissen

Jürgen Kluge

Mehr Bildung für das Ruhrgebiet
Oder: Wie fördern wir unseren wertvollsten Rohstoff?

Früher war klar, woher der Wohlstand im Ruhrgebiet kam: aus der Erde. Denn die ganze Region verdankte ihre Bedeutung der Steinkohle. Sie war der Treibstoff für Industrieanlagen und Stahlhütten im Ruhrgebiet. Dank ihr wurde der »Pott« in der Nachkriegszeit zum Motor des deutschen Wirtschaftswunders – und auch die Europäische Union hätte es ohne diesen wichtigen Rohstoff vielleicht nie gegeben. War doch die Europäische Gemeinschaft für Kohle und Stahl – kurz »Montanunion« – eine der Säulen der heutigen EU. Die Montanunion ermöglichte dem Ruhrgebiet größere Freiheiten gegenüber den Besatzungsmächten: Das gab der Region die Chance auf neues Wachstum.

Seither hat sich viel geändert: Es gibt zwar noch Kohle, aber der Abbau lohnt sich nicht mehr. Die Antwort der Politik hieß »Strukturwandel« – also mehr verarbeitendes Gewerbe und vor allem mehr Dienstleistungen. Diesem Ziel ist die Region durchaus näher gekommen: Immerhin stieg der Anteil der Erwerbstätigen im Dienstleistungssektor seit 1980 im Ruhrgebiet um 24 Prozent. Allerdings haben im produzierenden Gewerbe nach wie vor weniger wachstumsstarke, traditionelle Branchen ein vergleichsweise hohes Gewicht.

Das bleibt nicht ohne Folgen für das Wirtschaftswachstum in NRW und im Ruhrgebiet, das seit Mitte der 1960er Jahre schwächer ist als in anderen Flächenländern – vor allem im Vergleich mit den innovativsten und wirtschaftsstärksten, wie Bayern und Baden-Württemberg. Damit hat sich die Lücke beim Pro-Kopf-Einkommen gegenüber den führenden Bundesländern seit 1980 verdoppelt: Anton im Ruhrgebiet verdient 17 Prozent weniger als Max in Bayern – wenn Anton überhaupt Arbeit hat: NRW lag 2010 mit einer Arbeitslosenquote von knapp 9 Prozent als einziges westdeutsches Flächenland über dem Bundesdurchschnitt von 7,7 Prozent, im Ruhrgebiet waren sogar fast 11 Prozent der Menschen ohne Arbeit.

Zwar lassen die aktuellen, recht positiven Meldungen zur Arbeitsmarktentwicklung auf eine bessere Zukunft hoffen. Aber das grundsätzliche Problem ist nicht gelöst: Es wurde versäumt, ausreichende Grundlagen für den Strukturwandel zu schaffen: Eine Dienstleistungsgesellschaft wird nicht mit Muskelkraft gebaut – sie lebt vom Wissen und Können der Menschen. Das ist der nahezu einzig verbliebene und wirtschaftlich sinnvoll einsetzbare Rohstoff Deutschlands. Daraus folgt: Statt Kohle müssen wir heute Bildung fördern, um daraus Innovation, Wachstum und Wohlstand zu schmieden. Denn gut ausgebildete Menschen sind die Voraussetzung, damit die Unternehmen der Region bei Technologien und Dienstleistungen an die Weltspitze anschließen können.

Die Defizite

Die Bedingungen, unter denen solche Menschen heranwachsen, sind im Ruhrgebiet und in ganz NRW jedoch kaum gegeben. Ein Indiz dafür sind die Ausgaben für öffentliche Schulen: 4.500 Euro pro Schüler ist uns in NRW die Bildung unserer Kinder wert – noch geringer ist die Summe nur im Saarland, während innovative und wirtschaftsstarke Bundesländer wie Bayern und Baden-Württemberg deutlich über 5.000 Euro investieren. Eine Verbesserung für NRW ist nicht in Sicht: Seit 2004 stagniert der Anteil der Bildungsausgaben im Landeshaushalt.

Derartig geringe Investitionen führen bereits seit langem zu Defiziten auf allen Bildungsstufen:

– *Frühkindliche Bildung.* NRW hatte 2010 bundesweit den geringsten Versorgungsgrad mit Plätzen in Kindertagesstätten. Nicht einmal jedes zehnte Kind unter drei Jahren besucht eine Kindertageseinrichtung. Das ist nur die Hälfte des bundesdeutschen Durchschnitts – von der hohen Betreuungsquote in den neuen Bundesländern ist NRW sogar meilenweit entfernt.

– *Schulen.* Bei den PISA-Tests schneiden die Schüler in NRW seit Jahren schlechter ab als der Bundesdurchschnitt und deutlich schlechter als Gleichaltrige in Bayern oder Baden-Württemberg. Vor allem der Rückstand von sechs Prozent in der naturwissenschaftlichen Kompetenz ist alarmierend.

– *Hochschulen.* Die hohe Zahl der Abiturienten und Hochschulabsolventen schlägt sich in NRW leider nicht in einer entsprechenden Qualifikationsstruktur der Erwerbstätigen nieder: Zwar macht seit Jahren mehr als die Hälfte eines Jahrgangs Abitur und ein Viertel schließt ein Studium ab, aber nur knapp 17 Prozent der Erwerbstätigen in NRW haben einen Hochschul- oder Fachhochschulabschluss, im Ruhrgebiet sind es sogar nur 16 Prozent. Beide Werte liegen unter dem Bundesdurchschnitt. NRW »exportiert« also auch noch Fachkräfte.

In Bildung zu investieren und die Bildungslandschaft zu modernisieren ist das Gebot der Stunde. Denn Bildung ist nicht nur die Voraussetzung für den beruflichen Erfolg und ein erfülltes Leben jedes Einzelnen, sondern ebenso ein wichtiges Instrument zur Einbindung verschiedener Gruppen in unsere Solidargemeinschaft. Eine Chance auf Bildung ist ein Grundrecht. Um es einzuhalten, sind alle gefragt: Bürger ebenso wie Unternehmen und Politik. Letztere muss zunächst die Rahmenbedingungen so setzen, dass die strukturellen Probleme langfristig gelöst werden können.

Was ist dafür zu tun?
– Die frühkindliche Bildung gezielt ausbauen.
– Die Qualität der und das Interesse an Schulbildung steigern.
– Das duale System modernisieren.
– Freiheit und Kooperation von Hochschulen stärken.
– Lebenslanges Lernen selbstverständlich machen.

Hinzu kommt eine »Querschnittsaufgabe«: Es gilt, auf allen Ebenen die Chancen benachteiligter Gruppen zu verbessern – also von Menschen ohne Schulabschluss oder mit unzulänglicher Berufsausbildung.

Die frühkindliche Bildung gezielt ausbauen

Bildung beginnt nicht erst in der Schule. Vielmehr entwickeln sich mathematisches Grundwissen, Lernfähigkeiten, sprachliche und soziale Fähigkeiten bereits in der frühen Kindheit. Daraus folgt nicht, Kindergartenkinder zu unterrichten oder sie einem Leistungsdruck auszusetzen. Stattdessen müssen wir schon die Kleinsten auf spielerische Weise für Lernen und Wissen begeistern – auch auf technischen und naturwissenschaftlichen Gebieten. In Frankreich beispielsweise werden Kinder bereits mit drei Jahren mit dem Programm »La main à la pâte« spielerisch an solche Themen herangeführt. Auch in Deutschland gibt es gute Beispiele für nicht-kommerzielle Ansätze. Etwa das »Haus der kleinen Forscher«, eine Initiative, die von der Helmholtz-Gemeinschaft, der Dietmar Hopp Stiftung, McKinsey und der Siemens Stiftung sowie zur guten anderen Hälfte vom Bundesministerium für Bildung und Forschung unterstützt wird und zu dessen Stiftungsvorstand ich gehöre. Die Idee ist, Kindern die Möglichkeit zu eigenen Experimenten zu geben und so ihre Begeisterung für Naturwissenschaften und Technik zu wecken. Bundesweit tragen bereits mehr als 16.000 Kitas den Titel »Haus der kleinen Forscher«, allein im Ruhrgebiet sind es 245, über die wir knapp 15.000 Kinder erreichen.

Frühkindliche Bildung ist aber nicht nur pädagogisch wertvoll, sie lohnt sich auch ökonomisch: Private und öffentliche Investitionen in diesen Bereich führen zu Renditen von 10 Prozent – sie sind damit doppelt so hoch wie zum Beispiel die Renditen, die aus Investitionen in Hochschulbildung resultieren. Bei Kindern mit sozial schwachem oder bildungsfernem Hintergrund fallen die Renditen der frühkindlichen Bildung sogar noch größer aus. »Früh investieren statt spät reparieren!« muss also das Motto lauten.

Daher rege ich an, dass NRW ein umfassendes Programm zur Verbesserung der frühkindlichen Bildung startet. Dazu gehört vor allem eine noch bessere Ausbildung der Erzieherinnen und Erzieher – verbunden mit besserer Bezahlung. Alle neu eingestellten Erzieherinnen und Erzieher sollten zumindest einen Bachelor haben; auch eine Pflicht zur ständigen Weiterbildung erscheint sinnvoll. Darüber hinaus kann die Politik noch konsequenter Qualitätsstandards setzen und deren Einhaltung unabhängig prüfen lassen. Es ist abzusehen, dass dabei fast immer Möglichkeiten zur Verbesserung offensichtlich werden. So ergab eine externe Untersuchung zur Qualität der Kitas in NRW kürzlich, dass sich 70 Prozent der Kita-Leitungen deutlich mehr Zeit für eine planvolle pädagogische Arbeit wünschen – wozu es aber wegen Personalmangels nicht kommt.

Künftig brauchen die Kitas also eindeutig mehr Mittel, wenn sie die nötige Qualität mit einer angemessenen Personalausstattung sicherstellen wollen. Auch die aktuellen Planungen, ab Sommer dieses Jahres die Elternbeiträge für das dritte Kita-Jahr abzuschaffen, gehen in die richtige Richtung. Ziel sollte sein, dass grundsätzlich alle Kinder solche Einrichtungen beitragsfrei besuchen können.

Qualität von und Interesse an Schulbildung steigern

Schülerinnen und Schüler aus NRW schneiden bei nationalen und internationalen Vergleichen in Naturwissenschaften eher schlecht ab. Vielen mangelt es nicht nur an Fähigkeiten, sondern auch an Interesse: Zum Beispiel wollen nur 18 Prozent später einen naturwissenschaftlich-technischen Beruf ergreifen – nur halb so viele wie in den USA oder Großbritannien. 44 Prozent der Spitzenschüler finden Naturwissenschaften sogar generell uninteressant.

Das ist fatal, denn das Ruhrgebiet kann nur zu einer Metropole der wissensintensiven Technologien werden, wenn es ausreichend Fachkräfte gibt. Das dürfte am leichtesten gelingen, wenn der Bildungsansatz in Naturwissenschaften und Technik interaktiver wird. Beispielsweise, indem Experimente nicht nur durchgeführt werden, sondern die Schüler selbst Erklärungen entwickeln und sie in das alltägliche Leben überführen. Ein Beispiel dafür liefert die Universität Duisburg-Essen: Sie bietet seit 2004 spezielle Vorlesungen für Kinder zwischen acht und zwölf Jahren an und betreibt seit 2008 zusammen mit lokalen Schulen das »Grundschullabor für Offenes Experimentieren«.

An den Schulen ist zudem eine spezielle Betreuung sowohl von besonders Begabten als auch von sozial Schwachen dringend notwendig. Bei Letzteren besteht erheblicher Handlungsbedarf: In keinem anderen Industrieland ist der Schulerfolg so stark an die soziale Herkunft gekoppelt wie in Deutschland. Wir können es uns aber nicht leisten, auch nur ein Talent zu vergeuden. In diesem Zusammenhang hat die Universität Duisburg-Essen ein beispielhaftes Projekt vorzuweisen: Im Förderprogramm »Chance2« begleitet sie Jugendliche mit Migrationshintergrund ab Klasse 9 bis zum Bachelor-Abschluss.

Ebenso sollte NRW aber auch Wege für Jugendliche finden, die ihre Schullaufbahn vorzeitig und ohne Abschluss beenden. 2009 waren das immerhin 6,1 Prozent aller Schulabgänger. Wir stehen in der Verantwortung, dieser Gruppe Entwicklungsmöglichkeiten aufzuzeigen – auch im Interesse der gesamten Region. Einen goldenen Weg gibt es hierfür leider nicht, aber berufsbildende Maßnahmen verbunden mit Jugendsozialarbeit sind ein mögliches Konzept.

Das duale System modernisieren

Die berufliche Ausbildung in Deutschland ist weltweit beispielhaft – vor allem wegen des dualen Systems, also des Lernens in Schule *und* Betrieb. So haben im Jahr 2009 knapp zwei Drittel eines Altersjahrgangs die duale Ausbildung durchlaufen. Trotzdem ist eine Modernisierung des Systems in Teilen notwendig. Vor allem kommt es darauf an, ein ausreichendes Lehrstellenangebot zu sichern. Eine Möglichkeit sind Ausbildungsverbünde, zu denen sich schulische Einrichtungen mit kleineren Unternehmen zusammenschließen, die bisher nicht ausgebildet haben. Das liegt auch in ihrem eigenen Interesse, denn durch den demographischen Wandel werden die Auszubildenden knapp werden.

Zudem wäre es gut, wenn die bisher eher lose verbundenen Betriebe und Berufsschulen ihre Zusammenarbeit intensivieren – etwa, indem sie Kompetenzzentren aufbauen, die von Arbeitgeber, Berufsschule und Arbeitsvermittlung gemeinsam betrieben werden. Bei der Finanzierung können dänische oder niederländische Systeme als Vorbild dienen. So bezahlt in Dänemark der Staat den schulischen Ausbildungspart, während das betriebliche Gehalt durch einen Umlagefonds aller Unternehmen finanziert wird.

Des Weiteren wäre zu überlegen, ob wir die weiterführenden Hochschulen auch für Absolventen des dualen Systems öffnen sollten. Fachhochschulen könnten beispielsweise Studiengänge anbieten, die bestimmte Auszubildende an Stelle der Berufsschule belegen. Dies würde die praxisnahe Berufsbildung aufwerten und den im Bologna-Prozess eingeführten Bachelor als standardmäßigen, berufsbefähigenden Hochschulabschluss unterstützen.

Freiheit und Kooperation von Hochschulen stärken

Wenn unsere Universitäten wieder Spitze werden sollen, brauchen wir mehr Wettbewerb und Praxisnähe. Auch wenn die Qualität der bundesweiten Hochschullandschaft im internationalen Vergleich seit Kurzem wieder steigt: Unter den 50 besten Hochschulen ist laut World University Ranking 2010 nur eine einzige aus Deutschland – die Universität Göttingen. Dafür sind die USA gleich mit 27 Hochschulen vertreten. Die deutsche Exzellenzinitiative war also dringend nötig – auch, weil sie schmerzlich darauf hinweist, dass gerade die Universitäten des Ruhrgebiets den Anschluss an die absolute Weltspitze noch nicht gefunden haben. In den bisherigen Runden der Exzellenzinitiative fiel nur eine Förderentscheidung zugunsten einer Hochschule im Revier: für eine Graduiertenschule der Ruhr-Universität Bochum. Keine Hochschule an der Ruhr wurde bisher als Exzellenzcluster prämiert – erst recht nicht als Elite-Universität.

Diese Situation lässt sich kaum von heute auf morgen ändern. Mögliche Verbesserungsmaßnahmen sollten darauf abzielen, den Hochschulen mehr Autonomie zu gewähren, vor allem in Bezug auf Personalentscheidungen, Studentenwahl und Vergütung. Zudem kommt es darauf an, dass Hochschulen und Wirtschaft stärker kooperieren. Denn Wissen führt nur zu mehr Wirtschaftswachstum, wenn es auch in Innovationen umgesetzt wird. Ein erfolgreicher Technologietransfer funktioniert aber nur unter zwei Voraussetzungen: Erstens müssen Theorie und Praxis dicht miteinander verwoben werden. Zweitens gilt es den Unternehmergeist der Studenten und Absolventen zu fördern. Einen gangbaren Weg dafür hat zum Beispiel die Uni Duisburg-Essen mit ihrem Science Support Centre gefunden. Ähnliches gilt für die Ruhr-Universität Bochum und ihre rubitec GmbH.

Lebenslanges Lernen selbstverständlich machen

Wenn Menschen nur in ihrer Jugend lernen, werden sie sich in einer immer schneller wandelnden Arbeitswelt künftig nur schwer zurechtfinden. Das bedeutet für uns alle, dass lebenslanges Lernen zur Selbstverständlichkeit werden muss, schon weil wir viel länger arbeiten werden als in der Vergangenheit: Eltern bleiben berufstätig, die Lebensarbeitszeit wird ausgedehnt und viele Menschen wünschen sich eine Tätigkeit jenseits der traditionellen Altersgrenzen.

Lebenslanges Lernen bedarf der kollektiven Anstrengung. So sind laut einer Umfrage von »Perspektive Deutschland« 70 Prozent der Bürger bereit, Freizeit für Weiterbildungsmaßnahmen zu opfern – aber weniger als ein Drittel würde Geld dafür investieren. Hier können die Unternehmen ihren Beitrag leisten, indem sie – auch in ihrem eigenen Interesse – verstärkt in die Weiterbildung ihrer Mitarbeiter investieren. Dazu sind bisher aber nur wenige bereit. Doch nur, wenn jeder in der Gesellschaft seinen Beitrag leistet, können wir grundlegende Veränderungen erreichen: Alle Bürger sollten die Möglichkeit erhalten, sich in der Mitte ihres Arbeitslebens für ein halbes bis ein Jahr um die Weiterentwicklung ihrer Fähigkeiten zu kümmern.

Bildung ist unser wertvollster Rohstoff. Wenn wir ihn nicht systematisch fördern – so wie wir es einst mit der Kohle erfolgreich getan haben –, droht das Ruhrgebiet zur wirtschaftlichen Diaspora zu verkümmern. Der Wohlstand des Ruhrgebiets kommt nicht mehr aus der Erde, sondern entsteht in den Köpfen hervorragend ausgebildeter Menschen.

Werner Böhnke

Vom Grubengold zum Bildungsgold
Wege des Engagements

»Du hast 'n Pulsschlag aus Stahl, man hört ihn laut in der Nacht, du bist einfach zu bescheiden, dein Grubengold hat uns wieder hochgeholt, du Blume im Revier.« Als ich von Bodo Hombach die Einladung erhalten habe, an dem Buchprojekt über die Entwicklung der Ruhrgebietsregion mitzuwirken, fielen mir spontan diese Zeilen aus Herbert Grönemeyers Hymne an seine Heimatstadt Bochum ein. Ja, das Ruhrgebiet ist ein Identität stiftender Teil Nordrhein-Westfalens. Gerade auch in diesen Zeilen kommt das zum Ausdruck. Mit über fünf Millionen Einwohnern und einer Fläche von rund 4.450 Quadratkilometern ist die Region der größte Ballungsraum Deutschlands und der fünftgrößte Europas. Das Ruhrgebiet ist damit ein wichtiger und bedeutender Teil unseres Geschäftsgebietes. Seine Entwicklung liegt uns als WGZ BANK besonders am Herzen. Deshalb habe ich gerne meine Bereitschaft erklärt, an diesem Buchprojekt mitzuarbeiten.

Zur Förderung des Ruhrgebietes hat es in der Vergangenheit zahlreiche private Initiativen und Projekte ganz unterschiedlichster Art gegeben. Dabei reicht das Spektrum von der Kulturförderung bis zur gezielten Unterstützung neuer Unternehmen. Dies wird auch weiter notwendig sein. Eine ganz besondere Bedeutung kommt bei einer weiter fortschreitenden Strukturveränderung des Ruhrgebietes der Qualität der Bildungsangebote zu. Die WGZ BANK konzentriert sich deshalb seit Jahren in ihrem Engagement auf die Stärkung dieses Bereiches. Dahinter steht die Überzeugung, dass Bildung der einzige nennenswerte Rohstoff ist, den Deutschland im 21. Jahrhundert hat oder haben kann. Unser zukünftiger Wohlstand hängt daher ganz wesentlich vom Niveau der schulischen und beruflichen Bildung unserer Kinder ab. Besonders anschaulich wird dieser Zusammenhang auch und gerade im Ruhrgebiet, einer Region, die innerhalb weniger Jahrzehnte vom ausgehenden 18. Jahrhundert bis in die Mitte des 19. Jahrhunderts nahezu 300 Zechen hervorbrachte, von denen heute aber nur noch drei Steinkohle fördern. Eine vormals landwirtschaftlich geprägte Region entwickelte sich in kurzer Zeit zum größten industriellen Ballungsraum Europas, der aber schon ein Jahrhundert später einen besonders harten Strukturwandel zu vollziehen hatte und immer noch vollzieht.

Nachhilfeunterricht für Auszubildende

Mit der Kohlekrise 1957 begann der langsame aber stetige Wandel des Ruhrgebietes. 1962 erfolgte die Grundsteinlegung der ersten Universität des Ruhrgebietes, der Ruhr-Universität Bochum (die feierliche Eröffnung fand am 30. Juni 1965 im Schauspielhaus in Bochum statt). Heute kann das Ruhrgebiet von sich behaupten, Europas dichteste Bildungs- und Forschungslandschaft aufzuweisen. Nicht mehr das Grubengold, sondern das Bildungsgold wird zum wichtigsten Faktor der weiteren Entwicklung. Zahlreiche Hochschulen, Fachhochschulen sowie Forschungs- und Technologieeinrichtungen sind hier tätig. Allerdings darf dies nicht darüber hinwegtäuschen, dass die Qualität der schulischen und universitären Ausbildung sowie die Höhe der getätigten Investitionen in Bildungsmaßnahmen, trotz der parteiübergreifend immer wieder betonten herausragenden Bedeutung, vielfach durchaus noch ausbaufähig sind. Ein Ausbau, der wünschenswert und wichtig ist, denn unter Mängeln der Bildung und Ausbildung kann die persönliche Entwicklung vieler junger Menschen leiden. Belegen doch alle Statistiken, dass die beruflichen Einstiegs- und Aufstiegschancen ganz wesentlich von einer guten schulischen und universitären Bildung abhängen.

Einige wenige Fakten mögen die gegenwärtigen Probleme im Bildungsbereich und die daraus abzuleitenden Herausforderungen belegen: 54 Prozent der teilnehmenden 15.000 Betriebe einer vom DIHK durchgeführten Umfrage haben im vergangenen Jahr angegeben, Nachhilfeunterricht für ihre Auszubildenden zu organisieren. Zum Teil liegen die Gründe für diese von den Unternehmen erbrachten, eigentlich jedoch in der Schule zu leistenden Bildungsmaßnahmen wohl darin, dass die Erwartungen an die schulische Ausbildung aufgrund der ständig steigenden beruflichen Anforderungen zunehmen, aber nicht hinreichend erfüllt werden. Wesentlich dürfte aber sein, dass die schulische Ausbildung nicht selten keine ausreichende allgemeine Qualifizierung der Schulabgänger mehr gewährleistet. Nach einer Untersuchung der Friedrich-Ebert-Stiftung aus dem Jahr 2009 verfügen rund 1,5 Millionen unter den jungen Erwachsenen zwischen 20 und 29 Jahren in Deutschland über keinen Berufsabschluss. Während diese jungen Menschen zur Zeit der Blüte des Bergbaus im Ruhrgebiet möglicherweise noch eine Beschäftigung gefunden hätten, sind deren aktuelle Berufschancen dagegen ausgesprochen schlecht.

Staatliches und privates Engagement

Das in Teilen für eine Industrienation wie Deutschland vergleichsweise niedrige Bildungsniveau junger Menschen hierzulande, das sich auch in den Ergebnissen der bisherigen vier Pisa-Erhebungen zeigt, hängt nicht unwesentlich damit zusammen, dass wir, gerade auch im internationalen Vergleich, zu wenig in die Bildung investieren. Nicht zuletzt die Entwicklung der Staatsfinanzen hat dazu beigetragen, dass der Anteil der staatlichen Ausgaben für Bildung relativ gesehen abgenommen hat. Lägen die Ausbildungsausgaben heute in Relation zum Bruttoinlandsprodukt noch so hoch wie 1995, so müsste das Bildungsbudget jährlich um über 14 Milliarden Euro höher dotiert werden. Nach einem Bericht der OECD aus dem Jahr 2009 wurden in Deutschland 2007 lediglich 4,8 Prozent des Bruttoinlandsproduktes (BIP) für Bildung aufgewandt. Der Durchschnitt der OECD Länder brachte es auf 6,1 Prozent. Gerade auch Nordrhein-Westfalen hinkt bei der Bildung im Vergleich der Bundesländer hinterher. Im Bildungsmonitor 2008 der Initiative Neue Soziale Marktwirtschaft belegte NRW – wie schon 2007 – lediglich Rang 15 unter den 16 Bundesländern. Nicht verschwiegen werden soll aber, dass es auch positive Tendenzen in Nordrhein-Westfalen gibt. So weist das Land die höchste Quote von Studienberechtigten in Deutschland auf und kann zudem auf den größten Sachmittelaufwand an Schulen in Deutschland verweisen. Entscheidend ist jedoch, dass offenbar allein mit staatlichen Mitteln in absehbarer Zeit keine ausreichenden Investitionen in den Bildungsbereich erfolgen.

Deshalb ist privates Engagement gefordert. Privates Engagement, das der Initiativkreis Ruhr erbringt, und das auch wir als WGZ BANK erbringen. Dabei gibt es vielfältige Ansätze. Auch der zusammen mit der Westdeutschen Allgemeinen (WAZ), der Neuen Ruhr/Neuen Rhein Zeitung (NRZ) und der Westfälischen Rundschau (WR) verliehene Initiativpreis NRW der WGZ BANK für mittelständische Unternehmer setzt entsprechende Signale und würdigt vorbildliche Aktivitäten im Bildungsbereich. Aus der Verantwortung für die Region, aus empfundener Verpflichtung für die Entwicklung der Jugend und zur Sicherung eines qualifizierten Nachwuchses leisten viele mittelständische Unternehmer mustergültige Bildungsarbeit. Von der Förderung des frühkindlichen Interesses an den Möglichkeiten der Technik bis zu universitären Stipendien reicht deren Engagement. Mehr denn je ist es wichtig und notwendig, dass sich die Unternehmen selbst in die Förderung und Ausgestaltung der Bildungsangebote einbringen. Dabei geht es auch darum, junge fähige und qualifizierte Mitarbeiter in der

Region oder in Deutschland zu halten. Gerade angesichts der demographischen Entwicklung können wir es uns nicht leisten, Fachkräfte durch Abwanderung ins Ausland zu verlieren. Nur wenn wir diesen Menschen qualifizierte Bildungsangebote, gut ausgestattete Arbeitsplätze und ein ansprechendes Kultur- und Freizeitangebot zur Verfügung stellen, werden wir sie im Wettbewerb der Nationen gewinnen können, in unserem Land zu bleiben.

»Sozialgenial«

Ein Projekt, in dem Jugendliche für Bildung und für den beruflichen Erfolg begeistert und angesprochen werden, ist die Veranstaltung »Dialog mit der Jugend« des Initiativkreises Ruhr. Die WGZ BANK beteiligt sich schon seit Jahren daran. Diese Gesprächsreihe führt Oberstufenschüler von Gymnasien und Gesamtschulen der Region aktiv an wirtschaftliche Themen heran, und zwar auf eine ganz besondere Weise: In direkten Gesprächen mit Unternehmenslenkern über Wirtschaftsthemen und Zukunftsfragen ermöglicht der Dialog den Schülerinnen und Schülern Begegnungen auf Augenhöhe mit Managern. Begegnungen, die ihnen außerhalb dieser Gesprächsrunden sonst kaum möglich sind. Die Vorstandsvorsitzenden der Initiativkreis-Unternehmen stehen den Jugendlichen einen Nachmittag lang persönlich Rede und Antwort. Insgesamt über 300 Schülerinnen und Schüler haben bisher im Rahmen dieses Projektes an Diskussionen mit Vorstandsmitgliedern der WGZ BANK teilgenommen.

Ich selbst habe in der Vergangenheit etliche dieser Gespräche geführt und sie als ausgesprochen interessant und motivierend empfunden. Gerade Banken müssen ja seit geraumer Zeit damit leben, dass ihr Bild in der Öffentlichkeit insgesamt in Misskredit gebracht worden ist. Umso wichtiger ist es deshalb, gerade auch unter Jugendlichen ein authentisches Bild der eigenen Tätigkeit als Bankvorstand zu vermitteln, um somit vielleicht auch Interesse für dieses Berufsfeld zu wecken. Denn während früher eine Ausbildung zum Bankkaufmann oder zur Bankkauffrau auf der Prioritätenliste vieler Jugendlicher ganz oben stand, haben die zahlreichen Negativschlagzeilen im Zuge der Finanzmarktkrise dazu geführt, dass dieser Ausbildungsgang erkennbar an Attraktivität verloren hat. Dem kann und muss damit begegnet werden, zwischen den unterschiedlichen Tätigkeiten in der Kreditwirtschaft hinreichend zu differenzieren und die Unterschiede innerhalb der Branche zu verdeutlichen.

Der Förderung Jugendlicher, insbesondere der Stärkung ihres sozialen Engagements, widmet sich die Service Learning Initiative »Sozialgenial – Schüler engagieren sich«. Die WGZ BANK gehört zu den Gründern dieses Projektes und stellt der Aktiven Bürgerschaft für die Projektarbeit der ersten fünf Jahre einen namhaften Betrag zur Verfügung. Die Initiative hat es sich zur Aufgabe gemacht, bürgerschaftliches Engagement mit Unterrichtsinhalten unterschiedlichster Fächer zu verbinden. Sie unterstützt Lehrerinnen und Lehrer aller weiterführenden Schulen in Nordrhein-Westfalen darin, Fragen und Themen gesellschaftlichen Engagements in den Unterricht zu integrieren und dafür außerschulische Partner zu finden. Umgesetzt wird dies in konkreten Projekten, in denen sich Schülerinnen und Schüler aus der Schule heraus für andere, und damit in der Regel für ihre örtliche Gemeinschaft, einsetzen. Sie erleben so gesellschaftliche Aufgabenfelder und machen neue soziale Erfahrungen, die sie wiederum in den Unterricht einbringen.

Die Möglichkeiten der Ausgestaltung sind vielfältigster Art. So organisieren beispielsweise Schüler gemeinsam mit behinderten Kindern die Freizeitgestaltung und lernen parallel im Biologieunterricht Ursachen der Entstehung von Behinderungen. Die gemeinsamen Aktivitäten und die Vermittlung des Wissens über Behinderungen bauen häufig vorhandene Hemmschwellen im gegenseitigen Umgang ab und schaffen die Voraussetzung für ein unbefangenes integratives Zusammenleben. Andere Klassen machen es sich zur Aufgabe, einen Kräutergarten in ihrem Stadtteil zu pflegen und beschäftigen sich im Unterricht zugleich mit Pflanzenkunde. Theoretisches Wissen und seine praktische Umsetzung werden so in ein für die örtliche Gemeinschaft erlebbares Projekt eingebunden. Die Initiative will durch derartige Verbindungen von Lernen und praktischer sozialer Umsetzung die Lernerfolge von Schülerinnen und Schülern fördern, sie für das Lernen und die Übernahme von Verantwortung begeistern, um damit auch deren Bildungs- und Berufschancen zu verbessern. Rund 1.000 von 3.300 weiterführenden Schulen in Nordrhein-Westfalen wollen wir mit diesem Projekt bis Ende 2013 erreichen. »Sozialgenial« soll so langfristig Bestandteil des Schulalltags werden.

Motivation für mehr Engagement

Die besondere Attraktivität des Projektes und das offenkundige Interesse der angesprochenen Schülerinnen und Schüler lassen sich an der hohen Zahl derer ablesen, die sich seit dem Start der Initiative daran beteiligt haben. Bis Mitte 2010 hatten sich bereits 71 Schulen mit rund 2.400 Schülern angemeldet. Vertreten sind dabei alle Schulformen: 18 Hauptschulen, 17 Berufskollegs, zwölf Gymnasien, zwölf Realschulen, sieben Gesamtschulen und fünf Förderschulen. Zum Schuljahresbeginn 2010 starteten Schülerinnen und Schüler in mehr als 90 Projekten ihr Engagement in den Bereichen Soziales, Kultur, Sport und Umwelt. Erlebbar macht sich die Initiative auch über Aktivitäten, wie die am 1. Juli 2010 in der WGZ BANK veranstaltete Fachtagung zum Thema Service Learning. Als Anerkennung für das Engagement, das die rund 2.400 aktiven Schülerinnen und Schüler des vergangenen Schuljahres in den unterschiedlichsten Projekten bisher an den Tag gelegt haben, wurden auf der Tagung zwei konkrete Schulprojekte mit »sozialgenial«-Zertifikaten ausgezeichnet.

Dies schafft zusätzliche Motivation, sich weiter oder erstmals als Schule bzw. als Schulklasse an der Service Learning Initiative zu beteiligen. 220 Lehrkräfte weiterführender Schulen sowie Vertreter gemeinnütziger Organisationen aus Nordrhein-Westfalen nutzten die Möglichkeit, um auf dieser Veranstaltung das Bildungskonzept Service Learning kennenzulernen. Das große Interesse an der Fachtagung und die weiter steigende Zahl derer, die »sozialgenial – Schüler engagieren sich« in konkrete Projekte umsetzen, ist für uns der beste Beweis dafür, dass es nicht am Willen mangelt, Bildungsprojekte voranzutreiben. Häufig fehlt es an den dafür erforderlichen finanziellen Mitteln. Für mich persönlich gehört es zu den eindrucksvollen Erlebnissen, wenn mir an den Projekten teilnehmende Schülerinnen und Schüler mit Begeisterung im direkten Gespräch erzählen, wie sehr ihnen ihr soziales Engagement bei der persönlichen Weiterentwicklung hilft. Eine Schülerin hat mir ganz stolz berichtet: »Endlich hat mir mal wieder jemand gesagt, dass er mich braucht.« Welche stärkere Motivation könnte es für junge Menschen geben, sich in sozialen Projekten zu engagieren?

Investitionen in die Zukunft

Besondere Aufmerksamkeit müssen wir zukünftig auch der gezielten Förderung eher lernschwächerer Schülerinnen und Schüler widmen. Auf der einen Seite gibt es die eingangs genannte hohe Zahl Jugendlicher ohne Berufsabschluss. Auf der anderen Seite bleiben inzwischen in Deutschland rund eine Million Arbeitsplätze auch deshalb unbesetzt, weil es an entsprechend qualifizierten Mitarbeitern fehlt. Dies ist ein zur Sorge Anlass gebender Zustand für eine Industrienation wie Deutschland. Dies gilt erst recht, wenn wir uns die demographische Entwicklung vor Augen führen. Hier will zukünftig die WGZ BANK Stiftung ansetzen. Sie unterstützt finanziell das von der Leuphana Universität Lüneburg entwickelte Konzept der Sommerakademie. Erstmals in den Sommerferien 2011 werden je 32

Schülerinnen und Schüler an den Standorten Münster und Neuwied in einem dreiwöchigen Sommercamp intensiv und individuell betreut. Angesprochen werden dabei ganz bewusst lernschwache Jugendliche der Vorentlassklassen der Hauptschulen. Neben klassischen schulischen Angeboten stehen Maßnahmen der Persönlichkeitsentwicklung auf dem ganztägigen Programm. Die Jugendlichen erhalten damit Qualifizierungsmöglichkeiten, die ihre beruflichen Chancen entscheidend verbessern können. Im Anschluss an das Sommercamp werden die Teilnehmer in dem darauf folgenden (letzten) Schuljahr weiterhin regelmäßig pädagogisch betreut.

Ziel des Projektes ist, dass alle Teilnehmer der Sommerakademie am Ende ihrer schulischen Ausbildung ihre Chancen deutlich verbessern, eine Lehrstelle zu erhalten. Bewährt sich das Konzept, wovon wir überzeugt sind, soll es auf andere Standorte übertragen werden. Das Ruhrgebiet genießt dann für uns erste Priorität.

So wichtig die Aktivitäten selbst sind, so wichtig ist es, sie auch öffentlich bekannt zu machen. Auch deshalb freut es mich, dass mir im Rahmen dieses Buchprojektes die Gelegenheit gegeben wurde, für eine private Unterstützung in den Bereichen Bildung, Ausbildung und soziales Engagement zu werben. Denn wünschenswert für die Zukunft ist, die zahlreichen vorhandenen Initiativen der unterschiedlichsten Akteure stärker zu bündeln, sie zu verzahnen und die jeweiligen Erfahrungen auszutauschen, um die Effizienz der Maßnahmen weiter zu verbessern. Das wird vielfältigen Nutzen stiften.

Unabhängig davon, ob dies gelingt, werden die hier vorgestellten und andere, weitere Projekte in näherer und ferner Zukunft ihre Wirkung entfalten. Dessen bin ich mir sicher. Der Initiativkreis Ruhr wird seinen Teil dazu beitragen, wie auch die WGZ BANK. Es sind im besten Sinne des Wortes Investitionen in die Zukunft. Sie werden das Ruhrgebiet auf seinem bisher durchaus erfolgreichen Weg vom Grubengold zum Bildungsgold weiter voran bringen, so wie es in dem eingangs zitierten Lied von Herbert Grönemeyer bereits beschrieben ist: »Tief im Westen, wo die Sonne verstaubt, ist es besser viel besser, als man glaubt, tief im Westen.«

*Wolfgang Straßburg**

International School Ruhr in Essen
Erfolgreich gestartet

Die International School Ruhr (IS Ruhr), die Mitte August 2010 in Essen ihren Betrieb mit einer Kindertagesstätte (ab 3 Jahren) und den Klassen 1 bis 5 aufgenommen hat, ist als internationale Ganztagsschule konzipiert. In den nächsten Jahren werden die weiteren Klassen sukzessive entstehen. Der Abschluss wird ein IB-Diploma (International Baccalaureate) sein. Die Schule arbeitet nach den strengen Richtlinien des IB und dem bewährten Schulkonzept der Schweizer Bildungsorganisationen SBW Haus des Lernens. Das IB gewährleistet, dass Schülerinnen und Schüler internationaler Schulen auf der ganzen Welt nach einheitlichen Standards und Lehrplänen unterrichtet werden und über international anerkannte Abschlüsse eine weltweit gültige Hochschulzugangsberechtigung erreichen. Die Pädagogik des Schulbetreibers SBW basiert auf selbstgesteuertem Lernen in einer gestalteten Lernumgebung. Dies ermöglicht eine starke Individualisierung des Lernprozesses – in einer von Respekt geprägten Beziehung zwischen Lehrenden und Lernenden, und zwar mit dem Vertrauen, dass es gelingen wird, und in einer Kultur, in der Fehler erlaubt und erwünscht sind, wenn daraus gelernt wird.

In der International School Ruhr profitieren die Kinder und Eltern von einer international ausgerichteten, mehrsprachigen Bildung, pädagogisch sinnvollen Klassengrößen, mit internationaler Bildung erfahrenen Lehrpersonen und einer Ganztagsbetreuung mit individualisierter Förderung. Ganztagsunterricht, überwiegend auf Englisch, fachübergreifender Unterricht, forschendes und selbstständiges Lernen und Gruppenerfahrung bietet das Team mit der Schuldirektorin Sharon A. Sperry. Dazu zählt ebenso Talententwicklung, eine gezielte Förderung von Selbst- und Sozialkompetenz sowie eine hohe Servicequalität. International erfahrenes und durch den Betreiber zusätzlich geschultes Lehrpersonal mit englischer Muttersprache unterrichtet Schülerinnen und Schüler der IS Ruhr.

---

* Der Verfasser war bis 30.9.2010 bei der RWE AG tätig und unterstützt persönlich das Sponsorship von Dr. Jürgen Großmann für die IS Ruhr.

Der Lehrplan der IS Ruhr ermöglicht speziell Kindern von Expatriation, ihre Bildung zu erweitern. Der international anerkannte und ausgerichtete Lehrplan gewährleistet, dass diese Kinder bei einer Rückkehr in ihr Heimatland problemlos wieder Anschluss an das dortige Schulsystem finden. Umgekehrt können Kinder auf den geplanten Auslandseinsatz des Vaters/der Mutter vorbereitet werden. Das Angebot richtet sich aber auch an Kinder deutscher Eltern, die diesen ermöglichen wollen, in einer internationalen Umgebung aufzuwachsen. Die Schule wird – soweit geboten – Kinder mit zusätzlichem Englischunterricht unterstützen, damit sie sich schnell in die internationale Gemeinschaft einfügen können.

Die IS Ruhr ist eine anerkannte Ergänzungsschule. Damit erfüllt sie die vom Bildungsministerium Nordrhein-Westfalens vorgeschriebenen Standards und die Kinder erfüllen an der IS Ruhr ihre obligatorische Schulpflicht. Als private Schuleinrichtung finanziert sich die IS Ruhr über Schulgelder – ein Viertel der Schulplätze werden jedoch durch Stipendien unterstützt.

Leuchtturmprojekt der Strategie »Zukunft Ruhr 2030«

Internationale Bildung wird in unserer global zusammenwachsenden Welt immer wichtiger. Nicht nur für Expatriats, die mit ihren Familien ins Ruhrgebiet ziehen, sondern auch für junge deutsche Familien, die ihre Zukunft in anderen Ländern und Kulturen planen oder ihren Kindern die Tür zu einem Leben in einer multikulturellen und multinationalen Welt offen halten wollen.

Der Initiativkreis Ruhr hat auf dem vielbeachteten Kongress »Zukunft Ruhr 2030« am 16.10.2007 in Essen seine Vision für die Metropole Ruhr unter Anwesenheit u. a. der Bundeskanzlerin Angela Merkel dargelegt. Die ausgearbeitete Strategie Zukunft Ruhr 2030 dient zu gleichen Teilen als Zukunftsprogramm für die Metropole Ruhr und als langfristiges Arbeitsprogramm für den Initiativkreis Ruhr. In großen Wirtschaftszentren gehören internationale Schulen weltweit zum Standardangebot. Mithin verwundert es nicht, dass der Initiativkreis Ruhr (IR) nach der Strategie die Realisierung einer internationalen Schule im Ruhrgebiet unverändert für dringend hielt. Denn bei zunehmender Internationalisierung und Globalisierung wird die Region hierdurch für ausländische Spitzenkräfte als Wirtschaftsstandort an Attraktivität zunehmen. Dabei geht es weder um eine »Eliteschule« oder gar die Verdrängung des öffentlichen Schulsystems. Vielmehr sollen die vorhandenen Bildungsangebote – auch mit internationalem Bezug – ergänzt und angereichert werden. Unternehmensansiedlungen im Ruhrgebiet sind bereits deshalb gescheitert, weil ein entsprechendes Angebot fehlte oder Eltern, die ihren Kindern eine internationale Ausbildung bieten wollen, siedelten sich außerhalb des Ruhrgebietes an, wo entsprechende Angebote seit Jahren zur Verfügung stehen.

Nach zwei fehlgeschlagenen Versuchen, eine solche internationale Schule für das Ruhrgebiet in Essen zu schaffen, ebnete auf vorgenannter IR-Veranstaltung Jürgen Großmann, Vorstandsvorsitzender der RWE AG, hierfür den Weg. In Mülheim an der Ruhr geboren und bereits in seiner Ausbildung durch zahlreiche Auslandsaufenthalte von der Bedeutung internationaler Bildung überzeugt, erklärte er sich bereit, mit einem Beitrag in Höhe von 5 Millionen Euro aus seinem Privatvermögen dieses Projekt des IR im Wege einer Anschubfinanzierung zu fördern. Mit diesem Geld sollen die Betriebskosten in der Aufbauphase zum Teil gedeckt werden, bis die Schule über Elternbeiträge sich selbst finanzieren kann. Auch sonstige Förderungen, insbesondere durch den IR bzw. seine Mitglieder, sollen baldmöglich zur Nachhaltigkeit dieser Institution beitragen.

Unsere Meilensteine

Der Weg bis zur Eröffnung der Schule war teils beschwerlich. Einige Meilensteine seien in Erinnerung gerufen.

Auswahl des Trägers und Betreibers sowie Erarbeitung der Konzeption
In einem beim IR durchgeführten »Beauty-Contest« setzte sich das schweizerische Unternehmen SBW Haus des Lernens (SBW) als Träger und Betreiber einer International School mit Kindertagesstätte in Essen durch. Gleich den Mitbewerbern präsentierte SBW für den Aufbau und Betrieb einen detaillierten Projekt- und Finanzplan. Inhaltlich überzeugend war die ebenso angebotene Ausbildung, welche die ganzheitliche Entwicklung des Kindes unterstützt. Gefördert wird insbesondere das selbstverantwortliche Lernen, um für ein Leben und Lernen weltweit bereit zu sein. SBW, die bereits fünf internationale Schulen betreibt, erhielt Anfang März 2010 vom IR verbindlich den Auftrag, die International School Ruhr in Essen aufzubauen und zu betreiben. Bereits vorlaufend war ein Büro beim IR eingerichtet worden, das vom SBW-Backoffice in der Schweiz umfangreich (Marketing, Architektur, Finanzen etc.) Unterstützung erfuhr.

Der Schwerpunkt der Projektarbeit lag zu Beginn neben der Kontaktaufnahme mit den Eltern und Unternehmen, die sich bereits für internationale Bildung interessierten, bei der Definition des Standortes und der Immobilie. Die Evaluation zahlreicher Gebäude, die von Privaten und von der Stadt Essen angeboten wurden, brachte zunächst kein befriedigendes Ergebnis. Eher zufällig stieß dann der Projektleiter im November 2009 auf die Villa Koppers am Moltkeplatz, ein Standort, der sich durch eine gute Verkehrsanbindung auszeichnet. Ende März 2010 konnte ein langjähriger Mietvertrag für die Villa geschlossen werden. Umgehend erfolgte unter Leitung einer erfahrenen Architektin der Umbau der Villa, insbesondere die Neugestaltung der Raumaufteilungen sowie deren Ausgestaltung. Bis zur Eröffnung verblieben nur vier Monate.

Begleitend war Kümmerlein, Rechtsanwälte & Notare in Essen nicht nur mietvertraglich und arbeitsrechtlich unterstützend tätig, sondern ebenso für die Entwicklung und Erarbeitung eines gemeinnützigen Gesellschaftsmodells für die IS Ruhr. Auch dies erwies sich komplizierter als angenommen und bedingte einen langen und intensiven Beratungsprozess durch die auf Steuer- und Gesellschaftsrecht spezialisierten Experten.

Informations- und Öffentlichkeitsarbeit
Schon Ende September 2009 waren erstmals interessierte Eltern über das Angebot der IS Ruhr informiert worden, weitere neun Informationsabende folgten. Ferner wurde mit einer Roadshow auf dem Willy-Brandt-Platz, mit einer regelmäßigen Medienarbeit, mit Anzeigenschaltungen, Radiospots, einem Imagefilm, Werbematerialien und persönlichen Unternehmenskontakten auf das neue Angebot einer internationalen Schule aufmerksam gemacht.

Die Anzahl der Interessierten wuchs, auch durch zahlreiche Gespräche, die unmittelbar mit den Eltern, teils auch unter Teilnahme des oder der Kinder, geführt wurden. Gewiss ist es nicht einfach, vertrauensbildend ein Angebot überzubringen, das noch nicht existiert bzw. fassbar ist. Natürlich wollen die Eltern wissen, in welche Umgebung ihr Kind künftig zur Schule geht und welchen Lehrern sie das Kind anvertrauen. Umgekehrt ist es kaum möglich, die Immobilie für mehrere Monate vorweg schon hergerichtet vorzuhalten und die Lehrer bereits für solche Gespräche verfügbar zu haben. Mit zunehmender Fertigstellung der Villa Koppers wurden die Gespräche mit den Eltern dorthin verlegt und wirkten stabilisierend, auch wenn Vorbehalte infolge vorlaufender Fehlversuche ausgeräumt werden mussten.

Deutlich verbesserte sich die Situation, als im April 2010 die amerikanische Direktorin, Sharon A. Sperry, ihre Arbeit in Essen aufnahm. Nun konnten die Eltern die Person und ihre pädagogische Überzeugung kennenlernen, die für ihre Kinder verantwortlich sein sollte. Bis Mitte Juli 2010 hatte Sharon A. Sperry ihr Lehrerteam aus international erfahrenen Pädagogen und lokal rekrutierten

Fachspezialisten zusammengestellt. Parallel dazu wurde beim Ministerium für Schule und Weiterbildung des Landes Nordrhein-Westfalen das Gesuch als anerkannte Ergänzungsschule gestellt. Die Bewilligung erfolgte rechtzeitig zum Schulstart.

Ausblick

Am 6.8.2010 wurde unter Anwesenheit vieler Gäste aus Politik und Wirtschaft, des Sponsors Jürgen Großmann sowie zahlreicher Eltern und Kinder die IS Ruhr eröffnet, die am 16.8.2010 in vier Lerngruppen ihren Betrieb aufnahm. Nur drei Monate später hatte sich die Schülerzahl bereits verdoppelt.

Die IS Ruhr bedarf gleichwohl weitergehender Förderung, will man baldmöglich erreichen, dass die Schule sich durch die Schulgebühren selbst trägt. Abhängig vom Alter der Kinder liegen die Schulgebühren zurzeit zwischen 10.800 Euro und 14.800 Euro jährlich.

Hinzu kommt eine einmalige Anmeldungs- und Schulentwicklungsgebühr von 2.500 Euro. Bis 25 Prozent der Schüler können die Schule mit Hilfe eines Stipendiums besuchen, wodurch der Zugang auch solchen Kindern ermöglicht wird, deren Eltern das Schulgeld nicht oder nur teilweise aufbringen können.

Der IR hat sich gemeinsam mit seinen Mitgliedsunternehmen mehrfach für das Projekt ausgesprochen. Mit der danach von der Wirtschaft erwarteten Unterstützung hat u. a. auch die Alfried Krupp von Bohlen und Halbach-Stiftung in Aussicht gestellt, sich an Stipendien für Schüler der IS Ruhr zu beteiligen. Einige Unternehmen haben bereits für Mitarbeiter, die sie für einen Auslandseinsatz vorsehen, Plätze im Voraus reserviert, die im Falle der Nichtbesetzung für Stipendien verbleiben. Darüber hinaus bestehen weitere Möglichkeiten der Finanzierung bzw. sind solche in Überlegung, wie praktizierte Beispiele bei anderen internationalen Schulen belegen.

Gleichzeitig geht es darum, die International School Ruhr bekannter zu machen. Dazu finden u. a. zahlreiche Informationsveranstaltungen in der Schule statt. Für Interessierte lohnt es sich, hierfür den Internetauftritt www.is-ruhr. de aufzurufen bzw. sich beim IR telefonisch zu melden. Auch die Schule heißt Eltern natürlich willkommen, die überlegen, ihre Kinder dort einzuschulen, oder auch nur mehr über das Lehrangebot erfahren wollen.

Die Kinder sind unsere Zukunft. Möge die International School Ruhr ebenso dazu beitragen, die Wirtschaftsregion Ruhr im internationalen Vergleich weiter zu fördern.

276

Elmar Weiler/Reiner Höck

Gemeinsam geht's
Die Rolle der Hochschulen

Der seit den 1960er Jahren im Ruhrgebiet sich vollziehende so genannte »Strukturwandel« ist in diesem Band in verschiedenen Beiträgen thematisiert. Er bezeichnet
die Abkehr vom Wirtschaftsfaktor Kohle und Stahl, seit mehr als einem Jahrhundert *die* alles prägende Wirklichkeit an der Ruhr, und ihren Ersatz – aber durch
was? Immer noch ist das Ruhrgebiet das industrielle Herz Deutschlands, aber
auch die riesigen Montagewerke, Nachfolger der großen Zechen und Eisenhüt-
ten, sind im Niedergang begriffen, viele sind längst aufgelöst oder abgewandert
und die Zukunft der verbleibenden ist ungewiss. Was bleibt, ist eine starke, mittelständisch geprägte und hoch innovative, diversifizierte Wirtschaft, Weltmarkt-
führer darunter – mit Unternehmen, die ihren Sitz an der Ruhr haben und hier
produzieren; Firmensitze von global agierenden Weltunternehmen fehlen gleichwohl nicht. Zwischen 1958 und 1991 gingen allein im Bergbau 400.000 Arbeitsplätze verloren (Quelle: Regionalverband Ruhr), und in ähnlichen Dimensionen
verlief der Stellenabbau in der Stahlindustrie; an ihre Stelle traten, aber geringer
an der Zahl, Arbeitsplätze für höher und hoch Qualifizierte. Heute suchen viele
Betriebe händeringend Fachkräfte, und dieser Trend wird sich eher weiter verstärken. Auf der anderen Seite ist die Arbeitslosenquote höher als andernorts, eben
weil der Wegfall einer immensen Zahl von Arbeitsplätzen in den »klassischen«
Produktionszweigen durch die hinzu gewonnenen in den Zukunftsbranchen
qualitativ und quantitativ nicht kompensiert werden konnte.

Wie vorausschauend, dass die erste Universitätsneugründung der Bundesrepublik Deutschland im Ruhrgebiet erfolgte: 1961 in Bochum. Die Ruhr-Universität nahm 1965 ihren Lehrbetrieb auf. In diesem Jahr, 2011, feiert »die RUB«
also das 50-jährige Jubiläum ihrer Gründung. Sie ist längst nicht mehr die einzige
Universität an der Ruhr, heute kann die Region stolz darauf sein, über die dichteste Hochschullandschaft ganz Europas zu verfügen. Allein an den drei großen
Ruhrgebietsuniversitäten (Duisburg-Essen, Bochum und Dortmund) studieren
über 90.000 junge Menschen, forschen und lehren über 8.000 Wissenschaftler
und Wissenschaftlerinnen, arbeiten fast 5.000 Beschäftigte in Technik und Verwaltung. Seit 2007 haben sich diese drei Universitäten zur Universitätsallianz

Metropole Ruhr zusammengeschlossen. Forscherinnen und Forscher der UAMR tragen 17 Sonderforschungsbereiche der Deutschen Forschungsgemeinschaft und sind an 12 weiteren beteiligt. Dieser Schlüssel-Indikator macht deutlich, dass die Universitäten an der Ruhr mit anderen Ballungsräumen wie Berlin und München im Bereich universitärer Forschung und der Lehre ohne weiteres mithalten können. Mit einem Etat von über 1 Milliarde Euro jährlich ist die UAMR auch eine erhebliche Wirtschaftsmacht. Nur ein Beispiel: Mit insgesamt 5.800 Beschäftigten und weiteren 3.000 Beschäftigungsverhältnissen für Studierende und Promovierende ist die RUB Bochums größter Arbeitgeber.

Man könnte also zufrieden sein: eine starke und vielfältige Hochschullandschaft, eine reich diversifizierte, überwiegend mittelständisch geprägte und innovative Wirtschaft. Hinzu treten weitere Qualitätsmerkmale: die reichhaltige Kulturszene – auch sie muss keinen Vergleich scheuen zu anderen Ballungsräumen Deutschlands und Europas – und die Nähe und leichte Erreichbarkeit ausgedehnter und vielfältiger Naherholungsgebiete. Der Ruhrgebietler erreicht nach wenigen Minuten Fahrt in Richtung Norden oder Süden herrliche Natur – ein Grün bis zum Horizont: Wiesen, Wälder, Flüsse, Seen, alle aufs Beste erschlossen und zugänglich!

Dennoch stimmt etwas (noch) nicht an der Ruhr. Die demographische Entwicklung ist bestürzend negativ: Abwanderung und Sterberate übersteigen Geburtenrate und Zuwanderung erheblich, Bevölkerungsschwund und Überalterung sind ausgeprägter als im deutschen oder als im NRW-Mittel. Die Region gilt nicht nur von außen besehen, sondern merkwürdigerweise auch einem Großteil der hier lebenden Menschen als nicht sehr attraktiv. Viele ziehen weg, gerade junge Familien. Sie suchen ihre Chancen woanders. Woran liegt das?

Nicht ähnlicher, sondern unähnlicher werden

Das Ruhrgebiet ist kommunal äußerst kleinräumig gegliedert – hier tummeln sich 53 Gemeinden auf einem Areal, das etwa zwei Drittel der Fläche der Stadt Shanghai umfasst. Kirchturmdenken hat an der Ruhr eine lange Tradition, unproduktive Konkurrenz und Verteilungskämpfe (wenn es denn noch etwas zu verteilen gibt) waren und sind das Resultat und verbinden sich zu einer lähmenden Mischung mit der immer noch nicht vollzogenen Bewältigung des Abschieds von einer glanzvollen Vergangenheit der rauchenden Schlote in Teilen der Bevölkerung und wohl auch der politischen Repräsentanten. Innovation ist nicht mehrheitsfähig, und so beschränken sich die Entscheidungsträger (von rühmlichen Ausnahmen abgesehen) nur allzu oft auf kleinteilige Vorhaben oder Reparaturarbeiten angesichts – tatsächlicher oder zu befürchtender – negativer Entwicklungen im kommunalen Umfeld. Kurz: Es fehlt den Kommunen der Blick nach vorn, der Wille und die Kraft (und mittlerweile wohl auch das Geld) für eine gemeinsame, große Vision für das Ruhrgebiet, aber allzu oft auch im Hinblick auf die Zukunft der eigenen Stadt. Solche Zukunftsentwürfe kommen woanders her und finden ihren Widerhall auch in diesem Band. Beispielhaft sei weiter auch auf den Artikel von Lehner, Bogumil, Heinze und Strohmeier »Ruhrvisionen – Von kollektiven Illusionen zu mehr Kooperation« verwiesen (www.sowi.rub.de/mam/images/regionalpolitik/ruhrvisionen.pdf). Die Autoren weisen nach, dass die maßgebliche Schwäche des Ruhrgebiets in der – historisch verständlichen – kommunalen Sehnsucht liegt, das zu haben oder zu bekommen, was die Nachbarn auch haben – das Ergebnis ist mangelnde Vielfalt, fehlendes Profil. Die Zukunft des Ruhrgebiets, so die Schlussfolgerung der Autoren, kann deshalb nicht darin liegen, dieser Vereinheitlichungs-Sehnsucht womöglich noch durch Schaffung einer einzigen Ruhrstadt weitere Nahrung zu geben. Die Lösung liegt demnach vielmehr in stärkerer regionaler Profilierung, in Schwerpunktbildung, liegt darin, einander nicht ähnlicher zu werden, sondern deutlich unähnlicher.

Und gerade hierfür bietet die kleinteilige kommunale Binnenstruktur des Ruhrgebiets, geographisch besehen, sogar eher Vorteile. Differenzierung und kommunale Vielfalt sind ja durchaus gut miteinander vereinbar. Das Ruhrgebiet ist ein ganz einzigartiges polyzentrisches Ballungsgebilde. Daraus machen wir zu wenig. Was (neben Ressourcen) wohl besonders fehlt, ist der gemeinsame politische Wille, ist eine *gemeinsame Vision der Differenzierung*, aus der eine große Gestaltungskraft erwachsen kann, die die Menschen beflügelt. *Leben und leben lassen statt Verteilungskampf; an sich selbst arbeiten statt an den anderen.* Diese halten wir für die beiden Prämissen, ohne deren Beherzigung das Ruhrgebiet seine Schwächen nicht wird überwinden können. Die Vision zuerst: die Ressourcen werden folgen. Dann geht es voran.

Menschen aus »echten« Metropolen, die das Ruhrgebiet besuchen, sind fasziniert von den menschlichen Dimensionen, die man hier allenthalben vorfindet, von dem Charme der Landschaft, von der Vielfalt und dem Charakter der Menschen, die hier leben, von den vielen kleinen Stadtvierteln. Wenn es ein reales *Global Village* gibt, dann ist es hier zu finden, im Ruhrgebiet. Jeder, der einige Zeit in Tokyo, Shanghai oder New York gelebt hat, wird diese Vorzüge preisen und er wird sich alles wünschen, nur nicht dies: eine homogene Metropole Ruhr mit einem Kern aus glitzernden Wolkenkratzern und dem unabsehbaren Saum von öden Suburbs drumherum.

Zauberwort Kooperation

Vom Verteilungskampf einander neidender Akteure zur Zusammenarbeit auf ein gemeinsames Ziel hin, so könnte man die große ungelöste Herausforderung für das Ruhrgebiet zuspitzen. Umverteilung innerhalb der Ruhrgebietskommunen verbessert gar nichts. Das Ruhrgebiet muss ein Großimporteur werden: von Talenten, von Unternehmen, von Kulturschaffenden, von Menschen aus aller Welt. Die werden dann kommen, wenn sie Aufbruchstimmung erleben, wenn ihnen eine Vielfalt an Möglichkeiten geboten wird, einen für sie besonders geeigneten Ort zu finden, wenn sie mit offenen Armen empfangen werden. Wenn sie sich entfalten können dürfen.

Keine der Gemeinden im Ruhrgebiet ist stark genug, mehr als durchschnittlich im nationalen Vergleich zu sein. Dies ist lange schon kein Geheimnis mehr, man blicke nur in die zahlreichen Städterankings, die man im Einzelnen zwar hinterfragen kann. Hinsichtlich ihrer Kernaussage sind sie aber allesamt diagnostisch. Das zwingt eigentlich zur Zusammenarbeit.

Und es gibt gute Beispiele gelungener Kooperation. Es ist zu hoffen, dass der schwierige, aber am Ende doch produktive Prozess der Kulturhauptstadt RUHR.2010, der insbesondere den Kommunen gezeigt hat, dass eben gilt: »Gemeinsam geht es besser!«, jetzt nicht geräuschlos wieder im Alltag untergeht. Vor vielen Jahren schon hat sich der Initiativkreis Ruhrgebiet zusammengefunden: Maßgebliche Unternehmen und Unternehmer/-innen der Region, deren gemeinsames Großprojekt, das »Klavier-Festival Ruhr«, inzwischen Weltruf hat. Weitere Beispiele ließen sich finden. Mit Sicherheit gehört die UAMR inzwischen dazu. UAMR ist längst in Deutschland zu *dem* Synonym gelungener Kooperation im Hochschulbereich geworden. Gegründet auf den Prinzipien der Kooperation *und* des Wettbewerbs suchen die Allianzuniversitäten nicht zuerst nach dem Trennenden, sie suchen nach dem Gemeinsamen und entwickeln dieses nach Kräften fort. Gleichzeitig entwickelt jede der Allianzuniversitäten ihre eigenen Schwerpunktbereiche fort, aber eben abgestimmt und nicht in gegenseitigem Verteilungskampf. Dadurch wird die Allianz insgesamt stärker, sie wird vielfältiger, sie wird erst dadurch für erstklassige externe Partner attraktiv. Die UAMR (im Internet: www.uamr.de) kann im Kleinen ein Erfolgsmodell für das Ruhrgebiet im Ganzen sein.

Solches gelingt nur, wenn die Balance zwischen Wettbewerb und Zusammenarbeit, Konkurrenz und Kooperation zugunsten übergeordneter Ziele produktiv gemacht werden kann. Nur dann zählen am Ende alle zu den Gewinnern, und zwar jeder auf seine eigene Weise.

Die Rolle der Universitäten

Als größten Bildungs- und Ausbildungseinrichtungen kommt den Universitäten an der Ruhr zweifellos eine besondere Vorreiterrolle bei den Weichenstellungen in die Zukunft zu. Aber sie sind nur ein Teil des insgesamt gut ausgebauten Bildungs- und Erziehungssystems in der Region. Sie sind nur ein Teil der Gesellschaft, der sie angehören. So wichtig wie die Universitätsallianz ist, indem sie zeigt, dass auch miteinander im Wettbewerb stehende autonome Einrichtungen zu gemeinsamem Handeln sehr wohl in der Lage sind, wenn nur die Zielbestimmung stimmt, so wichtig ist es für jede dieser einzelnen Einrichtungen auch, sich kooperativ in ihr Umfeld einzubringen – und hier berühren wir Themen, die für jede Hochschule in ähnlicher Weise gelten. Der geneigte Leser möge aber akzeptieren, dass die folgende Darstellung – pars pro toto – sich auf Universitäten beschränkt und die genannten Beispiele aus der RUB genommen sind.

Global denken – lokal handeln. Inzwischen schon ein geflügeltes Wort, trifft es aber gerade für Universitäten genau zu. Das globale und international hochvernetzte System der Universitäten ist seit Jahrhunderten die einzige gesellschaftliche Institution, die, wie es in der Internationalisierungsstrategie der RUB heißt, »unabhängig von Ländergrenzen, ethnischen, kulturellen oder religiösen Gegebenheiten nur ein Ziel verfolgt: Wissen durch Forschung und Lehre zu mehren und dadurch an einer besseren Zukunft für alle Menschen zu arbeiten« (www.international.rub.de/profil/strategie/index.html.de). Viereinhalbtausend Menschen aus 120 anderen Ländern der Erde forschen und studieren beispielsweise an der RUB. An den anderen Ruhrgebietsuniversitäten sieht es ähnlich aus. Die jährliche Zahl an ausländischen Gastforscher/inne/n in der UAMR dürfte weit mehr als 500 betragen. Alle Ruhrgebietsuniversitäten sind forschungsstark mit zuletzt noch stark und weiter steigender Tendenz und in viele Hunderte wissenschaftlicher Kooperationen mit Partnern weltweit eingebunden. Die Universitäten haben damit jetzt schon einen erheblichen Anteil an der Internationalität und internationalen Sichtbarkeit der Region, aber die Anstrengungen müssen noch deutlich intensiviert werden. Dies kann aber dann nicht mehr von den Hochschulen allein getragen werden. Hinzu muss eine attraktive kommunale

Infrastruktur treten, die von geeignetem Wohnraum für Studierende über Internationale Schulen bis hin zu wissenschaftskompatiblen Einrichtungen für die Kinderbetreuung reichen. Erst in den letzten Jahren hat sich an der Ruhr hier einiges getan, aber auch Universitäten sind dazu übergegangen, in Eigeninitiative fehlende kommunale Einrichtungen selbst zu errichten, z. B. wissenschaftskompatible Einrichtungen zur Betreuung von Kindern der Beschäftigten und Gäste.

Brücken zu den Bürgern. Im Herzen des Ruhrgebiets sind die Hochschulen noch nicht angekommen. Immer noch gewinnt man den Eindruck mangelnder kommunaler Identifikation als Hochschulstandorte. Ein Ortsschild »Universitätsstadt (oder Hochschulstadt) Bochum, Dortmund, Duisburg oder Essen« wird man vergeblich suchen. Was fehlt, ist ein eindeutiges Bekenntnis der Region (also insbesondere der Kommunen) zu, im Wortsinne »ihren« Hochschulen; eine bewusste Markenbildung als Wissenschaftsstandort treibt zurzeit keine Kommune aktiv voran, geschweige denn die Region als Ganze. Der Eindruck ist sicher nicht ganz irreführend, dass die enorme Bedeutung der Hochschulen für die Zukunft des Ruhrgebiets immer noch nicht klar erkannt wird. Engagiertes kommunales Handeln würde hier sicher viel bewirken.

Vielleicht ist das alles ja nur zu verständlich: Auch im Bewusstsein eines Großteils der Ruhrgebietsbevölkerung spielen die Hochschulen längst nicht die Rolle wie beispielsweise in Konstanz, Heidelberg, Tübingen, München oder Berlin – die Rolle, die ein prägendes Bildungsbürgertum an solchen Standorten für den Identifikationsprozess spielt, fällt im Ruhrgebiet (noch) aus. Die Rolle des »Brückenbauers« kommt deshalb im Ruhrgebiet (viel stärker als anderswo) den Hochschulen selbst, insbesondere den großen Universitäten, zu. An ihnen liegt es – im Rahmen ihrer Ressourcen –, die Verbindung herzustellen, indem sie z. B. universitäre Einrichtungen in die Innenstädte verlegen oder in noch stärkerem Ausmaß Veranstaltungen für die breite Öffentlichkeit (z. B. Sportveranstaltungen, Wissenschaftstage u. a.) durchführen. Und sie müssen die Kommunen unterstützen bei der Entwicklung nach innen und außen hochwirksamer kommunaler Marketingstrategien. Von wirksamem Marketing profitieren dann nicht allein die Kommunen, sondern auch die Universitäten, deren internationale Sichtbarkeit – wie die der Region – zu wünschen übrig lässt.

Brücken zur Wirtschaft. Gerade den Universitäten mit ihrer starken Ausrichtung auf Grundlagenforschung und einer somit im Vergleich zu den Fachhochschulen stärker theoriegeleiteten Lehre ist nach wie vor als Aufgabe gestellt, einerseits den Bereich der Anwendung von Wissen stärker in die universitäre Bildung und Ausbildung zu integrieren – z. B. durch Wirtschaftskollegs – und andererseits in stärkerem Maße Angebote zu konzipieren, die für die regionalen Unternehmen maßgeschneidert sind, etwa im Bereich der Weiterbildung und des Technologietransfers. Gerade KMUs sind für die universitäre Forschung und Lehre sehr interessant, und gleichzeitig zeigen sie zunehmendes Interesse als Abnehmer von Weiterbildungsangeboten und Know how. Bestehende Hürden auf beiden Seiten sollten abgebaut werden. Einen Schritt dahin hat die RUB als erste in Deutschland mit der Gründung einer eigenen Transfergesellschaft, der Rubitec GmbH, im Jahre 1998 getan. Gleichzeitig wurden im Zuge der Umsetzung des RUB-Zukunftskonzepts maßgebliche polydisziplinäre Forschungsabteilungen eingerichtet (Research Departments), von denen bislang zwei über eigene Transfereinrichtungen, die so genannten ACCs (Applied Competence Centers, ACC Terahertz-Technologien und ACC Plasmatechnologien) verfügen, die sich inneruniversitär um die Schnittstellen zur Wirtschaft kümmern. Ein Desiderat ist sicher nach wie vor, den »Unternehmergeist« der Studierenden noch stärker zu wecken – regelmäßige Erfinderwettbewerbe haben hier bereits einiges bewirkt.

Vernetzung mit anderen Bildungs- und Ausbildungeinrichtungen. Universitäten und andere Hochschulen stehen am Ende der Bildungs- und Ausbildungssequenz junger Menschen. Sie sind andererseits Orte, an die Berufstätige zurückkehren, um sich weiterzubilden. Insoweit kommt den Hochschulen eine Schlüsselstellung in der Bildungsgesellschaft zu. Während Ausbildung die fachlichen Kompetenzen in den Mittelpunkt stellt, bedeutet Bildung ungleich mehr: den Erwerb und Besitz von Mündigkeit. Gerade den Universitäten kommt hier eine besondere Rolle zu, unter anderem auch deshalb, weil sie die Orte der Lehrerbildung sind. Bildung ist längst der für die Zukunft unseres Gemeinwesens maßgebliche Zukunftsfaktor geworden und die Partizipation eines möglichst großen Teils der Bevölkerung an möglichst guter Bildung, sowie ein zugleich hohes Ausbildungsniveau werden auch für das Ruhrgebiet von immer größerer Bedeutung werden.

Junge Menschen für ein Studium zu begeistern, dieser Aufgabe stellen sich die Hochschulen und beginnen bereits in der Grundschule. Die »Kinder-Uni« ist vielerorts ein Erfolgsmodell und es gelingt kaum, die große Nachfrage zu befriedigen. Wer einmal die Faszination und gebannte Aufmerksamkeit in den Augen von anderthalbtausend Dritt- und Viertklässlern in einem voll besetzten Audimax erlebt hat, den wird dieser Eindruck kaum mehr verlassen. Die zahlreichen Angebote für Schüler und Schülerinnen aller Altersstufen bündelt die RUB inzwischen unter der Marke »Junge Uni«. Dazu gehört auch das Alfried Krupp-Schülerlabor, Deutschlands einziges Schülerlabor, das alle Disziplinenbereiche einschließlich der Geistes- und Gesellschaftswissenschaften umschließt und eine Kapazität von 8.000 Schülern und Schülerinnen aufweist. Es ist ausgebucht seit der Inbetriebnahme im Jahre 2004. In jungen Jahren Begeisterung wecken, Hemmnisse abbauen, dies wird die Attraktivität eines Studiums weit mehr fördern als alle anderen Maßnahmen, gerade im Ruhrgebiet, wo der Weg eines jungen Menschen noch nicht so selbstverständlich in ein Hochschulstudium mündet wie andernorts.

Ein besonderes Augenmerk müssen die Universitäten auf die Lehrerbildung richten, denn Lehrer/innen unterrichten die Studierenden von morgen und übermorgen, von denen ihrerseits wieder einige den Lehrerberuf ergreifen, ein Kreislauf von Wissen und Bildung. Hier ist vor allem auch im Bereich der fachlichen Weiterbildung von Lehrer/innen noch viel zu leisten, denn unser derzeitiges System gleicht eher einer Einbahnstraße als einem Kreislauf, vor allem, weil die fachliche und wissenschaftliche Weiterbildung von Lehrern an Universitäten eher noch eine Ausnahme und auf den Einzelfall beschränkt ist. Sie muß aber zum Regelfall werden, um neue Formen der Lehrerbildung und -weiterbildung zu entwickeln, die Studiengänge mit hoher Attraktivität auszustatten und die erziehungswissenschaftliche und fachdidaktische Forschung zu verstärken, ebenso wie eine weit stärkere Beteiligung von Schulpraktikern als bisher ein dringendes Desiderat ist, dem inzwischen in Deutschland durch den Aufbau so genannter »Professional Schools of Education« (bisher in München, Wuppertal und Bochum) Rechnung zu tragen versucht wird. Sie beinhalten eine weit stärkere Zusammenarbeit als bisher mit den Schulen und Studienseminaren.

Ein Ausblick: Vorschläge für eine Ruhrgebiets-Agenda

Nimmt man alles zusammen, so darf man durchaus optimistisch in die Zukunft sehen. Das Ruhrgebiet holt in vielen Kennzahlen gegenüber anderen Regionen auf. Dieser Trend wird sich hoffentlich fortsetzen. Die sich aus den kommunalen Verfasstheiten und dem immer noch bestehenden Imageproblem ergebenden Hemmschuhe müssen in einer gemeinsamen Anstrengung aller Akteure unter Hintanstellung von Kirchturmdenken abgelegt werden. Allen Beteiligten muss zugleich klar sein, dass auf kurzfristige Effekte nicht gehofft werden darf, die bestenfalls die Ausnahme sein werden. Was benötigt wird, ist eher eine Agenda für ein halbes Jahrhundert. Der Verfasser hat bei einem China-Besuch im vergangenen Jahr das Strategiepapier der dortigen Akademie der Wissenschaften gesehen: es reichte bis in das Jahr 2050!

»Nur wer sein Ziel kennt, findet den Weg« (Lao-tse). Wagen wir also den weiten Wurf, wohl wissend, dass vieles anders kommen wird als man vorhersehen kann. Wichtig ist allein das übergreifende, das anspruchsvolle, das weitgreifende und begeisternde Ziel – ein klares Bild, wo wir am Ende des Weges stehen wollen und die Bereitschaft, uns nun entschlossen und mit dem Mut, Neuland zu betreten, auf diesen Weg zu begeben.

Dieses Ziel zu formulieren und es danach zur verbindlichen Richtschnur des Handelns in Wirtschaft, Wissenschaft, Gesellschaft und Politik zu erklären – das ist die große gemeinschaftliche Aufgabe, der wir uns zu stellen haben – und zwar jetzt, nicht irgendwann! Neue Gedanken brauchen wir eher nicht, es gibt sie bereits, wie der vorliegende Band beweist. Unsere Aufgabe besteht darin, das vorhandene Wissen zu nutzen.

Mit Blick auf die Beiträge der Hochschulen auf dem gemeinsamen Weg sollen an dieser Stelle einige – zwangsläufig unvollständige – Bausteine einer Agenda für das Ruhrgebiet genannt werden.

1. Mit den Attributen »dichteste Hochschullandschaft Europas + diversifiziertes wirtschaftliches Herz Deutschlands + kulturell-ethnischer Reichtum + Vielfalt urbaner und suburbaner Lebensräume« verfügt das Ruhrgebiet über ein einzigartiges Potenzial, das sich in der Entwicklung einer ungeheuer attraktiven Marke niederschlagen muss, die »Leistung – Gastfreundschaft – Chancenreichtum – Lebensqualität« für die gesamte Region transportiert.

2. In kommunaler Abstimmung gilt es, für jede Kommune oder Gruppe von Kommunen (wenige) prägende Charakteristika abzuleiten, die unter die übergeordnete Marke passen und insgesamt den Blick auf die Diversifikation (als Reichtum) der Region lenken.

3. Alle Akteure, also auch die Hochschulen, transportieren nach innen und außen konsistent die regionale Marke und ihre Botschaft. Hier muss der lange Atem walten.

4. Infrastrukturelle Verbesserungen, insbesondere international konkurrenzfähige Angebote (von Internationalen Schulen bis zu bilingualen Kindertagesstätten und geeignetem höherwertigen Wohnraum in attraktiver Lage und Flächen zur Ansiedlung von Unternehmen – mit Erweiterungspotenzial!!) müssen parallel dazu Schritt um Schritt geschaffen werden. Dabei erscheint eine Aufwertung des Umfeldes insbesondere der großen Universitäten einen geeigneten Startpunkt abzugeben: Campus-Stadtteile sollten entstehen. Masterpläne aufeinander bezogener Entwicklung von Hochschule und Kommune – wie in Bochum 2009 erstellt – helfen, Schritt um Schritt adäquate Maßnahmen zu treffen.

5. Daraus folgt: Städte und Hochschulen gehen aufeinander zu – vor allem emotional. Dies ist umso eher zu erreichen, als alle Hochschulen an allen Standorten und alle Städte dies als ihr Gemeinschaftsprojekt verstehen und vorantreiben.

6. Das Ruhrgebiet wird zur »Modellregion« für die erfolgreiche Erschließung von Bildungsreserven. Teilhabe an Bildung wird zu einem Markenzeichen der Region. Gute Ansätze gibt es schon jetzt an vielen Orten – beispielhaft sei auf das Projekt »Förderunterricht für Migrantenkinder«, in dem Studierende der Universität Duisburg-Essen sich bereits seit 10 Jahren engagieren, das Projekt »Schüler helfen Schülern«, das von einem Bochumer Doktoranden initiiert, inzwischen bundesweit Schule gemacht hat, oder auf die für sein engagiertes Werben um Talente aus bildungsfernen Schichten mit dem Arbeitgeberpreis für Bildung 2010 ausgezeichnete FH Gelsenkirchen hingewiesen.

Warum nicht soll in den nächsten Dekaden »Ruhr Valley« zum Synonym für eine Erfolgsgeschichte werden? Schauen wir uns doch die Erfolgsfaktoren des »Silicon Valley« genau an und lernen wir daraus!

Hendrik Hollweg

Eine blühende Hochschul-Landschaft
Der »Kohlenpott« auf dem Weg in die Zukunft

Rauchende Schlote, Feuer speiende Hochöfen, vom Kohlenstaub geschwärzte Bergmanns-Gesichter und Wäsche, die – zum Trocknen rausgehängt – schwarz wird: Mit diesem Vorurteil wurde ich noch Mitte der 1980er Jahre ausgerechnet als Student im Saarland konfrontiert. All das gab und gibt es noch. Doch der »Ruhrpott« als Etikett für eine ganze Region hatte schon damals ausgedient. Immer mehr hat er nur noch museale Bedeutung – die Veranstaltungsorte des Kulturereignisses RUHR.2010 sollten es jedermann vor Augen geführt haben.

Natürlich ist der Weg vom Kohle- und Stahlrevier zum High-Tech-Standort mit viel Aufbauarbeit gepflastert. High-Tech erfordert Wissen. Bildung und Ausbildung auf hohem Niveau sind unabdingbare Voraussetzungen. Wie solide die Grundlagen der Ruhr-Region auf diesem Gebiet schon sind, ist dem Rest der Republik bislang noch weitgehend verborgen geblieben. Doch es ist eine Tatsache: Bereits heute ist das Ruhrgebiet die drittgrößte Wissenschaftsregion in Deutschland neben Berlin und München.

Die unternehmerische Hochschulführung

Diese Region präsentiert sich als die sowohl jüngste als auch dichteste Hochschullandschaft Europas. Fünf Universitäten, darunter die mit 60.000 Studierenden größte Universität Deutschlands, die Fernuniversität Hagen, dreizehn Hochschulen und eine Kunsthochschule bilden in etwa 500 Studiengängen über 180.000 Studierende aus. Eine vierzehnte Fachhochschule (Gesundheitsberufe) befindet sich gerade im Bau. Spitzenmedizin ist im Ruhrgebiet ebenso angesiedelt wie Zukunft weisende Technik oder Betriebswirtschaft.

Diese wahrlich blühende Hochschullandschaft hat die besten Voraussetzungen erhalten, sich lebendig weiter zu entwickeln. Dafür hat nicht zuletzt die Novellierung des nordrhein-westfälischen Hochschulgesetzes zum 1. Januar 2007 gesorgt. Mit diesem so genannten Hochschulfreiheitsgesetz hat die Landesregierung in Nordrhein-Westfalen ihren Hochschulen im Vergleich zu den anderen Bundesländern die weitestgehenden Autonomierechte gegeben.

287

Damit hat sich die Situation der Hochschulen entscheidend verbessert. Statt sie wie früher selbst in wesentlichen Angelegenheiten zentral zu steuern, beschränkt sich das Wissenschaftsministerium nun auf Zielvereinbarungen und auf die Leistungsmessung als Grundlage für die Zuweisung der öffentlichen Mittel. Das versetzt die Hochschulen in die Lage, ihr eigenes Management zu verbessern und befähigt sie darüber hinaus, ihre bedeutende Rolle im Wandel zur Wissensgesellschaft wahrzunehmen. Es erfordert aber auch eine neue, fast unternehmerische Hochschulführung.

Allianzen für Innovationen

So besitzen die Hochschulen in NRW eine weitgehende Kooperationsfreiheit. Das heißt, sie dürfen sich in öffentlich-rechtlicher Form mit anderen Hochschulen und Forschungseinrichtungen, national wie international, zusammenschließen zu gemeinsamen Projekten und auch zu dauerhaften Kooperationen. Sie dürfen aber auch in privatrechtlicher Form Unternehmen gründen oder sich an bestehenden Unternehmen beteiligen. Das eröffnet den Hochschulen zum ersten Mal die Möglichkeit, in eigener Verantwortung Forschungsergebnisse und Know-how zu verwerten. Die Hochschulen können sogar personelle Verknüpfungen zur regionalen und nationalen Wirtschaft institutionalisieren, indem sie Vertreter der Wirtschaft in ihre Aufsichtsgremien, die Hochschulräte, berufen.

Viele Hochschulen haben die neuen Möglichkeiten bereits genutzt. So haben sich die Universitäten Dortmund, Bochum und Duisburg-Essen zur Universitätsallianz Metropole Ruhr (UAMR) zusammengeschlossen, um diese Allianz als exzellenten Standort in der nationalen und internationalen Wissenschafts- und Studienlandschaft zu etablieren. In der Kooperation wollen sie zudem ihr Management verbessern, die vorhandene Infrastruktur gemeinsam nutzen, gemeinsame Einrichtungen schaffen und ein gemeinsames Marketing betreiben. Was sie dabei an Kosten einsparen, soll in Kern- und Zukunftsaufgaben investiert werden. Da die Hochschulen volle Finanzautonomie haben, dürfen sie die selbst erwirtschafteten Finanzmittel behalten und für eigene Zwecke einsetzen.

Ein weiteres gutes Beispiel zukunftsorientierter Kooperationen ist die InnovationsAllianz der NRW-Hochschulen. Die InnovationsAllianz ist eine Plattform, auf der sich Universitäten, Fachhochschulen, Transfergesellschaften und Wirtschaftsunternehmen zusammenfinden. Sie vermittelt Projekte und Kooperationen und leistet damit einen wichtigen Beitrag zur Förderung von Kreativität und Innovation. Der Neigung der Menschen in der Region, sich zupackend der

Praxis zuzuwenden, entsprechen Aktionen wie das Effizienzcluster LogistikRuhr, in dem sich Forschungsinstitute und Universitäten mit mehreren hundert Unternehmen austauschen.

Jung und sehr beweglich

Die größeren Universitäten vernetzen sich zunehmend auch international. Neben den traditionell bedeutsamen Märkten wie den USA und Japan haben sie dabei auch die großen Zukunftsmärkte China, Russland, Indien und andere im Blick. Denn Internationalität ist eine unerlässliche Voraussetzung, wenn es darum geht, Spitzenforschung zu etablieren. Das zeichnet die Hochschulen entlang der Ruhr aus: Sie sind einfallsreich, innovativ und sehr beweglich. Verkrustungen kennen sie schon deswegen nicht, weil sie – im Gegensatz zu manch anderen Traditions-Universitäten in Europa – allesamt sehr jung sind.

Das erklärt sich aus der unter Bildungsaspekten nicht unbedingt erfreulichen Geschichte der Region. Fast 150 Jahre lang war das Ruhrgebiet mit seiner Bergbau- und Stahlindustrie die Lokomotive des wachsenden Wohlstands in Deutschland. Doch eine eigene Bildungs-und Forschungsbasis hatte es nicht. Die ungelernten Arbeiter kamen aus den landwirtschaftlich geprägten östlichen Gebieten Preußens (Pommern, Schlesien, Ostpreußen usw.), sprachen meist nur polnisch. Die technische und wissenschaftliche Elite kam aus allen Teilen des Landes.

Bis zur Mitte des 19. Jahrhunderts gab es in der überwiegend ländlich geprägten Region nur wenige städtische Agglomerationen. Zwar wurde der Ausbau der Schienenverkehrswege für den Transport großer Massen forciert, und Hamm wurde der erste Eisenbahnknoten Deutschlands. Aber es gab keine Infrastruktur für Bildung, Ausbildung und Wissenschaft. Bergbau musste man in Aachen oder im Harz, in Clausthal-Zellerfeld, oder in noch weiter abgelegenen Universitätsstädten wie dem sächsischen Freiberg studieren.

Zwar hatte Duisburg, am westlichen Rand des Ruhrgebietes gelegen, schon 1655 eine Universität bekommen. Doch sie wurde 1818 auf Anweisung König Friedrich Wilhelms III. wieder geschlossen. Die Universitätsbibliothek und das Universitätszepter wanderten noch im selben Jahr nach Bonn an die dort neu gegründete Rheinische Friedrich-Wilhelm-Universität. Auch die preußische Herrschaft verweigerte der Region die notwendigen und gewünschten Hochschulen und sonstigen Bildungseinrichtungen.

Von Kaiser Wilhelm II. ist überliefert, dass er in der Ruhrregion weder Kasernen noch Hochschulen wollte, weil er um die Stabilität der wirtschaftlich so bedeutsamen Region fürchtete. Bereits zu Beginn des 20. Jahrhunderts hatte sich die ehemalige Reichsstadt Dortmund um eine Technische Hochschule bemüht. Das Vorhaben wurde aber in Berlin abgelehnt. Ein neuerlicher Antrag in der Weimarer Zeit scheiterte wiederum im preußischen Landtag.

Lediglich einige anwendungsorientierte Bildungs- und Forschungseinrichtungen entstanden in der Region, so z. B. die Bochumer Bergschule, die bereits 1816 ihren Betrieb aufgenommen hatte, oder rund 100 Jahre später das Kaiser-Wilhelm-Institut für Kohlenforschung in Mülheim an der Ruhr. So hielt sich bis in die 1960er Jahre der europaweit einzigartige Zustand, dass eine industrielle und prosperierende Region mit annähernd 6 Millionen Einwohnern keine eigenen Hochschulen besaß.

Der Nachholbedarf

Heute ist offenkundig, dass dieser Zustand den Strukturwandel, der bereits in den 1950er Jahren begann, erheblich behindert und verzögert hat. Denn es fehlten die endogenen Kräfte, die in der Lage gewesen wären, eine industrielle und wirtschaftliche Struktur jenseits der wirtschaftlichen Monokultur aufzubauen, die durch die Montanindustrie geprägt war. Selbst, wenn sich im Laufe der Jahrzehnte ein wirtschaftlicher Mittelstand herausgebildet hatte, so blieb er doch auf die Montanindustrie fixiert und von ihr abhängig.

Eine sicher gut gemeinte, aber makroökonomisch verfehlte Subventionspolitik hat diese Verhältnisse noch über Jahrzehnte konserviert. Was der Region fehlte, waren Möglichkeiten fundierter Bildung, eine wissenschaftliche Basis, eine grundlagen- und anwendungsorientierte Forschung, Innovationskraft, die Chance zur Diversifizierung und eine Gründungskultur. Es mangelte also an allen wesentlichen Faktoren, die in der heutigen Zeit als Voraussetzung einer gesunden und dynamischen Wirtschaftsentwicklung gelten.

Im Rückblick ist es kaum zu verstehen: Erst am 18. Juli 1961 beschloss der Landtag Nordrhein-Westfalen ein Gesetz zur Gründung einer Universität in Westfalen. Nach einigen Auseinandersetzungen um den Standort wurde sie schließlich 1962 in Bochum als Ruhr-Universität gegründet. 1965 nahm sie ihren Betrieb auf. In schneller Folge gab es weitere Neugründungen: Dortmund (1968), die Gesamthochschulen in Duisburg und in Essen (1972), die 2003 zur Universität Duisburg-Essen fusionierten, und zahlreiche Fachhochschulen.

2009 wurde dann noch die Gründung von drei weiteren Fachhochschulen an der Peripherie des Ruhrgebietes beschlossen (Hamm-Lippstadt, Rhein-Waal und

Ruhr West). Drei Max-Planck-Institute, vier Fraunhofer-Institute, einige Landesinstitute und zahlreiche weitere Forschungseinrichtungen komplettieren die Forschungslandschaft an der Ruhr.

Zwar lag dem Beschluss des Landtags 1961 zur Gründung der ersten Universität im Ruhrgebiet nicht unbedingt ein entschlossener Wille zur Beschleunigung des Strukturwandels in der Region zu Grunde – er basierte im wesentlichen auf den allgemeinen Empfehlungen des wenige Jahre zuvor gegründeten Wissenschaftsrates zur Schaffung neuer Hochschulkapazitäten in der prosperierenden Bundesrepublik Deutschland. Doch im Nachhinein ist anzuerkennen, dass dieser Beschluss das Fundament für einen Wandel von der industriellen Monostruktur zu einer diversifizierten, innovationsbasierten Wirtschaft im Ruhrgebiet gelegt hatte.

Europaweite Vernetzung

Die Region kann damit einen ganz wesentlichen Beitrag zum Gelingen der »Lissabon-Strategie« der Europäischen Union leisten. Im März 2000 hatte der Europäische Rat das Ziel verkündet, die Union zum »wettbewerbsfähigsten und dynamischsten wissensbasierten Wirtschaftsraum in der Welt« zu machen. Um einen europäischen Forschungsraum zu schaffen, hatte der Rat die EU-Kommission unter anderem damit beauftragt, das Umfeld für private Forschungsinvestitionen, für F&E-Partnerschaften und für spitzentechnologieorientierte Neugründungen zu verbessern. Auch günstigere Rahmenbedingungen für die Gründung innovativer Unternehmen sowie die bessere Vernetzung von Ausbildungsstätten, Beratungsdiensten, F&E, Finanzmärkten und Unternehmen gehören seither zum Programm der EU.

Viel unmittelbarer ist der Nutzen der dynamischen Hochschulen mit ihrem breiten Angebot für die Wirtschaft im nahen Umfeld. Ihr eröffnet die intensive Zusammenarbeit mit den Universitäten und Fachhochschulen neue Chancen. Die Fähigkeiten, Wissen zu erlangen und es kreativ zu verwerten, versetzen Unternehmen in der Wissensgesellschaft in die Lage, einen steigenden Beitrag zur gesamtwirtschaftlichen Wertschöpfung zu leisten.

Schon in den letzten 15 Jahren ist in allen entwickelten Volkswirtschaften offenkundig, dass der Anteil höher Qualifizierter an der Beschäftigtenstruktur steigt. Auch in Deutschland wächst die Nachfrage nach Hochschulabsolventen steil. Gerade Unternehmen, deren Stärken in der Wissensverwertung und der Technologieentwicklung liegen, kommen nicht umhin, sich intensiv um gemeinsame Projekte, Kooperationen, Netzwerke, Erfahrungsaustausch und Kontakte zu Hochschulen und Studierenden zu bemühen. Das ist auch unter Finanzierungsaspekten interessant. Denn noch ist nicht zu erkennen, wie die öffentlichen Hände die beabsichtigte Steigerung der Studierendenzahlen, den Ausbau der Forschungsaktivitäten und die erforderliche Verbesserung der Lehre langfristig finanzieren wollen.

Tempo!

Wenn sich Hochschulen und Wirtschaft im Ruhrgebiet noch besser als bisher verzahnen, schaffen sie sich gute Voraussetzungen, den Wandel zur Wissensgesellschaft erfolgreich zu bewältigen und auch den Standort Deutschland im internationalen Wettbewerb zu stärken. Für ganz Deutschland gilt indessen, dass das bisher Erreichte den kritischen Blick auf die Mängel und Probleme nicht verstellen darf: Noch immer sind zu viele Studierende in Deutschland deutlich älter als in anderen entwickelten Ländern, und die Ausgaben für Hochschulen und Forschung erreichen noch nicht das fortgeschrittene Niveau anderer Länder.

Zudem fehlt es in Deutschland an Nachwuchs. Die demographischen Prognosen legen es nahe, dem wachsenden Bedarf an Hochschulabsolventen in Zukunft auch damit nachzukommen, dass wir – gerade im Ruhrgebiet mit seiner erwiesenen Integrationsfähigkeit – verstärkt auch Migranten einbeziehen, sie zu einem Studium befähigen und unsere Hochschulen auch für ausländische Studierende wieder attraktiver machen.

Bei allen Entscheidungsträgern in Wirtschaft, Wissenschaft und Politik muss das Verständnis dafür wachsen, dass im Übergang zur Wissensgesellschaft nicht nur ein hohes Bildungs- und Ausbildungsniveau zählt, sondern dass im globalisierten Wettbewerb auch das Tempo entscheidet. Ehemalige Schwellenländer wie China und Indien holen auch im Bereich der Hochschulbildung und Forschung erkennbar auf. Es ist dem Ruhrgebiet zu wünschen, dass Wirtschaft und Wissenschaft die Chancen erkennen und noch besser nutzen als bisher.

Bruno O. Braun

Ingenieure gesucht!
Ein Plädoyer für kluge Köpfe und geschickte Hände

Das Ruhrgebiet war traditionell das industrielle Herz Deutschlands – als Lieferant und Produzent von Kohle und Stahl Ausgangspunkt der Investitionsgüterindustrie. Ein Renommée, das in die Jahre gekommen schien, spätestens als das erste Stahlwerk an der Ruhr demontiert und in China wieder aufgebaut wurde. Aber die Unkenrufe vom Ausverkauf der Ruhrindustrie und dem Auslaufen des alten Erfolgsmodells waren verfrüht. Und die Behauptung, das Ruhrgebiet könne nur als runderneuerte Dienstleistungs- und Freizeitindustrie überleben und auf die klassischen Industriedisziplinen verzichten, zumindest etwas voreilig.

Der Strukturwandel hin zu neuen Branchen war unumgänglich, die Diversifizierung, der Aufbau von Medien- und Kulturindustrien nicht nur unter Imagegesichtspunkten eine kluge Entscheidung. Und die Einsicht, sich stets neu erfinden zu müssen statt auf alten Erfolgsrezepten zu beharren, war und ist überlebenswichtig. Aber nicht zuletzt die Krise der vergangenen beiden Jahre hat gezeigt, dass die alten industriellen Tugenden und Kompetenzen unverzichtbar sind, um durch schwere Zeiten nach vorne zu kommen. Die Vorreiter der postindustriellen Gesellschaft hatten am meisten zu leiden. Immobilien und Finanzdienstleistungen allein sichern kein nachhaltiges Wirtschaften – das sollten wir aus der Krise gelernt haben. Und dass selbst Großbritannien wieder auf die viel geschmähten »alten« Industrien setzt, sollte uns im positiven Sinn zu denken geben. Deutschland hat sich vor allem wegen seiner leistungsfähigen und in schwierigen Strukturreformen wettbewerbsfähig gehaltenen Industrielandschaft auch international gut behaupten können. Und Rhein und Ruhr haben dazu einen wichtigen Beitrag geleistet.

Die deutsche Energiezentrale

Dass die Industrie im Ruhrgebiet noch und wieder prosperiert, ist dem steten Bemühen zuzuschreiben, Qualität zu verbessern und Innovationen voranzutreiben. Eine Kernkompetenz von Ingenieuren, will ich behaupten – Erfindungsreichtum, Geschick und Raffinesse spricht uns das Französische zu Recht zu. Und diese Innovationsfähigkeit muss sich nicht nur in neuen Hightech-Branchen bewähren. Es geht, das liegt mir am Herzen, bei Innovation nicht nur um Nano- und Biotechnologie und andere Zukunftsfelder. Das ist ein etwas verkürztes und auf modische Schlagworte zielendes Verständnis, ohne dass ich diese wichtigen Felder für Forschung und Entwicklung kleinreden möchte. Innovationsfähigkeit und die Bereitschaft, technologische Innovationen zu akzeptieren, trotz mancher unvermeidlicher Nebenwirkungen und Risiken, brauchen wir überall.

Innovation ist auch für den Ausbau und steten Fortschritt in den klassischen Bereichen entscheidend, die weiter Grundlage für den Industriestandort Deutschland bleiben und auf denen alle neuen technologischen Entwicklungen aufbauen. Auch in den klassischen Feldern gilt es natürlich, neue Technologien, Werkstoffe und Verfahren zu integrieren. Das macht Innovation aus. Aber das Handwerk, die Basis industrieller Produktion, dürfen wir nicht gering schätzen. Um nur ein Beispiel zu nennen: Auch wenn etwa die Energieversorgung künftig nachhaltig auf erneuerbare Ressourcen setzen wird und muss, sind die Kernkompetenzen zu effizienter und sicherer Kraftwerkstechnik und leistungsfähigem Netzbetrieb weiter unverzichtbar. Sie neuen Anforderungen anzupassen und unter neuen Bedingungen leistungsfähig zu halten ist eine Herausforderung, die wir nur mit einem gesunden technischen Verständnis und mit Innovationskraft meistern werden. Und die Bereitschaft der Gesellschaft, in Ausbau und Instandhaltung der Infrastruktur zu investieren, muss ebenfalls erhalten, ja sogar gestärkt werden. Ohne breite und leistungsfähige Energienetze noch über Landesgrenzen hinweg wird kein smart grid funktionieren und wird es keine erneuerbare Energieversorgung geben können. Hier hat das Ruhrgebiet als deutsche Energiezentrale viel zu bieten.

Der Wettbewerb um Köpfe

Das Ruhrgebiet braucht also Industrie und Ingenieure, um weiter zu prosperieren. Und letztere könnten – mehr noch als Erz und Kohle im rohstoffarmen Deutschland – künftig Mangelware werden. Auf technische Ausbildung in der Breite zu setzen, von den ingenieurwissenschaftlichen Studiengängen bis hin zur Qualifikation von Facharbeitern, ist ein Zukunftsfaktor für Deutschland und das Ruhrgebiet – und ein entscheidender Wettbewerbsvorteil auf internationalem Terrain. Eine Selbstverständlichkeit ist das nicht mehr – auch kompetente und zuverlässige Schweißer sind schon eine Rarität in Deutschland und ohne sie wird keine anspruchsvolle Industrieanlage lange laufen. Von marktgerecht ausgebildeten und mit der beruflichen Praxis vertrauten Ingenieuren ganz zu schweigen. Die duale Ausbildung ebenso wie die ingenieurwissenschaftlichen Studiengänge aller Fachrichtungen sind ein Asset Deutschlands im internationalen Wettbewerb, das wir nicht zu hoch schätzen können. Neben dem entwicklungspolitisch sicherlich verdienstvollen und für die im Ausland investierten Unternehmen unverzichtbaren Export unserer Ausbildungsstrukturen sollten wir uns daher zuallererst um die Pflege dieser Instrumente im eigenen Land kümmern.

Über die Investitionen in Forschung und Bildung, die wir tätigen müssen, wird viel geschrieben. Alles ist richtig und noch zu wenig davon wird umgesetzt, von der frühkindlichen und schulischen Bildung bis hin zu Studiengängen, die Praxisorientierung mit hohem qualitativem Anspruch verbinden. Kluge Köpfe und geschickte Hände auszubilden ist eine gesamtdeutsche Aufgabe und Herausforderung. Beim Wettbewerb um Köpfe muss das Ruhrgebiet aber auch mit anderen Faktoren punkten: Die besten Köpfe und geschicktesten Hände können sich wie kaum jemals zuvor ihr Arbeits- und Lebensumfeld aussuchen, sei es in Deutschland oder international. Und hier werden sich die Investitionen in Umwelt, Infrastruktur, Kultur und Freizeit, die das Ruhrgebiet erfolgreich getätigt hat, auszahlen. Dass hier eine moderne Industrieregion mit hoher Lebensqualität entsteht, war vor 30 Jahren alles andere als gesichert. Dazu tragen die neuen Dienstleistungsbranchen bei, die Modernität und gesellschaftliche Durchmischung in die Stadtbilder tragen. Dazu gehören der kluge Umbau und die Umnutzung der Industriedenkmäler an der Ruhr. Und natürlich vor allem die Pflege von Natur und naturnahen Freizeitangeboten in dieser dicht besiedelten Region mit hervorragenden Verkehrsverbindungen. Damit können Unternehmen im Ruhrgebiet gegen manche landschaftliche Idylle in Deutschlands anderen Regionen punkten, wo sich die dortigen Unternehmen noch schwerer tun, qualifizierte Arbeitskräfte anzulocken. Phönix ist nicht nur aus der Asche gestiegen, sondern hat aus ihr wenn nicht blühende, so doch grüne Landschaften gemacht.

Paul J. J. Welfens

Digitale Agenda und Innovation
Chancen und Politikoptionen
für das Ruhrgebiet und NRW

Zu Beginn des 21. Jahrhunderts hat sich der Strukturwandel durch das Zusammenspiel von digitaler Innovationsdynamik, Globalisierung und verstärkter EU-Integration in allen Regionen Europas intensiviert. Hier stellt sich die Aufgabe für die Unternehmen, im Wettbewerbsprozess durch Kostenreduktion und Produktdifferenzierung sowie das Erschließen neuer Märkte die Existenz zu sichern und Marktanteile auszubauen. Dies geschieht oft auch auf Basis neuer Vernetzungsmöglichkeiten sowie neuer digitaler Produkte und Prozesse.

Auch für Bürgerinnen und Bürger wird die Internetwirtschaft bzw. der Sektor der Informations- und Kommunikationstechnologie (IKT) zunehmend gewichtig für Konsum, Weiterbildung und Produktion sowie ökologische Effizienz – inklusive Ressourcen- und Energieeinsatzminimierung. Das Zusammenwirken regionaler, nationaler und internationaler Wirtschafts- und Netzwerkdynamik prägt den Strukturwandel der OECD-Länder. Dabei ist die Aufrechterhaltung von hohen Pro-Kopf-Einkommen in einer Welt mit dank Internet beschleunigter Wissensdiffusion an eine intelligente Verknüpfung von effizienter Wissensnutzung, Kapitalbildung, Innovationsfähigkeit bzw. Spezialisierung und Weiterbildung der Mitarbeiterschaft geknüpft.

In der digitalen vernetzten Wissensgesellschaft geht es zudem darum, die Zentren bzw. Netzwerke der Wissensproduktion und der Innovation sinnvoll und gezielt mit den Anwenderbranchen neuen Wissens zu verknüpfen. Der Politik kommt die Aufgabe zu, vernünftige Rahmenbedingungen zu setzen, Innovationsprojekte und intelligente Netze zu fördern und internationale Kooperation bei IKT zu stimulieren.

Der IKT-Sektor expandiert in vielerlei Richtung. Neue Themen wie etwa das Internet der Dinge, RFID (»Begleitchips mit Radiofrequenz-Identifikation«, die hohe Bedeutung für Innovationen in Produktion, Logistik, Vertrieb etc. haben), Cloud-Computing als internetbasierte Software- und Servernutzungskonzepte, Software as a Service – via Internet genutzt – und breitbandige mobile Kommunikation auf Basis neuer Standards (LTE) sind hier zu nennen. Der Sektor

296

der Informations- und Kommunikationstechnologie ist eine dynamische Querschnittstechnologie mit positiven externen Effekten in vielen Feldern und mit Impulsen für alle Sektoren der Wirtschaft und den öffentlichen Sektor. In erster Linie sollten also bestehende und neue Unternehmen digitale Entwicklungspotenziale aufnehmen; aber auch die Zivilgesellschaft ist gefordert.

Am meisten Innovationen

Grundsätzlich ist es wichtig, die bestehenden IKT-Stärken von Regionen zu identifizieren, um dann auf Basis bestehender Cluster und der relevanten Produkt-Architektur neue Expansionsfelder durch Kooperation und durch Wettbewerb zu erschließen. Aus Sicht der Politik ist zu prüfen, welche Art Förderung die regionale und nationale Wirtschaftspolitik im IKT-Bereich entwickeln sollte. Da der Sektor IKT in der EU und den USA der innovationsstärkste Wirtschaftsbereich ist, von dem zahlreiche positive Innovationsübertragungseffekte auf andere Sektoren ausgehen, ist eine angemessene Innovationsförderung wichtig. Aus ökonomischer Sicht ist zu fordern, dass Steuervergünstigungen oder Beihilfen das Ausmaß des gesellschaftlichen Zusatznutzens – der positiven externen Effekte – widerspiegeln sollten. In einer Zeit eng geschnittener öffentlicher Haushalte ist diese Forderung nicht leicht in die politische Praxis umzusetzen. Dennoch ist gerade digitale Innovationsförderung ein Schlüssel auch zur Überwindung der Staatsfinanzierungsprobleme, und zwar einfach dadurch, dass eine angemessene Innovationsförderung das Wirtschaftswachstum deutlich erhöhen kann. Der Wachstumsbeitrag von IKT beträgt in OECD-Ländern zwischen etwa 0,2 und 1 Prozentpunkt, wobei Deutschland gegenüber dem Spitzenreiter USA, aber auch gegenüber führenden EU-Ländern wie Schweden und Finnland sowie Niederlande zurück liegt (Welfens/Zoche/Jungmittag et al. 2005).

Die digitale Wirtschaft bzw. der IKT-Sektor ist ein fester Bestandteil modernen Wirtschaftens und effizienter Verwaltung und des Arbeitslebens der Mehrheit der Arbeitnehmer geworden. Neben den Vorteilen der Internetexpansion gibt es eine drohende Unschärfe zwischen öffentlichem Leben und Internetpräsenz – in der globalen Internetwelt droht eine Art permanente digitale Medienpräsenz des Menschen, da jeder Einzelne über Fotos, Filme, Textbezüge bzw. Netzwerkpartner sowie ggf. geografische Informationssysteme fast rund um die Uhr lokalisierbar und dokumentierbar ist. Neugierde, Mitteilungsbedürfnis und Kontaktbedarf schaffen in einer Internetgesellschaft die Möglichkeit einer digitalen Permanenz – einer Art Twitterexistenz, bei der jederzeit von jedermann eigene Aktivitäten signalisiert werden. Digitale Lebensstile sind von daher kritisch zu reflektieren.

Dabei ist nicht zu übersehen, dass es auch Probleme in der neuen digitalen Arbeitswelt gibt. So erfreulich es ist, dass man sich dank Internet leichter selbständig machen kann, so problematisch ist es in manchen Bereichen für viele Ich-AG-Starter, in einem globalen Online-Markt erfolgreich zu sein und zugleich ausreichende soziale Kontakte zu knüpfen – Leben in der Online-Welt schafft viele virtuelle Kontakte, aber sie können tatsächliche soziale bzw. familiäre Netzwerke nicht ersetzen. Zugleich ist zu bedenken, dass die Privatsphäre in der Online-Welt gerade durch die Expansion sozialer digitaler Netzwerke eingeschränkt wird, und auch hier können neben Chancen auch neue Probleme bzw. Herausforderungen entstehen (Hombach 2010).

Ziel Zusatznutzen

Neue Chancen der Internetwirtschaft zu nutzen gilt es gerade auch in der Phase der Überwindung der globalen Rezession im Gefolge der transatlantischen Bankenkrise. Zum gewichtigen Teilsektor der Informations- und Kommunikationstechnologie gehören die Bereiche der Kommunikationsinfrastruktur, der digitalen Dienste und der IKT-Produktion. Das Entstehen immer größerer Nutzernetzwerke in Industrie und Gesellschaft, die Herausbildung kompakter Märkte für Spezialanwendungen bei Nutzergruppen (Stichwort: Apps) und die enormen Entwicklungsmöglichkeiten bei digitaler Bildung und Weiterbildung in der Wissensgesellschaft sind hervorzuheben. Zunehmend basiert die Produktion von Gütern und Dienstleistungen auf Wissen einerseits und andererseits auf der Nutzung der Informations- und Kommunikationstechnologie.

Für die Rückkehr zu anhaltendem Wirtschaftswachstum, aber auch für mehr Nachhaltigkeit ist die optimierte Nutzung der Informations- und Kommunikationstechnologie gerade auch in Deutschland unerlässlich. Denn IKT ist wesentliches Element bei Investitionen, und da der relative Preis von IKT-Investitionsgütern mittelfristig weiter fallen dürfte, wird der IKT-Kapitalgüteranteil am Gesamtkapitalstock weiter zunehmen. Der Telekommunikationssektor ist von wesentlicher Bedeutung für alle Märkte, insbesondere auch für den Außenhandel. Günstigere internationale Telekommunikationskosten sind ein Verstärkungsfaktor für den Außenhandel in Europa (Jungmittag/Welfens 2009; Welfens/Jungmittag 2002a); auch der Übergang zu preiswerteren, digitalen innovativen

Dienstleistungen für die Industrie stärkt via eine Verbesserung der Vorleistungs-
stufe die internationale Wettbewerbsfähigkeit.

Im EU-Binnenmarkt hat sich der Wettbewerb der Regionen intensiviert,
wobei im Gefolge der Transatlantischen Bankenkrise mit einer zeitweisen Wachs-
tumsabschwächung – nach dem Aufholjahr 2010 – zu rechnen ist. Umso wichtiger erscheint es daher in vielen Regionen, dass die Expansionspotenziale im
Kontext einer verbesserten IKT-Nutzung verstärkt mobilisiert werden. Häufig
hat die Politik zwar die Weichen grundsätzlich zugunsten des innovationsstarken
IKT-Sektors auf nationaler bzw. regionaler Ebene gestellt. Es fehlt aber vielfach
an einer optimalen Wirtschaftspolitik, die durch gezielte Auswertung indust-
rie- bzw. innovationsrelevanter Indikatoren nachvollziehbare Ansatzpunkte für
effiziente und effektive Modernisierung zu identifizieren erlaubt; gerade die Auswertung von Patentdatenbanken bietet sich hier an. Zudem stellt sich natürlich
die Frage, inwiefern von Seiten der IHKs und von regionalen Firmen- bzw. Nut-
zernetzwerken eigenständig digitale Initiativen entfaltet werden können. Grundsätzlich wird digitale Expansion und Modernisierung immer davon abhängen,
dass ein deutlicher Zusatznutzen für die Nachfrager entsteht.

Für die digitale Chancengleichheit

Der IKT-Sektor steht mit einem Marktvolumen von etwa 600 Milliarden Euro
für 5 Prozent der EU-Wertschöpfung, aber der IKT-Sektor ist in Folge seiner
Bedeutung als Querschnittstechnologie doch letztlich für die Gesamtwirtschaft
bzw. alle Sektoren von großer Bedeutung (Europäische Kommission 2010, 4):
Der Beitrag des IKT-Sektors zum gesamtwirtschaftlichen Produktivitätsanstieg
übersteigt den sektoralen Wertschöpfungsanteil sehr deutlich, wobei 20 Prozent
aus dem IKT-Sektor direkt kommen und 30 Prozent aus IKT-Investitionen.
Die Entwicklung schnellerer, breitbandiger Kommunikationsnetzwerke ist von
großer Bedeutung, vor allem auch für regional vernetzte Ballungszentren.

Zahlreiche EU-Länder haben begonnen, national oder regional IKT-Cluster
zu fördern, zumal IKT im Kontext der Lissabon-Agenda 2010 der Europäischen
Kommission bzw. der anhaltenden Entwicklung vieler OECD-Länder zu einer
Wissensgesellschaft – mit starker Rolle von Wissen und Innovation für die Wirtschaftsdynamik – eine längerfristige Tendenz bezeichnet. Dabei stellt sich für die
EU die Aufgabe, den Rückstand im IKT-Sektor gegenüber den USA zu schließen, wobei mit dem i2010-Programm der EU immerhin ein Ansatzpunkt auf
supranationaler Ebene besteht; bei der IKT-Förderpolitik Deutschlands fehlt bis-

lang eine adäquate Einordnung der IKT-Schwerpunkte in die Innovationspolitik (Pols 2007).

Die Informations- und Kommunikationstechnologie (IKT) ist für die EU und Deutschland bzw. Nordrhein-Westfalen mittel- und langfristig von grundsätzlicher ökonomischer Bedeutung: Als IKT-Sektor selbst wie als Querschnittstechnologie (Cross Innovation) ergibt sich hier ein erhebliches wirtschaftliches Innovations- und Expansionspotenzial, zugleich geht es um digitale Chancengleichheit, dass nämlich alle Bürgerinnen und Bürger einen gleichwertigen Mindestzugang zu digitalen Internet- bzw. Kommunikationsdiensten haben.

Die IKT-Stärken Nordrhein-Westfalens

Neben der Produktion von IKT-Gütern sind IKT-Dienste, die über Internet und via andere digitale Kommunikationsnetze bereitgestellt werden, von besonderer Bedeutung; alle Stufen des Wertschöpfungsprozesses von Unternehmen sind im 21. Jahrhundert mit Internetaktivitäten verbunden. Zudem ist bemerkenswert, dass der langfristig wachsende Anteil von IKT-Kapital am Gesamtkapitalbestand der Volkswirtschaften die Nachfrage nach qualifizierter Arbeit steigert. Hieraus ergeben sich Impulse für Bildung und Weiterbildung, wobei der Staat hier eine wesentliche Rolle hat. Dabei ist zu bedenken, dass die durchschnittliche Betriebszugehörigkeitsdauer in der Industrie langfristig sinkt, so dass die Anreize für Unternehmen, in die (digitale) Weiterbildung von Mitarbeiterinnen und Mitarbeitern zu investieren, langfristig sinkt. In Deutschland ist der IKT-Sektor mit einem strukturellen Mangel an Fachkräften konfrontiert, wobei die Ursachen vielfältig sind. Allerdings gibt es für den Bildungssektor daher große Herausforderungen gerade beim Ausbau der Informatikfakultäten und verwandter Bereiche; durch eine Erhöhung des Anteils von Frauen in Informatikstudiengängen und auch durch mehr digitale Unternehmensgründungen, in die Frauen und Männer gleichermaßen einbezogen sind, kann man drohenden Engpässen bei IKT-Fachkräften begegnen. Der Staat kann in den von ihm besonders stark geprägten Aktivitätsbereichen Bildung, Gesundheit und Infrastruktur unmittelbar deutliche Akzente für die IKT-Modernisierung geben, und natürlich kann der Staat bei Bund, Ländern und Gemeinden wichtige Impulse für bestimmte IKT-Aktivitäten geben und zugleich sinnvolle Rahmenbedingungen für Wachstum, Beschäftigung und Nachhaltigkeit in der Digitalen Sozialen Marktwirtschaft setzen.

Das bevölkerungsmäßig größte Bundesland Nordrhein-Westfalen hat eine IKT-Clusterinitiative, die seitens der Wirtschaftspolitik den IKT-Sektor einerseits und andererseits die Rolle von IKT als Querschnittstechnologie fördern soll (ExzellenzNRW 2010)[1]:

– NRW hat 140.000 Beschäftigte in 15.500 Unternehmen im IKT-Sektor, wobei 59 Milliarden Euro Umsatz erzielt wurden (2007). Die Zuwachsraten in den Jahren 2008 bis 2010 sind weiterhin positiv.

– Die größten Telekommunikationsanbieter haben ihren Firmensitz in NRW (Deutsche Telekom, Vodafone D2, E-Plus) und auch einige erfolgreiche große Stadtnetzbetreiber sind im bevölkerungsreichsten Bundesland präsent. Es finden sich 11 der 50 größten IT-Unternehmen in Deutschland in NRW. NRW ist zudem der Standort für die Deutschlandzentrale vieler bekannter internationaler IT-Unternehmen.

– Im IKT-Bereich finden sich diverse thematische Netzwerke in NRW, wobei u. a. IT-Security in der Region Bochum/Gelsenkirchen und ein Geo-Informationsnetzwerk mit Schwerpunkten in Bonn, Münster und in der Ruhrregion zu finden sind.

– Weiterhin gefördert wird ein Mediencluster in NRW (Memi 2010); NRW hat erhebliche Aktivitäten und auch eine starke Innovationsdynamik im Medienbereich, wo es durch die Digitalisierung und die Internetexpansion zu enormen Veränderungen kommen wird. Unter dem Schlagwort Internet der Dienste werden u. a. neue internetbasierte digitale Mobil-Services diskutiert (Berlecon 2010).

Die IKT-Stärken des Ruhrgebietes

Die Ruhrregion als eine der industriestärksten Ballungsräume Europas – mit großem Innovationspotenzial in Industrie- und Dienstleistungsbranchen – steht dank IKT vor interessanten Herausforderungen und vor neuen Chancen im Strukturwandel. Der Sektor der Informations- und Kommunikationstechnologie hat die räumliche Aufspaltung von Wertschöpfungsprozessen und damit die Globalisierung der Wirtschaft erleichtert, durch die IKT-Expansion steigt der regionale und internationale Güterhandel. In der Konsequenz nimmt die Bedeutung der Logistik zu, die komplexere und räumlich weiter gespannte Aufgaben

---

1 http://www.exzellenz.nrw.de/ikt/elektromobilitaet/clusterinfo/landescluster/ikt/?L=0

zu bewältigen hat; hierfür ist wiederum gerade erhöhter IKT-Einsatz ein Element effizienter Problemlösung. Logistik aber spielt insbesondere in Nordrhein-Westfalen aufgrund der geografischen Lage, der großen Wirtschafts- bzw. Exportkraft des bevölkerungsreichsten Bundeslandes und wegen der langfristigen Spezialisierung des NRW-Transportgewerbes eine große Rolle. Von daher hat es sich bei der staatlichen regionalen IKT-Förderung angeboten, gerade auch einen Förderschwerpunkt bei der Anwendungsbranche Logistik zu setzen. Dabei gibt es im Ruhrgebiet drei erfolgreiche Logistikregionen (NRWINVEST 2010):

- Östliches Ruhrgebiet: Dortmund/Unna/Hamm; wichtiger Standort der Handelslogistik in Deutschland und Sitz eines international führenden europäischen Logistik-Forschungsinstitutes
- Mittleres Ruhrgebiet: Herne/Herten/Gelsenkirchen; zentrale regionale Lage für die Auslieferlogistik
- Raum Duisburg/Niederrhein: Duisburg/Kreis Wesel/Kreis Kleve; Kontraktlogistiker für diverse Aufgabenfelder – mit herausragender Rolle für Duisburg als größten Binnenhafen der Welt

Innovative IT-Logistik und zunehmende Verwendung von RFID in der Logistik erhöhen die Produktivität und Qualität der Logistikdienste, wobei die IKT-Expansion die Nachfrage nach Logistikdiensten relativ zum Einkommensanstieg überproportional wachsen lässt. Zu den führenden IKT-Anwendungsfeldern gehören Supply Chain Management, Customer Relationship Management, Tracking & Tracing, Electronic Data Interchange, Elektronische Marktplätze, Effiziente Reaktionen auf die Konsumentennachfrage. Ein besonders wichtiger Trend ist die wachsende Nutzung von RFID – diese spielt im Übrigen auch im Maschinenbau eine wichtige Rolle, der etwa im Ruhrgebiet besonders stark in den Regionen Dortmund und im Ennepe-Ruhr-Kreis ausgebaut ist. Längerfristig wird eine steigende Rolle von Business Intelligence Lösungen und der mobilen Anbindung von Servicetechnikern erwartet, wodurch die bisher schon starken IKT-Pfeiler digitale Prozessoptimierungssysteme, moderne Fernwartungssysteme und Enterprise Resources-Management-Lösungen positiv ergänzt werden. Zu den wichtigsten Trends im Maschinenbau zählen: IT-Sicherheit, Datenintegration, Funktechnologien, Sensornetzwerke, Breitband, RFID, Microsysteme/Embedded Systems, serviceorientierte Architekturen, Software as a service, Geo-Informationen. Schließlich ist ein besonders zukunftsträchtiger Bereich, dessen Expansion bzw. Modernisierung auf IKT basiert, der Energiesektor, wobei die Energieregion Ruhr eine in Europa führende Vernetzungs- und Innovationsstärke aufweist – letzteres beinhaltet den Zusammenschluss ef.ruhr Forschungs-GmbH. Als gewichtigste IKT-Trends für die Energiebranche zählen Datenintegration, IT-Sicherheit, Breitband, Funktechnologien, Mikrosysteme/Embedded Systems, serviceorientierte Architekturen, Geo-Infosysteme, Software as a service, Sensornetzwerke, RFID.

Besonders bemerkenswert ist die Verbindung von Chemie & Kunststoff mit IKT-Technologien und -Innovationsimpulsen (NRWINVEST 2010) – auch wenn das auf den ersten Blick nicht immer erkennbar ist. Der Bereich Chemie und Kunststoff ist in Nordrhein-Westfalen von großer Bedeutung als Produktions- und Exportsektor, wobei im Ruhrgebiet u. a. die Cluster Oberfläche. NRW, der Cluster industrielle Biotechnologie (CLIB 2021) und der Cluster Biotechnologie Nordrhein-Westfalen wichtig sind. Die besondere ökonomische Bedeutung von Chemie und Kunststoff ergibt sich zunächst dadurch, dass in diesem Bereich IKT stark angewendet wird; vor allem aber ist Chemie & Kunststoff ein sehr relevanter Treiber für den IKT-Sektor, wobei als wichtigste Materialien gelten: Materialien für Leiterbahnen, Druckbare Elektronik, Flüssigkristalle für Displays, halbleitende und leitende Polymere, Elektronikchemikalien für die Chipfertigung, Licht emittierende Materialien für die Chipproduktion, Polymere Elektronik, Licht emittierende Materialen für LEDs und OLEDs, leitende Klebstoffe und Holographische Speicher – bei den drei letztgenannten Feldern wird NRW als besonders stark im internationalen Vergleich eingestuft. Die digitale Visualisierung schreitet in allen Lebensbereichen voran und daher ist die Verbindung von IKT und moderner Chemie ein vielversprechendes Feld.

Schließlich ist auch der Gesundheitssektor mit einem hohen IKT-Expansionspotenzial ausgestattet, wobei das Ruhrgebiet eine der sechs relevanten Regionen in NRW darstellt; in diesem relativ staatsnahen Sektor gibt es große Expansionsmöglichkeiten auf längere Sicht. Allerdings ist die schon lange überfällige digitale Gesundheitskarte eine der Herausforderungen, die man bisher auch in Nordrhein-Westfalen erst ansatzweise erfolgreich aufgenommen hat. Digitale Anwendungen können in den Bereichen Prävention, Gesundheitsförderung und Wellness viel erreichen: Effizienz- bzw. Kostengewinne, Aufwandsminderung bei Patienten durch intelligente Nutzung der Gesundheitskarte, die dank gespeicherter Medizininfos auch Mehrfachuntersuchungen vermeiden hilft, ein Mehr an Sicherheit für Patienten- bzw. Ärzteschaft und auch eine bessere Vernetzung von Selbsthilfegruppen. Mit den IKT-Anwendungsbranchen Logistik, Maschinenbau, Energie, Chemie & Kunststoffe, Gesundheitswirtschaft und Automotivesektor (Emons 2010) – letzteres wird als Feld von Cross-Innovation von Seiten der Landesregierung in Nordrhein-Westfalen eingeordnet – sind die wichtigsten industrienahen IKT-Anwenderfelder im Ruhrgebiet genannt; hinzu kommt der Medien- und Verlagssektor, der durch das Internet, mobile Breitbandnutzung sowie die Expansion von Apps auf innovativen Smart Phones und Mini-PCs neue Entwicklungsmöglichkeiten hat.

Die Wachstumsperspektiven

Die wachsende Bedeutung des Internets für Bürgerinnen und Bürger und für die Unternehmenswelt sowie den Bildungsbereich und den Staat weist nicht nur auf Herausforderungen beim Ausbau der Netze, sondern auch bei der Netzsicherheit und dem Datenschutz hin; dabei wird gerade Internet als Wachstumstreiber in der digital vernetzten Wirtschaft weiter an Bedeutung gewinnen. IKT als Produktionssektor wie als Querschnittstechnologie ist für die moderne Industrie- und Dienstleistungswirtschaft unerlässlich, und zwar gerade auch mit Blick auf die Entwicklung neuer Produkte sowie neue Kostensenkungspotenziale; sie betreffen u. a. auch die Bereiche Gesundheit, Bildung und Verwaltung als staatsnahe Felder, wo es bislang an Innovationsdynamik fehlt – ein wichtiges Problem angesichts der Budgetprobleme beim Staat. Zugleich ist die Politik gefordert, die Innovationsförderung verstärkt auf den technologiedynamischen IKT-Sektor auszurichten:
- IKT ist wachstumsrelevant: Eine Untersuchung durch Welfens/Jungmittag (2002b) ergab, dass der Wachstumsbeitrag des Telekommunikationssektors rund ¼ in Deutschland darstellte. Es gibt in Deutschland bzw. einer Reihe von Bundesländern also noch Expansionspotenzial, das allerdings nur durch spezifische Maßnahmen mobilisiert werden kann.
- Aus einer quantitativen Wachstumsanalyse, die die Technologie- und Beschäftigungsdynamik der Bundesländer in den 1990er Jahren untersucht, wird deutlich, dass der Rückstand Nordrhein-Westfalens gegenüber den führenden Technologie-Bundesländern Hamburg und Baden-Württemberg in der zweiten Hälfte der Dekade zugenommen hat, wobei ein geringes Wachstum an Hochtechnologie-Dienstleistungsarbeitsplätzen als wesentliche Ursache des Wachstumsrückstandes in Nordrhein-Westfalen identifiziert wurde (Welfens/Jungmittag/Vogelsang 2007). Es ist bei aller notwendigen Förderung des Verarbeitenden Gewerbes – hier wandern viele Arbeitsplätze längerfristig nach Osteuropa und Asien ab – von daher wesentlich, dass dem digitalen Dienst-

leistungssektor eine größere Aufmerksamkeit von politischer Seite zugewendet wird als bisher.

Die Rolle des Staates in der Digitalen Sozialen Marktwirtschaft

Je mehr der IKT-Sektor zu einem gewichtigen Wachstumstreiber mit hoher Innovationsdynamik wird und je stärker IKT als wesentliche Querschnittstechnologie einzuordnen ist, desto stärker kommt es grundsätzlich mit Blick auf Staatsaktivitäten auf drei Punkte an:

– Setzen angemessener Rahmenbedingungen; dies gilt national und auch auf EU-Ebene
– angemessene Förderanreize zwecks Herbeiführung einer optimalen Innovationsdynamik – positive externe Effekte von IKT-Forschung sind hier zu internalisieren
– zügige Realisierung staatlicher IKT-Projekte, was nicht nur die Verwaltung betrifft, sondern auch die wesentlich vom Staat geprägten Sektoren Bildung, Verteidigung und Gesundheit (es ist z. B. sehr unbefriedigend, dass die digitale Gesundheitskarte – in verschiedenen europäischen Ländern bereits realisiert – in Deutschland sich immer weiter verzögert; hier werden erhebliche Kosteneinsparungspotenziale nicht genutzt).

Das Konzept der Digitalen Sozialen Marktwirtschaft ist relativ neu – erstmals vorgestellt von Welfens (2005) und in Teilaspekten verdeutlicht in der vom EIIW mit dem Fraunhoferinstitut für Systemtechnik und Innovationsforschung für die Bundesregierung erstellten Studie Internetwirtschaft 2010 (Welfens/Zoche/Jungmittag et al. 2005). Eine Digitale Soziale Marktwirtschaft basiert auf digitalen Eigentumsrechten – ein für viele Menschen abstrakter Ansatz – und entsprechenden Investitionen und Innovationen im IKT-Sektor und in anderen Sektoren. Digitale Chancengleichheit ist aus Sicht der Regierung/des Parlaments bzw. der Gesellschaft ein wichtiges Element einer modernen vernetzten Marktwirtschaft.

Die Bundesländer sind im Bereich Bildung und Weiterbildung in besonderer Weise gefordert, die Chancen der digitalen Innovationsdynamik bzw. der breitbandigen mobilen Internetkommunikation zu nutzen: Neue kreative Informationsnetzwerke – auch im Bereich ehrenamtlicher Arbeiten – können entstehen sowie eine Vielzahl von Plattformen und Angeboten für Bildung und Weiterbildung.

Es liegt an Nordrhein-Westfalen selbst, sich stärker im Bereich der Informations- und Kommunikationstechnologie zu profilieren: Hier stellt sich die Herausforderung, einerseits bestehende Cluster-Initiativen bzw. vernetzte Förderansätze sinnvoll weiterzuentwickeln (Welfens 2010a); andererseits ist die bislang geringe Präsenz bei digitalen Messen zu problematisieren. Nordrhein-Westfalen könnte z. B. ein idealer Standort sowohl für Mobilkommunikations- als auch Apps-Messen oder kommunale IKT-Innovationen sein, wobei von solchen Messen nicht nur ein lokaler Wirtschaftsimpuls mit hohem Modernisierungs- bzw. Signalwert ausgeht, sondern es entwickeln sich im Umfeld digitaler Messen erfahrungsgemäß auch in besonderer Weise digitale Dienstleister.

Nachdem man in Deutschland mit der Initiative D21 und dem nationalen IT-Gipfel seitens der Bundesregierung gezielt Impulse zur Expansion der digitalen Wirtschaft gesetzt hat, ist festzustellen, dass gezielte Initiativen hilfreich sind. Es stellt sich natürlich die Frage, wie z. B. »eine Ruhr-Smart City Network« wichtige und innovative Akzente setzen kann.

Neue Online-Welt und IKT-Dynamik als Chance für Nordrhein-Westfalen

Die neue Online- bzw. Internet-Welt, die sich auf Basis eines mobilen breitbandigen Netzes seit Anfang des 21. Jahrhunderts entfaltet, führt dazu, dass immer mehr Aktivitätsbereiche der Wirtschaft wie der privaten Haushalte im Internet abgebildet werden. Das Internet ist

- Informationsquelle bei der Suche nach Handlungs- und Geschäftspartnern, nach Gütern und Dienstleistungen sowie nach Vermögensobjekten (von Immobilien- bis Wertpapier-Online-Börsen)
- Kommunikationsplattform
- digitaler Freizeitraum mit aktiven oder auch interaktiven Spielen und dem Konsum diverser Medien

In 2015 werden fast alle privaten Haushalte bzw. alle Menschen in Deutschland Mobiltelefonie haben, in 2020 wird es auch einen allgemeinen Zugang zu mobilem Internet geben.

Wesentliches Kennzeichen des Internets ist die Vernetzung bzw. das Entstehen sozialer Netzwerke und privater wie öffentlicher Nutzergruppen. Damit gewinnen bestimmte Lebensbereiche in der digitalen Welt eine enorme Reichweite, Komplexität und ggf. auch Internationalität. Zugleich ist das Internet ein globaler Wissens- und Erlebnisraum, der wegen seiner Größe und Vielfalt sehr spezialisierte bzw. individualisierte Angebote bereit stellt.

Im IKT-Bereich hat die Landesregierung ein entsprechendes Cluster ausgeschrieben und gefördert. Der Ansatz eines IKT.NRW Clusters ist in vielen Bereichen ein vielversprechender Versuch, die digitale Innovationsdynamik in Nordrhein-Westfalen zu stimulieren. Die Hauptaktivitätsfelder lauten (IKT.NRW 2010):

– Breitband; Geoinformationen; IT-Sicherheit; Mobilkommunikation; RFID und Sensornetze; Smart Cities; SOA/Saas (software as a service).
– Verstärkte Präsenz des Mittelstandes.

Das IKT.NRW Cluster bedarf einer deutlich quantitativen wissenschaftlichen Evaluation, da aus bisherigen Deutschland- und EU-Untersuchungen heraus bekannt ist, dass

– gelegentlich ineffiziente Cluster-Förderung stattfindet, soweit man auf die relevanten Befragungsergebnisse mit entsprechend negativem feedback abstellt (Schröder, 2010); sorgfältige Evaluationen können als sinnvoller Anreiz für die Cluster-Akteure und die Politik wirken und sichern, dass Steuergelder optimal bzw. wachstumsförderlich ausgegeben werden
– bisher starke Regionen im IKT-Bereich im Vergleich von IKT-Regionen in der EU zurückfallen könnten – die Region Dortmund etwa hat zwar noch einen Beschäftigungszuwachs im IKT-Sektor, aber die Netzwerkdynamik in diesem Sektor hat sich im Zeitablauf abgeschwächt und was die Zahl der IKT-Patente angeht, so ist z. B. das Bergische Städtedreieck im Zeitraum 2000 bis 2007 an der Region Dortmund vorbeigezogen (Welfens 2010a; Welfens 2010b); die Befunde der sozialen Netzwerkanalyse, die sich hier auf Patentaktivitäten beziehen, zeigen eine gewisse Stagnation gerade im bisherigen Führungsraum Dortmund, so dass hier Verbesserungen notwendig zu sein scheinen. Zum analytischen Befund des Vergleichs von ausgewählten EU-Regionen mit IKT-Clustern in sechs Ländern gehört die Einsicht, dass erfolgreiche IKT-Regionen eine Vernetzung von Industrie und Dienstleistern mit Universitäten und Hochschulen der Region schaffen bzw. nutzen: So gesehen ist eine aktive Zusammenarbeit von Wirtschaft und Hochschulsektor sinnvoll – wie dies im Übrigen auch seit Jahren aus dem Erfolgsfall Silicon Valley bekannt ist.

Das Ruhrgebiet als Schlüsselregion

Eine Schlüsselregion für Nordrhein-Westfallen ist das Ruhrgebiet (ggf. in Verbindung mit weiteren digitalen Erfolgsregionen), wo sich eine Vielzahl der führenden Unternehmen des deutschen IKT-Sektors und zahlreiche dynamische IKT-Nutzer von europäischem und globalem Format sowie eine erhebliche Gründerdynamik finden. Internationalität, Innovationskraft und Spezialisierungsfähigkeit zeichnen die führenden Unternehmen im Industrie- und Dienstleistungssektor des Ruhrgebietes aus, wobei sich auf Seiten der Kommunen allmählich die Bereitschaft zur Kooperation verstärkt hat.

Im übrigen verfügt die Ruhrregion über einen dynamischen Mittelstand, wobei die digitalen Vernetzungsmöglichkeiten zahlreiche Ansatzpunkte für ein Mehr sowohl an Wettbewerb wie an Kooperation bieten. Teilweise noch wenig bekannt ist, dass sich im Ruhrgebiet eine erhebliche digitale Gründerdynamik entwickelt hat. Hierzu hat das Land Nordrhein-Westfalen u. a. durch Projekt via ZENIT erheblich beigetragen; hinzu kommen einige Initiativen aus der Wirtschaft und den IHKs sowie von Gewerkschaftsseite.

Die Bausteine zur Neuen Online-Welt

Das Ruhrgebiet ist in den 1980er und 1990er Jahren durch einen teilweise schmerzlichen Anpassungsprozess gegangen, da die traditionell gewichtige Montanindustrie im Zuge des Strukturwandels an Bedeutung verloren hat. Auch wenn große Betriebsstätten geschlossen oder verlagert worden sind, so hat doch die Vitalität von Unternehmern und Arbeitnehmern sowie eine Vielzahl auch politisch angeschobener Umstrukturierungen für eine zeitweise hohe Innovationsdynamik gesorgt: Es sind neue Unternehmen entstanden bzw. aus dem Ausland angelockt worden, Tausende von bestehenden Firmen haben sich durch Reorganisation, Prozessinnovationen und neue Produkte auf den Märkten national und international besser aufgestellt. Da der IKT-Sektor das innovationsstärkste Feld der Wirtschaft ist, kommt es für einen Erneuerungs- und Aufschwungsprozess naturgemäß darauf an, dass gerade die Chancen der digitalen Modernisierung und der netzbasierten Wirtschaftsexpansion optimal genutzt werden. Dies verlangt insbesondere:
– Verfügbarkeit von entsprechendem Fachpersonal
– eine hohe Gründerdynamik im IKT-Sektor und in IKT-Anwendungssektoren
– angemessene Förderung der IKT-Innovationsdynamik

- Beseitigung von Expansionshemmnissen für die digitale Modernisierung auf Seiten des Staates bzw. sinnvolle Fördermaßnahmen für digitale Vernetzungsprojekte
- öffentliche Diskussion und Diffusion von Erfolgsbeispielen aus dem digitalen Strukturwandel
- regionale digitale Initiativen von Wirtschaft und Gesellschaft, um über IKT-Nutzung Bedürfnisse besser und schneller zu befriedigen.

Bei der Betrachtung von Ballungs- und Wirtschaftszentren im Wandel ist es einerseits wichtig, die Felder mit hohem Anpassungsdruck vor Augen zu haben, besonders wichtig für einen erfolgreichen Wandel ist andererseits aber auch das Bewusstsein um die bereits sichtbaren Erfolgsbeispiele: Hier wird die Fähigkeit zu Innovation und Strukturwandel sichtbar, hier zeigen sich Anknüpfungspunkte für regionale Cluster-Bildungen und Inspirationsfälle für potenzielle Neugründer oder Neuansiedler von außerhalb der Region. Im Übrigen ist auch ein Vergleichen mit ausländischen Regionen, die vom Strukturwandel besonders betroffen waren, oftmals nützlich. Die Vernetzung von Wissenschaft und Industrie kann sich in vielfältiger Weise für die regionale Wirtschaftsdynamik als nützlich erweisen – hierzu gibt es auch zahlreiche internationale Erfolgsbeispiele, wie etwa Pittsburgh, Karlskrona (Guth 2005) oder Birmingham. Zu den Erfolgsgeschichten im Ruhrrevier zählen etwa Firmen wie Elmos (Chipproduktion) und Materna (IT-Dienstleister) in Dortmund, wobei die Umgestaltung des Phoenix-Areals – hier entsteht am Rande eines neuen Sees auf dem ehemaligen Hoesch-Gelände eine hochwertige Wohn- und Arbeitsregion – neue Expansionsimpulse für wissensintensive Anbieter geben dürfte. Diese sind bei der Anwerbung von Fachpersonal auf hohe Standortqualität angewiesen.

Neben Dortmund gibt es auch zahlreiche andere Städte im Ruhrgebiet mit digitalen Erfolgsgeschichten, wobei ohnehin die großen Firmen der »Old Economy« als häufig innovationsstarke IKT-Anwender jeweils eine Erfolgsgeschichte in sich darstellen. Firmen der Sicherheitstechnik haben sich im Umfeld der Ruhr-Universität Bochum einen Namen gemacht, z. B. G Data aus Bochum. Nach dem Rückzug von Nokia aus Bochum ist es immerhin gelungen, mit dem kanadischen Hersteller RIM (Hersteller des Blackberrys) einen innovationsstarken Smart-Phone-Anbieter in die Region zu holen, der Forschungs- und Entwicklungsaktivitäten hier vorantreibt. Die von der Universität Duisburg ausgehende Ausgründung IMST, die im Bereich der Antennentechnik – u. a. für Mobilfunktelefonie – ein innovativer Anbieter ist (beheimatet in Kamp-Lintfort) sowie zahlreiche neugegründete Web-Firmen stehen für digitale Expansionsansätze (z. B. Agentur Keybits, Mülheim). Auch unkonventionelle Ansätze im IT-Bereich finden sich im Ruhrgebiet, wobei man exemplarisch auf das Unperfekthaus in Essen verweisen kann, zu dessen Konzept es gehört, digitale Gründer hinter gläsernen Innenfassaden kreativ arbeiten zu lassen.

Das Fördern von Gründern

Zu den wichtigen Impulsen gehört auch die Gründung bestimmter Forschungsinstitute an Universitäten, wobei die Universität Duisburg-Essen u. a. mit dem Fraunhofer Institut für Mikroelektronische Schaltungen und Systeme wichtige Akzente setzen konnte. Es gibt bereits mehrere spezialisierte Anbieter im Bereich von Cross-Innovation bei Automobiltechnik und IKT im Ruhrgebiet. Dort gibt es große digitale Kreativpotenziale und auch ein einzigartiges Vernetzungsumfeld sowie eine hohe und wachsende Nachfrage nach digitalen Diensten. Dabei müssen sich die Firmen in ihrer IT-Entwicklung auf neue Trends bzw. die zunehmende Bedeutung von Netzwerken im privaten Bereich und im Wirtschaftsbereich einstellen, wobei hier eine Trennung etwa bei Twitter-Nutzungen nicht immer einfach möglich ist. Mehr Flexibilität ist von der Firmen-IT im Interesse von Kunden und Mitarbeitern gefordert.

Nicht immer ist ausreichend breitbandig Infrastruktur im Ruhrgebiet verfügbar, wobei hier auch Investitionshemmnisse auf der kommunalen Ebene relevant sind: Was die Verlegung von Glasfasertechnik in der Region angeht, so sind die Gemeindeordnungen ein wichtiger Ansatzpunkt, der bislang für die Breitbandexpansion kaum genutzt wird; solche Ordnungen könnte man zumindest für Neubaugebiete so verändern, dass Glasfasertechnik standardmäßig bis ins Haus geführt wird.

Neue Akzente in der Wirtschaftsförderung sind zu setzen, Innovationsanreize zu stärken. Diese Aufgabe beinhaltet natürlich auch eine entsprechende Gründerförderung, wobei sich universitäre Gründerförderungen in Teilsektoren von IKT anbieten – eben insbesondere im Hochtechnologiefeld von IKT. Die Konvergenz von Sprachtelefonie, Video und Daten schafft hier neue Herausforderungen in der Spitzentechnik; zugleich bedeutet die Expansion mobiler Internetdienste, dass neue Märkte bzw. IKT-Anwendungsfelder entstehen:
– Dabei gilt es den IKT-Sektor selbst als innovationsstarken Sektor im Auge zu haben, aber auch die IKT-Anwendungen in fast allen Sektoren der Wirtschaft: von Industrie über Dienstleistungen bis zur Landwirtschaft (»intelligent farming«).

– Neben digitalen standardisierten Diensten kommt eben eine große Bedeutung auch hochwertigen speziellen Diensten für bestimmte Anwendungsfelder zu.

– Aus strategischer Sicht der Wirtschaftsförderung ist einerseits die Expansion des regionalen IKT-Sektors erwägenswert, andererseits kann die Verbindung von IKT und anderen technologischen Exzellenzbereichen – also Cross Innovation – gefördert werden. Die Verbindungsmöglichkeiten etwa von IKT und Automobilwirtschaft oder Logistik und IKT zählen hier zu den besonders vielversprechenden Aktivitätsbereichen.

– Bei der Entwicklung neuer Projekte und der gezielten Gründung neuer digitaler Anbieter – oder auch der Ansiedlung von Tochterunternehmen führender ausländischer IKT-Anbieter – ist zu denken an eigenständige Initiativen der Wirtschaft, aber auch an Projekte, die mit Mitteln der Landesregierung, vom Bund oder von der EU finanziert werden. Was den Bereich von Unternehmensgründungen angeht, so ist u. a. noch besonders entwicklungsfähig die Ausgründung aus Hochschulen; hier hat insbesondere Nordrhein-Westfalen als Bundesland mit der dichtesten Hochschullandschaft in Deutschland besondere Chancen.

– Ein besonderes Interesse dürfte der Verbindung von IKT und Energieeffizienz gelten, was sich auf einzelne Firmen, aber auch auf Kommunen und insbesondere auch kommunale Bauaktivitäten bzw. Bauprojekte in der jeweiligen Kommune beziehen lässt.

– Exemplarisch lassen sich auch kommunale Innovationsprojekte verallgemeinern, wie etwa das im Kreis Soest entwickelte Stadt-Tourismuskonzept für Sehbehinderte blind4you, das Städte im Ruhrgebiet übernehmen könnten.

Im Bereich der intelligenten Vernetzung gibt es zahlreiche Anknüpfungspunkte bei der modernen mobilen IKT bzw. der Mobilfunktechnik (LTE als vierte Technologiegeneration bietet breitbandige Kommunikation):

– Pkw-zu-Pkw-Kommunikation: IKT-Anbieter, Pkw-Produzenten, Automotive-Zulieferer und Forschungsinstitute bzw. Universitäten wollen die Vernetzung im Automobilbereich vorantreiben – staufreies unfallfreies Fahren ist hier eine Vision im Hintergrund, wobei die volkswirtschaftlichen Wohlfahrtseffekte von Fortschritten in dieser Richtung sehr hoch sein könnten.

– Intelligentes Flottenmanagement: Die digitale Koordination von Lkws und anderen Transportträgern via IKT kann helfen, hohe Produktivitätsfortschritte in der Logistikbranche zu erzielen; neue Logistikkonzepte, die auch Änderungen im Produktionssektor betreffen können, werden hier entwickelt.

– Netzbasierte energieeffiziente Haushaltsgerätenutzung: Wenn man neue »intelligente« Haushaltsgeräte optimal miteinander vernetzt, dann können Waschmaschinen, Spülmaschinen und Wäschetrockner ferngesteuert – in einem vordefinierten Zeitfenster laufen – eingesetzt werden, so dass man auch mit reduzierten Kraftwerkskapazitäten und daher mit vermindertem CO_2-Ausstoß arbeiten kann.

Die Chancen der digitalen Modernisierung gilt es entschlossen zu nutzen, wobei es für konkrete Innovationsfelder bzw. -optionen eine »Digitale Projektliste« gibt (Welfens 2011; www.eiiw.eu). Hier gilt es zugunsten des Fortschritts in Wirtschaft und Gesellschaft anzusetzen.

Literatur

Berlecon et al. (2010), Das wirtschaftliche Potenzial des Internet der Dienste, Berlin, Studie für das Bundesministerium für Wirtschaft, mimeo.

Emons, O. (2010), Innovation and Specialization Dynamics in the Automotive Sector: Comparative Analysis of Cooperation & Application Networks, EIIW Paper Nr. 186 (verfügbar unter www.eiiw.eu).

EXZELLENZNRW (2010), Cluster Informations- und Kommunikationstechnologie NRW; http://www.exzellenz.nrw.de/ikt/elektromobilitaet/clusterinfo/landescluster/ikt/?L=0, 30.12.2011.

Europäische Kommission (2010), Eine Digitale Agenda für Europa, Mitteilung der Kommission an das Europäische Parlament, den Rat, den Europäischen Wirtschafts- und Sozialausschuss und den Ausschuss der Regionen, KOM (2010) 245, Brüssel, verfügbar unter: http://ec.europa.eu/information_society/digital-agenda/documents/digital-agenda-communication-de.pdf

Guth, M. (2005), Innovation, Social Inclusion and Coherent Regional Development: A New Diamond for a Socially Inclusive Innovation Policy in Regions, European Planning Studies Vol. 13, Nr. 2, S. 233–348.

Hombach, B. (2010), Über das Internet und die Entgrenzung kultureller und zeitlicher Lebensräume, in: Burda, H.; Döpfner, M.; Hombach, B.; Rüttgers, J. (Hg.) 2020 – Gedanken zur Zukunft des Internets, Essen: Klartext Verlag, 239–246.

IKT.NRW (2010), http://www.ikt-nrw.de/thema-netze, Abruf August 2010.

Jungmittag, A.; Welfens, P. J. J. (2009), Liberalization of EU Telecommunications and Trade: Theory, Gravity, Equation Analysis and Policy Implications, International Economics and Economic Policy, Vol. 6, Nr. 1, S. 23–39.

Memi (2010), Mediencluster NRW: Innovationen fördern, Strukturen bilden, Ausgangslage und Schwerpunkte für die Wirtschaftsförderung am Standort, Studie des memi-Institutes gefördert durch die Staatskanzlei NRW.

NRWINVEST (2010), Marktanalyse. IKT-Anwendungsbereiche in Nordrhein-Westfalen, Düsseldorf.

Schröder, C. (2010), Regionale und unternehmensspezifische Faktoren einer hohen Wachstumsdynamik von IKT Unternehmen in Deutschland, EIIW Diskussionsbeitrag Nr. 185 (verfügbar unter www.eiiw.eu).

Welfens, P. J. J. (2010a), IKT-Expansion, Strukturwandel und Clusterdynamik in der EU, Studie für die Hans-Böckler Stiftung, erscheint demnächst; EIIW Diskussionsbeitrag Nr. 189 (unter www.eiiw.eu).

Welfens, P. J. J. (2010b), Toward a New Concept of Universal Services: The Role of Digital Mobile Services and Network Neutrality, EIIW Diskussionsbeitrag Nr. 180 (verfügbar unter www.eiiw. eu).

Welfens, P. J. J. (2011), Netzbasierte Innovationen und Digitale Diensteexpansion in der Wirtschaft, Stuttgart: Lucius.

Welfens, P. J. J., Zoche, P., Jungmittag, A. et al. (2005), Internetwirtschaft 2010, Studie für das Bundesministerium für Wirtschaft und Arbeit, Heidelberg: Springer.

Welfens, P. J. J.; Jungmittag, A. (2002a), Internet, Telekomliberalisierung und Wirtschaftswachstum, Heidelberg: Springer.

Welfens, P. J. J.; Jungmittag, A. (2002b), Telecommunications, Innovation and the Long-term Production Function: Theoretical Aspects and a Cointegration Analysis for West Germany 1960–1990, in: Welfens, P. J. J.; Audretsch, D. (Hg.), The New Economy and Economic Growth in Europe and the US, Heidelberg und New York: Springer.

Welfens, P. J. J.; Jungmittag, A.; Vogelsang, M. (2007), Innovation, Regulierung und Wirtschaftswachstum in Digitalen Marktwirtschaften, Lohmar-Köln: Josef Eul Verlag; Studie für das Ministerium für Wissenschaft und Innovation des Landes Nordrhein-Westfalen.

313

Rüdiger Frohn/Bernhard Lorentz

Ideen beflügeln
Stiftungen als Anwälte für
gesellschaftspolitischen Wandel

»Stiftungen als Anwälte für gesellschaftspolitischen Wandel« – noch vor wenigen Jahren wäre dieser Anspruch weithin auf Unverständnis gestoßen. Nicht nur weite Teile der Gesellschaft und der Politik, sondern auch viele Stiftungen selbst hätten dieses Selbstverständnis als anmaßend und unangemessen empfunden. Denn auch wenn Stiftungen über Jahrhunderte hinweg eine zentrale Rolle im sozialen und wissenschaftlichen Leben spielten, war ihnen die Vorstellung eines gesellschaftspolitischen Anspruchs völlig fremd. Als Elitenphänomen stellten Stiftungen zudem vor allem auf die Bewahrung von gesellschaftlichen Strukturen und Traditionen ab – ein aktives Eintreten für Wandel und Innovationen lief diesem Selbstverständnis diametral entgegen.

Dieses traditionelle Rollenverständnis hat sich in den letzten Jahren fundamental gewandelt. Von den USA ausgehend haben hierzulande insbesondere die Bertelsmann Stiftung und Einrichtungen wie das von Helmut Anheier geleitete Centrum für soziale Investitionen und Innovationen (CSI) dieses neue Selbstverständnis geprägt. Die Stiftung Mercator hat ihre strategische Neuausrichtung 2008 dazu genutzt, sich intensiv mit den Chancen und Potenzialen von Stiftungen und ihrer Rolle in der heutigen Gesellschaft auseinanderzusetzen. Die Zielstellung, »klar definierte reformerische Ziele zu verfolgen und zu erreichen und dabei gesellschaftspolitische Themenanwaltschaft mit praktischer Arbeit zu kombinieren«, bringt ein modernes Stiftungsverständnis auf den Punkt.

Dieser Beitrag wird zunächst einen kurzen Abriss der historischen Entwicklung von Stiftungen im Ruhrgebiet geben. Daran anschließend soll anhand der Stiftung Mercator verdeutlicht werden, wie sich eine Stiftung so positionieren kann, dass sie ihre spezifischen Potenziale nutzen und einen möglichst wirksamen Beitrag zum Gemeinwohl leisten kann. Schließlich legen wir dar, wie die Stiftung Mercator sich für die Entwicklung des Ruhrgebiets zu einer modernen, internationalen Metropole einsetzen will.

Das Soziale vor Ort

3.336 Stiftungen zählte das Verzeichnis deutscher Stiftungen im Jahr 2009 in Nordrhein-Westfalen. Die Tatsache, dass allein 192 der insgesamt 914 im Jahr 2009 gegründeten Stiftungen in Nordrhein-Westfalen errichtet worden sind, zeigt, dass dieses Land ein Treiber des Stiftungsbooms ist.

Hinter den über 3.000 Stiftungen verbergen sich Stiftungen unterschiedlichsten Alters. Neben den Stiftungsneugründungen stehen Stiftungen, die bereits auf eine lange Geschichte zurückschauen. Ihre Entstehungszusammenhänge reflektieren die wechselvolle Geschichte von Stiftungen in Deutschland.

So wurde zum Beispiel die Theodor Fliedner Stiftung bereits im Jahr 1848 als »Stiftung Diakonenanstalt Duisburg« gegründet. Ziel der Diakonenanstalt war die Ausbildung und Aussendung von Hilfsdiakonen als Hausväter in Heimen, von Verwaltern, Krankenpflegern und Mitarbeitern in der offenen Sozialarbeit. Im Laufe der Zeit übernahm die Diakonenanstalt Duisburg ständig neue Arbeitsfelder: Krankenpflege, Kinderfürsorge, Waisenhäuser im ostpreußischen Masuren, Armenfürsorge, innere Mission, Arbeit in Gefängnissen, Trinkerbetreuung und auch die Bekämpfung der Seuchen Cholera, Pocken und Typhus, die Ende des 19. Jahrhunderts das Rheinland, Westfalen und Ostpreußen heimsuchten.

Ähnlich wie die heutige Theodor Fliedner Stiftung steht auch die 1904 gegründete Evangelische Stiftung Volmarstein als diakonische Einrichtung in christlicher Verantwortung. Die Stiftung geht zurück auf die Initiative des Pfarrers Franz Arndt, der soziale und medizinische Verbesserungen für Körperbehinderte erreichen wollte. Seine Stiftung in Volmarstein umfasste eine Rektoratsschule, das Gemeinde-, Kranken und Alterspflegeheim Bethanien, ein Damenstift und ein Invaliden- und Genesungsheim für Arbeiter. Auch ein Vereinshaus für Arbeiter sowie eine Kleinkinderschule gehörten dazu.

Die beiden Beispiele belegen nicht nur die große Bedeutung christlich-religiöser Traditionen, die seit dem Mittelalter eine zentrale Rolle für Stiftungen spielten. Sie stehen auch stellvertretend für eine Zeit, in der der Staat weite Teile des sozialen Lebens nicht regeln konnte oder wollte, so dass private Akteure den Freiraum, aber auch die Notwendigkeit sahen, neue Institutionen zu schaffen, die die Lücken im staatlichen System der Fürsorge für benachteiligte Menschen besetzten. Der Aufbau von sozialen Institutionen war gleichzeitig verbunden mit einem dezidiert karitativen Selbstverständnis, das nicht auf gesellschaftspolitische Ambitionen abstellte, sondern soziale Missstände vor Ort beheben sollte. Die Stiftung war hierfür ein bevorzugtes Instrument.

Neue Stiftungsstrategien

Die Gründung der Essener Alfried Krupp von Bohlen und Halbach-Stiftung im Jahr 1967 markiert den Übergang von mildtätigen zu stärker unternehmerischen Stiftungen. Sie ist ein Meilenstein. Die Stiftung wurde bei ihrer Gründung nicht, wie es traditionell üblich war, mit Barvermögen oder Immobilien ausgestattet, sondern mit den Unternehmensanteilen, die der letzte persönliche Inhaber der Firma Krupp, Alfried Krupp von Bohlen und Halbach, auf die Stiftung übertrug. Die Stiftung hält bis heute ein bedeutendes Aktienpaket der ThyssenKrupp AG und ist mit 25,1 Prozent der Anteile der größte Einzelaktionär. Die Krupp'sche Nachfolgeregelung rückte die Stiftung in die unmittelbare Nähe zu unternehmerischen Aktivitäten. Zwar unterhält die Stiftung noch soziale Einrichtungen wie das Alfried Krupp Krankenhaus mit seinen zwei Standorten Rüttenscheid und Steele und steht damit in der Tradition des »institution building« durch Stiftungen. Gleichzeitig aber entwickelte die Stiftung eigene Schwerpunkte und förderte innovationsorientierte Bereiche durch die Errichtung von Stiftungsprofessuren und die Etablierung von zahlreichen Stipendienprogrammen für junge Nachwuchswissenschaftler. Das Ruhrgebiet, auf das die Hälfte des gesamten Förderaufkommens verwendet wird, galt und gilt der Stiftung als besonderer Bezugspunkt. Der Neubau des Folkwang Museums in Essen, der Anfang 2010 eröffnet werden konnte, ist ein besonderer Leuchtturm.

Einen starken und neuen Impuls erhielten die Stiftungen in den 1990er Jahren aus Gütersloh. Die bereits 1977 von Reinhard Mohn gegründete Bertelsmann Stiftung revolutionierte durch ihre Größe, aber auch durch ihren klaren gesellschaftspolitischen Anspruch das karitative Selbstverständnis, das für viele Stiftungen zu dieser Zeit noch handlungsleitend war. Mohns erklärtes Ziel war es, Reformprozesse in der Gesellschaft anzustoßen. Zu diesem Zweck gestaltete er seine Stiftung als einen Think Tank, der der Politik durch Analysen, Recherchen und Projekte Wege aufzeigen sollte, wie bestimmte Teilbereiche der Gesellschaft – etwa das Bildungssystem, die europäische Einigung oder das Gesundheitssystem – besser und effektiver gestaltet werden könnten. Maßgeblich für die Stiftung ist dabei die Suche nach erfolgversprechenden Modellen im In- und Ausland. Der Unternehmer Mohn hat klar gesehen, dass es der nachhaltigste und schnellste Weg ist, zu schauen, welche »best practice« es zu bestimmten Fragestellungen bereits gibt, um diese erprobten Modelle nach Deutschland zu übertragen. Diese Übertragung wurde auf zwei parallelen Wegen vorangetrieben: einerseits durch konkrete Modellprojekte, die die

Machbarkeit der Lösungen in der Praxis demonstrieren sollten, und andererseits durch die Beratung und Begleitung politischer Entscheidungen, um die Durchsetzung in der Fläche zu ermöglichen. Dieses Vorgehen erwies sich in vielen Fällen von der »Selbständigen Schule« über die Europäische Verfassung bis hin zur Reform der deutschen Hochschullandschaft als überaus wirkungsmächtige Stiftungsstrategie.

»Ziele erreichen«

Der Anspruch, Felder zu besetzen, die andere nicht besetzen können oder wollen, zieht sich wie ein roter Faden durch die Geschichte von Stiftungen in Deutschland, von der Theodor Fliedner Stiftung und der Evangelischen Stiftung Volmarstein über die Krupp Stiftung bis hin zur Bertelsmann Stiftung. Als Kinder ihrer Zeit mussten Stiftungen allerdings immer wieder neue Antworten auf die Frage finden, wie sie diese Funktion zeitgemäß mit Leben füllen können. Vor dieser Frage stand auch die Stiftung Mercator, als sie im Jahr 2008 eine grundlegende strategische Neuausrichtung vornahm, die die Basis für ein in der deutschen Stiftungsgeschichte einmaliges Wachstum bilden sollte. Die Antwort, die die Stiftung auf die Frage gefunden hat, spiegelt einerseits die lange Tradition von Stiftungen wider und ist andererseits zugleich eine zeitgemäße Interpretation der Stärken, die Stiftungen für das Gemeinwohl und die gesellschaftliche Entwicklung einsetzen können. Investieren statt fördern lautet die Devise.

Die Stiftung Mercator hat 2008 eine Strategie mit dem Titel »Mercator 2013 – Ideen beflügeln, Ziele erreichen« entwickelt. Ausgehend von ihrer Vision von Gerechtigkeit und der chancengleichen Partizipation aller Menschen an zentralen Bereichen des gesellschaftlichen Lebens, hat sie drei übergreifende Themencluster gewählt, die ihre Arbeit in den folgenden Jahren prägen sollten und sollen: Klimawandel, Integration und Kulturelle Bildung. Für diese Themen und die mit ihnen verbundenen Ziele setzt sie sich mit ihren Kompetenzen im Wissenschaftssystem, in der Bildungspolitik und im Bereich internationaler Beziehungen ein. Dabei kombiniert sie gesellschaftspolitische Themenanwaltschaft im Sinne von »advocacy« und Praxisprojekte und setzt auf ihre Stärken als unabhängige private Stiftung. Als unabhängiger privater Akteur kann sie Risiken eingehen und ihre Reputation dazu nutzen, Positionen und Themen zu besetzen, Mehrheiten zu gewinnen und unterschiedliche gesellschaftliche Gruppen miteinander ins Gespräch zu bringen. Eine unternehmerische, professionelle und internationale Haltung bestimmt dabei ihre Arbeit.

Die gesellschaftliche Rolle von Stiftungen heute

Das Selbstverständnis von Stiftungen hat sich im Laufe des 20. Jahrhunderts fortlaufend verändert. Die Stiftungen selbst wie auch die gesellschaftlichen Verhältnisse, in denen sie agieren, wandeln sich, so dass Stiftungen immer wieder aufgefordert sind, ihre Rolle neu zu bestimmen. Diese Rollenbestimmung ist weit mehr als nur eine interne Diskussion, die Stiftungen abseits der Öffentlichkeit führen. Denn Stiftungen werden mittel- und unmittelbar von der Gesellschaft gefördert, die den Stiftungen bei der Errichtung und dem Betrieb erhebliche Steuerprivilegien einräumt. Diese Privilegien können Stiftungen nur dann rechtfertigen, wenn es ihnen gelingt, wirksame Beiträge zum Gemeinwohl zu leisten. Es ist daher letztlich eine Frage der Legitimation, die Stiftungen zwingt, ihre Rolle und ihre Aufgaben in der Gesellschaft den wandelnden Verhältnissen anzupassen.

Erst kürzlich, im Sommer 2010, stand die Frage, welche Rolle Spendern und Stiftern in der Gesellschaft zukommt, im Mittelpunkt einer breiten öffentlichen Debatte, die sich an der Ankündigung von Bill Gates und Warren Buffet entzündete, andere Vermögende davon zu überzeugen, den Großteil ihres Reichtums für gemeinnützige Zwecke zu stiften. In Deutschland traf dieser Plan auf eine erstaunlich einmütige Ablehnung. So erklärte Jürgen Trittin, die Aktion sei »beschämend für den Staat. Bei allem Respekt vor der Spendenaktion von Gates und Buffett: Wir brauchen eine höhere Besteuerung von Vermögen und Einkommen.« Auch prominente Stifter wie etwa der Hamburger Millionär Peter Krämer sprachen sich dagegen aus, Stiftungen zu stärken, denn sonst, so Krämer im Spiegel, treten sie »an die Stelle des Staates. Das geht nicht.«

Hinter diesen Äußerungen steht ein Verständnis, das allein den Staat als Garanten des Gemeinwohls versteht. Nur er hat die demokratische Legitimation und den Auftrag, gesellschaftliche Mittel umzuverteilen und die Daseinsfürsorge für die Bürger sicherzustellen. Dementsprechend sollten die Bürger nicht eigenständig initiativ werden und durch Stiftungen eigene, selbstgewählte Schwerpunkte nach »Milliardärsgusto« (Krämer) setzen, sondern Steuern zahlen und die gesellschaftliche Umverteilung dem Staat überlassen. Es sei daher eine gefährliche Entwicklung hin zu amerikanischen Verhältnissen, wenn Stiftungen den Staat in bestimmten Bereichen ersetzen.

Von einem »Ersetzen« staatlicher Leistungen durch Stiftungen kann allerdings nicht die Rede sein. Schon ein Blick auf die finanzielle Ausgangssituation zeigt, dass dieser Befürchtung jede Grundlage fehlt. Denn während Bund, Länder und Gemeinden insgesamt rund 740 Milliarden Euro im Jahr zur Verfügung haben, schütten die Stiftungen in Deutschland jährlich nur einen Bruchteil dieser Summe aus, nämlich ca. 2,5 Milliarden Euro. Dieser Betrag verteilt sich noch dazu auf insgesamt fast 20.000 Stiftungen, die ihre Mittel in den unterschiedlichen Regionen und Tätigkeitsbereichen verteilen.

Wichtiger ist allerdings, dass die Übernahme einer »Lückenbüßer-Funktion« für ausbleibende öffentliche Mittel die Potenziale von Stiftungen verschwenden würde, die sie für das Gemeinwohl einsetzen können. Denn Stiftungen haben durch ihre spezielle Rechtsform bestimmte Vorteile, die keine Konkurrenz, sondern eine Synergie mit dem Staat ergeben können, von der beide Seiten profitieren.

Die Stiftung »gehört sich selbst«

Stiftungen verfügen über ein eigenes Vermögen, das sie langfristig bewahren. Da die Erträge des Vermögens jedes Jahr wieder zur Verfügung stehen, kann eine Stiftung ihren Betrieb aus eigener Kraft sichern, ohne auf externe Zustimmung oder Unterstützung angewiesen zu sein. Hierin liegt der fundamentale Unterschied zu allen anderen Institutionen, die externe Kontroll- und Anspruchsgruppen befriedigen müssen, seien es die Kunden oder Inhaber eines Unternehmens, die Wähler einer Partei oder die Mitglieder eines Vereins. Die Stiftung »gehört sich selbst«, sie kennt keine Eigentümer, sondern nur Gremien, die den Willen des Stifters umsetzen.

Diese einzigartige Konstruktion sichert Stiftungen eine Reihe von »Wettbewerbsvorteilen« gegenüber anderen Akteuren, die sich für das Gemeinwohl engagieren. Welche Vorteile sind dies?

Aufgrund ihrer Unabhängigkeit können Stiftungen dort aktiv werden, wo andere nicht eingreifen wollen oder können. Sie sind nicht auf Zustimmung angewiesen, um ihr Überleben zu sichern, und können daher »heiße Eisen« angehen, unbequem sein und gesellschaftliche Probleme ohne Rücksicht auf Mehrheitsfähigkeit identifizieren und aufgreifen.

Stiftungen verfügen durch die Erträge ihres Vermögens über eine verlässliche Einkommensquelle. Wenn eines ihrer Projekte oder Vorhaben scheitert, wird doch im nächsten Jahr wieder Geld zur Verfügung stehen. Zudem sind sie – anders als die Politik oder Wirtschaftsunternehmen – keiner öffentlichen Kontrolle unterworfen, die Fehler bestraft. Sie können daher größere Risiken eingehen, indem sie dort investieren, wo große Unsicherheiten bestehen, wo unklar bleibt, ob Investitionen den erwarteten sozialen oder kulturellen Ertrag erbringen oder ob die vorgegebenen Ziele erreicht werden.

Stiftungen verfügen nicht nur über Geld, sondern auch über Reputation, Kontakte und Netzwerke. Sie können unterschiedliche Menschen und Positionen an einen Tisch holen, Kompromisse suchen und Spaltungen überbrücken.

Stiftungen sind schlanke Organisationen, die typischerweise nur über wenige Mitarbeiter und ehrenamtliche Gremien verfügen. Als Teil der Gesellschaft können sie daher schneller als der Staat auf Probleme aufmerksam werden und sich schneller zu Lösungen entschließen, so dass sie eine wichtige Funktion als »Frühwarnsystem« spielen können.

Risikokapital für die Gesellschaft

Die Zusammenstellung der »Wettbewerbsvorteile« dient keinesfalls dazu, die Überlegenheit der Rechtsform Stiftung gegenüber dem demokratischen Staat zu behaupten oder zu begründen. Sie bietet vielmehr die Grundlage für die Klärung der Frage, wie Stiftungen ihre Vorteile so in ein arbeitsteiliges Verhältnis mit dem Staat einbringen können, dass der größte Nutzen für alle entsteht. Ohne Zweifel fehlt Stiftungen nicht nur die Größe, sondern auch die demokratische Legitimation, um Strukturen vorzugeben und die Daseinsvorsorge der Bürger zu sichern. Diese Nachteile von Stiftungen können allerdings Vorteile sein, wenn sie die Aktivitäten des Staates sinnvoll ergänzen. Denn auch wenn die Budgets der Stiftungen im Vergleich zu den öffentlichen Haushalten nur den sprichwörtlichen »Tropfen auf den heißen Stein« ausmachen, haben sie doch eine besondere Qualität: Während Bund, Länder und Kommunen angesichts der zahllosen staatlichen Pflichtausgaben wenig freie Mittel zur Verfügung haben, handelt es sich bei den Budgets der Stiftungen um ungebundene Mittel, die eingesetzt werden können, um Innovationen oder Impulse zu fördern.

Die 2,5 Milliarden Euro, über die die deutschen Stiftungen jährlich verfügen, können daher als das Risikokapital gelten, das der Gesellschaft zur Verfügung steht. Dank ihrer Vorteile – Unabhängigkeit, Risikofreudigkeit, Netzwerkfähigkeit und Schnelligkeit – sind Stiftungen bestens geeignet, dieses »Risikokapital« in innovative Projekte und Vorhaben zu investieren. Sie sollten, mit den Worten des großen Stifters George Soros, »risk takers, not risk avoiders« sein. Als kreative Kraft kommt Stiftungen damit eine wichtige Rolle bei der Aufgabe zu, unsere Gesellschaft zukunftsfähig machen.

Bei der Erfüllung dieser Aufgabe müssen Stiftungen den gesellschaftlichen Bedingungen Rechnung tragen, in denen sie tätig werden. Die eingangs zitierte Theodor Fliedner Stiftung oder die 1904 gegründete Evangelische Stiftung Volmarstein fanden ein gesellschaftliches und politisches Umfeld vor, das in den jeweiligen Tätigkeitsbereichen der Stiftungen wenig institutionalisiert und reguliert war. Auch die Hochschullandschaften in Deutschland oder den USA, deren Struktur stark von Stiftungen geprägt ist, sind ein Beispiel dafür, wie Stiftungen Freiräume nutzen, um neue Institutionen aufzubauen.

Heute wiederum agieren Stiftungen in einem völlig anderen Kontext. Die modernen Gesellschaften sind hochgradig verflochten und durch eine Vielzahl von Akteuren geprägt, deren Interessen in formalen und informellen Wegen ausbalanciert werden. Die Komplexität vieler Probleme, die früher noch »vor Ort« zu lösen waren, ist durch die Globalisierung auf eine neue Ebene gehoben worden, so dass sich viele Herausforderungen nur noch international lösen lassen. Zudem prägen neue Aktions- und Organisationsformen die Zivilgesellschaft und markieren den Übergang von der korporatistischen Demokratie der Parteien, Gewerkschaften, Verbände zu einer lebendigen Bürgergesellschaft, die zwar einen geringeren Organisationsgrad, aber dafür mehr und kurzfristigere Partizipationsmöglichkeiten bietet.

So macht es die Stiftung Mercator

Vor diesem Hintergrund stellt sich schließlich die Frage, welche gesellschaftlichen Auswirkungen die Veränderungen für Stiftungen haben. Anders gesagt: Wie müssen Stiftungen ihre Arbeitsweise ausrichten, um ihre Wettbewerbsvorteile zur Geltung zu bringen? Am Beispiel der Stiftung Mercator zeigen wir, wie eine solche Arbeitsweise konkret aussehen kann.

Stiftungen sind gut beraten, ihre Tätigkeitsfelder mit Bedacht zu wählen. Sind die Ansprüche zu klein, bleiben Stiftungen hinter ihren Möglichkeiten zurück, wählen sie den Bereich ihres Engagements zu groß, laufen sie Gefahr, sich in der Unübersichtlichkeit der Verhältnisse zu verzetteln.

Die Stiftung Mercator hat sich bei der Auswahl ihrer Themencluster Klimawandel, Integration und Kulturelle Bildung auf Felder konzentriert, in denen sie als private Stiftung mit ihren spezifischen Stärken und Ressourcen Wirkung erzielen kann, und hat sich jeweils konkrete messbare Ziele gesetzt. An ihnen richtet sie ihre Arbeit und die Auswahl ihrer Projekte aus und hier investiert sie einen Großteil ihrer Ressourcen.

Stiftungen müssen ihr Verhältnis zum Staat und seinen Vertretern sorgfältig austarieren. Stiftungen sind nicht Lückenfüller, aber auch keine Vormünder. Sie sind respektvolle Akteure der Gesellschaft, die für das von ihnen für richtig und wichtig Erachtete werben.

Die Stiftung Mercator versteht sich als strategisch handelnder gesellschaftspolitischer Akteur, will aber nicht Politik ersetzen, sondern Anregungen und Voraussetzungen für Innovationen schaffen und die Phantasie der politischen Entscheider beflügeln. Durch Beispiele und die Unterstützung der Ideen engagierter Menschen will sie Verantwortungsbewusstsein und Phantasie als unverzichtbare Gestaltungskräfte für den gesellschaftlichen Fortschritt anregen.

Stiftungen müssen in Partnerschaften denken und agieren. Ihre Selbständigkeit und Unabhängigkeit darf sie nicht zu der Annahme verleiten, dass sie allein in der Lage wären, Probleme zu lösen. Zudem ist die Fähigkeit, Netzwerke und Kontakte für die gemeinnützigen Zwecke zu mobilisieren, eine wichtige Ressource, so dass Stiftungen ihre Ziele heute nur über Allianzen und Partnerschaften erreichen können.

Die Stiftung Mercator will selbst und gemeinsam mit ihren Partnern durch zukunftsorientierte Projekte Anstöße geben. Sie glaubt an die Kraft von Netzwerken und möchte diese stärken und ausbauen. Daher initiiert und fördert sie diese in allen Feldern ihrer Arbeit, um so an der Erreichung gemeinsamer gesellschaftspolitischer Ziele zu arbeiten.

Stiftungen müssen sich zu Transparenz und Öffentlichkeit bekennen. Sie unterliegen nur eingeschränkten Publizitätspflichten und sind doch auf das Wohlwollen der Gesellschaft angewiesen. Solange es daher keine rechtliche Verpflichtung zur Transparenz gibt, sollten Stiftungen der Öffentlichkeit freiwillig Rechenschaft über ihre Aktivitäten und Finanzen ablegen, um die Legitimation von Stiftungen zu erhöhen.

Die Stiftung Mercator tut das in ihren Jahresberichten und auf ihrer Website www.stiftung-mercator.de. Dort legt sie insbesondere ihre Governance- und Entscheidungsstrukturen offen und veröffentlicht alle relevanten Finanzinformationen vom Jahresabschluss bis hin zu den einzelnen Projektbewilligungen und als klimabewusste Stiftung auch ihren »Carbon Footprint«.

Stiftungen müssen den Anspruch haben, nicht nur Gutes zu tun, sondern auch Gutes zu bewirken. Professionelles Stiftungsmanagement bedeutet nicht nur, dass die Strukturen möglichst schlank sind und die Mittel effizient eingesetzt werden. Es kommt für Stiftungen darauf an, den effektivsten Weg zur Erreichung ihrer Ziele zu wählen. Die Bedingung dafür ist ein Qualitätsbewusstsein, dass Projekte an nachvollziehbaren Wirkungen misst und bewertet.

Die Stiftung Mercator unterzieht ihre Projekte beständiger Kontrolle und externer Überprüfung. Sie evaluiert jedoch nicht nur ihre Projekte, sondern arbeitet auch an der Entwicklung von Instrumenten, um ihre Arbeit projektübergreifend zu messen, etwa durch eine Befragung ihrer Projektpartner zur Wahrnehmung ihrer Arbeit, also vor allem ihrer Wirkungsbereiche, ihrer Organisation, ihrer Interaktion mit den Partnern und ihrem Entscheidungsverfahren (»Partnerreport«).

Die Stiftung Mercator und das Ruhrgebiet

Auf der Grundlage des beschriebenen Selbstverständnisses der Stiftung Mercator setzt sie sich auch im Ruhrgebiet für ihre Ziele ein. Sie sieht die Entwicklung der Metropole Ruhr, der Heimat der Stifterfamilie, als eine Verpflichtung für die Zukunft. Daher wird sie im Rahmen ihrer eigenen strategischen Ziele weiterhin den stetigen Wandel und die gesellschaftlichen Veränderungsprozesse in der Metropole Ruhr mitgestalten und sie auf ihrem Weg zu einer prosperierenden Metropolregion begleiten und unterstützen.

Das Ruhrgebiet hat in den letzten 40 Jahren einen Prozess tiefgreifenden Wandels durchgemacht, der sich durch alle Bereiche des gesellschaftlichen Lebens zieht. Aus dem einstigen Revier, das Europa mit Kohle und Stahl versorgt hat, ist eine Region des Strukturwandels geworden, die auch für andere Regionen viele gute Beispiele geben kann. Möglich gemacht haben dies gewaltige Anstrengungen nicht nur finanzieller Art, sondern die Bereitschaft von Menschen und Unternehmen, das Ruhrgebiet neu zu erfinden.

Die Komplexität dieser Entwicklung ist nicht nur auf die gewaltigen inhaltlichen Dimensionen der Herausforderung zurückzuführen, sondern hängt auch an der besonderen Struktur des Ruhrgebiets: Es besteht aus 53 Städten und Gemeinden (sowie vier Landkreisen), die sich zwar einerseits in einer gemeinsamen »Ruhrgebietsmentalität« mehr oder minder verbunden fühlen, andererseits aber auch traditionell eher in einem Verhältnis kommunalen Konkurrierens statt Kooperierens stehen. Die finanziell grundsätzlich schwierige Situation in den Kommunen ist dabei ein nicht zu vernachlässigender Faktor.

Aus unserer Sicht ist es zwingend notwendig, dass sich das Ruhrgebiet als eine Einheit versteht – als Metropole Ruhr. Dann hat diese Region, und daran glauben wir bei Mercator, das Potenzial, sich zu einer der führenden Metropolregionen Europas – in Wissenschaft und Kultur – zu entwickeln. Dann kann es zu einem Anziehungspunkt für Kreative und Junge werden. Dabei kann und muss es durchaus unterschiedliche Formen der Kooperation und Profilbildung der Region geben, die auf den jeweiligen inhaltlichen Kontext abgestimmt sind. Ein zentralistisches Modell wird nicht funktionieren.

»Metropole als Werkstatt«

Nach diesem Verständnis ist die Metropole Ruhr mehr als nur ein Schlagwort. Doch was verstehen wir genau unter der Metropole Ruhr? Hilft dieser Begriff weiter? Und wenn ja, mit welchem Verständnis? Der Begriff der Metropole soll ja etwas »Höheres, etwas Größeres, etwas Bedeutenderes« signalisieren (Hartmut Häußermann). Passt dieser Begriff aber mit seinen bekannten Inhalten und Deutungen überhaupt auf das Ruhrgebiet und in welchen räumlichen Bezügen? Rechte Begeisterung für diesen Begriff kommt jedenfalls nicht auf und die stolzen Städte sind trotz aller Finanznöte nicht begeistert davon, eine politisch starke Regionalorganisation zu schaffen, die als Ideen- und Gestaltungsschmiede die besten Köpfe anziehen könnte.

Auf der anderen Seite braucht aber das Ruhrgebiet eine neue, schlüssige und die Menschen begeisternde Zukunftsgeschichte, die an die Montanperiode anschließt. Eine solche Zukunftsvision braucht etwas Originales und nicht das Nachspielen von Metropolenentwicklungen anderer Orte, zumal die klassische Metropole in der globalen Netzwerkwelt doch eher ein Auslaufmodell ist. Soll deshalb alles so bleiben, wie es ist? Natürlich nicht! Das Ruhrgebiet muss sich politisch und verwaltungsmäßig so organisieren, dass es zu den bestmöglichen Ergebnissen für die Menschen führt. »Metropole als Werkstatt für integrierte Modernisierung« hat Wolfgang Roters als Zielvorstellung, als Erfahrung mit der Internationalen Bauausstellung Emscher Park ausgegeben. Eine Metropole anderer, neuer Art ist also gefragt, eine, die mehrere, unterschiedliche Zentren hat und den Städten und Gemeinden, die zu ihr gehören, ihre Eigenheiten nicht nur lässt, sondern gerade auf sie setzt. Die Sache ist reif und mit dem Schwung des Jahres der Kulturhauptstadt Europas RUHR.2010 gilt es jetzt voranzukommen.

Wir bei der Stiftung Mercator sprechen deshalb gern von der Metropole Ruhr als Herausfordererregion. Sie fordert uns mit ihren Möglichkeiten heraus und mit ihr wollen wir anderen zeigen, was die Region kann. Durch Vorausdenken, Vorausarbeiten und Vorausgehen wollen wir die Herausforderungen der Zukunft meistern und so dem Ruhrgebiet neue Attraktivität schaffen.

Dafür scheint uns weder eine zentralistische staatliche Organisation noch die Beschränkung auf regionalplanerische Möglichkeiten die richtige Antwort zu sein. Also nicht starr und hierarchisch, sondern in dynamischen Netzwerken, in neuen Formen der Zusammenarbeit zwischen den Kommunen, dem Land, den Unternehmen und den zivilgesellschaftlichen Organisationen und Institutionen sehen wir die besten Chancen. Und weil die Themen der Stiftung Mercator – Klimawandel, Integration, Bildung, Wissenschaft und Forschung, Internationalität – so gut ins Ruhrgebiet passen, wollen wir in diesem Laboratorium oder anders ausgedrückt: in dieser Zukunftswerkstatt die Ideen für eine bessere Zukunft beflügeln.

Kulturhauptstadt und Wissenschaftsregion

Das war auch die Grundlage für unser Engagement für die Kulturhauptstadt Europas RUHR.2010. Die Stiftung Mercator war mit sieben Projekten, die sie mit rund drei Millionen Euro unterstützt hat, ein großer privater Förderer der Kulturhauptstadt. Durch das Projekt pottfiction – Theater, Kunst und Camps für Jugendliche der Metropole Ruhr – wurden die sieben Kinder- und Jugendtheater in Bochum, Dortmund, Gelsenkirchen, Hamm, Herne, Oberhausen und Castrop-Rauxel erfolgreich miteinander vernetzt. Zum Symposium Arts for Education! vom 13. bis 15. September 2010 kamen 300 Experten und 100 Jugendliche aus ganz Europa nach Essen, um über Kulturelle Bildung zu diskutieren. Im MELEZ-Projekt entstanden gemeinsame Vorstellungen von Jugendlichen und Künstlern zum Zusammenleben in der Metropole Ruhr als einer kulturell äußerst vielfältigen Gesellschaft. In der Global Young Faculty wurden rund 100 Nachwuchswissenschaftler aus der Region untereinander und mit renommierten Wissenschaftlern aus dem In- und Ausland vernetzt. Beim Kongress Our Common Future vom 2. bis 6. November 2010 in Hannover und Essen diskutierten 200 hochkarätige Referenten und 600 Teilnehmer die zentralen Zukunftsfragen unserer Gesellschaft. Der Kongress bildete den wissenschaftlichen Abschluss von RUHR.2010. Dem demographischen Wandel widmete sich die interdisziplinäre Ringveranstaltung zum Thema »Die alternde Gesellschaft – Herausforderungen und Chancen« am Wissenschaftsforum Ruhr.

Die Verbundenheit der Stiftung Mercator mit der Ruhrregion bleibt auch nach dem Ende des Kulturhauptstadtjahres bestehen. So wird sie gemeinsam mit der Universitätsallianz Metropole Ruhr (UAMR) das Projekt der Global Young Faculty fortführen, um die Wissenschaftsregion Ruhr zu stärken. Die Stiftung

Mercator verfolgt allgemein das Ziel, Hochschulen im Umfeld von Differenzierung und Kooperation in ihren institutionellen Entwicklungen zu unterstützen. Dabei messen wir einer Zusammenarbeit von Hochschulen besondere Bedeutung zu, die über eine projektbezogene Zusammenarbeit hinausgeht und auf gemeinsame strategische Ziele setzt. Das gilt insbesondere auch für das Ruhrgebiet, dessen Profil als Wissenschaftsregion auf diese Weise gestärkt werden kann.

Der Nachwuchs

Ebenso wichtig wie die Wissenschaftsregion Ruhr ist das Ruhrgebiet als Bildungsregion. Für die Persönlichkeitsbildung, für den Erwerb von zukunftsfähigen Kompetenzen und von Wissen, für Berufserfolg und gesellschaftliche Teilhabe ist Bildung von zentraler Bedeutung. Insbesondere in der Metropole Ruhr mit ihrer heterogenen Struktur und der Vielfalt der hier zusammen lebenden Menschen spielen Bildungsangebote eine entscheidende Rolle für die Zukunftsfähigkeit und den wirtschaftlichen Erfolg der Region.

Mit den Studien »Ruhratlas Kulturelle Bildung« und dem Bildungsbericht Ruhr identifiziert die Stiftung Mercator das Potenzial der Bildungsregion Ruhr und entwickelt gemeinsam mit ihren Partnern Handlungsempfehlungen für die Zukunft. Bis zu 50 Schulen profitieren darüber hinaus in den nächsten Jahren von den »Kulturagenten für kreative Schulen«, einem Modellprogramm zur kulturellen Bildung mit der Kulturstiftung des Bundes in Nordrhein-Westfalen und vier weiteren Bundesländern. Das Programm hat zum Ziel, möglichst viele Kinder und Jugendliche, die bislang nur in geringem Maße Zugang zu Kunst und Kultur haben, nachhaltig für Kunst und Kultur zu begeistern und dadurch in ihrer Persönlichkeitsentwicklung zu fördern. Auch die Qualifizierung von Multiplikatoren der kulturellen Bildung wird zukünftig im Vordergrund stehen. So wird eine Akademie mit Sitz in Bochum gegründet werden, die die wichtigsten Personen im Bereich kultureller Bildung und Interkultur vernetzt und ausbildet. Die Akademie soll die Qualität kultureller Bildung und Interkultur bündeln, ausbauen und fest in Schulen verankern. Diese »Zukunftsakademie NRW« ist eine Initiative des Schauspielhauses Bochum, des Ministeriums für Familie, Kinder, Jugend, Kultur und Sport des Landes Nordrhein-Westfalen und der Stiftung Mercator in Kooperation mit der Stadt Bochum.

An der Struktur des Bildungssystems setzt zudem das Projekt »Ganz In – mit Ganztag mehr Zukunft. Das neue Ganztagsgymnasium NRW« an, ein gemeinsames Projekt der Stiftung Mercator, des Instituts für Schulentwicklungsforschung

Dortmund, stellvertretend für die drei Ruhrgebietsuniversitäten, und des Ministeriums für Schule und Weiterbildung des Landes Nordrhein-Westfalen. »Ganz In« optimiert nachhaltig die organisatorische Struktur von Ganztagsgymnasien und baut durch die Unterrichtsentwicklung eine besondere Kultur der individuellen Förderung aus.

Und schließlich spielt für die Arbeit der Stiftung Mercator das Ruhrgebiet als Region der Vielfalt eine zentrale Rolle. Kulturelle und gesellschaftliche Diversität sind die prägenden Merkmale der Metropole Ruhr. Hier leben schon heute mehr als fünf Millionen Einwohner aus mehr als 170 Nationen. Diese Heterogenität ist die Stärke der Region und ihr Potenzial. Für die Verbesserung der Bildungsabschlüsse von Migranten in Schule und Hochschule als eines ihrer zentralen Ziele kann sich die Stiftung Mercator darum gerade in der Ruhrregion gezielt engagieren und Wirkung erzeugen. Sie wird also sowohl die Bildungsregion als auch die Wissenschaftsregion gezielt durch solche Projekte entwickeln, die auf ihre Ziele einzahlen. Etwa durch Sprachförderung, durch die Initiierung kommunaler Bildungsnetzwerke, durch die Verankerung kultureller Bildung im Kernbereich von Bildung oder durch gezieltes Mentoring auf dem Wege zu einem Hochschulabschluss.

Ein Beispiel für dieses Engagement ist das Projekt Chance[2]. Mit Chance[2] werden erstmalig in Deutschland Jugendliche mit Migrationshintergrund und aus Nicht-Akademikerfamilien ab der Klassenstufe 9 und 10 bis zum Bachelorabschluss gezielt gefördert. Das Programm ist an der Universität Duisburg-Essen im deutschlandweit ersten Prorektorat für Diversity Management angesiedelt. Ziel ist, den Anteil von Abiturienten sowie Hochschulabsolventen mit Migrationshintergrund und aus nicht-akademischen Familien zu erhöhen. Ein weiteres Beispiel ist das Projekt Jugenddialog 2020, das gemeinsam von der Stiftung Mercator, der Katholischen Akademie Die Wolfsburg und der Landeszentrale für politische Bildung Nordrhein-Westfalen entwickelt wurde. Jugenddialog 2020 will junge Menschen unterschiedlicher kultureller, religiöser, sozialer und ethnischer Herkunft für einen gemeinsamen Dialog begeistern. Ziel des Projekts ist es, die Demokratie- und Kommunikationskompetenzen der Jugendlichen zu fördern. Darüber hinaus soll auch die Jugendarbeit in den Verbänden und Institutionen vom Jugenddialog nachhaltig profitieren.

Ideen beflügelt, Ziele erreicht

Stellen wir uns vor, wir werfen im Jahr 2020 einen Blick in die morgendliche digitale Zeitung. Auf der ersten Seite fällt sogleich die Schlagzeile ins Auge: »Unser erster Nobelpreisträger. Rektorin der Ruhr-Universität gratuliert dem ersten Nobelpreisträger aus Oer-Erkenschwick.« Der Wirtschaftsteil berichtet, dass sich Essen endgültig als Zentrum einer klimafreundlichen Elektromobilität etabliert hat. Und auf der Bildungsseite lesen wir unter der Überschrift »Hoş geldiniz!«, dass die Ministerpräsidentin von Nordrhein-Westfalen eine türkische Delegation beim Besuch einer Ganztagsschule in Herne in ihrer Muttersprache begrüßen konnte.

Ob es so oder anders kommt, eines steht fest: Diese Region ist in Bewegung. Nach dem Jahr der Kulturhauptstadt Europas RUHR.2010 sind wir bereits einen großen Schritt weiter auf dem Weg hin zu einer Modellregion des Strukturwandels. Es ist gelungen, nach innen die Einheit des Ruhrgebiets zu stärken und nach außen einen Imagewandel zu vollziehen. Nun geht es darum, die Metropole Ruhr als eine Region der Bildung, Wissenschaft und Vielfalt zu fördern und zu etablieren. Die Stiftung Mercator will gerne ein Anwalt für diesen Wandel sein und Ideen für diesen Weg beflügeln.

Strukturwandel

Klaus Engel

Die Renaissance der Old Economy
Deutschland als Vorsprungsgesellschaft

Das Ruhrgebiet ist einer der ersten globalen kulturellen Schmelztiegel der modernen Industriegesellschaft, und heute zeichnen sich diese Region und ihre Menschen aus durch Weltoffenheit, aber auch durch ein besonderes Zusammengehörigkeitsgefühl, durch Verbundenheit mit der Region, ihren Eigenheiten und Besonderheiten. Integration, das Miteinander verschiedenster Kulturen und ethnischer Gruppen ist hier seit über 100 Jahren gelebter Alltag.

Wenn wir etwas anfangen, hören wir nicht auf, wenn es schwierig wird. Wir laufen nicht davon, sondern stellen uns den Herausforderungen und gehen konsequent weiter unseren Weg. Das gibt uns einen Vorsprung vor denen, die stehen bleiben. Woanders wurde das mal »Yes we can« genannt. Deutschland braucht diese Mentalität mehr denn je.

Wir alle wissen, dass wir vieles ändern müssen, damit es so gut bleibt, wie es trotz aller notwendigen Kritik in diesem Lande doch ist.

Zwischen Skepsis und Euphorie

Ich denke nicht, dass es richtig ist, vor den Herausforderungen einer globalen Welt davon zu laufen und sich irgendwo anders einen Ort zu suchen, an dem es scheinbar leichter ist. Ich denke auch nicht, dass die Zukunft den globalen Nomaden gehört. Ich bin davon überzeugt, dass wir unsere Stärken und unsere Schwächen selbstkritisch, aber ohne Minderwertigkeitskomplexe analysieren sollten, dass wir unsere bisherigen Leistungen auf den Prüfstand stellen müssen, um herauszufinden, wo wir korrigieren, verändern, auch verwerfen müssen, und was wir noch besser stärken und ausbauen sollten.

Wir haben dazu ein Modell, über das größtenteils Konsens besteht: das Modell der sozialen Marktwirtschaft. Meine These dazu lautet: Immer mehr soziale Gruppen unserer Wohlstandsgesellschaft verhindern vielfach mit der Verteidigung des Status Quo den Fortschritt und die Erneuerung auf allen Ebenen. Wenn wir im Interesse zukünftiger Generationen jetzt nicht die Weichen stellen – für eine nachhaltige, Ressourcen schonende Wirtschaftspolitik und eine

Industriepolitik, die die Erneuerung unserer industriellen Basis ermöglicht und dadurch unterstützt statt verhindert –, dann wird Deutschland als Vorsprungsgesellschaft seine globale Wettbewerbsfähigkeit und auch seine soziale, integrative Kraft und Balance verlieren.

Wir müssen einen offenen, engagierten Dialog führen – für die Erneuerung unserer sozialen Marktwirtschaft, aber vor allem, um unseren Vorsprung in Sachen Lebensqualität, sozialer Sicherheit und technologischer Erneuerung zu halten. Damit uns das gelingt, müssen wir einen Mittelweg zwischen gesellschaftlicher Fundamental-Skepsis und industrieller Machbarkeits-Euphorie finden.

Die jüngste Entwicklung zeigt vor allem eins: Unser Modell Deutschland – die soziale Marktwirtschaft – hat die tiefgreifende Wirtschafts- und Finanzkrise besser bewältigt als die Wirtschaftssysteme vieler anderer Industrie- und Schwellenländer der Welt.

Die Finanzkrise hat Deutschland zwar erschüttert, aber nicht zugrunde gerichtet. Wir waren durch rechtzeitige harte Einschnitte – bekannt unter dem Stichwort Agenda 2010 – besser gewappnet. Nach einem gewaltigen Rückschlag hat die deutsche Wirtschaft wieder deutlich Fahrt aufgenommen. Mittlerweile prognostizieren einige Wirtschaftsforschungsinstitute und selbst die Bundesregierung das Wachstum auf 3,5 Prozent. Solch ein starkes Wachstum gab es zuletzt vor der Wiedervereinigung.

Dieser Erfolg liegt einerseits am starken Export, der vor allem von Aufträgen aus Asien und den Schwellenländern angetrieben wird, aber auch am langsam steigenden Binnenkonsum. Mit Bewunderung, teilweise mit Neid, blickt die Welt auf die kraftvolle Konjunkturerholung in unserem Land: Die Herald Tribune titelt »Deutschland besiegt die Krise«, der französische Präsident Sarkozy bewundert das »deutsche Modell«.

Wie machen die Deutschen das?

Deutschland hat eine Vorbildfunktion übernommen. Vorbild durch Vorsprung – das ist unsere Stärke. Dazu gehören auch Werte wie Verantwortung und Leistungsbereitschaft.

Politiker und Entscheidungsträger aus aller Welt fragen: Wie machen die Deutschen das? Was können wir aus dem neuen deutschen Wirtschafts-Wunder lernen?

Die Bundesregierung hat offenbar doch nicht so viel falsch gemacht, wie viele Kritiker aus der Wirtschaft und dem Ausland meinten: Die beiden Konjunkturpakete der Bundesregierung haben sich am Ende positiv ausgewirkt. Auch die deutsche Erfindung des Kurzarbeitergeldes half mit, die Arbeitslosigkeit in der Rezession in Grenzen zu halten.

Noch wichtiger aber als die kurzfristigen, krisenbedingten Maßnahmen ist, dass die deutsche Exportnation in den vergangenen zehn Jahren ihre Wettbewerbsfähigkeit deutlich verbessert hat: Nach dem Platzen der New-Economy-Blase Anfang des Jahrzehnts wurden viele Unternehmen restrukturiert und wieder fit gemacht. Viele Unternehmen hatten bereits bevor die Krise losging, Kosten gesenkt, sich auf ihr Kerngeschäft fokussiert und ihre Eigenkapitalquote in Ordnung gebracht.

Das Erfolgsgeheimnis ist ein Mix aus Kostensenkung, Flexibilisierung sowie Investitionen in Köpfe und Know-how.

Erstens Kosten: Der wichtigste Erfolgsfaktor der deutschen Wettbewerbsfähigkeit auf den Märkten der Welt beruht auf den enormen Produktivitätsfortschritten der deutschen Industrie. Daran hatte die disziplinierte Lohnzurückhaltung der Gewerkschaften einen entscheidenden Anteil.

Laut einer Studie der EU-Kommission stiegen die realen Lohnstückkosten in Deutschland seit 1999 nur um 5,4 Prozent. Zum Vergleich: In Griechenland sind die Lohnstückkosten im gleichen Zeitraum aufgrund hoher Lohnsteigerungen um über 40 Prozent gestiegen. Fazit des Magazins »The Economist«: Deutschland habe seine Konkurrenzfähigkeit »erbarmungslos« gesteigert.

Der zweite Faktor für den Erfolg der deutschen Wirtschaft ist die Flexibilisierung: Flächentarifverträge, die in den 1980er und 1990er Jahren noch Löhne, Arbeitszeiten und Urlaubsregelungen bis in das kleinste Detail regelten, haben heute eher die Funktion von Korridoren übernommen. Innerhalb dieser Leitplanken haben die Unternehmen deutlich flexiblere Möglichkeiten, auf Betriebsebene individuelle Lösungen zu erarbeiten. Darüber hinaus erlauben Öffnungsklauseln im Extremfall Abweichungen von der Norm und machen Unternehmen wendiger – auch zum Nutzen der Arbeitnehmer.

Der dritte deutsche Erfolgsfaktor sind Investitionen in Köpfe und Know-how: Anders als in vergangenen Zeiten haben die deutschen Unternehmer in der jüngsten Krise nicht sofort ihre qualifizierten Mitarbeiter aus Kostengründen entlassen, sondern haben erfolgreich ihre Stammbelegschaften erhalten und durch die Krise gebracht. Es war eine wesentliche Erfahrung vergangener Konjunktureinbrüche, dass die Mitarbeiter dann fehlten, als der Aufschwung zurückkam. Zum Festhalten an der Stammbelegschaft trug auch wesentlich die Ausweitung des Kurzarbeitergeldes bei.

Nun können die Unternehmen im Aufschwung aus dem Vollen schöpfen. Dazu kommt: Die deutschen Unternehmen haben gespart, aber nicht an Innovationen. Die Ausgaben für Forschung und Entwicklung blieben im Krisenjahr 2009 stabil bei 57 Milliarden Euro. Dieses antizyklische Verhalten war notwendig, denn gerade die Innovationsfähigkeit und -geschwindigkeit ist die potenzielle Achillesferse der deutschen Wettbewerbsfähigkeit. Allein die chemische Industrie hat in Deutschland mitten in der Krise mehr als 8 Milliarden Euro für Forschung ausgegeben. Das zahlt sich nun aus: So hat die OECD die Bundesrepublik auf Platz vier der weltweiten Innovationsführer gesetzt.

Irgendwie altmodisch geworden

Wenn wir heute über Industriepolitik sprechen, dann sollten wir einen Blick auf die Erfahrungen der vergangenen Jahrzehnte werfen: Maßgeblich für den mittlerweile 60-jährigen Erfolg der export- und wissensorientierten bundesdeutschen Wirtschaft ist die Durchdringung der Marktwirtschaft mit sozialen Komponenten.

Die Kunst des rheinischen Modells besteht darin, dass es gesellschaftliche, soziale und wirtschaftliche Einflussmöglichkeiten für Arbeitnehmer und Verbraucher erweitert, ohne dabei die Eigentumsverhältnisse und Allokationsleistung des Marktes außer Kraft zu setzen. Doch die Grundlagen des rheinischen Modells wurden im Laufe der 1980er und 1990er Jahre zunehmend in Frage gestellt: durch das Ende des Kalten Krieges, die Globalisierung und die zunehmende Individualisierung der Gesellschaft. In dieser Zeit standen im Mittelpunkt die Deregulierung sowie die Verbesserung der Wettbewerbsfähigkeit des Finanzplatzes und Wirtschaftsstandortes Deutschland.

Man kann sogar so weit gehen und sagen: Die Finanzmärkte diktierten nun die Bedingungen der Wettbewerbsfähigkeit und setzten die Regeln, denen sich jeder Manager beugen musste. Der Aktienkurs wurde das allein bestimmende Kriterium in dieser Zeit. Das Festhalten an Produktion und Produkt war irgendwie altmodisch geworden.

Vor 30 Jahren machte Margret Thatcher Großbritannien zum Mutterland der Deregulierung und führte die Revolution des angelsächsischen Finanzkapitalismus und der Dienstleistungsgesellschaft ein. Mit dem Ausbau der Finanzindustrie wurden die Briten scheinbar zum Vorreiter der globalisierten Wirtschaft in Europa. Was dabei übersehen wurde: Die Londoner City hatte großen Anteil an den gewagten Konstruktionen von komplexen Finanzprodukten, schaufelte Kapital ins Land und erwirtschaftete hohe Steuereinkommen und Wohlstand.

Es ist schon erstaunlich, wie heute in Großbritannien eine heftige Debatte darüber geführt wird, ob die De-Industrialisierung der Wirtschaft in den 1980er und 1990er Jahren nicht zu weit gegangen ist. Es gibt ernstzunehmende Stimmen, die sagen, dass sich das Wachstum des Bruttoinlandsprodukts in den USA und in Großbritannien während der vergangenen 30 Jahre weitgehend als Illusion herausstellen wird, weil es hauptsächlich im Finanzbereich erwirtschaftet wurde. Heute bemüht sich Großbritannien wieder um eine Art Renaissance der produzierenden Industrie.

Wir sollten nicht mit dem Finger auf die USA oder Großbritannien zeigen. Auch wir haben Fehler gemacht in Deutschland und im Ruhrgebiet. Auch wir haben uns gelegentlich »einlullen« lassen von den Versprechungen, dass eine Dienstleistungsgesellschaft alle Probleme einer angeblich überkommenen Industriegesellschaft lösen kann. Zwar gibt es unbestreitbar große Erfolge des Strukturwandels gerade in unserer Region, doch hat sich herausgestellt, dass Dienstleistungen ohne eine industrielle Basis die strukturellen Probleme nicht weit genug und umfassend genug lösen können.

Ein interessantes Beispiel für die Einsicht in die Notwendigkeit einer industriellen Basis ist der »Masterplan für die Industriestadt Berlin«, den der Senat von Berlin aufgestellt hat. Die Kreativwirtschaft allein mag chic sein, aber das Gros an Gewerbesteuer zahlt die Industrie.

Wir brauchen mehr als Browser und Piercingstudios

Mit der Wirtschafts- und Finanzkrise zog wieder Ernüchterung ein: Ohne eine gesunde und zukunftsfähige industrielle Basis lassen sich viele Dienstleistungen und Kreativitätsindustrie nicht am Leben erhalten. Innovations- und Wettbewerbsfähigkeit einer Region hängen von Unternehmen ab, die in regionalen Netzwerken gemeinsam und arbeitsteilig an neuen Ideen und Produkten arbeiten.

Ob Dienstleistung oder Industrieprodukt: Entscheidend ist die Verankerung und Einbindung in eine übergreifende Wertschöpfungskette. Dies kann eine Wertschöpfungskette in einer modernen Technologiebranche sein – oder eben die Verknüpfung von Bergbau, Eisen- und Stahlerzeugung, wie wir sie aus dem Ruhrgebiet kennen – und erstaunlich innovative und umweltschonende Lösungen hervorbringen.

Dass industrielle Produktion nichts mit Dienstleistungen, Kreativität, neuen Arbeitsformen und der Wissensgesellschaft zu tun hätte, ist ein großes Missverständnis und ein falsch konstruierter Gegensatz. Mit einem solchen Denken verhindern wir eine zukunftsorientierte, integrierte Industriepolitik. Vielmehr gilt: Dienstleistungen sind nur dann erfolgreich, wenn sie rund um gesunde industrielle Kerne entstehen und von diesen getrieben werden. So werden viele der neuen Dienstleistungen rund um Produkte entwickelt – zum Beispiel das iPhone von Apple: Es ist nicht nur eines der erfolgreichsten Produkte im Bereich der Telekommunikation und Computerindustrie dank seiner einfachen Bedienung und seines trendigen Designs. Der eigentliche Schlüssel für den phänomenalen Erfolg dieses Produktes liegt in den Diensten und Applikationen, neudeutsch den »Apps«, die rund um dieses Produkt entwickelt wurden und die es zum zentralen Zugangsportal zu allen möglichen Inhalten von Entertainment, Kommunikation und Navigation gemacht haben.

Ist Apple nun ein Computer- oder ein Dienstleistungsunternehmen? Das Beispiel Apple zeigt idealtypisch, dass immer mehr Dienstleistungen ein klassisches Industrieprodukt entstehen lassen. Das Beispiel Apple beschreibt die Zukunft unserer Produktionsweise besser als die Illusion, wir werden künftig unser Brot nur noch mit der Schöpfung virtueller Werte im Internet bezahlen können.

Es ist nicht die digitale Boheme im Berliner Trendbezirk Prenzlauer Berg und es sind nicht die Browser und werbefinanzierten Suchmaschinen, die die Zukunft unserer Industrielandschaft ausmachen. Auch von Piercingstudios und Reisebüros alleine wird die deutsche Volkswirtschaft nicht leben können.

Industriepolitik und Energiekosten

Eine moderne, integrierte Industriepolitik, die Innovationen, Kreativität, Wettbewerbs- und Leistungsfähigkeit zusammenbringen will, muss ohne ideologische Vorurteile auskommen. »Noch vor 5 Jahren«, sagte der ehemalige EU-Kommissar Günter Verheugen, »war Industriepolitik in Europa ein unanständiges Wort, im Englischen ein four letter word. Es herrschte die Vorstellung, wir wären bereits in ein postindustrielles Zeitalter eingetreten und das, was an Industriearbeit noch notwendig ist, würde außerhalb Europas zu machen sein.«

Diese Vorstellung war ein schwerer Irrtum – das ist auch eine Lehre aus der Finanz- und Wirtschaftskrise. Industriepolitik – und das wissen wir hier im Ruhrgebiet nur zu gut – darf aber auch keine Staatswirtschaft sein. Sie sollte auf unternehmerischer Freiheit basieren und nicht auf Vorgaben von der Politik.

Industriepolitik darf schon gar nicht zur Konservierung unrentabler Strukturen führen. Industrielle Kerne sind nicht zum Null-Tarif zu haben. Manchmal, so fürchte ich, nimmt man die industriellen Kerne als selbstverständlich hin und geht mit ihnen zu leichtfertig um. Davor kann ich nur warnen. Der Aufbau industrieller Kernkompetenzen dauert mehrere Generationen und mehrere Jahrzehnte. Das bedeutet, was weg ist, ist praktisch für immer weg. Diese bittere Erfahrung hat Deutschland in mehreren Industriezweigen machen müssen.

Die einst führende Unterhaltungselektronik ist bis auf wenige eher nostalgische Reste im Zuge der digitalen Revolution verschwunden. Es geht nicht nur um Fernseher. Auch Computer, Bildschirme, Handys werden bekanntlich in Deutschland nicht mehr hergestellt und es besteht kaum eine Chance, diese Produktion zurückzuholen. Auch die chemische Industrie, die ich einigermaßen gut beurteilen kann, beobachtet, wie weltweit riesige neue Anlagen und Verbundkomplexe aufgestellt werden. Gerade in der Chemie entwickeln sich große Anlagenkomplexe um bestimmte Kernprozesse. An der Chemie hängen Wertschöpfungsketten bis weit in den Automobil- und Maschinenbau hinein.

Neue Materialien, Vorprodukte und Problemlösungen sind ein bedeutender Impulsgeber für Produkte und Verfahren in vielen anderen Branchen. Wer diese Kernprozesse betreibt, bündelt um sich große Agglomerationen anderer Industrien, die oberflächlich betrachtet zunächst nur wenig mit dem Kernprodukt zu tun haben.

Die weltweit großen chemischen Anlagen, die in den nächsten fünf bis zehn Jahren am Golf und in Asien in Betrieb gehen, haben durchaus einige Wettbewerbsvorteile. Sie sind näher an den Wachstumsmärkten der Zukunft. Ihre Rohstoffversorgung liegt vor deren Tür. Ihre Energiekosten sind vielfach günstiger. Und gerade Energie ist eine der wichtigsten Ressourcen der chemischen Industrie. In Deutschland sind unsere Energiekosten ein Wettbewerbsnachteil.

Deshalb begrüße ich den erzielten Ökosteuer-Kompromiss. Er ist ein Signal der Vernunft, um Wertschöpfungsketten und Beschäftigung in Deutschland zu halten. Die Belastungen aus der Ökosteuer wurden zwar entschärft. Dennoch zahlt die Chemie höhere Energiesteuern als bisher. Und andere Kosten im Energiebereich wachsen zudem weiter, z. B. durch die erhöhte EEG-Umlage.

In absehbarer Zeit können wir zu Preisen, die unsere Industrie wettbewerbsfähig halten, nicht auf einen breiten Energiemix verzichten. Das mag in 40 oder 50 Jahren anders sein. Wir aber leben im Hier und Heute. Und hier und heute müssen wir die Preise bezahlen, die letztlich entscheiden, ob wir weiter produzieren können oder nicht.

Planungssicherheit für eine moderne Infrastruktur

Es wird in der aktuellen Energiedebatte etwas zu wenig auf die Bedürfnisse der Industrie und der Arbeitsplätze Rücksicht genommen. Gerade in der Chemie weiß man, dass es Jahrzehnte dauert, bis aus einer Erfindung im Labor eine breite Industrie erwächst. Das gilt umso mehr für Infrastrukturnetze, wie sie die Energieindustrie benötigt.

Man sollte, und das habe ich auch in den Labors der Universitäten gelernt, Theorien und Modelle entwickeln und daran forschen. Aber man darf eine visionäre Idee nicht mit der industriellen Wirklichkeit verwechseln. Man darf daher vorhandene Strukturen nicht einfach ersatzlos zerschlagen und gleichzeitig hoffen, es werde bis dahin schon irgendwie neue, einsatzbereite Technologien zu vernünftigen Preisen und mit einer breiten gesellschaftlichen Akzeptanz geben. Man muss die Zukunft in Gedanken vorweg nehmen, darf dabei aber nicht die Sicherheit der Energieversorgung für unsere industriellen Prozesse leichtfertig aufs Spiel setzen.

Womöglich werden wir in 50 Jahren keine fossilen Brennstoffe mehr verfeuern. Wie der Energiemix in Deutschland und Europa dann realistischerweise aussieht, wissen wir aber heute genau auch nicht. Investitionen, die oft eine jahrzehntelange Amortisationsdauer haben, wie die Großanlagen der Chemie und Energiewirtschaft, brauchen aber mehr als ein »man könnte ja irgendwann einmal«.

Planungssicherheit ist eine wichtige unabdingbare Voraussetzung für Investitionen, Wachstum und Beschäftigung. Gewissermaßen das Fundament, auf dem wir investieren: Das gilt für Stuttgart 21 ebenso wie für den deutschen Steinkohlebergbau. Wenn verbindliche Regierungszusagen und sogar Bundesgesetze plötzlich in Frage gestellt werden, wackelt die Grundlage für jegliches wirtschaftliches Handeln: die Verlässlichkeit politischer Zusagen.

Deutschland gehört zu den wenigen entwickelten Ländern, die noch über eine nennenswerte industrielle Basis verfügen. Die Industrie ist der Motor und Treiber der jetzigen wirtschaftlichen Erholung. Wir müssen alles daran setzen, unsere industriellen Stärken auszubauen. Dazu braucht es eine moderne Infrastruktur, die alles umfasst, von der Energie über den Verkehr bis hin zur Bildung, aber natürlich auch industrielle Anlagen.

In der aktuellen Debatte um Stuttgart 21 wird deutlich, dass die üblichen Planungs- und Genehmigungsverfahren auf den Prüfstand müssen. Die allgemeine Klage über komplizierte Planungsverfahren und sich hinziehende Genehmigungsprozesse ist nicht neu, bedauerlicherweise ist sie immer noch aktuell und begründet. Solche Verfahren dauern zu lange, sind zu bürokratisch und auch zu teuer.

Nach der deutschen Einheit hat die Politik die Weichen richtig gestellt: Für die neuen Bundesländer wurde bereits im Dezember 1991 ein Gesetz zur Beschleunigung der Verkehrswegeplanung erlassen. Dieses Gesetz war die entscheidende Grundlage, um die marode Verkehrs-Infrastruktur in Ostdeutschland schnell zu modernisieren. Das Gesetz war ursprünglich befristet und ist nach zweimaliger Verlängerung im Dezember 2006 ausgelaufen.

Die damalige große Koalition hat als Anschluss-Regelung ein Gesetz zur Beschleunigung von Planungsverfahren für Infrastrukturvorhaben beschlossen. Die Politik hat den Handlungsbedarf durchaus erkannt. Aus meiner Sicht sind die Regelungen allerdings noch nicht ausreichend. Die Verfahren sind weiterhin zu umständlich und zu aufwändig.

Mir geht es dabei ausdrücklich nicht darum, Anhörungs- und Beteiligungsrechte einzuschränken. Im Gegenteil: So wie Verbände und andere Träger öffentlicher Belange angehört werden, so muss es künftig bei Großprojekten wohl neue Formen der Bürgerbeteiligung geben. Die Bürger haben einen Anspruch auf Transparenz und ein Recht auf Partizipation. Aber nicht minder hat ein Unternehmen einen Anspruch auf Planungssicherheit und die Erwartung, dass rechtlich korrekt beschlossene Projekte dann auch realisiert werden.

Forschung, Bildung und Investitionen

Was macht eine moderne Industriepolitik heute aus? Es geht um die Förderung von Wachstum und Beschäftigung und um die Verbesserung der internationalen Wettbewerbsfähigkeit. Dazu brauchen wir vor allem drei Dinge: Forschung, Bildung und Investitionen.

Nötig ist eine technologische Vision. Die Schlüsseltechnologien der Zukunft müssen identifiziert und gefördert werden. Dazu gehören nicht nur die Mikroelektronik und Nanotechnologie, sondern auch die Biotechnologie sowie neue, innovative Werkstoffe.

Die Forschung muss gestärkt werden. Zu einer modernen Industriepolitik gehört heute neben der Projektförderung von Schlüsseltechnologien auch eine steuerliche Forschungsförderung. Andere Länder haben dies längst erkannt.

Wir brauchen noch mehr Investitionen in die Bildung und die Infrastruktur unseres Landes. Und nicht zu vergessen: Die Rahmenbedingungen für die klassische Industrie dürfen nicht infrage gestellt werden; es gilt, sie zu verbessern.

Die Old Economy ist es doch, die jetzt den Wagen aus dem Dreck zieht: Die Industrie investiert, stellt ein, wächst, revolutioniert mit ihren Innovationen und gleicht volkswirtschaftlich den stark schwächelnden Bankensektor aus.

Trotz aller Versuchungen möchte ich mich nicht der neuen Mode anschließen, zu unterscheiden zwischen der »guten« Realwirtschaft und Industrie, die handfeste, bleibende Werte schafft, und dem »bösen« Finanzsektor, der diese mit den Mitteln der gierigen Spekulation vernichtet.

Eine funktionsfähige Wirtschaft braucht selbstverständlich einen funktionsfähigen Finanzmarkt. Kein mittelständisches oder großes Unternehmen in Deutschland, das auf den internationalen Märkten erfolgreich sein will, kann heutzutage auf die modernen Instrumente des Kapitalmarktes verzichten, wenn es darum geht, Investitionen zu realisieren und abzusichern. Die modernen Instrumente des monetären Risikomanagements haben – bei allem Reformbedarf bei der zutage getretenen Casino-Mentalität mancher Banken – deshalb nach wie vor ihre Berechtigung.

Aber: Preise für Rohstoffe, Nahrungsmittel und Währungen müssen wieder in erster Näherung das Resultat von Angebot und Nachfrage liquider Weltmärkte sein, und eben nicht das Ergebnis einer künstlich erzeugten Volatilität mit spekulativem Hintergrund.

Dennoch: Eine Industriepolitik, die jetzt populistisch den Finanzmarkt als Ganzes zum Sündenbock aufbaut und die heimische Industrie protektionistisch schützen will, übersieht, dass die Globalisierung nicht zurück zu drehen sein wird. Was bislang in den vergangenen Jahren unter dem Stichwort der Globalisierung sich immer mehr verdichtete, ist nun zu einer real erfahrbaren Gewissheit geworden: Es gibt unter den aktuellen Bedingungen keine Chance für regional entkoppelte Wirtschafts- oder Konzernstrategien. Dafür sind die totale Realtime-Vernetzung der globalen Wirtschaft und die Synchronizität der Märkte zu weit fortgeschritten.

Krisen-Weltmeister

Die Vernetzung der Globalisierung ist auch der Faktor, von dem unsere exportorientierte Industrie am meisten profitiert. Zieht die Nachfrage und die industrielle Produktion in China und in den Schwellenländern nach der Krise plötzlich wieder an, schlägt sich das sofort in unseren Auftragsbüchern nieder. Und unsere Wirtschaft ist stark und flexibel genug, daraus den größten Nutzen zu ziehen, und steht dadurch im Handumdrehen als Krisen-Weltmeister da.

Gleichzeitig zeigen sich die so genannten »Alt-Industrien« an Rhein und Ruhr weltweit als äußerst wettbewerbsfähig und mehr noch: Die traditionsreiche Unternehmenslandschaft wird zur Schmiede der Zukunfts- und Überlebenstechnologien, die weltweit angesichts von Klimaveränderung, Ressourcenverknappung und Umweltverschmutzung dringend gefragt werden.

Hierzu einige Beispiele für die Innovationskraft der Old Economy: Stationäre Stromspeicher können einen wichtigen Beitrag leisten, Strom dann aufzunehmen, wenn mehr produziert als benötigt wird, und ihn bedarfsgerecht wieder abzugeben. Ein entscheidendes Kernstück dafür ist die Lithium-Ionen-Batterie. In solchen Speichern werden heute die gleichen Lithium-Ionen-Zellen verbaut, wie sie von Evonik für das Elektroauto entwickelt wurden. Dabei haben die Entwickler gar nicht die Batterie neu erfunden – aber an entscheidender Stelle optimiert. Experten bescheinigen der Lithium-Ionen-Batterie die besten Chancen, sich im neu entbrannten Wettbewerb um Speichertechnologien durchzusetzen.

Ein anderes spannendes Thema ist das Geschäft für den weltweiten Fotovoltaik-Markt. Wir sprechen immer gerne von der Zukunftsbranche Solar. Ohne die Old Economy läuft hier aber nichts. Denn es sind Chemieunternehmen, die innovative Technologien zur energiearmen Herstellung von Solarsilizium besitzen und weiterentwickeln. Es sind Chemieunternehmen, die zugleich sehr erfolgreich unterwegs sind mit der Produktion von Chlor- und Monosilanen als wichtige Schlüsselkomponenten für die weltweite Solarindustrie. Dank unserer Forscher sind wir heute in der Lage, Monosilan mit Elektronik-Qualität für die Anwendung in der Dünnschicht-Fotovoltaik, bei Flachbildschirmen und Halbleitern herzustellen. Dass wir da von echten Wachstumstreibern reden, unterstreichen Marktprognosen, wonach der weltweite Markt für Monosilane bis 2020 jedes Jahr um durchschnittlich 20 Prozent zulegen wird.

Die Revolution der Erneuerbaren Energien würde auch bei der Windkraft ohne die Old Economy nicht stattfinden. Denn es sind erst innovative Hochleistungswerkstoffe, die große, stabile Rotorblätter möglich machen, die auch stärksten Winden und Stürmen standhalten.

Gewaltiges Energie-Einsparpotenzial besteht vor allem im Wohnbereich. Wärmedämmung spart zugleich bares Geld. Hier entwickelt die Chemie Dämmaterial aus aufgeschäumten Kunststoffen. Über ihren Lebenszyklus sparen diese 233-mal soviel Treibhausgase ein, wie bei ihrer Herstellung zuvor entstanden sind. Es sind zudem Forscher aus der Chemie, die an organischen Licht emittierenden Dioden arbeiten. Die Zukunft dahinter: Tapeten, die leuchten und Strom sparen.

Auch die unter starkem Kostendruck stehende Pharmabranche ist heute mehr denn je auf Bausteine aus der klassischen Chemie angewiesen. Die Exklusiv-Synthese ist dafür ein hervorragendes Beispiel. Hier entwickeln wir als Partner der Pharmaindustrie maßgeschneiderte Molekülbausteine für verschiedene Medikamente, Wirkstoffe gegen Aids, Hepatitis C oder Diabetes. Unsere Technologie hilft, gemeinsam mit den großen Pharma-Unternehmen die großen Krankheiten unserer Zeit zu bekämpfen.

Und wenn wir schon bei den großen Problemen der Menschheit sind: Die weltweite Bekämpfung von Hunger gehört zu Recht zu den wichtigsten Millenniumszielen der Vereinten Nationen. Wie schnell wir hier vorankommen, hängt unter anderem davon ab, wie schnell die globale Lebensmittelproduktion nachhaltig industrialisiert werden kann. Damit wir uns nicht falsch verstehen: Auch ich esse mein Frühstücksei am liebsten von freilaufenden Hühnern. Aber auch die Menschen in Schwellen- und Entwicklungsländern haben einen Anspruch auf eine hochwertige Ernährung. Dazu gehört Fleisch. Eben deshalb steigt die weltweite Nachfrage nach Aminosäuren insbesondere in der Geflügelhaltung rasant. Es sind eben jene Tierfuttermitteladditive aus der Chemie, die eine effizientere und umweltschonendere Geflügelproduktion ermöglichen.

134.232 Patente in einem Jahr

Ausgehend von unserem historischen Erbe, dem deutschen Modell der sozialen Marktwirtschaft, sollten wir uns auf unsere Stärken besinnen: Auf die schöpferischen Potenziale unserer Gesellschaft, die immer vielfältiger, toleranter und weltoffener wird. Auf die kreativen Talente unserer Universitäten, Forschungslabore und Werkhallen. Auf die Innovationsfähigkeit unserer Vorsprungsgesellschaft.

Nur so können wir das Wachstum unserer Volkswirtschaft und den Abbau der Arbeitslosigkeit nachhaltig verstetigen. Ein Land wie unseres ohne große Rohstoffvorkommen braucht gute Ausbildung, Forschung und Innovationen wie Luft zum Atmen. Und die Voraussetzungen sind gut und dürfen jetzt nicht verspielt werden: Im Bereich Forschung und Entwicklung zählen deutsche Unternehmen und der Industrie- und Hochschulstandort Deutschland zu den Top-Favoriten weltweit.

Der Trumpf der Deutschen ist ihr Erfindergeist. 134.232 Patente hat Deutschland zuletzt innerhalb eines Jahres angemeldet. Das ist Weltspitze. Und diese Erfindungen und neuen Ideen werden immer schneller auf die internationalen

Märkte gebracht. Die time-to-market der deutschen Unternehmen hat sich in den vergangenen Jahren stark verbessert.

Die Deutschen sind pragmatischer geworden. Nicht mehr so overengineered. Das technisch Machbare, das bis zur letzten Schraube langwierig umgesetzt wird, steht nicht mehr so im Vordergrund, sondern die schnelle und präzise Beantwortung von Kundenbedürfnissen.

Die chemische Industrie ist das beste Beispiel, wie in unseren vorgeblich »alten« Industrien die entscheidenden Ideen für die Zukunft entstehen. Mit ihren Produkten leistet die chemische Industrie intelligente Lösungen und Beiträge zu den weltweit wichtigen Megatrends. Die deutsche chemische Industrie ist ein Eckpfeiler des deutschen Innovationssystems: Ihr Anteil von etwa 16 Prozent an den Aufwendungen für Forschung und Entwicklung des deutschen Verarbeitenden Gewerbes ist überproportional hoch. Unter allen Branchen investiert die chemische Industrie am drittstärksten in Forschung und Entwicklung – nach dem Fahrzeugbau und der Elektrotechnik. Ein Blick auf die Patentstatistik zeigt, dass Chemiepatente für die Entwicklung neuer Technologien in anderen Industriezweigen von hoher Bedeutung sind. Die Chemie ist vor dem Maschinenbau der wichtigste Technologie-Impulsgeber in Deutschland.

Diese Innovationsfähigkeit der Industrie ist die grundlegende Basis für den Erfolg unserer Wirtschaft auf den Märkten der Welt. Um diese Basis zu erhalten, brauchen wir weitergehende Investitionen in die Köpfe unseres Landes: Forschung und Bildung sind die zentralen Hebel einer wohlverstandenen Industriepolitik. Wir sind froh, dass die Bundesregierung in ihrem Sparpaket diese Bereiche ausgeklammert hat und weitere Anstrengungen verspricht.

Wir brauchen in Deutschland auch mehr Aufgeschlossenheit gegenüber neuen Technologien. Wir müssen das Potenzial neuer Technologien in Deutschland stärker nutzen. Dazu zählen beispielsweise die Nanotechnologie und die Biotechnologie.

Beispiel Nanotechnologie: Bereits heute werden Nanopartikel erfolgreich in der Oberflächenbeschichtung eingesetzt und verleihen den Produkten revolutionäre Eigenschaften. Die Anwendungsgebiete sind weit und die Ergebnisse erstaunlich. Es entstehen kratzfeste Autolacke und Brillengläser, ebenso wie transparente keimtötende Beschichtungen, die in Krankenhäusern angewendet werden und vor Infektionen schützen. Durch die neuen Produkteigenschaften wie Hydrophobie, extreme Haltbarkeit und häufige Wiederverwendbarkeit entstehen enorme ökologische und ökonomische Vorteile und ein eindeutiger Mehrwert für Verbraucher.

Beispiel Biotechnologie: Die Biotechnologie ist eine wichtige Antwort auf die weltweit steigende Nachfrage nach Nahrungsmitteln und nachwachsenden Rohstoffen für die stoffliche und energetische Nutzung. Die Pflanze wird zunehmend eine wichtige Basis für die Biotechnologie und Chemie: vor allem für Arznei-, Nahrungs- und Futtermittel, Energie und Chemikalien.

Der neue Dialog

Eine umfassende Risiko-Bewertung neuer Technologien nach höchsten Standards ist in der deutschen und europäischen Industrie selbstverständlich. Das Vorsorgeprinzip darf jedoch nicht zum Innovationskiller werden: Insgesamt ist ein ideologiefreier wissenschaftsbasierter Ansatz der Politik im Umgang mit neuen Schlüsseltechnologien notwendig.

Nicht Risikoausschluss, sondern verantwortungsbewusstes Risikomanagement muss die Maßgabe sein. Das beweisen wir jeden Tag im Betrieb unserer Produktionsanlagen und im Umgang mit unseren Produkten. Dennoch müssen wir die Skepsis und die Bedenken gegenüber den neuen Technologien ernst nehmen. Es hat keinen Sinn, auf der technischen und wissenschaftlich-rationalen Seite im Recht zu sein und auf der gesellschaftlichen Ebene nicht Recht zu bekommen.

Deshalb brauchen wir einen offenen und fairen Dialog mit der Gesellschaft, der Ängste und Unsicherheiten ernst nimmt, aufgreift und zugleich das Vertrauen in die Forschung stärkt. Hier sind wir alle gefordert – Politik, Wirtschaft und auch die Medien. Dieser Dialog wird zur entscheidenden Arena im kommenden Jahrzehnt.

Unsere Wettbewerbsfähigkeit hängt davon ab, ob wir diesen Dialog ernsthaft und verständnisvoll führen. Denn die Technologie- und Innovationsfeindlichkeit hat in unserem Land mittlerweile schon die gesellschaftliche Hegemonie erreicht. Das nenne ich neben der Abkehr von der klassischen Industrie das zweite große Missverständnis des so genannten postindustriellen Zeitalters.

Der gesellschaftliche Vormarsch der Innovationsfeindlichkeit begann vor 30 Jahren auf der linken Seite des politischen Spektrums. Kurioserweise war die politische Linke in den 1950er und 1960er Jahren bezüglich Innovationen zunächst geradezu euphorisch: Wirtschaftswachstum und technologische Innovation waren damals Inbegriffe des gesellschaftlichen Fortschrittsdenkens. Alle Kraft konzentrierte sich damals auf den Wiederaufbau. Dem entsprach die rückhaltlose Bejahung neuer Technologien, die eine gute, eine bessere Zukunft verhießen. Dazu gehörte auch die Kerntechnik. Mit den Wirtschaftskrisen und vor allem der Ölkrise kam der Wachstumsbegriff unter starkes ideologisches Feuer.

Die gesamte Art unseres Wirtschaftens geriet in die Kritik, weil es stark auf die Ausbeutung natürlicher Ressourcen hinauslief und rücksichtslos auf Kosten der Natur ging. Diese Kritik hatte damals ihre Berechtigung und wir sollten der Ökologiebewegung dafür sehr dankbar sein. Sie hat trotz aller Vorbehalte doch dafür gesorgt, dass der Gedanke der Nachhaltigkeit in unsere Produktions- und Wirtschaftskreisläufe viel stärker verankert wurde.

Auch in der Industrie und Wirtschaft hat die Ökologie tiefe Spuren hinterlassen. Die Kreislaufwirtschaft ist in der chemischen Industrie schon lange Wirklichkeit; zum Beispiel das Chloratom: Es kommt immer wieder in unterschiedlichen chemischen Prozessen und molekularen Konstellationen zum Einsatz, bevor es endgültig in einem Produkt seinen Platz findet.

Aufgrund des starken gesellschaftlichen Drucks und der scharfen Umweltregeln der unterschiedlichsten Landes- und Bundesregierungen hat sich im Bereich der Umwelttechnologien eine beachtenswerte Industrie entwickelt. Deutschland verfügt mittlerweile über eine führende Stellung im Weltmarkt für Umwelttechnologien. Dazu gehören auch die relativ neuen Branchen Solar- und Windenergie.

US-Präsident Obama bezieht sich bei seinem milliardenschweren Programm zum Ausbau der erneuerbaren Energien ausdrücklich auf das Vorbild Deutschland. Sein ehrgeiziges Ziel: Er will die deutsche Umwelttechnologie vom weltweiten Spitzenplatz verdrängen.

Öko ist Mainstream

Wir sehen: Die grüne Bewegung hat sich eine Technologie zu eigen gemacht, die sie selbst gegen ernstzunehmende volkswirtschaftliche Bedenken und sogar gegen Proteste ihrer eigenen Klientel verteidigen muss. Doch mit grüner Romantik haben Regenerative Energien wenig zu tun, zumindest wenn sie große Volumen erreichen sollen: Es sind hochtechnologische, hochindustrialisierte Komplexe unter dem Diktat von Wirtschaftlichkeit und Effizienz.

Trotz aller Auswüchse und übertriebenen Heilsversprechungen der Umwelttechnologie muss man doch anerkennend feststellen, dass die fortschrittfeindlichen Kämpfer gegen die Windmühlen von einst nun selber welche bauen. Und somit in der industriellen Wirklichkeit angekommen sind.

Auch der Gedanke der Nachhaltigkeit ist längst im Mainstream verankert. Der Ökologie-Diskurs stellte in den 1970er und 1980er Jahren den persönlichen

Verzicht in den Mittelpunkt der Strategie: Nur wer persönlich auf Konsum, Verkehr und Energie verzichtete, konnte demnach einen Beitrag zur Rettung der Welt leisten. Diese Strategie stieß naturgemäß in der Konsumgesellschaft an Grenzen. Mittlerweile hat sich die Marke »Ökologie« von der lustfeindlichen Verzichts- und Erziehungsideologie verabschiedet und sich fest im konsumfreudigen, preis- und qualitätsbewussten Mainstream verankert. Und in der Industrie sind die Modernisierung und die Nachhaltigkeit schon lange untrennbar miteinander verbunden, da beide die Effizienz zum Ziel haben. Effizienz der Kosten und damit auch Effizienz der eingesetzten Ressourcen und Energie. Ich kann vor diesem Vormarsch des ökologischen Gedankenguts nur den Hut ziehen. Wir verdanken dieser Bewegung eine Menge an Innovationen.

Bei allem Einverstandensein und kritischer Sympathie, die ich empfinde, blicke ich dennoch auch mit Sorge in die Zukunft. Obwohl sie doch schon längst gesellschaftliche Hegemonie erreicht hat, feiert die Protestkultur der 1970er und 1980er Jahre im bürgerlichen Gewand wieder skurrile Auferstehung.

Obwohl ihm eigentlich der Gegenstand der Kritik abhanden gekommen ist, findet der Gestus der rigorosen Ablehnung neuer Industrie- und Infrastrukturprojekte und der hemmungslosen Empörungskultur immer neue Anhänger. Diese Fortschrittsfeindlichkeit betrifft neue Technologien und Infrastrukturprojekte genauso wie traditionelle Industrieprojekte.

Für industrielle Groß- und Infrastrukturprojekte gibt es in Deutschland ein Akzeptanzproblem. So sind zum Beispiel von 37 Kraftwerksprojekten nur neun im Bau. Der Rest stockt, weil entweder die Genehmigungen versagt wurden oder die Unternehmen ihre Investitionen wegen hinhaltenden Widerstands aufgegeben haben.

Auch der Streit um eine nachhaltige und sichere Energieversorgung zeigt, wie weit irrationale und illusionäre Denkweisen sich weit bis in die bürgerliche Mitte vorgeschoben haben. Thomas Schmid, Chefredakteur der WELT, hat Recht, wenn er sagt: »Fortschritt erzeugt den Gegendruck derer, die sich, zu Recht oder nicht, von ihm in ihrer Existenz, ihrer herkömmlichen Lebensweise oder ihrer Gesundheit gefährdet sehen. Fortschritt ist daher, so kann man im Rückblick auf eine lange Konfliktgeschichte sagen, stets rechtfertigungspflichtig.«

Tür statt Wand

Als Naturwissenschaftler kommt einem so eine Haltung der Protestler abstrus vor und abenteuerlich die Argumente. Doch wir müssen uns immer wieder überwinden – und ich versuche es redlich –, uns in diese Werthaltungen einzufühlen. Mit solchen Ängsten und Abwehrhaltungen muss immer gerechnet werden. Denn es ist eine Tatsache, dass Neues oft schon deswegen beunruhigt, weil es neu ist.

In allen Auseinandersetzungen hat sich gezeigt, dass Befürworter von Großprojekten immer gut begründete Argumente überzeugend vortragen können. Trotzdem verstehen sie oft einfach nicht die Tiefe der Ängste und die zivilisationskritische Melodie, die ihnen entgegenschlägt. Während diese publikumswirksam in das schrille Tremolo der Sorge um die Menschheit und die Natur einstimmen, argumentieren die Befürworter von Großprojekten fast ausschließlich technokratisch.

Es ist zu oft ein Kampf der Ingenieure gegen die Theologen. Diese Auseinandersetzung ist eine große Herausforderung. Ingenieure vertrauen den Zahlen, sie unterliegen zu schnell den Argumentationen derer, die auf das Gefühl bauen. Das kann nicht so bleiben. Dazu steht zu viel auf dem Spiel. Deshalb muss die Industrie – auch die chemische Industrie – selbstkritischer in den Dialog mit ihren Kritikern eintreten.

Zum anderen müssen wir – die Industrie – frank und frei die Leistungen der Ökologiebewegung einfach einmal anerkennen. Gerade die chemische Industrie, die in den 1970er Jahren an dem gleichen Pranger stand, an dem die Kernenergie heute noch immer steht, muss zugeben, dass sie die hohe Effizienz, den weitreichenden Umweltschutz und die tief verankerte Nachhaltigkeit ohne den gesellschaftlichen Druck – aus eigenem Antrieb – kaum so weit vorangetrieben hätte. Die Durchsetzung ökologischer Werthaltungen hat selbst zu erheblichen Innovationen in der Industrie geführt.

Wir müssen die Konsenskultur in Deutschland ernster nehmen. So wie der Erfolg der export- und wissensorientierten bundesdeutschen Wirtschaft auf der Durchdringung der Marktwirtschaft mit sozialen Komponenten beruht, muss die moderne Industriepolitik auch Aspekte eines nachhaltigen Wirtschaftens berücksichtigen. Wir brauchen eine Erneuerung und Revitalisierung der sozialen Marktwirtschaft. Da müssen wir auch zuallererst mit der eigenen Mentalität anfangen.

Ich will nicht verhehlen, dass ich als Ruhrpott-Typ gelegentlich schon mal mit dem Kopf durch die Wand gehe, wenn ich etwas erreichen und durchsetzen will. Doch manchmal übersieht man dabei die Tür, durch die man ja auch gehen könnte. Und mit der sprichwörtlichen Ruhrpott-Dickköpfigkeit kommen wir auch nicht weiter, wenn wir die Gesellschaft von der Notwendigkeit der Innovationen überzeugen wollen.

Gerade jetzt, in dieser historischen Situation, in der die klassischen Industrien in Deutschland ihre Renaissance feiern können, sollten wir nicht in Selbstzufriedenheit zurückfallen, sondern uns wachsam auf die Stärken unseres Landes besinnen und genauer hinhören, was die Menschen bewegt. Nur so lässt sich die Skepsis in Hoffnung und die Hoffnung in Veränderungsbereitschaft verwandeln.

Dieser Text beruht im wesentlichen auf einem Vortrag, den Klaus Engel am 29.10.2010 an der Ruhr-Universität Bochum hielt.

Wilhelm Bonse-Geuking

Eine Stiftung schafft sichere Perspektiven
In Zeiten industriellen Wandels

Das Jahr 2007 führte im langjährigen Ringen um die Zukunft des deutschen Steinkohlenbergbaus zu einem bemerkenswerten politischen Konsens in Deutschland: Die Bundesregierung, die Kohleländer NRW und Saarland, die Gewerkschaft IG BCE und die RAG AG einigten sich auf die – so der sachlich klingende Titel – »Eckpunkte einer kohlepolitischen Verständigung«. Dahinter verbarg sich ein historischer Durchbruch für den verstärkten Strukturwandel an Saar und Ruhr, basierend auf einem kühnen Konzept, das nun zu einer nachhaltigen Erfolgsstory wird. Ergebnis dieser Verständigung und des daraus resultierenden »Steinkohlefinanzierungsgesetzes« ist die 2007 gegründete RAG-Stiftung, neue Muttergesellschaft der RAG Aktiengesellschaft und Evonik Industries AG mit zu diesem Zeitpunkt insgesamt über 70.000 Mitarbeitern.

Unser Auftrag

Die wesentlichen Aufgaben der Stiftung sind in ihrer Satzung klar definiert: Sie soll
- als Eigentümerin des RAG-Konzerns in Umsetzung der »kohlepolitischen Eckpunkte« die Beendigung des subventionierten Steinkohlenbergbaus bis Ende 2018 herbeiführen,
- die Evonik Industries AG in ihrer Verantwortung über einen Börsengang auf den Kapitalmarkt bringen,
- durch den Erlös aus der Kapitalisierung der Evonik ab 2019 die Finanzierung der »Ewigkeitslasten« des deutschen Steinkohlenbergbaus der RAG AG dauerhaft übernehmen und damit den Steuerzahler entlasten,
- Bildung, Wissenschaft und Kultur in den Regionen an Ruhr und Saar fördern, soweit diese in Zusammenhang mit der Anpassung des deutschen Steinkohlenbergbaus stehen.

Die mit Abstand wichtigsten Aufgaben der RAG-Stiftung bis 2018 sind die Beendigung des Bergbaus und die Bildung des Kapitalstocks für die Ewigkeitslasten.

Diese umfassen Maßnahmen, die sich als Folgen aus der bergbaulichen Tätigkeit der RAG dauerhaft nach Beendigung der Steinkohlenförderung ergeben, also Maßnahmen der Grubenwasserhaltung, der Grundwasserreinigung sowie insbesondere Poldermaßnahmen zur Beseitigung von Dauerbergschäden durch Absenkungen der Erdoberfläche

Unsere Erfolge

Seit rund drei Jahren ist die RAG-Stiftung funktionsfähig, mit einem dreiköpfigen Vorstand und 14 Mitarbeitern sehr schlank aufgestellt – und sie hat bereits viele Meilensteine auf ihrem Weg erreicht:

- In einem ersten, maßgeblichen Schritt zur Sicherung des Stiftungskonzepts als auch der Vorbereitung des Börsengangs der Evonik wurden Mitte 2008 25,01 Prozent der Evonik für 2,4 Milliarden Euro an den börsenerfahrenen britischen Investor CVC verkauft. Die Werthaltigkeit der Evonik wurde auf diesem Wege eindrucksvoll belegt. Die Zusammenarbeit von CVC und Stiftung verläuft reibungslos – auch während des massiven Geschäftseinbruchs 2008/2009 der Evonik als Folge von Finanz- und Wirtschaftskrise.
- Die Krise forcierte die Entscheidung der Evonik, sich strategisch neu auszurichten, das Konzept eines Konglomerats mit den Geschäftsfeldern Chemie, Energie und Immobilien aufzugeben und ein, wenn nicht sogar das weltweit führende Unternehmen der Spezialchemie zu werden. Diese vom Vorstand der Evonik Ende 2009 vorgeschlagene Neuausrichtung wird einhellig von der Stiftung, dem Mitaktionär CVC und der Gewerkschaft IGBCE unterstützt, zumal die Chemie das mit Abstand größte und vor allem wachstumsstärkste Geschäftsfeld der Evonik ist.
- Der Energiebereich der Evonik mit ihrer Tochter Steag wird ab 2011 mit dem neuen Mehrheitseigentümer, dem »Stadtwerke-Konsortium Rhein-Ruhr«, eine neue Perspektive verfolgen. Das Konsortium hat sich vorgenommen, mit Steag eine führende kommunale Erzeugungsplattform in Deutschland zu schaffen – sowohl im konventionellen als auch im regenerativen Bereich. Es will mit dem Anteilserwerb die Wertschöpfungskette durch den Ausbau eigener Erzeugungskapazitäten erweitern. Im Bereich »Kraftwirtschaft Ausland« soll die bisherige Strategie ggf. mit Partnern fortgeführt werden.
- Und für die Evonik-Immobilien wird an einer strategischen Lösung gearbeitet, gemeinsam mit der THS die großen Potenziale auf diesem Sektor insbesondere im Ruhrgebiet auszuschöpfen – dies alles natürlich unter Wahrung

der Interessen der Mitarbeiter und der Mieter von insgesamt rund 130.000 Wohnungen.

– Die RAG hält die Vereinbarungen aus der Kohleverständigung von 2007 nun schon seit Jahren Punkt für Punkt ein: Die Bergbauplanung wird exakt umgesetzt. Drei von acht Zechen wurden allein in den letzten drei Jahren geschlossen. Die Förderung der Steinkohle erfolgt entsprechend der Planung, der Absatz der Steinkohle entspricht den Vorgaben, die komplexe Personalanpassung verläuft sozialverträglich.

– Die im Steinkohlefinanzierungsgesetz bezifferten staatlichen Subventionen wurden aufgrund der hohen Kohlepreise auf dem Weltmarkt in den letzten Jahren in beträchtlichem Umfang von der RAG nicht in Anspruch genommen, allein zwischen 2008 und 2010 sparte die öffentliche Hand über eine Milliarde Euro.

Völlig überraschend kam es im Juli 2010 zu einem Vorstoß der EU-Kommission, den subventionierten Steinkohlenbergbau schon 2014 zu beenden, vier Jahre früher als in Deutschland geplant. Dadurch wäre es inmitten der vom industriellen und gesellschaftlichen Strukturwandel betroffenen Regionen an Saar und Ruhr zu umfangreichen betriebsbedingten Kündigungen und einer erheblichen Belastung des Arbeitsmarktes gekommen; auch das finanzielle Konzept der Stiftung war gefährdet. Dank des starken Engagements der Bundesregierung, der Unterstützung durch die Landesregierungen NRW und Saarland, des Gesamtverbandes Steinkohle sowie der Gewerkschaft IG BCE gelang es RAG und RAG-Stiftung nach monatelangem Ringen Ende 2010, die Eckpunkte aus der kohlepolitischen Vereinbarung von 2007 auch europarechtlich abzusichern und somit die Beendigung der Steinkohlenförderung in Deutschland wie geplant für Ende 2018 umzusetzen.

Unsere Ziele

Die Stiftung ist in guter Verfassung: seit Ende 2010 haben wir auf unserer Aktivseite ein Vermögen von 2,3 Milliarden Euro; dank Zinseinnahmen und Evonik-Dividenden konnten wir den Rückstellungen für Ewigkeitslasten in 2010 weitere 120 Millionen Euro zuführen. Wir leisten zudem jährlich mit mehr als 100 Millionen Euro einen Beitrag zum Verlustausgleich bei der RAG und entlasten damit den deutschen Steuerzahler.

Wenn die erfreuliche wirtschaftliche Entwicklung in 2011 anhält, könnte der Börsengang der Evonik Industries AG in 2012 Realität werden. Mit dem

Erlös wird unser Kapitalvermögen zur Finanzierung der Ewigkeitslasten weiter aufgestockt; bis 2018 soll es ein Niveau von mindestens 8 Milliarden Euro erreichen.

Daneben ist auch noch viel zu tun: Das Ruhrgebiet ist nach wie vor die industrielle Kernregion Deutschlands, mitten im Herzen Europas. Mit der allmählichen Beendigung der Steinkohleförderung verschwindet, wie es Marketingfachleute nennen würden, ein, wenn nicht sogar *der* »Markenkern« des Ruhrgebietes. Dies gilt in gleicher Weise für die Saar. Die sozialverträgliche Rückführung des Bergbaus ist dabei die eine, wichtige Seite. Dass hierdurch kein Vakuum entstehen darf, vielmehr zukunftsträchtige Industriearbeitsplätze geschaffen werden müssen, ist die andere Seite. Die Stiftung mit ihren beiden Tochterunternehmen befindet sich dabei in einem Mittlerprozess:

- dem planmäßigen und sozialverträglichen Abbau vieler Tausend Arbeitsplätze im Steinkohlenbergbau an Saar und Ruhr einerseits,
- der konstruktiven Begleitung und unternehmerischen Unterstützung bei der Neuausrichtung der Unternehmen in Chemie, Energie und Immobilien andererseits.

Hier sieht sich die RAG-Stiftung in der Pflicht.

In diesem Kontext ist auch unsere Förderung von Bildung, Wissenschaft und Kultur zu sehen. Sie fokussiert auf die Entwicklung der Region: Ausrichtung und Qualität von Bildung und Wissenschaft sind für den Erfolg der Veränderungsprozesse in den vom Rückzug des Bergbaus geprägten Revieren sehr wichtig. Mit dem Hinweis auf den erforderlichen Bezug zum Steinkohlenbergbau wird der Stiftung das Ziel vorgegeben, die im Zusammenhang mit dem Rückzug des Bergbaus anliegenden Aufgaben zum Gegenstand der Stiftungsaktivitäten zu machen:

- Mitwirkung in bergbaunahen Bildungs-, Wissenschafts- und Kultureinrichtungen und Begleitung der Entwicklung von Perspektiven für diese Einrichtungen nach Beendigung des Bergbaus,
- Unterstützung von Bildungs- und Ausbildungsprogrammen in Universitäten, in Schulen, Verbänden und Vereinen sowie von Bildungsträgern an den Kohlestandorten,
- Unterstützung von Initiativen und Projekten Dritter, insbesondere wissenschaftlicher Studien mit Bezug zum Bergbau,
- kulturelle Programme und Veranstaltungen in den Bergbauregionen.

Wir, die RAG-Stiftung, wollen unseren Beitrag zu einer sicheren Perspektive für die Menschen inmitten der gravierenden industriellen und gesellschaftlichen Veränderungen an Saar und Ruhr leisten.

Rolf G. Heinze

Das Ruhrgebiet auf dem Weg von der Technologieregion zur Wissensregion

Der »heimliche« Strukturwandel des Ruhrgebietes

Das Ruhrgebiet wurde durch einen Wachstumskern rund um Kohle und Stahl nachhaltig geprägt und hat hier vielfältiges Wissen um Produktionsweisen angehäuft, allerdings einseitig auf industrielle Bereiche beschränkt. Schon seit den 1950er Jahren gibt es jedoch Zechenstilllegungen und die wirtschafts- und beschäftigungspolitische Bedeutung von Kohle und Stahl geht zurück. Beschäftigungsaufbau wurde vor allem im Bildungs- und Wissenschaftsbereich sowie in der Automobilwirtschaft realisiert (ein prägendes Beispiel ist etwa die Stadt Bochum, in der zwei Institutionen schon seit Jahrzehnten die Stadt dominieren: das Opel Werk und die Ruhr-Universität [RUB], wobei inzwischen die RUB mit Abstand der größte Arbeitgeber in der Stadt ist). Wenn man sich kurz vergegenwärtigt, dass es historisch im Revier weder Universitäten noch Kasernen gab, dann zeigen folgende Zahlen prägnant, wie die dominierende und strukturprägende Kraft von Kohle und Stahl »zusammengeschmolzen« ist: Während im Ruhrgebiet inzwischen unter 20.000 Beschäftigte im Steinkohlebergbau arbeiten, sind nach Recherchen der Kooperationsstelle RUB/IGM bereits mehr als 25.000 Beschäftigte aus Wissenschaft, Verwaltung, und Technik in den Wissenschaftseinrichtungen des Ruhrgebietes tätig (vgl. auch den Beitrag von Biedenkopf in diesem Band). Im letzten Jahr hat die Mercator Stiftung einen Wissenschaftsatlas der Metropole Ruhr vorgelegt, der in beeindruckender Weise die mittlerweile breit aufgestellte Forschungs- und Hochschullandschaft Ruhr im Wissenschaftssystem belegt. »Heute formen fünf Universitäten, eine Kunsthochschule und 13 weitere Hochschulen mit über 160.000 eingeschriebenen Studierenden und zahlreichen Forschungsinstituten und Technologiezentren das Ruhrgebiet zu Europas dichtester Bildungs- und Forschungslandschaft« (Mercator Stiftung 2010, 8/ohne Studierendenzahlen der 2009 neu gegründeten Hochschulen). Allein die Ruhr-Universität Bochum (RUB) als inzwischen größter Arbeitgeber Bochums beschäftigt rund 6.000 Mitarbeiter aus Wissenschaft, Verwaltung und Technik und übertrifft damit mittlerweile die Anzahl der Stammbeschäftigten aller Bochumer Opel Werke. Dazu addieren sich zwölf

Forschungsinstitute, eine Vielzahl von Hochschulen (allein vier in Bochum) und Privatuniversitäten.

Aufgrund des ausgeprägten Strukturwandels im Ruhrgebiet hat sich das Land schon relativ früh mit regionalpolitischen Strategien zur Bewältigung beschäftigen müssen. Nachdem in den 1960er und 1970er Jahren mit mehreren Entwicklungs- und Technologieprogrammen in den Strukturwandel eingegriffen und die Produktion modernisiert wurde, orientierte sich die nordrhein-westfälische Landespolitik seit Mitte der 1980er Jahre in Richtung einer regionalisierten Strukturpolitik. Das nordrhein-westfälische Lösungsmuster verzichtete jedoch auf eine zentrale Steuerung, setzte stattdessen nicht nur auf die »unsichtbare Hand« des Marktes, sondern auf die Bildung von Netzwerken in den Regionen, an denen verschiedene gesellschaftliche Interessengruppen (im Sinne des »rheinischen Kapitalismus«) beteiligt waren. Man kann diesen Weg der Krisenregulierung als »verhandelten« Strukturwandel bezeichnen.

Eine derartige Mobilisierung der regionalen Potenziale und die Bildung von Netzwerken sind in den letzten Jahren in allen westlichen Ländern zur Behebung sozioökonomischer Probleme zunehmend zur Anwendung gekommen. Der von Wirtschafts- und Sozialwissenschaftlern in den letzten Jahren oft bemühte Standortvergleich herausragender innovativer und wachstumsstarker Wirtschaftsregionen hebt durchgängig die Existenz solcher Netzwerke zur Regionalsteuerung hervor. Zentral ist zudem in den neueren Netzwerk- oder Clusterstrategien der Hinweis auf das Zusammenspiel von Wirtschaft und Wissenschaft; durch eine kontinuierliche Kooperation zwischen Wissenschaft und Unternehmen wird eine bessere Verzahnung von Forschung und anwendungsorientierter Praxis ausgebildet. Dass solch netzwerkartige Strukturen erfolgreich den Strukturwandel gestalten können, zeigt sich in Deutschland beispielsweise in der Region Erlangen-Nürnberg. Der dort auch geprägte Begriff »Medical Valley« weist zudem auf die in den letzten Jahren gewachsene Bedeutung von Clustern hin. Der Cluster- und Netzwerkansatz nimmt auch in den aktuellen Kompetenzfeldprojekten im Ruhrgebiet (von der Logistik über die Energietechnik bis hin zur Gesundheitswirtschaft) eine herausragende Stellung ein. Das zwar bescheidene, aber dennoch sichtbare Wachstum der Beschäftigtenzahlen in den einzelnen Projekten spricht für die eingeschlagene Strategie. Bezogen auf die These, dass eine erfolgreiche Clusterbildung 20 Jahre in Anspruch nimmt, muss natürlich eingeräumt werden, dass die neuen Kompetenznetzwerke noch in den Anfängen stecken und die Potenziale bei weitem noch nicht ausgeschöpft sind. Regionen wie das Ruhrgebiet können jedoch nur dann im verschärften Wettbewerb und einer globalisierten Wirtschaft überleben, wenn sie sich nicht mehr allein auf ihre klassischen Standortfaktoren verlassen, sondern eine intensive Vernetzung von Wirtschaft und Wissenschaft in innovativen Kompetenzfeldern realisieren. In regionalwissenschaftlichen Studien wird von der Transformation von einer Technologieregion in eine Wissensregion gesprochen: »Wenn Wissen und Innovation immer mehr zu ›Ressourcen‹ der Regionalentwicklung werden, ist es sinnvoll, wenn sich Regionen selbstgesteuert in der Förderung dieser Ressourcen engagieren. Dies wird sogar zu einer regionalpolitischen Notwendigkeit, weil auch die Wissensproduktion sich verändert und von der immer engeren Rückkopplung zwischen Ideenlieferanten, wissenschaftlichen Prüfungen, praktischer Umsetzung und infrastrukturellen Unterstützungsleistungen lebt« (Fürst 2008, 221; vgl. auch die Beiträge in Schmid/Heinze/Beck 2009).

Das Wachstumspotenzial der Wissensgesellschaft muss durch eine aktivierende Standortpolitik und offensive Unternehmensstrategien ausgeschöpft werden, bei denen es nicht mehr zuerst um die kostengünstigere Herstellung des Herkömmlichen gehen kann. Ziel muss vielmehr die Entwicklung neuer Produkte und Dienstleistungen sein. Die Fähigkeit, neue Geschäftsfelder und Märkte zu erschließen, ist die Grundlage der dynamischen Entwicklung unserer Wirtschaft. Dabei muss mit Wissen intelligent und wirtschaftlich nutzbringend umgegangen werden, da es keine konventionelle Ware ist, die in beliebiger Menge und Qualität durch geschicktes Einkaufsverhalten einfach zu erwerben wäre. Um aus Wissen wirtschaftlichen Nutzen zu ziehen, kommt es darauf an, relevante Wissensbestände zu identifizieren, sie sich anzueignen, miteinander in Wissensnetzwerken zu verknüpfen, dann zu Problemlösungen zusammenzuführen und sie für die Anwendung bereitzustellen und umzusetzen. Dies bedeutet auch eine aktivere Rolle der Hochschulen im regionalen Strukturwandel; in vergleichbaren Länder haben Hochschulen eine andere kulturelle Tradition und engagieren sich im Rahmen ihrer regionalen Verantwortung stärker auch im Feld der Förderung der Selbstständigkeit. Trotz dieser Einschränkungen hat sich der regionale Wissenstransfer in einzelnen Universitätsstädten des Ruhrgebietes gut entwickelt; vor allem gilt dies für Dortmund. Dort ist Deutschlands größtes Technologiezentrum neben der TU Dortmund beheimatet und hat seit 1985 knapp 300 Unternehmen mit mehr als 8.500 Mitarbeitern hervorgebracht. Die vom Technologiezentrum präferierten Kompetenzfelder stehen in engem Zusammenhang zu den benachbarten Hochschulen und Forschungseinrichtungen.

Hier hat sich ein »Best-Practice-Projekt« entwickelt, das weit über das Ruhrgebiet ausstrahlt, allerdings läuft es nicht überall so herausragend. Es gibt zwar inzwischen Kompetenzschwerpunkte an allen Hochschulen im Ruhrgebiet und auch diesbezügliche Netzwerke zwischen den verschiedenen Akteuren in der Region haben sich ausgeweitet (bis hin zu Unternehmensgründungsnetzwerken etc.), allerdings könnten diese *Wissensströme* erheblich intensiviert werden. Dies sieht man etwa am Gründungsgeschehen: Hier gibt es vielfältige Förderangebote für Gründer und dennoch ist der Erfolg nicht gerade ausgeprägt. Da kreatives Wissen immer mehr zum zentralen Standortfaktor wird, muss an der Profilierung der Wissensregion Ruhr intensiv gearbeitet werden und dazu gehört an prominenter Stelle eine bessere Verknüpfung von Wissenschaft, Wirtschaft und Gesellschaft. »Erfolgsstorys« können beispielhaft die Vernetzung im Ruhrgebiet demonstrieren und als Vorbild wirken: »Um Spitzentechnologien gezielt voranzutreiben, betreiben die Hochschulen im Ruhrgebiet inzwischen auch Transferzentren, die auf bestimmte Themenbereiche spezialisiert sind. Dazu gehört etwa CeNIDE, das ›Center for Nanointegration Duisburg-Essen‹, das Kooperationen zwischen Wissenschaft und Industrie auf dem Gebiet der Nanowissenschaften fördert. Die RUB gründete im Herbst 2009 die beiden Applied Competence Cluster Terahertz und Plasmatechnologie. Hier werden Kompetenzen der beiden Themenbereiche gebündelt und in Anwendungen für die Praxis umgesetzt« (Wissenschaftsatlas 2010, 15).

Das Ruhrgebiet im Standortwettbewerb

Vergleichend ansetzende Untersuchungen konstatieren im Hinblick auf den Strukturwandel und explizit das Innovationsgeschehen in Nordrhein-Westfalen (NRW) nach wie vor Schwächen. Der Innovationsrückstand (insbesondere gegenüber süddeutschen Bundesländern) trifft trotz erheblicher politischer Anstrengungen gerade das Ruhrgebiet, das durch eine lange Zeit monostrukturell ausgerichtete Wirtschaft bei gleichzeitig unterdurchschnittlich ausgeprägtem mittelständischem Unternehmertum gekennzeichnet ist. Aufgrund dieser Sachlage war es in der Vergangenheit auch schwierig, innovative Milieus und eine »Kultur der Selbstständigkeit« zu etablieren. Deshalb ist es auch nicht überraschend, dass in aktuellen Regionalrankings die Ruhrgebietsstandorte im nationalen Vergleich nicht gut dastehen. Eher vergrößert sich sogar der Abstand zwischen starken und schwachen Regionen in Deutschland. Laut einer aktuellen Studie eilen die Städte und Landkreise im Süden und Südwesten der Republik den anderen Regionen wirtschaftlich davon. Sechs von sieben Spitzenstandorten mit »Top-Zukunftschancen« liegen in Bayern und Baden-Württemberg (Prognos »Zukunftsatlas

2010«). Mit der Landeshauptstadt Düsseldorf auf Rang zehn schaffte es nur eine einzige Stadt aus Nordrhein-Westfalen in die zweitbeste Gruppe der 30 Standorte mit »sehr hohen Zukunftschancen«. Essen steht an 108. Stelle und Dortmund liegt inzwischen in diesem Ranking nur noch auf Platz 289 (von 412 Kreisen und Städten).

Auch in der vom Initiativkreis initiierten Ruhr 2030 Index Fortschrittsmessung 2009, der die Fortschritte auf dem Weg zur einhundertprozentigen Zielerreichung im Jahr 2030 aufzeigen soll, verschlechterte sich das Ruhrgebiet leicht von 50,9 Punkten in 2008 auf 48,4 Punkte in 2009. Positive Entwicklungen werden im Fortschrittsindex in folgenden Bereichen ausgemacht: Metakompetenzfeld, gesamtwirtschaftliche Entwicklung, wissensintensive Beschäftigung. Unterdurchschnittliche Entwicklungen sind demgegenüber in den Bereichen Logistik und Mobilität sowie in den Wachstumsfeldern der Gesundheitswirtschaft und Informations- und Kommunikationswirtschaft auszumachen.

Deutliche Defizite zeigen sich bei folgenden Indikatoren:
- Attraktives Lebens- und Arbeitsumfeld (beispielsweise bei der Bevölkerungsentwicklung),
- Ausschöpfung des Arbeitskräftepotenzials (beispielsweise bei der Arbeitslosenquote oder der Ausbildungsplatzdichte) und
- bei Bildung und Forschung mit schwachen Werten bei der Kinderversorgung und bei den Hochschulabsolventen.

Diese Defizite sind auch schon seit Jahren bekannt und es hat verschiedene Versuche gegeben, mit Hilfe einer regionalisierten Strukturpolitik die Potenziale und Kompetenzen in der Region zu wecken. Inzwischen steuern policy maker auf lokaler und regionaler Ebene auch stärker in Richtung einer spezifischen Ausrichtung von Leitprojekten sowie strategischer Kooperationen zwischen relevanten Akteuren, um so Cluster-Bildungen im Ruhrgebiet zu erzeugen. In verbundspezifischen »Kompetenzprojekten«, die sich an »Leitmärkten« orientieren, sind nun auch neben der Wirtschaft in wachsendem Ausmaß die Hochschulen mit ihren Wissensbeständen eingebunden. Ziel ist eine Intensivierung regionaler Wissensströme, um die Innovationspotenziale effektiv zu nutzen. Die neue Rolle von Politik besteht in diesem Kontext darin, an einzelnen Standorten spezifische Anreizstrukturen wie Netzwerke und Innovationszentren aktiv umzusetzen, um so die Grundlagen für neue wissensorientierte Kompetenzfelder an gerade ehemals industriell geprägten Standorten zu schaffen. Es geht bei Clusterpolitik also nicht zuletzt darum, die Stärken von Standorten zu »stärken«. In der Praxis – auch im Ruhrgebiet – zeigt sich aber, dass nicht jeder Standort, der über die richtigen Unternehmen, qualifizierte Arbeitskräfte, technologisches Know-how und eine Kompetenzfeldstrategie verfügt, auch eine Clusterbildung erreicht. Denn Clusterpolitik kostet auch viel Geld, Zeit und Personal über einen vorher kaum zu veranschlagenden Zeitraum, was gerade den an Legislaturperioden ausgerichteten politischen Funktionslogiken zuwiderlaufen kann.

In den letzten Jahren haben »weiche« Standortfaktoren (allen voran die Kultur) eine zunehmende Bedeutung in der Praxis der Wirtschaftsförderung bekommen. Das Vorhandensein kreativer Milieus gilt als zentral für die Förderung von Existenzgründungen, denen eine große Rolle im Strukturwandel beigemessen wird. Auch hier liegt das Ruhrgebiet im interregionalen Vergleich nicht vorn und deshalb muss der Bereich der Gründungsförderung noch »gründungsaffiner« werden und insgesamt die Bereiche Bildung, Forschungs- und Wissenstransfer besser miteinander verknüpfen. Gerade wenn sich erste Erfolge hinsichtlich einer Steigerung der Gründungsintensität einstellen, könnten dadurch auch die Ängste und Vorbehalte gegenüber beruflicher Selbstständigkeit in der Bevölkerung schrittweise abgebaut werden. Um die »Berührungsängste« zwischen Wirtschaft und Wissenschaft zu senken, sollte deshalb ein neues Leitbild einer kooperativen Innovationskultur umgesetzt werden.

Inzwischen gibt es auch im Ruhrgebiet herausragende Forschungsschwerpunkte an den Universitäten, die auch im internationalen Vergleich bestehen können, wie jüngst eine vergleichende Studie feststellte. »Wenn man die Drittmittel als Leistungsindikator heranzieht, sind bereits einige nationale Leuchttürme erkennbar, die im Maschinenbau, in den Sozialwissenschaften, der Chemie und der Physik eine Konkurrenzfähigkeit mit den Vergleichsregionen erkennen lassen« (Müller-Böling et al. 2011, 79). Wenn auch das Ruhrgebiet gegenüber klassischen Wissensregionen wie Berlin, Zürich oder München in vielen Punkten noch hinterherhinkt, gibt es sowohl die genannten Leuchttürme als auch andere vorzeigbare Potenziale, die sich weiter entfalten können, etwa die »Diversität« und die beträchtliche Zahl großer Unternehmen vor Ort. Allerdings ist das Bewusstsein im Ruhrgebiet, in einer Wissenschaftsregion mit hohen Standortvorteilen für technologieorientierte Start-Ups zu leben, noch immer sehr gering in der Bevölkerung verbreitet. Dies liegt sicherlich an der schwerindustriellen Tradition des Ruhrgebiets, die die Menschen prägte. Traditionelle Tätigkeiten, die ein hohes Maß an Arbeitsteilung und damit an fachlichem Spezialistentum ausprägten, erschweren tendenziell die Chancen für den Erwerb von Querschnitts- und Schlüsselqualifikationen, die kreatives Denken und Handeln begünstigen. Die Herausbildung eigeninitiierter, kreativer Eigenschaften, aber auch generell die gerade in modernen »Wissensgesellschaften« geforderten Fähigkeiten und Kompetenzen zur Selbstorganisation dürfte dies gehemmt haben. Gut dotierte Sozialpläne ersetzten Arbeitsplätze, aber dies veränderte nun gerade nicht die Opportunitäten in Richtung beruflicher Selbstorganisation bzw. persönlicher Eigeninitiative, Offenheit und Flexibilität, sondern verfestigte ruhrgebietstypische »Kleinkariertheit und Immobilität«, wie manche Beobachter kommentieren.

Inzwischen hat sich zwar im Standortmarketing der »Wind gedreht« und das Ruhrgebiet präsentiert sich nun auch als Freizeit- und Kulturregion, die auch im Tourismusgeschäft (vor allem in den Segmenten Kultur- und Städtetourismus, Tagungs- und Messewesen sowie Nahreisen) als immer wichtigerer Player mitspielt. Wird aber das kulturelle Kapital des Ruhrgebietes, zu dem sicherlich der Fußball gehört, zu sehr bemüht und in den Vordergrund gestellt, dann besteht die Gefahr, dass die kulturelle Dominanz des »Erhaltungsinteresses« verlängert wird, statt innovative wirtschaftliche und soziale Perspektiven zu thematisieren. Diese potenzielle Gefahr kann sogar durch die »Kulturhauptstadt« Ruhrgebiet, wie sie sich 2010 mit vielen öffentlichkeitswirksamen und das Image der Region verändernden Aktionen darstellte, nicht generell gebannt werden, da man sich zu sehr auf die (kurzfristige) Inszenierung von Festivalaktivitäten konzentrierte. Diese sind sicherlich auch strukturpolitisch von Interesse und können das Bild der Region nach außen sicherlich verbessern, bergen allerdings das Problem eines schnell abklingenden medialen Aufschwungs in sich. Nachhaltige Projekte können dadurch sogar etwas in den Hintergrund gedrängt werden, wenngleich solche Projekte und neuen Kooperationsstrukturen die Zukunft des Ruhrgebiets weitaus stärker beeinflussen werden.

Zukunftsperspektiven für den Wirtschafts- und Sozialstandort

Regionale Aktivitäten sind immer gekoppelt an gesamtgesellschaftliche Entwicklungen und hier spielt die Innovationsfähigkeit der Wirtschaft und die zukünftige produktive Nutzung von Leitmärkten eine zentrale Rolle. Das traditionelle deutsche Produktionsmodell (die »soziale Marktwirtschaft«), das auf diversifizierter Qualitätsproduktion und Mitbestimmung beruht, muss seine Innovations- und Wettbewerbsfähigkeit vor dem Hintergrund globalisierter Märkte und einer in vielen Ländern besser realisierten Vernetzung zwischen Forschung und Umsetzung neu beweisen. Trotz aller strukturellen Probleme des deutschen Produktionsmodells haben wir im Kern noch immer in vielen Sektoren die Fähigkeit zur strukturellen Innovation. Strukturpolitische Impulse können zwar von der Politik ausgelöst werden – die Ideen, Ressourcen und Wegbereiter von Entwicklungen sind jedoch vor Ort in den Unternehmen, in Gesundheitseinrichtungen, Sozialverbänden, aber auch Wissenschaftseinrichtungen etc. zu finden. Zur Umsetzung Erfolg versprechender Maßnahmen bedarf es zusätzlich auch engagierter Führungspersönlichkeiten und Promotoren, die sich für bestimmte Entwicklungen in den Regionen engagieren und bestehende Hemmnisse und Barrieren überwinden. Das Ruhrgebiet benötigt eine Strategie der differenzierten Spezialisierung in Zukunftsbranchen, die durch eine aktivierende Politik gefördert werden könnte. Dabei geht es um den Ausbau vorhandener komparativer Vorteile; diese müssen identifiziert und ihr Wettbewerbsvorsprung verteidigt werden. Und damit treten auch die Verhandlungen über die Gestaltung des Strukturwandels in die nächste Phase ein und dies heißt für das Ruhrgebiet: sowohl »Leuchttürme« in Leitmärkten (wie Energie, Gesundheit/demographischer Wandel und Mobilität) zu setzen als auch in der Fläche Bildungs- und Infrastrukturen zu fördern, um als »Wissensregion« nicht nur einzelne herausragende Universitäten und Forschungseinrichtungen zu präsentieren!

Gerade der Zugang zu exklusivem Wissen und die branchenspezifische Qualifizierung von Arbeitskräften verlangen neue Arrangements in der regionalen Verzahnung von Hochschulen und Forschungseinrichtungen mit der Wirtschaft sowie Branchenverbänden und weiteren staatlichen Akteuren. Wirtschaftliche Wettbewerbsfähigkeit und ihre Auswirkungen auf den Standort werden somit stark von der Fähigkeit zur schnellen Interaktion in Form von Technologietransfer und Wissensteilung abhängen, in der die Unternehmen und ihre effiziente regionale Einbettung in eine leistungsfähige Forschungs- und Hochschullandschaft ein notwendiger Standortfaktor in Hightech-Branchen sein werden. Leistungsfähige kooperative Innovations- und Produktionssysteme lassen sich aber weder anordnen noch durch schöne Broschüren oder Unternehmensberater herbeizaubern. Alle bislang vorliegenden Erfahrungen besagen, dass der Wandel der regionalen Regulationsstrukturen nur über kooperativ und experimentell ausgerichtete, zeitraubende und manchmal enttäuschungsreiche Planungs- und Gestaltungsprozesse möglich ist. Die Zusammenarbeit wird oft dadurch beeinträchtigt oder kommt überhaupt nicht zustande, weil einzelne Akteure befürchten, übervorteilt zu werden. Kooperationsorientiertes Verhalten der einzelnen Akteure muss also belohnt werden, um das »Kirchturmdenken« zu überwinden. »Wissenschaft lebt gesellschaftlich nicht isoliert im Elfenbeinturm. Sie ist vielmehr ein kultureller, sozialer und wirtschaftlicher Bestandteil der Region, in der sie angesiedelt ist. Insofern sind Weiterentwicklungen der Wissenschaft zur wissenschaftlichen Metropole auch nur im Zusammenspiel mit den verschiedenen Ebenen der Politik (Bund, Länder, Kommune, Bezirk) sowie der Wirtschaft möglich. Dies betrifft alle Entscheidungsfelder der Wissenschaftsinstitutionen von der Personalpolitik über die Flächenpolitik bis hin zu den inhaltlichen Schwerpunktfeldern. Regionen, in denen dieses Zusammenspiel gelingt, sind erfolgreicher« (Müller-Böling et al. 2011, 82; vgl. auch den Beitrag von Bogumil in diesem Band). Wenn auch der Umbau in Richtung einer wissensbasierten Ökonomie und zukunftsfähiger Kompetenzfelder immer Zeit kostet, so gilt es doch, einige zu eng auf die eigene Akteursperspektive ausgerichtete Handlungsstrategien zu überwinden.

In Zukunft werden immer mehr qualitativ hochwertige, auf die Kundenwünsche zugeschnittene sowie durch Wissensintensität gekennzeichnete Produkte, eingebettet in eine Fülle von Dienstleistungsangeboten, zu einem Charakteristikum der deutschen Wirtschaft werden. Damit einher geht ein zwangsläufiger Trend hin zu jungen und technologieorientierten Unternehmen, die sich durch ihr Know-how auf ein spezielles Segment einer komplexen Wertschöpfungskette spezialisieren können. Der Faktor Wissen ist zu einem zentralen Produktionsfaktor geworden, dessen besondere Bedeutung sich bei der Bewältigung hochkomplexer, dynamischer Innovationsprozesse äußert. Derzeit wird die »Kooperationsphase« in eine weitere Vertiefung transformiert, die sich durch wechselseitige Verflechtungen in den sich ausdehnenden Wissensökonomien auszeichnet und die keine räumlichen Grenzen im herkömmlichen Sinn mehr kennt. Regionalisierung und Globalisierung schließen sich nicht aus, vielmehr befruchten sie sich gegenseitig, wobei zudem die einseitige Funktionalisierung der Wissenschaft, die in manchen Kooperationsprojekten noch dominierte, durchaus überwunden wird. Es geht tendenziell eher um die gemeinsame Bearbeitung technologisch interessanter und innovativer Fragen, die neben den technologischen Dimensionen ökologische, soziale und kulturelle Aspekte beinhaltet.

Um solche Innovationsprozesse umzusetzen, werden neben der Bereitschaft zum Austausch und zur Kooperation in hohem Maße interdisziplinäre Sichtweisen gefordert. Der strategische Umgang mit Wissen, der den Schlüssel zur Erneuerung und Wettbewerbsfähigkeit von Wirtschaftsregionen darstellt, folgt jedoch anderen Regeln als die traditionelle Herstellung von Gütern (wie wir sie aus »altindustriellen« Regionen kennen). Es gibt Konsens in der Innovationsforschung, dass es nicht mehr die relativ isolierten Schlüsselakteure sind, die kurzfristig in Regionen neuen Wohlstand und Arbeitsplätze schaffen können, sondern vielmehr die Verknüpfung von Akteuren in technologieorientierten Kompetenznetzen wichtig ist, die in einem räumlich begrenzten Cluster mit vertrauensbasierten

Kooperationsbeziehungen besonders gut stattfinden kann. Das impliziert auch eine Auflösung der traditionell in Deutschland voneinander abgeschotteten Politikfelder (etwa der Bildungs- und Arbeitsmarktpolitik oder der Wirtschafts- und Technologiepolitik).

Die Innovationsprozesse verlaufen nur dann erfolgreich, wenn die Steuerung von heterogenen Netzwerken gelingt, was erhebliche organisatorische Lernprozesse von den Akteuren aus Wissenschaft, Wirtschaft und Politik verlangt.

Wie sich anhand der verschiedenen Rankings zeigt, sind auf diesem Weg einige Standorte schon weiter fortgeschritten, aber auch andere folgen dieser Spur in Richtung auf Kompetenzcluster (mit durchaus starken regionalen Bezügen). Hochschulen werden dadurch als »player« in der regionalen Strukturpolitik betrachtet und Wissenschaft explizit als »Wirtschaftsfaktor« diskutiert. Neben den global agierenden Finanzmärkten und den universellen Informations- und Kommunikationstechnologien scheinen es regionale Faktoren zu sein, die in ihrer spezifischen Kombination mit entscheidend für Entwicklung und Innovation sind. Insofern kann der Argumentation gefolgt werden, die eine enge Verzahnung von regionaler Strukturpolitik und dem Wissenschaftssystem als konstitutives Element des »neuen« Kapitalismus sieht, wobei aber die Region nicht auf klassische verwaltungsrechtliche Abgrenzungen beschränkt ist. »Mikroregionen« gründen sich vielmehr aufgrund von Deutungsmustern definitionsmächtiger Akteure, die Innovationsprozesse initiieren wollen. Hier ist also ein Handlungsfeld beispielsweise für den »Initiativkreis Ruhrgebiet«, der seit über 20 Jahren solche Innovationsimpulse in die Region tragen möchte und gerade angesichts der neuen Herausforderungen eine solche handlungskoordinierende und zielbildende Funktion für das Ruhrgebiet als *Wissensregion* übernehmen kann. Um sich als Knotenpunkt einer regionalen Innovationsstrategie zu definieren, bedarf es bei den Hochschulen nicht nur einer aufgeschlossenen Leitung (was innerhalb der lose gekoppelten Organisationsstruktur einer Universität ohnehin schwierig ist), sondern es braucht auch vernetzt agierende Persönlichkeiten, die sich in der Region auskennen und Vertrauensverhältnisse zu Akteuren in anderen Systemen aufgebaut haben. Neben der Bereitschaft zum Austausch und zur Kooperation werden in hohem Maße strategisches Können und interdisziplinäre Sichtweisen gefordert. Die Stärkung der Kompetenz- und Innovationsfähigkeit ist damit sowohl eine Frage des individuellen Handlungsvermögens wie auch von Rahmenbedingungen, die dessen Entfaltung ermöglichen.

Neue Wachstumsfelder

Es wurde bereits auf den »stillen« Strukturwandel hin zur Dienstleistungsgesellschaft auch im Ruhrgebiet hingewiesen: Gerade die ehemals industriell geprägten Großstädte wie Bochum, Dortmund, Essen und Mülheim haben eine enorme wirtschaftlich-soziale Transformation durchschritten, die heute u. a. anhand eines konstant gewachsenen Dienstleistungssektors ersichtlich wird. So sind Teile des Ruhrgebiets inzwischen auf dem Weg, ein bedeutender Gesundheitsstandort zu werden. Gerade in diesem Gestaltungsfeld hat sich in den letzten Jahren viel bewegt, auch weil das Ruhrgebiet über einen quantitativ mehr als soliden Gesundheitsmarkt von 5,3 Millionen potenziellen Patienten, 9.000 Haus- und Fachärzten, 133 Krankenhäusern und über 1.100 Pflegeheimen und ambulanten Diensten auf engstem Raum verfügt. Die Gesundheitswirtschaft ist nicht nur der heimliche »Gewinner« des Strukturwandels, sondern bietet aufgrund des demographischen Wandels auch in den nächsten Jahren Entwicklungsimpulse (vgl. die Beiträge in Heinze/Naegele 2010 sowie Heinze 2009). Die Debatte um den demographischen Wandel fokussiert sich in Deutschland primär auf die Alterung der Gesellschaft; aber auch die schrumpfende Bevölkerung steht im Zentrum. Gerade der Hinweis auf »Schrumpfregionen« (etwa im nördlichen Ruhrgebiet) berührt die Öffentlichkeit und auch die Politik. Jenseits aller Risiken und Herausforderungen ist die Alterung der Bevölkerung aber auch mit neuen Chancen und Potenzialen für die wirtschaftliche und soziale Entwicklung gerade im Ruhrgebiet verknüpft. Das Ruhrgebiet ist nämlich hinsichtlich des überall in Deutschland festzustellenden Bevölkerungsrückgangs weit vorn bei diesem gesellschaftlichen »Megatrend«. Der demographische Wandel trifft die Region früher und stärker als andere Städte und Gemeinden. Anders formuliert: In der »größten Stadtregion« Europas leben schon heute verhältnismäßig weniger junge Menschen und der Anteil der Älteren liegt höher. Hinzu kommt bei den Bevölkerungswandlungsprozessen, dass sich der Anteil der Migranten in den Großstädten des Reviers bereits heute massiv erhöht hat und weiter wachsen wird.

Positive Nachrichten wie der Aufbau neuer Wirtschaftssektoren (beispielsweise die Gesundheitswirtschaft mit rund 200.000 Beschäftigten im Ruhrgebiet oder die neuen standortpolitischen Profilierungen durch den Informations- und Kommunikationssektor und die Logistik) können zudem Negativschlagzeilen über das Revier verdrängen. Vergessen werden auch oft in vielen negativen Schlagzeilen die in der Region beheimateten Hochschulen und außeruniversitären Forschungseinrichtungen (etwa die Max-Planck-Institute und die Fraunhofer-Institute), die die ohnehin dichte Hochschullandschaft inzwischen ergänzen und insgesamt dem Ruhrgebiet ein Kompetenzpotenzial verleihen, das auch im interregionalen Vergleich vorzeigbar ist. Die Überalterung ist also sowohl kein neuer soziökonomischer Trend als auch nicht unmittelbar bedrohlich, sondern kann das Ruhrgebiet sogar zu einem »Laboratorium« machen.

Die soziökonomische Nutzung des demographischen Wandels ist allerdings in Deutschland vielfach strategisch noch nicht ganz in all seinen Dimensionen erkannt worden. Vor allem gilt dies hinsichtlich der Verknüpfung zwischen einer aktivierenden Dienstleistungspolitik und technologischen Innovationen. Deutschland gilt schon länger als Land, in dem zwar viele Durchbrüche zu neuen Produkten und Verfahren vorbereitet werden, das sich jedoch schwer damit tut, das vorhandene Wissen aufzugreifen und zu Standardangeboten zu verdichten. Scheinbar ist es in anderen vergleichbaren Ländern leichter, Mittel und Ressourcen für die Weiterentwicklung innovativer Ansätze zu mobilisieren, was gerade für die »Megatrends« Gesundheit und Wellness, die sich schon als Wachstumsmotoren erwiesen und glänzende Zukunftsaussichten haben, besonders problematisch wäre. Es stellt sich also konkret die Frage, wie das gegenwärtige Wirtschaftssystem die Fähigkeit entfalten kann, sich neuen, dynamischen und innovativen (Vorreiter-)Märkten anzupassen. Initiiert durch den wirtschaftlichen Strukturwandel werden in Zukunft immer mehr hochqualitative, auf die Kundenwünsche zugeschnittene Produkte, eingebettet in eine Fülle von Dienstleistungsangeboten, zu einem Charakteristikum der deutschen Wirtschaft werden müssen. Die sozialwissenschaftliche Forschung hat in den letzten Jahren einen erheblichen Beitrag zu einem komplexen Verständnis von Innovationsprozessen geleistet, das über den technischen Fortschritt hinaus das Innovationsgeschehen als sozialen Prozess versteht. Technische Innovationen vollziehen sich im Kontext gesellschaftlicher, institutionalisierter Innovationssysteme und sind das Ergebnis der Akkumulation von Wissensbeständen, doch dies allein reicht nicht aus, um einen Beitrag zur Erhöhung der Steuerungsfähigkeit moderner Gesellschaften zu leisten. Gefragt ist die Gestaltung von Innovationsprozessen – und diese gerade auf regionaler Ebene! Wirtschaftliche Innovationsprozesse sind immer in ein institutionelles Umfeld und soziokulturelle Traditionen eingebettet. Wenn die Leistungsfähigkeit im Innovationsgeschehen zum zentralen Wachstumsfaktor wird, steigt wiederum auch die Bedeutung institutioneller Umgebungen, wie sie etwa Wirtschaftsregionen (wie das Ruhrgebiet) mit ihren Rahmenbedingungen präsentieren. Globalisierungsprozesse erzeugen durchaus eine Regionalisierung der Ökonomie und eine Aufwertung der Region als politisches Handlungsfeld, weil hier in räumlicher Nähe innovative Kooperationsbeziehungen geknüpft werden können.

Gerade für die Städte im Ruhrgebiet gewinnt die Strategie der Bündelung an Ressourcen und der akteursbasierten Geschlossenheit an besonderer Bedeutung. Allerdings muss nicht nur konzeptionell die Vermittlung gelingen, sondern sich auch in funktionsfähigen Projekten realisieren. Der Vergleich herausragender innovativer Standorte hebt durchgängig die Existenz solcher Kooperationsstrukturen hervor, verweist aber auch auf die Bedeutung von regionalen Visionen. Nur die Standorte werden im globalisierten Wettbewerb überleben, die anspruchsvolle Produkte und Dienstleistungen in Zukunftsfeldern anbieten und hier kann das Ruhrgebiet als »demographisches Laboratorium« mit all den positiven wirtschaftlichen Effekten des demographischen Wandels und den »Gewinnerbranchen« (etwa in der Gesundheitswirtschaft) genutzt werden. Will man sich dem demographischen Wandel nicht nur passiv aussetzen, sondern ihn aktiv gestalten, dann ist der Wohnbereich ein ganz zentraler Ort, denn mit steigendem Alter gerät die Wohnsphäre immer stärker in den Mittelpunkt des individuellen Lebens. So verlagert sich beispielsweise die gesundheitliche Versorgung immer stärker in die häusliche Umgebung (»Hospital@Home«); der Haushalt entwickelt sich so zum »dritten« Gesundheitsstandort (vgl. Heinze 2010). Vernetzte Wohnlösungen breiten sich projektartig in verschiedenen Städten aus, nun gilt es, integrierte Versorgungssysteme auf breiter Basis aufzubauen und diese zunehmend als »Normallösungen« zu etablieren. Hier könnte das Ruhrgebiet in der Realisierung integrierter Versorgungsmodelle eine wichtige Leitbildrolle einnehmen, da es schon einige integrierte Versorgungslösungen in Kooperation mit niedergelassenen Ärzten, ambulanten Diensten, Pflegeeinrichtungen etc. gibt.

Es gibt mehr und mehr Geschäftsfelder, die anspruchsvolle branchen- und technikübergreifende Angebote erfordern, was sich exemplarisch an der Energie- und Medizintechnik oder der Telemedizin demonstrieren lässt. Hier bieten sich vor allem dann Wachstumschancen, wenn es gelingt, eine vertrauensvolle und zielorientierte Zusammenarbeit zwischen den Leistungsanbietern der Gesundheitsversorgung und den zumeist mittelständischen Unternehmen aus dieser Branche aufzubauen. Die demographischen Herausforderungen betreffen aber nicht nur die Wohnbedingungen, sondern insgesamt die lokalen Infrastrukturen. Um die positiven wirtschaftlichen Effekte sowohl des demographischen Wandels als auch des Trends zu regenerativen Energien zu bündeln und weiteres Wachstum zu verschaffen, bedarf es allerdings weitergehender Verbesserungen durch das Herausstellen von »Leuchttürmen«. Gerade in der Verschränkung von unterschiedlichen Technologien scheinen sich neue interessante Wachstumsfelder abzuzeichnen, die aber begleitet werden müssen vom Aufbau einer gemeinsamen Innovationskultur. Und hier könnte auch das Ruhrgebiet in einzelnen Feldern markante Zeichen setzen. Generell gilt es, offensiv neue Zukunftscluster zu erkunden und in enger Kooperation zwischen den verschiedenen Akteuren in der Region zu kommunizieren.

Fazit

In der globalisierten Ökonomie werden nur die Regionen erfolgreich sein, die wettbewerbsfähige Produkte und Dienstleistungen in Zukunftsfeldern anbieten und eine Balance zwischen wirtschaftlicher Leistungsfähigkeit und sozialer Absicherung realisieren können. Trotz erster »Risse« ist das Modell der restrukturierten sozialen Marktwirtschaft noch immer in der Lage, eine relativ hohe Gemeinwohlorientierung zu gewährleisten. Es geht bei Innovationen aber nicht nur um individuelle Leistungen etwa von Unternehmern, vielmehr gilt es, die sozio-institutionellen und kulturellen Prozesse im Umfeld zu etablieren, die auch in geeigneter Weise kommuniziert werden müssen.

Bezogen auf das Ruhrgebiet kann abschließend resümiert werden, dass eine clusterorientierte und auf konkrete Vernetzungen in ausgewählten Kompetenzfeldern setzende Strategie vielversprechend ist. Die Entwicklung der Hochschul- und Forschungslandschaft Ruhrgebiet ist als positiv zu bewerten, allerdings müssen die vorhandenen Potenziale in den Unternehmen weitaus besser erschlossen werden. Immerhin sitzen im Ruhrgebiet mehr umsatzstarke Unternehmen als in Berlin und ungefähr so viele wie in München. Für die weitere Entwicklung der Region wird es auf eine bessere Ausgestaltung und Verstetigung des Austausches zwischen Hochschulen und Unternehmen ankommen. Auf dem weiteren Weg zur Wissensregion müssen allerdings auch Neujustierungen vorgenommen werden, die primär darin bestehen, dass lokale »Elfenbeintürme« verlassen und neue Entwicklungspfade definiert und umgesetzt werden. Bislang orientieren sich die politischen Vernetzungsstrategien im Ruhrgebiet noch zu eindimensional an ihrer lokalen Umwelt und vernachlässigen hierdurch die regionale Einbettung, die aber letztendlich entscheidend für die Wettbewerbsfähigkeit und Attraktivität der einzelnen Kommunen und der gesamten Region sein wird.

Literatur

Fürst, D., 2008: Metropolregionen, Wissensregion und Governance, in: Raumforschung und Raumordnung H. 3/2008, S. 219 ff.

Heinze, R. G., 2009: Rückkehr des Staates? Politische Handlungsmöglichkeiten in unsicheren Zeiten, Wiesbaden

Heinze, R. G., 2010: Smart Living in Old Age: Options and Implementation, in: GEROBILIM Issue 1/2010, S. 2 ff.

Heinze, R. G./Naegele, G. (Hg.), 2010: Einblick in die Zukunft. Gesellschaftlicher Wandel und Zukunft des Alterns, Berlin/Münster

Mercator Stiftung, 2010: Wissenschaftsatlas Metropole Ruhr, Essen

Müller-Böling, D. et al., 2011: Erfolgsfaktoren wissenschaftlicher Metropolregionen. Analysen und Handlungsempfehlungen für das Ruhrgebiet, Essen (Studie für die Mercator Stiftung)

Schmid, J./Heinze, R. G./Beck, R. (Hg.), 2009: Strategische Wirtschaftsförderung und die Gestaltung von High-Tech-Clustern, Baden-Baden

Rainer Kambeck/Christoph M. Schmidt

Den Strukturwandel richtig begleiten
Moderne Strukturpolitik statt Erhaltungssubventionen

Eine Grunderkenntnis jeglichen wirtschaftspolitischen Handelns prägt auch den Bereich der regionalen Strukturpolitik: Der gute Wille ersetzt nicht die gute Tat. Schließlich versuchen regionalpolitische Maßnahmen, große, meist seit langem schwelende Problemlagen zu beheben, und müssen daher hohe Hürden überwinden, um tatsächlich erfolgreich zu sein. Ihr Erfolg ist somit alles andere als eine ausgemachte Sache. Wie bei jeder anderen Therapie mag es dabei sogar zu unerwünschten Nebenwirkungen kommen, die das eigentliche Vorhaben, zu einer Verbesserung der Lebensverhältnisse in einer Region beizutragen, nicht nur konterkarieren, sondern insgesamt zu einem schlechteren Ergebnis führen, als es ohne den regionalpolitischen Eingriff zustande gekommen wäre. Diese Gefahr besteht immer dann, wenn die in Frage stehende Maßnahme bestehende Fehlanreize und Anpassungshemmnisse zementiert, statt sie aufzulösen.

Vor diesem Hintergrund stellt der vorliegende Beitrag die Frage, welche Erkenntnisse es zu den Wirkungen regionaler Strukturpolitik gibt, wobei vor allem der aktuelle Stand der wirtschaftswissenschaftlichen Forschung die Basis dieser Einschätzung bildet. Insbesondere wird dabei mit einem Schwerpunkt auf den Problemlagen des Ruhrgebiets diskutiert, welche Wechselwirkungen es zwischen den vorliegenden Problemen und unterschiedlichen Maßnahmen aus dem Instrumentenkasten der regionalen Strukturpolitik gibt, so dass mit einem konstruktiven Blick nach vorn Wege für regionalpolitisches Handeln aufgezeigt werden können, die erfolgversprechender sind als die zum Teil recht frustrierenden Versuche der Vergangenheit.

Nach einer begrifflichen Klärung im ersten Abschnitt des Beitrags werden im zweiten Abschnitt kurz die Strukturprobleme des Ruhrgebiets skizziert. Der dritte Abschnitt bietet einen kompakten Abriss der bisherigen Entwicklung der Strukturpolitik. Im vierten Abschnitt diskutieren wir unsere Vorstellungen einer modernen regionalen Strukturpolitik, bevor wir im abschließenden fünften Abschnitt aus dieser Diskussion einige konkrete Handlungsempfehlungen ableiten.

Regionalpolitik, Strukturpolitik und regionale Subventionen – Was darf man erwarten?

Unter dem Begriff »Regionalpolitik« werden staatliche Maßnahmen zusammengefasst, die sich auf einen bestimmten geographischen Raum konzentrieren und mit deren Einsatz konkrete wirtschafts- und gesellschaftspolitische Ziele erreicht werden sollen. In der Regel geht es dabei um die Beschleunigung des Wirtschaftswachstums, die Stabilisierung der Beschäftigung und die Verbesserung der Teilhabe an der materiellen Prosperität in einer Region. Zu diesen Maßnahmen gehört das komplette Instrumentarium der Struktur- und der Standortpolitik, mit denen die Wirtschaftsstrukturen so verändert werden sollen, dass die Menschen und Unternehmen im intensiver werdenden globalen Wettbewerb erfolgreich sein können. Wenn sich solche Maßnahmen auf einen bestimmten Raum beziehen, spricht man auch von regionaler Strukturpolitik.

Dabei mögen die im Rahmen einer solchen gezielten Politik eingesetzten Mittel durchaus nur einen Teil der Subventionen ausmachen, die insgesamt in eine Region fließen. Das Ruhrgebiet ist hierfür ein gutes Beispiel: Auf der einen Seite werden die Geschicke dieser Region durch staatliche Mittel beeinflusst, die im Rahmen bestimmter regionaler Strukturprogramme aufgewendet werden. Auf der anderen Seite spielen hier nach wie vor die staatlichen Subventionen der Steinkohlenproduktion eine große Rolle. Denn von den von Bund und Ländern in diesem Zusammenhang gezahlten Subventionen ist das Gros ins Ruhrgebiet geflossen und nur ein sehr geringer Teil ins Saarland. Es geht also bei der Bewertung der geleisteten Subventionen im Hinblick auf ihre Auswirkungen auf die wirtschaftliche und soziale Entwicklung in einer Region um ihre Gesamtheit und nicht nur um die mit dem Label der regionalen Strukturpolitik versehenen Teilaspekte.

Die regionale Strukturpolitik bettet sich in ein breites Spektrum wirtschaftspolitischer Maßnahmen ein. In historischer Perspektive hat sie zu Beginn ihres Einsatzes noch das Ziel verfolgt, insbesondere Unternehmen und Menschen in wirtschaftlich schwächeren Regionen zu unterstützen, indem versucht wurde, regionale Nachteile auszugleichen oder zumindest abzumildern. Dazu zählen zum Beispiel eine unzureichende Infrastruktur im ländlichen Raum oder die Folgen eines drastischen Wandels in der wirtschaftlichen Bedeutung einer Industrie in einer Region. Zu diesem Zweck wurden nicht nur staatliche Investitionen – etwa in die Verkehrsinfrastruktur oder in die Gewerbeansiedlung – durchgeführt, sondern auch Unternehmen und Selbständige ebenso direkt gefördert wie Beschäftigte und Arbeitslose.

Die Schwerpunkte der regionalen Strukturpolitik und der Regionalpolitik liegen mittlerweile bei der EU-Kommission. Die auf europäischer Ebene eingerichteten und von den Mitgliedsländern auf der Basis ihrer Wirtschaftskraft in unterschiedlicher Höhe finanzierten Kohäsions- und Strukturfonds sind zentrale Instrumente der Politik der Europäischen Union. Alleine diese beiden Politikbereiche nehmen schon ein Drittel des Haushaltes der EU in Anspruch. Sie tragen somit sowohl auf der Finanzierungsseite als auch über ihre Wirkungen auf der Ausgabenseite zu einer Umverteilung der Prosperität innerhalb Europas bei. Über die Fonds stellt die EU die Mittel zur Verfügung, die dann in den Regionen eingesetzt werden, wobei in der Regel eine Ko-Finanzierung vor Ort erforderlich ist, um die Bewilligung zu einem Zugriff auf diese Mittel zu erhalten.

Strukturprobleme des Ruhrgebiets

Das Ruhrgebiet wird seit der Mitte des 19. Jahrhunderts als zusammenhängender Raum wahrgenommen. Seine entscheidende Prägung erhielt dieser Raum durch die in dieser Zeit entstehende Montanindustrie, also durch den Bergbau und die Stahlindustrie. Im Umkreis dieser Schwerindustrie bildeten sich Städte, deren Bevölkerungszahl sehr rasch zunahm: Die Zahl der Einwohner hat sich vom Beginn des 19. bis zum Beginn des 20. Jahrhunderts von einer auf mehr als zwei Millionen erhöht. Gebietsreformen mit umfangreichen Eingemeindungen Ende der 1920er Jahre machten die großen Städte zu kreisfreien Städten und ließen die meisten der Landkreise verschwinden.

Schon in dieser Zeit bildeten die Städte erste Kooperationen, etwa in der Ver- und Entsorgung, der Stadthygiene, der Stadtplanung oder dem Bau einer Schnellbahn. Kommunale Zweckverbände entstanden nach und nach als eigenständige Organisationseinheiten. Aufgrund einer unternehmerischen Initiative wurde 1920 etwa der »Siedlungsverband Ruhrkohlenbezirk« gegründet, der die weitere Erschließung von Räumen innerhalb des Ruhrgebiets vornahm. Die Ausdehnung des gewerblich genutzten Raumes und des Wohnraumes der städtischen Bevölkerung verlief aber nicht ohne Konflikte. Schon zu dieser Zeit ergaben sich Spannungen zwischen den einzelnen Städten und den Interessen der gesamten Region, etwa wenn es um Flächennutzungen ging.

Diese Spannungen blieben auch nach dem Zweiten Weltkrieg nach der Gründung des Landes Nordrhein-Westfalen bestehen. Mit der Bildung der Landschaftsverbände, die u. a. kommunale Leistungen im Kulturbereich oder der Krankenversorgung anboten, versuchte man, die Konkurrenz der Städte einzu-

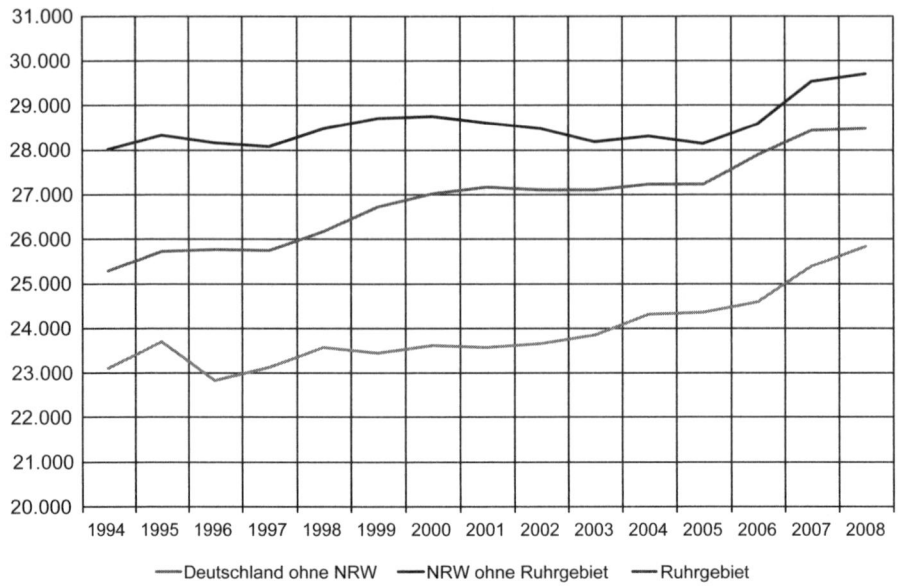

—Deutschland ohne NRW   —NRW ohne Ruhrgebiet   —Ruhrgebiet

Schaubild 1: Reales Bruttoinlandsprodukt je Einwohner 1994 bis 2008; in Euro
Eigene Berechnungen nach Angaben des Arbeitskreises »VGR der Länder« (Stand Aug. 2009,
veröffentl. Juli 2010).

dämmen. Dies gelang aber nur bedingt, denn die Aktivitäten der Landschaftsverbände selbst waren vielmehr immer wieder Gegenstand der Kritik, etwa weil die Effektivität bei der Leistungserstellung oder die fehlende demokratische Legitimation bemängelt wurden. Die nächsten großen Gebietsreformen mit weiteren Eingemeindungen fanden in den 1970er Jahren statt, der Verband, dem weitere überregional zu erfüllende Aufgaben übertragen wurden, wurde in »Siedlungsverband Ruhrgebiet« und 1979 in den »Kommunalverband Ruhr« umbenannt.

So wie der Aufstieg der Montanindustrie die Region ursprünglich positiv geprägt hatte, indem sie für Beschäftigung und Wohlstand gesorgt hat, so war auch der wirtschaftliche Niedergang von Kohle- und Stahlproduktion in den vergangenen Jahrzehnten das entscheidende Element der wirtschaftlichen und gesellschaftlichen Lage des Ruhrgebiets. Ein Preis für die über Jahre hinweg verfolgte monostrukturelle Ausrichtung auf den Steinkohlenbergbau und die Stahlproduktion und deren Verarbeitung ist die unterdurchschnittliche Herausbildung einer diversifizierten klein- und mittelständischen Unternehmensstruktur (Gefra/ MR 2010, 4). Als die Kraft der Montanindustrie nachließ, fehlten somit ausrei-

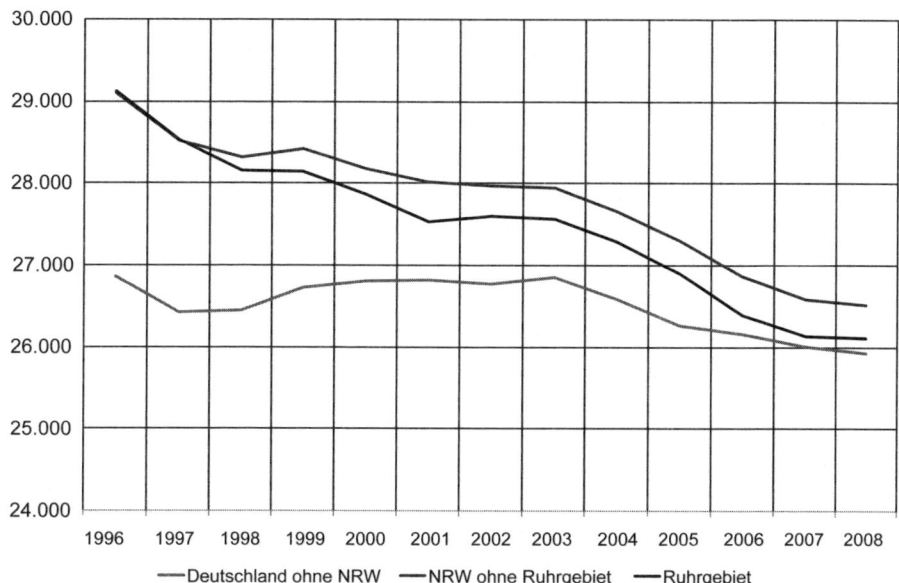

Schaubild 2: Reale Bruttolöhne und -gehälter je Arbeitnehmer 1996 bis 2008; in Euro Eigene Darstellung nach Angaben des Arbeitskreises »VGR der Länder« (Stand Aug. 2009, veröffentl. Aug. 2010).

chend hohe unternehmerische Aktivitäten von dynamischen, flexiblen kleinen und mittleren Unternehmen, deren Leistungen die Folgen der schrumpfenden Montanindustrie hätten kompensieren können (RWI/Stifterverband 2006, 513–516; Lageman/Neumann/Schmidt 2006, 233–237). Parallel zum wirtschaftlichen Aufschwung in der Bundesrepublik Deutschland in den zehn Jahren von 1958 bis 1968 mit einer Zunahme der Beschäftigung um 13 Prozent ging im Ruhrgebiet rund ein Viertel der industriellen Arbeitsplätze verloren (Gefra/MR 2010, 4).

Zur Beschreibung der wirtschaftlichen Entwicklung eines Gebietes können verschiedene Indikatoren verwendet werden. Das Bruttoinlandsprodukt (BIP) je Einwohner, die Bruttolöhne und Gehälter je Arbeitnehmer, die Zahl der sozialversicherungspflichtig Beschäftigten und der registrierten Arbeitslosen vermitteln bereits einen Eindruck der wirtschaftlichen Leistungsfähigkeit, auch wenn sie natürlich keine umfassende Beschreibung liefern. Schaubild 1 zeigt aber bereits deutlich, dass das BIP je Einwohner seit Beginn der 1990er Jahre im Ruhrgebiet deutlich niedriger gewesen ist als im restlichen Nordrhein-Westfalen (ohne Ruhrgebiet) und auch deutlich niedriger als in Deutschland (ohne Nordrhein-Westfa-

371

len). Allerdings sind die Unterschiede auch innerhalb des Ruhrgebiets erheblich: Zumindest die großen Ruhrgebietsstädte Essen (36.050 Euro), Mülheim a. d. R. (32.636 Euro), Dortmund (30.607 Euro) und Hagen (30.408 Euro) wiesen im Jahr 2008 ein höheres BIP je Einwohner auf als der Durchschnitt in Nordrhein-Westfalen (ohne Ruhrgebiet) (29.716 Eruo), Städte wie Duisburg (29.189 Euro) und Bochum (29.150 Euro) lagen nahe am Durchschnitt.

Der Vergleich zu anderen Städten außerhalb des Ruhrgebiets zeigt aber den hohen Nachholbedarf selbst der Großstädte dieser Region. So war im Jahr 2008 das BIP je Einwohner in Essen zwar das höchste im Ruhrgebiet, es war aber gerade einmal halb so hoch wie das durchschnittliche BIP je Einwohner in Düsseldorf (68.911 Euro) und auch noch deutlich niedriger als in Münster (42.262 Euro) und Köln (40.567 Euro). Allerdings lassen sich auch sehr positive Entwicklungen aufzeigen: Während das durchschnittliche BIP je Einwohner in Duisburg im Jahr 1992 noch deutlich unter dem Durchschnitt des restlichen Nordrhein-Westfalen (ohne Ruhrgebiet) lag, erreichte es diesen im Jahr 2008 fast; ebenfalls stark zugelegt hatte im gleichen Zeitraum das BIP je Einwohner in Gelsenkirchen (2008: 25.999 Euro).

Die realen Bruttolöhne und -gehälter je Arbeitnehmer waren im Zeitraum von 1996 bis 2008 in ganz Deutschland rückläufig. Nach der Wiedervereinigung waren die Löhne und Gehälter in Nordrhein-Westfalen noch deutlich höher als im Bundesdurchschnitt (ohne NRW) gewesen. Der Rückgang der Löhne und Gehälter je Arbeitnehmer war bis 2008 aber im Ruhrgebiet stärker als im übrigen Nordrhein-Westfalen (Schaubild 2).

Die Arbeitslosenquoten sind im Ruhrgebiet in Relation zu denen im restlichen NRW vergleichsweise hoch (Schaubild 3), wobei im Allgemeinen eine positive Entwicklung zu beobachten ist: Die Arbeitslosenquoten haben sich für alle Regionen in den vorangegangenen Jahren verringert – mit Ausnahme von Gelsenkirchen und Essen. Die höchsten Arbeitslosenquoten verzeichnen Ende 2010 neben Gelsenkirchen die Ruhrgebietsstädte Dortmund, Duisburg, Oberhausen und Essen.

Die Zahl der sozialversicherungspflichtig Beschäftigten entwickelte sich in den verschiedenen Regionen im vergangenen Jahrzehnt zyklisch und parallel in den hier vorgenommenen Abgrenzungen (Schaubild 4). Die Zahl der Beschäftigten pro 100 Einwohner ist allerding sowohl in Deutschland (ohne NRW) aus auch in Nordrhein-Westfalen (ohne Ruhrgebiet) deutlich höher als im Ruhrgebiet.

Unter den Ruhrgebietsstädten weicht vor allem die Entwicklung in Duisburg und Gelsenkirchen deutlich negativ und in Bottrop und Hamm deutlich posi-

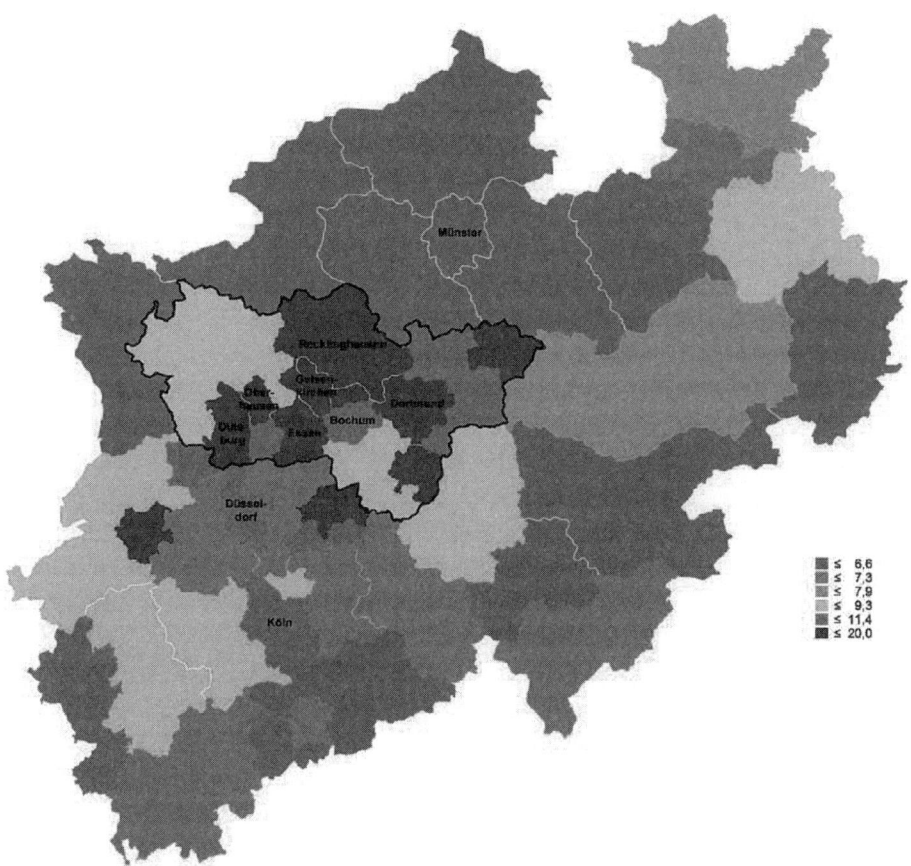

Schaubild 3: Arbeitslosenquote 2010 (31.12.); in Prozent
Eigene Berechnungen nach Angaben des IT.NRW, Landesdatenbank.

tiv von derjenigen der anderen Städte ab. In Gelsenkirchen ging die Zahl der Beschäftigten sogar um mehr als ein Drittel zurück. Einiges spricht somit dafür, dass Teile des nördlichen Ruhrgebiets bzw. der Emscher-Lippe-Region, insbesondere die Bergbaustandorte, besonders stark von den wirtschaftlichen Anpassungsprozessen der vergangenen Jahrzehnte betroffen waren. Allerdings gilt dies nicht, wie der stark von Gelsenkirchen abweichende Verlauf der Beschäftigungsentwicklung in der Nachbarstadt Bottrop belegt, für die gesamte Emscher-Lippe-Region gleichermaßen und auch nicht für diese Teilregion allein, wie der starke Beschäftigungsrückgang in Duisburg zeigt. Der vergleichsweise ländliche Kreis

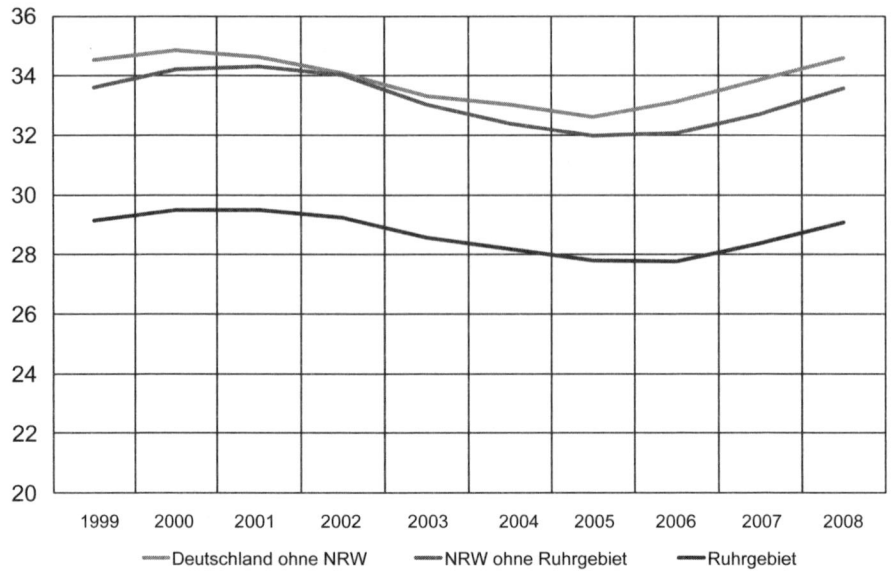

Schaubild 4: Sozialversicherungspflichtig Beschäftigte 1999 bis 2008; pro 100 Einwohner
Eigene Berechnung nach Angaben des IT.NRW und der Bundesagentur für Arbeit.

Wesel gehörte in den vergangenen Jahrzehnten zu den Teilregionen, die noch
stark von der Verlagerung der Bevölkerung und offensichtlich auch wirtschaftlicher Aktivitäten aus den nahe gelegenen Städten (besonders aus Duisburg)
profitierten. Auch für den ebenfalls relativ ländlichen Kreis Unna war die Stadt-
Umland-Verlagerung noch von Vorteil, weniger dagegen für den Ennepe-Ruhr-
Kreis und den Kreis Recklinghausen.

Insgesamt kann man feststellen, dass das Ruhrgebiet seit den 1970er Jahren einen starken Strukturwandel von den ehemals dominierenden montanindustriellen Strukturen hin zu einer modernen Wirtschaftsregion durchlaufen
hat. Sie ist aktuell gleichermaßen von einer erfolgreichen Industrie und von
unternehmensnahen Dienstleistern geprägt. Die mit diesem Wandel verbundenen Anpassungsprozesse sind jedoch schmerzhaft, denn sie werden von hoher
Arbeitslosigkeit begleitet: Das Beschäftigungswachstum in den neuen Sektoren
hat bislang den Verlust an Arbeitsplätzen in der Montanindustrie nicht vollständig kompensiert. Der Strukturwandel ist zudem noch nicht vollständig abgeschlossen.

Entwicklung der Strukturpolitik

Strukturpolitische Initiativen des Landes Nordrhein-Westfalen zur Verbesserung der wirtschaftlichen Lage der Menschen im Ruhrgebiet begannen in den 1960er Jahren und wurden Ende der 1980er Jahre von der EU-Strukturpolitik abgelöst. Von der nordrhein-westfälischen Landesregierung wurden mit unterschiedlichen strukturpolitischen Maßnahmen wichtige Weichen gestellt, die zum Teil noch heute positive Wirkungen entfalten. Als positiv ragen die Gründung verschiedener Hochschulen, allen voran der Ruhr-Universität Bochum, der Technischen Universität Dortmund und der (mittlerweile durch Zusammenschluss entstandenen) Universität Duisburg-Essen, der Ausbau der Verkehrsinfrastruktur und diverse städtebauliche Maßnahmen heraus. Mit unterschiedlichen Programmen[1] wurden Arbeitssuchende und Geringqualifizierte gefördert, in Energietechnologien und Umweltschutz investiert und der Innovationstransfer verbessert.

Ausgehend von der »Zukunftsinitiative Montanregion« (1987) wurden die strukturpolitischen Maßnahmen mit der »Zukunftsinitiative Nordrhein-Westfalen« (1989) auf das ganze Land ausgedehnt und stärker auf die Felder Technologie- und Gründungsförderung konzentriert. Diese Ausrichtung wurde Ende der 1980er Jahre mit der einsetzenden EU-Strukturpolitik noch weiter verstärkt. Die in insgesamt drei Strukturfonds – EFRE, ESF und EAGFL[2] – gebündelten finanziellen Mittel wurden dabei deutlich erhöht und die Unterstützung in operationellen Programmen organisiert. Die vom Rückgang des Steinkohlenbergbaus betroffenen Regionen wurden im Rahmen dieser Systematisierung den neu von der EU-Kommission definierten »Ziel 2«-Regionen[3] zugeordnet und ihre Förderung konsequent zu einer Programmförderung weiterentwickelt.

Das Land Nordrhein-Westfalen verfolgte dabei allerdings einen breiten, sehr ambitionierten Förderansatz, der neben der Förderung produktiver Investitionen und der technologischen Infrastruktur unter anderem auch die Aus- und Weiterbildung, die Frauenerwerbstätigkeit und Umweltschutzaspekte umfasste. In der Förderperiode 2000 bis 2006 wurden etwa nicht nur die Hauptziele Schaffung

---

1 Zum Beispiel durch das »Entwicklungsprogramm Ruhr« (1968), das »Nordrhein-Westfalen-Programm« (1971 bis 1975) oder das »Aktionsprogramm Ruhr« (1980 bis 1984).

2 Europäischer Fonds Regionale Entwicklung, Europäischer Sozialfonds, Europäischer Ausrichtungs- und Garantiefonds für Landwirtschaft.

3 Zusammengefasst werden unter diesem Ziel alle Regionen, die von einer rückläufigen industriellen Entwicklung gekennzeichnet sind.

neuer und Sicherung bestehender Arbeitsplätze und die Verbesserung der Wettbewerbsfähigkeit der Region definiert, die vor allem durch die Förderung kleiner und mittlerer Unternehmen erreicht werden sollten, sondern es wurden weitere Unterziele formuliert, die auch als »strategische Ziele« bezeichnet wurden. Sie umfassten die Steigerung der Innovationsfähigkeit einschließlich der Gründung neuer Unternehmen, die regionale Kompetenzentwicklung und -stärkung sowie die Verbesserung der infrastrukturellen Rahmenbedingungen. Ferner wurden Querschnittsziele festgelegt, wie die Schaffung gleicher Chancen für Männer und Frauen im Beruf[4]. Der Fokus wurde allerdings immer auf die innovationsorientierten Maßnahmen gelegt (Gefra/MR 2010, 16).

Mit den Programmen der Förderperiode 2000 bis 2006 wurden im Zuge einer neuen Philosophie zunehmend auch regionale Stärken weiter ausgebaut, indem gezielt so genannte Cluster oder Kompetenzfelder gefördert wurden, also Verbünde von Unternehmen, wissenschaftlichen Einrichtungen und sonstigen Akteuren einer Wertschöpfungskette. Aufgrund der engen Verflechtung dieser Akteure bestand bereits eine hohe Wettbewerbsfähigkeit, die aber durch die Fördermaßnahmen noch gestärkt werden sollte, sodass möglichst hohe positive Effekte für die Region entstehen konnten[5]. Als Schwerpunkte der Förderpolitik in Nordrhein-Westfalen wurden die Bereiche Logistik, Zukunftsenergien, Informations- und Kommunikationstechnologien und Medizintechnik gebildet.

Die strategischen Ansätze der Ziel 2-Programme des Landes Nordrhein-Westfalen wurden von unabhängigen externen Evaluationsteams als kohärent und geeignet bewertet (Gefra/MR 2010, 19). Insgesamt wurden allein in der Förderperiode 2000 bis 2006 aus EFRE-kofinanzierten Maßnahmen des Ziel 2-Programms Investitionen in Höhe von ca. 2,6 Milliarden Euro bewilligt. Insbesondere wurde nach Einschätzung der Evaluatoren das Hauptziel erreicht, über eine dauerhafte Erhöhung der Wettbewerbsfähigkeit der Unternehmen im Ruhrgebiet neue Arbeitsplätze zu schaffen und bestehende zu erhalten. Eine wesentliche Rolle spielte dabei die Identifizierung von Kompetenzfeldern, mit denen

---

4 Als weitere Querschnittsziele wurden festgelegt: dauerhafte und umweltgerechte Entwicklung, Einbeziehung benachteiligter Gruppen in den wirtschaftlichen Erneuerungsprozess sowie Innovationsorientierung und optimale Vorbereitung auf die Informationsgesellschaft.

5 Aktuelle empirische Belege dafür, dass geförderte Unternehmen schon vor ihrer erstmaligen Subventionierung eine höhere FuE-Tätigkeit aufwiesen als nicht-subventionierte Unternehmen liefert Wagner (2010).

der Strukturwandel im Ruhrgebiet forciert werden konnte. Anhand dieser Evaluationsstudien liegt der Schluss nahe, dass sich insbesondere die gewerbliche Investitionsförderung, die gewerbliche Innovationsförderung, die infrastrukturelle Förderung und die verschiedenen Beratungsleistungen für Gründer/innen und KMU positiv auf die Beschäftigung ausgewirkt haben.

Es ist somit weitgehend unstrittig, dass der Strukturwandel im Ruhrgebiet in den vorangegangenen zwanzig Jahren vorangekommen ist und dass die verschiedenen strukturpolitischen Maßnahmen der EU, des Bundes und des Landes Nordrhein-Westfalen diese Entwicklung aller Erkenntnis nach durchaus positiv beeinflusst haben. Allerdings zeigen die in Abschnitt 2 beschriebenen Indikatoren der wirtschaftlichen Leistungsfähigkeit, dass das Ruhrgebiet noch immer nicht die durchschnittliche Leistungsfähigkeit Deutschlands erreicht hat. Auch bestehen innerhalb Nordrhein-Westfalens noch große Unterschiede, die großen kreisfreien Städte des Ruhrgebiets hinken in ihrer wirtschaftlichen Leistungsfähigkeit noch immer den großen Städten der Rheinschiene, wie Düsseldorf und Köln, deutlich hinterher.

Mit der Neuausrichtung der EU-Strukturfonds im Vorfeld der aktuellen Förderperiode von 2007 bis 2013 wurden zwei wesentliche Änderungen der europäischen Strukturpolitik initiiert: Erstens wurde – endlich – die ausschließliche Förderung von strukturschwachen Räumen aufgegeben. Die oben beschriebenen Fördermaßnahmen stehen vielmehr allen Bürgern, Initiativen und Unternehmen offen, was insbesondere auch ermöglicht, die bereits vorhandenen Stärken einer Region noch weiter auszubauen und dadurch ihre internationale Wettbewerbsfähigkeit zu verbessern. Zweitens erhöht die Einführung von Wettbewerbsverfahren als Standardinstrument zur Vergabe von Mitteln aus dem EFRE den Nutzen der Strukturprogramme, denn auch dadurch wird sichergestellt, dass nicht nur die regionalen Schwächen gemildert, sondern auch die Stärken einer Region ausgebaut werden. Dieser Mechanismus verspricht vielfältige positive Auswirkungen auf die Wirksamkeit der angestrengten regionalpolitischen Maßnahmen.

Bei den zentralen Zielen der aktuellen bis 2013 andauernden Förderperiode besteht noch erheblicher Handlungsbedarf. Neben den Feldern FuE-Aktivitäten und verstärkten Unternehmensgründungen formuliert die neue Ausrichtung der regionalen Strukturpolitik weitergehende Ziele: Die Folgen der weiter rasant fortschreitenden internationalen Verflechtung der Wirtschaft im Zuge der zunehmenden Globalisierung erfordern eine weitere Steigerung der Wettbewerbsfähigkeit von Unternehmen und Menschen, der demographische Wandel erfordert ebenso weitreichende Anpassungen auf verschiedenen Feldern wie die Herausforderungen des Klimawandels und der Energieversorgung.

Zudem hat die EU-Kommission auf die Finanz- und Wirtschaftskrise der Jahre 2008 und 2009 reagiert und mit der »Strategie Europa 2020« eine Weiterentwicklung der Lissabon-Strategie erarbeitet (EU-Kommission 2010). In diesem Papier verweist die EU-Kommission noch einmal nachdrücklich auf die Schwächen der europäischen Wirtschaft im Vergleich zu anderen Wirtschaftsräumen, vor allem im Vergleich zu den asiatischen Ländern. Als Lehre aus der Krise Europas, die sich seit dem vorangegangenen Jahr auch als Krise der gemeinsamen Währung manifestiert, werden nochmals verstärkte Anstrengungen – auch in der Strukturpolitik – mit dem Ziel einer Verbesserung der wirtschaftlichen Wettbewerbsfähigkeit der Unternehmen gefordert. Dies soll vor allem durch eine Konzentration der unterstützenden Maßnahmen auf die Förderung von Forschung und Innovation gelingen.

Kennzeichen moderner Strukturpolitik

Ein wesentliches Kennzeichen einer modernen Strukturpolitik ist, dass die Maßnahmen nicht nur einzelne Bürger oder Unternehmen voranbringen sollen, sondern dass zudem eine hohe Strahlkraft auf die Aktivitäten anderer angestrebt wird. Diese in der Wissenschaft »positive Externalitäten« oder »Spillovereffekte« genannten Auswirkungen sind von hoher Bedeutung für das Wachstumspotenzial der Strukturpolitik (SVR 2009, 241). Aus diesen positiven Effekten der regionalen Strukturpolitik wird auch die Rechtfertigung dafür abgeleitet, dass eine moderne Strukturpolitik durchaus nicht nur Schwächen einebnen sollte, sondern vielmehr auch die Stärken einer Region unterstützen und damit die Wettbewerbsposition der Region verbessern kann. Von einer solchen Entwicklung profitieren letztlich viele in einer Region, durchaus auch die Schwächeren. Das enthebt die Strukturpolitik aber nicht davon, mit ihren Maßnahmen gezielt an den Ursachen der regionalen Schwächen anzusetzen und dort Verbesserungen zu bewirken.

Zu den Bestimmungsfaktoren einer positiven regionalen Entwicklung gehören gut ausgebildete Menschen, die in der Region als Erwerbstätige zur Verfügung stehen. Dieses Kriterium kann einerseits durch eine gute, möglichst an der Nachfrage des Arbeitsmarktes orientierte Ausbildung gewährleistet werden, andererseits aber auch durch eine effektive Zuwanderungspolitik, die die Bedarfslücken eines regionalen Arbeitsmarktes schließen kann. Eine solche effektiv gesteuerte Zuwanderung ist nicht nur als temporär zu lösende Aufgabe zu verstehen. Vielmehr handelt es sich um einen Ansatz, der die Herausforderungen der kommenden Jahrzehnte offensiv anspricht. Denn angesichts der demographischen Entwicklung des Ruhrgebiets wird ein sehr erheblicher Bedarf an gut ausgebildeten Menschen entstehen, die in der Region arbeiten und leben wollen.

Ein Problem der Strukturpolitik der aktuellen Förderperiode besteht allerdings in der Überfrachtung der Programme mit Zielvorgaben. Einerseits ist positiv zu bewerten, dass einzelne Maßnahmen in eine wirtschaftliche Gesamtstrategie eingebunden werden, andererseits können aber nicht allzu viele Ziele gleichgewichtet auf regionaler Ebene erreicht werden. Wenn die regionalen Kompetenzen bei den Innovationen gestärkt werden sollen, macht es Sinn, spezifische regionale Zielvorgaben zu formulieren, die auch auf der regionalen Ebene umsetzbar sind. Andere Ziele, wie solche, die die Klimapolitik oder die Chancengleichheit der Geschlechter betreffen, sind alleine auf regionaler Ebene natürlich nicht zu erreichen. Nun mag man zwar argumentieren, dass viele regionale Erfolge helfen können, ein Gesamtziel zu erreichen. Allerdings verstellt eine überbordende Vielzahl von vorgegebenen Unter- oder Querschnittszielen über kurz oder lang die eigentlich erwünschte Fokussierung auf das Hauptziel.

Hinzu kommt, dass vielfach ohnehin Synergien zwischen den regionalpolitischen Maßnahmen und den zusätzlichen Zielen vorliegen, denn ein beträchtlicher Teil des innovativen Produzierens und Wirtschaftens bezieht sich auf umweltschonende Vorgehensweisen. Es wäre daher sinnvoll, das Augenmerk auf die Erreichung des Hauptziels und die Effektivität der dabei einzusetzenden Maßnahmen zu legen und sich weniger um die Abwägung zwischen einer Vielzahl von Zielen zu sorgen. Die Sorge, dass wirksame Maßnahmen im Wettstreit der politischen Ziele aufgerieben werden können, gilt insbesondere dort, wo sich zwischen der Effektivität im Hinblick auf das Hauptziel und das Erreichen von – aus regionalpolitischer Sicht – abseitigen Querschnittszielen handfeste Konflikte ergeben. So sollen beispielsweise mit wettbewerblich ausgerichteten Förderverfahren die innovativsten, vielversprechendsten Projekte zur Unterstützung der regionalen Innovationsfähigkeit und letztendlich der regionalen Prosperität zum Zuge kommen. Genderfragen – so wichtig sie auf andern Politikfeldern sein mögen – sollten hier keine interferierende Rolle spielen, sondern gezielt mit dazu eigens formulierten Maßnahmen gefördert werden.

Bei allen richtigen und ehrgeizigen Zielen und der Fokussierung der Strukturpolitik auf die Kernthemen Bildung, Forschung und Innovation bleibt doch festzuhalten, dass es im Wesentlichen um eine sinnvolle Begleitung eines Prozesses geht, der aber nicht vom Staat gestaltet werden kann. Der Staat mag in einigen Fällen den »richtigen Riecher« gehabt haben und durchaus punktuell wertvolle Impulse durch Inventionen geben können – die weitgehend staatlich geleitete Weltraumforschung ist hierfür ein Beispiel. Aber der Staat ist grundsätzlich wegen der im Vergleich zur Vielzahl der privaten Unternehmen erheblich geringeren Dynamik in seinen Aktivitäten darin überfordert, als Vorreiter des Neuen und Innovativen aufzutreten.

Die im Durchschnitt doch weitaus weniger innovativen Planwirtschaften der Vergangenheit – und leider auch noch der Gegenwart – liefern für diese These viele Belege. Es kann also nicht darum gehen, dass der Staat das Entdeckungsverfahren des Wettbewerbs außer Kraft setzt, indem er selbst die Prioritäten der technologischen Entwicklung planerisch vorgibt. Mit einem solchen Vorgehen einer staatlichen Strukturpolitik würde die Entwicklung einer Region auf lange Sicht sogar eher noch belastet, weil der Staat im Falle eines Misserfolgs die negativen Konsequenzen mit nachgeschossenen Subventionen begrenzen müsste. Allerdings kommt dem Staat durchaus eine wichtige Rolle bei der Organisation geeigneter Rahmenbedingungen und bei unterschiedlichen »Anschubmaßnahmen« zu. Wie generell in der Wirtschaftspolitik geht es bei der Strukturpolitik im Kern darum, die richtigen Anreize zu setzen und ergänzend mit gezielter, vorübergehender Förderung Entwicklungspotenziale anzustoßen oder deren bereits von Privaten zustande gebrachten Anfänge zu verstärken. Grundsätzlich müssen sich die fördernden staatlichen Ebenen – gleich, ob nun die EU-Kommission oder die Gemeinderäte vor Ort – darüber im Klaren sein, dass die Gleichung »mehr Geld = mehr Erfolg« in der Regel nicht aufgeht.

Höhere Forschungsausgaben führen nur dann zu mehr Innovation und schließlich zu verstärkten Investitionen, wenn die Menschen vorhanden sind, die deren Umsetzung in die Praxis wirtschaftlichen Handelns leisten können und wenn Strukturen vorhanden sind, die einen effektiven Mitteleinsatz ermöglichen. Ein sinnvoller Einsatz von strukturfördernden Maßnahmen sollte deshalb immer auch die Bereiche Bildung und Ausbildung mit einbeziehen. Und weil sich in diesen Bereichen die Erfolge immer erst nach einer gewissen Zeit einstellen, muss zudem die gezielte Zuwanderung von gut ausgebildeten Menschen bei der regionalen Förderung eine Rolle spielen. Wenn das notwendige Know-how noch nicht in ausreichendem Maße in einer Region vorhanden ist, sollten für die Zuwanderung von Fachkräften gezielte Anreize gesetzt werden.

Ein wesentliches Kennzeichen einer sinnvollen Strukturpolitik sind Kooperationen – und zwar idealerweise auf drei Ebenen: Erstens erfordern verkürzte Innovationszyklen, steigende Innovationskosten und ein intensiver werdender

Wettbewerb um Innovationen das Eingehen von Kooperationen. Großunternehmen bilden mittlerweile häufig strategische Allianzen bei der Entwicklung neuer Produkte und Verfahren, aber auch der Mittelstand ist wegen seiner hohen Flexibilität zunehmend über Kooperationen in Innovationsprozesse eingebunden. Gerade junge, kleine Start up-Unternehmen spielen heutzutage bei der Entwicklung von Spitzentechnologien und innovativer Software eine Schlüsselrolle.

Kooperationen sind aber zunehmend auch zwischen den staatlichen Forschungseinrichtungen, die im Schwerpunkt Grundlagenforschung betreiben, und der angewandten Unternehmensforschung von Bedeutung. Gerade in der Förderung von regionaler Prosperität verspricht eine verstärkte Förderung von Kooperationen zwischen den ortsansässigen privaten Unternehmen, den unabhängigen, staatlichen Forschungseinrichtungen und den staatlichen, politischen Instanzen vor Ort bei der Gestaltung von Innovationsprozessen einen überdurchschnittlich großen Erfolg, denn schon von Beginn an werden in diesen Prozessen Spillovereffekte in der Region erzeugt.

Mögliche Spillovereffekte sind somit eine primäre Motivation für regionalpolitische Anstrengungen. Angefangen von der sinnvollen Flächen- und Immobiliennutzung bis hin zum Einsatz von zusätzlich Beschäftigten aus der Region fällt hier ein Großteil der positiven Effekte im betroffenen Raum an. Dies wird natürlich auch dadurch noch verstärkt, dass von den Fortschritten auch solche Unternehmen profitieren, die selbst nicht an der Entwicklung des Neuen beteiligt waren. Diese indirekten »externen« Wirkungen sind eines der zentralen Argumente für die staatliche Unterstützung von innovativen Prozessen, wobei die Diffusion des Neuen oftmals vor Ort beginnt. Daraus können sich dann wiederum Chancen für eine Vorreiterrolle der geförderten Region ergeben, so dass die besondere Betonung des regionalen Charakters der Förderpolitik eine Rechtfertigung erfährt.

Eine dritte, ganz wesentliche Ebene der Kooperation betrifft die der staatlichen Ebenen untereinander. Dabei mangelte es im Ruhrgebiet in der Vergangenheit bis hinein in die Gegenwart nicht an kommunalen Kooperationen. Auch wenn die viel zitierte Konkurrenz vor allem unter den großen Städten im Ruhrgebiet häufig beklagt wird, muss man doch feststellen, dass es eine fast unüberschaubare Anzahl von Kooperationen oder zumindest Kooperationsvorhaben gab und gibt. Abgesehen davon, dass die angesprochene Konkurrenz der Städte aus ökonomischer Sicht per se nichts Schlechtes ist, stellt sich aber die Frage, ob bei den vielen – und in der Summe auch teuren – Kooperationen die richtige

Form gewählt wurde und ob die jeweils angestrebten Ziele überhaupt realistisch erreichbar waren.

Genauso wie Konkurrenz und Wettbewerb dann schädlich sein können, wenn damit auf Dauer Ressourcen verschwendet werden – zum Beispiel wenn Ressourcen für unsinnige Werbekampagnen, für die Diskreditierung von Wettbewerbern oder für politische Kampagnen eingesetzt werden –, kann Kooperation die falsche Strategie sein. Dies wird der Fall sein, wenn dadurch Anreize von Beteiligten gemindert, wenn nicht oder nur sehr schwer realisierbare Ziele vorgegeben, wenn die Verantwortlichkeit sowohl für Erfolg als auch für Misserfolg nicht klar geregelt wird und wenn es an funktionierenden Kommunikationsstrukturen zwischen den Kooperationspartnern mangelt. Es dürfte tendenziell aber auch zum Misserfolg kommen, wenn Kooperationen keine ausreichende demokratische Legitimierung haben, das heißt, wenn die Bürger sich nicht hinreichend mit einer Kooperation und deren Konsequenzen identifizieren (siehe »Stuttgart 21«).

Eine erfolgversprechende Struktur- und Regionalpolitik, die sich im Kern als eine auf einen bestimmten Raum bezogene Innovationspolitik versteht, sollte denselben Prinzipien folgen, nach denen auch eine ökonomisch sinnvolle Innovationspolitik vorgehen sollte (SVR 2009, 243): Sie sollte erstens auf einem umfassenden, konsistenten und transparenten Gesamtkonzept basieren, sie sollte zweitens ihre Prioritäten durch die Betonung von Wettbewerb, Eigenverantwortlichkeit und -initiative auf wirtschaftliches Wachstum richten, und sie sollte drittens durch eine regelmäßige Leistungskontrolle und eine grundsätzlich festzulegende zeitliche Begrenzung ihrer Förderaktivitäten ein positives Reizklima für innovative Leistungen schaffen.

Nach vorne schauen – Handlungsempfehlungen

Eindeutig zu empfehlen ist es, die strukturpolitischen Maßnahmen im Ruhrgebiet weiterhin auf die Bereiche (1) Infrastruktur und Investitionen, (2) Bildung, Forschung und Innovationen sowie (3) die Folgen der demographischen Veränderungen zu konzentrieren, um ein nachhaltiges Wachstum der regionalen Prosperität sichern zu können. Die Lissabon- und Barcelona-Strategien setzen hier auf europäischer Ebene die richtigen Schwerpunkte, genauso wie die »Strategie Europa 2020« der EU-Kommission, die zur Bewältigung der Finanz- und Wirtschaftskrise nochmals die Fokussierung auf Maßnahmen zur Erreichung eines nachhaltigen Wachstums geschärft hat.

Die theoretische Basis und die praktische Umsetzung dieser Ideen in Form von regionalen Förderprogrammen haben in den vergangenen Jahren bemerkenswerte Fortschritte gemacht. So haben sich in der Umsetzung mittlerweile bei der Vergabe von Fördermitteln wettbewerbliche Verfahren als überlegen erwiesen. Dies hat in Verbindung mit der erweiterten regionalen Ausrichtung dafür gesorgt, dass Strukturpolitik nicht nur auf das Aufholen eher schwacher oder rückständiger Regionen abstellt, sondern auch auf einen Ausbau schon vorhandener Stärken einer Region. Dies kann erhebliche positive Folgewirkungen für eine gesamte Region auslösen und aufgrund der räumlich weiteren Ausstrahlung von positiven Effekten auf größere Räume positiv wirken. So können letztlich auch vorhandene Schwächen beseitigt werden und sich für eine gesamte Region Chancen bieten.

Wenngleich diese neue Orientierung der Wirtschaftspolitik – und als Teile davon der Struktur- und der Innovationspolitik – positiv bewertet werden kann, sind bei den Handlungsempfehlungen noch wichtige Aspekte anzusprechen, die bei der konkreten Umsetzung von regionalen Förderprogrammen und insgesamt bei einer unterstützenden Wirtschaftspolitik zu befolgen sind.

– Im Bereich der Bildungspolitik werden derzeit durch die amtierende Minderheitsregierung in Nordrhein-Westfalen die institutionellen Rahmenbedingungen leider wieder verschlechtert. Das Instrument der Studiengebühren hatte gerade erst zu wesentlich besseren Anreizstrukturen bei allen beteiligten Akteuren geführt. Die geplante Abschaffung dieses sinnvollen Finanzierungs- und Steuerungsinstrumentes erschwert auch für die Hochschulen des Ruhrgebiets die Leistungserbringung und dürfte die Wettbewerbsposition der in dieser Region ausgebildeten Studenten nicht gerade verbessern. Es ist deshalb eine große Herausforderung für die Hochschulen des Landes, diesen Nachteil zu kompensieren, indem die Anreizstrukturen, die durch die Studiengebühren geschaffen wurden, möglichst aufrecht erhalten werden. Weil die Hochschulen als Kompensation für die wegfallenden Einnahmen aus den Studiengebühren Zuweisungen aus dem Landeshaushalt erwarten können, sollten das aufgebaute Nachweissystem für die Verwendung dieser Mittel beibehalten und die Qualität der Lehre weiter gesteigert werden.

– Insgesamt sollte bei den Hochschulen der Region die vorgenommene Neuausrichtung der Rahmenbedingungen intensiviert werden, die mehr Freiheiten und eine stärkere Eigenverantwortung der Hochschulen bei deren Haushalts- und Personalentscheidungen sowie der gesamten Organisation vorsieht. Im Grunde sollte angestrebt werden, dass die Hochschulen sogar frei darüber entscheiden können sollten, ob und in welcher Höhe sie Studiengebühren erheben. Die internationale Vernetzung der Hochschulen der Region sollte weiter gefördert und Studiengänge sollten nach internationalen Standards strukturiert werden. Die Empfehlungen der Expertenkommission Forschung und Innovation (EFI 2009 und 2010), die eine weitere Professionalisierung des Wissenstransfers zwischen Hochschulen und Unternehmen fordern, sollten umgesetzt werden.

- Die regionalen Förderprogramme sollten verstärkt Kooperationen privater Akteure aus unterschiedlichen Disziplinen und Institutionen zum Ziel haben, die konkret auf Innovationen abzielen. Zudem sollten Kooperationen universitärer und außeruniversitärer Forschung unterstützt werden, darunter vor allem solche, die im Bereich von Naturwissenschaften und Technik auf die Schnittstelle zur Marktanwendung spezialisiert sind. Dabei sollte – wann immer möglich – auch die private Wirtschaft eingebunden werden. In der räumlichen Zusammenballung von Kompetenzen könnten so innovative Milieus entstehen, die einerseits auf vorhandenen Exzellenzen aufbauen würden, andererseits aber eine dynamische Entwicklung und wirtschaftlich erfolgreiche Innovationen versprechen.

- Im Vergleich zu den innovationsstarken OECD-Ländern werden in Deutschland noch immer weniger unmittelbar technologieorientierte Unternehmen gegründet. Zwar hat Nordrhein-Westfalen und auch das Ruhrgebiet im rein inländischen Vergleich – etwa zu Bayern – bei den Neugründungen im Hightech-Bereich etwas aufgeholt (RWI/Stifterverband 2010, 199–213), die Region sollte aber gezielte, koordinierte Anstrengungen unternehmen, um bei der Mittelvergabe aus den EU-Förderprogrammen, bei denen die Maßnahmen zur technologieorientierten Unternehmensgründung einen großen Teil des Fördervolumens ausmachen, erfolgreich zu sein. Um hier die vor allem im internationalen Vergleich noch vorhandenen Defizite auszugleichen, sollten speziell auch die ins Ruhrgebiet fließenden Mittel verstärkt auf Unternehmensgründungen ausgerichtet sein, die sich mit technologischen Innovationen beschäftigen. Weil solche Unternehmensgründungen sowohl in der Gründungsphase als auch bei der weiteren Expansion immer wieder auf kritische Finanzierungsengpässe stoßen, dürfte die staatliche Unterstützung gerade bei diesen Unternehmen sehr wirkungsvoll sein. Dies ist im Besonderen aktuell in einer Zeit zu erwarten, in der Wagniskapital von den Banken weniger risikofreudig zur Verfügung gestellt wird als noch vor der Krise, wobei konstatiert werden muss, dass dieser Markt in Deutschland schon seit längerem schlechter funktioniert als in anderen Ländern (Wiss. Beirat BMWi 1997; SVR 2008, 43 ff.).

- Strukturpolitik findet nicht nur durch die EU-Förderprogramme statt. Vielmehr gibt es eine Reihe von nationalen Programmen, die zum Teil direkt eine regionale Zielsetzung verfolgen, wie die Gemeinschaftsaufgabe »Verbesserung der regionalen Wirtschaftsstruktur« (GRW)[6], die aber auch ohne unmittelbaren Bezug auf eine regionale Entwicklung die angesprochenen wachstumsrelevanten Ziele verfolgen. Gefördert wird etwa direkt die Wissenschaft (zum Beispiel durch die Exzellenzinitiative), der innovative Mittelstand (zum Beispiel durch die Industrielle Gemeinschaftsforschung [IGF]) oder die Vernetzung von Wirtschaft und Forschung (zum Beispiel durch den Spitzenclusterwettbewerb). Bei solchen Programmen, die in der Regel auf eine Förderung einzelner Unternehmen oder Wissenschaftseinrichtungen abstellen, gilt es aber auch für eine Region insgesamt, im Wettbewerb um die ausgeschriebenen Mittel erfolgreich zu sein. Denn die erfolgreiche Einwerbung von Fördermitteln herausragender Unternehmen oder wissenschaftlicher Einrichtungen dürfte auch positiv auf andere in der Region ausstrahlen. Letztlich kann auch bei diesen Förderprogrammen eine Region insgesamt sehr profitieren und ihre wirtschaftliche Entwicklung verbessern. Deshalb sollten alle Möglichkeiten der Zusammenarbeit von privaten Unternehmen, Forschungseinrichtungen, Unternehmensverbänden, Industrie- und Handelskammern und der Kommunalpolitik ausgeschöpft werden, um bei den entsprechenden Förderwettbewerben erfolgreich zu sein.

- Schließlich ist den Akteuren in der Region dringend davon abzuraten, sich zu zögerlich von reinen Erhaltungssubventionen zu trennen. Das Beispiel der viel zu langsamen Beendigung der hoch subventionierten Steinkohlenförderung sollte nicht Schule machen. Es zeigt aber, dass es im Ruhrgebiet vielen Beteiligten offensichtlich schwerfällt, sich von nicht mehr erfolgreichen Produktionsbereichen zu verabschieden und Neues zu wagen. Das oft und insbesondere von Gewerkschaftsvertretern bemühte Argument der Sozialverträglichkeit kann hierbei nicht als Rechtfertigung überzeugen. Denn erstens hätte auch ein früherer Ausstieg aus der subventionierten Steinkohlenproduktion sozialverträglich gestaltet werden können, wenn akzeptiert worden wäre, dass nicht

---

6 Die aktuelle Evaluationsstudie zur GRW kommt zu deutlichen positiven Effekten dieser Förderung auf Beschäftigung und Lohnentwicklung in den geförderten Unternehmen (Bade/Alm 2010, 113–117).

alle noch jungen Beschäftigten noch irgendwie in den Vorruhestand überführt werden. Weder für die 45 bis 50 Jahre alten Beschäftigten im Steinkohlenbergbau ist ein sehr frühes Ausscheiden aus dem Arbeitsmarkt positiv zu bewerten, noch wird der Arbeitsmarkt dadurch entlastet – im Gegenteil: Viele von den nun bis Ende 2018 in den Vorruhestand gehenden Beschäftigten der RAG AG wären mit ihrer guten Ausbildung und mit ihrer wertvollen Arbeitserfahrung in einem technisch anspruchsvollen Job auf dem Arbeitsmarkt begehrt gewesen. Bis 2018 werden in der Region deshalb hoch qualifizierte Facharbeiter weit unter ihren Möglichkeiten beschäftigt, und anschließend verzichtet man komplett auf deren Kompetenzen.

Literatur

Bade, F.-J. und Alm, B. (2010), Evaluierung der Gemeinschaftsaufgabe »Verbesserung der regionalen Wirtschaftsstruktur« (GRW) durch einzelbetriebliche Erfolgskontrolle und Schaffung eines Systems für ein begleitendes Monitoring. Dortmund, September 2010.

Bürgerschaftliche Initiative RuhrStadt (2010), Denkschrift der Bürgerschaftlichen Initiative RuhrStadt. pro Ruhrgebiet e. V. (Hrsg.), 1. Aufl., Klartext Verlag, Essen.

Bundesministerium der Finanzen (BMF) (2010), Zweiundzwanzigster Subventionsbericht – Bericht der Bundesregierung über die Entwicklung der Finanzhilfen des Bundes und der Steuervergünstigungen für die Jahre 2007–2010, Berlin.

Europäische Kommission (2010), Innovationsunion – Leitinitiative der Strategie Europa 2020. Mitteilung der Kommission an das Europäische Parlament, den Rat, den Europäischen Wirtschafts- und Sozialausschuss und den Ausschuss der Regionen – SEK (2010) 1161, Brüssel.

Europäische Kommission (2010), Europa 2020 – Eine Strategie für intelligentes, nachhaltiges und integratives Wachstum, Brüssel.

Expertenkommission Forschung und Innovation (EFI) (Hrsg.) (2010), Gutachten zu Forschung, Innovation und technologischer Leistungsfähigkeit 2010, EFI, Berlin.

Expertenkommission Forschung und Innovation (EFI) (Hrsg.) (2009), Gutachten zu Forschung, Innovation und technologischer Leistungsfähigkeit 2009, EFI, Berlin.

Gesellschaft für Finanz- und Regionalanalysen und MR Gesellschaft für Regionalberatung mbH (GEFRA/MR) (2010), Zukunft der Europäischen Strukturfonds in Nordrhein-Westfalen. Gutachten im Auftrag der Ministerin für Bundesangelegenheiten, Europa und Medien und des Ministers für Wirtschaft, Energie, Bauen, Wohnen und Verkehr des Landes Nordrhein-Westfalen, Endbericht, Münster/Bremen, September 2010.

Goch, S. (2009), Politik für Ruhrkohle und Ruhrrevier – Von der Ruhrkohle AG zum neuen Ruhrgebiet. In: Landtag NRW (Hrsg.), Kumpel und Kohle. Der Landtag NRW und die Ruhrkohle 1946 bis 2008, Düsseldorf 2009 (Schriften des Landtags NRW, Bd. 19), 125–165.

Lageman, B., U. Neumann und C. M. Schmidt (2006), Und täglich grüßt die Subvention – wie kann die erfolgreiche Revitalisierung des Ruhrgebiets gelingen? *Zeitschrift für Wirtschaftsgeographie* 50 (3/4): 232–244.

Landtag NRW (2010), Steinkohlenbergbau in NRW – Antwort der Landesregierung auf die Anfrage 43 der Fraktion Bündnis 90/Die Grünen. Drucksache 14/9978, Düsseldorf.

Rheinisch-Westfälisches Institut für Wirtschaftsforschung und Stifterverband-Wissenschaftsstatistik (RWI/Stifterverband) (2010), Innovationsbericht 2009. Zur Leistungsfähigkeit des Landes Nordrhein-Westfalen in Wissenschaft, Forschung und Technologie. Forschungsprojekt für das Ministerium für Innovation, Wissenschaft, Forschung und Technologie des Landes Nordrhein-Westfalen, Essen

Rheinisch-Westfälisches Institut für Wirtschaftsforschung und Stifterverband für die Deutsche Wissenschaft (RWI/Stifterverband) (2006), Innovationsbericht 2006. Zur Leistungsfähigkeit des Landes Nordrhein-Westfalen in Wissenschaft, Forschung und Technologie. Forschungsprojekt für das Ministerium für Innovation, Wissenschaft, Forschung und Technologie des Landes Nordrhein-Westfalen, Essen.

Sachverständigenrat zur Begutachtung der gesamtwirtschaftlichen Entwicklung (SVR) (2009), Die Zukunft nicht aufs Spiel setzen. Jahresgutachten 2009/2010, Statistisches Bundesamt, Wiesbaden.

Sachverständigenrat zur Begutachtung der gesamtwirtschaftlichen Entwicklung (SVR) (2008), Die Finanzkrise meistern, die Wachstumskräfte stärken. Jahresgutachten 2008/2009, Statistisches Bundesamt, Wiesbaden.

Wagner, J. (2010), Wer wird subventioniert? Subventionen in deutschen Industrieunternehmen 1999–2006. *Perspektiven der Wirtschaftspolitik* 2010 11(1): 47–74.

Wiss. Beirat beim Bundesministerium für Wirtschaft (1997), Wagniskapital. Gutachten vom 25. und 26. April 1997, Bonn.

Die Autoren bedanken sich bei Philipp Breidenbach, Karl-Heinz Herlitschke, Florian Matz, Joachim Schmidt und Yvonne Winkler für ihre Unterstützung.

Michael Vassiliadis

Wissen für die Zukunft
Über die außergewöhnlichen Möglichkeiten
der Moderne

Das Ruhrgebiet steht nicht vor, wie manche meinen, sondern inmitten einer neuen Phase der Industrialisierung. Das gilt unter einer Bedingung: Wenn eine solche Entwicklung von den Menschen gewollt ist. Die Menschen, von denen hier die Rede ist, sind nicht nur die Bürgerinnen und Bürger, die als Anwohner der Industrie bei Erweiterungen und Neubauten in Erscheinung treten und dann – legitimerweise – ihre Interessen wahren. Nein, hier soll die Rede sein von der Vielfalt an Wissen und an Erfahrung, an Können und an Kultur, das sich im Ruhrgebiet versammelt. Diese Kultur der Vielfältigkeit, die die Unternehmer und Wissenschaftler von heute weiterentwickeln, in der Gewerkschafter und Manager, Arbeiter, Handwerker und Priester Wissen weitertragen, kann der Schlüssel zum Erfolg des wirtschaftlichen Lebens an der Ruhr werden. Es gibt allerdings eine wichtige Voraussetzung: Wer den Erfolg will, muss Menschen begeistern, eine Gesellschaft, die morgen nicht mehr von schrumpfenden sondern von starken Städten reden will, muss bereit sein, in der Gegenwart zu investieren. Es geht, wenn von den Menschen und ihrer Zukunft an der Ruhr die Rede ist, um eine Loyalität zu diesem Standort.

Die Investitionen, auf die es dabei ankommt, sind nicht in erster Linie aus Stahl, Beton und Asphalt. Natürlich brauchen wir eine verbesserte Verkehrsinfrastruktur und unsere Städte müssen Teile der Wohn- und Wirtschaftsquartiere neu erfinden, weil sie in der Gegenwart nicht mehr ihren Zweck erfüllen. Wenn aber von den Investitionen, die es für eine neue Industrialisierung braucht, die Rede sein soll, dann sollen die ungeheuren Möglichkeiten im Vordergrund stehen, die mit einer fortschrittlichen Industrie in Verbindung stehen. Wegen der gebotenen Kürze sollen drei faszinierende Beispiele Auskunft darüber geben, was das Potenzial unserer Region ausmacht.

Die großen Potenziale

Kohlenstoff gilt gemeinhin als ein Problem unserer Zeit. Aber Kohlenstoff weist in Form feinster Röhrchen, so genannter Carbon Nanotubes, den Weg in ein neues Werkstoffzeitalter. Weil wir höchste Ansprüche an (Energie-)Effizienz in der Mobilität wie der Energieerzeugung haben, ist das neue, in seinen Eigenschaften höchst gestaltbare Material der Werkstoff der Zukunft. Windkraftrotoren, Autos und Flugzeuge der Generation E und neue Batterietechnologien werden durch die Carbon Nanotubes erst denkbar. Das Ruhrgebiet, einst Schmiede der ersten Industrialisierung, hat auf diesem Feld unübersehbare Kapazitäten, um sich mit Kohlenstoff neue Felder industrieller Wertschöpfung zu erschließen.

Zu den wohl ältesten Traditionen des Ruhrgebietes gehört die Gewinnung des Treibstoffs der Industrialisierung: der Kohle. Aber auch ohne die Nähe zu Eisen- und anderen Metallvorkommen wäre der Aufschwung, der Millionen aus allen Teilen Europas an die Ruhr zog, nicht denkbar gewesen. Technologien der Zukunft, etwa neue Batterien und Akkumulatoren, werden auf Metalle solange nicht verzichten können, bis wir auch hier Ersatz synthetisieren können. Um auf der Suche nach entsprechenden Vorkommen nicht in immer fernere Gegenden der Welt vordringen müssen, wird es sich lohnen, hierzulande die Rohstoffkreisläufe systematisch zu schließen. Weil wir Elektronikschrott, Abrissgebäude oder Autofriedhöfe zu Quellen künftigen Wohlstands machen wollen, brauchen wir Wissen und Fertigkeiten über Metalle, die nirgendwo sonst in Deutschland in so konzentrierter Form vorkommen wie noch an der Ruhr.

Vor sechzig, siebzig Jahren wurde in Deutschland Wäsche noch in großen Bottichen in den so genannten Waschküchen förmlich gekocht. Mit Laugen aller Art, mit Waschbrettern und ihren blanken Händen kämpften die Frauen von damals gegen den Dreck in grober Faser. Moderne Enzyme in unseren Waschmitteln verändern die Welt. Wäsche kocht nur noch, wer sie meist unnötigerweise kochen will. Die unzählbare Wäsche von 80 Millionen Menschen in Deutschland wird bei 30 Grad sauber – neue Textilien und noch bessere Waschmittel werden einen der größten Energieverbraucher im Haushalt in Zukunft noch effizienter werden lassen. Die Forscher, die Fertigung und die Arbeiter, die daran arbeiten, leben hier an der Ruhr. Sie wissen: Der Fortschritt, den sie antreiben, ist gerade erst so richtig auf dem Weg.

Gewerkschaft als Prinzip gelebter Solidarität

Es gibt, wenn wir *den* Aufschwung wollen, von dem wir für unser Industrieland träumen, einen entscheidenden Schlüssel: Es sind die Menschen. Sie und die von Wertschöpfung geprägte Kultur sind jede Investition wert, die Sinn macht. Es geht darum, hunderttausenden Kindern durch exzellent ausgestattete Kindergärten und Schulen ein Bewusstsein nicht länger vom alltäglichen Mangel, sondern von den außergewöhnlichen Möglichkeiten der Moderne zu geben. Es geht darum, die Hochschulen auf einen Stand zu heben, dass sie zu Keimzellen von Technologien und Wissen der Zukunft werden. Es muss allen, die den Fortschritt an der Ruhr wollen, klar sein: Weil Arbeitskräfte in Deutschland älter und knapp werden, führt nichts daran vorbei, die Investitionen in Bildung und Entwicklung von Menschen zu stärken, wie es geht und ihnen Chancen zu geben, Wissen und Fertigkeiten auch anzuwenden. Es gibt Gegenden in unserem Land, die bleiben bei beidem unter dem Notwendigen – und leiden an schrecklicher Auszehrung.

Es geht weiter darum, neue Autobahnen für Daten und E-Mobile zu errichten, die Häfen für Schiffe auf dem Stand zu halten und den Datenstrom der Ruhr mit der Welt zu verbinden. Es braucht Banken, die die Kraft haben, an der Ruhr finanzieren zu wollen, und Banker, die neben Risiken für ihre Kredite auch die Chancen für ihr Gewerbe vor Ort erkennen können.

Wir werden als Gewerkschaft unsere Ressourcen so einsetzen, dass wir diese neue Ära der Industrialisierung mit befördern. Gewerkschaft als Prinzip gelebter Solidarität, als gelebte Kultur der Arbeit, ist ja keineswegs altmodisch. Vielmehr ist es gerade Kern allen gewerkschaftlichen Handelns seit je her, den Respekt und die Achtung für arbeitende Menschen und ihre Interessen zu wahren, so dass Arbeitnehmer sich frei entfalten können. Innovationen sind menschengemacht. Und so wird diese Freiheit, für die Gewerkschaften eintreten, zur Quelle immer neuer Ideen – für eine bessere, fortschrittlichere Wertschöpfung wie für ein besseres Leben.

Deswegen ist das Zusammenspiel in unserer Gesellschaft zwischen Unternehmen, Politik und Gewerkschaften eine der wichtigsten Voraussetzungen für das, woran wir glauben: ein Ruhrgebiet, in dem Menschen ein neues Wirtschaftswunder schaffen, das Menschen aus aller Welt anzieht.

Josef Hilbert

Zehn Jahre Gesundheitswirtschaft in der Metropole Ruhr
Perspektiven einer Bilanz

Eine anspruchsvolle und sozial gerechte Gesundheitsversorgung ist für alle hoch entwickelten Gesellschaften ein sozialpolitisches Muss. Seit Mitte der neunziger Jahre wird immer mehr erkannt, dass sich dies auch wirtschaftlich auszahlt. Zum einen sind gut qualifizierte, gesunde und kreative Köpfe eine unabdingbare Ressource für moderne Wissensgesellschaften, zum anderen – und das ist das eigentlich Neue – wird immer deutlicher, dass die Gesundheitsbranchen wichtige, wahrscheinlich sogar die kräftigsten Träger und Treiber für mehr Arbeitsplätze, für mehr Wirtschaftswachstum und Wohlfahrt geworden sind und auch bleiben werden, nicht nur in Deutschland und Europa, sondern weltweit – vor allem in den großen und dynamischen Schwellenländern.

Diese neue Sicht – Gesundheit nicht als Kostgänger, sondern als Zukunftstreiber der Wirtschaft – hat sich in Deutschland in den letzten Jahren immer mehr etabliert. Erste Impulse in diese Richtung kamen aus der Wissenschaft und wurden zunächst von der regionalen Ebene, dann von einigen Bundesländern und etwa seit 2005 auch von der Bundesebene aufgegriffen. Zusammen mit Erlangen-Nürnberg und Ostwestfalen-Lippe gehörte das Ruhrgebiet zu den Regionen, die als erste auf Gesundheitswirtschaft setzten: Die neue Symbiose von Wirtschaft und Gesundheit sollte die gesundheitliche Lebensqualität verbessern und gleichzeitig das Ruhrgebiet zu einem führenden Standort für gesundheitsbezogene Kompetenzen, Einrichtungen, Angebote und Innovationen machen.

Die ersten Initiativen zur Entwicklung der Gesundheitswirtschaft im Ruhrgebiet fanden Mitte der 1990er Jahre statt. Etwa seit der Jahrtausendwende haben sie sich konsolidiert und organisatorisch verfestigt. Mittlerweile ist es Zeit, bilanzierend zurückzuschauen und mit Blick auf Perspektiven und Gestaltungsherausforderungen über Möglichkeiten der Nachsteuerung nachzudenken. Der vorliegende Aufsatz versteht sich als Beitrag für eine solche Bilanz mit Perspektiven.

Gesundheitswirtschaft Ruhr: Viele Eltern schafften ein Zuhause!

Die ersten Ansätze zur Entwicklung der Gesundheitswirtschaft im Ruhrgebiet kamen aus vielen Quellen; zu nennen sind hier vor allem die folgenden fünf Initiativen:

- Wirtschaftsförderungen aus zentralen Ruhrgebietsstädten – am Anfang waren es Bochum, Dortmund und Essen – bauten fachlich einschlägige Schwerpunkte auf; in Essen versammelten sich einschlägig interessierte Akteure etwa unter dem Slogan »Essen forscht und heilt!«
- Die Wirtschaftsförderung für das gesamte Ruhrgebiet – früher Projekt Ruhr, heute Wirtschaftsförderung Metropole Ruhr (WMR) – kümmerte sich insbesondere um die medizintechnischen und biomedizinischen Kompetenzen und versammelte sie in entsprechenden Vereinen.
- Der »Initiativkreis Ruhrgebiet« widmete sich dem Thema Spitzenmedizin im Ruhrgebiet und brachte des Weiteren einen Krankenhausführer Rhein-Ruhr auf den Weg, der im Übrigen von den Bürgerinnen und Bürgern sehr gut angenommen wurde, Nachahmer in anderen Regionen gefunden hat und auch heute noch als wegweisend gilt.
- Der »Verein pro Ruhrgebiet« interessierte sich insbesondere für die Stärkung des Gründungsgeschehens und brachte Initiativen zur Mobilisierung und Qualifizierung von Gründern und Firmenentwicklern auf den Weg.
- Dietrich W. Grönemeyer sorgte durch eigene medizinische und wirtschaftliche Aktivitäten sowie durch ein überaus erfolgreiches publizistisches Engagement dafür, dass die politische und öffentliche Aufmerksamkeit die Chancen einer neuen Synergie zwischen Gesundheit und Wirtschaft deutlich steigerte.
- Vom Gelsenkirchener Institut Arbeit und Technik (IAT) kamen arbeitsmarkt- und strukturpolitische Analysen, die klar machten, dass die Gesundheitswirtschaft für das Ruhrgebiet die »heimliche Heldin« des Strukturwandels war und dass positive Beiträge für mehr Beschäftigung vor allem aus der stationären und ambulanten Versorgung – und dort insbesondere aus der Altenhilfe – kamen und in Zukunft kommen werden.

Nach intensiven Absprachen und Sondierungen gelang es Anfang des vergangenen Jahrzehnts, die meisten dieser unterschiedlichen Akteure unter dem Dach einer neuen Organisation, der MedEcon-Ruhr, zu bündeln. Die Kraft für einen solchen, für das Ruhrgebiet eher außergewöhnlichen Schritt kam vor allem daher, dass sich viele Einrichtungen und Unternehmen der Gesundheitswirtschaft selbst – nicht zuletzt auch zahlreiche Krankenhäuser – entschlossen, sich

Die Gesundheitsmetropole Ruhr im Überblick

– Das Ruhrgebiet ist gemessen in Einwohnern und Beschäftigten die größte deutsche Gesundheitsregion, gefolgt von Köln/Bonn, Berlin und Hamburg.

– Mit seinen 5,3 Millionen Einwohnern besitzt das Ruhrgebiet ein sehr großes gesundheitsbezogenes Nachfragepotenzial.

– Der demographische Wandel schreitet im Ruhrgebiet schneller voran als in anderen Regionen: Bis zum Jahre 2025 wird die Zahl der über 60-Jährigen auf 1.592.800 anwachsen, entsprechend wird auch der altersspezifische gesundheitsbezogene Versorgungsbedarf deutlich steigen.

– Mit 133 Krankenhäusern, ca. 9.000 niedergelassenen Ärzten, 1.100 Pflegeheimen und ambulanten Diensten sowie rund 1.400 Apotheken verfügt das Ruhrgebiet über eine außergewöhnlich dichte medizinische Infrastruktur. Eine dichtere Bündelung von Angeboten gibt es bisher in keiner anderen Region.

– Die Krankenhäuser und Kliniken des Ruhrgebiets beschäftigen allein rund 80.000 Menschen. Insgesamt arbeiten in den medizinisch und gesundheitlich ausgerichteten Einrichtungen und Unternehmen an der Ruhr mehr als 300.000 Menschen (davon ca. 250.000 sozialversicherungspflichtig Beschäftigte). Der Anteil an der Gesamtbeschäftigung beträgt 16,5 Prozent, der Durchschnitt in NRW liegt bei 15,3 Prozent und der Bundesdurchschnitt bei 15,2 Prozent. Keine Branche im Ruhrgebiet hat ein vergleichbar hohes Beschäftigungsgewicht.

– Die Kliniklandschaft des Ruhrgebiets ist mit seiner Dichte und Vielfalt an Spezialisierungen in Diagnose, Therapie und Rehabilitation und einem Umsatz von jährlich ca. 5 Milliarden Euro einzigartig in Deutschland.

– Das Ruhrgebiet ist ein bedeutender Forschungs- und Lehrstandort für Gesundheitsberufe: Hier bieten drei Universitäten (Bochum, Duisburg-Essen, Witten-Herdecke) ein Medizinstudium. Des Weiteren werden an mehreren Fachhochschulen verschiedene gesundheitsbezogene Studiengänge angeboten (Pflegewissenschaften, Medizintechnik).

– Viele Gesundheitsanbieter des Ruhrgebiets haben sich der MedEcon Ruhr angeschlossen, die direkt oder indirekt über 180 Unternehmen und Einrichtungen repräsentiert.

im Rahmen der MedEcon-Ruhr finanziell und personell zu engagieren. Hilfreich war des Weiteren, dass auch von der Landespolitik Unterstützung kam und dass die Wirtschaftsförderungen – sowohl die des gesamten Ruhrgebiets als auch die der einzelnen Städte – überzeugt waren, mit einer einheitlichen Konstruktion mehr gewinnen zu können, als wenn man getrennt operiert.

Gesundheitswirtschaft im Revier:
Erfolge bei Forschung und Lehre und rund ums Krankenhaus

Die Aktivitäten zur Entwicklung der Gesundheitswirtschaft im Ruhrgebiet haben in den letzten Jahren ohne Zweifel eine Fülle von Erfolgen aufzuweisen. Ganz oben steht, dass die Forschung, Entwicklung und Lehre für die Zukunft der Gesundheit mit Aufsehen erregenden Aktivitäten vorangebracht werden konnten:

– In Dortmund wird das dortige Max-Planck-Institut für molekulare Physiologie ausgebaut und untersucht gerade die molekularen Prozesse des Zellwachstums und der Krebsentstehung.
– In Essen arbeitet das Erwin L. Hahn-Institut für Magnetresonanz als interdisziplinäre Forschungsinstitution zur Erforschung und Anwendung der Magnetresonanz-Tomographie (MRT) Bildgebung in den Neurowissenschaften und in der medizinischen Diagnostik und Therapie und genießt weltweite Aufmerksamkeit.
– Parallel dazu hat das Westdeutsche Protonentherapiezentrum Essen (WPE) den Probebetrieb aufgenommen; aufgrund der physikalischen Eigenschaften der Protonenstrahlung gilt die Protonentherapie als besonders schonende und wirksame Form der Strahlentherapie.
– In Bochum hat das europäische Proteinforschungsinstitut PURE (Protein-research Unit Ruhr within Europe) seine Arbeit aufgenommen. PUREs Mission ist die Suche nach krankheits-anzeigenden Proteinen, so genannten Biomarkern, für Erkrankungen wie Blasenkrebs, Leberkrebs, Alzheimer oder Parkinson.
– An der Fachhochschule Gelsenkirchen arbeiten Biowissenschaftler, Informatiker, Medizintechniker, Mediziner, Ökonomen und Gesellschaftswissenschaftler in einem neuen Kompetenzschwerpunkt Gesundheit zusammen.
– Das Ruhrgebiet war eine Modellschmiede für neue Wege in der Medizinerausbildung. Zu nennen ist hier gerade auch die Privatuniversität Witten-Herdecke mit ihrem Modellstudiengang Humanmedizin. Hervorzuheben ist bei

diesem der frühe Praxisbezug. Vom ersten Semester an sind die zukünftigen Ärztinnen und Ärzte parallel zur wissenschaftlichen Ausbildung in einer allgemeinmedizinischen Praxis tätig.

– In Bochum wurde 2010 die Hochschule für Gesundheit gegründet. Sie ist die erste staatliche Hochschule für Gesundheitsberufe in Deutschland, die seit dem Wintersemester 2010/11 grundständige Studiengänge im Bereich der Ergotherapie, Hebammenkunde, Logopädie, Pflege und Physiotherapie anbietet.

Ein großer, gemeinsamer Erfolg für das Ruhrgebiet war auch, dass der Gesundheitscampus NRW in Bochum angesiedelt wurde. Der Gesundheitscampus ist eine Art Kompetenzzentrum des Landes NRW und soll die NRW Gesundheitswirtschaft weltweit an die Spitze bringen. Für dieses Ziel arbeitet etwa das so genannte Strategiezentrum mit Akteuren und Regionen aus ganz NRW zusammen. Der Gesundheitscampus als Standort zielt aber auch auf Ansiedelung neu zu gründender oder bereits existierender Gesundheitseinrichtungen.

Ein zweites Erfolgsfeld der Gesundheitswirtschaft Ruhrgebiet kann mit dem Stichwort »Rund um das Krankenhaus« beschrieben werden. Als eine der dichtesten und größten Krankenhauslandschaften in Europa liegen hier besondere Chancen beim Krankenhausbau, bei der Krankenhaustechnik, bei der Logistik, beim Design von Versorgungsstrukturen etc. – aber auch beim Ansprechen und Einwerben von Patienten aus anderen Regionen und dem Ausland und beim Weitergeben von einschlägiger Expertise an Dritte in anderen Regionen und Ländern. Wichtige Ergebnisse in diesem Arbeitsfeld waren in den letzten Jahren:

– Der Ausbau von gesundheitslogistischen Angeboten insbesondere im nördlichen Ruhrgebiet. Die Beschreibung und Analyse der Gesundheitsregion Ruhrgebiet mit ihrer außergewöhnlichen Krankenhauslandschaft haben erheblich dazu beigetragen, dass einschlägige Logistikunternehmen diesen Standort wertschätzen.

– Nach intensiven Vorarbeiten konnte in 2010 der Teleradiologieverbund Ruhr auf den Weg gebracht werden. Bei diesem handelt es sich um ein offenes, neutrales und barrierefreies Netzwerk, das die radiologische Versorgung im Revier nachhaltig verbessern soll, wichtigstes Mittel dazu sind Telekonsularische Kooperationen. Neben den einschlägigen technischen Kompetenzträgern haben sich mittlerweile rund 30 Gesundheitseinrichtungen diesem Verbund angeschlossen.

– Die vier Fraunhofer-Institute der Region haben sich mit Industriepartnern zusammengetan, um – erstmals in Deutschland – eine anwendungsorientierte

Forschungsplattform für das Hospital Engineering zu bilden. Sie bündelt unter anderem Kompetenzen zur IuK-Technik, zur Ressourcen- und Energieeffizienz, zu Health Care Logistics und zum Prozessmanagement.

– Im emed.ppp-Projekt, das unter dem Dach der MedEcon-Ruhr von einer Vielzahl von Partnern aus Forschung, Versorgung und Technik durchgeführt wird, geht es darum, die Logistik-Prozesse für Medikalprodukte in Krankenhäusern selbst zu optimieren. Im Ergebnis wird nach Abschluss des Projektes eine modular aufgebaute und in bestehende Systeme integrierbare Software-Lösung für Krankenhaus-e-procuremet-Prozesse zur Verfügung stehen.

– Unter kräftigem Mitwirken von Krankenhäusern sind im Ruhrgebiet auch zahlreiche neue integrierte Versorgungskonzepte auf den Weg gebracht worden, in denen nicht nur die stationäre und ambulante Versorgung, die Zusammenarbeit von Kliniken und niedergelassenen Ärzten angestrebt wird, sondern in denen es mittlerweile auch um mehr patientenorientiertes Zusammenwirken bei der Prävention, bei der Rehabilitation sowie bei der Unterstützung, Begleitung und Überwachung von Risikopatienten geht. Beispiele hierfür sind der Prosper-Verbund, das Herdecker-Modell und der Essener Herzinfarkt-Verbund.

Patienten- und Mitarbeiterorientierung, Internationalisierung – Baustellen für die Zukunft

Zu Beginn der Aktivitäten zur Entwicklung der Gesundheitswirtschaft war die Liste der Handlungsfelder und Zukunftschancen deutlich länger, als die im Rückblick zu vermeldenden Erfolge suggerieren. Gleichwohl werden das Engagement, die stabile, von der Wirtschaft mitgetragene Organisation und auch die ersten erkennbaren Erfolge innerhalb und (noch mehr) außerhalb des Reviers aufmerksam und anerkennend wahrgenommen.

Das sollte jedoch den Blick für Schwächen und sich daraus ableitende weitere Handlungserfordernisse nicht trüben. Bei der Suche nach Verbesserungsmöglichkeiten fällt vor allem auf, dass das Ruhrgebiet bei den Beschäftigungszuwächsen in den Gesundheitsberufen zwar schwarze Zahlen schreibt, jedoch weniger dynamisch ist als andere NRW-Gesundheitsregionen. Hier muss nach der Ursache gesucht und gegebenenfalls gegengesteuert werden. Darüber hinaus fällt Insidern auf, dass es dem Ruhrgebiet jenseits der Health Care Logistics bislang nicht gelungen ist, größere Investoren von außerhalb anzuziehen. Ob in diesem Handlungsfeld in Zukunft größere Erfolge zu erzielen sind, wird sich nicht zuletzt auf dem Gelände rund um den Gesundheitscampus NRW in Bochum zeigen.

Zentrale Querschnittsthemen für das zukünftige Gestalten lassen sich mit den Begriffen Patienten-, Nutzer- und Mitarbeiterorientierung umreißen:

— Bei der Patienten- und Nutzerorientierung geht es zum einen darum, das Design von integrierenden Versorgungsstrukturen bedarfsorientiert weiter zu entwickeln. Hier liegen nicht nur ganz erhebliche Potenziale zur qualitativen Verbesserung der Versorgung, sondern Systemlösungen, die Nutzer und Patienten sowohl bei der Prävention ansprechen als auch ganzheitlich durch die Akutintervention, Rehabilitation und dann wieder in die ambulante Versorgung hinein begleiten, versprechen hohe Effizienzvorteile in der alternden Region Ruhrgebiet; und in diesem Zusammenhang sind insbesondere präventionsorientierte Ansätze für Erkrankungen im Alter gefragt. Aus der Knappschaft sind diesbezüglich in den letzten Jahren wichtige Impulse gekommen, die es verdienen, deutlich verbreitet und vertieft zu werden.

— Zum anderen heißt Nutzer- und Patientenorientierung aber auch, Patienten als Experten für ihre Gesundheit und gegen ihre Krankheiten stärker zu aktivieren und als zentralen Faktor für die Gesunderhaltung und Heilung ernst zu nehmen. Entsprechende Angebote stoßen überall auf großes Interesse, werden bislang aber viel zu selten unterbreitet, außerdem fehlt bei vielen Gesundheitsprofessionellen häufig die Phantasie und das Engagement, hier neue Wege zu gehen. Was spricht eigentlich dagegen, an die Erfahrungen der Kulturhauptstadt 2010 anzuknüpfen und in einem der kommenden Jahre eine »Medizinale Ruhr« durchzuführen, bei der Potenzial für mehr Nutzer- und Patientenorientierung erprobt und gezeigt werden – so könnte endlich der Mensch stärker in den Fokus der gesundheitswirtschaftlichen Aktivitäten gerückt werden.

— Unter dem Stichwort Mitarbeiterorientierung ist insbesondere gefragt, das Arbeiten im Gesundheitssektor attraktiver zu machen. Der demographische Wandel führt dazu, dass es in Zukunft verstärkt Konkurrenz zwischen verschiedenen Branchen gibt. Eine Branche wie Gesundheit, in der heute in vielen Arbeitsfeldern schlechte Arbeitsbedingungen und bescheidene Löhne und Gehälter dominieren, könnte dabei schlecht abschneiden. Damit nicht ausgerechnet Arbeit zur »Achillesferse« der Zukunftsbranche Gesundheit wird, sind neue Wege der Arbeitsorganisation, Qualifizierung, der Work-Life-Balance, aber auch der Tarifierung zu gehen. In diesem Zusammenhang sind übrigens auch Erfolge bei der Gewinnung und Qualifizierung von Menschen unerlässlich, die heute noch als Problemgruppen des Arbeitsmarktes gelten. Nordrhein-Westfalen und das Ruhrgebiet waren in solchen arbeitspolitischen

Fragen immer ehrgeizig und innovativ. Die Gesundheitsregion Ruhrgebiet tut gut daran, diesen Faden wieder aufzunehmen.

– Gelingt es, die beschriebenen Erfolge bei Forschung und Lehre sowie im Krankenhausbereich auszubauen und die skizzierten Handlungsfelder um Patienten- und Mitarbeiterorientierung zu ergänzen, wird die Gesundheitsregion Ruhrgebiet auch international auf wachsende Aufmerksamkeit stoßen, schließlich gehören die angesprochenen Fragestellungen auch weltweit zu den dringend zu lösenden Problemen. Damit das Ruhrgebiet aber im Ausland, quasi global, tatsächlich als Kompetenzträger und Kooperationspartner wahrgenommen wird, ist ein Ausbau der Internationalisierungsaktivitäten auch und gerade im Themenfeld Gesundheit nötig. Einige Erfahrungen beim Ansprechen von ausländischen Gastpatienten liegen vor, erste Schritte zur Kooperation bei der Entwicklung und Umsetzung von Systemlösungen im Versorgungsdesign sind gegangen (etwa mit der indischen Region Kerala beim Thema Schlaganfall). Damit dieses Engagement aber nicht als Strohfeuer verpufft, ist eine systematische Internationalisierungsstrategie gefordert, für die allerdings die enge Zusammenarbeit mit dem Land, zum Teil sogar mit dem Bund unerlässlich ist.

Der Anfang ist gemacht

Gesundheitswirtschaft ist im Ruhrgebiet als Zukunftshoffnung anerkannt. Damit sie realisiert werden kann, braucht es die systematische und strategische Zusammenarbeit in der Branche selbst, aber auch Brückenschläge zu Wissenschaft und Politik. Die Institutionen dafür sind geschaffen und haben ihre Arbeitsfähigkeit unter Beweis gestellt – in Zukunft muss aber verstärkt dafür gesorgt werden, dass diese als Ergebnisse bei Patienten, Nutzern und Mitarbeitern ankommen.

Literatur

Goldschmidt, Andreas J. W./Hilbert, Josef (Hrsg.) (2009): Gesundheitswirtschaft in Deutschland: die Zukunftsbranche. Wegscheid: Wikom
Ministerium für Arbeit, Gesundheit und Soziales (2006): Perspektiven Gesundheitswirtschaft Ruhr

http://www.medeconruhr.de
http://www.gesundheitswirtschaft-nrw.de
http://www.iat.eu

Jochen Melchior/Eckhard Nagel/
Martin Stuschke/Beate Timmermann

Medizinische Exzellenz als Standortfaktor
Das Westdeutsche Protonentherapiezentrum Essen

In den zurückliegenden Jahren verging keine Woche, in der in den Medien oder auch in persönlichen Gesprächen die Veränderung der Altersstruktur unserer Gesellschaft nicht eine besondere Rolle spielte. Scheinbar überrascht stellen wir fest, dass sich über den Rückgang der Geburten in unserem Land und die erfreulicherweise steigende Lebenserwartung immer mehr eine Situation entwickelt, in der der Anteil älterer Menschen in unserer Gesellschaft größer wird. Neben dem allfälligen Strukturwandel, den man gerade auch in Ballungsgebieten wie dem Ruhrgebiet deutlich erkennen kann, und der in Zukunft neue Lebenszusammenhänge notwendig macht – zum Beispiel im Zusammenleben von Jung und Alt, bei Schule und Berufsausübung oder im sozialen Miteinander –, gibt es weniger augenscheinliche Konsequenzen. Hierzu gehören die Veränderungen im Gesundheitswesen.

Sie sind nicht weniger umwälzend und müssen dementsprechend bedacht und gut vorbereitet werden. Eine funktionierende Gesundheitsversorgung, die ein spezielles Augenmerk darauf legt, dass die älter werdende Bevölkerung umfänglichere Behandlung braucht, orientiert sich an der Erkenntnis, dass Alter immer auch höhere Krankheitsrisiken mit sich bringt. Ganz im Vordergrund stehen dabei Tumorerkrankungen. Gerade bösartige Tumoren werden mit dem Alter häufiger und sind bereits die zweithäufigste Todesursache. In Zukunft werden wir noch deutlich mehr Patienten behandeln. Dementsprechend wird es darauf ankommen, in der Forschung, aber vor allen Dingen auch im Angebot von Dienstleistungen im Gesundheitswesen dieser Entwicklung entgegen zu wirken und durch neue Forschungs- und Behandlungseinrichtungen die Weiterentwicklung so zu gestalten, dass vielen betroffenen Menschen geholfen werden kann. Um sich eine Vorstellung zu machen, um wie viele Personen es im Jahr zum Beispiel in einem Land wie Nordrhein-Westfalen geht, kann man feststellen, dass 100.000 neue Patienten mit Tumorerkrankungen jedes Jahr behandlungsbedürftig werden.

Das Universitätsklinikum Essen hat sich auf diese Herausforderung schon seit langem vorbereitet. Das Westdeutsche Tumorzentrum ist eine der führenden Kliniken, die nicht nur im Ruhrgebiet, sondern auch darüber hinaus in der Bundesrepublik bzw. europaweit Patientinnen und Patienten bei verschiedensten Tumorerkrankungen behandelt. Mit der Auszeichnung als spezielles Comprehensive Cancer Centre durch die Deutsche Krebshilfe und der jetzigen Auswahl durch die Bundesregierung als eines von sieben Schwerpunktzentren für die Forschung und Entwicklung im Bereich der Diagnostik und Therapie von Krebserkrankungen ist das Universitätsklinikum Essen die zentrale Einrichtung im Ruhrgebiet, die für Strukturen sorgen kann, die unsere Region besonders auszeichnen. Konkret heißt dies, dass in den klassischen Säulen der medizinischen Diagnostik, z. B. moderne Radiologie und der medizinischen Behandlung, der Chirurgie und der medikamentösen Therapie, entsprechende Fachabteilungen sich immer detaillierter spezialisieren, um die verschiedenen Krebserkrankungen so früh wie möglich zu erkennen und erfolgreich zu behandeln.

Strahlentherapie

Eine weitere wichtige Säule bildet die so genannte Strahlentherapie. Insgesamt werden über die Hälfte aller Krebspatienten im Laufe ihrer Erkrankung mit Strahlen behandelt – also mehr als 200.000 Bundesbürger pro Jahr. Diese Strahlenbehandlungen werden entgegen der üblichen Meinung in den allermeisten Fällen mit dem Ziel einer Heilung verabreicht. Nur in einer Minderheit der Fälle geht es lediglich um eine Verbesserung des Befindens in einer unausweichlich zum Tode führenden Krankheit. Somit geht es also in der modernen Strahlentherapie durchaus nicht nur darum, einen Heilungserfolg zu erzielen, sondern auch darum, die Therapiefolgen zu reduzieren und die Verträglichkeit der Therapie zu verbessern. In den letzten Jahrzehnten haben vielfältige Fortschritte in der Technik der Strahlentherapie dazu geführt, dass ein großer Teil der Strahlenbehandlungen mit modernen Geräten überaus schonend durchgeführt werden kann und damit schwere Nebenwirkungen als Folge der Therapie immer seltener werden.

Eine überaus vielversprechende Entwicklung der letzten Jahrzehnte in der Strahlentherapie ist, neben den Verbesserungen der klassischen Röntgen- oder Photonenbestrahlung, die Einführung der Protonentherapie – bisher allerdings hauptsächlich realisiert in naturwissenschaftlich orientierten Forschungsinstituten. Wie in allen Bereichen des medizinischen Fortschritts gilt es zunächst, in sorgsamen vorklinischen und klinischen Untersuchungen herauszufinden, ob die theoretischen Vorstellungen von der Reaktion des menschlichen Körpers auf Grund einer neuen Behandlungsmethode sich auch bei der Anwendung dem einzelnen Patienten konkret bestätigen. Nicht selten werden erst bei solchen Untersuchungen Risikofaktoren bekannt, die letztlich zu einer Veränderung der Planung führen müssen. Prinzipiell kann man festhalten, dass von hundert neuen Ideen weniger als eine wirklich für die klinische Anwendung in Frage kommt.

Umso wichtiger und bedeutsamer ist es, wenn, wie im Falle der Protonentherapie, sich herausstellt, dass die klinische Anwendung bessere Ergebnisse als erwartet erzeugen kann und sich somit Hoffnungen bestätigen. Allerdings gilt es auch hier den richtigen Zeitpunkt zu identifizieren, ab wann eine breite, für alle zugängliche klinische Anwendung möglich wird, d. h. ab wann alle Risiken, die mit dieser Behandlungsmethode einher gehen, ausreichend gut eingeschätzt werden können. Es geht um den richtigen Zeitpunkt – niemals zu früh, aber früh genug und vor allem nicht zu spät – eine Regel, die sich von der Medizin auf viele andere Lebensbereiche übertragen lässt und sicherlich auch für die Perspektiven und Entwicklungen im Ruhrgebiet allgemein Gültigkeit besitzt.

Protonentherapie

Zurück zur Strahlenbehandlung: Die Protonentherapie besteht nicht aus hochenergetischen elektromagnetischen Wellen (wie die konventionelle Röntgen- oder Photonentherapie), sondern aus geladenen Wasserstoff-Ionen (Protonen). Deren besondere physikalische Eigenschaften erlauben es, die Wirkung des Protonenstrahls in der Körpertiefe durch die Wahl der Energie zielgenau zu steuern. Darüber hinaus stoppt die Wirkung des Protonenstrahls unmittelbar hinter dem Zielbereich abrupt ab. Das führt dazu, dass sich die Wirkung viel besser auf das Zielgebiet beschränken lässt als mit einer konventionellen Strahlentherapie. Grundsätzlich ist die biologische Wirkung im Gewebe vergleichbar mit der einer konventionellen Strahlentherapie. Allerdings wird eben deutlich weniger umliegendes Gewebe ungewollt mitbestrahlt. Vergleichende Studien zur Dosisverteilung von Protonen- und konventioneller Photonenstrahlung haben ergeben, dass für ein gegebenes Zielgebiet mit Protonen etwa nur die Hälfte oder sogar nur ein Drittel des umgebenden Körpers mit Strahlung belastet wird. Damit sollte das Risiko für Nebenwirkungen und insbesondere für die mögliche Entstehung von bösartigen späteren Neuerkrankungen (so genannte Zweittumoren) als Folge der Strahlentherapie sinken.

Die Protonentherapie ist nicht wirklich eine neue Methode. 1946 hat der Physiker Robert Wilson bereits über die vorteilhaften Eigenschaften der Protonenstrahlen berichtet, und seit 1954 werden Protonen klinisch in den USA angewandt. Mittlerweile gibt es weltweit ca. 30 Anlagen, die mit Protonen oder anderen physikalischen Einheiten Krebskranke behandeln. Allerdings sind die wenigsten Anlagen bisher dazu in der Lage, die Protonentherapie für eine große Zahl von Patienten und für alle Indikationen anzubieten. Es handelt sich meist um Anlagen abseits der medizinischen Krankenhausversorgung. Wegen der schweren Steuerbarkeit dieser Strahlenart und eines dafür hohen technischen Aufwands benötigte man zumeist das Umfeld einer technischen und physikalischen Forschungseinrichtung. Auch heute noch sind dort die technischen Möglichkeiten sehr beschränkt und noch mehr die Kapazitäten, so dass lange Wartezeiten in Kauf genommen werden müssen und Patienten nur an bestimmten Orten und mit ganz bestimmten Indikationen behandeln werden können.

Einige Großanlagen sind z. B. nur für die Behandlung von Augentumoren geeignet, andere können technisch nur so ausgerichtet werden, dass z. B. Tumoren im Becken bestrahlt werden können. Als besonders schwierig gilt die Behandlung von Regionen, die sich mit der Atmung bewegen, wie z. B. bei Lungenkrebs. Hierfür gibt es derzeit aus technischer Hinsicht keine ausreichende Sicherheit, so dass für diese besonders häufige Erkrankung noch keine Behandlungsoption besteht. Dennoch sind die gesammelten Erkenntnisse über die zurückliegenden Jahrzehnte, wie oben bereits erwähnt, besonders hoffnungsvoll. Mittlerweile konnten über 60.000 Patienten weltweit mit Protonen behandelt werden. Der größte Teil hiervon waren allerdings Patienten mit ganz bestimmten Tumoren: Tumore des Augenhintergrundes und dem Knochen zugeordnete Tumore im Bereich der Schädelbasis. In den USA besteht des Weiteren ein Schwerpunkt in der Behandlung von Prostata-Karzinomen, der zweithäufigsten Tumorart bei Männern.

Besonders für Kinder, die leider immer wieder auch völlig unvorhergesehen von Krebserkrankungen betroffen sein können, gilt es, möglichst schonende Behandlungsverfahren zu entwickeln. Schonend deshalb, weil alle Nebenwirkungen natürlich bei einem sich entwickelnden Körper besonders nachteilig sein und langfristig Probleme erzeugen können. Insofern ist die Protonentherapie für die Behandlung von kindlichen Tumoren eine positive Hoffnung für langfristige gute Behandlungsergebnisse mit einer hohen Lebensqualität.

Das Westdeutsche Protonentherapiezentrum Essen (WPE)

Das Universitätsklinikum Essen mit seinem oben erwähnten Schwerpunkt in der Krebsdiagnostik und -behandlung hat sich frühzeitig mit den Möglichkeiten der Protonentherapie wissenschaftlich und klinisch befasst. Gerade die Suche nach Zukunftsperspektiven in diesem Bereich erschien als eine besondere Chance, die Patientinnen und Patienten im Ruhrgebiet auch bei schwerwiegenden Erkrankungen gut zu begleiten. Die Ärzte der Strahlenklinik haben in diesem Zusammenhang schon lange mit Forschungs-Protonenanlagen in anderen Ländern kooperiert, allerdings nur in geringem Umfang, da diese Zentren nur wenige Patienten aufnehmen können. Die Ausweitung des onkologischen Schwerpunktes mit der Umsetzung einer hochmodernen und auf dem Campus im universitären, klinischen Umfeld lokalisierten Protonenanlage erschien als eine zukunftsweisende Chance und wurde deshalb als ein zentrales strategisches Ziel definiert. Wichtigste Motivation hierfür war die Integration der Spitzentechnologie in das onkologische Versorgungsangebot speziell des Ruhrgebietes, aber auch darüber hinaus für die Krebserkrankten, nachdem nur in Ausnahmefällen diese moderne und schonende Therapieform verfügbar war.

In der Konzeption der Anlage wurde Wert darauf gelegt, dass eine breite Nutzbarkeit, d. h. eine Technik umgesetzt wird, die es erlaubt, Tumoren an den unterschiedlichsten Stellen des Körpers zu behandeln. Ziel ist es nicht nur die qualitativen, sondern auch die quantitativen Merkmale der bisher in der Welt existierenden Anlagen zu verbessern. Dies betrifft zum einen den Versuch, mit der neuen Anlage die Behandlungserfolge der Bestrahlung, d. h. die Effizienz zu verbessern und gleichzeitig Strukturen zu realisieren, in denen möglichst viele Patienten in einer Zeitperiode behandelt werden können. Als Strahlenquelle wurde ein Ringbeschleuniger mit einem Gewicht von mehr als 200 Tonnen gewählt. Die Protonen werden darin auf über 70 Prozent der Lichtgeschwindigkeit beschleunigt und erreichen damit eine Energie von ca. 240 Megaelektronenvolt. Die Gerüste für die um 380 Grad drehbaren Strahlköpfe haben ein Gewicht von je 120 Tonnen und finden die angesteuerte Position mit einer Genauigkeit von unter einem Millimeter.

Diese Anlage soll mehr als 2.000 Menschen jährlich zugänglich sein. Es sollte keine Einschränkungen geben für den Ort oder die Art des zu behandelnden Tumors. Auch bewegliche Tumoren wie der Lungenkrebs sollten hier behandelbar sein. Dafür wurden vier Therapieräume konzipiert, mit allen Modalitäten der modernen Protonentherapie und zusätzlich auch einem hoch spezialisierten

Therapieplatz für Augentumore. Narkosebereiche wurden in die Planung aufgenommen, um das Angebot auch für die jüngsten, hochsensiblen Patienten im Alter von unter fünf Jahren nutzen zu können.

Um die Qualitätssicherung der Therapien zu steigern, wurden alle modernen bildgebenden Verfahren in den Behandlungsablauf eingeschlossen, die die Planung und Durchführung der Bestrahlung absichern können (Computertomographie, Kernspintomographie, Positronenemissionstomographie [PET-CT] und Röntgengeräte). Zunächst werden besondere Schwerpunkte die Krankheitsbilder darstellen, auf die sich das Westdeutsche Tumorzentrum in den letzten Jahrzehnten bereits wissenschaftlich fokussiert hat, also die Therapie von Lungentumoren, Weichteil- und Knochentumoren, Hirntumoren und auch kindlichen Tumorerkrankungen.

Public Private Partnership

Bei einem solchen Unternehmen stellt sich aber nicht nur die Frage der wissenschaftlichen und technischen Umsetzung, sondern natürlich auch das Problem der Finanzierung eines solch großen Forschungs- und Behandlungskomplexes. Für die Realisierung des WPE bedurfte es dabei eines dreistelligen Millionenbetrages. Dieser Aufwand ist heutzutage nicht durch die gesetzlich etablierte Form der Finanzierung durch den Krankenhausträger, im Fall des Universitätsklinikums Essen das Land Nordrhein-Westfalen, zu bewältigen. Deshalb war es wichtig, auch an dieser Stelle im Ruhrgebiet neue Wege zu gehen. Mit dem Modell des so genannten »Public Private Partnership« (PPP) wurde deutschlandweit im Bereich des Gesundheitswesens Neuland betreten – Neuland, das sich als belastbar und tragfähig erwiesen hat.

Die Investitionen für Bau und Entwicklung wurden zunächst von einem privaten Hersteller übernommen. Die spätere Nutzung durch die Klinik führt dazu, dass dieser private Hersteller nicht nur seine Investitionsbeträge über Mietzahlungen zurück bekommt, sondern vor allem auch davon profitiert, dass er weitere Erkenntnisse für die Optimierung seiner Anlage gewinnt, die er wiederum an anderer Stelle nutzbringend einsetzen kann. Die Rollenverteilung eines PPP bedeutet für das Projekt, dass das Krankenhaus den medizinischen Betrieb übernimmt und der private Betreiber Verantwortung für die Planung, Errichtung, Finanzierung und den nicht-medizinischen Betrieb. Diese Verantwortungsverteilung bringt Vorteile für beide Seiten, da spezifische Kompetenzen differenziert wahrgenommen werden können. Das mit der technischen Verfügbarkeit verbundene wirtschaftliche Risiko ist nicht nur das Risiko des Krankenhauses, sondern auch des privaten Partners. Beide sind also aufeinander angewiesen, sowohl in der Durchführung, wie auch in der zukünftigen Positionierung.

Die Verantwortung für die Patientenbehandlung verbleibt vollständig im Bereich derer, die auch aus öffentlichen Mitteln mitfinanziert werden und damit dafür zuständig sind, dass die Grundsätze eines solidargemeinschaftlich orientierten Gesundheitswesens erhalten und gepflegt werden. Dies macht es am Ende möglich, dass eine solche Investition nicht nur für bestimmte Gruppen von Patienten, die es sich finanziell leisten könnten, zur Verfügung gestellt wird, sondern für alle gesetzlich Krankenversicherten. Hier spielt die enge Kooperation mit den Krankenversicherungen, insbesondere der gesetzlichen Krankenversicherung eine bedeutsame Rolle. Gerade der Innovationsfähigkeit und -freude der GKV im Rhein-Ruhr-Gebiet ist es zu verdanken, dass das WPE als ein Projekt, das sich am Wohl zukünftiger Patienten orientiert, realisiert werden konnte. So gibt es schon heute belastbare Verträge zwischen dem WPE und den gesetzlichen Krankenversicherungen, wiederum eine besonders fortschrittliche und zukunftsweisende Kooperation, die den Standort charakterisiert und langfristig erfolgreich macht. Nicht nur die medizinische Innovation, sondern auch die organisatorische und finanzielle Realisierung des Projektes können als wichtige Impulse für das Ruhrgebiet angesehen werden.

Ausblick

Zurzeit befindet sich das Zentrum in der Abschlussphase von Bau und Entwicklung. Die ersten Tests durch die für die Erteilung der Betriebsgenehmigung zuständigen Behörden sind erfolgt. Weitere ausführliche Tests vor der klinischen Inbetriebnahme werden im Laufe des Jahres 2011 folgen. Spezialisten aus vielen Ländern wirken sowohl im Team des WPE als auch beim privaten Hersteller mit, um die letzten Schritte der Fertigstellung gemeinsam zu meistern.

Das Projekt des WPE stellt eine weltweit einzigartige Weiterentwicklung einer der viel versprechendsten Krebsbehandlungen dar. Dies ist eine wissenschaftliche, organisatorische, strukturelle und finanzielle Herausforderung. Für das Ruhrgebiet ergibt sich durch dieses ambitionierte und innovative Unternehmen die Chance, medizinische Exzellenz weiter auszubauen und damit den Menschen in der Region Hoffnung dort zu geben, wo es zur Zeit noch keine gibt. In einer Region zu leben, die hochwertige medizinische Versorgung mit dem unbedingten Willen zum weiteren Fortschritt verbindet, ist sicher nicht nur aus dem Blickwinkel der Medizin ein besonderer Vorteil. Es unterstreicht, wie sehr unser Alltagsleben mitbestimmt wird durch unsere Umgebung.

Die Ausstattung des Gesundheitswesens und seine Entwicklung ist ein Gradmesser für die Humanität einer Gesellschaft. Für den Einzelnen zeigt sich darin, wie sehr die Gemeinschaft bereit ist, ihm im Falle existentieller Not beizustehen. Hochqualifizierte medizinische Betreuung ist ein Gradmesser für viele andere Qualitäten des menschlichen Zusammenlebens. Hier hat das Ruhrgebiet nicht nur gute Noten verdient, sondern auch eine bessere Zukunft vor sich.

Raimund Erbel

Rund ums Herz
Das Ruhrgebiet als Schrittmacher
für die deutsche Herzforschung

Das Herz ist ein Wunderwerk der Natur und schlägt beim Menschen im Laufe des Lebens Tag und Nacht 24 Stunden am Tag, sieben Tage die Woche und je nach Alter 3,5 bis 5 Milliarden Mal; ein Rekord, der in der Technik unerreicht ist. Das Herz versorgt sich selbst mit notwendigen Nährstoffen. Außerdem passt es sich der Gewohnheit des Menschen an, erholt sich im Schlaf mit langsamem Herzschlag und steigert die Kraft, so dass selbst Höchstleistungen wie Besteigungen des Mount Everest oder ein Marathonlauf bewältigt werden können.

»Ist es der Tod, der ihn bedroht«

Kürzlich durchgeführte CT-Aufnahmen von Mumien zeigten bereits damals die heute bekannte Gefäßerkrankung, die selbst bei Personen unter 45 Jahren im alten Ägypten nachgewiesen werden konnten. Auch der plötzliche Herztod war bekannt. In einer Darstellung aus 2425 bis 2475 v. Chr. wird der plötzliche Tod eines Edelmannes im alten Ägypten wahrscheinlich auf dem Boden von Kammerflimmern illustriert, mit der verzweifelten Hilflosigkeit der Umgebung. Die tödliche Bedrohung mit Einsetzen einer Herzsymptomatik war bekannt, so steht geschrieben: »Wenn ein Mann mit Herzbeschwerden untersucht wird und er den Schmerz in den Armen und in der Brust und nur auf der Seite des Herzens angibt …, ist es der Tod, der ihn bedroht«.

Die Ärzte im alten Ägypten kannten wahrscheinlich die Palpation des Herzens und nutzten die Beurteilung des Pulses, wie die Papyrus Smiths und Papyrus Ebers beschreiben. Zur Pulsmessung nutzten die ägyptischen Ärzte eine Wasseruhr. Das Gefäß hatte eine kleine Öffnung, durch die das Wasser austropfte. So wurde die Pulszahl während der Absenkung des Wasserspiegels zu den angegebenen Markierungen gemessen.

In den Papyrus Ebers-Schriften werden auch Heilmittel beschrieben, die zur Beruhigung der Gefäße und Erweichung der Gefäße dienen sollten, aber auch Heilmittel zur Behandlung von Gefäßen der linken Brustseite, die als Angina pectoris-Beschwerden gedeutet werden können. Eine Mischung aus Feigen, Weinbeeren, Schilfrohr, Wein, Wacholderbeeren, nicht zuletzt süßem Bier, sollte in der Nacht angesetzt und nach Auspressung an vier Tagen zum Trinken verabreicht werden. In den Papyrus Ebers-Schriften 631 bis 633 v. Chr. werden auch andere Zusammensetzungen beschrieben.

Neben der Behandlungsweise der Herzerkrankung wurde aber auch auf die Prävention Wert gelegt. So wurde Ramses II. durch seinen Leibarzt empfohlen, jeden Morgen im Palastgarten vor dem Frühstück mehrere Runden – geschätzte Zeit 20 Minuten – zu laufen.

Diese vielfältigen Kenntnisse gingen der westlichen Medizin verloren, da erst 2.000 Jahre später nach Aufdeckung des Steins von Rosetta durch einen Soldaten des napoleanischen Heeres in Ägypten eine Übersetzung der Hieroglyphen möglich und die Schriften unserem Verständnis wieder zugänglich wurden.

Die Erziehung zur gesunden Lebensweise

Etwa zur Zeit der französischen Revolution und Napoleons lebte in Weimar der Leibarzt von Johann Wolfgang Goethe, der so früh verstarb, dass sein Sohn Christoph Wilhelm Hufeland bereits mit 23 Jahren die Praxis des Vaters übernehmen musste. Hufeland wurde zu einem bedeutenden Forscher, Professor an der Charité in Berlin und Berater des preußischen Königs. Sein wohl faszinierendstes Werk ist das Buch »Die Kunst das menschliche Leben zu verlängern«, das in mehreren Auflagen nach einer achtjährigen Vorbereitungszeit erschien. Er wählte als Untertitel für das Buch »Süßes Leben, schöne freundliche Gewohnheit des Daseins und Wirkens! Von dir soll ich scheiden?«. Er widmete dieses Buch Gottfried Wilhelm Müller, dem 89-jährigen Nestor der damals lebenden Ärzte, seinem Großonkel. In seinem Vorwort geht Hufeland bereits auf die Erziehung der Jugend zur gesunden Lebensweise ein. Er war schon damals überzeugt, dass in dieser Periode des Lebens eingewirkt werden müsse, um »ihr physisches Wohl zu wahren«. Er führt aus, dass »es eine unverzeihliche Vernachlässigung ist, dass man noch immer bei der Bildung der Jugend diese so wichtige Belehrung über das physische Wohl vergisst«.

Zu den wichtigsten Verhaltensweisen, die zur Verlängerung des Lebens notwendig seien, zählte er die gute physische Herkunft, die vernünftige physische Erziehung, den Schlaf, die körperliche Bewegung und den Genuss der freien Luft, die gute Diät und Mäßigkeit in Essen und Trinken, die Erhaltung der Zähne und die Ruhe der Seele. Zu Dingen, die das Leben verkürzen, zählte er die schwächliche Erziehung, die unreine Luft und Zusammenballung der Menschen, die Unmäßigkeit in Essen und Trinken, den Müßiggang, die Untätigkeit und die Langeweile, die Überspannung der Seelenkräfte und die Gifte, sowohl physisch als auch kontaginös, und vor allen Dingen das Rauchen.

Zur körperlichen Bewegung führte er aus: »Der Trieb zur körperlichen Bewegung ist dem Menschen ebenso natürlich wie der Trieb zum Essen und Trinken. Hierdurch haben wir eine unumgänglich nötige Bedingung zum langen Leben, nämlich täglich 1 Stunde Bewegung im Freien zu machen. Die gesündeste Zeit vor dem Essen oder 3–4 Stunden nachher.« Und über das Essen meinte er: »Man kann mit Wahrheit behaupten, dass der größte Teil der Menschheit viel mehr isst, als er es nötig hat.« Interessant ist auch, dass Hufeland auf die Reinigung der Zähne hinweist und auf die ausreichende Flüssigkeitszufuhr.

Aber Hufeland kannte keine Möglichkeit, eine Erkrankung des Herzens zu diagnostizieren; er war auf die Schilderung des Patienten und die Untersuchung des Patienten angewiesen.

200 Jahre Herzdiagnostik

Einen ersten Schritt in diese Richtung wagte vor fast 200 Jahren in Frankreich René Laennec, der das Hörrohr (Stethoskop) entwickelte; nicht, wie man meinen könnte, um die Herztöne besser abzuhören, sondern um zu vermeiden, das Ohr direkt auf den Körper auflegen zu müssen, denn zur damaligen Zeit gab es nicht die körperliche Hygiene, die es heute selbstverständlich gibt.

Die Diagnostik von Herzerkrankungen wurde vor 100 Jahren durch zwei weitere wichtige Entwicklungen dominiert: die Entdeckung der Röntgenstrahlen durch Conrad Röntgen, der in der Nähe in Remscheid geboren wurde, und durch Willem Eindhoven, der das Elektrokardiogramm entwickelte, so dass die elektrischen Aktivitäten des Herzens aufgezeichnet werden konnten. Die genaue Analyse der strukturellen Eigenschaften des Herzens war aber nach wie vor nicht möglich.

Perspektiven wurden aber durch Werner Forßmann bereits 1929, also 30 Jahre später, aufgezeigt. Die Herzkatheterisierung war bei Tieren in Frankreich vor der Jahrhundertwende schon bekannt, aber niemand hatte die Untersuchung beim Menschen gewagt. Von seiner Umwelt, insbesondere seinem Lehrer Ferdinand Sauerbruch, wurden die Arbeiten von Werner Forßmann nicht gewürdigt. Es dauerte mehrere Jahrzehnte, bis die Technik in Amerika wieder neu aufgegriffen und weiterentwickelt wurde. Den Nobelpreis erhielt Forßmann mit Dickinson

W. Richards und André Frédéric Cournand 1956. Die universitäre Medizin, unter anderem in Mainz, wollte ihm keine Arbeitsmöglichkeit eröffnen, obwohl er als Arzt Großes geleistet hatte, denn die ersten acht Herzkatheter führte er an sich selbst durch; und der Selbstversuch ist auch heute noch die höchste ethische Form der medizinischen Forschungen.

Verschiedene Umstände seines Lebensweges führten Werner Forßmann als Arzt schließlich dazu, in der urologischen Klinik in Düsseldorf-Benrath sesshaft zu werden. Dort konnte er die Entwicklung der deutschen Herzforschung in Düsseldorf durch den Kardiologen Franz Loogen und den Herzchirurgen Fritz Derra verfolgen.

Die Entwicklung der Herzkatheteruntersuchung verlief weiter stürmisch. Die Darstellung der Herzkranzgefäße durch Mason Sones in Cleveland 1959 stimulierte die moderne Bypass-Chirurgie. Der Deutsche Andreas Grüntzig, der die Ballondilatation der Herzkranzgefäße entwickelte, musste zunächst Ähnliches wie Forßmann erleben. Seine Forschung wurde in Deutschland blockiert, so dass er in die Schweiz, schließlich nach USA ging, um der katheterbasierten Behandlung der Koronargefäße zum Durchbruch zu verhelfen. Auf dem Boden seiner Forschungen ist die moderne interventionelle Kardiologie erst möglich geworden.

Die moderne Herzinfarktbehandlung

Nach dem Zweiten Weltkrieg starben immer mehr Menschen in der westlichen Welt an den Folgen der Erkrankung der Herzkranzgefäße, gekennzeichnet durch den akuten Herzinfarkt, der jährlich über 100.000 Patienten allein in Deutschland das Leben kostete.

Eine Forderung, die der Entdecker der Gefäßdarstellung der Herzkranzgefäße, Mason Sones aus Cleveland, schon 1978 an die Wissenschaft stellte, lautete: Es ist wichtig, die Erkrankung der Patienten zu erkennen, bevor sie einen Herzinfarkt erleiden, um präventive Maßnahmen einleiten zu können – eine Forderung, die auch die Weltgesundheitsorganisation formulierte.

Die Problematik des akuten Herzinfarktes wird noch dadurch unterstrichen, dass bis heute von denjenigen Menschen, die am Herzinfarkt versterben, 60 Prozent das Krankenhaus nicht mehr erreichen und 30 Prozent aller akuten Herzinfarkte tödlich sind. Das Vertrauen allein auf Symptome, die eine Infarktgefährdung anzeigen, lief in die Leere, da 50 Prozent der Menschen vor dem akut eintretenden Herzinfarkt keine Beschwerden haben, der zudem zu jeder

Tages- und Nachtzeit und bei den unterschiedlichsten Bedingungen auftreten kann.

Ursache für den akuten Herzinfarkt ist nicht das chronische Zuwachsen eines Herzkranzgefäßes, sondern der Aufbruch einer erkrankten Gefäßoberfläche und die sich daran anschließend auftretende Gerinnselbildung, die zum Verschluss des Gefäßes führen kann. Das bunte Bild des Herzinfarktes wird hervorgerufen, weil der Verschluss nicht komplett sein muss, und damit viele Spielarten einer akuten Symptomatik die Diagnose für den Arzt erschweren. Noch 1980, also vor 30 Jahren, betrug auch im Krankenhaus, wie zum Beispiel in elf Hamburger Krankenhäusern, die Sterblichkeit bei Männern 29 Prozent und bei Frauen 33 Prozent.

Bis zum Jahr 1976 war eine erfolgreiche Behandlung des Herzinfarktes nicht möglich gewesen. Die Therapie, auch auf der Intensivstation, beschränkte sich auf die Behandlung von Komplikationen wie Herzrhythmusstörungen. 1976 war es Evgeny Chazov in Moskau, der als erster das Medikament Streptokinase in die Koronararterie injizierte, um ein Gerinnsel, das den Herzinfarkt ausgelöst hatte, zu lösen. Zwei Jahre später gelang Peter Rentrop in Göttingen zunächst die mechanische Öffnung eines verschlossenen Gefäßes mit einem Draht; er kombinierte dies später mit der Streptokinase. Eine stürmische Entwicklung begann, die noch dadurch unterstützt wurde, dass auch die von Andreas Grüntzig entwickelte Ballonkathetertechnik genutzt wurde, um verschlossene Gefäße zu öffnen und um damit die alleinige Verwendung von Drähten zu ersetzen. Stimuliert wurden die Ärzte durch die Erfahrung, dass mit der Öffnung des Gefäßes, entweder durch Medikamente oder mechanisch, sofort der Herzschmerz verschwand und die Zeichen im EKG sich zurückbildeten.

In Deutschland und weltweit entbrannte ein heftiger wissenschaftlicher Wettstreit über die beste Vorgehensweise beim Herzinfarkt. Zeitweise hatten diejenigen das Oberwasser, die den »Herzkatheter verteufelten« und nur auf die medikamentöse Therapie setzten. Es ist den konstanten Bemühungen einiger internationaler, aber auch deutscher Wissenschaftler zu verdanken, dass die Verfechter der katheterbasierten Therapie sich nicht abschrecken ließen und kontinuierlich ihre Technik verbesserten und in großen Studien belegen konnten, dass die alleinige mechanische Öffnung eines verschlossenen Gefäßes der medikamentösen Therapie, selbst in Kombination, überlegen ist. Patienten profitieren auch dann noch, wenn sie von einem sekundären zu einem tertiären Zentrum gebracht werden, damit diese Therapie durchgeführt wird.

Auf dem Boden dieser zunehmenden Entwicklung entschied sich der Interessenverband der kardiologisch interessierten Ärzte in Essen, nach der Etablierung des ersten Schlaganfallverbundes in Deutschland, auch den ersten Herzinfarktverbund für eine ganze Stadt in Essen ins Leben zu rufen. Nachdem alle Interessensvertreter von der Feuerwehr bis zur Rehabilitation an einen Tisch gebracht worden waren, konnte 2004 der Essener Herzinfarktverbund starten und erreichte, dass für alle Bürger in Essen, unabhängig vom Wohnort, die gleich gute, optimierte und standardisierte Herzinfarkttherapie angewendet wurde, deren Vorgehensweise in einem eigenen Herzinfarkthandbuch dokumentiert worden war. Um alle Patienten in Essen zu versorgen, wurde die Stadt in vier Zonen aufgeteilt, die von jeweils einer Expertengruppe rund um die Uhr bei Auftreten eines akuten Herzinfarktes versorgt wurden. Die Klinik in Essen-Nord, das Elisabeth-Krankenhaus, das Alfried-Krupp-Krankenhaus und das Universitätsklinikum übernahmen jeweils eine Zone von ca. 150.000 Einwohnern.

Das Modellprojekt »Essener Herzinfarktverbund« wurde später in anderen Regionen Deutschlands und europaweit übernommen und gilt heute international als Vorbild. Für die Bewohner einer ganzen Stadt konnte nachgewiesen werden, dass die Zahl der nicht überlebten Herzinfarkte auf unter zehn Prozent gesenkt werden konnte. Nach Analysen der AOK Rheinland/Hamburg waren die Ergebnisse besser als in vergleichbaren Regionen in Nordrhein-Westfalen, so dass der Herzinfarktverbund Essen jetzt auch auf einen »Herzinfarktverbund Rheinland« in einem nächsten Schritt ausgedehnt wird.

Die Entwicklung der modernen Herzdiagnostik – das EFMT-Projekt

Während mit dieser Entwicklung der Kampf gegen den Herzinfarkt im Krankenhaus fast gewonnen erscheint, bleibt unbefriedigend, dass auch heute noch mehr als 60.000 Menschen in Deutschland am akuten Herzinfarkt versterben und über 200.000 Infarkte plötzlich und unerwartet beklagt werden.

Schon 1978 hat Mason Sones, der Erfinder des Herzkatheters, bei einer Tagung gefordert, Methoden zu entwickeln, die eine Herzinfarktgefährdung erkennen lassen, bevor sie zum Herzinfarkt führen und nur noch die Folgen abgewendet werden können.

1979 hatte Douglas P. Boyd die Idee, die computertomographische Untersuchung zu revolutionieren, die bisher mechanische Rotationssysteme nutzte, um einen Röntgenstrahl um den Körper zu führen und Bilder des Körpers zu erzeugen. Stattdessen nutzte er einen elektromagnetisch abgelenkten Elektronenstrahl, der unter Schonung des Brustbeines 270 Grad um den Körper geschwungen wurde. Elektronik schlägt Mechanik! So entstand ein ideales System, um Abbildungen des Herzens, das sich sehr rasch bewegt, störungsfrei aufzunehmen. Nur 50 Millisekunden wurden für die Aufnahme eines Bildes benötigt. Analysen der Herzwandbewegung und von Klappen standen daher im Vordergrund, nachdem der erste Elektronenstrahltomograph, der auch Ultra-Fast-CT genannt wurde, 1984 in Betrieb ging. Es dauerte aber noch bis 1989, bis über die neue Möglichkeit der Darstellung der Herzkranzgefäße berichtet wurde. Ein Zeitraum, in dem die beiden Radiologen Reiner Seibel und Dietrich Grönemeyer mit Douglas P. Boyd Kontakt aufnahmen und Dietrich Grönemeyer zu einem Studienaufenthalt nach Kalifornien ging.

Beide Wissenschaftler konnten den nordrhein-westfälischen Gesundheitsminister Hermann Heinemann gewinnen, ein Leuchtturmprojekt im Ruhrgebiet zu finanzieren, das den Strukturwandel unterstützen sollte. Über 26 Millionen DM flossen in ein neu gegründetes gemeinnütziges Institut, das Entwicklungs- und Forschungsinstitut für Mikrotherapie GmbH (EFMT). Dieses Projekt wurde vom Bund zu 90 Prozent finanziert. So konnten die Wissenschaftler 1991 zunächst in Mülheim und 1993 in Bochum ein EBCT installieren: die ersten, die in Deutschland aufgebaut wurden. Erst später wurde ein ähnliches System in Erlangen bei Siemens und in Berlin in Betrieb genommen, aber 1998 das dritte EBCT im Ruhrgebiet, im Alfried-Krupp-Krankenhaus, aufgebaut. Das Ruhrgebiet war damit das Zentrum der EBCT-Forschung für Deutschland geworden. Die Investitionen dienten auch dazu, einen Biomagneten und eine digitale Rotationsangiographieanlage zu beschaffen.

Von Anfang an war das EFMT-Projekt sehr umstritten, weil hier eine Förderung von Investitionen und Forschung über das Gesundheits-, Arbeits- und Wirtschaftsministerium ohne Beteiligung des Wissenschaftsministeriums erfolgte. In den Medien wurde diese Entwicklung intensiv diskutiert; parlamentarische Auseinandersetzungen folgten. Schon damals sprachen die Kollegen von einem interventionellen Computertomographen und offenem Kernspintomographen, lange bevor von anderen Kollegen in Deutschland, aber auch in der Industrie verstanden wurde, dass sich hier eine bahnbrechende Entwicklung ankündigte, die heute aber allgemein akzeptiert und realisiert wird.

Die EBCT-Technik zur Aufdeckung der subklinischen Arthrose

In dieser Zeit der öffentlichen Diskussion übernahm ich als Direktor die Klinik für Kardiologie des Universitätsklinikums Essen. Bei Berufungsverhandlungen in Düsseldorf wurde ich direkt auf das EFMT-Projekt angesprochen und mein Interesse an der EBCT-Technologie geweckt. Die Nähe von Essen zu den Städten Bochum und Mülheim war ideal, um die geforderte wissenschaftliche Kooperation zu beginnen und die diagnostische Wertigkeit des EBCTs zu prüfen. Im Rahmen dieser Forschungsvorhaben wurde schnell die hohe diagnostische Wertigkeit der neuen Technik erkannt, da im Vergleich zur Herzkatheteruntersuchung, selbst unter Einsatz des intravaskulären Ultraschalls, kleinste erkennbare Ablagerungen in den Gefäßen des Herzens auch mit dem EBCT erkannt werden konnten und dies ohne invasiven Eingriff sowie mit vertretbarer, geringer Strahlenbelastung. Die Studien zur Validierung der Methode führten zu der Erkenntnis, dass nicht der Ersatz der Herzkatheteruntersuchung, von der immer wieder in der Presse gesprochen wurde, für die neue Methode den entscheidenden diagnostischen Gewinn brachte, sondern die Aufdeckung einer Erkrankung der Herzkranzgefäße noch bevor ein Herzinfarkt sich entwickeln konnte, also im subklinischen Stadium der Erkrankung. Nicht die Betrachtung von Risikofaktoren alleine, wie Rauchen, Hochdruck, Diabetes und Erhöhung der Blutfette, sondern die direkte Auswirkung dieser und anderer Faktoren auf die Herzkranzgefäße rückte in den Mittelpunkt des Interesses.

Denn die Erkrankung der Gefäße beginnt im Kindes- und Jugendalter und manifestiert sich erst Jahrzehnte später, meist jenseits des 50. Lebensjahres bei Männern und jenseits des 60. Lebensjahres bei Frauen als Herzinfarkt, instabile Angina pectoris oder plötzlicher Herztod.

Gegen die Nutzung der neuen Technologie entwickelte sich ein allgemeiner, unverständlicher, aber fast genereller Widerstand der Kardiologen, die eine Gefahr für ihren Beruf erwarteten, anstatt offen die neue Technologie anzuerkennen und zum Nutzen für die Patienten anzuwenden. Der Widerstand machte selbst vor einer Blockade der Forschung im Ruhrgebiet nicht halt. Aber es war auch zum Teil verständlich, da entsprechend große prospektive Studien nicht zur Verfügung standen. Zudem wurde in den USA und auch in Deutschland hinter allem ein kommerzielles Interesse vermutet.

Die Heinz Nixdorf Recall Studie

Wir haben daher früh, gemeinsam mit Grönemeyer und Seibel versucht, ein entsprechendes Studienkonzept zum Beleg der prognostischen Bedeutung der neuen bildgebenden Verfahren im Vergleich zur bisherigen Risikoabschätzung ins Leben zu rufen. Bei einer Vorsprache im Bundesministerium für Bildung und Forschung (BMBF) wurde verdeutlicht, dass Bundesmittel für eine entsprechende Studie nicht zur Verfügung gestellt werden könnten. Das große Glück war, dass in Essen die Heinz Nixdorf Stiftung beheimatet ist, die nach dem plötzlichen Herztod des Firmengründers Forschungen im Bereich der Herz-Kreislauf-Erkrankungen förderte. Der Vorsitzende Günther Schmidt konnte die Einwilligung des Vorstandes erreichen und die Bewilligung von 8,5 Millionen DM für die Studie in Aussicht stellen, verband aber diese Bewilligung mit der Forderung nach einer größtmöglichen, staatlich kontrollierten Projektrealisierung.

In weiteren Gesprächen mit dem BMBF sagte das Ministerium eine Förderung der Studie über den Projektträger »Gesundheitsforschung« zu und berief auf meinen Wunsch hin ein internationales, hochkarätiges Beiratgremium, dessen Tätigkeit zusätzlich vom Projektträger finanziert wurde. Erneut war es Günther Schmidt, der auf eine Beteiligung des Bundes insistierte und erreichte, dass vom Ministerium 2 bis 3 Prozent der Forschungsförderungssumme für eine begleitende gesundheitsökonomische Analyse bereitgestellt wurde. Nach den ersten Gesprächen 1996 wurde im Februar 1998 eine erste Vereinbarung getroffen und von Schmidt die Verwendung des Namens »Heinz Nixdorf« für die Studie vorgeschlagen. Von uns wurde das Akronym RECALL (Risk Factor Evaluation of Coronary Calcification in Livestyle) hinzugesetzt. Die Heinz Nixdorf Recall Studie war geboren.

Die Besonderheit dieser epidemiologischen Studie, die von Karl-Heinz Jöckel, Direktor des Instituts für Medizinische Informatik, Biometrie und Epidemiologie und mir geleitet wird, liegt darin, dass eine klinische Fragestellung einer epidemiologischen Studie vorangestellt wurde. Unser Ziel war, die besondere Bedeutung der Erkennung einer Koronargefäßverkalkung mittels EBCT, also der Erkrankung der Herzkranzgefäße, die für den Herzinfarkt ursächlich verantwortlich ist, im Vergleich von traditionellen zu neuen Risikofaktoren zu prüfen.

Die Einbindung von Johannes Siegrist aus Düsseldorf erlaubte die Analyse auch von psychosozialen Faktoren; durch Kurt Lauterbach, später Jürgen Wasem, Träger der Alfried-Krupp von Bohlen und Halbach-Professur der Universität Duisburg-Essen, kamen zudem gesundheitsökonomische Aspekte zum Tragen. Die Heinz Nixdorf Recall Studie stellte somit eine transnationale Forschungsaufgabe dar, in die die Universitäten von Düsseldorf, Essen, Bochum und Witten-Herdecke eingebunden worden waren. Das Symbol der Studie zeigt das Herz symbolisch in den Farben von Nordrhein-Westfalen, das das Ruhrgebiet umfasst, in dem die Studienstädte eingezeichnet sind.

Von 2000 bis 2003 konnten 4.814 Personen aus den Einwohnermeldeämtern der Städte Mülheim, Essen und Bochum gezogen und rekrutiert werden. Die

Zahl der akuten Herzinfarkte innerhalb der nächsten fünf Jahre wurde registriert, so dass die Beobachtungszeit 2008 endete. Das Bundesministerium für Forschung und Technologie stellte neue Mittel zur Verfügung, um die Probanden über nicht nur fünf, sondern über zehn Jahre beobachten zu können (bis zum Jahre 2013). In der Folgezeit konnte Thomas Budde vom Alfried-Krupp-Krankenhaus gewonnen werden, die Studie zu unterstützen, um fünf Jahre nach der Erstuntersuchung eine zweite EBCT-Untersuchung anschließen zu können, um die Progression der Erkrankung zu erfassen und ihre Bedeutung für die Risikobewertung zu prüfen.

Die Studie konnte mittlerweile die Ergebnisse in über 50 Publikationen vorstellen, hat internationalen Ruf erlangt und ist in vielen multizentrischen internationalen Konsortien eingebunden. Sie ist die einzige ihrer Art in Europa und nur noch begleitet von einer zeitgleich begonnenen und verlaufenden multi-ethnischen Atherosclerose-Studie in den USA.

Die Computertomographie ist weiter entwickelt worden. Heute stehen Mehrzeilen-CT-Geräte zur Verfügung, die bis zu 640 Detektoren in Reihe besitzen und damit eine extrem schnelle und mit hoher Auflösung erfolgende Darstellung der Gefäße des Herzens ermöglichen. Vor allem bei der Verwendung von Kontrastmitteln können neben Verkalkungen auch nicht verkalkte Ablagerungen gesehen werden.

Die Forschungsförderung des EFMT auf Antrag von Reiner Seibel und Dietrich Grönemeyer hat nachhaltig die wissenschaftliche Forschung beeinflusst und erreicht, dass die Herz-Kreislauf-Forschung im Ruhrgebiet internationalen Ruf erlangt hat. Ohne sie wäre die Heinz Nixdorf Recall Studie nicht ins Leben gerufen worden. Die zunächst für unwirklich gehaltene Darstellung der Herzkranzgefäße nur mit dem CT ist heute Realität und von Deutschland aus nach Europa und selbst in die USA gekommen. Denn die dreidimensionale Rekonstruktion von Koronargefäßen auf dem Boden der CT-Untersuchungen ist eine deutsche Entwicklung der Firma Siemens, die von anderen Firmen wie Philips und General Electrics oder Toshiba aufgenommen und mittlerweile weltweit verbreitet worden ist, so dass keine größere Klinik mehr ohne diese Systeme arbeitet. Insofern hat die zunächst so kritisch beleuchtete Investition in Mülheim und Bochum enorme Früchte getragen und bewirkt, dass über die Heinz Nixdorf Recall Studie die Herz-Kreislauf-Forschung an der Ruhr auch noch in den nächsten Jahrzehnten viel Beachtung erlangen wird – ein deutsches Framingham, aber jetzt in einer Metropole, ist entstanden.

Dieter Heuskel/Lambros Kordelas

Gesundheitswirtschaft als Wachstumsmotor
Der Klinik-Führer Rhein-Ruhr als Zeichen und Beschleuniger des Strukturwandels

Die Rhein-Ruhr-Region verfügt über eine einzigartige medizinische Infrastruktur: Mehr als fünf Millionen Menschen leben auf einer Fläche von rund 4.000 Quadratkilometern mit der deutschlandweit höchsten Dichte an niedergelassenen Ärzten und Krankenhäusern, exzellenten Forschungseinrichtungen und Universitäten sowie innovativen Unternehmen in der Medizintechnik, Biotechnologie und IT. Dies schafft ideale Voraussetzungen für Anbieter von Gesundheitsleistungen. Mit mehr als 300.000 Beschäftigten ist die Gesundheitswirtschaft heute der größte Arbeitgeber der Region und zählt zu den wachstumsstärksten Wirtschaftszweigen.

Doch die Gesundheitswirtschaft ist keine Branche wie jede andere. In kaum einem Wirtschaftszweig sind ökonomische und gesellschaftliche Entwicklungen so eng miteinander verknüpft. Die Qualität der Leistungen und deren Finanzierbarkeit prägen seit Jahrzehnten die Diskussion im Hinblick auf die Zukunft: Eine steigende Lebenserwartung, der medizinisch-technische Fortschritt sowie wachsende Ansprüche an Gesundheit und Wohlbefinden – Stichwort »Wellness« – werden in den kommenden Jahrzehnten die Nachfrage nach Gesundheitsleistungen weiter erhöhen, während auf Seiten der Kostenträger Finanzierungs- und Effizienzfragen in den Fokus rücken. Für die Patienten wird sich das Angebot massiv erweitern und damit zugleich individualisieren: Auf die persönliche Krankengeschichte, auf die eigenen Bedürfnisse genau zugeschnittene Dienstleistungen treten immer mehr in den Vordergrund. Wichtig ist dabei, dass die Spitzenmedizin als forschungs- und technikgetriebene Disziplin verknüpft wird mit dem (wachsenden) Anspruch auf eine individuelle, am einzelnen, immer besonderen Fall orientierte Integration von unterschiedlichen medizinischen Leistungen und steigender Selbstverantwortung.

Eine Region, die sich erfolgreich zu einem Zentrum der Gesundheitswirtschaft gewandelt hat, steht damit vor einer doppelten Herausforderung: Spitzenleistungen auf medizinisch-fachlichem und unternehmerischem Gebiet zu fördern und zugleich einen Beitrag zu einem innovativen, zukunftsorientierten und gerechten Gesundheitswesen zu leisten. Schlagwortartig formuliert: Mehr Qualität plus mehr Effizienz – im Interesse aller beteiligten Akteure. Zu den Beispielen für Projekte, die sich dieser doppelten Herausforderung für die Region stellen, gehört der vom Initiativkreis Ruhr entwickelte und erfolgreich etablierte Klinik-Führer Rhein-Ruhr.

Vielfalt braucht Transparenz

Im Sommer 2010 erschien der Klinik-Führer Rhein-Ruhr in seiner vierten, erneut weiterentwickelten Ausgabe. Die aktuelle Ausgabe umfasst qualitative und quantitative Informationen zu 21 medizinischen Fachgebieten, die fast 80 Prozent der in der Rhein-Ruhr-Region angesiedelten Fachgebiete abdecken. Insgesamt 270 Fachabteilungen von 51 Kliniken nahmen im Jahr 2010 an der Datenerhebung teil.

Im Jahr 2002 hatte der Initiativkreis als Schwerpunkt seiner Aktivitäten »Spitzenmedizin im Ruhrgebiet« gewählt. Den Auftakt im engeren Sinne bildete die Tagung »Spitzenmedizin im Ruhrgebiet«, zu der Entscheidungsträger aus Gesundheitswesen, Politik und Wirtschaft 2002 zusammenkamen, um die Perspektiven der Spitzenmedizin in der Region auszuloten. Der Initiativkreis hatte dazu eine Studie bei Christian Köck, Inhaber des Lehrstuhls für Gesundheitspolitik und Gesundheitsmanagement der Universität Witten/Herdecke, in Auftrag gegeben, die eine Bestandsaufnahme der Gesundheitsversorgung im Ruhrgebiet beinhaltete.

Der Klinik-Führer Rhein-Ruhr verbindet in seinem Anspruch im Begriff »Spitzenmedizin« *vertikal* betrachtet eine medizinische Forschung und Versorgung, die sich mit den besten Labors und Kliniken der Welt messen kann, und *horizontal* gesehen die lückenlos hohe Qualität und Verfügbarkeit der medizinischen Betreuung in der Breite. Mit der Wahl des Schwerpunktthemas »Spitzenmedizin im Ruhrgebiet« verpflichtete sich der Initiativkreis auf eine doppelte Aufgabe – das Ruhrgebiet sowohl in der *elitären* als auch der *demokratischen* Bedeutung des Begriffs Spitzenmedizin zu fördern.

Im Sinne dieser zweifachen Ausrichtung förderte der Initiativkreis auf der Basis der genannten Studie innovative Projekte in der Region, darunter die elektronische Patientenakte, die Transplantationsmedizin und die Magnetresonanzforschung. In einer Reihe von Vorträgen und Symposien sowie in einer Serie in der WAZ wurden die einzelnen Projekte und Forscher der Öffentlichkeit vorgestellt.

Bei der Erörterung der Spitzenmedizin *in der Horizontalen* wurde dem IR-Arbeitskreis rasch klar, dass es ein Stichwort gab, das zugleich Defizit und Chance markierte: *Transparenz*. Noch 2003 war es nahezu unmöglich, methodisch erhobene und vergleichbare Informationen zu den Leistungen, Schwerpunkten oder gar Qualitätskennzahlen von Krankenhäusern zu erhalten. Zu einem gewissen Teil lag dies daran, dass der Krankenhausmarkt – vor allem durch die DRG[1]-Einführung – gerade im Reifungsprozess von einem zumindest teilweise geschützten zu einem tatsächlichen *Markt* steckte. Vor diesem Hintergrund entstand die Idee eines »Klinik-Führers« mit zwei gleichberechtigten Adressaten: Zum einen sollten Patienten und auch niedergelassene Ärzte eine Orientierungs- und Entscheidungshilfe erhalten; zum anderen sollte der Qualitätswettbewerb der Krankenhäuser in der Region gefördert werden.

Die Methodik wurde von einem Team der Boston Consulting Group in enger Zusammenarbeit mit dem Picker Institut Deutschland und dem Lehrstuhl für Medizinmanagement der Universität Duisburg-Essen entwickelt und umgesetzt. Eine Gruppe von 20 Spitzenmedizinern aus der Region unterstützte von Beginn an die konzeptionelle Gestaltung und kontinuierliche Verbesserung des Projekts. Darüber hinaus flossen die Erfahrungen und Ergebnisse aus Gesprächen mit Versorgungsforschern, Gesundheitsökonomen, Statistikern, Krankenhaus- und Ärztevertretern in die Entwicklung ein.

Vier Perspektiven

Die erste Auflage war ein Experiment, das sich auf drei Fachgebiete – Chirurgie, Kardiologie sowie Erkrankungen der Wirbelsäule – und regional auf das Ruhrgebiet beschränkte. Der Erfolg ebnete den Weg: Die erste Auflage von 10.000 Exemplaren war binnen 24 Stunden vergriffen. Bereits in der zweiten Auflage im Jahr 2005 erweiterte sich der regionale Rahmen auf das Rhein-Ruhr-Gebiet, und dank der Kooperation weiterer Kliniken konnten immer mehr Fachbereiche aufgenommen werden.

Die Vielfalt der Perspektiven und die eigenständige Datenerhebung sind bis heute die tragenden – und differenzierenden – Erfolgsfaktoren des Klinik-Führers. Dies trägt dem Umstand Rechnung, dass die Entscheidung für oder gegen

---

1   DRG: Diagnosis-related Groups, dt. diagnosebezogene Fallgruppen: Klassifikationssystem, mit dem jede Patientenaufnahme anhand der relevanten Haupt- und Nebendiagnosen einer Fallgruppe zugeordnet wird, welche die Abrechnungsgrundlage darstellt.

ein Krankenhaus individuell aus unterschiedlichen Gründen erfolgen kann: Dem einen Patienten ist eine überschaubare, familiäre Atmosphäre wichtig, einem anderen eine möglichst hohe Fallzahl im Behandlungsschwerpunkt; wieder andere orientieren sich an der Reputation und Empfehlung durch Experten. Um die individuell bestmögliche Auswahl zu erleichtern, werden die Krankenhausabteilungen daher aus vier Perspektiven dargestellt: (1) aus Sicht der Patienten, (2) aus Sicht von Ärzten, (3) auf Basis von Leistungskennzahlen und schließlich (4) auf der Grundlage von Qualitätsindikatoren.

Für jede Auflage des Klinik-Führers werden pro Fachabteilung bis zu 200 stationär behandelte Patienten angeschrieben und anhand eines umfangreichen Fragebogens nach ihrer Zufriedenheit mit Ärzten, Pflegepersonal, dem Behandlungserfolg bis hin zu Zimmerausstattung und Essen befragt. Um in einer zweiten Dimension die ärztliche Perspektive wiederzugeben, werden niedergelassene Ärzte, die im langjährigen Kontakt mit den Kliniken deren Stärken und Schwächen oft sehr gut kennen, gebeten, die Abteilungen nach Kriterien wie fachliche Kompetenz, medizinisch-technische Ausstattung und Kommunikation zu bewerten und schließlich ein Votum zur Weiterempfehlungsneigung abzugeben.

Neben den subjektiven Perspektiven von Patienten und Ärzten ergänzen objektive Daten – Leistungskennzahlen und Qualitätsindikatoren – das Profil der Fachabteilungen. Gerade anhand der Leistungskennzahlen lässt sich die methodische Fortentwicklung des Klinik-Führers dokumentieren. Es gab mehrere Annäherungen, um auf prägnante und Vergleiche ermöglichende Weise die quantitativen Charakteristika eines Krankenhauses widerzuspiegeln. In der vierten Auflage sind dies die stationären Fälle insgesamt, die stationären Fälle pro Facharzt sowie ein Indikator, der das zahlenmäßige Verhältnis von Patienten zu Pflegekräften – jeweils pro Jahr – angibt.

Ein in der Medizin zentraler, aber gleichzeitig sehr schwierig zu objektivierender Aspekt ist die Qualität der erbrachten Leistung – jeder Patient möchte sich natürlich in einer Abteilung mit möglichst hoher Qualität behandeln lassen. Die Erfassung objektiver Qualitätsindikatoren in der Medizin ist allerdings eine keineswegs triviale Aufgabe, da der »Erfolg« einer medizinischen Behandlung vielschichtig interpretiert werden kann. Der Klinik-Führer orientiert sich an den Indikatoren der Bundesgeschäftsstelle Qualitätssicherung (BQS). Die BQS[2] beschäftigt sich seit Jahren mit großem Aufwand und erfolgreich mit der inhalt-

---

2 Seit dem 1.1.2010: BQS-Institut

lichen Entwicklung und Umsetzung der externen vergleichenden Qualitätssicherung in den deutschen Krankenhäusern.

Deutschlandweit schuf der »Klinik-Führer Ruhrgebiet« (so der Name der ersten Auflage) erstmals die Möglichkeit, sich auf der Basis methodisch erhobener Daten einen Überblick über die Stärken und Besonderheiten eines Krankenhauses zu verschaffen. Der Klinik-Führer hat viele Nachahmerprojekte inspiriert und – auch im Vergleich zu diesen – immer wieder Bestnoten erhalten. So attestierte jüngst die Verbraucherzentrale Hamburg in einem Vergleich ähnlicher Publikationen dem Klinik-Führer, das »patientenfreundlichste Portal […] mit den meisten Informationen über Behandlungsqualität« zu sein. In einer Befragung gaben 90 Prozent der Leser, die sich aufgrund der Informationen des Klinik-Führers für ein bestimmtes Krankenhaus entschieden hatten, an, dass ihr Aufenthalt in der gewählten Abteilung ihre Erwartungen auf Basis des Klinik-Führers erfüllt habe.

Bis heute unterscheidet sich der Klinik-Führer qualitativ von vielen ähnlichen Projekten und Internetportalen durch seine Perspektivenvielfalt sowie die methodische Datenerhebung. Die meisten, vor allem internetbasierten Suchportale reproduzieren verfügbare Daten, während der Klinik-Führer eigene Erhebungen durchführt. So basiert die vierte Auflage auf 28.000 Patientenbewertungen und 4.000 Abteilungsbewertungen durch niedergelassene Ärzte – nach unserem Wissen ist das die umfangreichste Datenbasis, die für ein derartiges Projekt geschaffen wird.

Gesundheit morgen: Innovative Konzepte sind gefragt

Der Klinik-Führer trägt dazu bei, Qualitätsorientierung – aus unterschiedlichen Perspektiven – und die Eigenverantwortung und Entscheidung des Patienten als zentrale Faktoren einer zukunftsorientierten Gesundheitsversorgung zu fördern. Für viele Krankenhäuser war und ist der Klinik-Führer eine Herausforderung, mitunter sogar eine Zumutung. Inzwischen zeigt sich jedoch, dass der Klinik-Führer mehr und mehr als Vorteil wahrgenommen wird, insbesondere aus Sicht der agilen und wettbewerbs*fähigen*, da wettbewerbs*willigen* Krankenhäuser.

Der Erfolg des Klinik-Führers mit einer Gesamtauflage von 80.000 Exemplaren und mehr als 2,5 Millionen Zugriffen auf die Webseite verdankt sich einem Schlüsselfaktor, der – über die Grenzen der Region und des Projekts hinaus – die Zukunft der Gesundheitswirtschaft prägen wird: der Unterstützung des Patienten auf der Suche nach der im individuellen Fall besten Behandlung angesichts einer wachsenden Vielfalt von Angeboten, Anbietern und Leistungen auf der einen Seite *und* der Kooperation, Offenheit und Transparenz der unterschiedlichen Leistungsanbieter auf der anderen Seite. Hinsichtlich der Informationsfülle und nutzerfreundlichen Aufbereitung wurde der Klinik-Führer mit jeder seiner Ausgaben weiterentwickelt; im Hinblick auf das ursprüngliche Ziel des Projekts folgt der Klinik-Führer seit seinem ersten Erscheinen im Jahr 2004 seiner Grundidee: die Orientierung für die Patienten und die kontinuierliche Verbesserung der Leistungsanbieter durch mehr Transparenz zu fördern.

Über seinen unmittelbaren Nutzen für die Beteiligten hinaus trägt der Klinik-Führer dazu bei, die Wahrnehmung des Ruhrgebiets deutschlandweit, aber auch international als einer Region mit qualitativ hoher Gesundheitsversorgung und einem vorbildlichen Maß an Transparenz zu festigen. Durch seinen Beitrag zum Imagewandel der Region hat der Klinik-Führer Rhein-Ruhr dazu geführt, dass das *Modell einer stetigen Qualitätssteigerung durch eine permanente Qualitätstransparenz* unumkehrbar Eingang in das Krankenhausmanagement gefunden hat.

Die Kernelemente des Klinik-Führers: Transparenz des Angebots, bessere Vernetzung der Anbieter, Förderung von Eigenverantwortung und ein patientenorientiertes Qualitätsmanagement, werden auch in Zukunft die Weiterentwicklung der Gesundheitswirtschaft prägen. Bereits heute zeigen Beispiele aus anderen europäischen Regionen – etwa die Einführung einer patientenzentrierten »Value-based Health Care« in Schweden[3] –, dass die medizinisch-ökonomischen Herausforderungen der Zukunft mit innovativen Konzepten bewältigt werden können.

3   From Concept To Reality. Putting Value-Based Health Care into Practice in Sweden. Ein Report der Boston Consulting Group 2010, www.bcg.com

Ekkehard D. Schulz

Innovative Werkstoffe
Ein Zukunftsbaustein der Metropole Ruhr

Deutschland lebt von seiner Industrie. Dank unserer starken industriellen Basis sind wir besser aus der Krise gekommen als alle anderen westlichen Länder. Das liegt vor allem daran, dass die Wettbewerbsfähigkeit deutscher Industrieprodukte in den letzten Jahren deutlich zugenommen hat. Die Gründe liegen auf der Hand. Die Exportschlager der deutschen Industrie passen genau zur internationalen Nachfrage, sowohl preislich als auch technisch. Dies zeigt wieder einmal, dass vor allem die Innovationsfähigkeit der Industrie Grundlage für Wachstum und Wohlstand in Deutschland ist.

Um auch in der Zukunft zu einer der führenden Exportnationen der Welt zu gehören, muss unsere Technologiekompetenz in Zukunftsbranchen weiter ausgebaut werden. Ausgangspunkt dafür sind die globalen Trends Bevölkerungswachstum, Urbanisierung, Klimawandel und Ressourcenknappheit. Dafür muss eine stärkere Integration unserer Kompetenzen mit den bereits heute schwer kopierbaren Stärken des Standortes NRW erreicht werden.

Zu den Stärken Nordrhein-Westfalens zählen die Branchen im Meta-Kompetenzfeld »Energie, Werkstoffe, Logistik«. Sie zeichnen sich durch Zukunftsfähigkeit aus und eignen sich für langfristiges und nachhaltiges Wachstum. Dort entstehen innovative Produkte und Dienstleistungen, die weltweit Lösungen für wachsende Metropolen bieten und somit auch eine gute Exportbasis für Unternehmen im Ruhrgebiet bilden. Zur Stärkung dieses Kompetenzfeldes der Wachstumsregion NRW trägt das regionale Cluster Ruhrgebiet im Bereich Werkstoffe mit seiner Innovationskraft besonders bei.

Die hohe Konzentration wichtiger werkstofferzeugender und -verarbeitender Industriezweige mit zum Teil langer Tradition auf der einen Seite und herausragende wissenschaftliche Forschungseinrichtungen auf der anderen Seite machen das Ruhrgebiet zu einer Region mit vielfältiger Werkstoff-Kompetenz und Potenzial. Zugleich verfügt die Region über drei Universitäten, diverse Fraunhofer-Institute sowie das Max-Planck-Institut für Eisenforschung, in denen Werkstoff- und Anwendungs-Know-how permanent weiter entwickelt werden.

Zum Ausbau dieser Spitzenposition auf nationaler und internationaler Ebene ist das vordringliche Anliegen ein langfristig ausgerichtetes Clustermanagement, das Nordrhein-Westfalen zum wettbewerbsfähigsten und dynamischsten wissensgestützten Wirtschaftsraum im Bereich der Nano-, Mikro- und Werkstofftechnologie macht. Dazu gehört die Schaffung eines innovationsfördernden und -beschleunigenden Umfelds gleichermaßen wie eine strategische Profilschärfung mit dem Ziel einer international sichtbaren Spitzenposition in diesem Bereich.

Dieses Ziel zu erreichen ist kein Spaziergang, es ist eine Aufholjagd. Aber es lohnt sich, denn es geht um Chancen für mehr Wachstum, Wohlstand und Arbeitsplätze zwischen Rhein und Ruhr. Es geht darum, wie wir uns im weltweiten Wettbewerb positionieren.

Die hier in der Region tätigen Unternehmen müssen um mindestens so viel besser sein, wie sie im internationalen Vergleich teurer sind. Die Kunden müssen den Mehrwert erkennen. Das geht nur mit innovativen Technologien und hochwertigen Produkten. Ziel für den Innovationsstandort Ruhrgebiet muss daher sein, die Innovationsfähigkeit durch bessere Förderung, Zusammenarbeit und mehr Wissenstransfers zwischen Forschung und Unternehmen zu erhöhen.

Basis hierfür ist neben einem optimalen Bildungsumfeld die Notwendigkeit der konsequenteren Ausrichtung von Forschungseinrichtungen auf die Erfordernisse und Bedingungen des Marktes sowie auf die wirtschaftliche Anwendung der Forschungsergebnisse.

Das Interdisciplinary Centre for Advanced Materials Simulation (ICAMS) an der Ruhr-Universität Bochum ist neben den erfolgreichen Forschungsaktivitäten von ThyssenKrupp im Bereich der Entwicklung neuer Werkstoffoberflächen ein herausragendes Beispiel für Werkstoffforschung am Standort Ruhrgebiet von internationalem Rang. Ich denke, dies ist eine erstklassige Basis für eine nachhaltige internationale Spitzenstellung.

Werkstoffe sind für das Ruhrgebiet von hoher Bedeutung

Leistungsfähigkeit, Wirtschaftlichkeit und Ressourceneffizienz industrieller Produkte hängen entscheidend von den eingesetzten Werkstoffen und Materialien ab. Werkstoffe bestimmen unseren Alltag. Stahl, Aluminium, Titan, Kunststoffe und Keramik sind Basis fast aller industriellen Produkte. Viele bahnbrechende Innovationen sind ohne die ständigen Weiter- und Neuentwicklungen von Werkstoffen nicht möglich. Etwa 70 Prozent aller technischen Innovationen der westlichen Industrieländer hängen direkt oder indirekt von den Eigenschaften der verwendeten Materialien ab.

Werkstoffe sind zu einem herausragenden Wirtschaftsfaktor für den Standort Deutschland geworden. Werkstoffinnovationen sind eine Voraussetzung für Produkt- und Prozessinnovationen und dienen somit als Innovationsmotor in nahezu allen Branchen. Sie haben unmittelbaren Einfluss auf die Wettbewerbsfähigkeit und Leistungsfähigkeit großer Industriebranchen wie Fahrzeugbau, Informations- und Kommunikationstechnik, Chemie, Maschinenbau, Metallerzeugung und -verarbeitung oder Kunststoffe. In Deutschland repräsentieren diese Branchen ohne die tertiären Zulieferbereiche einen Umsatz von jährlich rund einer Billion Euro und fast fünf Millionen Beschäftigte. Allein der Anteil der Produktion von Werkstoffen macht deutlich mehr als zehn Prozent der gesamten Bruttowertschöpfung in Deutschland aus. Auch weltweit ist Stahl mit einem aktuellen Verbrauch von 1,3 Milliarden Tonnen industrieller Werkstoff Nr. 1.

Deutschland ist im internationalen Vergleich sowohl im wissenschaftlichen als auch im industriellen Werkstoffbereich schon heute insgesamt gut aufgestellt. Laut einer Studie der Boston Consulting Group liegt der relative Weltmarktanteil Deutschlands im Werkstoffbereich sogar bei etwa 35 Prozent. Zudem werden darin den neuen Werkstoffen überdurchschnittliche Wachstumsraten von mehr als fünf Prozent zugerechnet. Besonders die nordrhein-westfälische Industrie ist im Werkstoffbereich international ausgerichtet und konkurriert aufgrund ihres hohen Exportanteils mit Industriestandorten weltweit.

Die Bundesregierung hat die Bedeutung von Werkstoffen ebenfalls erkannt und verfolgt das Ziel, die Wettbewerbsfähigkeit wichtiger deutscher Industriebranchen mithilfe innovativer Werkstofftechnologien auszubauen. Hierzu ist 2006 mit der Hightech-Strategie erstmals ein nationales Gesamtkonzept mit insgesamt 420 Millionen Euro für die Forschungsförderung in diesem Bereich vorgesehen worden. Mit der neuen Hightech-Strategie 2020 wird dieser erfolgreiche Ansatz mit weiteren Akzenten fortgesetzt.

Entwicklung neuer Werkstoffe:
Keine Innovation ohne moderne Werkstoffe

Innovative und speziell optimierte Materialien sind ein Schlüsselelement im Innovationsgeschehen. Untersuchungen belegen, dass heute nahezu alle technologischen Innovationen auch neuartige Werkstoffe erfordern. Hochentwickelte Werkstoffe müssen mehr denn je extremen Anforderungen genügen. In immer kürzeren Zyklen müssen solche Höchstleistungswerkstoffe an sich ändernde Umgebungen und spezifische Nutzungsprofile angepasst oder sogar neu entwickelt werden.

Als entscheidende Querschnittstechnologien wirken sich die Entwicklung innovativer Materialien und der damit verbundenen Verfahren auf unterschiedliche Schlüsselbranchen aus. Da neue Werkstoffe in einer Vielzahl von Komponenten verarbeitet werden können, ist bereits im Vorfeld eine enge Verflechtung von Forschung und Industrie Voraussetzung, um marktfähige Produkte und Verfahren zu entwickeln.

Aktuelle Entwicklungen beziehen sich auf so unterschiedliche Bereiche wie Werkstoffe in Haushaltsgeräten, neue Stahlsorten und Leichtbau im Fahrzeugbau, Keramik in der Elektrotechnik, textile Werkstoffe in der Medizin, neue Legierungen in Anlagen zur regenerativen Energieerzeugung, um nur einige Trends zu nennen. Ein großer Teil der Werkstoffinnovationen besteht allerdings nicht aus völlig neuen Materialien, sondern ist das Ergebnis konsequenter Weiterentwicklung von etablierten Werkstoffen für immer stärker spezialisierte Anwendungen.

Mit Blick auf den Werkstoff Stahl sind bereits über 2.000 genormte Stahlsorten bei der Europäischen Stahlregistratur gelistet. Doch das reicht Entwicklern und Anwendern noch nicht. Immer neue Konstruktionswerkstoffe werden gefordert, die die Vorteile der klassischen Stahleigenschaften mit neuen Funktionen kombinieren. Hochfest und dennoch dehnbar sollen die neuen Stähle sein und als Konstruktionsbauteil, etwa in einer Autokarrosserie, auch noch möglichst leicht – Eigenschaften, die sich nach den Gesetzen der Physik für einen Werkstoff eigentlich verbieten. Genau solche hochfesten Stähle für leichtere Bauweisen braucht die Automobilindustrie, um sparsame und sicherere Modelle entwickeln zu können. Solche innovativen Stähle sind auch zur Erreichung der Ziele im Klimaschutz von elementarer Bedeutung.

Gezielte und effiziente Materialforschung durch Modellierung und Simulation

Will man wissen, wie ein Werkstoff funktioniert und was bei mechanischen Belastungen im Werkstoff vorgeht, muss man die Mikrostruktur berücksichtigen, deren Aufbau, Grenzflächen und Defekte und schließlich die atomare Struktur des Materials selbst bis zu den chemischen Bindungen zwischen den Atomen. Simulationen ermöglichen es heute, den gesamten hierarchischen Aufbau eines Werkstoffs am Computer abzubilden und zu analysieren und so einen Beitrag zur

Entwicklung neuer Werkstoffe zu leisten, die Eigenschaften neuer metallischer Legierungen, aber auch Keramiken, Gläser oder Kunststoffe realistisch vorherzusagen und besser zu verstehen.

Früher musste man für derartige Innovationen etliche Jahre im Labor verbringen, heute ist es möglich, am Computer verschiedene Varianten für den perfekten Stahl zu erforschen. Dies gilt sowohl in der Grundlagenforschung als auch in der industriellen Forschung und Entwicklung.

Möglich wird die auf grundlegende physikalische Ansätze gestützte Simulation und Vorhersage komplexer Materialeigenschaften wie Bruchfestigkeit, Dehnbarkeit oder Korrosionsbeständigkeit durch die explosionsartig gestiegene Leistung moderner Computer und die damit verbundene Entwicklung neuer Berechnungsverfahren. Hochleistungsrechner machen es möglich, die gewünschten Eigenschaften der Werkstoffe zunächst auf atomarer Ebene zu beschreiben und virtuelle Werkstoffe dann im Computer Atom für Atom zusammenzusetzen. Das ist in der Materialforschung ein neuer Ansatz, der es ermöglicht, bessere Werkstoffe schneller an den Markt zu bringen, weniger Ressourcen einzusetzen und Kundenbedürfnisse präziser zu erfüllen.

Früher konnte man nur testen und simulieren, ab wann ein Stahlträger bricht – nun weiß man genau, warum das passiert, weil am Rechner das Verhalten von Kristallverbänden und Grenzflächen auf atomarer Ebene nachgestellt werden kann. Nach den Gesetzen der Quantenmechanik lässt sich ein Werkstoff am Computer gewissermaßen Atom für Atom nachbilden, um daraus Rückschlüsse auf das Verhalten des Werkstoffes in der Realität zu ziehen bzw. zu untersuchen, wie sich etwa neue Bestandteile oder kleinste Zusätze anderer chemischer Elemente wie Bor oder Fremdmetalle auf die mechanische Festigkeit einer Legierung auswirken.

Das ist gezielte Grundlagenforschung und daher alles andere als die in der Werkstoffentwicklung oft noch gängige Trial-and-Error-Methode. Wer dagegen erst mühsam Legierungen herstellen und testen muss, überlegt genau, ob er ein kostspieliges Experiment wagt oder nicht. Vor allem aber wird er sehr lange brauchen, bis das gewünschte Material allen Anforderungen entspricht.

Beispielsweise wird über die computerbasierten Simulationen für Kotflügel, Chassis, Dach oder Getriebe eines Autos der genau passende Stahl entwickelt. Für die Werkstoffentwicklung im Allgemeinen, insbesondere aber auch für neue Stahlsorten und für auf Stahl basierende Verbundwerkstoffe, sowie zur Beschleunigung der Zeiten bis zur Markteinführung dieser Werkstoffe, kommt diesen Simulationsverfahren eine wachsende Bedeutung zu.

**Vom Atom zum Werkstoff: Innovative Werkstoffforschung in Bochum
am Interdisciplinary Centre for Advanced Materials Simulation (ICAMS)**

Das ICAMS, in dem 50 Wissenschaftler aus mehr als 20 Nationen eng zusammenarbeiten, entwickelt genau solche neuartigen Verfahren für die Computersimulation moderner Werkstoffe und überträgt diese in die industrielle Forschung. Dabei geht man interdisziplinär vor und überwindet die traditionellen Grenzen zwischen Natur- und Ingenieurwissenschaften: Physiker, Chemiker, Mathematiker, Informatiker und Ingenieure sorgen gemeinsam dafür, dass die Simulationsprogramme das Werkstoffverhalten vollständig abbilden – auf der atomaren Ebene genauso wie auf der Ebene der Walzwerke und Umformpressen.

Zu einem Schwerpunkt der Arbeit am ICAMS in Bochum gehört der Werkstoff Stahl – schließlich werden hier zwischen Rhein und Ruhr rund zwei Drittel aller in Deutschland hergestellten Stähle gefertigt. Dies beinhaltet neuartige Stähle für die Automobilindustrie, selbstheilende Oberflächen oder auch Materialien für den Hochtemperatureinsatz.

ICAMS arbeitet mit einem innovativen Multiskalenansatz, der bei der Simulation eine Brücke zwischen der atomaren und der sichtbaren Welt schlägt. Diese Idee ist noch relativ neu und in Deutschland und Europa bisher kaum umgesetzt worden. Ähnliche Ansätze existierten bereits in den USA und in Japan, sodass in Deutschland der Handlungsbedarf zur Gründung eines Institutes wie ICAMS groß war.

Das Ziel von ICAMS ist, Materialeigenschaften künftig vom Atom zum fertigen Werkstoff zu simulieren. Hierzu müssen auch bereits vorhandene Methoden zur Eigenschaftssimulation auf unterschiedlichen Längenskalen verbunden werden. Längenskalen beziehen sich hierbei, ähnlich wie in der Mikroskopie, auf die Größe des in der Simulation berücksichtigten Ausschnitts aus dem Material. Entwicklung und Ausarbeitung solcher Verfahren mit der notwendigen Methodenkompetenz unter einem Dach ist die primäre Aufgabe der Grundlagenforschung bei ICAMS.

Damit soll die Werkstoffkompetenz im Ruhrgebiet mit seinen innovativen Werkstoffunternehmen und seiner Forschungslandschaft durch eine internationale Forschungs- und Entwicklungsaktivität mit Leuchtturmcharakter weiter gestärkt werden. Der mögliche zeitliche Vorsprung im Wettbewerb, der sich mit Unterstützung durch die ICAMS-Forschung erzielen lässt, wird auf fünf bis zehn Jahre geschätzt.

Am Werkstoff Stahl wird die Tragweite dieses neuen Leitgedankens des virtuellen Werkstoffdesigns deutlich, wenn man bedenkt, dass sich wichtige technologische Eigenschaften wie Festigkeit, Zähigkeit oder Korrosionsbeständigkeit bisher in der industriellen Praxis nur ansatzweise vorhersagen lassen und stattdessen in langwierigen und kostenaufwendigen Versuchsreihen nachgewiesen werden müssen.

Auch ThyssenKrupp setzt bei der Werkstoffentwicklung auf Simulation. Allerdings erfolgt dies in viel größeren Längenskalen und nicht auf der mikroskopischen und atomistischen Skala, wie es am ICAMS möglich ist. Hinzu kommen Laboruntersuchungen von Materialproben, Probedurchläufe in der Pilotfertigung und schließlich Betriebsversuche auf den Produktionsanlagen. Diese Entwicklungsstufen soll es auch weiterhin geben, denn die Ergebnisse aus dem ICAMS müssen am realen Werkstoff und in der Praxis verifiziert werden, bis hin zur Herstellung von Demonstratorbauteilen.

Ein wesentlicher Aspekt der Arbeit des ICAMS ist, dass sich der Aufwand für die Entwicklung neuer Werkstoffe nachhaltig verringert. Wenn man das Spektrum der Möglichkeiten durch Modellierung und Simulation von vornherein auf die besten Varianten einengen kann, dann spart das Zeit und Geld für Messungen, Experimente und Probedurchläufe. ICAMS trägt dazu bei, möglichst rasch aus der Vielzahl der Möglichkeiten die richtige Wahl zu treffen.

Besseres Verständnis, präzisere Prognosen, weniger Versuch und Irrtum, schneller ans Ziel – so lässt sich der Sinn der Arbeit am ICAMS zusammenfassen.

Gründung, Personen und Akteure

Das ICAMS geht auf ein Konzept des Initiativkreises Ruhrgebiet zurück. Es wurde in den Jahren 2004 und 2005 im Rahmen der Initiative »Partner für Innovation« des damaligen Bundeskanzlers Gerhard Schröder durch den Impulskreis Werkstoffinnovation unter meiner Leitung weiterentwickelt.

Als Kooperationspartner fanden sich unter Federführung von ThyssenKrupp eine Reihe bedeutender Akteure des Werkstoff-Sektors: das Max-Planck-Institut für Eisenforschung, die RWTH Aachen und das Forschungszentrum Jülich, die Robert Bosch GmbH, die Salzgitter-Mannesmann Forschung, Bayer MaterialsScience, Bayer Technology Services und die Benteler GmbH. Neben der Unterstützung durch die Industrie erklärte sich das Land Nordrhein-Westfalen bereit, im Rahmen eines Public-Private-Partnerships die Hälfte der Anschubfinanzierung von insgesamt 24,1 Millionen Euro für die Aufbauphase zu übernehmen.

Im November 2006 wurde die Gründung von ICAMS an der Ruhr-Universität Bochum (RUB) offiziell bekannt gegeben und im Frühjahr 2008 erfolgte die Eröffnung.

ICAMS ist ein zentraler Baustein des Zukunftskonzepts der Ruhr-Universität, das bereits im Rahmen der Bewerbung der Exzellenz-Initiative des Bundes und der Länder bei internationalen Gutachtern hohe Beachtung fand und mit Mitteln der Stiftung Mercator und des Landes NRW gefördert wird. Es ist das jüngste Institut der RUB und gilt mittlerweile nicht nur als bedeutender »Think-Tank« für die Ruhr-Uni, für NRW und den Standort Deutschland, sondern für die Werkstoffwissenschaften weltweit.

ICAMS und der Verbund von Forschungsinstituten und Unternehmen der Region sorgen für kurze Wege. Dies bietet auch dem Mittelstand gute Chancen. Besonders kleine und mittlere Unternehmen profitieren davon, Ansprechpartner für ihre Fragestellungen direkt vor der Haustür zu finden.

Aber auch für einen weltweit tätigen Werkstoff- und Technologiekonzern wie ThyssenKrupp mit seinen Wurzeln im Ruhrgebiet sind Impulse und die Arbeit des ICAMS wegweisend. Angesichts der rasch fortschreitenden Globalisierung unserer Industrie stehen wir in einem internationalen Wettbewerb. Ob wir uns hier dauerhaft behaupten, hängt ganz wesentlich von unserer Innovationsfähigkeit ab. Das ICAMS trägt entscheidend dazu bei, dass wir auch künftig einen Innovationsvorsprung gegenüber unseren Mitbewerbern besitzen. Deshalb haben wir uns an der Finanzierung des Instituts maßgeblich beteiligt.

Spitzenforschung im internationalen Umfeld

Seit seiner Gründung wurden vom ICAMS im Rahmen von mehr als 40 Grundlagen- und industriellen Projekten geforscht und über 200 Publikationen bis Ende 2010 in wissenschaftlichen Fachzeitschriften veröffentlicht.

Ein Beispiel aus der Arbeit des ICAMS ist die Forschung über die Diffusion von Wasserstoff in Eisen. Das chemische Element ist bei der Stahlherstellung ausgesprochen ungern gesehen, weil es den Werkstoff spröde und brüchig machen kann. Am ICAMS kann man unterschiedliche Positionen von Wasserstoffatomen im Kristallgitter durchspielen und dokumentieren, welche Energie sie an den Positionen jeweils haben. Aus den Ergebnissen lassen sich Erkenntnisse darüber ableiten, wie Legierungselemente das Verhalten von Wasserstoff beeinflussen oder wie man den Fertigungsprozess so steuern kann, dass kein Wasserstoff innerhalb des Materials freigesetzt wird.

Wichtige Erkenntnisse für die Ingenieure in den Entwicklungsabteilungen von ThyssenKrupp werden aus den bei ICAMS bereitgestellten thermodynamischen Simulationsmethoden gewonnen. Hierbei werden, wiederum basierend auf quantenmechanischen Ansätzen, abhängig von der Zusammensetzung einer Legierung, Schmelzpunkte und Übergangstemperaturen für unterschiedliche metallische Modifikationen berechnet. Diese Daten sind elementar für Verarbeitungsschritte, wie z. B. Walzprozesse, da sich die jeweiligen Modifikationen in ihrer Verformbarkeit unterscheiden.

Ein weiteres Beispiel ist die Forschungsarbeit zur Beschichtung von Stahl. Am ICAMS lässt sich durch Simulation unter anderem vorhersagen, wie rau eine Stahloberfläche sein muss, damit ein bestimmter Lack optimal haftet.

Die Rechenkraft für derartige Forschungsprojekte liefert am ICAMS ein Großrechner mit mehr als 2.000 Prozessorkernen und fast zehn Terabyte Arbeitsspeicher. Aufwändige Simulationen, die auf einem modernen PC Monate dauern würden, können so in wenigen Stunden bis Tagen durchgeführt werden. Der Großrechner findet in sechs Serverschränken Platz, von denen jeder eine Tonne wiegt. Weitere Ausbaustufen der Rechnerleistung sind schon geplant.

Einige der Forschungsprojekte des ICAMS werden in Zusammenarbeit mit dem Institut für Werkstoffe der Ruhr-Universität Bochum und anderen Fakultäten, wie Maschinenbau, Physik, Mathematik, Chemie und Bauingenieurwesen sowie Elektrotechnik durchgeführt. In NRW bestehen Kooperationen mit den ICAMS-Sponsoren aus der Industrie und der Wissenschaft sowie mit der TU Dortmund. Am Max-Planck Institut für Eisenforschung und an der RWTH Aachen ist je eine der ICAMS Advanced Study Groups verankert. International besteht beispielsweise eine sehr enge Zusammenarbeit der Universität Oxford und im Rahmen der Universitäts-Allianz Metropole Ruhr wird die Zusammenarbeit mit den US-Universitäten Princeton und University of Pennsylvania weiter vertieft. Neben der nationalen und internationalen Zusammenarbeit zielt das ICAMS aber auch darauf ab, kleine und mittlere Unternehmen aus der Region in seine Arbeit mit einzubeziehen, zum Beispiel in Zusammenarbeit mit der Industrie- und Handelskammer Bochum.

Neben der bilateralen Kooperation in einzelnen Forschungsprojekten nehmen die Industriepartner des ICAMS an den Sitzungen des Direktoriums aktiv teil, in welchen auch neue Forschungsvorhaben erörtert werden, sowie an Veranstaltungen zum wissenschaftlichen Austausch zu ausgesuchten Themengebieten. So werden einerseits die Mitarbeiter aus den Forschungs- und Entwicklungsabteilungen der Unternehmen über neueste wissenschaftliche Erkenntnisse und Fortschritte informiert, auf der anderen Seite erhalten die ICAMS-Forscher wertvolles Feedback aus erster Hand zur industriellen Relevanz ihrer Projekte. Ziele und Fragestellungen können so an der praktischen Anwendbarkeit ausgerichtet werden.

Für die Entwicklung neuer Höchstleistungswerkstoffe mit computergestützten Methoden sind Experten, die die modernen Simulationswerkzeuge nicht nur bedienen, sondern auch weiterentwickeln können, in Deutschland rar. Basierend auf der interdisziplinären Struktur von ICAMS bietet die Ruhr-Universität seit dem Wintersemester 2010/11 einen international neuartigen Masterstudiengang an, der nicht nur den Maschinenbau mit seinem Werkstoffschwerpunkt beinhaltet, sondern vor allem auch die anderen Ingenieurbereiche und die Chemie, die Physik, die Informatik und die Mathematik einbezieht.

Die am ICAMS tätigen Wissenschaftler sorgen als Hochschullehrer für die Ausbildung einer neuen Generation von Werkstoffingenieuren. ThyssenKrupp setzt große Hoffnungen auf diese neuen Fachkräfte. Als Know-how-Träger hochinnovativer Simulationstechniken werden sie dafür sorgen, dass der Erfolg der Arbeit am ICAMS nachhaltig bleibt. Außerdem werden sie dazu beitragen, dass auch in 20 Jahren unsere Unternehmen im Ruhrgebiet einen Platz in der internationalen Champions League der Stahl- und Werkstoffproduzenten einnehmen.

Nachhaltige Sicherung des Technologiestandortes Ruhrgebiet als führende Region im Bereich Werkstoffe

Mit dem ICAMS, als international sichtbares und wettbewerbsfähiges Forschungszentrum für Werkstoffmodellierung, wurden der Entwicklung von Stahl und anderen Werkstoffen im Ruhrgebiet neue Impulse gegeben. Dem Traum vieler Werkstoffingenieure, modernste Materialen quasi am Reißbrett zu entwerfen, sind wir mit ICAMS einen großen Schritt näher gekommen. Ich bin der festen Überzeugung, dass dem Forschungsgebiet der computerbasierten Materialforschung die Bedeutung einer Schlüsseltechnologie in der Werkstoffentwicklung zukommt. Ich finde, auf diese in so kurzer Zeit erbrachte Leistung können alle Beteiligten stolz sein.

Bei aller Euphorie gilt allerdings: Das letzte Wort haben immer noch diejenigen, die die Innovationen anwenden und zur Marktreife bringen. Das sind die werkstoffherstellenden Unternehmen und ihre Kunden. Die Industrie muss sich zwar nicht mehr durch endlose Versuchsreihen quälen, aber die entscheidenden Tests für neue Materialien werden auch künftig in der industriellen Praxis stattfinden – und nicht nur im Labor.

Am Anfang war die computerbasierte Materialforschung eine Domäne von Forschungsinstituten. Das erfolgreiche Engagement der Industrie in Bochum hat aber gezeigt, dass das wirtschaftliche Potenzial dieser neuen Schlüsseltechnologie in unserer Region noch lange nicht ausgeschöpft ist. Es lohnt sich also, Kooperationen zwischen Wissenschaft und Wirtschaft zu fördern. Wir brauchen Forschung und Entwicklung der Spitzenklasse auf den Gebieten, in denen NRW schon jetzt echte Stärken hat. Es zahlt sich nämlich aus, gezielt vorhandene wissenschaftliche Kompetenz gemeinsam mit der Industrie zu stärken. Dadurch können öffentliche Mittel für Forschung und Entwicklung die größte Hebelwirkung entfalten.

Aus der Sicht von ThyssenKrupp trägt ICAMS schon heute entscheidend zum langfristigen Standortvorteil des Ruhrgebiets bei, auch künftig einen Innovationsvorsprung gegenüber den Mitbewerbern zu besitzen. Dies gilt nicht nur im Werkstoffbereich, sondern auch in weiteren Schlüsselbranchen in NRW im Meta-Kompetenzfeld »Energie, Werkstoffe, Logistik«, wie der Fahrzeugtechnik, der Umwelt- und Energietechnik oder der Fertigungstechnik.

Im internationalen Vergleich zeigen sich im Werkstoffbereich aber auch einige Schwächen: Die Zusammenarbeit zwischen Wissenschaft und Wirtschaft in NRW müsste weiter ausgebaut werden. Zudem herrscht jetzt schon ein Mangel an geeigneten Ingenieuren und Naturwissenschaftlern, der sich voraussichtlich weiter zuspitzen wird. So fehlen der Wirtschaft in NRW schon heute mehr als 10.000 Ingenieure. Die Lösung dieses Problems ist für die Zukunftsfähigkeit des Ruhrgebiets entscheidend.

Um unseren technologischen Vorsprung auch in Zukunft langfristig weiter zu behaupten, müssen wir deshalb unsere Anstrengungen, junge Menschen für den Ingenieursberuf zu begeistern, verstärken. Wenn zur Förderung des akademischen Nachwuchses ein Schwerpunkt auf Ingenieure gelegt wird, wird eine Beteiligung für die Wirtschaft noch attraktiver. Zudem brauchen wir eine noch weitergehende Bündelung der verschiedenen Forschungsaktivitäten in der Region in Form von weiteren Kompetenzzentren und Innovationsallianzen. Auch eine steuerliche Förderung von Forschung und Entwicklung ist dringend von Nöten, um besonders dem Mittelstand zu helfen, seine globale Wettbewerbsposition zu behaupten. All das ist nur im engen Schulterschluss zwischen Wirtschaft, Wissenschaft und Politik über Werkstoff- und Branchengrenzen hinweg möglich.

Die Möglichkeiten zur Vernetzung zwischen Universitäten und Unternehmen aus der Region sind noch nicht ausgereizt. Wir brauchen mehr forschende Unternehmen, die in gemeinsame Vorhaben mit der Wissenschaft investieren. Dabei sollten die Unternehmen nicht auf kurzfristige Erfolge setzen, sondern auf ihren Weitblick und den Aufbau einer langfristigen Kooperation mit Forschungsinstituten.

Nur so können wir in wichtigen interdisziplinären Bereichen, wie z. B. der Werkstoffsimulation, bei multifunktionalen Werkstoffen sowie bei Verbundwerkstoffen mithalten und die Chancen des Ruhrgebiets auf Wachstum, Wohlstand und Arbeitsplätze nachhaltig sichern. ICAMS ist eine Bestätigung des Kurses einer solchen Innovationspolitik. Daher brauchen wir Institute wie das ICAMS, wenn NRW bis 2015 Innovationsland Nummer 1 in Deutschland werden soll.

Andreas Meyer-Lauber

Von der Maloche zur guten Arbeit
Die Agenda der Gewerkschaften

»Glück auf, Glück auf, der Steiger kommt« – Mit dem Steigerlied besangen die Bergleute im Ruhrgebiet ab Mitte des 19. Jahrhunderts ihre Hoffnung, nach anstrengender und gefährlicher Arbeit im tiefen Schacht wieder wohlbehalten zu ihren Frauen zurückzukehren. Bis heute ist diese Hymne fester Bestandteil der Ruhrgebietsidentität. Im Rahmen der Kulturhauptstadt 2010 sangen mehrere zehntausend Menschen gemeinsam das Steigerlied, und auch bei Heimspielen des FC Schalke 04 gehört es zum festen Repertoire der Fans.

Mit der heutigen Ruhrgebiets-Wirklichkeit haben die alten Bergmannslieder gewiss wenig gemein. Sie hatten Hochkonjunktur in einer Zeit, in der Kohle, Eisen und Stahl die Region zwischen Dortmund und Duisburg prägten und in der das Ruhrgebiet als Motor der deutschen Wirtschaft galt. Diese über 100 Jahre andauernde Ära ging bereits in den 1960er Jahren einem schmerzlichen Ende entgegen. Die Kohle verlor als Energieträger immer mehr an Bedeutung, sie konnte im Ausland billiger abgebaut werden. Die tradierte Eisen- und Stahlindustrie geriet ab Mitte der 1970er Jahre in immer größere Schwierigkeiten, das Ruhrgebiet stand vor der Herausforderung eines tief greifenden Strukturwandels.

Heute ist der »Pulsschlag aus Stahl«, den Herbert Grönemeyer noch 1984 in seinem Kult-Song »Bochum« liebevoll besang, kaum noch zu hören. Das ehemalige Kohlerevier hat die Herausforderung angenommen und sich von einem Montan- zu einem modernen Dienstleistungs-, Wissenschafts- und Produktionszentrum gewandelt. Damit einher ging ein grundlegender Wandel der Arbeitswelt. Die Arbeitslosenquote ist in vielen Ruhrgebietsstädten bis heute überdurchschnittlich hoch, nicht alle weggebrochenen Arbeitsplätze konnten ersetzt werden. Der Arbeitsmarkt für gering qualifizierte Arbeitnehmerinnen und Arbeitnehmer ist erheblich zusammengeschrumpft, während der Anspruch an die Qualifikation der Beschäftigten stetig steigt. Die Zeiten von Stechuhren und lebenslang sicheren Arbeitsplätzen gehören vielerorts der Vergangenheit an. Arbeiten bedeutet zunehmend eigenverantwortliches Agieren, Planen und Konzipieren auch außerhalb von festen Zeiten oder Orten. Diese neuen Arbeitsbedingungen verlangen auch nach neuen, flexibleren und entbürokratisierten Führungsformen und nach neuen Wegen der Kommunikation.

»Maloche« im Sinne von schwerer körperlicher, ungesunder und auch gefährlicher Arbeit findet im Ruhrgebiet kaum noch statt. Im Zuge dieser Entwicklung haben sich auch die Berufsrisiken geändert: War die Arbeit in der Montanindustrie mit einem hohen Unfallrisiko verbunden, sind unsere heutigen Arbeitsbelastungen vor allem psychischer Art.

Untrennbar verbunden mit dem wirtschaftsstrukturellen Wandel zur Dienstleistungsgesellschaft ist auch die zunehmende Erwerbstätigkeit von Frauen, die in den »männlichen« Zeiten von Kohle und Stahl wesentlich geringer war. 1964 kam im Regionalverband Ruhr auf 2,4 erwerbstätige Männer nur eine erwerbstätige Frau, es gab also fast zweieinhalbmal so viele männliche Arbeitnehmer. 2009 hat sich das Verhältnis fast angeglichen: Auf eine erwerbstätige Frau kamen nur noch 1,2 erwerbstätige Männer (Quelle: Landesbetrieb für Information und Technik, NRW; Statistisches Bundesamt Wiesbaden).

Durch die voranschreitende Globalisierung sind die Beschäftigten aus dem »Pott« zudem starker internationaler Konkurrenz ausgesetzt. Deregulierung, Privatisierung und Rationalisierung haben die Arbeitswelt grundsätzlich verändert, Normalarbeitsverhältnisse sind zunehmend infrage gestellt. Unsichere und schlecht bezahlte Beschäftigungen sind auf dem Vormarsch, der prekäre Arbeitsmarkt wächst. Diese Bedingungen treffen einerseits junge Menschen, denen mit erfolgloser Ausbildungsplatzsuche, unbezahlten Praktika, Leiharbeit und befristeten Verträgen der Einstieg ins Berufsleben erschwert wird. Andererseits werden ältere und gering qualifizierte Arbeitnehmerinnen und Arbeitnehmer zunehmend ausgegrenzt. Veränderte Informations- und Kommunikationsmittel stellen völlig neue Anforderungen, denen nicht jeder Beschäftigte gewachsen ist. Die Abwanderung von Arbeitsplätzen ins Ausland und die damit einhergehende Angst vor Arbeitsplatzverlust verschärfen zusätzlich den Druck auf die arbeitenden Menschen.

Der Strukturwandel und der damit einhergehende Wandel der Arbeit bedeuten auch für die Gewerkschaften neue Herausforderungen. Seit ihrer Gründung haben die Gewerkschaften die Interessen der Beschäftigten im Ruhrgebiet wirksam vertreten. Sie haben erfolgreich eine Gegenmacht zur Arbeitgeber- und Kapitalmacht gebildet. Ob es um den Kampf für einen besseren Arbeitsschutz im Kaiserreich ging, um die Durchsetzung der Montanmitbestimmung 1951 oder die Mitwirkung daran, dass infolge des Strukturwandels niemand ins »Bergfreie« fiel, immer organisierten sie die Interessen der Arbeitnehmerinnen und Arbeitnehmer. Ein erfolgreicher und sozial verträglicher Strukturwandel wäre ohne Mitbestimmung und ohne starke Gewerkschaften undenkbar gewesen.

Um den Bedürfnissen der Arbeitnehmerinnen und Arbeitnehmer auch künftig gerecht zu werden, muss gewerkschaftliches Engagement heute nicht nur auf Beschäftigungs- und Einkommenssicherung, sondern vor allem auf die Verbesserung der Qualität von Arbeit abzielen und für gute Arbeit sorgen. Der Übergang in die Wissensgesellschaft erfordert neue Qualifikationen, vor allem die kreative Anwendung von Wissen. Nur so kann die anstehende ökologische Wende in der Industrie und der Energieerzeugung mitgestaltet werden.

Dimensionen von guter Arbeit

Arbeit bedeutet mehr als bloße Existenzsicherung. Sie ist die wesentliche Voraussetzung für die Selbstverwirklichung der Menschen, sie ist zentral für die gesellschaftliche Teilhabe. Sozial ist daher, was gute Arbeit schafft, soziale Sicherheit bietet, nicht krank macht und erworbene Fähigkeiten nutzt und ausbaut. Gut ist eine Arbeit, die den Ansprüchen der Beschäftigten an die Gestaltung der Arbeitswelt gerecht wird. Dabei sind gute Arbeitsbedingungen nicht nur zum Wohle der Beschäftigten. Nachweislich steigert eine hohe Arbeitsplatzqualität die Motivation der Mitarbeiter und den wirtschaftlichen Erfolg eines Unternehmens.

Seit 2007 gibt es den DGB-Index Gute Arbeit. Durch Befragung von tausenden Beschäftigten misst er die Qualität der Arbeits- und Einkommensbedingungen der Beschäftigten. Dimensionen von guter Arbeit sind demnach: Qualifizierungs- und Entwicklungsmöglichkeiten, Möglichkeiten für Kreativität, Aufstiegsmöglichkeiten, Informationsfluss, Einfluss- und Gestaltungsmöglichkeiten, Führungsqualität, Betriebskultur, Kollegialität, Sinngehalt der Arbeit, Arbeitszeitgestaltung, Arbeitsintensität, Gestaltung der emotionalen Anforderungen, Gestaltung der körperlichen Anforderungen, Berufliche Zukunftsaussichten und Arbeitsplatzsicherheit, Einkommen (vgl. www.dgb-index-gute-arbeit.de/).

Ein Blick in die nordrhein-westfälische Landesverfassung zeigt, dass die Forderung nach guter Arbeit in einigen Aspekten weder neu noch rein gewerkschaftlich ist: »Der Lohn muss der Leistung entsprechen und den angemessenen Lebensbedarf des Arbeitenden und seiner Familie decken«, heißt es im ersten Satz des Artikel 24, Absatz 2. Dieser Verfassungsartikel aus dem Jahr 1950 hat bis heute nichts an Aktualität eingebüßt. Wer Vollzeit arbeitet, muss von seinem Lohn auch leben können. Um Lohndumping und prekäre Arbeitsverhältnisse künftig zu verhindern, brauchen wir einen gesetzlichen Mindestlohn, wie ihn fast alle europäischen Länder seit Jahren erfolgreich praktizieren.

Auch der zweite Satz des Artikel 24 der Landesverfassung weist in die richtige Richtung: »Für gleiche Tätigkeit und gleiche Leistung besteht Anspruch auf den gleichen Lohn.« Wir müssen dafür Sorge tragen, dass Leih- und Zeitarbeiter genauso entlohnt werden wie die Stammbelegschaft eines Betriebes. Dazu muss die Deregulierung des Arbeitsmarktes zurückgedrängt, »equal pay« – wie in der Stahlindustrie – in den Tarifverträgen verankert und Leiharbeit und Befristungen gesetzlich eingeschränkt werden. »Gleicher Lohn für gleiche Arbeit« bezieht sich aber nicht nur auf Leiharbeit. Die Einsicht, dass dies »auch für Frauen und Jugendliche« gelten muss, findet sich ebenfalls in unserer Landesverfassung. Eine der größten und wohl ältesten Diskriminierungen ist die schlechtere Bezahlung von Frauen. »Equal pay« bedeutet daher zu allererst, die Gleichberechtigung der Geschlechter in der Arbeitswelt durchzusetzen.

Gute Arbeit heißt auch, ausreichend qualitativ hochwertige Ausbildungsplätze zur Verfügung zu stellen. Auch hier lohnt sich ein Blick in die Landesverfassung: »Jedermann hat ein Recht auf Arbeit« (Artikel 24, Absatz 1). Dieses Recht können junge Frauen und Männer aber nur wahrnehmen, wenn sie eine berufliche Ausbildung haben und wenn sie zu fairen Bedingungen den Einstieg ins Berufsleben vollziehen können. Wenn wir das nicht schaffen, wird es uns morgen nicht nur an qualifizierten Fachkräften fehlen. Wir werden auch in die demographische Katastrophe schlittern, denn schlecht bezahlte und unsichere Arbeitsverhältnisse hindern junge Menschen an der Gründung einer eigenen Familie. Dazu gehört auch, die Vereinbarkeit von Familie und Beruf zu verbessern. Die Geburt eines Kindes darf nicht länger den Karriereknick bedeuten und das Armutsrisiko deutlich erhöhen.

Mitbestimmung und Einkommensverteilung als Dauerbrenner

Die Ausgestaltung der Mitbestimmung von Arbeitnehmerinnen und Arbeitnehmern sowie die gerechte Verteilung von Einkommen und Vermögen sind »alte« Fragen, die Politik und Gewerkschaften seit jeher beschäftigt haben und wohl niemals abschließend beantwortet werden. Gerade vor dem Hintergrund einer sich ausdifferenzierenden und zunehmend deregulierten Arbeitswelt sowie einer Gesellschaft, in der sich die soziale Schere weiter öffnet, ist die Suche nach Antworten dringlicher denn je.

Unser deutsches Mitbestimmungsrecht ist einzigartig unter den Industrienationen. Es hat weder dem einzelnen Betrieb noch der deutschen Wirtschaft geschadet, ganz im Gegenteil. Der Aufstieg der Bundesrepublik nach dem Zweiten Weltkrieg wurde erst durch die Partizipation der Erwerbstätigen möglich. Und auch die Finanzkrise 2008 und das gemeinsame Bemühen von Arbeitgebern, Regierung, Gewerkschaften und Betriebsräten, die Krise abzufedern und soziale Kahlschläge zu verhindern, haben gezeigt, wie wichtig die gleichberechtigte Mitbestimmung der Arbeitnehmerschaft ist. Demokratie im Wirtschaftsleben ist ein ökonomischer Erfolgsfaktor und sie ist ein unverzichtbarer Teil der sozialen Marktwirtschaft.

Ebenso zentral ist eine gerechtere Verteilung von Einkommen und Vermögen. In der Finanz- und Wirtschaftskrise ist die Anzahl der Vermögensmillionäre in Deutschland weiter gestiegen. Während die Arbeitnehmerinnen und Arbeitnehmer in der Krise ihre bescheidenen Rücklagen aufzehren mussten, wurde gleichzeitig ein neues Allzeithoch deutscher Geldvermögen gefeiert. Für einen funktionierenden Sozialstaat, für einen Staat, der vor allem in Bildung investieren kann, um allen Menschen gleiche Lebenschancen zu eröffnen, brauchen wir eine stärkere Umverteilung. In allen Euroländern und auch in den USA ist die Vermögenssteuer längst gut funktionierende Praxis. Für eine erfolgreiche Zukunft sollte Deutschland nicht länger zögern, diesem Beispiel zu folgen.

Auf dem Weg zur ökologischen Industriepolitik

»Der Himmel über der Ruhr muss wieder blau werden«, forderte Willy Brandt 1961 auf einer Wahlkampftour. Durch den Strukturwandel ist dieses Ziel weitgehend erreicht. Die Bewohner von Gelsenkirchen oder Castrop-Rauxel können ihre weiße Wäsche wieder im Garten zum Trocknen aufhängen, ohne Gefahr zu laufen, dass diese sich dabei grau färbt. Die gigantische Verschmutzung der Umwelt wurde durch eine auf Umweltschutz angelegte staatliche Ordnungspolitik erfolgreich eingedämmt.

Für eine erfolgreiche Zukunft des Ruhrgebiets reicht diese Entwicklung aber nicht aus. Nach dem Strukturwandel steht im Ruhrgebiet nun die ökologische Wende in der Industrie und der Energieerzeugung an. Dieser Umbau ist nicht nur aus Klima- und Umweltschutzgründen unausweichlich. Er bietet die große Chance, die Wettbewerbsfähigkeit des Industriestandortes aufrecht zu erhalten und die Vorreiterrolle Deutschlands im Segment der grünen Technologien weiter auszubauen. Für den Arbeitsmarkt bedeutet die verstärkte Investition in Umwelttechnologien und Dienstleistungen einen bedeutenden Zuwachs an guten, qualifizierten und gesunden Arbeitsplätzen.

Die Energiepolitik der Zukunft muss auf der einen Seite sichere Energieproduktion gewährleisten und zugleich die erneuerbaren Energien schnell und wirtschaftlich entfalten. Sie sollte auf Einsparungstechniken setzen, um den Verbrauch von Rohstoffen und Energie künftig einzuschränken. Die teure Einfuhr von Kohle, Gas, Öl und Uran und die damit verbundene Abhängigkeit von den Lieferanten können durch Energieeinsparung deutlich reduziert werden. Der Ausbau von Sonne, Wind, Wasserkraft und Biomasse lässt Arbeitsplätze in der eigenen Region entstehen und fördert die Unabhängigkeit von Importen. Beispiele zur Einsparung von Energie sind die ökologische Sanierung von Gebäuden, die tausende Arbeitsplätze schafft, und die Kopplung moderner industrieller Produkte mit intelligenten Dienstleistungen. Erstklassige öffentliche Verkehrssysteme tragen zudem zur Schonung der Ressourcen bei und gewährleisten gleichzeitig eine hohe Lebensqualität.

Darüber hinaus gilt es, unser Know-how künftig wirtschaftlich besser zu nutzen. Die Ruhrgebiets-Universitäten sind Spitze in der Forschung zur Elektromobilität. Hergestellt werden die Produkte aber nicht in Nordrhein-Westfalen. Das muss sich ändern. Erkenntnisse, die Wissenschaft und Forschung in unserer Region entwickeln, müssen auch hier angewandt werden. Nur so können neue industrielle Arbeitsplätze und Dienstleistungen entstehen, die für das Ruhrgebiet die Brücke in die Zukunft sind.

Starke Gewerkschaften wichtiger denn je

Mit dem Wandel des Ruhrgebiets ging ein Wandel der Arbeitswelt einher, der auch die Gewerkschaften immer wieder vor neue Herausforderungen stellte. Ebenso wie die ehemalige Kohle-Region haben auch die Gewerkschaften bis heute mit dem Strukturwandel zu kämpfen: Die Bindekraft in den klassischen Industriebereichen ist wesentlich höher als zum Beispiel in der Werbe- oder Internetagentur. Sie sind in Großbetrieben besser vertreten als beim Friseur oder der Boutique um die Ecke. Und auch junge Menschen müssen die Gewerkschaften wieder mehr erreichen als es in den vergangenen Jahren der Fall war. Die Gewerkschaften stehen hier vor der Aufgabe, nach zusätzlichen Antworten zu suchen.

Fest steht aber: Die moderne Arbeitswelt verlangt nach einer starken und gestaltenden Interessenvertretung der Arbeitnehmerinnen und Arbeitnehmer. Und nicht nur hier sind die Gewerkschaften gefragt: Das gesellschaftliche Grundprinzip »Solidarität« wurde durch »Wettbewerb« als Leitmotiv zunehmend abge-löst, und das nicht nur am Arbeitsplatz. Die Ideen des Neoliberalismus durch-ziehen noch immer alle Lebensbereiche. Slogans wie »Unterm Strich zähl ich« (Postbank) und »Geiz ist geil« (Saturn) prägen das gesamtgesellschaftliche Klima. Zusammenhalt, Chancen- und Verteilungsgerechtigkeit sowie die Einsicht, dass starke Schultern mehr tragen müssen als schwache, wurden erst in der tiefen Finanzkrise 2008 wieder aktuell.

Der »Rheinische Kapitalismus« mit einem starken Staat, sozialer Marktwirt-schaft, leistungsfähigen sozialen Sicherungssystemen und einer starken Sozial-partnerschaft zwischen Gewerkschaften und Arbeitgebern hat im Ruhrgebiet über Jahrzehnte hinweg für wirtschaftlichen Wohlstand gesorgt, soziale Konflikte wurden nur in wenigen Fällen mit Heftigkeit ausgetragen. Wir dürfen nicht zulassen, dass dieses Modell ersetzt wird durch politische Deregulierung, Privati-sierung öffentlicher Bereiche, Rationalisierung, soziale Spaltung und wachsenden Druck auf die arbeitende Bevölkerung.

In seiner neuesten Ruhrgebietshymne »Komm zur Ruhr« romantisiert Her-bert Grönemeyer weder den Steiger noch den Pulsschlag aus Stahl. Vielmehr besingt er den Charakter der Menschen im größten Ballungsraum Deutschlands: Rau, aber ehrlich. Das lässt doch hoffen.

Burkhard Schwenker

Mut und Optimismus
Eine neue industrielle Zukunft für das Ruhrgebiet

Es ist so sehr eine Kontroverse wie ein Dauerbrenner im Ruhrgebiet: Wohin soll, wohin kann sich diese Region wirtschaftlich entwickeln? Führt der Weg in die Kreativwirtschaft, die im Jahr der »Kulturhauptstadt« gerade erst wieder besondere Aufmerksamkeit erfahren hat? Oder liegt die Zukunft nicht vielmehr in einer kreativen Wirtschaft, die aus Vielfalt Wettbewerbsvorteile gewinnt? Zugegeben, es ist ein Wortspiel, aber es macht eines deutlich: Es kommt auf eine Wirtschaft an, die davon lebt, dass Unternehmen immer neue Geschäftsideen hervorbringen, dass Ingenieure kreativ Ideen entwickeln und umsetzen, dass Wissenschaftler das Wirtschaftssystem mit neuen Forschungsergebnissen und Lehrmethoden bereichern.

Richard Florida, von dem das Konzept der »Kreativen Klasse« stammt, führt als die wichtigsten Faktoren für erfolgreiche Regionalentwicklung seine drei entscheidenden »Ts« ins Feld: Talent, Technologie und Toleranz. Natürlich unterliegen solche Ideen Moden, aber im Kern gibt Florida den richtigen Hinweis: Im Ruhrgebiet leben Menschen aus 150 Regionen der Welt – beste Basis für T wie Toleranz. Wir zählen hier allein 30 öffentliche Universitäten und Hochschulen auf engstem Raum, Brutplatz für T wie Talent. Das Ruhrgebiet gilt noch immer als industrielles Herz Deutschlands und Europas – T wie Technologie. Floridas Ansatz ist einprägsam, das macht seinen Reiz aus, doch erscheint es für die Zukunft einer Region wie des Ruhrgebiets unerheblich, ob »TTT« Folge oder Grundlage des Aufschwungs ist. Was zählt, ist das unbestrittene Potenzial für dauerhafte Prosperität.

Industrielle Kompetenz

Nachhaltigkeit, so sehr der Begriff heute auch verbrannt sein mag, ist ein weiterer wichtiger Grundstein. Als US-Präsident Obama im Oktober 2009 den Friedensnobelpreis erhielt, sagte er, Frieden sei »not just peace« – nicht nur die Abwesenheit einer sichtbaren Krise. Das lässt sich auf die Wirtschaft übertragen. Auch Wachstum ist nicht nur durch die Abwesenheit einer Wirtschaftskrise gekennzeichnet. Die gerade ausgestandene Krise hat deutlich gezeigt, dass alle Wachstumsfantasien enttäuscht werden, wenn sie nicht von Werten getragen werden, die auf Langfristigkeit setzen. Anders herum gesagt: Wir werden Nachhaltigkeit nur dann erreichen, wenn es gelingt, den Wachstumskurs zu stabilisieren. Deshalb bleibt der Wachstumsbegriff positiv besetzt. Das gilt aber nur dann, wenn wir beharrlich daran arbeiten – mit Fantasie und Engagement, mit Selbstvertrauen und Optimismus.

Gerade dafür haben wir allen Grund. Denn es kommt heute im globalen Wettbewerb auf die fundamentalen Stärken an. Eine wesentliche Erkenntnis aus der Krise ist doch, dass industrielle Kompetenz wieder zählt – und das Deutschland hier bestens aufgestellt ist. Der Anteil der Industrie an der Wertschöpfung liegt bei 24 Prozent (Tendenz steigend), in Amerika beträgt er nur 12 Prozent, in England bestenfalls 10 Prozent. Und mehr noch: Nach dem jüngsten Ranking des World Economic Forums zur Wettbewerbsfähigkeit der großen Industrienationen liegt Deutschland auf den vordersten Plätzen, was »die Einzigartigkeit unsers Wettbewerbsvorteils betrifft«. Das bezieht sich auf die Fähigkeit der Unternehmen, sich mit ihren Produkten und Dienstleistungen global zu differenzieren; es betrifft die Fähigkeit, »verlässliche Zulieferverbünde aufzubauen und zu managen«, und schließlich die »Intelligenz unserer Produktionsprozesse«. Nicht umsonst hält Paul Volcker, lange Zeit enger Berater von US-Präsident Obama, Deutschlands Industrie für ein Vorbild: »We Americans must get back to the believe that we can produce something. I always say that we should take Germany as our role model.« Sein Nachfolger Jeff Immelt, CEO von General Electric, sieht das genauso.

Standorttreu und erfolgreich

Das Ruhrgebiet erweist sich als Kristallisationspunkt für diese Stärken, denn es verfügt über genau die industriellen Kompetenzen, auf die es zukünftig ankommen wird:

– 150 Jahre Erfahrung in der Energieerzeugung, ausgewiesene Stärken im Bereich erneuerbare Energien, mehr als 80.000 Beschäftigte und damit viel Know-how, innovative interdisziplinäre Forschungseinrichtungen und maßgebliche Unternehmen,

– hohe Kompetenz im Werkstoffbereich, und zwar in der ganzen Breite von innovativer Stahl- und Kohleveredelung bis hin zur Energieeffizienz und neuen Werkstoffen,

– Logistik als verbindende Klammer, mit 3.000 Unternehmen und dem größten
Binnenhafen der Welt, 160.000 Beschäftigte und die größten Forschungseinrichtungen der Welt.

Wenn man das plakative Konzept von Richard Florida aufgreift, schließt sich
hier der Kreis: Das Ruhrgebiet hat das Potenzial für Technologie und Talent, und
mangelnde Toleranz ist ohnehin kein Problem – »kein Thema« würde man hier
sagen. Und das gilt auch perspektivisch, denn es ist nicht nur die Stärke unserer
Industrie, die uns auszeichnet, es ist auch die Fähigkeit, Industrie und Dienstleistung zu neuen Lösungen zu verbinden. Dieser Punkt ist deswegen wichtig, weil
wir heute wissen, dass sich eine Basisidee der virtuellen Wissensgesellschaft nicht
bewahrheitet hat: Hochwertige Dienstleistungen siedeln sich nicht irgendwo auf
der Welt an, sondern entwickeln sich am besten um industrielle Kerne herum,
weil die räumliche Nähe bessere Möglichkeiten schafft, Vertrauen für eine enge
Zusammenarbeit in Entwicklung und Fertigung aufzubauen. In Deutschland ist
das Rhein-Main-Neckar-Dreieck mit der BASF als Leitunternehmen ein gutes
Beispiel dafür – aber auch das Ruhrgebiet mit seiner bemerkenswerten Dichte an
Unternehmenszentralen.

Es gibt noch eine zweite »Systemdimension«, die hier wichtig ist. Wir haben
im Frühjahr 2008 gemeinsam mit dem BDI und dem Institut der deutschen
Wirtschaft (IW) untersucht, welchen Unternehmen es gelingt, standorttreu und
trotzdem erfolgreich zu sein. Damals wurde im Ruhgebiet intensiv der »Fall
Nokia« diskutiert, also die Verlagerung der Handy-Produktion von Bochum nach
Rumänien. Viele sahen darin ein Beispiel für den Niedergang der Industriekultur.
Unsere Ausgangshypothese demgegenüber war, dass bestimmte Funktionen – wir
haben sie Systemkopffunktionen genannt – nicht nur einen Wettbewerbsvorteil
begründen, sondern auch dazu führen, dass Beschäftigung am Heimatstandort
aufgebaut wird: Forschung und Entwicklung, Produktions- und Vertriebssteuerung, Marketing und Branding, technisches Design und die Fertigung hochwertiger Teile. Das IW hat diese Hypothese getestet, gemeinsam haben wir gezeigt,
dass die Unternehmen, die ihre Systemkopffunktionen am Heimatstandort konzentrieren, erfolgreicher sind als andere – vor allem dann, wenn sie auf Technologieführerschaft und Differenzierung setzen und wenn es gelingt, lokale Zuliefer-,
Produktions- und Entwicklungsverbünde zu organisieren.

Genug Ideen

Das gibt die Richtung vor. Die Grundlagen dafür finden wir heute schon im Ruhrgebiet, zumal wir nachhaltiges Wachstum nur dann erreichen, wenn es uns gelingt, die großen Themen dieser Welt – den Klimaschutz beispielsweise – mit Wachstum zu verbinden. Das setzt industrielle Kompetenz voraus, denn alles, was mit »Green Transformation« zu tun hat – erneuerbare Energien, Energieeffizienz, rohstoffschonende Produktion –, basiert auf dem intelligenten Querschnitt aus Maschinenbau, Anlagenbau, Elektrotechnik und hochwertigen Dienstleistungen. Auch im Ruhrgebiet lassen sich leicht inspirierende regionale Beispiele für diesen Querschnitt finden, darunter der Wettbewerb »InnovationCity Ruhr«.

Bottrop hat ihn gerade für sich entschieden und ist nun die Klimastadt der Zukunft, ein »typisches Stück Ruhrgebiet«, das eine Vorbildfunktion für die Erneuerung des gesamten Ruhrgebiets übernimmt. Mit Niedrigenergie-Technik soll der Energieverbrauch der Modellstadt bis 2020 halbiert werden. Dazu kooperiert die Kommune vorbildlich mit Unternehmen – eine gemeinsame Aufgabe für Industrie, Handel, Wohnungsbau, Dienstleistungen und Logistik. Auf dem Gebiet der Elektromobilität wollen die Akteure Pionier werden – eine Win-Win-Situation für alle Beteiligten. Deren Kraftanstrengungen sollen einmal weitere »grüne Industrien« anlocken. Das ist gelungener Wandel, aktiv vorangetrieben.

Es gibt auch ganz andere Ansätze: Etwa den Phoenix-See, ein 24 Hektar großes künstliches Gewässer, auf dem Gelände der ehemaligen Hermannshütte in Dortmund-Hörde. Mehr als 160 Jahre lang hat die Zeche die Gegend dominiert, jetzt ist die Grube geflutet, ein attraktives Wohn- und Naherholungsgebiet entsteht. Das soll nur unterstreichen: Es gibt Ideen genug, die die Region auf einen anderen Weg als ins Industriemuseum führen.

Larmoyanz war gestern

Zur zukunftsfesten Infrastruktur gehört auch Bildung. Das war im Ruhrgebiet immer ein Thema. Bis in die 1960er Jahre gab es hier nicht einmal eine Universität – bis die Ruhr-Universität gegründet wurde, deren erster Präsident Kurt Biedenkopf wurde. Auf diesem Feld hat die Region lange schon kein Defizit mehr. Doch die öffentliche Debatte, so scheint es manchmal, bleibt einseitig. Wenn die OECD in Deutschland – zu Recht – höhere Investitionen in Bildung fordert, ist meist der Hochschulbereich gemeint. Aber die Fokussierung auf die angeblich zu niedrige Akademikerquote führt in die Irre: Nach den jüngsten Daten des Bundesamtes für Statistik nahmen 2008 mehr als 40 Prozent des Jahrgangs ein Hochschulstudium auf, während der OECD-Schnitt bei 56 Prozent liegt. So markant der Unterschied sein mag, zu wenige Studienanfänger hat Deutschland sicherlich nicht. Denn zur Sicherung und zum Ausbau industrieller Kompetenz brauchen wir auch exzellent ausgebildete Handwerker und Facharbeiter.

RWI-Präsident Christoph Schmidt hat den Finger in die Wunde gelegt: »Wir haben im Ruhrgebiet einen viel zu hohen Anteil an Menschen, die schlecht qualifiziert sind, und Schüler, die keine Chance haben, eine Ausbildung zu bewältigen. Die bildungsfernen Schichten müssen in unseren Fokus rücken.« Viele Unternehmen des Ruhrgebiets haben das erkannt, investieren Millionen und machen jungen Leuten neuartige Angebote, lange bevor überhaupt an Ausbildungsverträge zu denken ist. Es sind Bildungsvereinbarungen, die die Jugendlichen mit elementaren Anforderungen des Arbeitsmarktes vertraut machen, damit sie dort überhaupt einmal integriert werden können. Das ist mehr als Altruismus, und es führt in die richtige Richtung. Denn oft liegt die Arbeitslosigkeit im Ruhrgebiet über dem Landesdurchschnitt, das darf nicht so bleiben. Statt dem internationalen »Akademiker-Quoten-Mainstream« zu folgen, müssen wir das duale Ausbildungssystem stärken und für junge Menschen wieder attraktiv machen. Bessere Haupt-, Real- und Berufsschulen sind ein Kernthema, wenn wir über die industriellen Potenziale des Ruhrgebiets reden.

Es gibt auch 2011 allen Grund, an nachhaltiges Wachstum zu glauben und vor allem daran, dass das Ruhrgebiet dabei eine wichtige Rolle spielen wird. Es hat nicht nur mit Geld zu tun, sondern viel mehr mit langfristig angelegtem unternehmerischen Mut. Gerade der könnte bewirken, was bisher oft an Eifersüchteleien der Großstädte des Ruhrgebiets untereinander scheitert: Die Verwirklichung des Metropolengedankens, die Bündelung der Kräfte von mehr als fünf Millionen Menschen.

Schon im Arbeitstitel dieses Buches war vom »Phönix« die Rede. Das war nie zufällig gewählt. Denn mit der bekannten Metapher verbindet sich eine Haltung, die ganz ohne Schönfärberei zu den wirtschaftlichen Perspektiven des Ruhrgebietes passt. »Wir haben ein Problem, aber wir schaffen das.« So ticken die Menschen hier. Völlig zu Unrecht galt das Ruhrgebiet lange als verloren. Doch Larmoyanz war gestern. Der Phönix fliegt wieder – und er strahlt längst in neuem Glanz.

Stefan Laurin

Freiräume schaffen
Kreativwirtschaft und Metropolensimulation

Metropolen zeichnen sich dadurch aus, dass sie globale Trends setzen. Andere Städte und Regionen folgen ihnen mit zeitlichem Abstand. Die Kreativwirtschaft war so ein Trend. Und das Ruhrgebiet folgte ihm. Schon in den 1990er Jahren mühte sich das Ruhrgebiet vergebens darum, ein relevanter Medienstandort zu werden. In Dortmund wurde damals beispielsweise mit viel Mühe der Schlagersender Onyx-TV angesiedelt Später zog er nach Köln um. Dahin, wo die Musik spielt, hieß es in der Pressemitteilung. Genutzt hat das nichts. Onyx gibt es längst nicht mehr. Bochum wollte, befeuert vom damaligen Viva-Chef Dieter Gorny und dem damaligen Wirtschaftsminister Wolfgang Clement, ein wichtiger Standort der Musikindustrie werden.

Aber die damaligen Bemühungen waren nur ein laues Lüftchen im Vergleich zum Sturm der Kreativwirtschaft, der nach der Jahrtausendwende über die Welt zog. Es begann in den USA, wo Städte wie New York begannen, die Kreativwirtschaft als wichtige Branche zu sehen. Ausgelöst wurde das durch ein Buch von Richard Florida. Dann schwappte die Welle nach London. Erreichte vor rund fünf Jahren Berlin, wo Wowereit verkündete, man sei arm aber sexy. Kurz vor Beginn des Kulturhauptstadtjahres kam das Thema dann im Ruhrgebiet an. Mittlerweile hat es das Land erreicht: In Bielefeld versammelte sich Mitte Dezember 2010 die Kreativszene unter dem flotten Motto: »Created in Ostwestfalen«. »Trends setzen« sieht anders aus.

Das wirtschaftliche Potenzial der Kreativwirtschaft

Auf fast jeder Pressekonferenz der RUHR.2010 GmbH zum Thema Kreativwirtschaft tauchte eine Folie immer ganz kurz auf: Drei Linien sind auf ihr zu sehen, und alle weisen sie nach oben. Sie zeigen das Wachstum der Kreativwirtschaft in Köln, Düsseldorf und dem Ruhrgebiet und dienen als Beleg für das wirtschaftliche Potenzial dieser Branche. Trotzdem mochte keiner auf dem Podium, dass man sie sich allzu lange anschaute. Denn die Linie mit dem deutlich geringsten Wachstum dieser fabulösen Branche ist die des Ruhrgebiets. Und da die Kreativ-

447

wirtschaft im Ruhrgebiet trotz der Größe der Region mit fünf Millionen Einwohnern noch hinter vergleichsweise kleinen Orten wie Köln und Düsseldorf zurückliegt, ist sie alles andere als ein Beleg der Stärke. Sie zeigt, was man im Ruhrgebiet nicht gerne hören will: Die Kreativwirtschaft hat keine Chance, ein Wirtschaftswachstum des Ruhrgebiets zu fördern.

Das heißt nicht, dass es keine Kreativwirtschaft im Ruhrgebiet gibt. Es gibt sie, Tausende arbeiten in dieser Branche. Verlage, Werbeagenturen, Galerien, Designer, Programmierer – sie alle sind Teil eines Branchenmixes, den jede Stadt und jede Region vorzuweisen hat. Überall gibt es – neben der Kreativwirtschaft – auch zahlreiche Beschäftigte in der Finanzwirtschaft. Sie arbeiten bei Banken und Sparkassen. Verkaufen Versicherungen und Bausparverträge. Und irgendwo findet sich immer jemand, der einem einen Fond verkaufen will. Oder im Außenhandel. In der Logistik. In der Medizin. Doch bei kaum einer Branche ist die Verführung so hoch, sie zur entscheidenden Zukunftsbranche zu machen wie in der Kreativwirtschaft. Dafür gibt es einen Schuldigen, und der heißt Richard Florida.

Nur selten hat ein von so Wenigen gelesenes Buch den Diskurs in Deutschland bestimmt. Bis heute ist sein Hauptwerk – The Rise of the Creative Class – nicht auf deutsch erschienen. Bei Amazon-Deutschland belegt es denn gerade einmal Platz 7.383 aller englischsprachigen Bücher.

Der US-Politologe erklärt darin die »kreative Klasse«, eine bunte Mischung aus Journalisten, Musikern, Programmierern und Ingenieuren, zu einem der bestimmenden Wachstumsfaktoren von Städten und Regionen. Nur Städte, die es hinbekommen, eine offene, spannende Atmosphäre mit einem breiten Wissenschafts-, Kultur- und Freizeitangebot zu schaffen, schreibt Florida, seien in der Lage, die hochproduktiven Leistungsträger anzuziehen. Technik, Toleranz und Talent – so seine These, gehören zusammen.

Dass das Buch Floridas sich vor allem auf die USA bezog und gegen die Verschärfung der Einwanderungsgesetze der Regierung Bush nach dem 11. September 2001 gemünzt ist, nimmt indes hierzulande kaum jemand wahr. Wahrscheinlich will Richard Florida das auch heute gar nicht mehr so genau wissen. Zu gut verdient er mit seinen Vorträgen, in denen er Wirtschaftsförderern und Stadtentwicklern seine Visionen darlegt. Und die hören meist nur, was sie hören wollen: Dass die Kreativen ein ebenso buntes wie finanziell potentes Völkchen sind, das aus öden Stadtteilen hippe Szenequartiere macht – mit sehr vielen Jobs in der High-Tech- und Medienbranche.

Dass Florida sich über Theater und Konzerthäuser lustig macht und Techno- und Punk-Clubs für bedeutendere Standortfaktoren hält, um die Szene anzuziehen, wird ebenfalls gerne übersehen. Und dass er in seinem Buch die Lösung der sozialen Frage der schlecht bezahlten Dienstleistungsjobs anmahnt, hört man auch nur selten. Diese spannenden Aussagen würden, so man sie akzeptiert, Konsequenzen nach sich ziehen, die politisch nicht gewollt sind. Zum Beispiel für die subventionierte Hochkultur.

Subventionen und Fördergelder

Für das plötzliche Interesse des Ruhrgebiets am Thema Kreativwirtschaft sind zwei Faktoren ausschlaggebend. Zum einen hat der Hype um das Thema Kreativwirtschaft neue Möglichkeiten eröffnet, an staatliche Zuschüsse zu kommen. Ruhrgebietspolitiker sind hochspezialisierte Experten, wenn es darum geht, Fördertöpfe auszumachen; sie stellen ein hohes Maß an Kreativität unter Beweis, wenn es darum geht, Subventionen und Fördergelder zu ergattern. Zum anderen verbindet sich mit dem Thema Kreativwirtschaft die Hoffnung auf Revitalisierung als problematisch erachteter Stadtteile und ganzer Industriebrachen.

Ein Beispiel? Lange Zeit hat sich die Stadt Dortmund nicht für das Thema Kreativwirtschaft interessiert. Man setzte, mit Erfolg, auf IT und Mikrosystemtechnik. Die Universität Dortmund wurde auch zur Technischen Universität, um den Anspruch, einer von Deutschlands wichtigsten High-Tech-Standorten zu sein, auch im Wissenschaftsbereich zu untermauern. Das änderte sich, als der damalige Oberbürgermeister Gerhard Langemeyer erkannte, dass das Wort »Kreativwirtschaft« der Schlüssel sein könnte, doch noch eines seiner Lieblingsprojekte zu verwirklichen: Er wollte das alte Brauereigebäude U-Turm am Rand der Innenstadt zu einem Museum umbauen. Der Rat der Stadt Dortmund wollte ihm dabei nicht folgen, und auch die Landesregierung erklärte, dass sie ein solches Vorhaben finanziell nicht unterstützen würde.

Als Langemeyer erklärte, statt eines Museums in den Bier-Turm ein Zentrum für Kreativwirtschaft bauen zu wollen, floss auf einmal Geld. Dortmund erklärte, Raum für innovative Unternehmen schaffen zu wollen. Das Grazer Medialab sollte in den U-Turm einziehen. Heute ist klar: das war alles nicht ernst gemeint. Der U-Turm ist ein großes Museum geworden. Nur der RUHR.2010-Ableger ECCE hat sich dort angesiedelt – und wird von Steuergeldern genährt.

Die Stadt Bochum nutzte den Kreativwirtschaftshype, um ein altes Zechengebäude an der Stadtgrenze zu Castrop-Rauxel mit Landesgeldern zu einem kreativwirtschaftlichen Gründerzentrum umzubauen.

449

Das andere Stichwort, mit dem sich die Kreativwirtschaftshoffnungen der Region verbinden, ist die Hoffnung auf Gentrifizierung. Gentrifizierung – die Verbürgerlichung von Stadtquartieren – gehört weltweit zu den meistdiskutierten Fragen unter Stadtplanern. Für heruntergekommene Stadtteile bedeutet Gentrifizierung Aufwertung, die Verbesserung der Lebensqualität und eine erhebliche Steigerung der Immobilienwerte. Für die alteingesessenen Bewohner solcher Quartiere ist die normale Konsequenz die Verdrängung in andere heruntergekommene Quartiere.

An heruntergekommenen Stadtteilen herrscht im Ruhrgebiet bekanntlich kein Mangel. Was in anderen Städten als Problemviertel gilt, ist hier oft traurige Normalität. Hohe Arbeitslosigkeit, Leerstände, ein unrenovierter Wohnungsbestand, dessen beste Zeiten Jahrzehnte zurückliegen, sind hier keine Seltenheit. Neidvoll blickt man nach Berlin, wo der einst marode Prenzlauer Berg innerhalb von knapp 20 Jahren zu einem trendigen und teuren Szeneviertel wurde, in dem heute die schwäbische Mundart dominiert.

Die Gentrifizierungsträume der Wirtschaftsförderer befeuerten die Diskussion um die Kreativwirtschaft: Das Ruhrgebiet hat alte, heruntergekommene Stadtteile – also muss da doch was zu machen sein. Man machte sich an die Planung, und wie immer, wenn im Ruhrgebiet etwas geplant wird, geschieht das in einer besonderen Dimension. Keine Region Deutschlands dürfte heute über so viele Kreativquartiere verfügen wie das Ruhrgebiet. Es gibt sie in Dorsten und Dinslaken. Dortmund, Bochum, Oberhausen, Duisburg und Unna. Essen hat gleich ein halbes Dutzend.

Sowohl der im Frühjahr 2010 verstorbene Geschäftsführer der Wirtschaftsförderung Metropole Ruhr, Hanns-Ludwig Brauser, als auch der für Kreativwirtschaft zuständige RUHR.2010 Direktor Dieter Gorny waren in Gesprächen immer der Ansicht, dass nur drei eine Chance haben werden: das Dortmunder Kreuz/Klinikviertel, das zum Viktoriaquartier umbenannte Bermudadreieck in Bochum und Essen-Rüttenscheid. Aber, so beide unabhängig voneinander, die Vielzahl der im Rahmen der Kulturhauptstadt erfundenen Kreativquartiere sei ein Kompromiss – anders ginge es im Ruhrgebiet nun einmal nicht. Zu viele Städte wollten mitmachen.

Vor gut zehn Jahren fand noch unter dem sozialdemokratischen Wirtschaftsminister Klaus Schwanhold, die Idee soll allerdings von dem damaligen Finanzminister Peer Steinbrück gekommen sein, ein Paradigmenwechsel statt: Förderung sollte kein Wunschkonzert der Städte mehr sein, bei dem die Landesgelder mit der Gießkanne über die Region ausgeschüttet werden, sondern Stärken sollten gestärkt werden. Die Förderung der Kreativwirtschaft im Ruhrgebiet war jedoch die Rückkehr zur Gießkanne. Jeder bekam etwas ab, ob es Sinn machte oder nicht.

Zukunftsperspektiven

Werden wir in fünf Jahren noch etwas über das Kreativquartier Lohberg lesen? Wahrscheinlich nicht. Mit etwas Glück werden die zu Kreativquartieren umbenannten Szeneviertel ihre Attraktivität halten können – viel mehr wird nicht drin sein. Denn die Gentrifizierungsträume haben einen unbarmherzigen Gegenspieler – die Wirklichkeit. Dummerweise lässt die sich weder von flotten PR-Sprüchen noch von bunten Broschüren allzu sehr beeindrucken. Und die Wirklichkeit im Ruhrgebiet sieht so aus: Über die Hälfte der Absolventen der Revier-Hochschulen verlässt die Region. Zugleich ist es schwierig, qualifizierte Menschen zum Zuzug ins Revier zu bewegen. Wer einen Job in München, Hamburg, Köln oder Berlin finden kann, lässt sich von Oberhausen, Gladbeck und Erkenschwick nur schwer begeistern.

Das Ruhrgebiet verliert an Einwohnern – von den einstmals sechs Millionen werden in zwanzig Jahren nur noch 4,5 Millionen übrig sein. Für diejenigen, die sich für ein Leben in einem Szenequartier begeistern könnten, gibt es in den wenigen auch heute schon attraktiven Quartieren genug preiswerten Wohnraum.

Die Stadtplaner im Ruhrgebiet sollten nicht von Gentrifizierung träumen; wir brauchen stattdessen Konzepte für einen gezielten Rückbau der Region. Eigene Konzepte müssten her, denn das Ruhrgebiet gehört neben Detroit zu den wenigen schrumpfenden Ballungsgebieten der Welt. Abschreiben geht da nicht.

Ein Problem des Ruhrgebiets ist der Hang seiner Politiker, die eigene Lage schön zu reden. Dass man gleichzeitig die eigene Armut wortreich beklagt und immer weitere Zuschüsse fordert, passt da nur auf den ersten Blick nicht ins Konzept. Die meisten Ruhrgebietsstädte sind längst pleite. Spielräume für eine gestaltende Politik gibt es nur, wenn Geldgeber von außen – Europäische Union, Bund oder Land – Mittel überweisen oder bei der Verschuldung die Augen zudrücken.

Geht es um das Ausgeben des Geldes, konzentriert man sich jedoch nicht auf die größten Defizite der Region wie etwa den Verkehr oder die maroden Schulen, sondern sieht sich als Wettbewerber anderer Städte – am besten Metropolen. Und natürlich wähnt man sich in solchen Augenblicken auf Augenhöhe.

Den Hang zur Schönfärberei versucht der Initiativkreis Ruhr seit mehreren Jahren durch den Ruhr-Index zu durchbrechen. Einmal im Jahr werden die Fort-

oder Rückschritte des Ruhrgebiets im Verhältnis zu anderen Regionen von einem Forschungsinstitut analysiert. Der Index beinhaltet harte Standortfaktoren wie Arbeitsplätze und Verkehr ebenso wie weiche Standortfaktoren. Auch das kulturelle Angebot und das Image der Region werden gemessen. So entsteht eine immer aktualisierte Schwächen-Nutzen-Analyse, aus der sich eine Handlungsanleitung für eine effektive Politik ableiten lassen könnte. Eigentlich. Denn mit mehr als warmen Worten hat die Politik bislang nicht auf den Ruhr-Index reagiert.

Das war auch im Vorfeld der Kulturhauptstadt so, als es um das Thema Kreativwirtschaft ging. Doch gab es überhaupt eine Alternative? Konnte das Ruhrgebiet etwas anderes machen, als sich die Lage der Kreativwirtschaft schön zu reden? Immerhin hatte man mit ihrer Förderung und dem damit angeblich verbundenen Strukturwandel die Kulturhauptstadtbewerbung gewonnen!

Es hätte eine Alternative gegeben. Und sie hätte wahrscheinlich sogar eine effektivere Politik legitimieren können. Aber daran hatte man offenbar kein Interesse – dabei lag der richtige Weg nur ein paar Internetklicks entfernt.

New York: Strategien der Kreativwirtschaft

New York ist eines der traditionellen Zentren der Kreativwirtschaft. Die Musikszene der Stadt ist legendär. Bands wie Velvet Underground, Clubs wie der Club 54 oder das CBGBs setzten Trends. Hip Hop entstand in den schwarzen Ghettos. Die Jazzszene war schon in den 1920er Jahren global prägend. Ob in der Literatur, in der Werbung, in der bildenden Kunst: New York setzte und setzt Maßstäbe. Die Stadt zieht Menschen mit Ideen aus der ganzen Welt an. Und natürlich beschäftigt sich New York auch mit dem Thema Kreativwirtschaft.

Aber in den von der Stadt in Auftrag gegebenen und von Unternehmen kofinanzierten Studien zur Lage der Kreativwirtschaft unter dem Titel »Creative New York« veröffentlichte das Center for an Urban Future eine unangenehme Bestandsaufnahme der Lage der Kreativwirtschaft in New York: New York, so die Autoren der Analyse, sei nach wie vor der wichtigste Standort der Kreativwirtschaft in den USA und ihr Wachstum war in der Vergangenheit überdurchschnittlich gewesen. Aber: Ein großer Teil der neuen Jobs sei auf das Konto von Freiberuflern gegangen und häufig prekär. Die Zahl der Werbeagenturen sei rückläufig, die hohen Mieten würden Berufseinsteigern das Überleben schwer machen. Immer mehr von ihnen würden der Stadt den Rücken kehren. Es sei den Menschen auch nicht mehr zuzumuten, alle paar Jahre mit ihrer Galerie oder Buchhandlung in einen neuen, preiswerteren Stadtteil umzuziehen, wenn die Mieten steigen. Das würden viele Unternehmen nicht überleben. Die Folgen der Gentrifizierung hat man demnach in New York schon problematisiert, als ein Großteil der Politiker im Ruhrgebiet noch nicht einmal ahnten, dass sie bald von Gentrifizierung träumen würden.

Auch Lösungsvorschläge wurden erarbeitet: Die Krankenversicherungssituation der prekär Beschäftigten müsse sich ändern. Gewerkschaften sollten sich der Freiberufler annehmen. Ein »Made in New York«-Label solle bei der Vermarktung helfen. Philantropische Organisationen könnten helfen, Künstlern und jungen Unternehmern günstige Räume zur Verfügung stellen zu können.

In New York machte man sich auch Gedanken um den Wettbewerb. In den Analysen schaute Creative New York sehr genau, was London machte. Nicht etwa, um sich selbst stark zu reden, sondern um von London zu lernen: »Der Erfolg der Initiative Creative London besteht darin, die zahlreichen Barrieren zwischen dem kreativen Sektor, Investoren, Immobilien und Talenten abgebaut zu haben.« Diese selbstkritische Analyse stammt aus dem stärksten kreativwirtschaftlichen Standort der Welt; der anscheinend ein großes Interesse daran hat, seine Stellung zu behaupten und daher frühzeitig beginnt, seine Schwächen zu analysieren und Handlungskonzepte zu erarbeiten. Übrigens auch auf anderen Feldern: New York hat im Zuge der Wirtschaftskrise die Gefahr der einseitigen Abhängigkeit vom Dienstleistungssektor erkannt und setzt wieder verstärkt auf die verarbeitende Industrie. Berlin folgte mit einem gewissen zeitlichen Abstand und der Initiative für eine »Neue Industrialisierung«.

Zu keinem Zeitpunkt machte man sich im Ruhrgebiet die Mühe, zu untersuchen, warum trotz noch immer gut fünf Millionen Einwohnern der Umsatz der vielbeschworenen Kreativwirtschaft nicht höher als in Köln mit gut einer Million und Düsseldorf mit 600.000 Einwohnern ist. Man beschwor lieber die vermeintliche Stärke, als über die Gründe für Abwanderung zu sprechen. Man lobte die eigenen Unternehmen vor Ort, anstatt zu fragen, warum es nicht mehr sind und die vorhandenen keine bundesweit oder international größere Rolle spielen. Man identifizierte immerhin das Problem fehlender Räume – ohne allerdings bei dessen Bewältigung nennenswerte Aktivitäten an den Tag zu legen.

Statt sich um eine ernsthafte Stärken-Schwäche-Analyse zu kümmern und die Unabhängigkeit der RUHR.2010 GmbH zur Initiierung einer entsprechenden Diskussion zu nutzen, ging man den Weg des geringsten Widerstandes: Man setzte auf eine Öffentlichkeitsarbeit, die weitgehend ohne eine reale ökonomische Basis auskam. Und nutzte nicht einmal den eigenen Etat, um Unternehmen und Machern aus dem Ruhrgebiet die Möglichkeit zu geben, sich im Rahmen der

RUHR.2010 zu profilieren. So holte man den Hamburger Radiosender Byt.FM ins Ruhrgebiet, der sicher, gemeinsam mit Motor.FM aus Berlin, das avancierteste Radioprogramm macht, das private Sender in Deutschland zu bieten haben.

Aber wäre es nicht besser gewesen, mit den verschiedenen Campus-Radios der Region zu kooperieren und vielleicht die Kulturhauptstadt dafür zu nutzen, deren Frequenzen zu erweitern? Momentan dürfen sie nur innerhalb der Stadtgrenzen senden, in denen ihre jeweilige Hochschule sitzt. Gerade im Ruhrgebiet mit seinen Pendleruni eine unsinnige Beschränkung. Das musikalische und redaktionelle Programm der Uni-Radios ist so gut, dass sie Kooperationspartner von Spiegel.de sind. RUHR.2010 ignorierte sie.

Zu den Besonderheiten der Kulturhauptstadt gehörte die Beschwörung der bedeutenden regionalen Kreativwirtschaft, um diese zugleich zu ignorieren. Sicher, das Ausschreibungsrecht ist ebenso streng wie sinnvoll. Aber es gehört schon sehr viel Phantasie dazu, sich vorzustellen, dass eine Kulturhauptstadt Düsseldorf eine Hamburger Leitagentur beauftragen würde. Oder Frankfurt in eigener Sache eine Agentur aus München mit einem Auftrag beglückt. Nicht so das Ruhrgebiet: Leitagentur wurde KNSK aus Hamburg, das Lab2010 wurde von Boros aus Wuppertal erstellt und selbst für das Hosting und die technische Umsetzung holte man sich Unternehmen aus Iserlohn und Rostock.

Die Kreativwirtschaft spielte bei der Kulturhauptstadt eine große Rolle. Allerdings standen bei den Bemühungen nicht die regionalen Vertreter der Branche im Zentrum des Interesses der Beteiligten. Über das Füllhorn staatlicher Subventionierung erfüllten sich die Städte im Umfeld der Kulturhauptstadt langersehnte Wünsche, deren ökonomischer Nutzen mehr als fragwürdig ist. Das Dortmunder U und das zum Musikzentrum mutierte Bochumer Konzerthaus sind hier die prominentesten Beispiele.

Und Dieter Gorny, der für Kreativwirtschaft zuständige Direktor der RUHR.2010, krönte seine vergeblichen Bemühungen für die Kreativen mit der Gründung des European Center for Creative Economy. Dort wird er, erneut als Direktor, zumindest mit einigen wenigen Getreuen weiter in Sachen Kreativwirtschaft aktiv sein. Natürlich finanziert vom Steuerzahler. Zumindest für ihn hat sich der Hype um die Kreativwirtschaft ausgezahlt.

Freiräume nutzen

Zu Beginn des vergangenen Jahres verlautete bei einem Empfang des nordrheinwestfälischen Wirtschaftsministeriums, eine neue Ära habe begonnen: die der

Versorgungswirtschaft. Die Versorgungswirtschaft hat den Nachteil, nicht sexy zu sein, ist dafür aber auch nicht arm und vor allem im Ruhrgebiet stark vertreten. Ob RWE, Eon-Ruhrgas, Steag, Ruhrverband, Emschergenossenschaft, Gelsenwasser und die zahlreichen Stadtwerke: Diese Branche hat im Ruhrgebiet Tradition und sie ist innovativ. Der Umbau der Emscher von einer Kloake hin zu einem stadtnahen Gewässer ist eine große Leistung. Es wird nicht mehr lange dauern, und dieses Wissen wird exportfähig. Die Probleme, die das Ruhrgebiet mit seinen Gewässern hat, sind nicht einzigartig – die Lösungen, die es gewählt hat, schon. Auch das Projekt »InnovationCity« des Initativkreises Ruhr passt zum Ruhrgebiet: Energie effizient und umweltschonend zu erzeugen und dafür Technologien zu entwickeln gehört zu den Kernkompetenzen der Region. Hier muss man nicht erst mit bunten Broschüren für Glaubwürdigkeit werben, hier kann das Ruhrgebiet mit seinem Ruf arbeiten.

Und die Kreativwirtschaft? Ist eine Branche unter vielen und wie jede Branche, in der Menschen arbeiten und ihr Geld verdienen, wichtig. Die Politik im Ruhrgebiet kann am Umgang mit ihr Vieles lernen, was sie für die Zukunft braucht, denn die Zeit staatlicher Großprojekte ist ein für allemal vorbei. Kreativwirtschaft, Kreative ganz allgemein brauchen Freiräume. Orte der Unperfektion, wo man sich ausprobieren kann. Zu diesem Ausprobieren gehört auch das Scheitern; und das Aufstehen. Das Ruhrgebiet kann von dieser Kultur der Freiräume nur profitieren. Sie werden, auch im wörtlichen Sinn, in einer Region zunehmen, die in den kommenden Jahrzehnten bis zu einer halben Million Einwohner verlieren wird. Toleranz, Platz für Talente und neue Technologien sind die Mittel, mit denen diese Entwicklung gestaltet werden kann. Von den Menschen selbst.

Energie und Klima

Jürgen Großmann

Mit Energie für eine Kultur der Akzeptanz
Das Ruhrgebiet als Industriestandort

Bei der »Kulturhauptstadt« ging es natürlich in erster Linie um die Kultur. In diesem Sinne ist »Essen für das Ruhrgebiet – Kulturhauptstadt Europas« ein Erfolg gewesen. Zumindest fällt die Bilanz der federführenden RUHR.2010 GmbH durchweg positiv aus – von der Bestürzung über die Loveparade-Katastrophe in Duisburg einmal abgesehen.

»Den Menschen im Ruhrgebiet wurde Lust auf Kultur gemacht«, so der Ruhr-Geschäftsführer Fritz Pleitgen. Auch die Touristikexperten sind zufrieden: 10,5 Millionen Besucher sind 2010 in die Kulturhauptstadtregion gekommen. Das entspricht einer respektablen Steigerung um 13 Prozent. Schließlich loben die Macher auch die neu entstandenen Netzwerke im Ruhrgebiet. Kooperation statt Rivalität und Kirchturmdenken. Die wesentlichen Zielgruppen konnten anscheinend erreicht werden.

Ist also alles gut in der selbsternannten Metropole Ruhr? Hat die Kulturhauptstadt wirklich die Voraussetzungen für eine positive Weiterentwicklung der Region geschaffen? »Kultur durch Wandel – Wandel durch Kultur« – ein Patentrezept?

Als einer der Hauptsponsoren der RUHR.2010 können auch wir durchaus zufrieden sein. In einer repräsentativen Befragung unter der Bevölkerung in Nordrhein-Westfalen nannten 81 Prozent der Befragten RWE als den bekanntesten Sponsor. 62 Prozent meinten, dass dieses Engagement sehr gut zum Unternehmen und zu den Kulturhauptstadt-Aktivitäten im Ruhrgebiet gepasst habe. RWE wurde als engagiertes, regional verwurzeltes Unternehmen wahrgenommen, mit positiven Auswirkungen auf unser Gesamt-Image.

Wirklich alles gut also? Was erwartet ein »regional verwurzeltes Unternehmen«, wie RWE es ist, von einem Engagement wie dem für die Kulturhauptstadt? Immerhin wurden hierfür mehrere Millionen Euro ausgegeben. Natürlich, wir teilen die Bilanz der Organisatoren im Großen und Ganzen. Auch wir freuen uns über die positive Stimmung, die das Ganze erzeugt hat, und Banausen wären wir, wenn wir nicht auch stolz wären auf solche Kultur-Leuchttürme wie das neue Museum Folkwang, das Ruhrmuseum oder das Dortmunder U. Immerhin sorgen diese Bauten für die immer wieder beschworene Nachhaltigkeit. Zumindest im kulturellen Bereich.

Doch bei aller Freude über das Erreichte: Ein gewisses Unbehagen bleibt. Das wird ausgelöst durch Sätze wie »Mit starken, frischen Bildern und vitalen Signalen ist das Ruhrgebiet beherzt seinem veralteten, standortschädlichen Image entgegengetreten«. Wie bitte? So heißt es in der offiziellen Pressemitteilung der RUHR.2010 GmbH vom 9. Dezember 2010. Man zieht Bilanz, lobt die Kultur – und distanziert sich von einem alten Image, das angeblich standortschädlich sein soll. Die »S-Frage«, also die nach dem Standort, wird zugunsten der sauberen Kultur und – dieses Eindrucks kann ich mich nicht erwehren – zulasten einer schmutzigen industriellen Vergangenheit beantwortet. Dass es auch um die Gegenwart und Zukunft des Industriestandorts Ruhr nicht allzu gut bestellt zu sein scheint, beweist die Tatsache, dass das Wort »Industrie« nicht ein einziges Mal in den Bilanzen der Macher vorkommt. Es geht mir nicht um Dankbarkeit für die geflossenen Millionen. Es geht um die Zukunft unserer Region. Die »S-Frage« muss weiter diskutiert werden, ohne sie auf die Kultur zu beschränken und jenseits von Sendeminuten, Anzeigengegenwerten, Kulturwirtschaftsbilanzen und Symposien. Nachhaltigkeit ohne stabile Basis funktioniert nämlich nicht.

Wir sind Metropole – oder nicht?

Mit 5,3 Millionen Einwohnern ist das Ruhrgebiet der größte Ballungsraum Deutschlands. Und nach London und Paris der drittgrößte in Europa. Nicht zu vergessen: auch der dritthellste, betrachtet man uns per Satellit aus dem Weltall. Das Verkehrsnetz gilt als engmaschig und gut erschlossen. In kaum mehr als einer Stunde ist man mit dem Flugzeug – allerdings von Düsseldorf aus – in Paris, London, Madrid, Rom oder Wien. Die Wirtschaftsleistung lag 2008 bei 136 Milliarden Euro – das sind knapp 6 Prozent des deutschen BIP. Mit fünf Universitäten, zehn Fachhochschulen und zahlreichen Forschungsinstituten sind wir eine der dichtesten Wissenschaftslandschaften Deutschlands und Europas. Die Ruhr-Universität Bochum schickt sich sogar an, den Sprung in die Gruppe der Exzellenz-Hochschulen zu schaffen.

Aber noch einmal: Ist damit wirklich alles gut? Oder erweitert man mit diesen Schlagworten nur die Rhetorik der Kulturhauptstadtmacher um die Sprüche der Wirtschaftsförderer? Auf jeden Fall lohnt ein genauer Blick auf den Standort Ruhrgebiet. Meinethalben auch den »Standort Metropole Ruhr« oder nur

»Standort Ruhr«. Diese etwas spitzfindige Diskussion soll hier gar nicht geführt werden.

Viel wichtiger ist die Frage, welcher Voraussetzungen, Eigenschaften und Bemühungen es bedarf, um ein erfolgreicher Standort zu sein. Und da muss sich das Ruhrgebiet durchaus an anderen Ballungsräumen messen lassen. Sehen kann man da: Kultur allein, flotte Werbesprüche und vollmundige politische Statements reichen jedenfalls nicht aus, um eine Region erfolgreich zu machen.

Schauen wir in die Hauptstadt. Berlin mag »arm, aber sexy« sein, doch dieser ebenso launige wie kontrovers diskutierte Ausspruch seines Regierenden Bürgermeisters verdeutlicht doch nur, wie sehr die Stadt unter der verloren gegangenen industriellen Struktur leidet. Damit berühren wir den Kern der S-Frage. In der Lokalpolitik Berlins ist es vollkommen unstrittig, dass man sich – bei allen Vorteilen, die eine gewisse Underdog-Lässigkeit für die Ausbildung von Kreativität und Attraktivität haben mag – um die Industrie, die »wirtschaftliche Basis« sozusagen, kümmern muss. An anderer Stelle in diesem Band kann man lesen, dass man sich selbst in der Welthauptstadt der Kreativen, in New York, über diesen Zusammenhang im Klaren ist.

Im Klaren sollte man sich also darüber sein: Mit Werbung und »Kreativquartieren« allein lässt sich kaum ein Blumentopf gewinnen. Selbst wenn dieser Blumentopf ein Fördertopf ist, funktioniert das nicht, jedenfalls nicht langfristig. Hier kommt ein anderes »S-Wort« ins Spiel, das die Entwicklung im Ruhrgebiet seit mehr als 30 Jahren in unterschiedlichen Variationen begleitet: Strukturwandel. Unter dieser Überschrift sind allein zwischen 1991 und 2008, grob überschlagen, 25 Milliarden Euro in das Ruhrgebiet geflossen. Aus der Europäischen Union, vom Bund und vom Land Nordrhein-Westfalen. Ganz genau ist die Höhe dieser steuerfinanzierten Transferleistungen nicht zu ermitteln. Die Unsicherheit beginnt schon damit, dass niemand so genau weiß, wo das auf drei Regierungsbezirke verteilte Ruhrgebiet anfängt und wo es aufhört. Wählt man nun eine der Ikonen des Ruhrgebiets aus, das Weltkulturerbe Zeche Zollverein zum Beispiel, dann soll der Strukturwandel hin zu einem gigantischen und seit der Eröffnung des Ruhrmuseums Anfang 2010 äußerst gut besuchten museal-kreativen Areal mehr als 110 Millionen Euro gekostet haben. Das ist im Guten wie im Schlechten rekordverdächtig. »Der Standort Ruhrgebiet« mag mit solcherlei Rekorden sogar gut beschrieben sein. Eine sichere Basis für eine erfolgreiche Zukunft ist damit allerdings noch nicht gelegt. Fördermillionen allein sind zu wenig – selbst wenn sie hunderttausende Besucher anziehen.

Notwendig ja, hinreichend nein

Kommt man auf die eingangs gestellte Frage nach der Tragfähigkeit des Ansatzes »Kultur durch Wandel – Wandel durch Kultur« zurück, muss die Antwort schon jetzt lauten: All das bislang Skizzierte mag eine notwendige Bedingung für die Zukunft des Ruhrgebiets als wirtschaftlich erfolgreicher und damit als ein industrieller Standort sein. Hinreichend ist es damit auf keinen Fall.

Um dies zu untermauern, lohnt es sich, einen Blick auf Licht und Schatten im Ruhrgebiet zu werfen, aber auch auf die derzeit in Deutschland und Europa geführten industriepolitischen Diskussionen. Beginnen wir mit dem Mikrokosmos Ruhrgebiet. Meiner Branche, der Energiewirtschaft, kommt in diesem Zusammenhang eine Schlüsselstellung zu.

Derzeit erhebt der Initiativkreis Ruhr bei seinen Mitgliedsunternehmen zum wiederholten Mal Einschätzungen zu den Bereichen Wirtschaft, Bildung, Arbeit und Kultur im Ruhrgebiet. Das fließt dann ein in den »Ruhr2030-Index«. Die Ergebnisse der letzten Runde wurden im Dezember 2009 in Gelsenkirchen präsentiert. In diesem Index ging und geht es um die Frage, ob die Metropole Ruhr einen positiven Entwicklungspfad beschreitet und damit die Lücke (!) zu den erfolgreichen deutschen und internationalen Standorten schließen kann.

Das Ergebnis dieser Studie war beim letzten Mal ganz klar: Sie kann es nicht. Im damaligen Erhebungszeitraum wurde deutlich, dass das Ruhrgebiet im Wettbewerb mit anderen Regionen hinterher hinkt. Damals beeilten sich die Kritiker der Studie nachzuweisen, dass die Negativauswirkungen der Finanzkrise nicht berücksichtigt bzw. nicht hinreichend von strukturellen Faktoren getrennt worden seien. Vor dem Hintergrund der Tatsache, dass diese Finanzkrise ja nicht nur das Ruhrgebiet ereilt hatte, ist das kaum mehr als eine windige Schutzbehauptung. Denn die relative Verschlechterung betraf vor allem Bereiche, auf die die Finanzkrise kurzfristig gar keine Auswirkungen haben konnte – die Kategorie »Exzellenz in Bildung und Forschung« zum Beispiel. Hier sind die Befunde besonders dramatisch.

Den Strukturwandel beschwören und gleichzeitig in einer Schlüsselkategorie an Qualität verlieren – das geht nicht zusammen. Dass wir uns nach dem fast flächendeckenden Niedergang der ruhrgebietstypischen Industriebranchen in einer besonders schwierigen Ausgangssituation befinden, muss man zugeben. Ein erster grober Fehler wäre es aber, vorhandene Gestaltungsspielräume nicht oder nur unzureichend zu nutzen. Auf den Feldern Bildung und Wissenschaft ist das der Fall.

461

Die Metropole Ruhr als industrieller Standort

Fehler Nummer zwei wäre, das Kind mit dem Bade auszuschütten. Das hieße, den zyklischen und strukturellen Niedergang einzelner Branchen zu verwechseln mit dem Ende der Industriegesellschaft. Von manch einem werden solche düsteren Prognosen immerhin beklagt. Anderen scheinen sie aber auch ganz gut in den Kram zu passen. Wer meint, kein Wachstum zu brauchen, braucht auch keine Industrie. Erst später fällt dann auf, dass der Wirtschafts- und Wachstumskritiker immer auch ein Kulturpessimist ist, unfreiwillig, aber im wahrsten Sinne des Wortes: Für die Kultur sähe es nämlich ohne leistungsfähige Wirtschaft wirklich düster aus.

Aber bleiben wir zunächst bei der Wirtschaft und der Industrie im engeren Sinne. Wer kritisiert, muss auch in der Lage sein, Wege in die Zukunft des Ruhrgebiets als wirtschaftlich erfolgreichen Standorts zu skizzieren. Das wiederum hat eine emotionale, eine faktische und eine gesellschaftspolitische Komponente.

Beginnen wir mit den Emotionen – und zwar in Form eines Bekenntnisses. RWE, 1898 in Essen von Hugo Stinnes gegründet, bekennt sich zu seiner Heimatregion. Und das sind die Fakten dazu: Unsere Unternehmenszentrale befindet sich nach wie vor in Essen. Der 1997 eingeweihte RWE Turm ist eines der Wahrzeichen und architektonischen Highlights der Stadt, die sich gern als »Schreibtisch« des Ruhrgebiets gibt. Dazu wurden im Norden der Stadt und in Dortmund in den vergangenen Jahren moderne Funktionsbauten errichtet. Auch die sind architektonische Schmuckstücke.

Von Essen und Dortmund aus wird aber nicht nur das nationale und internationale Geschäft mit Strom und Gas gesteuert. An unseren Standorten im Ruhrgebiet gehen rund 11.000 Mitarbeiterinnen und Mitarbeiter ihrer Arbeit nach, 600 junge Leute haben bei RWE im Ruhrgebiet ihren Ausbildungsplatz. Mit der entsprechenden Wertschöpfung. Und im Übrigen auch mit der entsprechenden emotionalen Nähe zur Region. Besonders deutlich gezeigt hat sich das – Schritt zurück – im Kulturhauptstadtjahr. RWE hatte im Rahmen des Projekts »Stillleben A 40« 90 Tische gemietet, an denen Mitarbeiterinnen und Mitarbeiter aus allen Teilen des Konzerns ihre Verbundenheit mit dem Unternehmen, der Region und deren Kultur zeigten.

Auch Teile meines eigenen Unternehmens, der Georgsmarienhütte Unternehmensgruppe, haben ihren Ursprung im Ruhrgebiet. Als ältestes Werk feiert die Friedrich-Wilhelms-Hütte in Mülheim an der Ruhr im Juni 2011 ihr 200-jähriges Firmenjubiläum. Insgesamt ist die Gruppe im Ruhrgebiet mit neun Standorten und zusammen rund 2.900 Mitarbeitern vertreten – von Hagen über Schwerte, Bochum und Essen bis nach Mülheim. Für solche Unternehmen mit transport-intensiver Produktion ist das Ruhrgebiet noch immer ein idealer Standort. Kurze Wege und die direkte Anbindung an Straßen, Schienen und Wasser haben ihren Wert. Allerdings ist das nur so lange ein Standortvorteil, wie regelmäßig in die Infrastruktur investiert wird.

Auch andere Industrieunternehmen sind dem Standort Ruhrgebiet treu und investieren entsprechend. Nacheinander haben die Schwergewichte Thyssen-Krupp und E.ON Ruhrgas ihre Firmenzentralen in Essen neu erbaut bezie-hungsweise hierher verlegt. Was wiederum bedeutet: je 2.000 Arbeitsplätze in dem einen wie in dem anderen Bürogebäude.

Strukturwandel muss also nicht heißen: Wir gründen ein Kreativquartier und trinken Latte Macchiato. Strukturwandel muss auch nicht heißen: Wir verab-schieden die »alten« Industrien, womöglich mit einem Tritt. Der Strukturwandel findet statt. Aber eben nicht weg von der Industriegesellschaft hin zu einer wie auch immer funktionierenden Kreativ- und Kulturwirtschaft. Der Strukturwan-del findet statt *innerhalb* der Industrie und *durch* die Industrie. Hier müssen wir innovativ sein. Hier müssen wir kreativ sein. Hier müssen die Rahmenbedingun-gen stimmen.

Innovative Projekte für die Region

Die Industrieunternehmen der Region leisten ihren Teil. RWE tut das jeden-falls. Unsere Gesellschaft für Energieeffizienz hat ihren Sitz in Dortmund. Die RWE Effizienz ist Dienstleister für Energieeffizienz-Infrastruktur. Sie unter-stützt Kunden dabei, Kosten zu sparen und die Umwelt zu schonen. Von der E-Mobilität bis hin zur Hausautomatisierung RWE SmartHome – die RWE Effizienz setzt durch innovative Ansätze und neue Produkte Standards. Mit Informationen und Aufklärung steigert sie das öffentliche Bewusstsein für Energieeffizienz.

Teil dieser Gesellschaft ist die Sparte für Elektromobilität. Neben den 500 Ladepunkten, die wir unter anderem in Berlin errichten, stellen wir auch 400 solcher Säulen im Ruhrgebiet auf. Jeweils 150 sind schon heute in Betrieb. Wir haben starke Partner aus der Industrie, und wir haben die Unterstützung der Politik. In einigen Jahren wird Elektromobilität unser Leben – und übrigens auch unsere gesamte Energieversorgungsinfrastruktur – mehr verändert haben als so putzige Ideen wie die Errichtung einer Seilbahn entlang der A 40. Davon war vor einiger Zeit in der Zeitung zu lesen. Diese Idee war im Rahmen einer Studenten-akademie an der Universität Essen-Duisburg entstanden.

Aber auch wir bekommen zu spüren, dass modernste Technik mal ihre Tücken haben kann. RWE will Mülheim Schritt für Schritt zu einer Smart City machen. Das heißt: Wir wollen die Stadt flächendeckend mit intelligenten Stromzählern ausstatten. Das Projekt ist das größte seiner Art in Deutschland. Intelligente Zähler sind Kern von Smart Home-Lösungen, also der intelligenten Vernetzung und zentralen Steuerung der gesamten Haustechnik und aller elektrischen Geräte eines Haushalts. Ziel ist die Senkung des Energieverbrauchs bei gleichzeitiger Erhöhung von Flexibilität, Sicherheit und Wohnkomfort. Hier will die Industrie ganz nah bei den Menschen der Region sein. Allerdings geht das nicht ohne »Trial & Error«. Die Messtechnik hat zwar einwandfrei funktioniert, es haperte anfangs aber an der Übermittlung der Verbrauchsdaten. Unter anderem deshalb ist Mülheim neben Krefeld auch Modellregion des Forschungsprojekts »E-DeMa«, bei dem es um die Entwicklung und Demonstration dezentraler Energiesysteme geht. VoRWEg-Geher machen ihre Erfahrungen selber. Nur Spätstarter schauen zu und ziehen dann nach. Unseren Vorsprung sollten wir übrigens auch auf dem Feld der Elektromobilität nicht verspielen. Die Konkurrenz – national wie international – schläft nicht.

Ganz auf eine innovative, auf erneuerbaren Energien fußende Versorgung setzt unsere ebenfalls in Essen ansässige Gesellschaft RWE Innogy. Hier kümmern sich knapp 200 Mitarbeiterinnen und Mitarbeiter darum, mehr als eine Milliarde Euro pro Jahr sinnvoll zu investieren. Fritz Vahrenholt, CEO der Gesellschaft, beschreibt in diesem Band, wie das geht. Ein maßgeschneidertes Projekt für das Ruhrgebiet ist die Absicht von RAG Montan Immobilien und RWE Innogy, eine Halde nahe Hamm als Standort für ein Kombikraftwerk aus Pumpspeicher und Windkraft zu entwickeln. So sieht Strukturwandel in unserer Region aus.

Bildung, Bildung, Bildung

Neben einem klaren Bekenntnis der Industrie zum Standort (»erledigt«) sowie industrieller Kreativität und Innovationen aus der Wirtschaft heraus (»erledigt«) gibt es aber noch einen weiteren Faktor für den industriellen Erfolg des Standorts Ruhrgebiet: den Schulterschluss mit der Wissenschaft. Ohne Grundlagen- und anwendungsorientierte Forschung, ohne gut qualifizierten Nachwuchs und ohne ein technikfreundliches Umfeld geht es nicht.

In all das investiert RWE massiv. Dabei ist das Ruhrgebiet kein Partner »unter ferner liefen«. RWE und die Bildungs- und Forschungseinrichtungen in der Region, das ist eine gelebte privilegierte Partnerschaft. Drei der sechs von RWE geförderten Stiftungslehrstühle befinden sich im Ruhrgebiet, namentlich an der Technischen Universität Dortmund und an der Universität Duisburg-Essen. Die RWE Stiftung kümmert sich um die Bronnbacher Stipendiaten an der Ruhr-Universität Bochum und hat zusammen mit der Gemeinnützigen Hertie-Stiftung ein Projekt mit drei Ruhrgebiets-Universitäten auf den Weg gebracht. Hier werden Lehrer und Doktoranden mit Migrationshintergrund gefördert. Funktionierende Integration ist nämlich auch so eine notwendige Bedingung für die Zukunft des Standorts Ruhr.

Integration, Bildung und Technikfreundlichkeit sind aber Themen, denen man sich schon viel früher widmen muss. Um genau zu sein: von Kindesbeinen an. Wenn Unternehmen erfolgreich sein wollen, wenn ein Industriestandort funktionieren soll, dann sind gut qualifizierte, engagierte Arbeitskräfte eine unabdingbare Voraussetzung. Langfristig bekommen wir diese nur, wenn wir ihnen ein entsprechendes Umfeld bieten. Geistig und materiell.

Auch die Kleinsten wollen gut betreut werden. Internationale Führungskräfte und Eltern mit einem Horizont, der weiter reicht als der Schatten des eigenen Kirchturms, wollen Schulen, die diesem Erfahrungs- und Erwartungshorizont entsprechen. Die »Internationale Schule Ruhr« betreut seit 2010 die Kinder solcher Eltern und bildet sie nach modernsten Bildungsstandards aus. Der Initiativkreis Ruhr hat dieses wichtige Projekt auf den Weg gebracht. Aus tiefer Überzeugung unterstütze ich die Internationale Schule Ruhr persönlich. Nun müssen noch mehr Wirtschaftsunternehmen und engagierte Privatpersonen aus der Region die Schule zu ihrer Herzensangelegenheit machen – mit Geld, ideeller Unterstützung und wissbegierigen Schülerinnen und Schülern. Die RWE Stiftung begleitet mittlerweile den Unterricht an der Internationalen Schule mit einem Projekt, in dem das Erleben von Energie im Fokus steht. Näheres zur Internationalen Schule Ruhr ist an anderer Stelle in diesem Band nachzulesen.

Akzeptanz als Herausforderung

Alle Bekenntnisse zum Standort, alle Innovationen, alle Investitionen in Bildung sind aber wertlos, wenn das Umfeld nicht stimmt. Das Umfeld – das ist die mentale Großwetterlage einer Gesellschaft, und das sind die konkreten Rahmenbedingungen, von denen eingangs die Rede war.

Wir als Energieversorgungsunternehmen wissen genau: ohne Akzeptanz kein erfolgreiches Geschäft. Dabei liegen die Fakten deutlich auf dem Tisch. Die Energiewirtschaft ist das Herz der deutschen Wirtschaft. Neben der Automobilindustrie und der Chemischen Industrie zählt sie zu den führenden Wirtschaftszweigen im Land. Mit einer Wertschöpfung von 191.000 Euro pro Mitarbeiter hält sie bei der Arbeitsproduktivität eine absolute Spitzenstellung, und sie ist neben der Automobilindustrie größter Investor im Land. Hinzu kommt: Eine jederzeit sichere Versorgung mit Energie, besonders mit Strom ist eine entscheidende Grundlage für wirtschaftliches Wachstum und Beschäftigung im Land. Das alles lässt sich eins zu eins auf den Standort Ruhrgebiet übertragen.

Damit müsste eigentlich alles gesagt sein. Und trotzdem haben wir ein Akzeptanzproblem. In der Bevölkerung und manchmal bei der Politik. Auch wenn wir in Neurath im Rheinischen Revier unsere neue, hocheffiziente Doppelblock-Anlage noch im Jahr 2011 in Betrieb nehmen werden: Neue Kohlekraftwerke lassen sich in Deutschland kaum noch errichten. Das scheint die Regel zu sein. In Ensdorf im Saarland. Oder in Datteln am Rand des Ruhrgebiets. In Ensdorf haben wir unsere Lektion lernen müssen. Und beim Thema »saubere Kohle« haben wir bei unseren Pilotprojekten mindestens zwei Gänge runtergeschaltet, weil wir in Deutschland – den EU-Vorgaben zum Trotz – immer noch keinen Rechtsrahmen für CCS-Projekte haben. Wir forschen aber weiter mit Hochdruck an dem Thema, denn Kohle ist ein Energieträger mit Zukunft.

Aber wenn der Rahmen nicht stimmt, kann sich die Industrie auf den Kopf stellen. Die absurde Debatte um die Zukunft des E.ON-Kraftwerks in Datteln verliert sich in Endlosschleifen. Immer neue Gutachten werden in Auftrag gegeben. Die Verwirrung ist groß: Gilt der Dattelner Bebauungsplan? Oder der Regionalplan? Kann ein »Zielabweichungsverfahren« Abhilfe schaffen? Bei so viel bürokratischer Akrobatik droht jedenfalls eine Bauchlandung. Eine Bauchlandung des gesamten Standorts Ruhrgebiet wohlgemerkt, seine Kultureinrichtungen eingeschlossen.

Wir müssen uns entscheiden: Wollen wir ein Industrieland bleiben oder nicht? Wenn ja, kommen wir mit Verzicht, Zauderei und einem »Wutbürgertum«, das den eigenen Hof um jeden Preis sauberhalten will, nicht weiter. Auch schwülstige, von purem Utopiedenken beseelte Rundumschläge gegen die Industrie führen nicht nach vorne. Die Energiewirtschaft braucht und will den sachlichen Dialog. Hier sollten Wirtschafts- und Energieexperten über Energie reden und Philosophen über Philosophie. Als Stahlunternehmer weiß ich genau, wie wichtig faire Strompreise für eine wettbewerbsfähige Produktion in energieintensiven Branchen sind. Faire Strompreise sind aber nur möglich, wenn der Rahmen stimmt und Akzeptanz für das Geschäft der Energieversorgungsunternehmen, auch der großen, da ist.

Hier müssen die Räder ineinander greifen. Steuern und Abgaben, Genehmigungsverfahren, an den richtigen Stellen öffentliche Fördermaßnahmen, der richtige gesetzliche Rahmen, die Infrastruktur – so dass am Ende, oder wenn man so will am Anfang, die Akzeptanz der Menschen steht. Das gilt für unser Land, aber ganz besonders für das »Laboratorium Ruhrgebiet«.

Sieben goldene Regeln

Akzeptanz fällt aber nicht wie Manna vom Himmel. Alle relevanten Akteure in unserer Region haben die Möglichkeit, etwas für sie zu tun. Dabei sollten sich alle an ein paar Regeln halten. Damit lässt sich eine Menge gewinnen.

– *Einigkeit über das Ziel:* Ohne den gemeinsamen Willen, ein Industriestandort zu sein und zu bleiben, sind alle Bemühungen nutzlos. Es besteht stattdessen die Gefahr, im Namen des »Strukturwandels« viel Geld zu versenken.
– *Aufklärung statt Stimmungsmache:* Jeder Schritt hat seine Konsequenzen, jede Technologie hat ihre Risiken. Darüber gilt es sachlich aufzuklären. Dann ist auch ein Streit über den besten Weg möglich. In Konfliktfällen führen professionelle Mediationsverfahren mit Sicherheit weiter als diffuses »Wutbürgertum«.
– *Weg vom Inseldenken:* Wir müssen klarmachen, dass wir in Deutschland nicht auf einer Insel leben. Und im Ruhrgebiet schon gar nicht. Inseldenken ist nur sinnvoll, wenn wir in ein paar Jahren ein Museum sein wollen.
– *Politische Orientierung:* Niemand kann von Wirtschaftsunternehmen und Unternehmern verlangen, Investitionsentscheidungen zu treffen und sich den Fragen der Öffentlichkeit zu stellen, wenn im Hintergrund Politik und Verwaltung noch gar nicht entschieden haben, ob man dafür ist oder dagegen.
– *Verlässlichkeit:* Das ist ein hohes Gut. Unternehmen müssen ihre Versprechen einhalten. Das schafft Vertrauen, und daraus entsteht letztlich Akzeptanz. Genauso muss aber auch Politik verlässlich sein oder – wo sie es noch nicht ist – werden.
– *Bildung:* Hier liegt der Schlüssel für eine langfristige Standortsicherung. Und hier zeigt sich, ob alle Bekenntnisse zum Ruhrgebiet zu mehr taugen als für

Sonntagsreden. Das sollten sich die Politik und die Wissenschaftsinstitutionen ins Stammbuch schreiben. Und die Industrie natürlich.

Kommen wir zu guter Letzt noch einmal auf den Ausgangspunkt zurück. »Kultur statt Industrie« – das kann kein Rezept für die Sicherung des Standorts Ruhrgebiet sein. Der Kulturstandort Ruhrgebiet wird nicht nachhaltig erfolgreich sein ohne den nachhaltig erfolgreichen Wirtschafts- und Industriestandort. Notwendig ist die Kultur jedoch allemal: als Bedingung für Attraktivität und Lebensqualität. Auch als Labor und Katalysator für neue Ideen. Für unser Ruhrgebiet.

Johannes Teyssen

Vom Ruhrgebiet lernen!
Über eine energiegeladene Region

Abgehängt, wachstumsschwach, in alten Strukturen erstarrt, vergangenheitsverliebt und zukunftsängstlich – mit solchen wenig schmeichelhaften Attributen sind wir im Ruhrgebiet früher oft bedacht worden. Heute ist es Europa mit Deutschland im Zentrum, das – wie phänotypisch das alte Ruhrgebiet – als Region beschrieben wird, die ihre beste Zeit hinter sich habe, weil andere Regionen der Welt an ihr vorbeiziehen. Schnell aufholende Länder wie China und Indien, perspektivisch aber auch Russland und Brasilien – zusammen die so genannten BRIC-Staaten – verschieben die weltwirtschaftlichen Gewichte. Durch die globale Finanz- und Wirtschaftskrise hat dieser Prozess enorme Dynamik gewonnen. Der Westen und vor allem Europa verlieren politisch und ökonomisch ihre globale Dominanz. Sie werden immer mehr an den Rand gedrängt. Wenn Deutschland und Europa insgesamt zum »Ruhrgebiet« der Weltwirtschaft zu werden drohen, lohnt sich die Frage, wie das Ruhrgebiet aus der Rolle des Aschenputtels herausgekommen ist. Können andere davon lernen? Ich meine ja.

Wir wollen natürlich nicht idyllisieren. Das Ruhrgebiet hat Rückstand aufgeholt – ein großer Erfolg! –, ein Vorreiter ist es aber noch nicht. Die frühere Abhängigkeit der Region von Kohle und Stahl ist aufgebrochen. Moderne, innovative Industrien und industrienahe Dienstleistungen haben sich etabliert. Universitäten wurden aufgebaut und ein dichtes Netzwerk aus öffentlicher und privater Forschung und Entwicklung geknüpft. Eine lebendige Kulturlandschaft ist entstanden. Jedes dritte der chinesischen Unternehmen, die sich in Deutschland engagieren, geht ins Ruhrgebiet (Financial Times, 21.9.2010) – ein großes Kompliment für die Region! Der Pott ist in die Pötte gekommen, spät, aber mit der Ausdauer und Zähigkeit eines Kohlestücks, das zu einem Diamant werden will. Die Region hat spürbar an Selbstvertrauen gewonnen, nicht zuletzt durch den beeindruckenden Erfolg der Kulturhauptstadt 2010, schwankt aber immer noch zwischen Euphorie und Minderwertigkeitskomplexen. Der Wandel geht weiter, muss angesichts der noch immer hohen Arbeitslosigkeit und überschuldeter Kommunen weitergehen. Im Ruhrgebiet finden wir eben nicht die eine erlösende Zauberformel für einen erfolgreichen Strukturwandel, denn die gibt es nicht. Hier lässt sich aber lernen, wie eine Region sich nicht aufgibt, sondern die Herausforderungen annimmt.

Heimat der Großunternehmen

Im Ruhrgebiet bestand immer der Grundkonsens, dass Deindustrialisierung keine Lösung für die Wettbewerbsprobleme der bestehenden Industrien ist. Man würde das Kind mit dem Bade ausschütten. Gerade wir im Revier könnten nicht davon leben, würden wir uns nur gegenseitig bekochen oder bekellnern, beraten oder belehren. Dies ist nicht nur politischer Grundsatz bislang aller Landesregierungen, sondern entspricht auch den Lebenserfahrungen der Menschen in dieser Region. Natürlich sind moderne Dienstleistungen lebenswichtig für eine wirtschaftlich erfolgreiche Entwicklung geworden. Der Dienstleistungsanteil in Nordrhein-Westfalen liegt inzwischen über dem Bundesdurchschnitt (Zukunftskommission »NRW 2025«, 2009). Besonders wichtig für die regionale Wettbewerbsfähigkeit sind dabei industrienahe Dienstleistungen. Gerade hier hat das Ruhrgebiet inzwischen viel zu bieten. Industrienahe Dienstleistungen brauchen aber eben vor allem eines: Industrie.

Damit hängt eng zusammen, dass man im Ruhrgebiet keine Angst vor Großunternehmen hat. Man kennt sie schon lange, ist mit ihnen aufgewachsen: ThyssenKrupp, Klöckner und Haniel, E.ON und RWE und andere große, alte und neue Namen. Man kennt ihre Stärken und Schwächen, hat ihren Aufstieg ebenso miterlebt wie ihre Krisen. Man behält ihr Tun und Lassen kritisch im Auge, weiß aber auch, dass sie der Region viel Gutes gebracht haben, nicht nur in Form von Beschäftigung und Wertschöpfung. Sie sind selbstverständlicher Teil der Lebenswirklichkeit und der regionalen Identität wie Borussia und Schalke. Und oft war und ist man stolz darauf, wenn große Ruhrunternehmen über die Region hinaus erfolgreich sind. Bis heute ist die Verbundenheit der Menschen mit der Industrie und ihren Großunternehmen der vielleicht wichtigste Standortvorteil des Ruhrgebiets. Und hier weiß man: Die Konzerne sind, einmal in die richtige Richtung in Bewegung gebracht, mächtige Treiber des Fortschritts.

Energie für alle

Charakteristisch für das Revier ist auch das wache Bewusstsein für die Rolle der Energie für unsere moderne Lebensweise. In kaum einer anderen Region Europas und auch darüber hinaus findet sich ein derart konzentriertes Wissen und Können in allen Aspekten der Energiewirtschaft von der Erzeugung über Umwandlung und Transport bis hin zur Nutzung von Energie. Im kollektiven Gedächtnis des Ruhrgebiets, in seinen Mythen, Geschichten, Biographien dreht sich vieles um die Kohle. Die Zeit des Kohleabbaus an der Ruhr geht vorbei, was aber bleibt, ist die Erfahrung, dass ohne verlässliche und bezahlbare Energieversorgung in einer Industriegesellschaft kein Fortschritt möglich ist. Im Ruhrgebiet ist augenfällig, was für jedes hochentwickelte Land gilt: Energie ist die Basis. Die Industrieregion NRW ist deshalb zugleich auch ein bedeutender Energiestandort: Ein Drittel der in Deutschland erzeugten Energie und rund 30 Prozent des Stroms kommen von hier. Bei der Erzeugung erneuerbarer Energie steht NRW unter allen Bundesländern bereits an dritter Stelle. Hier arbeiten mit 22.000 Menschen inzwischen mehr als in der Kohle (Financial Times, 21.9.2010). Und jedes zweite weltweit in ein Windkraftwerk eingebaute Getriebe kommt von hier (FAZ, 30.6.2010). Dies gehört zur Antwort der Region auf die Frage, was kommt, wenn die Kohle geht. Und es belegt, dass man hier konkret Verantwortung für den Klimaschutz übernimmt, ob durch Ausbau erneuerbarer Energien oder durch Modernisierung konventioneller Energietechnologien. Wo, wenn nicht im früher rußgeschwärzten Revier, sollte man sich der Auswirkungen der Energiewirtschaft auf die Umwelt bewusst sein?

Es ist deshalb nur konsequent, dass in der Energiewirtschaft ein Treiber des Strukturwandels und ein entscheidender Faktor der künftigen Wettbewerbsfähigkeit gesehen wird. Wegweisend sind etwa die von der Energie Agentur NRW organisierten Cluster Energiewirtschaft und Energieforschung. Hier werden die Akteure im Energiebereich über die gesamte Wertschöpfungskette hinweg zusammengebracht, um Innovationsprozesse zu forcieren, Kooperationen anzubahnen und neue Produkte auch international in den Markt zu bringen. Das Ruhrgebiet setzt stark auf Netzwerke. Die Zusammenarbeit zwischen Wirtschaft, Politik, Wissenschaft, Gewerkschaften und Kirchen hat hier Tradition, zugegeben: früher auch in der Form von closed shops, um Interessensphären abzuschotten. Heute geht es um offene, transparente Netzwerke nach dem Grundsatz: Die Wissensgesellschaft kann nur funktionieren, wenn Wissen auch geteilt und verbreitet wird. Solche Cluster sind etwa rund um die Universitäten entstanden. Unternehmen aller Art und Größe sind darin eingebunden, Großunternehmen ebenso wie kleine und mittlere Hidden Champions. E.ON beispielsweise hat mit der RWTH Aachen ein Energy Research Center gegründet, wo mehr als 100 Mitarbeiter an Energiethemen der Zukunft arbeiten. Dabei geht es weniger um einzelne Fragen, als vielmehr um Systemlösungen, die die komplexen

Rückwirkungen etwa des zunehmenden Einsatzes erneuerbarer Energien auf das gesamte System der Energieversorgung untersuchen. Unmittelbar im Ruhrgebiet arbeiten wir mit den Universitäten in Bochum und Dortmund sowie dem Fraunhofer-Institut Oberhausen bei Themen wie Energiespeicherung, Integration von Elektro-Fahrzeugen in das Stromnetz oder die Entwicklung solaren Kühlens für Privathaushalte zusammen. Wenn Spitzenforschung und unternehmerisches Engagement in Zukunftsfeldern so eng zusammenarbeiten, ermuntert dies auch die besten Köpfe, im Lande zu bleiben, oder hierher zu kommen.

Verpflichtung für das Gemeinwesen

Beim Aufbau produktiver Netzwerke hat der Initiativkreis Ruhr viel erreicht. Sein Innovationsnetzwerk erfasst mit den Schwerpunkten Energie, Logistik und Werkstoffe Kernkompetenzen des Ruhrgebiets. Das vielversprechend gestartete Projekt »InnovationCity Ruhr« zeigt, welche Kräfte bürgerschaftliches Engagement von Unternehmen in der Region mobilisieren kann. Der Initiativkreis Ruhr ist eines jener Beispiele, die zeigen, dass Unternehmen in ihren Regionen Verantwortung übernehmen können und müssen.

Immer wieder wird die fundamentale Stärke des Ruhrgebiets spürbar: Ein intaktes Heimat-Gefühl, eine Verbundenheit in und mit der Region, die für gemeinsame Anstrengungen mobilisiert werden kann. Aber auch das Ruhrgebiet kann sich den Fliehkräften moderner Gesellschaften, die immer mehr von Partikularinteressen beherrscht werden, nicht entziehen. »Stuttgart 21« ist zur Chiffre für Strukturkonservierung und Fortschrittsverweigerung geworden, eine Tendenz, mit der inzwischen fast jedes industrielle Projekt zu kämpfen hat. Auch im Ruhrgebiet (und an seinen Rändern) ist die Liste blockierter oder von Blockade bedrohter Projekte mittlerweile lang: CO-Pipeline Dormagen/Krefeld, Erweiterung des Dortmunder Flughafens, Hochspannungsleitungen etwa in Wesel, Windräder etwa in Bochum, verschiedene Kraftwerksneubauten, darunter das neue E.ON-Kraftwerk in Datteln. Gerade bei unserem Projekt in Datteln zeigt sich, dass die ökologische Argumentation der Kritiker wenig durchdacht ist: Dieses neue Kohlekraftwerk ist das modernste in Europa, spart 20 Prozent CO_2, wird 100.000 Haushalte im Revier mit der umweltfreundlichen Fernwärme versorgen und die Bahn mit Strom beliefern, also zum Klimaschutz im Verkehr beitragen.

In den zunehmenden Protestaktionen zeige sich, so meinen viele Beobachter, ein neues Selbstverständnis des Bürgers. Der »Wutbürger« avanciert zum Wort des Jahres 2010. Dies wäre dann aber nach meinem Verständnis eine reichlich verzerrte Auffassung von bürgerlicher Tugend. Denn dazu gehört eine Verpflichtung dem Gemeinwesen gegenüber, die nicht auf die gepflegte Vorstadtsiedlung beschränkt bleibt. Verantwortliches Handeln in einem wohlverstandenen bürgerlichen Geist bedeutet eben mehr, als nur seine persönlichen Interessen zu verfolgen. Auf manche, die sich zu einer Elite zählen, mag der morbide Charme einer Fin-de-Siècle-Stimmung seinen Reiz ausüben, für unser Land und für Europa wäre sie fatal. Und gerade das Ruhrgebiet war immer eine Region, in der solche Neigungen schnell geerdet wurden. Denn die Menschen hier wissen, dass ihnen nicht damit geholfen ist, notwendigen Veränderungen auszuweichen.

Das Ruhrgebiet hat einen neuen Aufbruch geschafft, weil es letztlich der Versuchung widerstanden hat, den drohenden Abstieg durch Umklammerung des Hergebrachten, durch Rückzug in die Puppenstube der Nostalgie zu verklären. Dies ist die wohl wichtigste Lehre, die der um seine Rolle in der Welt besorgte Deutsche oder Europäer aus dem Beispiel dieser altindustriellen Region ziehen kann. Und an der auch das Ruhrgebiet festhalten sollte.

Fritz Vahrenholt

Die Zukunft des Energielandes Nordrhein-Westfalen
Ein Plädoyer für vitale Interessen

Mehr als 150 Jahre hat die Kohlenutzung, sei es die Steinkohle an der Ruhr oder die Braunkohle im rheinischen Revier, die wirtschaftliche Entwicklung des Landes geprägt. Preiswerte Energie war die Grundvoraussetzung für die Ansiedlung von Industrien, die Nordrhein-Westfalen zum Wirtschaftsstandort Nr. 1 in Deutschland gemacht hat. Noch heute beruhen die Stärke der Metallindustrie mit einem Umsatz von mehr als 55 Milliarden Euro, der Chemie (50 Milliarden Euro) sowie des Maschinenbaus (40 Milliarden Euro) auf der verlässlichen Bereitstellung von Energie zu wettbewerbsfähigen Preisen. 20 Prozent der Arbeitsplätze stellt immerhin noch der Kernsektor der Industrie, eine Zahl, von der andere Nationen wie England inzwischen träumen.

Das Energieland Nordrhein-Westfalen steht allerdings vor riesigen Herausforderungen. Vor mehr als dreißig Jahren hatte Helmut Schmidt in seiner berühmten Rede in der Dortmunder Westfalenhalle dem Land und den Kumpels die Kohlezukunft zugesichert. »Kohle und Kernenergie« hieß es damals mit der Zusicherung, dass Nordrhein-Westfalen bis auf den Thoriumreaktor in Hamm-Uentrop kernenergiefrei bleiben solle. Und so entstanden im Süden und Norden der Republik Kernkraftwerke und Nordrhein-Westfalen konnte sich auf die Kohleverstromung konzentrieren, selbst noch dann, als immer größere Anteile der Steinkohle aus preiswerteren Vorkommen importiert wurden. Nach wie vor stammen in Deutschland rund 50 Prozent der Stromerzeugung aus Stein- und Braunkohle aus Nordrhein Westfalen. Und selbst beim Erdgas sind mehr als ein Drittel der Kraftwerke in Nordrhein-Westfalen zu Hause.

Und die wirtschaftliche Bedeutung ist gewaltig. Allein die rheinische Braunkohlenindustrie sichert bundesweit 42.000 Arbeitsplätze. In NRW hängen sogar 34.000 direkt und indirekt an der Braunkohle. Bundesweit löst die rheinische Braunkohle einen Produktionseffekt in vor- und nachgelagerten Branchen von 3,7 Milliarden Euro aus. Davon verbleiben 2,6 Milliarden Euro in NRW.

Kohlebezogene Stadtwappen

Dieses Bild würde sich nicht wesentlich ändern, wenn 2018 die Steinkohleförderung im Ruhrgebiet eingestellt wird. Auch die Vorgaben der Europäischen Union, wonach bis 2020 rund 20 Prozent weniger Kohlendioxid auszustoßen sind, müssten an der Spitzenstellung NRW im Bereich Energie nichts ändern. Im Gegenteil: Eine Mischung aus mehreren Maßnahmen könnte den Energiestandort sichern: Neue Kohlekraftwerke emittieren 20 bis 25 Prozent weniger Kohlendioxid gegenüber älteren Anlagen, hinzu kämen ein verstärkter Bau von Gaskraftwerken und ein Anstieg der Erneuerbaren Energien. Mit der Abtrennung des Kohlendioxids und sicheren Verbringung in unterirdische Lagerstätten wäre Nordrhein-Westfalen bis weit in das Jahrhundert unangefochtenes Energieland Nr. 1 in Deutschland.

Ändern wird sich dies, wenn die Pläne der Bundesregierung als auch der Landesregierung umgesetzt werden. Geht es nach der Bundesregierung, so wächst bis 2020 in erster Linie nur die Photovoltaik, Windenergie an Land und auf der See. Bis 2050 sollen 80 Prozent der Stromerzeugung hierzulande aus erneuerbaren Energien stammen. Der Rest von 20 Prozent soll in Form von Gas- und Kohlekraftwerken dazu dienen, die Regelenergie für den nur an Bruchteilen des Jahres verfügbaren Sonnen- und Windstrom auszugleichen. Geht man von einer vergleichbaren Verteilung der Kraftwerkskapazität wie heute aus, käme die Hälfte der Kraftwerke (10 Prozent) auf fossiler Basis aus Nordrhein-Westfalen. Mit anderen Worten: 80 Prozent der heutigen Standorte würden wegfallen. Die Städte Gelsenkirchen, Herne, Oberhausen könnten ihre kohlebezogenen Stadtwappen ändern.

Es gibt keine Region in der Welt, die so schicksalsverbunden ist mit der Kohle wie das Ruhrgebiet, die über Generationen Risiken auf sich genommen hat, die immer zukunftsoffen, optimistisch, lernfähig, integrationswillig war. Die auch gelernt hat, dass Kohle durch seine Verbrennung das Klima beeinflussen kann. Aber auch dafür hätte es technologische Lösungen gegeben, die das Revier mitgetragen hätte, wie schon einmal, als das Waldsterben die Existenz der Kohlenutzung in Nordrhein-Westfalen in Frage stellte. In einer beispiellosen technologischen Offensive wurde in den 1980er Jahren der gesamte Kraftwerkspark in Nordrhein-Westfalen entschwefelt und entstickt. Blauen Himmel gab es schon auf Grund der Entstaubungstechnologie der 1960er Jahre und nun löste man auch das Problem der Versauerung des Schwarzwaldes und der schwedischen Seen. Und heute stünde die Vorsorge um das weltweite Klima an. Die Technologie der Kohlendioxidabscheidung (CCS) ist im Ruhrgebiet entwickelt worden, aber sie wird nicht zur Anwendung kommen. Denn bis heute gibt es kein deutsches CCS-Gesetz. Die Bundesregierung hat das Revier im Stich gelassen.

Schlimmer noch: Länder wie Schleswig-Holstein, ja Bayern, die Jahrzehnte durch die Wertschöpfung der Kumpel über den Länder-Finanzausgleich ihre eigene wirtschaftliche Entwicklung finanziert bekommen bzw. bekamen, ziehen nicht mit. Am schlimmsten aber ist, dass die eigene rot-grüne Landesregierung in ihrem Koalitionsvertrag die technologische Lösung für eine Perspektive der umweltfreundlichen Kohlenutzung versperrt. Sie legt in ihrem Koalitionsvertrag fest: »Die CCS-Technologie ist für NRW in den kommenden Jahren nicht von praktischer Relevanz zur Reduktion der Emissionen aus der Energiewirtschaft. CCS ist keine Begründung, den notwendigen und überfälligen Strukturwandel hin zu Erneuerbaren Energien und Effizienztechnologien aufzuschieben.«

Lösungen für die Welt

Kaum eine Region hätte eine bessere Voraussetzung, als Hightech-Standort mit einer der dichtesten Forschungslandschaften dieses Problem für die Welt zu lösen. Ein Netzwerk von 68 Hochschulen, 14 Fraunhofer-Instituten, 12 Max-Planck-Instituten, 10 Instituten der Leibniz-Gemeinschaft und 3 Helmholtz-Zentren, darunter das Forschungszentrum Jülich mit 4.400 Beschäftigten, könnte die Carbon-Capture-Storage Technologie zu einer Carbon-Capture-Usage (CCU)-Technologie weiterentwickeln. Dies würde bedeuten, dass das abgetrennte Kohlendioxid mit Wasserstoff aus erneuerbaren Energiequellen zu Kohlenwasserstoffen wie Erdgas umgesetzt würde und damit ein vollständig geschlossener, CO_2 freier Kreislauf ermöglicht würde. Das ist heute noch nicht wirtschaftlich. Aber ein Land, das bereit ist, für die Photovoltaik mit einem Stromerzeugungsanteil von 2 Prozent 100 Milliarden Euro aufs Spiel zu setzen, hätte die finanzielle Kraft, eine solche Entwicklung zu schultern. Dabei geht es um mehr als um Nordrhein-Westfalen. Die weltweiten Kohlevorräte reichen noch etwa 200 Jahre, sind sicher verfügbar und relativ preiswert. Vor allen Dingen liegen die Vorkommen in den Festlandssockeln Chinas, Australiens, Amerikas und Europas und nicht wie beim Öl in den instabilen Diktaturen des Persischen Golfs. Und sie werden genutzt werden. In China geht alle acht Tage ein Kohlekraftwerk ans Netz – zwar mit hohen Wirkungsgraden, aber ohne CO_2-Abscheidung. Und wir in Nordrhein-Westfalen hätten die Aufgabe, der Welt zu zeigen, dass wir technologische, wirtschaftliche und klimaneutrale Lösungen nicht nur entwickeln, sondern auch anwenden können. Im Übrigen verfügt Deutschland nur über einen großen eigenen Energieträger, die Braunkohle mit einer Reichweite von 200 Jahren.

Welche anderen Wege gibt es, NRW als Energieland Nr. 1 neu aufzustellen? Der Koalitionsvertrag der rot-grünen Landesregierung beginnt das Kapitel »Energieland NRW« mit dem Satz »NRW ist ein hervorragender Windenergiestandort«. Das ist natürlich sachlich völlig daneben. Die Windgeschwindigkeit in Nordrhein-Westfalen beträgt im Mittel 5,5 Meter pro Sekunde in 50 Meter Höhe. An der Nordseeküste beträgt die mittlere Windgeschwindigkeit in gleicher Höhe 7 Meter pro Sekunde. Da der Energieertrag mit der dritten Potenz zu Buche schlägt, bedeutet dies, dass bei sonst gleichen Konditionen die Kosten der Windenergieerzeugung in Nordrhein-Westfalen mehr als zweimal so hoch sind wie an der Küste. Natürlich gibt es auch in NRW Standorte in höheren Lagen, die geeignet sind, zu vertretbaren Kosten den Wind zu nutzen. Würde es zudem genehmigt, die Gesamthöhe einer Anlage von bisher 100 Metern auf 150 Meter zu erhöhen, können durch Repowering und neue Standorte einige tausend Megawatt Windenergie erschlossen werden. Dass dann diese Anlagen mit einer Befeuerung zum Schutze des Flugverkehrs ausgestattet werden müssen, sollte nicht unerwähnt bleiben. Aber dass bis 2020 die »Stromversorgung auf Basis Wind auf mindestens 15 Prozent« (Koalitionsvertrag) ausgebaut werden kann, ist mehr als mutig. 15 Prozent entsprechen 27.000 Gigawattstunden, also 8.000 Windkraftanlagen der Zwei-Megawattklasse oder gut 5.000 Anlagen der Drei-Megawattklasse in neun Jahren.

Sonne wie in Alaska

NRW ist ein mäßiges Windland, es ist schon gar nicht ein Sonnenland. Die Natur hat es leider so eingerichtet, dass NRW und das südliche Niedersachsen die schlechteste Sonneneinstrahlung aller deutschen Länder aufweisen, sogar schlechter als Schleswig-Holstein. Die Sonneneinstrahlung entspricht derjenigen Alaskas. Allerdings wird Photovoltaik in Deutschland wie in keinem anderen Land der Welt mit dem Sechsfachen (!) der durchschnittlichen Großhandelspreise subventioniert. Daher sind 50 Prozent der Weltkapazität im Sonnenland Deutschland installiert mit Folgen für die Stromkosten. Die Mehrzahl der Module kommen mittlerweile aus Südostasien. 160 Euro zahlt jeder deutsche Haushalt für diese Politikverirrung. Schlimmer noch: Es zahlen die Mieter und unteren Einkommensgruppen die Investitionen der Hausbesitzer und vermögenden Anleger. Die Einwohner von NRW zahlen im Saldo mehr als 1 Milliarde

Euro, die bayrischen Standorte erhalten wegen ihrer günstigeren Sonneneinstrahlung mehr als 1 Milliarde Euro pro Jahr und das für die nächsten 20 Jahre mit steigender Tendenz. Solarenergie ist also nicht die Lösung für den Erhalt des Energielandes NRW.

Das Biomassepotenzial in NRW ist begrenzt. Das Holzangebot ist nicht beliebig erweiterbar und wird schon heute gut ausgenutzt. Würde man 1.000 Megawatt zusätzlich erschließen können, wäre das sehr ehrgeizig. Aber was sind 1.000 Megawatt bei einer heutigen Stromkapazität von mehr als 30.000 Megawatt in NRW insgesamt. Die einzige Möglichkeit, die Biomassenutzung zu verbreitern, wäre die Öffnung für Biomasse-Importe aus Regionen der Welt, in denen der Biomassezuwachs wirtschaftlich möglich ist, im Süden der USA, Rumänien oder der Ukraine. Solange aber die Förderung in Deutschland faktisch auf 5 Megawatt begrenzt ist, ist ein relevanter Beitrag für das Energieland NRW undenkbar. Die beste Möglichkeit wäre natürlich, die Biomasse in Kohlekraftwerken mitzuverfeuern, so wie es England und die Niederlande praktizieren. Offenbar scheint dies in Deutschland nicht möglich; hier scheinen ideologische Sperren diese Art der CO_2-Senkung von Kohlekraftwerken auszuschließen.

Das getrennte Vaterland

RWE ist an der Entwicklung eines Prozesses beteiligt, der Biomasse zu einem kohleähnlichen Substrat verwandelt. Derzeit sehen wir die Anwendung in erster Linie in England und in Holland – in Deutschland wird dies nicht unterstützt.

Biogas hat auch in NRW ein großes Potenzial. Das Land weist eine große landwirtschaftliche Fläche auf, bei der Rückstände entstehen, die man in Biogas verwandeln kann. Ein exzellentes Beispiel ist die Umsetzung von Gülle aus der Schweine- und Rindermast im Münsterland. Aus Gründen des Grundwasserschutzes darf heute die Gülle nur noch zu einem Teil auf die Felder des Münsterlandes aufgebracht werden. Mein Unternehmen hat einen Prozess entwickelt, der aus Gülle Erdgas und Phosphat erzeugt. Ein Gemeinschaftsunternehmen mit der Landwirtschaft hat in Südlohn versucht, eine Anlage zu errichten, um Erdgas zu erzeugen, das in Blockheizkraftwerke der Ruhrgebietsstädte transportiert wird und den kostbaren Rückstand Phosphat zur Düngung abtrennt. Damit würden die heutigen Gülle-Transporte bis hin nach Polen vermieden. Die Proteste von Grünen- und SPD-Vertretern haben dieses Vorzeigeprojekt verhindert. Der Widerstand gegen den Umbau zu mehr erneuerbaren Energien ist nicht nur hier zu besichtigen. Global sind wir alle für Klimaschutz, lokal stört uns das dann doch mächtig.

Wie zum Beispiel beim Bau von neuen Leitungstrassen. Und hier ist NRW besonders betroffen. Denn wenn die Pläne der Bundesregierung Wirklichkeit werden sollen, 80 Prozent der Stromversorgung durch erneuerbare Energien sicherzustellen, benötigt Deutschland, aber insbesondere NRW, neue Hochspannungsleitungen. Denn die Windenergie wird im Norden erzeugt, die Solarenergie, so unvernünftig diese Nutzung auch hierzulande ist, wird im Süden stattfinden.

NRW muss ein vitales Interesse haben am Leitungsbau, um Windstrom aus dem Norden und Solarstrom aus dem Süden zu bekommen. Bis heute sollten 850 Kilometer neuer Trassen gebaut worden sein, um die Erneuerbaren weiterleiten zu können. 80 Kilometer sind gebaut worden. Bis 2020 brauchen wir je nach verwendeter Technologie bis zu 3.600 Kilometer Leitungen, um den Zubau der Erneuerbaren weiterleiten zu können. Aber das wird nicht stattfinden, wenn nicht der Deutsche Bundestag klare Regeln vorgibt, dass zum Ausbau der Erneuerbaren auch der Leitungsausbau durchzusetzen ist. Die niederschmetterndste Erfahrung ist der Bau einer Leitung durch den Thüringer Wald. Unser Vaterland ist seit der Wiedervereinigung energetisch immer noch getrennt. Seit 20 Jahren versucht man eine Leitung über den Rennsteig im Thüringer Wald zu bauen. Bürgerinitiativen, angeführt von den Grünen und Linken, haben die Hochspannungsleitung bis heute verhindert. Selbst das Angebot einer viel teureren Erdkabellösung wird nunmehr auch von den gleichen Kreisen massiv verhindert. So wird es überall sein. Und NRW wird der Leidtragende sein. Erst wenn in Ostdeutschland auf Grund der Unbeherrschbarkeit der Volatilität der Erneuerbaren Stromausfälle zu beklagen sein werden, könnte sich die Situation ändern.

Zukunftsoption Schiefer

NRW sollte sich nicht auf Vertröstungen, dass der Leitungsbau schon kommen werde, einlassen. Es sollte sich auf seine eigenen Stärken besinnen. NRW ist ein Hightech-Standort von Weltklasse. Um den Status des Energielandes zu erhalten, muss es seine eigenen Kräfte mobilisieren. Dabei darf es keine Denkverbote geben, denn zu viel steht auf dem Spiel. Elektromobilität, smart grids, dezentrale Kraft-Wärme-Kopplung in Mehr- und Einfamilienhäusern, Carbon-capture-and-usage, aber auch neue Zukunftstechnologien stehen auf der Tagesordnung. Die Entwicklung einer neuen Technologie wie der Fusion, die einen nicht unwesentlichen Ursprung in Nordrhein-Westfalen hat, ist anzupacken. Warum sollte sich NRW nicht als Standort für das erste Fusionskraftwerk bewerben? Oder sich zumindest an der Weiterentwicklung eines inhärent sicheren Hochtemperatur-reaktors beteiligen. 2003 gab die chinesische Regierung bekannt, bis zum Jahr 2020 dreißig Kernreaktoren dieses Typs errichten zu wollen. Die Experten hierfür sitzen noch in Jülich.

Dabei gibt es eine Entwicklung, die NRW nicht verschlafen darf. Seit einigen Jahren gibt es eine neue Technologie in den USA, die die Energie-Welt revolutio-nieren kann. Shale gas (Schiefer Gas) hat die USA unabhängig vom Erdgas-Welt-markt gemacht. Im Schiefervorkommen steckt weltweit ein riesiges Potenzial für klimafreundliches Erdgas. Es ist aufwändig, das im Schiefer steckende Erdgas zu fördern. NRW hat die zweitgrößten Schiefergasvorkommen in Europa. Neun Unternehmen wollen diesen Schatz heben. Exxon schätzt, dass sich in Nord-rhein-Westfalen 2.100 Milliarden Kubikmeter Gas befinden. Das entspricht einer Reichweite von 100 Jahren für den Erdgasverbrauch von Nordrhein-Westfalen für die Strom- und Wärmeversorgung. Sicherlich, die Förderung dieses Erdgases ist mit erheblichen Eingriffen in den Untergrund verbunden. Das unterirdische Gestein muss durch Druckwellen aufgebrochen werden, um das Gas freizugeben. Aber wer, wenn nicht die Nordrhein-Westfalen wissen um die Risiken des Ein-griffs in das untertägige Gestein, um die Bodenschätze zutage zu fördern. Doch schon melden sich die Dagegen-Parteien, um das Energieland vor einer weiteren neuen Ära der Prosperität zu schützen.

Dabei wäre es klug, sich alle Optionen für eine nachhaltige Energieversorgung offen gehalten zu haben. Erneuerbare, Kernenergie, Fusion und effiziente fossile Energien sind die Optionen für die Welt, Deutschland und vor allem das Ener-gieland NRW.

Harro Bode

Nicht wie Feuer und Wasser
Das Wasserunternehmen »Ruhrverband«

Die Ruhr ist die wichtigste Lebensader für einen der größten Ballungsräume
Europas. Für die Wasserwirtschaft an der Ruhr ist seit fast 100 Jahren das Was-
serunternehmen »Ruhrverband« verantwortlich. Mit seinen Talsperren, Kläranlagen und anderen wasserwirtschaftlichen Anlagen sorgt er als »Flussgebiets-
manager« dafür, dass den Menschen im Ruhreinzugsgebiet und darüber hinaus
jederzeit ausreichend Wasser in hoher Qualität zur Verfügung steht. Insgesamt
4,6 Millionen Menschen im Ruhrgebiet und Sauerland erhalten ihr Trinkwasser
aus dem Flusssystem der Ruhr.

Energie und Wasserwirtschaft
aus dem Blickwinkel eines Wasserunternehmens

Wasser und Energie gehören zu den Grundpfeilern der Daseinsvorsorge. Was-
ser spielt darüber hinaus noch eine bedeutende Rolle für die Flora und Fauna.
Ohne funktionierende Wasser- und Energieversorgung kann keine moderne
Gesellschaft existieren. Dabei müssen sich beide Bereiche nicht ausschließen. Im
Gegenteil, die Ziele der Wasserwirtschaft lassen sich hervorragend mit den Zielen
der Energiewirtschaft kombinieren.

Ob als Kühlwasser in Kraftwerken, als Prozesswasser bei der Gewinnung ener-
giereicher Bodenschätze oder bei der Erzeugung von Biomasseträgern für Biogas-
anlagen – für die Produktion und Bereitstellung von Energie ist die Verfügbarkeit
von Wasser zwingend notwendig. Umgekehrt sind auch die Handlungsfelder der
Wasserwirtschaft von Energie abhängig. Doch schwindende Vorräte an fossilen
Energieträgern und der prognostizierte Klimawandel machen es notwendig, mit
den natürlichen Ressourcen schonend umzugehen. Die Wasserwirtschaft sucht
daher nach erfolgreichen Wegen, die Energieeffizienz ihrer Anlagen zu steigern.

Die größten Energieverbraucher der Wasserwirtschaft sind Kläranlagen. Auf
die Einwohnerzahl im Einzugsgebiet einer Kläranlage umgerechnet, erscheint der
für die Abwasserreinigung benötigte Stromverbrauch mit 0,5 bis 1 Prozent des
personenbezogenen Gesamtverbrauchs zwar gering. Dennoch ist der Energiebe-

darf von Kläranlagen so hoch, dass er sich unter allen öffentlichen Einrichtungen einer Kommune den Spitzenplatz mit dem Energieaufwand für die Beleuchtung aller öffentlichen Straßen und Plätze teilt.

Der Ruhrverband versucht massiv, den Energiebedarf seiner Anlagen zu senken. In den letzten Jahren hat der Verband 38 seiner Kläranlagen, in denen rund 85 Prozent des im Einzugsgebiet anfallenden Abwassers behandelt werden, einer strukturierten Energieanalyse unterzogen. Dabei werden sämtliche Bereiche einer Kläranlage systematisch auf Ansatzpunkte zur energetischen Optimierung überprüft und konkrete Einsparmaßnahmen formuliert. Die wirtschaftliche Bilanz der bisherigen Energieanalysen ist positiv: Der Ruhrverband hat 195.000 Euro in die Realisierung von Maßnahmen investiert, die jährliche Einsparungen von rund 500.000 Euro bewirken. Auch innovative Ideen der Beschäftigten werden in den Optimierungsprozess einbezogen: Für sie wurde innerhalb des betrieblichen Vorschlagswesens ein spezielles Programm aufgelegt, das Vorschläge zur Energieoptimierung mit Prämien bis zu 20 Prozent der jährlichen Einsparung honoriert.

Eigene Potenziale nutzen – Energieerzeugung auf Kläranlagen

Ein weiterer Beitrag zur Senkung des Verbrauchs fossiler Energieträger ist die Intensivierung der Energieerzeugung auf Kläranlagen. Bereits das kommunale Abwasser, vor allem aber hochorganische Industrieabwässer und der auf Kläranlagen anfallende Klärschlamm, stellen eine bedeutende Energiequelle dar. Der Ruhrverband, Betreiber von 71 Kläranlagen im Einzugsgebiet der Ruhr, setzt auf die Energiegewinnung aus dem »nachwachsenden Rohstoff« Abwasser. Dabei werden biologische Prozesse genutzt, die in den Faulbehältern der Kläranlagen zur Stabilisierung des Klärschlamms gezielt gesteuert werden. Bei der Stabilisierung des Klärschlamms entsteht im Faulbehälter als Endabbauprodukt methanhaltiges Faulgas, das in Blockheizkraftwerken (BHKW) zur Strom- und Wärmeproduktion verwendet wird. Die Methanproduktion lässt sich steigern, wenn externe Co-Substrate wie Fette oder Küchen- und Kantinenabfälle in den Faulbehältern mitbehandelt werden. Der Ruhrverband hat seine Aufnahmekapazitäten für derartige Co-Substrate in den letzten Jahren sukzessive gesteigert. Auch die separate anaerobe Behandlung hochorganischer Abwässer aus der Papierindustrie in speziellen Reaktoren, die auf zwei Kläranlagen gezielt umgesetzt wird, steigert die Energieausbeute.

Die BHKW des Ruhrverbands produzieren heute rund 40 Gigawattstunden elektrischer Energie pro Jahr. Das entspricht etwa 44 Prozent des auf den Ruhrverbandskläranlagen benötigten Stroms. Hinzu kommen jährlich knapp 6 Gigawattstunden aus Faulgas erzeugter Antriebsenergie und 160 Gigawattstunden Wärmeenergie, die aus Faulgas gewonnen werden. Mit der anstehenden Erneuerung älterer BHKW kann die Energieausbeute dank effizienterer, neuer BHKW noch gesteigert werden. Der Ruhrverband kommt so dem langfristigen Ziel, einem Kläranlagenbetrieb ohne Fremdstrombezug, immer näher.

Bei optimiertem Kläranlagenbetrieb und insbesondere durch die Mitbehandlung von Co-Substraten entsteht überschüssige Wärmeenergie. Denkbar ist eine Verknüpfung mit großen Wärmeverbrauchern wie Schwimmbädern oder Schulen. Dass das technisch machbar ist, zeigen Beispiele wie die Versorgung einer Schule in Lüdenscheid und die Heizung der Betriebsgebäude auf Ruhrverbandskläranlagen über Abwasserwärme. Allerdings besteht derzeit noch das Problem, dass sich potenzielle Abnahmestellen mit entsprechendem Wärmebedarf meist nicht in der Nähe von Kläranlagen befinden und der Wärmebedarf jahreszeitlich stark schwankt. Prinzipiell wäre aber auch die indirekte Nutzung der Wärmeenergie zur Kühlung denkbar.

Kraft aus dem Wasser – Energieerzeugung an Talsperren und Stauseen

Auch Wasserkraft ist wegen der nahezu CO_2-freien Stromproduktion ein wünschenswerter Energieträger. Die Kraftwerke an den Talsperren und Stauseen des Ruhrverbands erzeugen rund 83 Gigawattstunden Strom pro Jahr und vermeiden damit bis zu 125.000 Tonnen des klimaschädlichen CO_2. Die ökologischen Nachteile der Wasserkraftnutzung, beispielsweise die Beeinträchtigung der Durchgängigkeit des Gewässers für Wanderfische, werden mit der Anlage von Fischpässen so weit wie möglich gemildert.

Unserer Region steht in den kommenden Jahrzehnten ein tief greifender demographischer Wandel bevor, und auch für das Klima sagen Fachleute signifikante Veränderungen voraus. Die Kernaufgaben der Wasserwirtschaft, nämlich einwandfreies Trinkwasser bereitzustellen, anfallendes Abwasser fachgerecht zu behandeln und die Anforderungen aller Gewässernutzer miteinander in Einklang zu bringen, werden vor diesem Hintergrund nicht leichter werden. Der Ruhrverband wird die bisherigen Maßnahmen zum Schutz der natürlichen Ressourcen systematisch fortführen und darüber hinaus neue Wege gehen, etwa mit der Erschließung weiterer erneuerbarer Energieträger an den Anlagenstandorten. Die von ihm eingeschlagenen Wege finden in der Fachwelt Gehör und werden vielerorts übernommen.

Burckhard Bergmann

»Unsere Planung ging weit über das Ruhrgebiet hinaus«
Energie-Erinnerungen

Herr Bergmann, seit Jahrzehnten erleben Sie das Ruhrgebiet aus führender Position, was hat in dieser Zeit die Region am stärksten geprägt?

Die starken Veränderungen der industriellen Strukturen, die Schließung von Zechen, die Konzentrationen der Stahlindustrie, verbunden mit hohem Personalabbau. Dann der Auf- und Ausbau anderer Industrien mit teils anderen Anforderungen an die Fähigkeiten der Beschäftigten.

Was war an diesem Wandel aus Ihrer Sicht das Besondere?

Für viele Menschen waren diese Veränderungen zunächst unverständlich. Die Familien hatten über Generationen in »ihrem« Unternehmen gearbeitet und man argwöhnte zunächst, dass die Ursachen der Veränderungen hauptsächlich auf Fehlleistungen der Unternehmensführungen zurückgingen. Proteste und Demonstrationen waren die Folgen. Zorn und Ohnmacht bestimmten das Bild.

Konnten Sie im Verlauf des Umbruchs bemerken, dass die Leute neue Einsichten entwickelt haben? Dass sie merkten, dass das Alte nicht mehr weitergeführt werden kann?

Ja. Im Grund sind die Menschen im Ruhrgebiet realistisch und anpackend. Als sie begriffen, dass die Märkte die Veränderungen der industriellen Strukturen unumgänglich machten, waren die meisten auch schnell bereit, sich an die veränderten Bedingungen anzupassen. Bei allem ließ sich aber nicht vermeiden, dass die Arbeitslosigkeit anstieg, allerdings leider auch, weil manche nicht bereit waren, einen neuen Arbeitsplatz an einem entfernten Ort anzunehmen.

Energieunternehmen, Handelsunternehmen, Baukonzerne, Zentralen von Lebensmittelketten prägten zunehmend das Bild. Aber gerade auch die mittelständischen Unternehmen reagierten besonders flexibel auf die strukturellen Veränderungen. Neue KMU entstanden, alte verbesserten ihre Marktposition. Ein

Blick auf die Liste der Mitgliedsunternehmen des Initiativkreises Ruhr gibt ein beredtes Bild davon.

Teils enttäuschend ist der Stand der Zusammenarbeit der öffentlichen Körperschaften im Ruhrgebiet. Auch die Universitäten haben noch erhebliches Potenzial und nur dank industrieller Initiative haben wir eine erste internationale Schule in Essen.

Wie haben Sie persönlich den Wandel im Ruhrgebiet erlebt?

Ich habe Ende 1972 bei Ruhrgas begonnen und war dann über 35 Jahre in diesem Unternehmen, davon 28 Jahre im Vorstand. Ruhrgas hatte eine sehr dynamische Entwicklung, zum einen mit der weiteren Internationalisierung ihrer Erdgasbeschaffung und zum anderen mit dem Ausbau der Position des Erdgases im deutschen Markt. Eine besonders spannende Phase war auch von 2001 bis Anfang 2003, als es darum ging, ob es der E.ON AG ermöglicht wird, die Ruhrgas AG zu übernehmen. Dabei ging es nicht nur darum, die bisherigen Aktionäre zu einem Verkauf ihrer Anteile zu bewegen, sondern auch vielfältige, wettbewerbsrechtliche Hindernisse zu überwinden. Nach der Untersagung durch die Monopol-Kommission wurde dieser Weg schlussendlich durch eine Ministererlaubnis frei gemacht, die allerdings mit nicht unerheblichen Auflagen verbunden war.

Gehen wir zurück an den Anfang Ihrer Zeit im Ruhrgebiet. Als Sie bei der Ruhrgas anfingen, stand diese Firma mit der Aufnahme der russischen Gasverträge im Zentrum der Politik.

Ruhrgas hatte bereits in 1972 mutig den zweiten Russengas-Vertrag abgeschlossen, ohne bis dahin überhaupt Liefer-Erfahrungen für russisches Gas zu haben. Als ich Ende 1972 bei Ruhrgas anfing, war man gerade in der Endphase der Verhandlungen über einen ersten Vertrag mit Norwegen. Es ging um mutige Entscheidungen mit Verpflichtungen, sehr langfristig Gas einzukaufen mit festen Abnahmeverpflichtungen, ohne dieses Gas bereits auch im Markt abgesetzt zu haben. Ruhrgas war sehr unternehmerisch, aber wohl auch kreativer als andere Gasgesellschaften und konnte sich hier im Wettbewerb durchsetzen, teils in internationalen Kooperationen wie z. B. bezüglich norwegischen Gases.

Können Sie den Grund für den Erfolg etwas genauer beschreiben? Warum hat Ruhrgas das Geschäft gemacht und nicht irgendein bayerischer Gasversorger? Auch dort fördern Aktionäre und Politiker ihre Unternehmen.

Unsere Aktionäre haben es uns ermöglicht – nicht immer ohne schwierige Meinungsbildungsprozesse –, außerhalb des ursprünglichen Versorgungsgebietes zu wachsen, insbesondere auch durch Kooperationen, und die notwendigen Leitungsinvestitionen zu tätigen, um diese Gebiete zu versorgen. Besondere Unterstützung haben wir dabei bekommen von den Stahl- und Kohleunternehmen des Ruhrgebiets, die unsere Aktionäre waren. Auf der Beschaffungsseite haben wir frühzeitig erkannt, dass große internationale Projekte auch eine Zusammenarbeit von Gasgesellschaften aus mehreren Ländern notwendig machen, um die Einzelrisiken der beteiligten Gesellschaften zu begrenzen. Wir haben vollkommen neue Kooperationsmodelle erfunden und hatten meistens die Federführung in den Verhandlungen. Schließlich haben wir zielstrebiger als manches andere Unternehmen die Kontakt- und Geschäftsbeziehungen zu den großen internationalen Erdgasproduzenten aufgebaut und mit kreativen Vertragskonzepten das Zustandekommen großer Projekte ermöglicht.

Die Laufzeit der Gasverträge war und ist sehr lang. Hatten Ihre Investoren eine feste Vorstellung, wohin sie der Wandel in der Ruhrwirtschaft führen wird?

Unsere Planung ging weit über das Ruhrgebiet hinaus. Wir hatten Vorstellungen über die Entwicklung des Marktes und dabei auch Vorstellungen über die Substitution der rückläufigen Kokereigas-Produktion des Ruhrgebiets.

Wenn Sie Visionen für die Zukunft hatten, warum haben Sie dann Ende der sechziger, Anfang der siebziger Jahre auf Gas gesetzt? Das war ja noch die Zeit der Kohlegruben.

In der Tat mussten die Aktionäre der Ruhrgas Mitte der sechziger Jahre eine schwere Entscheidung fällen, als es darum ging, über den Import großer Erdgasmengen aus den Niederlanden zu entscheiden. Es war aber damals klar, dass die Kokereigas-Verfügbarkeit von damals 6 Milliarden Kubikmeter pro Jahr rückläufig sein wird, in keinem Fall der Ruhrgas ein größeres Wachstumspotenzial ermöglichen würde. Entscheidend war aber wohl die Einsicht, dass das niederländische Erdgas so oder so auf den deutschen Markt drängt und es nur eine Frage ist, über welche Unternehmen dieses Gas vermarktet wird. Ein weiterer Schritt war dann die Beteiligung der in Norddeutschland Erdgas produzierenden Unternehmen an der Ruhrgas mit der Maßgabe, dass diese Ruhrgas die Hälfte ihrer Gasproduktion anbieten. Ruhrgas hat dann sukzessive Stadtgasleitungsnetze, Haushaltsgeräte und Industrieöfen auf Erdgas umgestellt. Die Ruhrgas hat hierzu patentierte Verfahren entwickelt. Die größte Dynamik lag aber in der regionalen Ausweitung des Absatzes.

Wollte man damals schon die Energiegrundversorgung über Gas sicherstellen?

Das wirkliche Potenzial des Erdgases wurde erst deutlich, als es uns gelang, auch weiter entfernte Gasquellen zu erschließen, zunächst Russland und dann Norwegen. 1970, d. h. vor dem Beginn der Importe aus Russland und Norwegen, war der Anteil des Erdgases an der deutschen Energieversorgung erst 5 Prozent, d. h. ein Viertel seines heutigen Anteils. Erdgas war hochwillkommen, weil es preislich wettbewerbsfähig und technologisch gut einsetzbar war, später auch wegen seiner umweltschonenden Verbrennung. Anfang der achtziger Jahre erwartete man einen weiteren starken Anstieg des Energieverbrauchs und man war froh, über steigende Erdgasmengen zu verfügen, um die Energieversorgung zu diversifizieren und sich damit gegen hypothetische Lieferstörungen einzelner Quellen unempfindlicher zu machen. Dabei substituierte das Erdgas im Markt hauptsächlich Heizöl, das damals der dominante Versorger des Wärmemarktes war.

Ist dieser Gedanke aus der damaligen Ölkrise erwachsen?

Nein, der Siegeszug des Erdgases begann bereits vor der Ölkrise, vor der Preiskrise 1972 und der Versorgungskrise 1979/80. Deren Konsequenz war vor allen Dingen eine bis dahin nicht erwartete Dämpfung der zukünftigen Verbrauchsentwicklung.

Noch einmal anders gefragt: Waren die Krisen der Kohleindustrie und der Ölversorgung die Auslöser für den Aufbruch der Ruhrgas?

Nein. Das würde ich nicht sagen. Das Angebot preiswerten Erdgases aus den Niederlanden und aus norddeutscher Produktion sowie die fehlenden Wachstumschancen des Kokereigases waren die eigentlichen Auslöser.

Ihr nächster großer Aufbruch hatte mit dem Wandel in Deutschland zu tun. Sie sind eine Beteiligung bei der Leipziger Verbundnetz Gas (VNG) eingegangen.

Die Vereinigung gab uns die Chance, uns in Ostdeutschland zu engagieren. Wir verfügten über das Kapital und das notwendige Know-how, um die ostdeutsche Gaswirtschaft privatwirtschaftlich auszurichten. Bereits Mitte der achtziger Jahre hatten wir die Erdgasversorgung Westberlins mit russischem Gas durch die damalige DDR realisiert und dabei erste Kontakte zur dortigen Gaswirtschaft aufgebaut. Die grundsätzliche Neuordnung der DDR-Gaswirtschaft begann dann Mitte 1990 mit der Beteiligung der Ruhrgas AG mit 35 Prozent an den in die Verbundnetz Gas AG umgewandelten Staatsbetrieb. Bereits zuvor hatten wir ein Joint Venture mit VNG gebildet zum Bau einer neuen Erdgasleitung durch Thüringen und Sachsen, die in einer Rekordbauzeit von zehn Monaten realisiert wurde. Erdgas spielte in der damaligen DDR noch eine Nebenrolle. Die Versorgung basierte auf russischem Erdgas und aus Braun- und Steinkohle erzeugtem Stadtgas. Die gasversorgten Haushalte erhielten kein Erdgas, sondern nur dieses Stadtgas. Zudem hatte die ostdeutsche Erdgaswirtschaft nur zwei Bezugsquellen, nämlich ein kleines heimisches Vorkommen und Importe aus Russland. Wir haben dann VNG unterstützt, die Gesamtversorgung auf Erdgas umzustellen, die Erdgasquellen zu diversifizieren, die Vermarktung effizient zu machen und den Anteil des Erdgases wesentlich auszubauen.

Wir haben damals – für die Privatisierung Ostdeutschlands unüblich – einen ostdeutschen VNG-Mitarbeiter zum Vorstandsvorsitzenden gemacht. Klaus-Ewald Holst hat sich dieser Aufgabe mit großem Engagement gewidmet. Er konnte durch das Vertrauen, dass er bei der Belegschaft hatte, viele Veränderungen konfliktfrei lösen. Ich selbst bin mit ihm nach Norwegen gereist, um ihn bei den dortigen Gasproduzenten einzuführen, damit VNG dann eigenständig einen Vertrag für Erdgasbezüge aus Norwegen abschließen konnte. Wir haben die VNG immer unterstützt, aber nie bevormundet oder gegängelt. Wir haben dabei in den ersten Jahren durch Personalabstellung VNG intensiv unterstützt. Der Vorstandsvorsitzende Holst hat mit Überzeugungskraft das Unternehmen erneuert.

Heute ist die VNG eines der ganz wenigen Unternehmen in Ostdeutschland, das nicht vom Westen überrollt wurde.

Das hat sicher auch kartellrechtliche Gründe, denn keiner der großen westdeutschen Gasgesellschaften wäre erlaubt worden, die Mehrheit an der VNG zu übernehmen. Richtig ist aber auch, dass wir damals nicht versucht haben, die Erdgasversorgung in Ostdeutschland selbst zu übernehmen und damit VNG in die Ecke zu treiben.

Welche Beziehung spielte die Entwicklung des Gasgeschäftes für das Ruhrgebiet? Konnten Impulse für die wirtschaftliche Entwicklung gesetzt werden?

Zunächst hat die schrittweise Umstellung der Kokereigas-Versorgung auf Erdgas den Unternehmen des Ruhrgebiets eine sichere, umweltfreundliche Versorgungsbasis auf lange Sicht gegeben. Die großen, internationalen Ergasbeschaffungsprojekte haben Unternehmen des Ruhrgebiets die Möglichkeit zu geben, Ausrüstungen für diese Projekte zu liefern. Es fing an mit dem so genannten Dreiecksgeschäft Röhren-Kredite-Gas mit Russland und entwickelte sich fort über Lieferungen von Verdichtern und anderen Ausrüstungen, nicht nur für Russland, sondern auch z. B. in der Nordsee und nicht zuletzt in Deutschland selbst. Jüngstes Beispiel ist NordStream, die den Bau einer Erdgasleitung durch die Ostsee von Russland nach Deutschland realisiert; hier liefert Europipe den größten Teil der Röhren für mehrere Milliarden Euro.

Nicht zu vergessen ist schließlich, dass eine erfolgreiche Ruhrgas nicht unwesentlich zum Gewerbesteuer-Aufkommen in der Region beiträgt.

Für die Zukunft würde ich mir auch ein stärkeres Engagement der russischen Industrie im Ruhrgebiet wünschen. Einiges ist hier inzwischen auf dem Weg.

Wird das Engagement ausländischer Investoren im Ruhrgebiet behindert?

Es besteht vielerorts eine gewisse Skepsis gegenüber dem Engagement russischer Unternehmen in Deutschland. Tatsächlich arbeiten aber inzwischen viele russische Unternehmen nach ähnlichen marktwirtschaftlichen Kriterien wie deutsche Unternehmen. Wenn diese Unternehmen sich in Deutschland mit Kapital engagieren wollen, so wird dies einen positiven Effekt auf die industrielle Entwicklung dieses Industriezweiges haben. Gerade im Energiebereich können hierdurch die Beziehungen weiter gefestigt werden. Dabei erwarten wir aber auch ähnliche Investitionsmöglichkeiten in den Produzentenländern und hier insbesondere auch in Russland.

Man muss aber auch einräumen, dass dort, wo sich staatliche Unternehmen bei uns engagieren wollen, eine gewisse Zurückhaltung besteht, weil wir unsere Wirtschaft so weit wie möglich privatwirtschaftlich gestalten wollen.

Diese Zurückhaltung gilt deshalb generell und keineswegs isoliert gegen Russland.

Schließlich müssen die großen Erdgas-Exportländer akzeptieren, dass sie beim Engagement in unserem Land dieselben Wettbewerbsregeln zu beachten haben wie Unternehmen aus der EU. Hier gibt es entgegen anderslautenden Verdächtigungen keine einseitig gegen Russland gerichteten Rahmenbedingungen.

Können gewachsene Strukturen wie die Verbindungen von Ruhrgas nach Russland hilfreich sein?

Begrenzt. Wir können hier und da Kontakte herstellen oder auch auf gewisse Projekte in Russland aufmerksam machen. Wir selbst haben aber mit der Gaswirtschaft nur einen engen Bereich der wirtschaftlichen Beziehungen. Persönlich versuche ich darüber hinaus als Honorarkonsul der russischen Föderation in Nordrhein-Westfalen hier und da Hilfestellung zu geben.

Was könnte getan werden, um das Investitionsklima zu verbessern? Würden gemeinsame Unternehmertage helfen?

Für Großunternehmen bringen gemeinsame Unternehmertage sehr wenig. Die Beziehungen sind auf bilateraler Basis inzwischen so intensiv, dass sie keinen Kristallisationspunkt über Unternehmertage brauchen. Anders sieht dies teilweise beim Mittelstand aus. Mittelstandskonferenzen haben sich in der Vergangenheit als durchaus hilfreich erwiesen.

Warum finden die nicht im Ruhrgebiet statt? Weil es hier zu wenig Mittelständler gibt?

Dies hängt von mehreren Faktoren ab, zum einen von der geografischen Konzentration der mittelständischen Industrie, die jeweils im Fokus steht. Dies war bei der Tagung in Stuttgart insbesondere die Autozulieferindustrie. Aber sicherlich hat auch eine Rolle gespielt, dass der bisherige Vorsitzende des Ostausschusses der Deutschen Wirtschaft, Klaus Mangold, seinen Standort in Stuttgart hat. Vielleicht ergeben sich demnächst hier mehr Chancen, nachdem Eckhard Cordes, der Vorstandsvorsitzende der Metro AG, den Vorsitz im Ostausschuss übernommen hat. Mein Nachfolger als stellvertretender Vorsitzender des Ostausschusses ist Johannes Teyssen, der Vorstandsvorsitzende der E.ON AG. Damit haben wir zwei Schwergewichte für die Ostbeziehungen im Ruhrgebiet.

Welche Impulse können wir erwarten? Sind das nennenswerte Geschäfte, wie die Beziehungen zwischen E.ON Ruhrgas und Gazprom, oder bewegen wir uns in Zukunft auf einem kleineren Level?

Wir brauchen nicht unbedingt Mega-Projekte, sondern es geht um einen Ausbau der Beziehungen auf allen wirtschaftlichen Gebieten.

Ruhrgas hat damals seine Chancen genutzt, als die Zeichen erkannt wurden und noch vor den Krisen ein neues Geschäftsfeld entwickelt wurde. Wo sehen Sie heute ähnliche Chancen, in denen mutige Leute die Zukunft angehen können?

Ich kann nicht beurteilen, welche Chancen in den verschiedensten industriellen Bereichen bestehen. Wenn Sie mich aber fragen, welches Thema ich als besondere Herausforderung in der Energiewirtschaft sehe, so ist dies die Speicherung von Energie, um einen Ausgleich zu schaffen zwischen der nicht synchron mit dem Strombedarf anfallenden Erzeugung erneuerbarer Energien, sei es in Form von Windkraft oder Photovoltaik. Beim Erdgas geht es insbesondere darum, die Anwendungstechnologien weiter zu entwickeln, wie z. B. die Gas-Wärme-Pumpe, aber auch die Speicherung von Erdgas für den mobilen Sektor.

Das Gespräch führte David Schraven.

Bernd Tönjes

Was Brachflächen und Klimaeffizienz gemeinsam haben

Mit voller Energie für den Strukturwandel

Der deutsche Steinkohlenbergbau hat die industrielle Entwicklung in Deutschland maßgeblich vorangetrieben und damit entscheidend zum Wohlstand der Bevölkerung beigetragen. Wie keine andere Industrie hat er das Gesicht des Ruhrgebiets im 20. Jahrhundert geprägt. Das betrifft die Mentalität der Menschen genauso wie Städte und Landschaften. Mit dem Rückzug des Bergbaus, aber auch anderer Industrien, geht es jetzt darum, der Region neue Perspektiven zu geben. Auf dem Weg zu einer zukunftsfähigen Ruhrmetropole kennzeichnen drei Dimensionen Richtung und Herausforderungen des Strukturwandels.

Die Industrie ist nach wie vor ein wichtiger Pfeiler unserer Wirtschaft. Sie bildet die Grundlage für Wachstum und Wohlstand. Wir brauchen deswegen kräftige Impulse für die Ansiedlung neuer und innovativer Unternehmen, um den Stellenwert der Region als Industrie- und Energiestandort zu erhalten.

Gleichzeitig haben sich die Anforderungen für die Förderung neuer Formen von Urbanität in den letzten Jahrzehnten drastisch verändert. Dort, wo sich früher Stadt und Infrastruktur um die Industriestandorte herum entwickelten, müssen nach deren Rückzug attraktive urbane Angebote für die Bevölkerung geschaffen werden. Diese müssen gesellschaftliche und demographische Entwicklungen berücksichtigen sowie den veränderten Bedürfnissen der Menschen gerecht werden.

Entscheidend wird es aber sein, den Fokus verstärkt auf Ökologie und Klimaschutz zu lenken. Notwendig ist ein Strukturwandel, der nachhaltig wirkt, in dem die Stärken erneuerbarer Energien weiter ausgebaut und die Entwicklung von ehemaligen Industrieflächen in eine ökologische und städtebauliche Gesamtstrategie eingebettet wird.

Soll die Region zwischen Duisburg und Dortmund als urbaner und attraktiver Wirtschaftsraum eine Zukunft haben, sind angesichts dieser Herausforderungen alle Entwicklungspotenziale für den Strukturwandel zu nutzen.

Neuer Raum für innovative Industrien und Urbanität

Als der größte Flächeneigentümer im Ruhrgebiet steht die RAG dabei in einer besonderen Verantwortung. Sie hat sich zum Ziel gesetzt, den ökonomischen, gesellschaftlichen und ökologischen Dimensionen des Strukturwandels durch nachhaltige Konzepte für die weitere Nutzung ehemaliger Zechengelände gleichermaßen gerecht zu werden. Nach den gesetzlichen Bestimmungen der Bergaufsicht ist es ihre Aufgabe, ehemalige Bergbauflächen für zukunftsweisende und nachhaltige Nutzung zu entwickeln und zu vermarkten. Diesen aktiven Strukturwandel betreibt die RAG Aktiengesellschaft gemeinsam mit ihrer Tochter, der RAG Montan Immobilien. Dieses Unternehmen besitzt langjährige Erfahrung in der Aufbereitung, Entwicklung und Vermarktung von Brachflächen.

In den vergangenen Jahrzehnten hat die RAG für rund hundert Standorte im Ruhrgebiet eine Vielfalt von Nutzungskonzepten entwickelt und umgesetzt. Die Revitalisierung ehemaliger Zechenareale erfordert dabei passgenaue und individuelle Lösungen. So hat die RAG auf ihren ehemaligen Bergbauflächen neue Industriestandorte, aber auch Wohnquartiere geschaffen. Inzwischen finden ehemalige Bergleute dort wieder neue Arbeit oder eine neue Wohnung, wo sie vorher unter Tage gearbeitet haben.

Mit großer Dynamik wurde zum Beispiel das 52 Hektar große Gelände des stillgelegten Bergwerks Ewald 1/2/7 in Herten einer neuen industriellen Nutzung zugeführt. Keine sieben Jahre nach der letzten Seilfahrt entstanden dort ungefähr 1.000 neue Arbeitsplätze rund um das Wasserstoff-Kompetenzzentrum H2. Namhafte Unternehmen wie Masterflex, Ida Tech oder auch FuelCells sowie Experten für regenerative Energien und Hightech haben sich auf Ewald niedergelassen. Heute ist es eines der größten zusammenhängenden Industriekomplexe zum Thema Wasserstoff und innovative Technologien.

Auf dem Gelände der alten Zeche Ewald Fortsetzung 1/2/3 in Oer-Erkenschwick setzt die RAG ein nachhaltiges städtebauliches Konzept um, das auch demographische Entwicklungen berücksichtigt. Im so genannten Calluna-Quartier werden sich ein überregional bedeutendes Adipositas-Kompetenzzentrum für übergewichtige Kinder und Jugendliche sowie weitere Forschungseinrichtungen ansiedeln. Darüber hinaus entstehen integrative Wohnprojekte und Freizeiteinrichtungen. In beispielhafter Weise werden hier ältere Menschen, Familien mit Kindern, Singles und Menschen mit Behinderung in Stadtnähe wohnen.

493

Neue Möglichkeiten für den Einsatz regenerativer Energien

Bei den Überlegungen der RAG zu möglichen Folgenutzungen ehemaliger Zechenstandorte rücken das Thema Klimaeffizienz und die Erzeugung von Energie aus erneuerbaren Rohstoffen immer stärker in den Fokus. Das betrifft vor allem die Nutzung von Grubengas oder Grubenwasser, Erdwärme, Sonnenenergie, Haldenwind oder Biomasse. Eine 150-jährige Geschichte hat den deutschen Steinkohlenbergbau zu einer hochentwickelten und innovativen Industrie gemacht. Ziel ist es, sein wissenschaftlich-technisches Know-how für zukunftsfähige Produkte zu sichern und den Flächenbestand des Konzerns in das Thema Klimaeffizienz zu integrieren. Das gilt nicht nur für eine auf Klimaschutz ausgerichtete Stadt- und Quartiersentwicklung, sondern in zunehmendem Maße auch für die werterhöhende Nutzung von Brachflächen als Standort für regenerative Energien.

Große Hoffnungen werden in die Etablierung des Biomasseparks Hugo in Gelsenkirchen gesetzt. Auf einer Teilfläche des ehemaligen Bergwerks Hugo 2/5/8 sollen Pappeln und Weiden gepflanzt und zu Biomasse verarbeitet werden, aus der dann Energie gewonnen werden kann. Als erste großflächige Plantage dieser Art in einem europäischen Ballungsraum versteht sich das Projekt als Versuch, neue Handlungsoptionen im Umgang mit Brachflächen zu gewinnen, die dem Wert der Fläche wie auch dem Nutzen für die Bevölkerung zugute kommen.

Ein anderes Vorzeigeprojekt auf Basis regenerativer Energien könnte schon bald auf der ehemaligen Bergehalde Sundern nahe Hamm-Pelkum entstehen: ein Kombikraftwerk aus Pumpspeicher und Windkraft mit einer Leistung von 15 bis 20 MW. Dabei wird die wirtschaftliche und technische Machbarkeit dieses integrativen Energiekonzepts erprobt, das auf der Basis von Wind und Wasser Strom bedarfsgerecht zur Verfügung stellen soll.

Optionen gibt es auch für die Nutzung der Erdwärme oder des warmen Grubenwassers als Wärmequelle für Fernwärmeheizungen. Hier können die bereits vorhandenen Schächte in den tiefliegenden, warmen Erdschichten ebenso genutzt werden wie das Grubenwasser mit einer Temperatur von etwa 30 Grad Celsius. Das gleiche gilt für neue Möglichkeiten zur Stromproduktion durch Windenergie. Dazu wird im gesamten Ruhrgebiet eine Reihe von Halden für die Aufstellung von Windkraftanlagen geprüft.

Auf dem Weg zu einer klimafreundlichen Ruhrmetropole

Die Debatte um Klimawandel und CO_2-Emissionen hat gezeigt, in welch hohem Ausmaß die Bevölkerung für den Umgang mit Energieressourcen sensibilisiert ist. In der Konsequenz kann das nur heißen, ökologische Ansprüche und Maßstäbe verstärkt in die Gestaltung des Strukturwandels einzubeziehen und eine Balance zwischen Ökonomie und Ökologie zu finden. Vor diesem Hintergrund sind die Initiativen der RAG zur Ansiedlung und Förderung regenerativer Energie auf ehemaligen Zechengeländen die richtige Antwort.

Für den Strukturwandel in der Region beinhaltet das Thema Klimaeffizienz eine große Chance. Als Vorreiter für den intelligenten Einsatz regenerativer Energien bei Industrieförderung und Stadtentwicklung kann sich die Ruhrmetropole eine neue zukunftsfähige Perspektive schaffen. Mit dem Wettbewerb Innovation-City Ruhr ist ein erster und wichtiger Schritt in die richtige Richtung gemacht. Dieser Weg muss mit einem breiten Bündnis aus Vertretern von Politik, Wirtschaft und Gesellschaft konsequent weiter gegangen werden. Ziel sollte es sein, aus dem Ruhrgebiet die Klimaregion der Zukunft zu machen.

Die RAG wird auch in den nächsten Jahren bei der Revitalisierung von Brachflächen im Rahmen ihrer Möglichkeiten Impulse für mehr Klimaeffizienz geben. Das ist ihre Verpflichtung gegenüber den Menschen in der Region.

495

Uwe Franke

Unverzichtbare Raffinerien
Über die Energie-Zukunft des Ruhrgebiets und Nordrhein-Westfalens

In Nordrhein-Westfalen geschieht vieles früher als in anderen Regionen Deutschlands. Hier gab es die erste sozial-liberale Koalition der Bundesrepublik und den landespolitischen Vorläufer des Bonner Machtwechsels 1969. Nach dem Unglück von Tschernobyl stieg Nordrhein-Westfalen aus der Atomkraft aus, zunächst aus der Hochtemperatur-Technologie, sodann 1994 endgültig mit der Abschaltung des Kernkraftwerks Würgassen. Die Jahre nach 1995 waren geprägt von dem Ringen der rot-grünen Landesregierung um die Zukunft von Kohlekraftwerken. Garzweiler wurde zum Symbol. Damit debattierte man in Nordrhein-Westfalen schon in den 1980er und 1990er Jahren etwas, was die energiepolitische Diskussion seit Ende der 1990er Jahre auf Bundesebene wesentlich prägt: Konsens über das Nein zu neuen Atomkraftwerken bei Streit über die Dauer der Restlaufzeit bestehender Anlagen und die Zukunft der Kohleverstromung.

Es überrascht daher nicht, dass Nordrhein-Westfalen voraussichtlich ein Klimaschutzgesetz bekommen und damit womöglich erneut zum Trendsetter für den Bund wird. Der Kern der Diskussion ist aber zwischen Rhein und Ruhr derselbe wie in ganz Deutschland.

Können wir langfristig Industriestandort sein
- mit einem Wertschöpfungs- und Beschäftigungspotenzial wie heute
- unter Verlagerung des Schwerpunktes auf Umwelt- und Klimaschutz-Technologien und Vernachlässigung klassischer Industrien
- und weitgehendem Verzicht auf fossile Energieträger in der Versorgung mit Strom, Wärme und Mobilität?

Wie immer man sich entscheidet, ist doch das Ausmaß an Skepsis gegenüber den traditionellen Industrien auch in Nordrhein-Westfalen sehr verbreitet und eigentlich erstaunlich. Hier haben jahrelange Kritik von Wirtschaftsexperten, wir würden den Anschluss an die Dienstleistungsgesellschaft verpassen und sollten die alten Industrien den Schwellenländern überlassen, sowie ein ausgeprägtes Umweltbewusstsein eine starke Stimmung gegen klassische Industrien entstehen lassen.

Diese Einstellung hat sich durch die Finanz- und Wirtschaftskrise von 2008 zu wandeln begonnen. Alle sind überrascht von den Wachstums- und insbesondere Exportsteigerungen des Jahres 2010. Für 2011 herrscht Optimismus vor. Dieser Aufschwung wird vornehmlich getragen von den traditionellen Industrien, die Deutschland zu seinem heutigen Wohlstand verholfen haben: Chemie, Stahl, Maschinenbau, Elektroindustrie und Autos. Von dem sich daraus ergebenden Rückgang der Arbeitslosigkeit profitiert auch Nordrhein-Westfalen, das sich mit alten Stärken zurück gemeldet hat.

Fossile Energien ermöglichen erst Wohlstand und Lebensqualität

Bei aller Kritik an den fossilen Energieträgern sowie der Diskussion um ihre begrenzten Reserven und ihre Auswirkungen auf das Klima wird vollkommen verdrängt, welchen Fortschritt an Zivilisation und Lebensqualität sie bewirkt haben. Der britische Autor Matt Ridley entwickelt in seinem Buch »The Rational Optimist« die bemerkenswerte These, dass erst die mit der Nutzung der Kohle angetriebene Industrialisierung die Abschaffung der Sklaverei im 19. Jahrhundert ermöglichte. Gleichzeitig sei das Durchschnittseinkommen eines Engländers 1850 um 50 Prozent höher gewesen als 1750, obwohl sich im selben Zeitraum die Bevölkerung verdreifacht habe. Ein vergleichbares Bild bietet das 20. Jahrhundert mit seinem Siegeszug des Öls: Weltweit Verfünffachung des Lebensstandards bei Vervierfachung der Bevölkerung. Es überrascht nicht, dass China seinen Wiederaufstieg mit dem Einsatz von Kohle als wesentlichem Energieträger bewerkstelligt. Jede alternative Energie und sei sie noch so CO_2-arm, muss sich mit Blick auf Wohlstand und Lebensqualität an dieser Erfolgsstory der fossilen Energien messen lassen.

Obwohl sich das tatsächliche Bild ändert, wird die Industrie im Ruhrgebiet immer noch mit Stahl und Kohle assoziiert. Der Strukturwandel wird zwar politisch vorangetrieben. Allerdings wird man weiterhin Kohle zur Herstellung von Stahl benötigen. Ob und in welchem Umfang auch Kohlekraftwerke unverzichtbar sind, ist umstritten. Der Verzicht auf die heimische Steinkohleproduktion wurde politisch schon entschieden.

In ähnlicher Weise wird der Strukturwandel in der individuellen Mobilität politisch gewollt. Das politische Ziel ist unstreitig, bis 2020 in Deutschland 1 Million Elektrofahrzeuge auf die Straße zu bringen und bis 2030 sogar 6 Millionen. Damit soll das Ende der Auto/Öl-Monokultur eingeläutet werden, die das 20. Jahrhundert geprägt hat. Es wird suggeriert, dass der Verbrennungsmotor ein Auslaufmodell und Raffinerien industrielle Dinosaurier seien. Das Öl gehe ohnehin zur Neige. Zusätzliche Mengen ließen sich nur zu unvertretbar hohen ökologischen Kosten fördern.

Haben Verbrennungsmotoren, fossile Kraftstoffe und Raffinerien ausgedient?

Aber so wenig wie Kohle und Stahl ein Symbol der Vergangenheit sind, so wenig kann kurzfristig auf Öl und Kraftstoffe für Verbrennungsmotoren verzichtet werden. Aus Öl werden überwiegend Kraft- und Schmierstoffe hergestellt, aber eben nicht ganz. Gut ein Fünftel geht als Grundstoff in die chemische Industrie, in der Deutschland weltweit an der Spitze liegt mit klingenden Namen wie BASF, Bayer und Evonik. Die beiden letztgenannten Unternehmen haben ihren Sitz in Nordrhein-Westfalen.

Die Verarbeitung von Öl in deutschen Raffinerien findet zu 30 Prozent in Nordrhein-Westfalen statt. Das sind jährlich rd. 24 Millionen Tonnen. Dieser 30-Prozent-Anteil ist seit Jahrzehnten einigermaßen konstant, auch wenn das Produktionsvolumen in Deutschland und Nordrhein-Westfalen vor 30 Jahren doppelt so hoch war. Bei einem Wegbrechen des Raffineriesektors in Deutschland wären nach einer Studie des Hamburgischen Weltwirtschaftsinstituts (HWWI) 270.000 Arbeitsplätze direkt oder indirekt gefährdet. Gemessen am 30-Prozent-Anteil Nordrhein-Westfalens an der deutschen Raffinerieindustrie geht es also um die Zukunft von rund 80.000 Arbeitsplätzen an Rhein und Ruhr. Ist deren Sicherung im Interesse Nordrhein-Westfalens oder sind Raffinerien wie der Steinkohle-Bergbau eine sterbende Industrie, obwohl Mineralölprodukte wettbewerbsfähig sind und keiner Subvention bedürfen?

Raffinerien sind noch solange erforderlich, wie fossile Kraftstoffe für Verbrennungsmotoren gebraucht werden. Das wird noch lange der Fall sein.

Die weltweite Euphorie über die Elektromobilität leidet an der Überschätzung der kurzfristigen Möglichkeiten und der Unterschätzung der regionalen Unterschiede. Das Ergebnis ist ein Hype, wie wir ihn schon beim Wasserstoff und den Biokraftstoffen erlebt haben. Auch eine gut gemeinte Euphorie birgt die große Gefahr, dass unbequeme Wahrheiten nicht so laut gesagt werden dürfen, weil sie das Aufbruchssignal in eine bessere Zukunft stören. Dabei wissen die meisten nicht, dass die Optionen fossile Kraftstoffe, Biofuels und Elektromobilität bereits vor über 100 Jahren zu Beginn des Automobilzeitalters erprobt und diskutiert wurden. Henry Ford hatte sein legendäres T-Modell ursprünglich auf Ethanol ausgelegt. Ferdinand Porsches erste Entwicklungen vor 110 Jahren waren Elektrofahrzeuge und sodann ein Hybridmodell. Ein Nachteil dieses Elektro-Porsches war allerdings sein hohes Batteriegewicht. Das klingt sehr nach der heutigen Diskussion. Der Markt hat sich in der Folge für die Kombination aus Verbrennungsmotor und fossilen Kraftstoffen entschieden trotz des energetisch niedrigen Wirkungsgrades des Verbrennungsmotors, weil die Mitführung eines einfach zu handhabenden Kraftstoffs in einem Tank bislang konkurrenzlos einfach und kostengünstig ist.

Die Zukunft der Antriebstechniken ist ihre Diversifizierung

Der neu aufgelegte Wettstreit um die Fahrzeug-Antriebstechniken der Zukunft wird nicht so eindeutig enden wie vor einem Jahrhundert. Wir befinden uns in der Anfangsphase einer Diversifizierung in den Antriebstechniken für Kraftfahrzeuge und der dafür erforderlichen Kraft- und Betriebsstoffe. Das Elektroauto wird seinen Weg machen und seine idealen Einsatzmöglichkeiten finden, aber auch an seine Grenzen stoßen. Gegenwärtig sind Gewicht, Reichweite, Leistung und Kosten noch die Stellschrauben, an denen gearbeitet werden muss. Insbesondere die Kosten werden vorerst verhindern, dass es einen Durchbruch zum Elektrofahrzeug als Massenprodukt gibt. Ohne Subventionen von 5.000,00 Euro pro Auto können Elektroautos nicht zu konkurrenzfähigen Preisen angeboten werden. Angesichts der hohen Staatsverschuldung und der vielfältigen Verpflichtungen der öffentlichen Hand zur Sicherung von Sozialstaat und Infrastruktur sowie für Rettungsmaßnahmen in Wirtschafts- und Finanzkrisen können es sich weder die USA noch Europa leisten, staatliche Mittel im großen Stil zur Verkaufsförderung von Elektroautos einzusetzen.

Etwas anders mag es sich möglicherweise in China verhalten, wo dank gezielter öffentlicher Unterstützung der erste Massenmarkt für Elektrofahrzeuge entstehen könnte. Schon allein, um in einer solchen Entwicklung mitzuhalten und um das eigene Know-how auszubauen und Skaleneffekte zu erzielen, ist es richtig, Forschung und Entwicklung sowie die regulatorischen Rahmenbedingungen zugunsten der Elektromobilität zu verbessern. An der Nicht-Bezahlbarkeit von Elektroautos hierzulande für die Masse der Verbraucher ändert das vorerst aber nichts. Allerdings zeigen die meisten Studien, dass ein Elektroauto in China alles in allem zu deutlich mehr CO_2-Emissionen führt als ein Diesel-Pkw wegen des sehr hohen Kohle-Anteils in der chinesischen Stromproduktion.

Der Verbrennungsmotor ist beim Klimaschutz konkurrenzfähig

Darüber hinaus ist der Verbrennungsmotor in einem Klimaschutz-Wettbewerb, der den gesamten Lebenszyklus von der Herstellung bis zur Verwendung des Fahrzeuges und seiner Betriebsstoffe abdeckt, weiterhin konkurrenzfähig. Sowohl Diesel- als auch Benzinmotoren haben noch ein Potenzial zur Effizienzverbesserung von jeweils etwa 30 Prozent. Hinzu kommen die Möglichkeiten, die die Beimischung von Biokraftstoffen unter Klimaschutz- und Ölersatzgesichtspunkten bietet, wenn man diese Technologie richtig entwickelt. Biodiesel gehört dazu ganz bestimmt nicht. Ethanol aus Lignozellulose, d. h. der Einsatz dazu geeigneter Energiepflanzen, ist der hauptsächliche Entwicklungspfad, an dem BP arbeitet. Aber es wird auch beispielsweise am Einsatz von Algen für die Herstellung von Biokraftstoffen geforscht. Schließlich kann die Klimaeffizienz von Verbrennungsmotoren durch den Einsatz der Hybridtechnik weiter erhöht werden. Immer mehr Fahrzeughersteller bieten inzwischen Hybrid-Modelle an.

In den nächsten 20 Jahren lassen sich mit diesen Weiterentwicklungen rund um den Verbrennungsmotor bis zu 50 Prozent Verbrauchseinsparung bei konventionellen Kraftstoffen im Pkw-Einsatz erzielen. Möglicherweise ergeben sich weitere Chancen durch den verstärkten Einsatz von Erdgas in Verbindung mit Biogas sowie potenziell Wasserstoff, injiziert ins Erdgasnetz. Dieses Potenzial wird weithin unterschätzt.

Konventionelle Kraftstoffe werden aber in stärkerem Maße noch für Lkws gebraucht, nicht zuletzt auf Grund eines weiterhin zunehmenden Güterverkehrs. Elektrofahrzeuge sind für den Gütertransport, vor allem im schweren Lkw-Verkehr, nicht geeignet. Hier wird der Verbrennungsmotor noch sehr lange eingesetzt werden mit entsprechendem Bedarf an fossilen Kraftstoffen. Auch Flug- und Schiffsverkehr stehen nicht so bald vor einer Umstellung auf andere Antriebe oder zumindest andere Kraft- und Betriebsstoffe. Einige Fluggesellschaften haben zwar schon Bio-Zusätze getestet und sicherlich hat die Brennstoffzelle einiges Potenzial als Schiffsantrieb. Aber die Zunahme des Luft- und Schiffsverkehrs wird diesen Fortschritt bei alternativen Technologien zumindest teilweise, wenn nicht gänzlich kompensieren.

Haben wir noch genug Öl?

Fossile Kraftstoffe sind also auch in Zukunft in den verschiedenen Bereichen der Mobilität unverzichtbar, und das noch für sehr lange Zeit. Deswegen sollte man

sich statt Parolen wie »weg vom Öl« oder »bald fahren wir nur noch mit Elektrofahrzeuge« ernsthaft den Fragen widmen,

- in welchem Umfang Öl und fossile Kraftstoffen wie lange noch gebraucht
  werden
- und was getan werden muss, um die Versorgung mit Öl und fossilen Kraftstoffen langfristig sicher zu stellen.

Hier liegt der Einwand nahe, die Knappheit der Ölreserven spiele bei dieser
Fragestellung keine Rolle, müsse aber in den Mittelpunkt der Diskussion gestellt
werden. Der Höhepunkt der Ölproduktion (»Peak Oil«) sei bereits überschritten.

Dabei gibt es genügend Öl für den Rest des Jahrhunderts. Es ist bisher lediglich ein Drittel der gesicherten und vermuteten Reserven gefördert worden. Die
vielfach genannte Reichweite der Ölreserven von 40 Jahren hat nur statistischen
Wert: Das sind die Vorräte, die zu heutigen technischen und wirtschaftlichen
Bedingungen ausgebeutet werden können. Nimmt man die vermuteten Ressourcen, die technologischen Fortschritte in der Fördertechnik sowie die unkonven-
tionellen Reserven in Form von Teersanden und Schwerölen hinzu, haben wir für
die nächsten 100 Jahre keinen Engpass zu erwarten.

Die Zukunft des Öls entscheidet sich nicht nach der Reichweite seiner Ressourcen, sondern nach der Akzeptanz seiner Rahmenbedingungen für die Verbraucher. Dies ist der entscheidende Punkt, der für alle Energieträger gilt: ihre
Wettbewerbsfähigkeit im weitesten Sinne. Diese wird bestimmt davon, welche
Kosten die Verbraucher bereit sind zu tragen, in dreifacher Hinsicht:

1. Finanziell
2. Ökologisch
3. Politisch

Alle Fragen, die sich zur Zukunft des Öls stellen, finden sich in diesen drei Kriterien wieder:

1. Finanziell: Verfügbarkeit des Öls, Umfang und Reichweite der Ressourcen
   sowie die Kosten der Förderung.
2. Ökologisch: Umwelt- und Klimaschutz, einschließlich der grundsätzlich richtigen, aber nur weltweit möglichen Einpreisung der CO_2-Emissionen. Dies
   würde einen Aufpreis pro Liter Kraftstoff von 5 bis 10 Cent bedeuten.
3. Politisch: Einflussfaktoren auf Grund politischer Interessen, zu denen auch
   die Preispolitik der OPEC gehört.

Für die Zukunft der Ölversorgung ist ausschlaggebend, welche dieser Kosten und in welcher Höhe die Verbraucher zu tragen bereit sind, wohlgemerkt im Wissen darum, welche Risiken mit der Ölförderung verbunden sein können. Dazu gehört auch die wegen des Deepwater Horizon-Unglücks im Golf von Mexiko in die Kritik geratene Offshore-Förderung. Sie ist teurer als die Nutzung konventioneller Vorräte an Land und gewinnt an Bedeutung. Derzeit sind es 6 Prozent der jährlichen Jahresproduktion an Öl, und bis 2020 wird dieser Anteil auf 10 Prozent steigen. In dem Maße, wie die Verbraucher kritischer eingestellt sind gegenüber den ökologischen Risiken der Offshore-Technik mit der möglichen Folge schärferer Restriktionen für Tiefsee-Bohrungen, sinkt die Gesamt-Verfügbarkeit von Öl, steigen sein Preis und die Abhängigkeit von Ölstaaten, die über ihre Regierungen bereits 80 Prozent der Ressourcen und der Produktion kontrollieren. Bislang sieht es aber nicht danach aus, als ob die Verbraucher sich gegen Öl aus Off Shore-Lagerstätten aussprechen.

Über die Zukunft des Öls entscheidet somit der Verbraucher und nicht die Reichweite der Ölreserven. Kurz gesagt verhält es sich so, wie das berühmte Zitat eines ehemaligen saudischen Ölministers besagt: »Das Steinzeitalter ist nicht aus einem Mangel an Steinen zu Ende gegangen, und das Ölzeitalter wird nicht aus einem Mangel an Öl zu Ende gehen.« Man könnte genauso die Bronzezeit als Analogie heranziehen.

Ein deutlicher Fingerzeig in diese Richtung ist, dass in den OECD-Staaten seit 2006, in Deutschland schon seit 1996 der »Peak Demand«, also der Höhepunkt der Ölnachfrage überschritten wurde. Dieses Phänomen wird lediglich durch starken Bedarf in den Schwellenländern, vor allem in China und Indien verdeckt, die die weltweite Nachfrage nach Öl immer noch steigen lässt, allerdings nicht so stark wie nach Kohle.

Man sollte sich davor hüten, beim Ölkonsum Chinas und Indiens den auch sonst verbreiteten Denkfehler der geraden Extrapolierung in die Zukunft zu machen. Setzt beispielsweise die chinesische Regierung durch gezielte Verkaufssubventionen auf Elektrofahrzeuge als Mittel der Massen-Motorisierung, könnte es im Reich der Mitte weit früher ebenfalls einen »Peak Demand« geben, als man das heute für möglich halten würde.

Wie viel Öl ist in Deutschland auf Dauer unverzichtbar?

Wie lange und in welchem Umfang werden wir also in Deutschland noch Öl benötigen? Bestimmt viel länger als die meisten Politiker, aber in geringeren Mengen, als die meisten Ölmanager vermuten.

Der Mineralölwirtschaftsverband (MWV) geht davon aus, dass der Kraftstoff-Absatz von 2010 bis 2025 um 15 Prozent zurück gehen wird. Nimmt man das Heizöl hinzu, wird in diesen 15 Jahren bei diesen drei wichtigsten Mineralölprodukten sogar ein Rückgang von zusammen genommen einem Fünftel erwartet. Mit der stärksten Verbrauchsabnahme wird bei Benzin und Heizöl mit jeweils 40 Prozent gerechnet, während der Diesel-Konsum auf heutigem Niveau bleiben dürfte. Dies liegt vor allem am stark zunehmenden Güterverkehr, gerade im grenzüberschreitenden Bereich. Der dadurch steigende Diesel-Bedarf kompensiert den zurückgehenden Verbrauch bei den immer sparsamer werdenden Diesel-Pkw. Dieses Muster des Verbrauchsverhaltens dürfte sich weit über 2025 hinaus erhalten: Weitere Abnahme bei Benzin und Heizöl, aber weniger stark beim Diesel.

Hinzu kommen das Kerosin für den ebenfalls wachsenden Flugverkehr, Kraftstoffe für den Schiffsverkehr und der anhaltende Bedarf der chemischen Industrie, auch wenn dort über die teilweise Substitution durch Biomasse nachgedacht wird. Gänzlich wird die Bioenergie das Öl aus der Chemie nicht verdrängen, schon allein deswegen nicht, weil so gut wie jeder Sektor, der mit fossilen Kraft- und Einsatzstoffen zu tun hat, in der Bioenergie das Allheilmittel der Zukunft sieht. Ihr Potenzial lässt sich aber nicht beliebig oft verplanen. Sie wird wie bei den Kraftstoffen auch in anderen Bereichen lediglich Ergänzungsfunktion haben können.

Die Zahlen der Internationalen Energie-Agentur (IEA) bestätigen dieses Bild. Die IEA nimmt an, dass Öl in allen Regionen der Welt auch noch im Jahr 2030 der Energieträger Nr. 1 sein wird. Bei Umsetzung der bisher beschlossenen klimapolitischen Maßnahmen wird der Anteil des Mineralöls am Primärenergieverbrauch der EU dann immer noch 31 Prozent betragen, nicht viel weniger als die 35 Prozent des Jahres 2007. Im Transportbereich würde danach die Mineralölquote von 95 Prozent auf 89 Prozent sinken bei Zunahme des Biokraftstoff-Anteils auf 7 Prozent. Selbst bei Verschärfung des Klimaschutzes mit dem Ziel, den Anteil der CO_2-Emissionen in der Atmosphäre auf 450 ppm zu begrenzen (der heute knapp 400 ppm beträgt), läge der Mineralölanteil im Verkehrsbereich immer noch bei 79 Prozent. Nur gut ein Fünftel wären dann also Biokraftstoffe und andere Alternativen.

Das Verbrauchsmuster der Zukunft ist bei fossilen Kraft- und Heizstoffen somit geprägt durch einen weiteren Rückgang und durch eine Schwerpunktverlagerung von individuellen Bedürfnissen bei Pkw und der Beheizung des eigenen Hauses die zum Bedarf beim Transport von Gütern und Menschen durch Dienstleistungsunternehmen. Das ändert unter dem Strich nichts daran, dass man vor allem fossile Kraftstoffe noch lange brauchen wird.

Das Energiekonzept der Bundesregierung enthält keine derartigen Verbrauchs- oder Absatzprognosen, aber Ziele, wohin die Politik will. In der Mobilität will die Bundesregierung den Rückgang des Endenergieverbrauchs gegenüber 2005 bis 2020 um rund 10 Prozent und bis 2050 um rund 40 Prozent. Allerdings bedeuten die Elektromobilitätsziele für 2020 und 2030 (1 Million. bzw. 6 Millionen Fahrzeuge), dass in zwanzig Jahren immer noch 85 Prozent der Pkw und noch mehr Lkws mit Verbrennungsmotoren ausgerüstet sein werden. Berücksichtigt man das durchschnittliche Lebensalter von Pkws, das schon heute annähernd 10 Jahre beträgt, dürfte eine Fahrzeug-Population mit einem Verbrennungsmotor-Anteil von 85 Prozent in 2030 in 2040 einen Pkw-Bestand erwarten lassen, der zu deutlich mehr als der Hälfte mit Verbrennungsmotoren ausgerüstet ist, allerdings wie gesagt wesentlich effizienter als heute und wohl durchweg als Hybrid-Motor konstruiert.

Langfristige Kraftstoffversorgung aus heimischer Produktion ist unerlässlich

Die Kraftstoffversorgung für diese Fahrzeuge muss damit langfristig, d. h. mindestens für die nächsten 30 Jahre gesichert sein. Deshalb steht die Politik bei allen Raffinerie-Standorten vor der Wahl, ob sie diese wie die Werften in den 1990er Jahren als quantité négligeable behandeln oder in ihnen den strategischen Kern einer Versorgungsstruktur sehen soll, die man erhalten sollte. Der Vergleich mit dem Schiffbau ist erhellend. Vor 15 bis 20 Jahren wurden die Werften zum industriellen Dinosaurier erklärt. Niemand erkannte, welchen Bedarf die Offshore-Windkrafttechnik an neuen Spezial-Schiffen auslösen würde, die jetzt gebraucht werden, um in der Nord- und Ostsee neue Windräder zu installieren. Das Ergebnis ist, dass diese Art von Schiffen bislang überwiegend in Polen, China und Südkorea hergestellt werden. Man sollte Analogien nicht überstrapazieren. Aber zumindest ist dieses Beispiel ein weiterer Beleg dafür, dass die sichersten Voraussagen immer die falschesten sind und Totgesagte am längsten leben. So verhält es sich auch mit dem Öl.

Damit bleibt die Frage aktuell, woher wir den in Zukunft benötigten Kraftstoff beziehen wollen, wie bisher im Wesentlichen aus heimischen oder auf lange Sicht komplett aus Standorten außerhalb Deutschlands. Beispielsweise ist jetzt eine auf den Export ausgerichtete Raffinerie in Indien errichtet worden mit einer Produktionskapazität von 60 Millionen Jahrestonnen, viermal so groß wie die größte deutsche Raffinerie. In einer solchen Konstellation würde eine doppelte Abhängigkeit drohen: zu der indischen Öleinfuhr-Abhängigkeit käme die Abhängigkeit hinzu, was die Einfuhr von Kraftstoffen angeht.

Konsequenzen für die Raffinerien in Nordrhein-Westfalen

Mit Blick auf das Ruhrgebiet als das industrielle Herz Nordrhein-Westfalens und einen der industriellen Schwerpunkte Deutschlands ist damit klar: Dazu müssen auch in Zukunft Raffinerien gehören. Will Nordrhein-Westfalen Industriestandort bleiben, darf diese Komponente nicht vernachlässigt werden.

Ziel sollte daher für das Ruhrgebiet und die Landespolitik sein, dass Nordrhein-Westfalen auch in Zukunft etwa 30 Prozent der deutschen Raffinerieprodukte herstellt. Das damit weiter bestehende Beschäftigungspotenzial ist erheblich. Es darf nicht unnötig gefährdet werden. Der komplette Steinkohle-Ausstieg sollte nicht die Blaupause für die Zukunft der Raffinerien in Nordrhein-Westfalen sein.

Deshalb kommt es wie bei anderen energieintensiven Industrien auf die richtigen Rahmenbedingungen an. Hier droht aus einem gut gemeinten, aber inzwischen gescheiterten Vorreiter-Ehrgeiz Deutschlands eine gefährliche und teure Isolierung. Klimaschutz ist richtig, kostet aber Geld. Diese Kosten dürfen nicht zu internationalen Wettbewerbsverzerrungen führen. So bitter dies klingt: Solange Staaten wie die USA, China, Indien und eine Reihe weiterer wichtiger Schwellenländer die erste Priorität auf andere Ziele wie Wirtschaftswachstum, Machtgewinn und Wohlstandsmehrung setzen, solange können wir uns zu teuren Klimaschutz nicht leisten. Aus diesem Grund ist Energie-Effizienz am allerwichtigsten: Mit ihr lässt sich etwas für das Klima tun und zugleich Kosten sparen.

Andererseits sind die Effizienzpotenziale in den energieintensiven Industrien schon sehr weit ausgereizt. Daher dürfen die Kosten aus dem Emissionshandel, der europäischen IED-Richtlinie zur Senkung der Nicht-CO_2-Emissionen und neuen wasserrechtlichen Vorschriften – jede dieser Maßnahmen ist sinnvoll oder kann es sein – in der Summe die klassischen, insbesondere die energieintensiven Industrien wie Chemiebetriebe, Aluminium- und Kupferhersteller und Raffinerien nicht so sehr belasten, dass sie international nicht mehr wettbewerbsfähig sind.

Verbesserung der Umweltstandards und insbesondere Einpreisung von CO_2 führen in einem Weltmarkt zwangsläufig dazu, dass zukünftige Investitionen dort stattfinden, wo diese zusätzlichen Kosten nicht anfallen. Eine Raffinerie in Gelsenkirchen zu benachteiligen, um dafür eine in Osteuropa oder Nordafrika zu bevorteilen, ist klimapolitisch sinnlos; dort stößt sie gleich viel CO_2, wenn nicht mehr aus.

Fazit

Raffinerien gehören zum Kernbestand klassischer Industrien, den das Ruhrgebiet, Nordrhein-Westfalen und Deutschland braucht, um
- die dortigen Arbeitsplätze zu sichern,
- unmittelbar oder mittelbar die Exportkraft zu erhalten, die das Rückgrat Deutschlands mit seiner hohen außenwirtschaftlichen Verflechtung ist,
- eine wesentliche Basis für Steuereinnahmen und damit zur Finanzierung von Sozialstaat, Infrastruktur, Bildung und Forschung zu bieten
- und damit insgesamt das wirtschaftliche Potenzial zu erhalten, das wir zum Ausbau der modernen Umwelt- und Klimaschutztechnologien brauchen.

Joe Kaeser

»Grüne« Technik
Der nachhaltige Wachstumsmotor
für das neue Ruhrgebiet

Erstmals in der Menschheitsgeschichte haben 2007 mehr Menschen in Städten als auf dem Land gelebt. Im Jahre 2050 dürften es bereits 70 Prozent der Weltbevölkerung sein – das sind dann rund 6,5 Milliarden Menschen auf der Suche nach Arbeit, Mobilität, Bildung, Gesundheitsvorsorge und Freizeitangeboten in urbanen Großräumen. Dazu zählt auch die Metropol-Region »Ruhrgebiet« mit ihren rund fünf Millionen Einwohnern, übrigens die einzige »Mega-City« bzw. »Mega-Region« in Deutschland. Nach einer Liste der Vereinten Nationen mit den weltweit größten Städten rangiert die Region Rhein-Ruhr mit insgesamt gut zehn Millionen Einwohnern immerhin auf Platz 29 und damit knapp hinter Bangkok.

Siemens und die Menschen in diesem größten Wirtschaftsraum Europas verbindet eine mehr als 130-jährige Partnerschaft. Sie begann mit der ersten Elektrifizierung vieler Städte, dem Bau von Kraftwerken, Hochöfen und der Lieferung innovativer Bergbau- und Hüttentechnik. Später kamen der Bau von Krankenhäusern, Flughäfen, Sportarenen sowie zahlreiche Infrastrukturprojekte und vielfältige Industrieautomationen hinzu, um nur einige Beispiele zu nennen.

Die Entwicklung der Partnerschaft von »Rhein-Ruhr« und Siemens zeigt: Die Region hat in den vergangenen Jahrzehnten einen beispiellosen Strukturwandel geschafft – eine Transformation von dominanten Kohle- und Stahlschwerpunkten hin zu einer homogenen Mischung von Tradition sowie Hochtechnologie- und Dienstleistungsstandorten von Weltrang. Verkehrs- und »Grüne« Infrastrukturlösungen, Logistik, Energie- und Gesundheitsversorgung sind hier die herausragenden Themen, bei deren Ausbau Siemens mit einem einzigartigen Produkt- und Leistungsportfolio partnerschaftlich zur Seite steht.

Dies gilt ebenso für die 600 größten Metropolen der Welt, die heute rund die Hälfte der Weltwirtschaftsleistung erbringen. Städte sind die wirtschaftlichen Treiber, aber zugleich auch die eminenten Problemzentren.

Miteinander von Tradition und Zukunft

Die besonderen Bedürfnisse dieser urbanen Großräume bilden vor allem auch große Herausforderungen, da das Wachstum die städtischen Infrastrukturen immer mehr an ihre organisatorischen und finanziellen Grenzen führt. Zudem ist der Verbrauch an natürlichen Ressourcen dort besonders hoch. So werden 75 Prozent der weltweiten Energie in Städten verbraucht. Darüber hinaus sind diese für 80 Prozent der vom Menschen verursachten Treibhausgas-Emissionen verantwortlich. Der Kampf gegen den Klimawandel muss also vor allem in den Städten ausgefochten werden. Deshalb ist eine energieeffiziente und nachhaltige Infrastruktur für Gebäude, Verkehr, Energie- und Wasserversorgung dringend notwendig. Nur so können die Lebensqualität bewahrt, die Wettbewerbsfähigkeit gesichert sowie gleichzeitig die natürlichen Ressourcen und die Umwelt geschont werden. Nur so ist ein Miteinander von Tradition und Zukunftsveränderung harmonisch zu gestalten – als energetischer Mix sozusagen.

Die Vereinten Nationen und Siemens arbeiten beispielsweise gemeinsam daran, urbane Zentren lebenswerter und nachhaltiger zu gestalten. Ein entsprechendes Rahmenabkommen wurde Mitte 2010 auf dem World Urban Forum in Rio de Janeiro unterzeichnet. Das Unternehmen und die Siemens Stiftung sind Partner der World Urban Campaign (WUC) innerhalb des Siedlungs-Programms der Vereinten Nationen (UN-Habitat). Sie führt Kommunen, staatliche Verwaltungen, Unternehmen und Nicht-Regierungsorganisationen zusammen, um vereint an Lösungen für die Städte der Zukunft zu arbeiten.

Siemens wird in den kommenden drei Jahren den WUC-Experten für Fragen zur Verbesserung der Infrastruktur zur Verfügung stehen. Darüber hinaus sind gemeinsame Projekte geplant. Die Siemens Stiftung wird unter anderem in den Bereichen Bildung und »Hilfe zur Selbsthilfe« ansetzen. Derart zukunftsweisende Initiativen sind dringend erforderlich. Denn Bürgermeister, Stadtverwaltungen und -planer weltweit stehen vor drängenden Fragen. Zum Beispiel: Wie können Städte ihre Lebensqualität und Wettbewerbsfähigkeit erhalten oder steigern und gleichzeitig Umwelt und Ressourcen schonen?

Nicht nur in den Schwellenländern, wo die große Mehrheit der Weltbevölkerung lebt, geht es darum, nachhaltige Infrastrukturen aufzubauen, sondern auch in hochentwickelten Ballungszentren wie dem Ruhrgebiet. Es sind die intelligenten Stromnetze, die effizienten Gebäude, die Gesundheits- und Wasserversorgung und der leistungsfähige öffentliche Nahverkehr – es sind die Infrastrukturen, die jetzt umgesetzt werden, die bestimmen, wie die Stadt von morgen, die Lebenswelt unserer Kinder und Enkel, aussehen wird.

Ob Oslo oder London, Abu Dhabi oder San Francisco

Ein Schritt hin zur Beantwortung wichtiger Zukunftsfragen sind Status-Analysen für Metropolen. Siemens hat zum Beispiel mit dem unabhängigen Forschungsinstitut »Economist Intelligence Unit« eine internationale Reihe von Städtestudien entwickelt – den »Green City Index«. Mit Hilfe dieser Studien will Siemens die Stadtverantwortlichen darin unterstützen, ihre Effizienzpotenziale zu erkennen, zu vergleichen und Maßnahmen zu identifizieren. Für 30 Metropolen Europas und 17 in Lateinamerika wurde ein solcher Index bereits erstellt und veröffentlicht. Weitere Regionen sollen in diesem Jahr folgen, darunter Asien, Afrika und Nordamerika.

Mit diesem Projekt verstärkt Siemens seine Kontakte zu Städteplanern in aller Welt entscheidend. Oft ergeben sich daraus Folgeprojekte – dazu einige Beispiele: Im norwegischen Trondheim ist Siemens Partner der örtlichen »Smart City«-Initiative, mittels derer Trondheim die energieeffizienteste Stadt der Welt werden will. In London errichtet Siemens ein globales Kompetenzzentrum für nachhaltige Stadtentwicklung. 2012 wird es eröffnet, im Herzen des geplanten »Green Enterprise District«. Es soll zum Treffpunkt für Experten und Städteplaner werden sowie zu einer öffentlichen Präsentation »grüner« Stadtlösungen. Und im Emirat Abu Dhabi ist Siemens strategischer Partner der Masdar-Initiative für eine CO_2-neutrale Wüstenstadt. Siemens wird dort unter anderem ein intelligentes Stromnetz errichten, das auf der Einspeise- und Verbrauchsseite interaktiv arbeitet – also zum Beispiel Daten zum Energieverbrauch in Gebäuden verarbeitet und deren Strombedarf optimal steuert.

In Norwegens Hauptstadt Oslo rollt eine neue Siemens-Metro, die rund 30 Prozent weniger Energie als ihr Vorgängermodell verbraucht. 95 Prozent der Bauteile der Metro sind zudem am Ende ihres Lebenszyklus' wieder verwertbar. Auf Londons Straßen benötigen mit Siemens-Technologie ausgestattete Hybrid-Busse 30 Prozent weniger Treibstoff, und das dortige Maut-System, ebenfalls von Siemens, sorgt dafür, dass viele Bürger durch die hohen Gebühren auf öffentliche Verkehrsmittel umsteigen. Ampelanlagen im Ruhrgebiet, in Berlin, Budapest, Wien und vielen anderen Metropolen verbrauchen nach dem Austausch herkömmlicher Lampen durch Osram-Leuchtdioden 80 Prozent weniger Strom. Eine Großstadt mit 700 Kreuzungen spart so jährlich mehr als eine Million Euro.

Mitten im kalifornischen Anaheim verlegte Siemens eine komplette Umspann-
station aus Platzmangel unterirdisch unter einer Parkanlage. Und weil auch San
Francisco kaum mehr Platz für den Bau neuer Kraftwerke hat, bezieht die Stadt
Energie demnächst per Siemens-Stromautobahn aus Pittsburgh. Mit dieser
Hochspannungs-Gleichstrom-Übertragung (HGÜ) lassen sich lange Distanzen
verlustarm überbrücken: Die derzeit weltweit leistungsfähigste HGÜ-Strecke
transportiert 5.000 Megawatt elektrischer Leistung von Wasserkraftwerken in
der Provinz Yunnan über 1.400 Kilometer zu den Megacities am Perlflussdelta
und hilft damit, die CO_2-Emissionen Chinas pro Jahr um 33 Millionen Tonnen
zu reduzieren. In Deutschland wird HGÜ dafür sorgen, dass der im Norden
erzeugte Strom aus Windkraftanlagen in die Abnahmezentren in West- und Süd-
deutschland gelangen kann.

Klimaschutz zum Nulltarif für Kommunen

Tausende von Krankenhäusern, Universitäten, Schulen, Schwimmbädern oder
Verwaltungsgebäuden hat Siemens im Ruhrgebiet und weltweit mit Licht-, Hei-
zungs- oder Klimatechnik energetisch modernisiert. Die Kunden wenden dadurch
im Schnitt bis zu 40 Prozent weniger für Energie auf und sparen damit mehr als
zwei Milliarden Euro. Ihr CO_2-Ausstoß sinkt dabei um insgesamt 2,4 Millionen
Tonnen. In Zeiten knapper Kassen hilft das Energiespar-Contracting von Siemens bei der Realisierung vieler grüner Vorhaben. Kommunen müssen bei der
Kombination aus Beratung, Installation und Finanzierung keine eigenen Investitionen tätigen. Sie zahlen lediglich laufende Raten aus den vertraglich zugesi-
cherten und realisierten Energieeinsparungen. Das ist Klimaschutz zum Nulltarif
für die Kommunen.

Und die Stadt München hat das Ziel, den CO_2-Ausstoß pro Kopf bis 2030 im
Vergleich zu 1990 zu halbieren. Eine vom Wuppertal Institut für Klima, Umwelt,
Energie und Siemens erstellte Studie belegt, dass sogar eine Reduzierung um fast
90 Prozent bis Mitte des Jahrhunderts ohne Verlust an Lebensqualität möglich
wäre. Die EU hat das Ziel vorgegeben, dass bis 2020 je 20 Prozent primäre Energie eingespart werden, der Anteil der erneuerbaren Energie auf 20 Prozent erhöht
und 20 Prozent weniger CO_2 ausgestoßen wird.

Einen wichtigen Anteil an der Realisierung dieses Ziels könnte die Elektromobilität haben, sowohl im öffentlichen Nahverkehr als auch bei privaten Pkw.
Bezogen auf das Ruhrgebiet würde der Einsatz von Hybrid- und Elektroautos
spürbar zur Klimaverbesserung beitragen. Denn in diesem größten Ballungsraum

Europas leben 2,6 Millionen Autobesitzer. Allein im Berufsverkehr pendeln täglich 1,1 Millionen Menschen in eine andere Stadt des Ruhrgebietes. Dazu kommen der Verkehr von außen, der die Ruhrregion versorgt, und der Durchgangsverkehr am Schnittpunkt kontinentaler Verkehrsachsen. Klar ist schon heute: Der Verkehr im Ruhrgebiet wird in den nächsten zehn Jahren weiter deutlich zunehmen; nach offiziellen Schätzungen um bis zu 20 Prozent im Personenverkehr und um gigantische 60 Prozent im Güterverkehr.

Laut Prognosen wird die Zahl der Pkw weltweit von 700 Millionen im Jahr 2000 auf 1,3 Milliarden in 2030 anwachsen. Diese Entwicklung wird nicht nur zu einem steigenden Energieverbrauch, sondern auch zu einem vermehrten Ausstoß von Treibhausgasen führen. Warum also nicht aus der Not eine Tugend machen und die Fahrzeuge zu mobilen, umweltfreundlichen Zwischenspeichern umfunktionieren, die den Überschussstrom aus fluktuierenden Quellen wie etwa Windanlagen aufnehmen und bei hoher Nachfrage auch wieder ins Netz abgeben können? So ist der Fahrer eines Elektroautos nicht nur »Consumer«, sondern auch »Prosumer«, also Strom-Produzent. Damit könnten Autos mit elektrischem Antrieb eine Schlüsselrolle beim Aufbruch in ein neues Stromzeitalter spielen. Denn der Weg von fossilen Energieträgern hin zu erneuerbaren, Kohlendioxid-(CO_2)-freien Ressourcen ist unumgänglich.

Das europäische Leuchtturmprojekt

Das heutige Stromnetz ist auf große Schwankungen der Energiezufuhr noch nicht ausgelegt. Diese können nicht nur durch das unregelmäßige Einspeisen von regenerativen Energien wie Wind und Sonne entstehen, sondern auch durch viele kleine Energielieferanten, zu denen auch bidirektional betriebene Elektroautos gehören. Den notwendigen Umbau der Infrastruktur zu »Smart Grids« wird Siemens mit vorantreiben. Studien zufolge können mit intelligenten Stromnetzen bis 2020 mehr als eine Milliarde Tonnen CO_2 eingespart werden. Das Bundeswirtschaftsministerium hat das Potenzial erkannt und das Forschungsprogramm »Mobilität und Verkehrstechnologien« aufgelegt. Die Europäische Investment Bank rief mit der Europäischen Kommission die »European Green Cars Initiative« ins Leben: Fünf Milliarden Euro stehen für Forschung und Entwicklung von Batterien und Elektrofahrzeugen zur Verfügung. Das Bundesumweltministerium will bis 2020 eine Million Elektrofahrzeuge in Deutschland auf die Straße bringen. Nach Siemens-Schätzungen könnte das Potenzial bis 2020 sogar bei 4,5 Millionen Elektroautos liegen – das wäre die Hälfte der in den nächsten Jahren ohnehin auszutauschenden Zweitwagen, die auch am Wochenende nie mehr als 70 Kilometer pro Tag zurücklegen. Damit würde dann jedes zehnte Auto in Deutschland emissionsfrei fahren.

Elektromobilität sowie intelligente Verkehrslenkungs- und -informationssysteme können maßgeblich dazu beitragen, dass »Rhein-Ruhr« die wachsenden Herausforderungen an eine lebenswerte, erfolgreiche Zukunft nicht nur meistern kann, sondern als europäisches Leuchtturmprojekt für das ökologische Miteinander von Tradition und Zukunft vorneweg marschiert. Weitere Lösungsansätze etwa für vorhandene und sich abzeichnende Umwelt- und Logistikprobleme sind viele der zuvor beschriebenen Beispiele »grüner Technik«. Um deren Realisierung nachhaltig erfolgreich voranzutreiben, ist es erforderlich, diesen größten Wirtschaftsraum Europas als Gesamtheit zu betrachten. Die nach wie vor im Wesentlichen von 53 selbständigen Städten und Gemeinden sehr regional und von lokalen Initiativen geprägte Metropolregion Ruhrgebiet könnte mit größerer Geschlossenheit sicher weit mehr erreichen. Das Potenzial ist vorhanden, der Partner auch ... Jetzt müssen wir es nur noch machen.

Wulf H. Bernotat

»Das Ruhrgebiet muss noch mehr als bisher seine Kräfte bündeln«
Der Weg zur InnovationCity Ruhr

Herr Bernotat, als Moderator des Initiativkreises Ruhr haben Sie in Ihrer Amtszeit 2008–2010 das Projekt InnovationCity Ruhr auf den Weg gebracht. Wieso gerade ein Projekt wie dieses?

Bei einem Moderator, der sein ganzes Berufsleben in der Energiewirtschaft verbracht hat, liegt ein Innovationsprojekt im Bereich der Energieeffizienz fast schon auf der Hand. Gleichwohl war es dann aber noch ein langer Weg zur Idee von »InnovationCity Ruhr«, also dem energieeffizienten Umbau eines ganzen Stadtteils mit rund 70.000 Einwohnern.

Können Sie den genauer beschreiben?

Als ich im Sommer 2008 das Amt des Moderators von meinem Vorgänger Werner Müller übernahm, hatte dieser während seiner Amtszeit die wichtige Frage gestellt: »Worin sind wir im Ruhrgebiet eigentlich richtig gut? Wo liegen unsere Stärken? Worin sind wir richtig kompetent?« Werner Müller hatte dazu eine Studie in Auftrag gegeben, die später als Studie Ruhr2030 bekannt wurde. Das Ergebnis war, dass die Kernkompetenzen des Ruhrgebiets in den Feldern Energie, Werkstoffe und Logistik liegen.

Es lag nahe, an diese Arbeit anzuknüpfen. Die Rhein-Ruhrregion ist in gewisser Weise die Energiezentrale Deutschlands, denn rund 30 Prozent des Stroms für Deutschland kommen hierher. Darüber hinaus sind wir auch eine der wichtigsten Logistikplattformen in diesem Land und ohne die Weiterentwicklung von Werkstoffen würden wir in der Industrie und im produzierenden Gewerbe auf der Stelle treten.

Und da haben Sie sich »InnovationCity Ruhr« ausgedacht?

Halt, halt, so schnell ging das nun auch wieder nicht! Mir war aber sehr früh klar, dass nach der Analyse der Ist-Situation nun konkrete Projekte folgen müssten. Schließlich galt es ja, die identifizierten Kompetenzen des Ruhrgebiets in Maßnahmen umzusetzen. In meiner Antrittsrede Ende August 2008 hatte ich zudem angekündigt, dass ich mich dafür einsetzen wollte, dass der Initiativkreis Ruhr stärker mit den Hochschulen und Forschungseinrichtungen der Region kooperieren sollte. Auch die große Distanz zur Politik musste überwunden werden, um wirtschaftlich wichtige Themen umzusetzen. Erfolg kann bei großen, strukturverändernden Projekten nur im Schulterschluss mit Politik und Wissenschaft möglich sein.

Das Ruhrgebiet, und davon bin ich fest überzeugt, muss noch mehr als bisher seine Kräfte bündeln. Das gilt meiner Meinung nach auch für den Bereich Forschung und Entwicklung. Wir müssen uns vernetzen, um unsere Stärken zu bündeln.

Der Initiativkreis war doch bis dahin immer sehr darauf bedacht gewesen, sich möglichst nicht mit anderen gesellschaftlichen Gruppen zu verbinden bzw. nicht vor deren Wagen gespannt zu werden. Wie haben Politik und Wissenschaft denn auf Ihren Vorschlag der Zusammenarbeit reagiert?

Sehr positiv! Gleich wenige Tage nach meinem Amtsantritt baten mich mehrere Rektoren der Hochschulen in der Region um ein Gespräch. Auch für die Hochschulen und Forschungseinrichtungen im Ruhrgebiet ist es wichtig, den Kontakt mit der Wirtschaft auszubauen. Denn wenn wir ehrlich sind: Viele Großunternehmen haben ihre langjährig gewachsenen Kontakte mit Hochschulen und Forschungseinrichtungen, aber diese befinden sich nun mal meist außerhalb des Ruhrgebiets. Wenn Wissenschaft und Wirtschaft innerhalb einer Region aber zusammen rücken, dann sind konkrete Projekte viel leichter umzusetzen.

Und wie sehen die nun aus?

Wir haben das »Innovationsnetzwerk Ruhr« gegründet und im Frühjahr 2009 alle interessierten Unternehmen aus dem Initiativkreis und Vertreter der Hochschulen dazu eingeladen. Die Hochschulen haben Projekte und Ideen vorgeschlagen, die sie in den Feldern Energie, Werkstoffe und Logistik gemeinsam mit den Industrieunternehmen weiter entwickeln wollten. Der nächste Schritt waren dann Arbeitsgruppen in allen drei Bereichen, wobei jeweils zwei Hochschulen gemeinsam an einem Projekt arbeiten sollten.

Was ist denn bei den Arbeitsgruppen herausgekommen?

Das mache ich am bestem am Beispiel der Arbeitsgruppe Energie deutlich. Hier stand von Anfang an die Frage im Vordergrund: Wie können wir die Kohlendioxydemissionen in der Region reduzieren und dennoch sicherstellen, dass wir ein Wirtschafts- und Industriestandort bleiben? Mit Hilfe unseres Mitglieds im Initiativkreis Ruhr, der Strategieberatung A. T. Kearney, erstellten wir eine CO_2-Bilanz für eine typische Modellstadt im Ruhrgebiet mit 50.000 Einwohnern. Dabei lernten wir, dass wir mit innovativen Technologien den CO_2-Ausstoß um ca. 50 Prozent reduzieren können. Dies war zwar erst einmal eine theoretische Rechnung, doch es wurde sehr deutlich, dass in den Bereichen Energieeffizienz, dezentrale Erzeugung und Mobilität erhebliche Reduktionspotenziale liegen.

Haben Sie die Ergebnisse überrascht?

Erstaunlich war vor allem, wie viel Wissen zum Thema Energieeffizienz und Klimaschutz in den Unternehmen bereits vorhanden ist. Aber nicht nur das Know-how, auch die Produkte und Dienstleistungen zur Reduzierung von Kohlendioxydemissionen sind vorhanden. Aus dieser Erkenntnis wurde die Idee »InnovationCity Ruhr« entwickelt. Und dann haben wir uns die schwedische Stadt Malmö als Beispiel genommen, die einen energieeffizienten und energieautarken Stadtteil aufgebaut hat. Hier hatte sich E.ON vor Jahren sehr engagiert und gute Erfahrungen mit dem Modell des Public Private Partnership gemacht: Wirtschaft, Politik und Wissenschaft zogen an einem Strang und gründeten eine Projektgesellschaft, um das Projekt zu stemmen. In Malmö liegt allerdings, und das ist der große Unterschied zu InnovationCity Ruhr, der Schwerpunkt auf dem Neubau: Ein Werftgelände, der so genannte Westerhafen, lag damals brach und wurde zu einer Neubausiedlung erschlossen. Malmö ist ein so genanntes »grüne-Wiese-Projekt«, und so ziemlich alles wurde dort neu gebaut. Es ist auch in seiner Größe überschaubar. Derzeit leben dort rund 10.000 Menschen. InnovationCity Ruhr, und das ist wichtig, hatte von Beginn an zum Ziel, im Bestand, also mit vorhandenen Gebäuden und mit bestehender Infrastruktur zu planen und eine energieeffiziente Modellstadt entstehen zu lassen. Und das auch für deutlich mehr Bewohner als in Malmö.

515

Und was wird dort konkret geschehen?

Wir sind uns sicher, dass wir den Energiebedarf im Pilotgebiet bis 2020 um etwa 50 Prozent reduzieren können. Dafür soll unter anderem der gesamte Gebäudebestand energieeffizient saniert werden. Innovative Technologien sollen für CO_2-arme Energieerzeugung sorgen, neuartige Verkehrssysteme für umweltfreundliche Mobilität und eine Verbesserung der städtischen Lebensqualität. Mit Innovation-City Ruhr bündelt der Initiativkreis Ruhr das Know-how seiner Mitgliedsunternehmen im weltweiten Zukunftsmarkt erneuerbarer Energie. Übrigens gewinnt der Initiativkreis Ruhr mit diesem Projekt auch neue Mitglieder, die sich konkret in diesem Feld engagieren wollen.

Was sind die Besonderheiten von InnovationCity Ruhr – wirtschaftlich und gesellschaftspolitisch?

Die InnovationCity Ruhr ist ein hervorragendes Beispiel dafür, dass man Kräfte bündeln muss, wenn man mehr erreichen möchte. Schließlich wollen wir den bestehenden Wohnraum und das Arbeitsumfeld von ca. 70.000 Menschen zur Pilotstadt machen. Das Projekt hat das Potenzial, ein Leuchtturm weit über die Region hinaus zu werden. Denn die mangelnde Energieeffizienz im Gebäudebestand unserer Städte betrifft ja beileibe nicht nur uns im Ruhrgebiet.

Das Interesse der Städte und Kommunen an InnovationCity Ruhr ist enorm. Insgesamt haben sich 16 Städte als Standort für InnovationCity Ruhr beworben. Hier hat sich eindrucksvoll gezeigt, was die Region so besonders macht. Die Einwohner der Kommunen, die ansässige Wirtschaft und die Verwaltungen haben Hand in Hand gearbeitet und sehr detaillierte Bewerbungen eingereicht. Die Fachjury unter Federführung von Prof. Dr. Manfred Fischedick vom Wuppertal Institut für Klima, Umwelt, Energie berichtete von insgesamt sehr guten Bewerbungsunterlagen. Bottrop hat schließlich das Rennen gemacht.

Was haben die Städte von einer solchen Bewerbung? Was hat Bottrop von der Auswahl?

Weil InnovationCity Ruhr alle Lebensbereiche mit einbezieht, profitieren vor allem die Bürger und die ortsansässigen Unternehmen vom Handwerker bis zum großen Industriebetrieb. Der bauliche Bedarf wird voraussichtlich erheblich sein. Es müssen also große Investitionen getätigt werden, und es wäre schön, wenn auch die Unternehmen, die InnovationCity Ruhr tatsächlich umbauen, aus dem Ruhrgebiet kämen. Wir können in dieser Region auf so viel technisches und unternehmerisches Know-How zurückgreifen.

Allein der von uns im Initiativkreis zusammengestellte so genannte Innovationsatlas, in dem wir alle innovativen Produkte und Dienstleistungen unserer Mitgliedsunternehmen zum Thema Energieeffizienz und Ressourcenschonung zusammengetragen haben, belegt, wie viel Expertise in dieser Region steckt. Nur ist zumeist kaum bekannt, was diese Industrieunternehmen im Feld Energieeffizienz und Ressourcenschonung alles leisten. Andere Regionen sind da häufig pfiffiger, wenn es um das Vermarkten ihrer Ideen und ihres Know-hows geht. Da können wir nachlegen und brauchen unser Licht wahrlich nicht unter den Scheffel zu stellen. Ich bin davon überzeugt, dass InnovationCity Ruhr auch bei dem Thema »Image des Ruhrgebiets« einen wertvollen Beitrag leisten wird. Wir hoffen, dass sogar die Abwanderung aus der Region durch InnovationCity Ruhr verlangsamt, wenn nicht sogar aufgehalten werden kann. Das Ruhrgebiet soll Industriestandort bleiben, und dabei als lebens- und liebenswerte Region auch für »Zugereiste«, wie ich es selbst ja auch bin, attraktiver werden. Mit Innovation-City Ruhr knüpfen wir ja an das seit Jahrzehnten beherrschende Thema »Wandel der Region« an, wie es auch von der Kulturhauptstadt RUHR.2010 in den Fokus genommen wurde.

Wie wirkt das Projekt in die Zukunft?

Das Leitprojekt InnovationCity Ruhr, das ich während meiner Amtszeit als Moderator mit Unterstützung des sehr engagierten Projektchampions Alfred Oberholz angestoßen habe, endet nicht mit meiner Moderatorenschaft. Mit der Auswahl des Standortes Bottrop geht es ja erst richtig los. Zudem versteht sich InnovationCity Ruhr als Impulsgeber und soll auch in anderen Ruhrgebietskommunen Schule machen. Langfristiges Ziel ist der energietechnische Stadtumbau der gesamten Region.

Doch erstmal geht es nur um Bottrop, richtig?

Da möchte ich mit »jein« antworten, denn natürlich ist Bottrop im Fokus, wenn es um die Entwicklung eines Masterplans geht. Hier soll die Bandbreite an Möglichkeiten des Stadtumbaus im Bestand dargestellt werden. Doch auch die anderen Bewerberstädte bleiben im Boot. Die fünf Oberbürgermeister der

517

Finalistenstädte Essen, Bochum, Bottrop, Herten-Gelsenkirchen und Mülheim hatten sich bereits vor der finalen Auswahl des Standorts in einem persönlichen Gespräch mit mir zur Zusammenarbeit verpflichtet. Mittlerweile haben sich alle 16 Bewerberstädte in einem Netzwerk zusammengeschlossen und möchten die Maßnahmen aus eigener Kraft umsetzen. Außerdem haben alle Bewerberstädte Anspruch auf den Masterplan.

Klar ist aber auch, dass Bottrop und vor allen Dingen seine Bürger zeitnah sehen wollen, dass etwas passiert. Manche der Maßnahmen sind vielleicht unspektakulär, aber haben große Wirkung: Denken Sie nur an die Wärmedämmung von Gebäuden, nicht nur privaten, sondern auch öffentlichen. Kosten lassen sich senken, wenn bei mehreren Bauten nacheinander die gleichen Maßnahmen durchgeführt werden. Hier geht es auch um gutes Management.

Ist das Ziel dieses Projekts dann also primär, die Logistik des Städtebaus unter energieeffizienten Gesichtspunkten in den Griff zu bekommen?

Es geht einerseits um technisches Know-how, das in Gestalt von Produkten und Dienstleistungen gebündelt und klug vernetzt in Bottrop zum Einsatz kommt. Es geht aber beispielsweise auch darum, zu prüfen, ob wir nicht neuartige so genannte »Contracting«-Modelle entwickeln können. Wer sagt denn, dass jeder Hausbesitzer auch Besitzer seiner Fenster sein muss? Gegebenenfalls ist es günstiger und energieeffizienter, wenn die Fenster eines Hauses geleast und nach einigen Jahren auch wieder ausgetauscht werden. Was für viele Autofahrer die Norm beim Thema Mobilität ist, könnte sich auch auf Häuser übertragen lassen, wenn es sinnvoll ist und für den Verbraucher günstiger wird. Mit dem Masterplan für Bottrop werden auch solche Ideen weiter entwickelt. Auch hier soll die Managementgesellschaft von InnovationCity Ruhr gemeinsam mit der Stadt Bottrop Schule machen. Es geht nicht nur um Innovationen im Bereich der Technik, sondern auch um innovative Geschäftsmodelle.

Gibt es Beispiele, außer Malmö in Schweden, denen InnovationCity Ruhr folgen kann?

Nein, in dieser Form sind wir wirklich Vorreiter! Hier entsteht ein Leuchtturmprojekt für Europa und darüber hinaus. Die Gesellschaften der westlichen Welt überaltern und Bevölkerungszahlen sinken, die Städte sind gebaut. Grüne-Wiese-Projekte in großem Stil sind hier weder sinnvoll noch finanzierbar. Und auch in den Schwellenländern und den dort wachsenden Ballungsräumen ist das Thema Energieeffizienz, Klima und Städtebau zentral. Darum lassen wir das Projekt schon in der Entwicklungsphase von Wissenschaftlern unterschiedlichster Fachrichtungen begleiten und evaluieren. So entsteht bereits bei der Gestaltung des Prozesses Mehrwert auch für andere Städte.

Und allein der Umstand, dass die 16 ursprünglichen Bewerberstädte auf Basis ihrer eigenen Recherchen und ihrer eigenen Kreativität Lösungen für anstehende Herausforderungen bei der Umgestaltung ihrer Städte entwickelt haben, zeigt, dass das Ruhrgebiet nicht zwingend Vorbilder oder Vorläufer braucht, sondern sich auf seine eigenen Tugenden verlassen kann: Erfindergeist, Fleiß und auch Bodenständigkeit. Und so wird es vielleicht auch gelingen, 2020 im Ruhrgebiet eine Klima Expo auf die Beine zu stellen. Die Landesregierung denkt derzeit über solch ein Projekt nach. Zehn Jahre nach der Kulturhauptstadt wäre das sicherlich eine tolle Sache. Ich würde mir wünschen, dass dann InnovationCity Bottrop und unser InnovationCity Ruhr-Ansatz einen zentralen Beitrag leisten kann. Schön wäre auch, wenn bis dahin das Ruhrgebiet Vorbild für andere Regionen in Deutschland, in Europa und in Übersee würde. Die längste Reise, sagt ein chinesisches Sprichwort, beginnt mit dem ersten Schritt – und den haben wir getan.

Das Gespräch führte David Schraven.

Claus Leggewie

Von der Kulturhauptstadt zur Klimametropole
Was »InnovationCity« leisten kann

Die Kulturhauptstadt RUHR.2010 hat das Ruhrgebiet in Deutschland, Europa und der Welt in schöneren Farben bekannt gemacht als in dem immer noch unterstellten Kohlegrau, so dass die gröbsten, selbst von Einheimischen gepflegten Komplexe und Stereotypen fallen können. Und es gibt Anzeichen, dass unter den Bewohnern dieses Landstreifens Selbstgefühl und Aufbruchstimmung gewachsen sind. Wie nachhaltig beides ist, wird sich 2020 und später erweisen.

Die große Perspektive und konkrete Utopie für das Ruhrgebiet 2020 oder 2050 kommt, für viele überraschend, aus einer ökologischen und städtebaulichen Initiative, angestoßen durch den Initiativkreis Ruhr mit einem Wettbewerb InnovationCity. Ausgerechnet die »Ruhrbarone«, die mehr als 60 führende, überwiegend traditionelle und energieintensive Großunternehmen repräsentieren, wollen das Ruhrgebiet durch eine nachhaltigere Wirtschaftsweise zukunftsfähig machen, namentlich mit dem Einsatz von erneuerbarer Energie und Energiespartechnik. Damit konkretisiert sich eine Vision, die schon vor Beginn von RUHR.2010 als mögliche Bündelung und Ausrichtung der kulturellen Initiativen angesprochen und seinerzeit in der regionalen Öffentlichkeit eher mit Verwunderung und Unverständnis registriert worden war: das Ruhrgebiet als ökologische Modellregion der Zukunft.[1]

Unter dem Motto »Blauer Himmel, grüne Stadt« soll ein ganzes Stadtquartier in einer Größenordnung von 50.000 und mehr Einwohnern beispielhaft zur Niedrigenergiestadt umgebaut werden, schon bis 2020 sollen im Pilotgebiet die CO_2-Emissionen um die Hälfte sinken. Dafür muss der Gebäudebestand komplett saniert werden, müssen Neubauten mit Passiv- und Plusenergiestandard entstehen, innovative Technologien wie Wärmepumpen und Solaranlagen Anwendung finden und neuartige Verkehrssysteme wie Elektro-Autos und -Busse für

---

[1] Vgl. das Interview mit dem Autor, »Schrumpfende Städte sind eine Chance fürs Klima«, in: Frankfurter Allgemeine Zeitung, 29. August 2008 und ders., Erfindung einer glänzenden Zukunft: Das Ruhrgebiet will aus Industriekultur Kulturindustrie machen. Tatsächlich nötig wäre die ökologische Wende, in: Die Zeit, 7. Januar 2010.

umweltfreundliche Mobilität und eine Verbesserung der städtischen Lebensqualität bereit stehen. Im Frühjahr 2010 wurde der Wettbewerb um die Klimastadt der Zukunft ausgeschrieben. Aus 16 Bewerbern, von denen fünf Städte (Bochum, Bottrop, Essen, Mülheim an der Ruhr und Gelsenkirchen/Herten) die Endrunde erreichten, setzte sich im November 2010 die graue Maus Bottrop durch, die die Fachjury mit einem Konzept für den energetischen Stadtumbau und breite Bürger-Mobilisierung überzeugte. Da andere Städte ähnliche Konzepte entwickelt hatten und diese mit begrenzten Mitteln eigenständig vorantreiben wollen, besteht die Chance, dass das Ruhrgebiet ein Modell für Klimaschutz und Energiewende in ganz Deutschland und Europa wird. InnovationCity Ruhr versteht sich als »Leuchtturmprojekt und zugleich als Impulsgeber«, um auch in anderen Ruhrgebietskommunen energieeffiziente Unternehmungen zu generieren.

Selbstbewusste Agenten des Wandels

Das Projekt ist bisher unterfinanziert[2] und in der breiten Öffentlichkeit kaum diskutiert, also eher ein Versprechen als ein Masterplan, gleichwohl könnte hier ein echter industriepolitischer Durchbruch erfolgen. Denn es macht einen gewaltigen Unterschied, ob man das Ruhrgebiet in seiner faktischen wie symbolischen Qualität als klassischer Industriestandort in den Blick nimmt oder sich ein nationales und europäisches Energiewende-Konzept vornehmlich auf grüne Pioniere wie Tübingen oder Freiburg stützen muss. Was das Projekt im Vergleich zu anderen Klima- und Nachhaltigkeitsinitiativen so spannend macht, ist also die Umsetzung in einem *High Carbon Environment* mit weiterhin bestehender Industriesubstanz sowie einem weitgehend auf Automobilität basierenden Verkehrssystem. Eine Transformation in Richtung Nachhaltigkeit in einer überschaubaren Universitätsstadt mit hohem Fahrradfahreranteil ist nicht nur vergleichsweise einfach, sondern kann auch kaum als Modell für andere Industrieregionen dienen.

Und InnovationCity Ruhr stellt ein echtes Reindustrialisierungskonzept dar, das nicht auf einen weiteren Strukturwandel in Richtung »Kreativwirtschaft« setzt, sondern auf eine (ziemlich radikale, für Lebens-, Arbeits- und Produktionsstile konsequenzreiche!) Transformation in Richtung auf eine nachhaltige Metro-

2 Bodo Hombach als neuer Sprecher des Initiativkreises hat in der Westdeutschen Allgemeinen Zeitung vom 14. Januar 2011 zu einer »Geberkonferenz« eingeladen.

polenökonomie und -gesellschaft. Wer Ruhrbarone von »ökologischer Modellregion« schwärmen hört, mag das aus guten Gründen für »Greenwashing« halten. Aber es bricht sich offenbar die Erkenntnis Bahn, dass die anstehende Transformation nicht gegen die Industrieunternehmen funktionieren wird, sondern im Dreieck aus (a) einer aktiven Bürgergesellschaft, die selbstbewusste Agenten des Wandels in Stellung bringt und eigenständig ihre Lebens- und Konsumstile umstellt, (b) Investoren, Unternehmern und Managern, die moderne Technologien entwickeln und finanzieren, und (c) einem vor allem auch lokalen und regionalen Steuerungsstaat, der sich nicht mehr auf die Moderation von Kompromissen beschränkt, sondern sich mit klarer Führung auch bei unpopulären Maßnahmen als gestaltendes und aktivierendes Zentrum sozialer Transformation betätigt.

Der dezentrale Wandel

Diese große Transformation kann nur gelingen, wenn bei der Bürgerschaft nicht nur um nachträgliche Akzeptanz für längst beschlossene Maßnahmen geworben wird. »Stuttgart 21«, der durch vehementen Bürgerprotest verzögerte, vielleicht auch endgültig verhinderte Umbau des Stuttgarter Hauptbahnhofs, ist ein Menetekel auch für solche Großprojekte, die in ihrer Ausrichtung »grüner« und nachhaltiger eingeschätzt werden können als das Bahnhofsprojekt. Dass es Unmutsbekundungen und Proteste geben wird, »wenn die Bagger da stehen« und Umbaumaßnahmen losgehen sollen, ist zu erwarten und nachvollziehbar, wenn die Betroffenen eben nur betroffen, aber nicht hinreichend informiert, konsultiert und an konkreten Entscheidungen und Maßnahmen beteiligt worden sind.[3] Wer diese Mitwirkung für eine bloße Zeitverzögerung hält, sollte sich die »Zeitersparnis« vor Augen halten, die im Stuttgarter Top-down-Verfahren zu verzeichnen war, das fast zwei Jahrzehnte gedauert hat. Der Deal – wenn man so will: neuer Gesellschaftsvertrag – zwischen Entscheidungsträgern, Unternehmen und Bürgergesellschaft (in ihren vielen Ausprägungen als Mieter, Verbraucher, Nachbarn und so weiter) besteht darin, dass mehr Beteiligung auch mehr Gemein-

---

3   Hombach hat das in dem erwähnten WAZ-Interview treffend ausgedrückt: »Hier leben Leute, die das von Kind auf kennen und können, die nicht grapschen, sondern zupacken. Sie schaffen Werte und haben ein Recht auf ihren Anteil. Sie wollen auch mitreden. Warum denn nicht! Wenn sie nicht in die Lokomotive dürfen, setzen sie sich ins Bremserhäuschen.«

wohlorientierung und Verantwortung beinhaltet. Das ist im Übrigen die inhaltliche Voraussetzung für Volksentscheide und mehr Basisdemokratie, die nach »Stuttgart 21« weithin angemahnt werden.

InnovationCity kann somit – eher ungewollt – die nachhaltigste Fortsetzung von RUHR.2010 werden. In dieser Region allein oder vornehmlich auf Kulturindustrie und Kreativwirtschaft zu setzen, spränge auch deutlich zu kurz. Der große (und durchaus schmerzhafte) Sprung von der Industriekultur zur Kulturindustrie, den die Ruhrregion und andere alte Industriestandorte hingelegt haben, muss zum Dreisprung verlängert werden – hin zu einer Industrie neuen Typs, in welcher kulturell induzierte (nicht: instrumentalisierte) Innovation wichtige Impulse gibt.

Nun allerdings eine »Klima-Expo 2020« im Stile großer Weltausstellungen auf der grünen Wiese zu veranstalten (im Gespräch ist das stillgelegte Flughafen-Gelände in Mülheim an der Ruhr), ist nach meiner Auffassung keine angemessene Inszenierung der Klimametropole und würde auch die finanziellen Ressourcen der Region überstrapazieren. Ratsam ist aus der Sicht von Klimaschutz und Klimaanpassung eher eine dezentrale Förderung der Ausbreitung des Bottroper Pionierprojektes auf andere Gegenden des Ruhrgebiets, die lokal handeln, aber regional und global denken. So denkt auch das Kulturwissenschaftliche Institut in Essen, das Forschungskolleg der drei Ruhrgebiets-Universitäten und Initiator des Wissenschaftsforums Ruhr, das die außeruniversitären Forschungsinstitute vernetzt.

Politik

Hannelore Kraft

Das Ruhrgebiet
Zukunft durch Handeln

Das Ruhrgebiet verdankte seinen beispiellosen Aufstieg dem kraftvollen Handeln vieler Bürgerinnen und Bürger. In jahrzehntelanger gemeinsamer Arbeit ist eine der stärksten Wirtschaftsregionen der Welt entstanden. Offenheit für Neues, die Bereitschaft, auch die in die Mitte zu nehmen, die zugewandert sind, eine Beharrlichkeit, mit der auch schwierige Zeiten überwunden werden können, so wurde aus dem Ruhrgebiet ein Dienstleistungs-, Technologie- und Wissensstandort mit starker industrieller Basis. Hier wurde früh erkannt, dass der Umgang mit Wissen und Informationen *die* entscheidende Grundlage für Produktivität und Wohlstand geworden ist. Anfang der 1960er Jahre wurden in Bochum und Dortmund die ersten von heute sechs Hochschulen gegründet. Heute gilt das Ruhrgebiet als eine der dichtesten Hochschullandschaften Europas. Im Wintersemester 1965/66 gab es im ganzen Ruhrgebiet gerade einmal 4.200 Studierende, im Wintersemester 2009/10 waren es über 177.000!

So erfreulich dieser Wandel ist, so falsch wäre es, die traditionellen Stärken der Region zu übersehen oder gar auf sie zu verzichten. Die Zukunft des Ruhrgebiets ist ohne eine starke Industrie nicht denkbar. Hier liegen unsere Wurzeln und hier haben wir auch hervorragende Perspektiven für die Zukunft. Heute wissen wir, wie voreilig es von manchen war, den industriellen Sektor als »old economy« abzuschreiben, zumal große Bereiche der Servicewirtschaft eng verflochten sind mit Industrie und Handwerk. In anderen Staaten lässt sich beobachten, wie riskant eine überzogene Deindustrialisierung und einseitige Ausrichtung auf einige wenige Dienstleistungsbereiche sind, z. B. auf die Finanzwirtschaft. In den USA hat sich inzwischen die Erkenntnis durchgesetzt, dass der Weg der Deindustrialisierung zu weit gegangen wurde und eine Reindustrialisierung notwendig ist.

Wir können also froh darüber sein, dass wir im Ruhrgebiet bei allem erforderlichen Wandel das Kind nicht mit dem Bade ausgeschüttet haben und weiter auf eine starke Industrie setzten und setzen. Darum hat beispielsweise auch ThyssenKrupp seine Konzernzentrale von Düsseldorf nach Essen verlegt. Der dort entstandene Kruppgürtel und das Campusgelände mit seiner beeindruckenden Architektur lassen die hohen Erwartungen, die in die Region gesetzt werden, erkennen. Auf den vorhandenen Kompetenzfeldern aufbauend, entstehen überall neue Unternehmen entlang den Wertschöpfungsketten, passen sich die vorhandenen Unternehmen den neuen Gegebenheiten an, gehen Hochschulen und Forschungseinrichtungen Kooperationen miteinander und mit der Wirtschaft ein. Einen weiteren Zukunftsmarkt erschließt sich das Ruhrgebiet mit dem Gesundheitscampus NRW in Bochum und der bundesweit ersten Fachhochschule für Gesundheitsberufe. Mit dem Gesundheitscampus sollen die im Land vorhandenen Kernkompetenzen des Gesundheitswesens gebündelt werden. Für die Bewältigung des demographischen Wandels, gerade im Ruhrgebiet, wird dies eine wesentliche Hilfe sein.

Welch ein Erfolg gerade in der *Kombination* von Industrie und Dienstleistungen liegt, wird dann besonders deutlich, wenn man den Dienstleistungsanteil des Ruhrgebiets mit dem von Nordrhein-Westfalen insgesamt vergleicht. Landesweit arbeiten nämlich sogar *weniger* Beschäftigte im Dienstleistungssektor. Und ein weiterer Beleg für das Schritthalten des Ruhrgebiets: Seit 2000 ist hier die Wirtschaftsleistung um 16 Prozent gestiegen, das entspricht ziemlich genau dem Landes- und Bundesdurchschnitt.

Also alle Anpassungsprozesse gelungen? Alles ohne Probleme? Nein, der gewaltige Umbruchprozess, der in dieser Region bereits stattgefunden hat, ist noch immer nicht abgeschlossen. Auch das gehört zu einer ehrlichen Analyse dazu. Das Revier hat durchaus mit erheblichen Problemen zu kämpfen:

Das Ruhrgebiet verliert Einwohner und altert. Während die Bevölkerung in Nordrhein-Westfalen zwischen 1960 und 2009 von 15,9 Millionen auf 17,9 Millionen um 12,3 Prozent wuchs, schrumpfte sie im Ruhrgebiet von gut 5,7 auf knapp 5,2 Millionen. Bis 2030 werden es voraussichtlich nur noch 4,3 Millionen Menschen sein. Die Zahl der Älteren ab 65 Jahren wird dann mit 1,2 Millionen fast doppelt so hoch sein wie die der Jüngeren unter 20 Jahren.

Ein weiteres Problem: die hohe Arbeitslosigkeit im Ruhrgebiet. Die Arbeitslosenquote lag hier im Dezember 2010 mit 10,9 Prozent gut ein Drittel über der des Landes von 8,1 Prozent. Und dieser Abstand hat sich in den vergangenen zehn Jahren nicht verringert. Zu den Problemen am Arbeitsmarkt trägt auch der höhere Anteil der Langzeitarbeitslosen an allen Arbeitslosen bei. Bei den Ausbildungsplätzen sieht es im Ruhrgebiet ebenfalls deutlich schlechter aus als in anderen Landesteilen. Landesweit kamen in Nordrhein-Westfalen im Ausbildungsjahr 2009/2010 auf hundert bei den Arbeitsagenturen gemeldete Bewerber 73 gemeldete Stellen. In den Ruhrgebietsagenturen waren diese Relationen fast durchgehend schlechter.

Und zwei weitere Indikatoren zeigen, dass es im Ruhrgebiet nach wie vor einer stärkeren Dynamik bedarf: Mit der Zahl seiner Patente je 100.000 Einwohner liegt die Region nur im hinteren Mittelfeld der Metropolregionen in Deutschland und auch die Gründungsneigung ist im Ruhrgebiet immer noch, trotz vielfältiger Maßnahmen, deutlich geringer als in den übrigen Regionen unseres Landes. Fünf der zehn nordrhein-westfälischen Regionen mit nachlassender Gründungsneigung liegen im Ruhrgebiet.

Was also können wir, was wollen wir als Landesregierung tun, damit das Ruhrgebiet noch stärker, noch dynamischer, noch attraktiver wird? Welche Zukunftsperspektiven können wir für diese zentrale Region unseres Landes entwickeln? Ich will einige der zentralen Ansatzpunkte nennen.

Mehr Kooperation von Städten und Gemeinden

Gerade die finanzschwächeren Städte und Gemeinden im Ruhrgebiet haben keine Zeit zu verlieren. Sie dürfen nicht abgehängt werden bei der Bewältigung des industriellen und demographischen Wandels. Notwendig ist eine auskömmliche Finanzgrundlage, damit sie die Verantwortung für ihre Bürgerinnen und Bürger auch wahrnehmen können. Wir haben darum als neue Landesregierung schnell gehandelt und die finanziellen Mittel für die Kommunen erhöht. Klar ist aber auch, dass wir nur dann wieder zu gesunden kommunalen Finanzen kommen können, wenn auch der Bund seiner Verantwortung gerecht wird. Neben einer soliden finanziellen Basis brauchen wir im Ruhrgebiet nach wie vor mehr Kooperation. Die Metropolregion Ruhrgebiet ist an den Stellen und in den Bereichen erfolgreich, wo sie regionale Stärken kombiniert und vorhandene Schwächen gemeinsam überwunden hat. Kooperation heißt das Erfolgsrezept, auch wenn der eine oder andere dabei über den eigenen Schatten springen muss. Das war bei der IBA so und das war zuletzt bei der Europäischen Kulturhauptstadt 2010 so. Gemeinsam sind wir stark! Das gilt für die regionale Wirtschaftsförderung ebenso wie für die gemeinsame Regionalplanung des RVR und das gilt allemal für die Abstimmung des Freizeit- und Kulturangebotes über die Grenzen der jeweiligen Kommunen hinaus. Die Städte Bochum, Bottrop, Dortmund, Gelsenkirchen, Hagen, Hamm, Herne, Mülheim und Oberhausen arbeiten so schon seit einigen Jahren zusammen. Und erfreulich ist auch, dass sich im Rahmen der »Städteregion Ruhr 2030« die Planungsdezernenten zu einer Kooperation zusammengefunden haben. Das ist der Weg, den das Ruhrgebiet weiter gehen muss.

Die industrielle Revolution des 21. Jahrhunderts –
die ökologische industrielle Revolution

Gerade hier im Ruhrgebiet haben wir gezeigt, dass Ökonomie und Ökologie, Arbeit und Umwelt keine Gegensätze sind. Als Willy Brandt 1961 forderte: »Der Himmel über dem Ruhrgebiet muss wieder blau werden!«, da klang das für viele wie eine verwegene Vision. Inzwischen ist aus dieser Vision Wirklichkeit geworden. Nun kann und soll von Nordrhein-Westfalen die industrielle Revolution des 21. Jahrhunderts, die ökologische industrielle Revolution, ausgehen. Das Ruhrgebiet wird dabei eine Schlüsselrolle spielen.

Denn hier haben wir eine unvergleichliche Erfahrungsbasis. Seit Jahrzehnten finden sich im Ruhrgebiet Mensch, Natur, Industrie und Verkehr auf großer Fläche dicht nebeneinander. Hier treffen unterschiedliche Bedürfnisse aufeinander. Die Menschen brauchen reines Trinkwasser und gesunde Luft, die Wirtschaft verlangt nach Wasser für die Produktion und hat Luft und Wasser lange als scheinbar unbegrenzt nutzbare Quellen betrachtet. Gerade dieses Aufeinanderprallen widerstreitender Ansprüche hat kreative Lösungen im technischen Umweltschutz vorangebracht. Darum hat sich das Ruhrgebiet zu einem Fortschrittsmotor im Umweltschutz entwickelt. Dieses Potenzial wollen wir nutzen und ausbauen, um unsere innovativen Produkte aus Nordrhein-Westfalen auch international noch besser vermarkten zu können.

Das Ruhrgebiet bietet sich als ökologische Modellregion an, denn hier wird bereits heute ausprobiert, wie man überall effektiven Klimaschutz, hohe Wertschöpfung und hohe Lebensqualität vereinbaren kann. So bietet das Ruhrgebiet mit seiner hohen Siedlungsdichte und der guten Verkehrsinfrastruktur ideale Voraussetzungen, um neue Mobilitätskonzepte in einer ganzen Region zu erproben. Mit der Wahl als eine von acht deutschen Modellregionen für Elektromobilität spielt das Ruhrgebiet seit 2009 bei der Entwicklung Deutschlands zum Leitmarkt für Elektromobilität eine Schlüsselrolle. In vielen Projekten engagieren sich Unternehmen, Forschungseinrichtungen und Kommunen gemeinsam. So wird an der Ruhr-Universität Bochum in Zusammenarbeit mit regionalen Unternehmen und mit Fördermitteln des Landes ein Elektrokleintransporter – das »BoMobil« – für den innerstädtischen Bereich bis zur Serienreife entwickelt.

In engem Zusammenhang mit dem Thema Energieeffizienz steht ein Modell, das jetzt in Bottrop verwirklicht werden soll, der neuen »InnovationCity Ruhr«, der Klima-Modellstadt der Metropole Ruhr. Ich bin sicher: Bottrop wird Modellstadt nicht nur für das Ruhrgebiet und Nordrhein-Westfalen, sondern weit über unsere Grenzen hinaus, denn hier wird nicht beim Neubau, sondern beim Gebäudebestand angesetzt. Ziel ist es, nicht nur elektrobetriebene Nahverkehrssysteme im Kleinen zu installieren, sondern gemeinsam mit den Bewohnern einen ganzen Stadtbereich klimagerecht umzugestalten.

Ein zweites Beispiel für nachhaltige Flächen- und Städtebaupolitik spielt in einer ganz anderen Größenordnung. Das ist ein Jahrhundertprojekt und in dieser Form wohl einmalig in der Welt: der Umbau der Emscher, der Umbau einer Region im Revier, in der die Montanindustrie tiefe Wunden hinterlassen hat. Wenn man so will, wollen wir aus dem früheren »Hinterhof« des Ruhrgebiets einen attraktiven Vorgarten machen. Das ist eine außerordentliche Gemeinschaftsleistung, bei der die Emschergenossenschaft, die Städte und Gemeinden, der RVR und das Land an einem Strang ziehen. Das »Neue Emschertal 2020« wird die ökologisch-industrielle Erneuerung des Reviers und damit unseres ganzen Landes vorantreiben. Wir können hier aufbauen auf dem, was mit der IBA, der Internationalen Bauausstellung EmscherPark, zwischen 1989 und 1999 geleistet wurde.

Und ein Drittes: Wir wollen unsere Leistungen auf den Feldern Klimaschutz, innovative Technologien und Stadtumbau einem internationalen Publikum präsentieren. Dazu streben wir an, eine »EXPO Fortschrittsmotor Klimaschutz« nach Nordrhein-Westfalen zu holen. Wir haben die Bundesregierung gebeten, unsere Bewerbung zu unterstützen.

Natürlich werden wir über alldem das Hier und Heute nicht vernachlässigen. Das Land wird darum auch in Zukunft um Fördermittel aus dem EU-Strukturfonds kämpfen. Teile des Reviers brauchen dieses Geld nach wie vor, um stärker in nachhaltiges Wachstum zu investieren, um innovative Branchen zu unterstützen und um die Gründungsdynamik zu erhöhen. Dazu gehören auch Projekte wie der Technologiestandort Phoenix West mit der Infrastruktureinrichtung MST. factory zur Förderung der Mikrosystem- und Nanotechnologie und dem Zentrum für Produktions- und Fertigungstechnologie. Wir brauchen in der Region noch viel mehr innovative Hightechunternehmen mit hoher Wertschöpfung und hochqualifizierten Arbeitskräften.

Bewegung statt Stillstand

Für das Ruhrgebiet als Ballungsraum und starke Wirtschaftsregion im Herzen Europas hat eine gute Verkehrsinfrastruktur zentrale Bedeutung. Bis 2025 werden nach den bisherigen Prognosen der Güterverkehr auf unseren Straßen um 79 Prozent und der Güterfernverkehr um 85 Prozent wachsen. Das Wachstum beim Güterverkehr ist schon heute ein massives Problem für Unternehmen – produzierendes Gewerbe, Zulieferer, Logistikbranche – wie für Arbeitnehmer. Natürlich ist das Ziel die schrittweise Verlagerung von Gütern auf die Schiene. Aber das wird so schnell nicht gehen. Wir brauchen neue Ideen und neue Konzepte in der Verkehrspolitik. Wir tragen als Transitland Nr. 1, als bevölkerungsreichstes Bundesland und als größter Wirtschaftsstandort eine besondere Verantwortung für ganz Deutschland. Die Verkehrsinfrastruktur in Nordrhein-Westfalen muss deutlich leistungsfähiger werden, um den drohenden Verkehrskollaps zu vermeiden. Wir brauchen beispielsweise auf der Schiene massive Investitionen in den Netzausbau, in Fahrzeuge und Personal in einem Maße, wie sie der Bedeutung und der Rolle des Landes Nordrhein-Westfalen entsprechen. Deshalb fordern wir vom Bund, seiner Verantwortung für die Schieneninfrastruktur nachzukommen und mehr zu investieren. Es darf nicht sein, dass der Bund aufgrund knapper Kassen wichtige Projekte in unserem Land vernachlässigt, wenn anderenorts für fragwürdige Großprojekte Milliarden zur Verfügung gestellt werden. Gerade mit Blick auf das Ruhrgebiet ist es dringend nötig, dass wir beim Rhein-Ruhr-Express, der Betuwe-Linie und dem »Eisernen Rhein« endlich vorankommen.

Das ist auch deshalb so dringend, weil für die Region große Chancen in der Logistik liegen. Sie ist ein außerordentlich dynamischer Zukunfts- und Wachstumsmarkt. Paradebeispiel ist der Duisburger Hafen. Er bietet aufgrund seiner einzigartigen Anbindung an sämtliche Verkehrsträger und wegen seines umfassenden Dienstleistungsangebotes hervorragende Voraussetzungen. Mehr noch: Die einst größte Industriebrache im Ruhrgebiet ist heute der Nukleus der Logistik im Ruhrgebiet. Duisburg gehört inzwischen neben den Seehäfen Antwerpen, Rotterdam und Hamburg zu den führenden Logistikplätzen in Europa. Kein anderer Logistikstandort in Europa ist so stark gewachsen – und er hat noch erhebliches Potenzial. Ein Erfolgsrezept für diese Entwicklung ist zweifellos die Trimodalität, also die sinnvolle Verknüpfung der drei Verkehrsträger Straße, Schiene und Wasser. Gerade die vorhandene Infrastruktur bietet hier hervorragende Voraussetzungen dafür, dass sich das Ruhrgebiet weiter zu einer »transeuropäischen Logistikdrehscheibe« entwickelt.

Ruhrgebiet – Kulturgebiet

Ohne »harte« Infrastruktur und ohne Industrie hat das Ruhrgebiet keine Zukunftsperspektive. Es hätte aber auch dann keine, wenn es die vermeintlich

»weichen« Faktoren vernachlässigen würde. Das Motto von RUHR.2010 lautete: »Wandel durch Kultur – Kultur durch Wandel.« Genau darum muss es auch künftig gehen. Darum wollen wir an die großen Erfolge der Europäischen Kulturhauptstadt mit ihren mehr als zehn Millionen Besuchern anknüpfen, gemeinsam mit dem RVR und gemeinsam mit allen Beteiligten, mit den Bürgerinnen und Bürgern, mit Unternehmen, Institutionen und Verwaltungen in der Region. Ein Hoffnungsträger für den Strukturwandel ist die Kreativwirtschaft an der Schnittstelle von Stadtentwicklung, Wirtschaftsförderung, Kulturförderung, Medien und Wissenschaft. Das Dortmunder U fördern wir als neues Zentrum für Kunst und Kreativität. Das Weltkulturerbe Zollverein werden wir in seiner ganzen Vielfalt weiterentwickeln. Kultur hat auch eine zunehmende wirtschaftliche Bedeutung. Die Zuwächse in der Tourismusbranche sind nicht nur Indiz für eine erfolgreiche Kulturpolitik, sondern für die gewachsene Anziehungskraft des Reviers.

Dynamik sichern

Es würde den Rahmen eines Beitrages sprengen, alle Ansatzpunkte zu beschreiben, mit denen unsere Landesregierung das Revier weiter nach vorne bringen will. Aber das Thema Bildung und Wissenschaft ist besonders zu betonen, denn hier liegt der eigentliche »Rohstoff« für die Zukunft unseres Landes insgesamt und des Ruhrgebietes insbesondere. Die Landesregierung will in den kommenden Jahren 11.000 neue Studienplätze an Fachhochschulen mit Schwerpunkten in den MINT-Fächern (Mathematik, Informatik, Naturwissenschaft und Technik) schaffen. Dafür gründet das Land vier neue und baut acht bestehende Fachhochschulen aus – auch an neuen Standorten im Ruhrgebiet: Mülheim, Bottrop, Hamm und Kamp-Lintfort. Auch die »Hochschule für Gesundheit« in Bochum zählt zu den Neugründungen.

Entscheidend ist: Das Ruhrgebiet ist in Bewegung und muss in Bewegung bleiben. Hier sind Veränderungsprozesse bewältigt worden, vor denen Regionen andernorts noch stehen oder in denen sie gerade stecken. Bei uns war dieser Wandel sehr viel tiefer und schwieriger als anderswo. Was hier in einem großen Gemeinschaftswerk geschafft worden ist, das hat für andere Regionen Vorbildcharakter. Wir müssen weiter voran gehen, damit das Ruhrgebiet eine starke Region in der Mitte unseres Landes bleibt.

Frank Baranowski, Oberbürgermeister Gelsenkirchen
Arnim Brux, Landrat Ennepe-Ruhr-Kreis
Thomas Hunsteger-Petermann, Oberbürgermeister Hamm
Ansgar Müller, Landrat Kreis Wesel
Reinhard Paß, Oberbürgermeister Essen
Adolf Sauerland, Oberbürgermeister Duisburg
Ottilie Scholz, Oberbürgermeisterin Bochum
Ullrich Sierau, Oberbürgermeister Dortmund
Cay Süberkrüb, Landrat Kreis Recklinghausen
Bernd Tischler, Oberbürgermeister Bottrop

Die Bestandsaufnahme
Antworten auf dringliche Fragen

Wo steht das Ruhrgebiet auf einer Skala von 1 bis 10 als Metropole?

Zunächst muss man feststellen, dass das Ruhrgebiet keine Metropole im klassischen Sinne einer Stadt mit besonderen zentralen Funktionen von nationaler und internationaler Bedeutung ist. Das Ruhrgebiet hat aber durchaus Potenzial, sich zu einem international beachteten und als Metropole empfundenen Ballungsraum zu entwickeln. Davon – also der 10 auf der Skala – sind wir aber noch weit entfernt. Zwar können wir auf einigen Gebieten (Zahl der Theater, Museen etc.) bereits mit New York oder Paris mithalten. Vergleichen wir aber zum Beispiel die U-Bahn-Netze, wird ein deutlicher Abstand sichtbar. Daher sehen wir das Ruhrgebiet im Moment eher auf einer Sechs als auf einer Sieben.

Was macht das Ruhrgebiet aus?

Das Ruhrgebiet ist mit über fünf Millionen Einwohnern und einer Fläche von etwa 4.435 Quadratkilometern der größte Ballungsraum Deutschlands und der fünftgrößte Europas. Mehrheitlich aus einer Reihe von zusammengewachsenen Großstädten bestehend, stellt es den dicht besiedelten Zentralraum des Bundes-

landes Nordrhein-Westfalen dar. Das Ruhrgebiet wartet mit zahlreichen hervorragenden Universitäten und innovativen Unternehmen auf und ist ein starker
Wirtschaftsstandort. Diese Faktoren allein reichen jedoch nicht, um Metropole
zu sein. Dazu bedarf es einer engeren und weiter zunehmenden Verflechtung und
einer stärkeren Identifikation der Menschen mit der Region. Berlin beispielsweise
ist eigentlich auch eine Ansammlung von Städten mit eigenen Zentralfunktio-
nen. Bei aller Hinwendung zum eigenen Kiez verstehen sich die Berliner immer
auch als Berliner. Wir sind zusammen Ruhr. Dafür steht das Schlagwort »Metropole Ruhr«, das dieses Bewusstsein der Menschen schärfen soll und auch schon
einiges geleistet hat.

Das Bewusstsein für das Ruhrgebiet hat sich bereits verändert. Es ist heute
deutlich selbstverständlicher, in der einen Stadt zu wohnen, in der anderen zu
arbeiten und Freizeit- und Kulturangebote ganz nach Gusto gezielt dort zu
nutzen, wo sie vorhanden sind. Großprojekte wie die IBA EmscherPark oder
die Kulturhauptstadt RUHR.2010 haben diesen Bewusstseinswandel zusätzlich
beschleunigt und verstärkt. Gleichzeitig helfen solche Dekadenprojekte, städteübergreifende Zusammenarbeit zu fördern, ja praktisch einzuüben.

Vielfalt und Gemeinsamkeiten stehen nicht im Widerspruch. Wenn wir
gemeinsam unsere Vielfältigkeit pflegen, entwickeln wir gleichzeitig unsere
Gemeinsamkeiten. Monokultur wäre doch wirklich öde.

**Bitte nennen Sie auf einer Skala von 1 bis 10, wo das Ruhrgebiet in seiner
Entwicklung steht. Wie muss sich das Ruhrgebiet weiter entwickeln?**

Eine dynamische Entwicklung in eine statische Zahl zu fassen ist nicht ganz sach-
gerecht. Eine Stadt, eine Metropole wird wohl niemals wirklich »fertig« sein. Sie
muss sich stetig weiter entwickeln. Dennoch sehen wir das Ruhrgebiet auf der
Skala in Höhe der Acht. Vielleicht auch mit Tendenz zur Neun. Die Zukunft
des Ruhrgebiets liegt in der Entwicklung zur Metropolregion im internationalen, zumindest aber europäischen Maßstab. Als Knotenpunkt und Schaltstelle für
vernetzte Güter-, Kapital-, Informations- und Personenströme stehen wir dabei
in einem weltweiten Wettbewerb. Wir werden nicht in allen Bereichen Spitzen-
positionen einnehmen können – und sollten das auch gar nicht wollen, weil dies
zwangsweise zu Fehlallokationen führen würde. Als internationaler Finanzplatz
werden wir zum Beispiel London nicht das Wasser reichen können. Interessant
ist vielmehr die Ausbildung einer Funktionsdifferenzierung und Arbeitsteilung
zwischen den Metropolregionen. Für die weitere Entwicklung der Metropole

Ruhr ist es daher notwendig, die Stärken der Region zu identifizieren und weiter zu stärken, um langfristig internationale Alleinstellungsmerkmale herauszubilden und Schlüsselpositionen zu besetzen. Der Initiativkreis Ruhr hat zu Recht die Branchen »Energie«, »Stahl- und Metallverarbeitung/Werkstoffe« sowie »Logistik« als aus Ruhrgebietssicht besonders förderungswürdig identifiziert. Diese Branchen zeichnen sich durch Stärke und Zukunftsfähigkeit aus und stellen gleichzeitig eine Weiterentwicklung historischer Ruhrgebietskompetenzen dar. Ein wichtiges Feld stellt auch die Gesundheitswirtschaft dar. Die Entscheidung, den Gesundheitscampus.NRW im Ruhrgebiet zu verorten, war ein wichtiges und richtiges Signal der Landesregierung.

Oft werden die durch Altindustrien und Altlasten blockierten Flächen als Hemmnisse und Grenzen für die Entwicklung der Metropolregion erachtet. Im Rahmen des Strukturwandels haben wir aber auch gelernt, solche Flächen wieder nutzbar zu machen und den geänderten Anforderungen anzupassen. Natürlich muss eine Entwicklung als industriell geprägter Wirtschaftsraum aber auch gewollt sein. Daher muss auch jedem klar sein, dass aus einer Industriebrache nicht immer ein Park werden kann, wenn man wieder Arbeitsplätze schaffen will. Die Entwicklung zur Dienstleistungsgesellschaft hat ihre Grenzen. Wir brauchen im Ruhrgebiet produzierendes Gewerbe. So wichtig der Dienstleistungssektor beschäftigungspolitisch ist, ist doch auch klar, dass wir uns nicht alle gegenseitig die Haare schneiden können, um satt zu werden.

Darüber hinaus gehört das Ruhrgebiet zu den Regionen, in denen Know-how auf Weltklasseniveau vorhanden ist. Leider gelingt es uns noch nicht, dieses Potenzial auch konsequent auszuschöpfen. Der so genannte »Braindrain« ist daher eine weitere Herausforderung, der wir uns stellen müssen. Wir verlieren einfach immer noch zu viele gute Leute an Regionen wie München oder Hamburg oder direkt an das Ausland. Hier müssen wir besser werden.

Welche Bedeutung hat eine Katastrophe wie die Loveparade?

Ganz ehrlich: Welche Bedeutung hat eine solche Frage in diesem Kontext?

Die Katastrophe während der Loveparade war ein schwerer Schlag für das Ruhrgebiet. Menschlich und emotional wird es lange dauern, bis dieser schlimme Tag aufbereitet werden kann. Unsere Anteilnahme gehört allen, die davon betroffen waren und sind. Der Tag hat aber auch gezeigt, dass die Menschen im Ruhrgebiet auch in schlimmen Tagen zusammenstehen. Die große gemeinsame Trauer und die vielen privaten Hilfsangebote haben an die Bergwerkskatastrophen der

Vergangenheit erinnert. Damals standen die Menschen ebenfalls zusammen, wenn den Hinterbliebenen geholfen werden musste. Auch hier zeigt das Ruhrgebiet seine Besonderheit.

Braucht es eine Klimaexpo?

Die Dekadenprojekte IBA und RUHR.2010 waren ein großer Gewinn – sowohl im Bezug auf die Wahrnehmbarkeit des Ruhrgebietes als Gesamtheit mit positivem Image als auch im Bezug auf die positiven Effekte durch praktizierte Zusammenarbeit. Deshalb beantworten wir die Frage mit einem klaren »Ja«. Ein Dekadenprojekt, hinter dem sich die Metropole Ruhr versammeln kann, hat überaus positive Effekte. Und eine Klima-Expo scheint dafür geeignet. Wenn Nordrhein-Westfalen sich um eine solche EXPO bewerben möchte, dann gehört die einfach ins Ruhrgebiet. Dahinter stehen ganz schlichte gruppendynamische Effekte. Die gemeinsame Anstrengung und die gemeinsam erhaltene Anerkennung – das schweißt zusammen.

Das dringlichste Problem?

Der größte Problemdruck entsteht im Ruhrgebiet durch fehlende Arbeit. Zahlreiche andere Fragen, soziale, ökonomische und solche der Integration hängen unmittelbar mit der Herausforderung zusammen, den Arbeitsplatzverlust zu stoppen und wieder mehr Menschen in Beschäftigung zu bekommen. Das ist eine Daueraufgabe, die leider auch nur eingeschränkt aus dem Ruhrgebiet heraus selbst beeinflusst werden kann. Bessere Zusammenarbeit, die gegenseitige Stärkung als attraktiver Standort für Unternehmen, darin dürfen wir nicht nachlassen, auch wenn es mal Rückschläge gibt. Eine gute Zukunft für das Ruhrgebiet hängt an guter Arbeit im Ruhrgebiet.

Ein im Vergleich deutlich kleineres, aber ebenso sehr umfassend und konkreteres Problem wird vermutlich schon bald die Bewältigung der weiter ansteigenden Verkehrsströme sein. Eine der Stärken des Ruhrgebietes ist seine Verkehrsinfrastruktur. Ohne Investitionen droht aber der Kollaps. Eine erste Maßnahme wäre ja mal, an alle Züge einen Waggon dran zu hängen, eine zweite wäre, begonnene Projekte zu Ende zu bringen.

Die Ruhr-Kommune – ein Unternehmen?
Bitte nennen Sie auf einer Skala von 1 bis 10,
wie das Ruhrgebiet gemeinsam wirtschaftlich agiert.

Hierfür gibt es gleich mehrere Wertungen: Das Ruhrgebiet ist Sitz internationaler Konzerne. Und diese begegnen sich nicht nur auf Weltmärkten, sondern arbeiten auch vor Ort zusammen, profitieren von der Nähe zueinander. Also erstmal volle Punktzahl. Zehn. Die Kommunalwirtschaft im Ruhrgebiet muss differenziert betrachtet werden. Das Gemeinschaftsunternehmen AGR Abfallentsorgungs-Gesellschaft Ruhrgebiet mbH, die große Unternehmensgruppe des RVR, ist zeitweise sogar zu sehr wie ein internationaler Konzern aufgetreten und war in schwierigem Fahrwasser. Eine Punktzahl ist da nicht zu vergeben, Verflechtung und Zusammenarbeit sind eher in der Liga internationaler Konzern. Wiegen die Probleme schwerer oder der Erfolg, die Krise überwunden zu haben?

Im Rahmen der Kommunalwirtschaft sind die Städte und teilweise auch die Kreise engagiert. Da sind wir lange als Einzelkämpfer unterwegs gewesen. Aber erfolgreiche Kooperationen wie die Kommunalisierung der Gelsenwasser AG oder das Engagement bei der STEAG zeigen doch, dass Zusammenarbeit funktioniert und lohnt. Geben wir mal sechs Punkte, ist ja noch ausbaufähig.

Die Zusammenarbeit von Stadtwerken, die gemeinsame Beschaffung der Verkehrsunternehmen sind wichtige Schritte zu mehr Kooperation im gesamten Ruhrgebiet. Im Bereich der Kommunalwirtschaft, deren Leistungserbringung zwar als öffentliche Sache wahrgenommen wird, deren Bezug zur konkreten Stadtverwaltung aber geringer ausfällt, kann Zusammenarbeit eingeübt werden. So bilden sich Strukturen aus, an denen entlang auch die Verwaltungen und deren politische Gremien zu mehr gemeinsamem Handeln finden können. In den nächsten Jahren steht die Neuvergabe zahlreicher Konzessionen im Bereich der Energieversorgung an. Da wird es absehbar zu neuen Kooperationen kommen, dort wo es ökonomisch sinnvoll ist und einen Mehrwert für die Bürgerinnen und Bürger erzielt. Das bedeutet allerdings nicht automatisch, dass die kommunalen Unternehmen vollständig fusionieren müssten. Unterschiedliche Wege können vergleichbar erfolgreich sein. Zum Beispiel organisieren den Nahverkehr die Kooperation Östliches Ruhrgebiet für den östlichen Teil oder die Via Verkehrsgesellschaft mbH im westlichen Teil der Metropole Ruhr. Wichtig ist, dass die Kunden der kommunalen Unternehmen von der Zusammenarbeit profitieren. Durch bessere Leistungen auf der einen Seite oder durch höhere Kosteneffizienz als Steuern zahlender Bürger auf der anderen Seite. Politische Widerstände gibt es da immer mal wieder. Das hat natürlich etwas mit Einflussmöglichkeiten zu tun und auch mit Bürgernähe. Das sind berechtigte Einwände und es muss bei jedem Zusammengehen geprüft werden, ob es am Ende für die Bürger lohnt.

Im Bereich Beschaffung gibt es auch schon zahlreiche Kooperationen. An manchen Stellen braucht es da eine Abstimmung der Standards. Bei der Ausstattung der Feuerwehren bemühen wir uns im Moment ruhrgebietsweit um ein abgestimmtes Vorgehen.

Und natürlich gibt es Aufgaben, die den Kommunen pflichtig zugewiesen sind und deren Wahrnehmung in Gemeinschaftsarbeit ausgeschlossen ist. Solche Vorschriften sind grundsätzlich änderbar. Die Gesetze müssen aber auch noch für die anderen Landesteile funktional passend sein, das kann eine Herausforderung im Einzelnen bedeuten. Wenn eine Zusammenarbeit lohnt, dann sollten wir sie prüfen. Wenn dann nur noch eventuell längst überkommene Gesetzesvorschriften im Wege stehen, dann erwarten wir, dass der Landesgesetzgeber uns durch Anpassungen unterstützt. Aber das muss sich im Konkreten zeigen.

Wir befinden uns ja leider in einer Situation, in der die Städte von der Kommunalaufsicht gezwungen werden, ihre Gewerbesteuerhebesätze am Maximum zu orientieren, so dass die Unterschiede in der Region marginal sind. Insoweit sind wir ja eigentlich nicht mehr autonom in der Festlegung der Gewerbesteuerhöhe. Deshalb stellt sich die Frage nach einem einheitlichen Steuersatz in der Region erst dann wirklich, wenn die defizitären kommunalen Haushalte wieder zukunftssicher aufgestellt sind. Wir sollten auf jeden Fall verhindern, dass wir innerhalb der Metropole Ruhr versuchen, uns mit Steuervergünstigungen zu unterbieten. Solcher Wettbewerb führt nur zu Kannibalisierungseffekten. Wenn ein einheitlicher Gewerbesteuersatz hilft, das Ruhrgebiet einheitlich am Weltmarkt zu präsentieren, darf auch eine Hebesatzangleichung kein Tabuthema sein.

Der Strukturwandel im Ruhrgebiet hat seit den ersten Zechenschließungen zigtausendfach Arbeitsplätze gekostet. An vielen Stellen ist es gelungen, aus den Hinterlassenschaften der Montanindustrie Neues zu entwickeln. Gerade kulturelle Nutzungen haben einen neuen Blick eröffnet und Perspektiven für eine Kulturwirtschaft entstehen lassen. Wir haben zahlreich die Chance nutzen können, die Wohn- und Lebensverhältnisse in den Städten des Ruhrgebietes zu verbessern. Wir benötigen aber immer noch zuvorderst neue Arbeitsplätze in enormer Anzahl – also in industrieller Größenordnung. In Zeiten globalisierten Wirtschaftens muss man für solche Ansiedlungen weltweit unterwegs sein und entsprechend aufgestellt sein. Dafür haben wir die Wirtschaftsförderung metropoleruhr GmbH, die wmr, als Tochter des RVR in Stellung gebracht. Die Metropole Ruhr auf den internationalen Märkten zu repräsentieren und Investoren für eine Ansiedlung zu gewinnen, das ist ihr Auftrag. Gemeinsam erreichen wir das notwendige »Kampfgewicht«, um wahrgenommen zu werden. Ein gemeinsamer Messestand fällt zum Beispiel einfach besser auf. Und durch die Zusammenarbeit haben wir immer das passende Angebot im Portfolio, je nach Größe und Infrastrukturanbindung. Zugleich organisiert die wmr auch die Zusammenarbeit der örtlichen Wirtschaftsförderungen. Die wmr ist so zu einem echten Motor der interkommunalen Zusammenarbeit geworden.

Kooperation oder Konfrontation?

Wir agieren nicht einzeln und allein auf weiter Flur. Das Bild vom Einhandsegler trifft also auf gar keinen Fall zu. Für Kooperation ist aber noch sehr viel Raum. Also eher drei Punkte. Die Steuerung einer Weltraumstation gehört ja auch gar nicht zu den kommunalen Aufgaben.

Es mag ja viele überraschen, aber es gibt recht viel Kooperation der Städte im Ruhrgebiet. Oft findet die aber im Kleinen statt. Ganz konkrete Aufgaben werden von einer Stadt für mehrere andere erbracht. Lebensmittelüberwachung zum Beispiel oder Chemische Untersuchungen. Solche Kooperationen haben zugenommen. Nicht immer freiwillig, die Versorgungsverwaltung zum Beispiel hat das Land den Kommunen quasi »aufs Auge gedrückt«. In Folge dieser »Kommunalisierung« ist es an mehreren Stellen zu einer gemeinsamen Aufgabenwahrnehmung im Ruhrgebiet gekommen. Der RVR spielt auf diesem Feld der interkommunalen Kooperation keine besondere Rolle. Er hat aber eigene Möglichkeiten, Dienstleistungen für Kommunen im Verbandsgebiet zu erbringen, und diese werden auch angenommen.

Die schlichte Formel, was alle angeht, muss auch von allen angegangen werden, greift zu kurz. Kommunale Verwaltung betrifft alle Bürgerinnen und Bürger im Land. Aber es gibt aus gutem Grund 396 Städte und Gemeinden, 30 Kreise und eine Städteregion in NRW und nicht nur ein »Kommunalverwaltungsamt«. Richtiger wird der Satz, wenn man ihn regional deutet: Was die Region als Ganzes angeht, muss auch von der ganzen Region angegangen werden. Wir erleben geradezu eine »Entdeckung« der Regionen, insbesondere im europäischen Kontext. Damit sind wir wieder bei der Frage nach der Metropole und Metropolwerdung. Denn auch Großstädte im Ruhrgebiet sind im weltweiten Maßstab nur sehr eingeschränkt wahrnehmbar. Auf diesen Feldern liegt die Kompetenz des RVR. Deshalb übernimmt der RVR mit Tochtergesellschaften

Aufgaben im Bereich Marketing, Wirtschaftsförderung und Tourismus für die ganze Region.

Dass Kooperation auch Aufgeben oder Abgeben von Kompetenzen bedeutet, ist nicht falsch. Aber man muss auch schauen, ob das im Einzelnen einen wirklichen Verlust bedeutet. Es gibt viele Dienstleistungen, die durch eine Stadtverwaltung wahrgenommen werden, bei denen es ziemlich egal ist, durch wen sie erbracht werden. Viele kommunale Rechenzentren arbeiten im Auftrag mehrerer Städte. Qualität und Quantität der Dienstleistung werden durch vertragliche Absprachen gesichert – ein echter Verlust von Kompetenz entsteht dadurch nicht. Und das Know-how bleibt in der kommunalen Familie.

Für den Betrieb einer Stadtverwaltung sind zentrale Dienstleistungen vorzuhalten wie in jedem anderen Unternehmen auch. Lohnabrechnung, Buchhaltung, Post- und Hausmeisterdienste und Beschaffungswesen. Manche Dienstleistung wird günstiger, wenn eine gewisse Fallzahl erreicht wird. Das ist alles unspektakulär und davon merken die Bürgerinnen und Bürger erst einmal gar nichts.

Durch Kooperation und gemeinsame Strukturen kann aber auch ein zusätzlicher Mehrwert entstehen. Die 20 RuhrKunstMuseen, eine Initiative zur Kulturhauptstadt RUHR.2010, sollen deshalb in Zukunft fortgeführt werden. Die erfolgreiche Zusammenarbeit hat eine eigene Museumslandschaft sichtbar werden lassen. Solche Ansätze gilt es weiter zu entwickeln. Zunächst geht es um mehr Kooperation. Da kann der RVR Moderator sein und braucht nicht mehr Kompetenzen. Wird allerdings festgestellt, dass bestehende Aufgaben besser durch den RVR als durch einzelne Mitgliedskommunen erledigt werden können, dann muss auch über zusätzliche Kompetenzen für den RVR gesprochen werden. Aber bitte in dieser Reihenfolge. Die zusätzliche Kompetenz folgt der Aufgabe.

Den Regionalverband zeichnet aus, dass er die demokratisch legitimierte Klammer des Ruhrgebietes ist. Eine Direktwahl des »Ruhrparlaments« kann die Wahrnehmbarkeit des Verbandes erhöhen und die Mitglieder stärker auf die regionalen Interessen verpflichten. Bisher werden die Mitglieder durch die Räte und Kreistage entsandt und die Bürgerinnen und Bürger merken gar nicht, dass ihre Kommunalwahlstimme noch ein weiteres Mal ausgewertet wird, um die Zusammensetzung der Verbandsversammlung zu ermitteln.

Eine Direktwahl birgt aber auch das Risiko, dass eine bürgerferne Instanz entsteht und die Rückkopplung an die Mitgliedskörperschaften in den Hintergrund tritt. Da gibt es Für und Wider. Spannend dürfte die Diskussion über die Idee werden, einen Oberbürgermeister für das ganze Ruhrgebiet direkt zu wählen.

Diese Urwahl wäre allerdings dann auch ein Alleinstellungsmerkmal in der deutschen Demokratielandschaft. Weder Berlins Regierender Bürgermeister noch der Erste Bürgermeister der Hansestadt Hamburg werden in Urwahl bestimmt. Aber gegen die Direktwahl der Oberbürgermeister bestanden auch lange Bedenken – mit teilweise guten Argumenten. Im Ergebnis sind wir aber überzeugt, dass diese Urwahl der kommunalen Demokratie gut getan hat. Das wird Sie nicht überraschen.

Dagmar Mühlenfeld

So etwas geht nur gemeinsam
Über neue Netzwerke, Kooperationen und Beziehungsarbeit

Städte, Gemeinden und Kreise der Metropole Ruhr standen im Jahr 2010 vor zwei neuen und bemerkenswerten Herausforderungen:
1. Teil der Kulturhauptstadt Europas zu sein und
2. der dramatischen Zuspitzung der kommunalen Finanzkrise gegenzusteuern.

Zwei Themen, die exemplarisch – und grundsätzlich – Formen der regionalen Kooperation nahe legen und die gleichzeitig deutlich machen, dass »Kooperation«, »interkommunale Zusammenarbeit«, »interkommunale Abstimmung« und »integriertes regionales Handeln« inzwischen im politischen Alltagsgeschäft synonym verwendet werden, obwohl sie keineswegs gleichbedeutend sind. Dies voranzustellen halte ich für wichtig, um die Ausgangsfrage qualifiziert, vor allem aber für die Anwendung tatsächlich nutzbar beantworten zu können. Behalten wir also die inhaltlichen, semantischen und mit Blick zurück auf die vorhandenen Kooperationserfahrungen auch die historischen und gesellschaftlich bedingten Bedeutungsunterschiede im Auge.

Schon die Bewerbung um den Titel »Kulturhauptstadt 2010« hat der Region und den Akteuren nicht nur abverlangt, die Sicht jeder Gebietskörperschaft auf das Projekt konsequent an der gemeinsamen Idee auszurichten, sondern in den einzelnen Städten, Gemeinden und Kreisen auch die Grenzen zur Bereitschaft dieser neuen Sichtweise erkennbar werden lassen.

Wie bei allen kooperativ angelegten Vorhaben, wie bei jedem interkommunalen Projekt, war und ist dabei unerlässlich, dass die Oberbürgermeister, Bürgermeister und Landräte als Verwaltungsspitzen und als die gewählten Repräsentanten der Bürger und Bürgerinnen ihrer Kommune das Thema vorantreiben und stützen – also im besten Sinne zur eigenen, zur Chefsache, machen. Schließlich müssen sie in ihrer Stadt rechtfertigen, wie Ressourcen eingesetzt werden und welche offensichtlichen »Mehrwerte« dabei entstehen.

Das alles ist gelungen, so dass der Verlauf der Kulturhauptstadt 2010 ein überzeugender Beleg für die identitätsstiftende Kooperationsfähigkeit der Region werden konnte. Das Ergebnis zeigt aber auch, welche Art von Projekten zur Identitätsstiftung oder -bekräftigung erforderlich bzw. geeignet ist. Das sind die großen emotionalisierenden Veranstaltungen wie »Schachtzeichen«, »Day of Song« und »Stillleben A 40« gewesen. Dem in der Bevölkerung geäußerten und erkennbar breit getragenen Wunsch nach Wiederholung derartiger Veranstaltungen in der Zukunft liegt eine informelle, interkommunale Abstimmung zu Grunde, die sich der Tatsache bewusst ist, dass »sowas nur gemeinsam geht«, also nur auf dem Weg der interkommunalen Zusammenarbeit.

Gemeinsam gegen die Finanznot

Der Erfolg des Aktionsbündnisses »Raus aus den Schulden – für die Würde unserer Städte« basiert auf anders gearteter Zusammenarbeit. Die Tatsache, dass der Strukturwandel in der ehemaligen Montanregion Ruhrgebiet zu besonderen Investitions- und Finanzierungsbedarfen führt, konnte als allgemeingültig unterstellt werden. Neu war dagegen, dass sich die Lage in den ehemaligen Industrieregionen seit Beginn des 21. Jahrhunderts dramatisch entwickelte und die Mehrzahl der kommunalen Haushalte in der Metropole Ruhr und im Bergischen Dreieck vor der bilanziellen Überschuldung stehen. Dies führte zunächst zu der Erkenntnis, dass es eine Problemlage zu meistern galt, die innerhalb der betroffenen Kommunen vergleichbar ist und die auf regionale Ursachen zurückgeführt werden kann. Damit wurde eine gemeinschaftliche Anstrengung zur Problemlösung aus der Sicht jeder einzelnen Kommune aussichtsreicher und vielversprechender als die Verfolgung der je eigenen Interessenlage.

Manifestiert hat sich diese gemeinschaftliche Anstrengung zunächst in vier Memoranden zur Finanznot der Kommunen in den Jahren 2002 bis 2008. Deren maximale Wirkung bestand in interessierter, gelegentlich freundlich-öffentlicher Kenntnisnahme. Die Lage der kommunalen Haushalte änderte sich dadurch nicht. Erst als im Dezember 2009 alle wieder- bzw. neugewählten Oberbürgermeister, Bürgermeister und zunehmend auch immer mehr Landräte parteiübergreifend ihre Stimme deutlich für die Würde der von ihnen geführten Städte erhoben, wurde die aus Sicht der Gebietskörperschaften notwendige Trendwende eingeleitet.

In der Außenwirkung besteht der Erfolg des Bündnisses zunächst darin, das Thema der Kommunalfinanzen auf die nationale Tagesordnung gehoben zu haben. Damit wurden Zusagen aus Bund und Land zur Sanierung der kommunalen Haushalte erwirkt, was nicht weniger bedeutet, als die Zukunft der kommunalen Daseinsvorsorge und damit den sozialen Zusammenhalt in unseren Städten, Gemeinden und Kreisen gesichert zu haben. Die von dieser Ebene ausgelöste Erkenntnis des Bundes und Landes, dass sich der Zusammenhalt nicht politisch aufbrechen lässt, war und ist von besonderer Bedeutung für die Nachhaltigkeit der Bundes- und Landeszusagen, losgelöst von der jeweiligen Legislaturperiode.

Neues Netzwerk

Nach innen besteht der Erfolg in dem gewachsenen Vertrauensverhältnis zwischen den Kommunen und ihren Repräsentanten. Denn es wurde nicht nur der interkommunale, parteiübergreifende Schulterschluss während des Landtagswahlkampfes und darüber hinaus aufrechterhalten, sondern alle am Bündnis beteiligten Verwaltungen erhielten notwendigerweise auch gegenseitige Einblicke in die Strukturen und Strategien. Das so entstandene Netzwerk bietet beste Voraussetzungen, nun jene Formen interkommunaler Zusammenarbeit in Angriff zu nehmen, in denen es zum Beispiel um gemeinsame Aufgabenerledigung zwischen den Kommunen gehen muss.

Neben diesen beiden aktuellen Themen gibt es eine erstaunlich große Zahl von bewährten Projekten der Zusammenarbeit. Dazu gehören unter anderem auch der Regionalverband Ruhr (RVR) ebenso wie die beiden großen wasserwirtschaftlichen Verbände »Ruhrverband« und »Emscher Genossenschaft«. Auf der Grundlage der dort geleisteten, regional abgestimmten Arbeit wurden im Verlauf der letzten 100 Jahre Modernisierungserfolge für die Region als Ganzes überhaupt erst möglich.

Geht man mit dieser Tatsache redlich um, sollte die Diskussion über die Zukunft des RVR zum Lehrstück über gelingende interkommunale Abstimmung werden können, damit integriertes regionales Handeln möglich wird. Dazu könnte für die beteiligten Akteure nach meiner Erfahrung eine moderierende Begleitung von außen hilfreich sein. Allerdings müsste glaubhaft nachgewiesen werden, dass alle Sach- und Legitimationszwänge, durch die die Beteiligten eingeengt werden, gleichmäßige Berücksichtigung finden.

Ist von Kooperation in der Region die Rede, wird immer auch sofort die Frage nach der Kompetenzverteilung gestellt. Die beinhaltet unausgesprochen die viel spannendere Frage nach der Teilung oder gar der Abgabe von Kompetenzen. Meint man es ernst mit der Ankündigung, die Menschen in der Metropole auf dem Weg in ein neues interkommunales Bewusstsein mitnehmen zu wollen, sollte man die Kompetenzfrage in ihrer Wirkung nicht unterschätzen. Denn noch ist die Region nicht so weit, dass ein Oberbürgermeister in seiner Stadt Lob dafür erntet, wenn er eine gewerbesteuerträchtige Unternehmensansiedlung in eine Nachbarstadt gibt, weil dort die Rahmenbedingungen aus interkommunaler Sicht günstiger sind. Dazu benötigt die Region noch eine Phase, in der interkommunale Vertrauensbildungsprozesse wirken und Überzeugungsarbeit geleistet werden kann. Geeignete Projekte dafür bieten sich bei der Analyse der neuen Herausforderungen zahlreich an.

Neue Kooperationen

Die Städte haben schon seit längerer Zeit begonnen, ihre Egoismen zu überwinden. An dieser Stelle sei eine Ehrenrettung des »Kirchturmdenkens« versucht, das eben nicht nur Symbol für Inflexibilität und Beschränktheit, sondern auch für notwendige Orientierung in einer sich immer stärker ausdifferenzierenden Stadtgesellschaft ist. Dieser Bedarf ist in der Metropole Ruhr nicht zuletzt auch wegen ihrer großen kulturellen und ethnischen Vielfalt stark ausgeprägt.

Es gibt weitere, erfolgversprechende Ansätze, bei denen sich die Balance zwischen Kooperation und Eigensinn produktiv ausgewirkt hat: zum Beispiel das Städtebündnis 2030, das den ersten interkommunalen Flächennutzungsplan für die Städte Bochum, Essen, Gelsenkirchen, Herne, Mülheim an der Ruhr und Oberhausen auf den Weg gebracht und damit wichtige Vorarbeiten zur Übertragung der Regionalplanung auf den RVR geleistet hat. Dazu zählen auch die Kooperationen des Amtes für Geodatenmanagement in Mülheim an der Ruhr mit dem Amt für Geoinformation in Essen sowie die der Städte Mülheim an der Ruhr, Duisburg und Oberhausen beim lokalen Krisenzentrum Tierseuchen und die Kooperation bei der Unterbringungen von Fundtieren zwischen Mülheim an der Ruhr und Oberhausen.

Die gemeinsame Bewerbung der Städte Mülheim an der Ruhr und Bottrop mit starken Partnern aus Wirtschaft und Wissenschaft um den Standort der neu gegründeten Hochschule RuhrWest hat gezeigt, wie erfolgreich interkommunale Abstimmungsprozesse nicht nur auf administrativer Ebene der Gebietskörperschaften in der Praxis sein können. Die erfolgreiche Bewerbung hat auch belegt, dass Politik bereit ist, den zur Mitgestaltung immer wieder aufgerufenen Akteuren aus Wirtschaft und Zivilgesellschaft die notwendigen Kompetenzen zu übertragen.

Will man Kirchturmdenken, Provinzialität und Infrastrukturmängel in der Region anprangern, bietet die Organisation öffentlicher Mobilität, also der kommunalen Aufgabe »ÖPNV«, zu Recht immer wieder und immer wieder aufs Neue Anlass zu Häme und offenkundiger Unfähigkeit. Allerdings: Auch beim ÖPNV gibt es inzwischen ermutigende und erfolgreiche Ansätze zu mehr integriertem, regionalem Handeln und zur Verbesserung der Angebotsinfrastruktur. Über den Schritt einer gemeinsamen Fahrbetriebsgesellschaft (meoline) der MEO-Städte Mülheim, Essen, Oberhausen wurde im Sommer 2010 mit VIA eine gemeinsame Verkehrsgesellschaft gegründet, zunächst bestehend aus den kommunalen Unternehmen EVAG/Essen, MVG/Mülheim und DVG/Duisburg. Die Gesellschaft ist offen für den späteren Zutritt weiterer Partner und stellt das Angebot an weitere Städte dar, sich gute Beispiele für eigene Entscheidungsprozesse zu Nutze zu machen.

Interkommunale Beziehungsarbeit

Dass es der Gunst der Stunde bedarf, um derartig weitreichende Innovationen auf den Weg zu bringen, versteht sich von selbst. Dass es aber in den meisten Fällen gelingender regionaler Zusammenarbeit vor allem der handelnden Personen bedarf, die die Gunst der Stunde erkennen und diese auch als solche definieren, wird in der Prozessanalyse noch zu wenig beachtet. Auch hier galt und gilt: Ohne das gegenseitige Vertrauen der Geschäftsführungen wäre VIA nicht möglich gewesen. Das zu beachten und zu berücksichtigen wird in besonderer Weise Aufgabe der lokalen und regionalen Politik, der Stadträte sein. Allerdings ist auf dieser Ebene die interkommunale Beziehungsarbeit noch nicht ausreichend ins Bewusstsein gedrungen.

Die überregionale Zusammenarbeit auf kommunalpolitischer Ebene ist dabei für die Umsetzung von besonderer Bedeutung. Hier gilt es, vertrauensvoll zusammenzuarbeiten, sicher auch in dem Bewusstsein, dass die Probleme auf dieser Ebene die gleichen sind.

Das RVR-Gesetz, das nach der Kommunalwahl von 2004 in Kraft trat, brachte eine wichtige Neuerung, die der Änderung der Gemeindeordnung mit der Zusammenlegung der Aufgaben von Oberstadtdirektor als Verwaltungsleitung und Oberbürgermeister als Repräsentant der Kommune Rechnung trug. Die neue Verantwortung der in ihren Gebietskörperschaften legitimierten Oberbürgermeister und Landräte fand Ausdruck in der geborenen Mitgliedschaft im RVR-Vorstand.

Wie das Beispiel der Bewerbung zur Kulturhauptstadt 2010 gezeigt hat, sind Haltung und Engagement der verantwortlichen Stadtspitzen von zentraler Bedeutung für die Verankerung regionalen Denkens in den Kommunen. Sie bilden die Basis für die Bereitschaft der Bürger und Bürgerinnen, Probleme auch aus interkommunaler Sicht zu betrachten – und liefern nicht zuletzt den Anstoß für die Durchsetzbarkeit wichtiger Kooperationsprojekte. Dazu bot das RVR-Gesetz beste ordnungspolitische Voraussetzungen, konnte aber seine Wirkung nicht voll entfalten, weil die CDU/FDP-Landesregierung den Vorstand durch einen Hauptausschuss ersetzte, es also plötzlich Oberbürgermeister und Landräte erster und zweiter Ordnung gab. Plötzlich hatte nicht mehr jeder direkt gewählte Vertreter einer kreisfreien Stadt bzw. eines Landkreises automatisch Sitz und Stimme.

Die erfolgreiche Lösung, aus diesem Dilemma ohne Schaden am Prozess der gerade begonnenen interkommunalen Vertrauensbildung herauszukommen, bestand in der Institutionalisierung der parteiübergreifenden informellen Runde der Oberbürgermeister und Landräte, die sich seit 2006 sporadisch und seit 2007 regelmäßig einmal im Monat immer in einer der Kommunen und Landkreise treffen, um regionale Themen zu diskutieren, gemeinsame Positionen zu reflektieren und zu formulieren. Diese Abstimmungen sichern die Grundlage für zukünftige Prozesse regionaler Zusammenarbeit, für deren Gelingen gegenseitiges Vertrauen unabdingbare Voraussetzung ist.

Das gute Beispiel

Zurück zu den Ausgangsfragen des Arbeitstitels und zu meiner Schlussfolgerung: Die Zukunft der Region wird entweder in gemeinschaftlicher Stärke bestehen – oder sie wird keine haben. Das sehe ich so, wie es der Kollege Frank Baranowski 2009 formuliert hat. Den Erfolg des Kulturhauptstadtjahres werte ich als nachdrückliche Bestätigung.

Ob wir aber weniger statt mehr Kooperation erleben werden, hängt nach meiner Einschätzung davon ab, wie wir die bisher getroffenen regionalen Festlegungen und Entscheidungen weiterentwickeln oder korrigieren. So oder so müssen sie sich den neuen Herausforderungen anpassen, mit denen die Metropole Ruhr konfrontiert werden wird. So war es ein richtiger Ansatz, Kompetenz-Cluster zu bilden, Ressourcen zu bündeln und insgesamt Stärken zu stärken.

Als diese Entscheidung getroffen wurde, waren die Auswirkungen des demographischen Wandels und die für die Region sehr unterschiedlich prognostizierten Auswirkungen noch nicht handlungsbestimmend für landes-, regional- oder kommunalpolitische Entscheidungsprozesse. Auch zeichneten sich das Auseinanderfallen der Gesellschaft und das Anwachsen sozialer Segregation noch nicht in der heute wahrnehmbaren Schärfe ab. Deshalb muss die Weiterentwicklung des Cluster-Ansatzes jetzt darin bestehen, die vorhandenen Stärken zu identifizieren und sie dann zu teilen, d. h. allen in der Region verfügbar zu machen. Vor dem Hintergrund des drohenden Kollapses der kommunalen Haushalte ist das ein Gebot der kommunalen Haushaltswirtschaft.

Das erprobte gute Beispiel ist nachweislich der schnellste und effizienteste Weg in allen Kommunen, die überall in Arbeit befindlichen gleichen Herausforderungen schneller und kostensparender zu lösen.

Die Agenda

Die neuen Herausforderungen sind unwidersprochen, und sie sind vorrangig inhaltlicher Natur:

1. Weiterentwicklung der Bildungsregion Metropole Ruhr auf der Grundlage des »Masterplans Bildung«, der ein gemeinsames Ergebnis zur Bestandsaufnahme »Wandel als Chance« sein wird und von namhaften Bildungsstiftungen begleitet werden wird.
2. Das Thema Klimawandel/Klimaanpassung hat durch die Initiative InnovationCity einen großen Schub erhalten. Das bereits entstandene Netzwerk mit dem Kern der 16 Erstbewerber und fünf Finalteilnehmer versteht seine Arbeit als Einladung zur Kooperation an alle Gebietskörperschaften der Region.
3. Das Thema Integrierte Stadtentwicklung tritt durch »InnovationCity« ebenso wie durch den »Masterplan Bildung« aus dem Bemühen der einzelnen Kommune um Sicherung der Zukunftsfähigkeit hinaus in den regionalen Kontext. Manches wird dadurch leichter werden, wie der Austausch von Wissen und Daten. Anderes wird der vertrauensbildenden Begleitung in besonderer Weise bedürfen, wie zum Beispiel der ungleich verlaufende Prozess des Einwohnerrückgangs und die daraus resultierenden direkten Konsequenzen für die jeweilige Kommune.
4. Ohne harte Arbeit an der Konsolidierung der kommunalen Haushalte und der damit verbundenen Handlungsfähigkeit von Städten, Gemeinden und Landkreisen werden die neuen Herausforderungen nicht zu meistern sein. Das wirft die Frage nach der Verantwortung aller auf: der Bürger, der Investoren, der Politiker. Denn stetig wachsende Forderungen nach Ausweitung

des kommunalen Leistungsangebotes bei gleichzeitiger Verweigerung notwendiger Gebühren- bzw. Steueranpassung werden nicht zur Lösungsfindung beitragen. Im Gegenteil: Sie führen zu mehr Konfrontation. Wir brauchen aber mehr Gemein- und weniger Eigensinn. Das gilt nicht nur zwischen den Städten, sondern auch innerhalb der Stadtgesellschaften selbst.

5. Vom Gelingen des notwendigen Umdenkens wird auch abhängen, wie viel Nachhaltigkeit aus dem Kulturhauptstadtjahr hergeleitet werden und wie es gleichzeitig gelingen kann, die kulturelle Infrastruktur in der Region mit all ihrer Vielfalt zu sichern, ohne überall alles vorhalten zu müssen.

6. Auch beim Thema Fortschreibung der EU-Kohäsionspolitik muss die Region zu neuen interkommunalen und regionalen Abstimmungsverfahren finden. Zwar sind die Zeiten vorbei, als mit Hilfe von EU-Ziel-2-Förderung zum Beispiel Mülheimer Unternehmen wenige Straßen weiter in die Nachbarstadt gelockt werden konnten, weil dort eine bessere Förderkulisse zur Verfügung stand. Aber auch die mit großer Erwartung ausgestattete Wettbewerbsorientierung bei der Vergabe von EU-Geldern in der gerade zu Ende gehenden Förderperiode hat der Region keinen Königsweg gewiesen. Umso wichtiger werden hier gemeinsames und integriertes Planen und Handeln von Politik und Wirtschaft in der Region werden.

Ich bin davon überzeugt, dass die Metropole Ruhr dann eine positive Zukunft haben wird, wenn wir alle noch überzeugter und mutiger als bislang gemeinsam unsere Interessen vertreten und über Stadtgrenzen hinweg zusammenarbeiten. Genug geeignete Ansätze dafür gibt es. Außerdem haben es die Bürger und Bürgerinnen uns mit ihrer Begeisterung für interkommunale Veranstaltungen im Kulturhauptstadtjahr vorgemacht. Dieses verbindende und identitätsstiftende Bekenntnis zur Region müssen und sollten wir bei künftigen Entscheidungen stärker nutzen.

Christoph Zöpel

Wie Ruhr zur Metropole wird
14 Antworten

Die Frage, ob Ruhr, die Region längs des Rheins zwischen und an seinen Zufluss-
bereichen von Ruhr, Emscher und Lippe, eine Metropole ist oder wird, beantworten sowohl gegenwärtige und zukünftige Wirklichkeit wie auch Semantik
und Diskurse. Es lohnt sich, den Chancen der Wirklichkeit und den Problemen
der Diskurse nachzugehen, denn so erschließt sich die funktionale wie lebens-
weltliche Sinnhaftigkeit des Begriffs Metropole für Ruhr.

1. Technologische Innovationen und sozialökonomische Folgen

Seit Ende der 1950er Jahre diskutieren in Ruhr Menschen, die öffentlich wahrgenommen werden, über die Zukunft der Region, perspektivisch wie rückwärtsge-
wandt – und oft mit problematischer Wirkung nach außen. Auslöser waren, nach
dem Zweiten Weltkrieg erstmalige, Rückgänge der Steinkohlenförderung, mit
Streiks der Bergarbeiter und dann Zechenschließungen. Diese Auslöser gehörten
zu den Folgen kontinuierlicher und sich in den letzten Jahrzehnten beschleuni-
gender *technologischer Innovationen* mit *sozialökonomischen Wirkungen*.

Zunächst hatte Erdöl den Absatz von Kohle verdrängt, schon das reduzierte
den Anteil der Montanindustrie am Sozialprodukt. Weitere technologische Innovationen veränderten fortgesetzt die Produktivität und die Zusammensetzung der
industriellen Produktion. Epochal neu ist die Nutzung von Informationstechno-
logien für Kommunikationshardware, -software und -dienstleistungen. Mit diesen Innovationen wuchs die Nachfrage nach Dienstleistungen und immer schnellere technologische Veränderungen basierten auf immer mehr wissenschaftlichen
Leistungen. Das Sozialprodukt stieg dabei in Europa und Deutschland weiter,
auch in Ruhr, hier allerdings langsamer.

Erst nach Jahren lassen sich technologische und sozialökonomische Veränderungen wirklich erklären und verstehen. Der wirtschaftliche Bedeutungsverlust
von Kohlebergbau und Stahlindustrie setzte in Nordamerika schon in den 1930er
Jahren ein. In Deutschland überlagerten der Zweite Weltkrieg, die Zerstörung
vieler Städte, Flucht und Vertreibung diese Entwicklung. Alliierte Bombarde-

ments zielten auf die montanindustriellen Anlagen in Ruhr, Dortmund war die meistzerstörte Stadt Deutschlands. So begann der wirtschaftliche Bedeutungsverlust der Montanindustrie hier erst Ende der 1950er Jahre. Und die epochale technologische Triebkraft dieser wirtschaftsgeschichtlichen Veränderung war, dass die Dampfmaschine, die zur *Maximierung von Produktionsprozessen und Anlagen* geführt hatte, vom Computer, der die *Minimierung* ermöglicht, abgelöst wurde.

Diese technologische Entwicklung in Deutschland und Europa war eingebettet in globalwirtschaftliche Veränderungen. Industrielle Produktion ist in mehr und mehr Ländern und Regionen der Welt möglich geworden, angesichts der gravierenden Einkommensunterschiede zu außerhalb Europas niedrigeren Löhnen.

Das alles vollzog sich in nur etwa 50 Jahren, Menschen in Ruhr, die Ende der 1950er Jahre nicht älter als 30 waren, erleben es bis heute mit. Eine historisch unbekannte Lernleistung wurde ihnen abverlangt. Später Geborene hatten es einfacher, ihre Erfahrungen begannen in fortgeschrittenen Stadien der hier skizzierten Entwicklung. Dabei erfuhren diese Menschen anpassendes wie retardierendes Verhalten bei unternehmerischen Tätigkeiten und staatlicher Politik, um Neuem Rechnung zu tragen oder Veränderungen zu begrenzen, beides konnte vorteilhafte wie nachteilige gesellschaftsrelevante Folgen haben.

Daraus folgt Antwort 1: **Es kommt zur Metropole Ruhr, wenn die technologischen und globalen Veränderungen seit Ende der 1950er Jahre verstanden werden.**

2. Der Diskurs über Ruhr

Die Veränderungen in und für Ruhr wurden und werden diskursiv begleitet, mit Positionsbestimmungen, Identitätssuche, der Beschreibung von Milieus und deren Innovationsfähigkeiten; es gibt dabei richtige und falsche Fakten, aber vor allem Feuilleton. Diskurse benutzen Worte, sie können klären oder verwirren, Interessen offen legen oder verdecken, emotional aufheizen oder beruhigen.

Diskurse, denen es um die dauerhafte Verbesserung von Lebensbedingungen und Lebenschancen geht, bedürfen der Definition ihrer Worte, Begriffe und Namen. Und sie bedürfen der quantitativen Absicherung, der Kenntnis von statistischen Zahlen und ihrem Verhältnis zu andern. Mögen Zahlen nicht alles sein, Feuilleton ohne Zahlen ist schöner Nebel, zeigt aber faktisch nichts.

Deshalb Antwort 2: **Es kommt zur Metropole Ruhr, wenn es dazu aufgeklärte Diskurse gibt.**

3. Der Name für Ruhr

Schon der Name für die montanindustriell geprägte Region ist ein Problem, wobei der Begriff *Region* selbst, oft als Namensersatz gebraucht, nichts Konkretes bezeichnet, er kann jeden beliebigen Teil der Welt meinen. Gängig ist die Bezeichnung »*Ruhrgebiet*«, sie ist fragwürdig. Friedrich Kluges »Etymologisches Wörterbuch der deutschen Sprache« von 1975 sagt, dass im 13. Jahrhundert »Gebiet« neben Gebot, dem alten Substantiv zu gebieten, trat. Gebiet meinte dann zunächst Befehl. Über den Befehls-»bereich« wurde die umfassende Bedeutung Bereich entwickelt. Ruhr-»Gebiet«, das ist fremdbestimmter Bereich. Der Staat im fernen Berlin und die Konzernvorstände im nicht so fernen Düsseldorf gebieten darüber.

Die Sprache der Montanindustrie und des Bergbaus brachte etymologisch ähnlich fragwürdige Bezeichnungen – den »*Pott*« oder das »*Revier*«. Was Pott meint, ist ziemlich klar, auch sprachgeschichtlich, ein großer gerundeter Topf, wenn der Pott dampft, wird es nicht schön, nicht einmal gemütlich, sondern eher unangenehm. Beim Revier ist das hintergründiger. Das Wort meint sprachgeschichtlich »das am Ufer befindliche« ebene Land entlang eines Wasserlaufs. Diese Bedeutung gelangte aus dem Französischen an den Rhein und drang von da als Revier in der Bedeutung von »Gegend« vor. Revier bezeichnete Jagdgelände, später den forstlichen Verwaltungsbezirk. In der Bergbausprache führte das zum »Bergbaugebiet«, anfangs begrenzt auf das eigentliche Grubengelände. In der Heeressprache bedeutet Revier »Inneres der Kaserne«, daher das Wort »revierkrank«. So hat sich ein eigentlich wassernahe Natur bezeichnendes Wort zur Bezeichnung nicht öffentlich zugänglicher Räume gewandelt.

Die erste offizielle Bezeichnung für Ruhr trug denn auch Kohle und Fremdbestimmung Rechnung: Siedlungsverband *Ruhrkohlenbezirk* wurde 1920 der Name des Kommunalverbands für Ruhr.

Die Namen Ruhrgebiet, Pott und Revier sind weiter Teil des Diskurses. Sie prägen das Bild des »Ruhrgebiets« zu Hause und außerhalb. Und dieses Bild birgt Imageprobleme. Dafür sind auch »Imagemaker« verantwortlich. Es war nicht schlecht gemeint, das schmuddelige Image von Ruhr durch ironisierende Übertreibung ins Positive wenden zu wollen. Aber es musste misslingen. Es gibt einfach zu viele Lebens- und Kommunikationsbereiche, die sich der Ironie verschließen. Dazu gehört besonders exemplarisch der Sport. Wenn über Schalke 04 oder Borussia Dortmund als den Mannschaften aus dem »Ruhrpott« berichtet wird, dann spüren immer noch Millionen Fernsehzuschauer die Briketts fliegen. Image-Studien belegen das. Als freie Assoziationen beim Stichwort Ruhrgebiet nannten Mitte der 2000er Jahre bundesweit immer noch über 40 Prozent Kohle/ Stahl/Industrie und 7 Prozent Ruhrpott/Kohlenpott.

Deshalb Antwort 3: **Es kommt zur Metropole Ruhr mit einem positiv besetzten Namen. Der Name existiert.**

4. Die Agglomeration Ruhr

Weiter gilt es zu bestimmen, was Ruhr *siedlungsstrukturell* und *institutionell* ist. Das führt zunächst zur Agglomeration, definiert als Region mit mehr als 1 Millionen Einwohnern und einer Bevölkerungsdichte von mehr als 1000 Einwohnern auf dem Quadratkilometer. Davon gibt es, einem Ranking Thomas Brinkhoffs von Anfang 2011 folgend, in Deutschland 10, nämlich Ruhr, Berlin, Hamburg, München, Stuttgart, Frankfurt, Köln, Mannheim, Düsseldorf und Nürnberg. Berlin und Hamburg sind Stadtstaaten. Um München, Stuttgart, Frankfurt und Mannheim sind regionale Planungsverbände gebildet, Köln, Düsseldorf und Nürnberg sind kreisfreie Städte. Was ist Ruhr? Ruhr, das sind 53 Kommunen, davon 11 kreisfreie Städte mit bezirklicher Dezentralisierung und 42 weitere Städte und Gemeinden in vier Kreisen. Sie alle sind Mitglieder in einem Kommunalverband mit kommunalen und staatlichen Kompetenzen.

Das ist eine institutionelle Struktur, die sich von Berlin und Hamburg radikal, den anderen metropolitanen Agglomerationen deutlich unterscheidet.

Somit Antwort 4: **Es kommt zur Metropole Ruhr mit einer metropolengerechten kommunalen Verfasstheit mit Planungshoheit.**

5. Ruhr ist polyzentral

Die Agglomeration Ruhr ist polyzentral strukturiert. Aber das sind fast alle Agglomerationen. Bei Stadtführungen in Berlin wird das positiv festgestellt.

Polyzentralität ist zunächst Folge städtischen Bevölkerungswachstums durch Zuwanderung. Das ist das Konstituens der Max Weberschen Stadt, die er als »durch fortwährend neuen Zustrom vom Lande sich erhaltende Zusammensiedlung« definiert. Diese Zuwanderung konnte die Aufnahmefähigkeit der zentrierten Stadt sprengen, die »Neustadt« und Zusammenschlüsse – bereits im 14. Jahrhundert Cölln mit Berlin – entstanden. Technologische Innovationen, Medizin- und Hygienetechnik ließen seit dem 18. Jahrhundert die städtische Bevölkerung zusätzlich zur Zuwanderung stark steigen und mit der Massenproduktion entstanden Industrieareale und Arbeitersiedlungen. So entwickelten sich *Agglomerationen von Millionen Einwohnern* mit unterschiedlich funktionalen Verdichtungszentren. Eine Konsequenz war Stadtflucht, sie führte zu dezentralisierender Suburbanisierung. Die Charta von Athen fundierte die auch polyzentrierende Trennung städtischer Funktionen.

Antwort 5: **Es kommt zur Metropole Ruhr, wenn seine Polyzentralität nicht als abträgliche Besonderheit, sondern als Normalfall großer städtischer Agglomerationen gesehen wird.**

6. Ruhr ist als Industrieagglomeration entstanden, nicht als Europäische Stadt

Agglomerationen mit Millionen Einwohnern entwickelten sich in zwei Ausformungen. Die einen können auf die *Europäische Stadt* des Mittelalters und der frühen Neuzeit zurückgeführt werden, die anderen sind erst im Zuge der Industrialisierung entstanden. Von der Industrialisierung waren alle großen Städte Europas betroffen, der bleibende Unterschied aber ist, ob sich Industrie an städtische Strukturen anlagerte oder eher dörflich-kleinstädtische Siedlungen überlagerte. In Ruhr wurden Siedlungslandschaften überlagert, die zuvor mit anderen mitteleuropäischen durchaus vergleichbar waren; es gab hier kleinere Reichsstädte wie Dortmund, Duodezresidenzen wie Essen, mannigfaltig Kleinstädte und Dörfer, 450 Burgen, Schlösser und Herrensitze.

Große Europäische Städte waren schon vor der Industrialisierung baukulturell geprägte Hauptstädte mit politischer oder Hafenstädte mit wirtschaftlicher Bedeutung. Die Industriegebietsagglomerationen auf Kohlenlagerstätten entwickelten sich ohne kommunalpolitische Stadtplanung und ohne kulturelles Leitbild. Die ökonomisch-technologische Rationalität ihrer Siedlungsentwicklung bezog sich auf Kohleförderung und Stahlerzeugung, die unternehmerische Entscheidungsmacht dazu blieb außerhalb, so in Düsseldorf, dem »Schreibtisch« des »Ruhrgebiets«. Selbstverständlich gab es Ausnahmen, das gilt vor allem für Krupp, in der Villa Hügel und in der Arbeitersiedlung Margarethenhöhe hat sich das auch städtebaulich manifestiert. Mit der Eröffnung der städtebaulich attraktiven neuen Konzernzentrale von ThyssenKrupp setzt sich das seit 2010 fort.

Agglomerationen sind verdichtete Sozialräume. Große Agglomerationen mit mehreren Millionen Einwohnern gibt es in Europa im globalen Vergleich nur wenige. Tokio überragt mit 34,2 Millionen Einwohnern alle anderen, es folgen mit mehr als 22,5 Millionen Kanton, Seoul, Delhi, Mumbay und Mexiko-City. Auf Rang 7 folgt mit 22,2 Millionen New York, Ruhr kann sich mit New York nicht vergleichen. In Europa sind Moskau mit 14,8 Millionen Einwohnern, Istanbul mit 13 Millionen, London mit 12,5 Millionen, Paris mit 10,5 Millionen allen anderen weit voran. Danach kommen mit 3–6 Millionen Einwohnern zum einen die großen Europäischen Städte Madrid, St. Petersburg, Mailand, Barcelona, Berlin, Neapel, Ankara, Athen, Rom und Kiew, und zum anderen die zwei industriellen Agglomerationen, Ruhr und Oberschlesien, mit ihrer sozialräumlich eigenartigen Geschichte. Es macht keinen Sinn, Ruhr mit London oder Paris zu vergleichen, aber es gehört – wie Berlin – in die Klasse der 3–5 Millionen-Agglomerationen.

Antwort 6 also lautet: **Es kommt zur Metropole Ruhr, wenn es seine städtebauliche Eigenart versteht und sich angemessen in das Ranking der Metropolen Europas einordnet.**

7. Dominierende Veränderungen

Als Konsequenzen aus dem ökonomischen Bedeutungsverlust von Kohle und Stahl haben a) die *Gründung von Universitäten,* b) *integrierte* Entwicklungsplanung, c) eine *eigenartige städtebauliche Konzeption* und d) *sektoraler Wandel* Ruhr verändert.

a) Epochal bedeutsam war *1965* die Gründung der *Ruhr-Universität Bochum.* Zuvor gab es nur 4.000 Studierende in Ruhr, an der Pädagogischen Hochschule Dortmund, heute sind es fast 180.000. Das fundamentale Entwicklungshemmnis in Ruhr wurde so aufgebrochen. Es gibt jetzt Zugang zu Wissen, technologische Innovationen können »vor Ort« entstehen, in einem Milieu, dem Innovationen fremd sein mussten, denn es kannte sie zuvor nicht.

b) *1968* beschloss die Landesregierung von NRW das *Entwicklungsprogramm Ruhr,* ein siedlungsräumliches Konzept mit konkreten Projekten für städtische Verdichtungen, die verkehrliche Infrastruktur, den weiteren Hochschulbau, Umweltinvestitionen – so schon damals zur Verbesserung des Emscher-Systems.

555

Mit der *Ruhr*-Universität und dem Entwicklungsprogramm *Ruhr* wurde Ruhr auch offizieller Name, der Regionalverband *Ruhr* 1975 war die verwaltungssprachliche Bestätigung.

c) Zwischen *1989 und 1999* wirkte im nördlichen, strukturell benachteiligten Teil von Ruhr die *Internationale Bauausstellung EmscherPark* mit 123 siedlungsräumlich bedeutsamen Projekten. Bis heute werden in Diskursen ihre Kosten als unwiederholbar verzeichnet, vielfach vorsätzlich falsch. Die Finanzierung der IBA erfolgte nicht durch zusätzliche Finanzmittel, sondern durch programmatische Mittelkonzentration. 123 Projekte wurden insgesamt mit 3.057,3 Millionen DM in elf Jahren gefördert, das sind pro Jahr 277,9 Millionen DM oder pro Projekt 25,7 Millionen DM – in Euro 13 Millionen pro Projekt oder 1,2 Millionen pro Projekt und Jahr.

Mit und nach der IBA wurde realisiert, dass der Rückzug von Kohle und Stahl stadtgestalterische Chancen bietet. Industriebauten werden als kulturell prägende Denkmäler wahrgenommen: Die Zeche Zollverein in Essen ist inzwischen zum Weltkulturerbe erhoben. Aufgegebene Industrieareale sind stadtplanerisch neu genutzt, für schwerindustrielle Anlagen werden sie nicht mehr gebraucht. So entsteht *öffentlicher Raum*, der vorher, besetzt mit Industrieanlagen, »verbotener« Raum im Ruhr»gebiet« war.

d) Seit den 1950er Jahren erfolgt in allen hochentwickelten Staaten der Welt ein wirtschaftlicher Wandel mit anteiligem Rückgang des Produktionssektors und Anstieg des Dienstleistungs- und Wissenssektors. Dieser Wandel bewirkt wirtschaftliches Wachstum. Bis heute wird diese Entwicklung im Diskurs über die Zukunft von Ruhr in ihr Gegenteil verkehrt. Der Rückgang des industriellen Sektors wird als Schwäche interpretiert und damit die Unterstützung des Dienstleistungssektors erschwert.

Antwort 7: Es kommt zur Metropole Ruhr, wenn die dominierenden Veränderungen der vergangenen 50 Jahre wahrgenommen und genutzt werden.

8. Agglomerationen in der globalen Wissensgesellschaft

Die Veränderungen in der Ruhr gehören zu globalen Entwicklungen, die das Verständnis von Stadt beeinflussten. Große Städte gewinnen im Prozess der Globalisierung neue Bedeutung, Dienst- und Wissensleistungen konzentrieren sich hier, in urbanem innovativem Umfeld. So bekamen große Städte wieder ein positives Image – weg vom Moloch, hin zur Metropole. Weltstadt und Global City wurden so Leitvorstellungen.

Von Ruhr als Weltstadt sprach schon in den 1970er Jahren der Direktor des SVR Heinz Neufang, 2005 habe ich den Begriff wieder aufgenommen. Er ordnet sich ein in das Konzept von Metropolregionen und der Bestimmung ihrer metropolitanen Funktionen, das in Deutschland und Europa raumordnerischen Niederschlag fand. In diesem Konzept wird Ruhr zu einer Metropolregion Rhein-Ruhr gerechnet, ein Raum, den auch die Landesregierung von NRW so beschrieb. Metropolregion Rhein-Ruhr hat sicher metropolitanen Funktionen, aber sie ist keine Stadt und entbehrt jeglicher Selbständigkeit, selbst Regional Governance lässt sich nicht für sie ausmachen – es sei denn, NRW nähme sie wahr.

Der Begriff der Metropole ist keine Erfindung in Ruhr, hier stellt sich nur die Frage, ob Ruhr seiner eigenartigen Siedlungsentwicklung entsprechend städtische Selbständigkeit haben kann oder Teil einer größeren metropolitanen Region ist, in der sie von außen bestimmt wird – aus Düsseldorf, und in der andere Städte mit Ruhr nichts zu tun haben wollen – so Köln.

Antwort 8: **Es kommt zur Metropole Ruhr, wenn Ruhr sich selbständig am deutschen und europäischen Wettbewerb um metropolitane Funktionen beteiligt.**

9. Metropolitane Funktionen

Metropolen lassen sich über ihre metropolitanen Funktionen erfassen. Mit Hans Heinrich Blotevogel sind das a) *Innovations- und Wettbewerbsfunktionen* in wirtschaftlich-technischen und sozial-kulturellen Bereichen, b) *Gatewayfunktionen*, Zugang von und zu Menschen, Wissen und Märkten, c) *Symbolfunktionen*, also Kultur in Theatern, Museen und Kunst, Medien, Events, Architektur, Stadtgestalt, Image, d) *Entscheidungs- und Kontrollfunktionen* für Unternehmen, Staat und Suprastaatliche Institutionen.

Diese Beschreibung von Metropolfunktionen entspricht postindustriellen Dienstleistungs- und Wissensgesellschaften. Die Frage ist daher verständlich, ob Ruhr – als Industrieagglomeration entstanden – diese Funktionen erfüllen kann.

a) Die für Ruhr ausschlaggebende metropolitane Funktion erfüllen die *Innovationen*. Sie haben primäre Bedeutung für die wirtschaftliche Entwicklung und die globale Wettbewerbsfähigkeit, die alle Europäer im globalen Rahmen brauchen.

Das Sozialprodukt pro Kopf in Ruhr ist gegenüber anderen Städten zurückgefallen, als seine Defizite seit den 1950er Jahren aufbrachen. 2007 lag das Bruttoinlandsprodukt je Erwerbstätigen in Ruhr leicht unter dem Landesdurchschnitt. Ruhr musste und muss innovationsorientiert weiter aufholen. Die Voraussetzungen dafür sind durch die Gründung der Universitäten in Bochum, Dortmund, Essen, Duisburg, Hagen sowie weiterer Hochschulen vielerorts geschaffen.

Aber die weiter sträfliche Benachteiligung von Ruhr durch den Bund im Bereich von Forschung und Wissenschaft ist damit nicht zu Ende. Zwischen 1996 und 2006 belegt Ruhr unter allen Hochschulregionen bei der Förderung pro Einwohner für Forschung und Hochschule den vorletzten Rang – nur Bielefeld liegt noch schlechter. Bei einem Bundesdurchschnittswert von etwa 500 Euro hat Ruhr 250 Euro, München hingegen 1.350 Euro und Berlin 1.000 Euro. Diese Daten liefern die Informationen zur Raumentwicklung des Bundesamtes für Bauwesen und Raumordnung in Heft 9/10.2008.

Bei innovativer Infrastruktur werden die wirtschaftlichen Perspektiven von Ruhr primär bestimmt von technologisch in Unternehmen verwertbaren Innovationen. Diskursiv rückt dabei der *Industriestandort Ruhr* ins Spektrum. Aber der Begriff Industriestandort kann missverständlich sein. Er assoziiert häufig ein Bewahren groß- bzw. montanindustrieller Strukturen, die das Problem sind und zu der unattraktiven Siedlungsstruktur beigetragen haben. Wenn dieses Verständnis mit der Forderung nach Fortsetzung von Steinkohlesubventionen verbunden wird, ist das eher schädlich für die Wirtschaftsentwicklung von Ruhr.

Eine weitere industriepolitische Problematik sind ausländische Investitionen in Industrieproduktionen, die letztlich nur verlängerte Werkbänke darstellen. Was die unternehmerische Entscheidungsfunktion von BP in London, Nokia in Helsinki und General Motors in Detroit für schmerzhafte Auswirkungen für den lokalen Wirtschaftstandort haben kann, hat in kurzer Zeit die Stadt Bochum mit Niederlassungen oder Werken von Aral, Nokia und Opel erfahren.

Wirtschaftliches Wachstum in besser entwickelten Gesellschaften basiert auf technologischen Innovationen und der Steigerung von Produktivität. Das ist eher in der Beschreibung technologischer Veränderungen, die auch zu steigenden Anteilen von Dienstleistungen und Wissen und zu sinkenden Anteilen von Produktion am Sozialprodukt führen, festzumachen als in tradierten sektoralen Abgrenzungen zwischen Landwirtschaft, Industrie und Dienstleistungen.

Neuere Erkenntnisse des Deutschen Instituts für Wirtschaftsforschung im Wochenbericht 9/2010 zeigen, dass *forschungsintensive Industrie* und *wissensbasierte Dienstleistungen* die Wirtschaft in Deutschland wachsen lassen, Strategien zur Integration von Produktion und Dienstleistungen führen zu »hybrider Wertschöpfung«, eine Begriffsbildung, die zeigt, dass die traditionelle Sektorenbildung, und damit einseitige Rufe nach Industrie, überholt sind. Dem Begriff Industriestandort ist der Begriff *Wirtschaftsstandort* vorzuziehen, Standort von wirtschaftlichen Unternehmen, die bei wachsendem Sozialprodukt zu mehr Erwerbsarbeit, steigenden Einkommen und einer steigenden Steuer- und Abgabenbasis beitragen.

Antwort 9: Es kommt zur Metropole Ruhr, wenn Forschung und Wissenschaft in Ruhr stärker gefördert werden und das einseitige Denken in überholten Industriekategorien überwunden wird.

b) Innovationen ziehen Menschen an und verbreiten sich zu Menschen anderwärts, sie sind Voraussetzung der Gatewayfunktionen und sie benötigen sie. Gatewayfunktionen bedeuten Import und Export von Menschen und Wissen, auch in Form von Produkten und Leistungen über Märkte. Dazu bedarf es einer metropolengerechten Infrastruktur.

Global der *Flughäfen*: Der kleinere Flughafen von Ruhr liegt in Dortmund; er sollte ausgebaut werden. Der bedeutendere liegt außerhalb, in Düsseldorf; für manche ist das metropolenschädlich. Aber hier ist der Vergleich mit New York erlaubt, auch hier liegt ein wesentlicher Flughafen außerhalb, in Newark.

Mitteleuropäisch der *Eisenbahn*: Die schnellen Eisenbahnverbindungen sind vorhanden. Für *alle*, für die Einwohner und für die Menschen, die als Besucher angekommen sind, *problemfreien Personenverkehr*. Erst nach Beginn des Rückgangs des schwerindustriellen Sektors begann in Ruhr nachholende Verkehrsplanung. Die Umsetzung führte sowohl zu mehr Straßen wie zu mehr Schienen, ohne dass funktionsfähige Netze bzw. Systeme erreicht wurden.

Als paradoxes Ergebnis lässt sich feststellen, dass Ruhr für eine urbane Agglomeration zuviel Straßen und zuwenig ÖPNV hat, für eine Flächenregion hingegen zu wenig Straßen und den in der Fläche allgemein unbefriedigenden ÖPNV. In diesem Paradox schlagen sich die feuilletonistischen Diskurse um Ruhr und den Namen der Agglomeration nieder, so die Auffassung, der ÖPNV werde hier nicht genutzt, weil es sich im »Ruhrgebiet« ja doch ganz gut Autofahren lässt. »Gebiete« signalisieren halt eher aufgelockerte als verdichtete räumliche Strukturen.

Das Paradox lässt sich mit Zahlen belegen. Auf 1.000 Einwohner kommen an Straßenkilometern in ländlichen Kreisen 16 Kilometer, in Duisburg 3,1 und im attraktiven Düsseldorf nur 2,4 Kilometer. Dichte Urbanität bedeutet weniger Straßen für jeden Bewohner, in New York weiß das jeder und geht lange Strecken zu Fuß. Auch in Ruhr ist eine Entlastung der Straßeninfrastruktur im Bereich des Personenverkehrs nur durch die Verbesserung des nichtmotorisierten individuellen und des öffentlichen Personenverkehrs möglich.

Antwort 10: **Es kommt zur Metropole Ruhr, wenn Innovationen einladen und die Besucher agglomerationsgerecht verkehren können.**

c) Innovationen locken an, kulturelle Symbole unterstützen sie, laden zum Verweilen ein. *Symbolfunktionen* sind Kultur in Theatern, Museen und Kunst, sind Medien und Events, bilden das Image. Die Kulturhauptstadt RUHR.2010 hat gezeigt, dass sie gestaltbar sind. Dauerhaft zeigen sie sich in Stadtgestalt Architektur. Das begründet eine entsprechende siedlungsräumliche Entwicklung.

Antwort 11: **Es kommt zur Metropole Ruhr, wenn Besucher kommen und bleiben wollen.**

10. Ein siedlungsräumliches Entwicklungskonzept für Ruhr

Metropolitane Funktionen sind in Ruhr mit weiterer Polyzentralisierung verbunden. Schon die neuen Universitäten in Bochum, Dortmund und auch Duisburg wurden nicht in die Zentren dieser Städte gebaut, sondern sie ließen neue Zentren entstehen. Industriedenkmäler und neuer freier Raum auf aufgegebenen Industriearealen liegen meistens außerhalb der »Innenstädte«. Damit wird immer deutlicher, dass Polyzentralisierung ein Prozess zunehmender metropolitaner Funktionalität ist.

Die stadtgestalterischen Chancen des Bedeutungsrückgangs von Kohle und Stahl zeigen Perspektiven der Stadtentwicklung, die den Entstehungsbedingungen von Industriegebiets-Agglomerationen entsprechen, aber andere sind als die Herausforderungen an rekonstruierte Europäische Städte. Aus der weitgehend ungeplanten, jedenfalls nicht integrierten siedlungsräumlichen Entwicklung lässt sich ein eigenständiges Konzept ableiten. *Es ist eine urbane Landschaft oder auch Stadtlandschaft zu gestalten, mit Siedlungsknoten unterschiedlicher Dichte und mit unterschiedlich verteilten und gebündelten Funktionen.* Die diese Siedlungsknoten vernetzenden *Wege* enthalten funktionale Verkehrsinfrastruktur, sind aber auch *Parklandschaften und Grünzüge.* Robert Schmidts regionale Grünzüge in Nord-

Süd-Richtung und der Emscher Landschaftspark, dazu das Ruhrtal im Süden und die Lippe-Auen im Norden, sind so zu einem *kulturlandschaftlichen Grundnetz* verknüpft, das *enger vermascht* werden kann. Die Siedlungsknoten können dabei verdichtet und funktional gestärkt werden.

Stadträumliche Konzepte dazu lassen sich darstellen, aber sie werden sich nur umsetzen lassen, wenn das Wachstum an Menschen und Wirtschaftskraft nicht versiegt. Städte sind durch die Zuwanderung »dummer Bauern« vom Lande entstanden, Max Weber hat das richtig erkannt. Nach Ruhr kamen sie im 19. Jahrhundert aus Polen und Masuren und haben hier die Fähigkeit zu Innovationen entwickelt, jetzt kommen sie aus der Türkei. Das ist die eine Seite der dauerhaften Gateway-Funktion, die andere ist der Ideen- und Erfahrungsexport. Ruhr kann die Erfahrung exportieren, dass Agglomerationen städtebauliche Defizite der Vergangenheit korrigieren und zukünftig vermeiden können. Agglomerationen außerhalb Europas, die größer sind als Ruhr und in den Jahrzehnten bis 2050 einen weiteren Anstieg der Bevölkerung zu erwarten haben, können so, ihren sozialökonomischen Gegebenheiten entsprechend, fachlich lernen.

Es ist ein Wahrnehmungsfehler zu glauben, die Riesenagglomerationen dieser Welt warteten auf die Übernahme der rekonstruierten Europäischen Stadt. Bedarf gibt es an der technischen Umsetzung ökologischer Einsichten. Über zwei Milliarden Menschen leiden an unzureichend behandeltem Abwasser. Dazu lässt sich von der Emscher Revitalisierung lernen. Innovationen im Bereich der siedlungsräumlichen Entwicklung, die in einer neu gestalteten metropolitanen urbanen Landschaft kulturell symbolisiert sind, können ein wesentlicher Exportbeitrag im Prozess der globalen Urbanisierung sein.

Antwort 12: Es kommt zur Metropole Ruhr, wenn ein eigenartiges urbanes Entwicklungskonzept geplant und umgesetzt wird.

11. Ruhr muss mehr Selbstverantwortung bei mehrstufiger kommunaler Verfasstheit anstreben

Die Polyzentralität von Ruhr ist eine Chance für seine urbane Entwicklung, aber darf nicht Grundlage von »regionaler Governance« sein, die » viele Zentren« mit 53 kommunalrechtlich selbständigen Kommunen gleichsetzt. Vor allem die großen Städte sind nicht historisch gewachsen, sondern Ergebnisse zum Teil willkürlicher Eingemeindungen und kommunaler Gebietsreformen in den 1920er und 1970er Jahren.

Die offenkundige Willkür der fremdbestimmten Zersplitterung sollte 1920 kommunale Mehrstufigkeit abmildern. Mit dem Siedlungsverband Ruhrkohlenbezirk wurde ein übergeordneter Kommunalverband bei jedoch nur geringen Kompetenzen geschaffen. Die Bildung einer Stadt, wie für Berlin im gleichen Jahr durch preußisches Gesetz geschehen, scheiterte vor allem auch am Widerstand der Großunternehmen, die ihre Planungen durch eine handlungsfähige Millionenstadt behindert sahen.

Es zeigt bis heute viel Unkenntnis, wenn private räumliche Planung öffentlich-rechtlicher, also staatlicher oder kommunaler, vorgezogen werden soll. Die problembelastete siedlungsräumliche Struktur der Industrieagglomeration Ruhr ist das Ergebnis dominierend privater Planung. Die regionalplanerischen Kompetenzen des SVR gaben die Möglichkeit, das zu ändern.

Umso fataler war die Kommunal- und Verwaltungsreform 1975 mit fragwürdigen Eingemeindungen und Kompetenzverlusten für den SVR, vor allem der Übertragung der Regionalplanung auf die drei Regierungsbezirke, die Ruhr administrativ zerteilen. Der historisch durch die Jahrhunderte entwickelten Polyzentralität allerdings entsprach die Einführung von kommunalen Bezirken unterhalb der Stadtebene. Für Ruhr entstand so eine dreistufige Kommunalverfassung. Ihre Ebenen sind von »unten nach oben« Bezirke, Städte, Kommunalverband. Diese institutionelle Struktur kann für die »Stadt« Ruhr weiterentwickelt werden. Zentralisierung in einer Stadtverwaltung hingegen würde der polyzentralen Siedlungsstruktur nicht gerecht.

Diese Kommunal- und Verwaltungsreform 1975 beeinträchtigte die Wirkung des Entwicklungsprogramms Ruhr des Jahres 1968. Als 1979 die Probleme deutlicher wurden, führte die Landesregierung eine *Ruhr-Konferenz* durch, zu der auch die Bundesregierung beitrug. Der damalige Bundeskanzler Helmut Schmidt stellte in diesem Zusammenhang fest, dass sich wegen der *Zersplitterung übergeordneter administrativer Zuständigkeiten* Ruhr schwer entwickeln könne. Vielleicht dachte Schmidt an Hamburg und stellte sich die Frage, was dort wohl geschehen würde, wenn nicht nur eine Landesregierung, sondern drei Regierungspräsidenten, zwei Landschaftsverbände und weitere Zweckverbände dem Ersten Bürgermeister und seinen Beigeordneten, die so schön Senatoren heißen, übergeordnet wären.

Integratives kommunalpolitisches Handeln in Ruhr ist nicht zuerst eine Frage der Zusammenarbeit der Kommunen, sie ist im RVR und freiwillig besser als ihr Ruf. Kirchturmdenken ist ein anachronistisches Bild aus vorindustriellen Zeiten, die Begründung mangelnder Integrationsbedingungen wegen des Bedeutungsverlusts der Schwerindustrie schon fast Unfug – keine europäische Metropole hat eine einseitige Wirtschaftsstruktur, das Wort vom unerwünschten Einheitsbrei lenkt ab vom Beharrungsvermögen vorhandener konkurrierender Bürokratien. Integratives kommunalpolitisches Handeln in Ruhr muss zuerst das Land NRW ermöglichen. Die Kompetenzen der Regierungspräsidenten, der Landschaftsverbände und von Zweckverbänden können auf der oberen der drei Ebenen einer dreistufigen Kommunalverfassung für Ruhr zusammengefasst werden. Ein handlungsfähiger Repräsentant auf dieser Ebene kann Ruhr dann global bekannter machen als es Dortmund und Essen je werden können. Deren Oberbürgermeister verlieren dabei nichts – außer Gängelung von außen. Allerdings müssen die 53 verfassten Polyzentren der potenziellen Metropole das wollen.

Antwort 13: Es kommt zur Metropole Ruhr, wenn das Land NRW Ruhr verwaltungsmäßig integriert, die bestehende dreistufige Kommunalverfassung kann dann noch integrativer werden.

13. Entscheidungs- und Kontrollfunktion

Die Aufzählung der metropolitanen Funktionen beginnt meistens mit den Entscheidungs- und Kontrollfunktionen. Hier ist bei entsprechenden staatlichen Funktionen in der Tat Fehlanzeige zu vermelden. Das beruht auf staatlicher Politik in Deutschland, die gegen Ruhr gerichtet ist. Damit muss sich das Interesse auf die unternehmerischen Funktionen richten. Auch hier war lange Fehlanzeige. Erst in den letzten Jahrzehnten hat sich das geändert, vor allem in den Bereichen Energie und Handel. KruppThyssen hat jetzt Zeichen gesetzt. Weiterer Funktionsgewinn wird davon abhängen, ob Ruhr für sich selbst entscheiden darf.

Antwort 14: Es kann zur Metropole Ruhr kommen, wenn Ruhr für sich selbst entscheiden kann und dann weiter Unternehmenszentralen angezogen werden.

Es kann zur Metropole Ruhr kommen, nur glaube niemand zwischen Duisburg und Dortmund, der Bund oder andere Regionen wollten das.

Die Kulturhauptstadt 2010 hat Ruhr interessant gemacht. Besucher kamen, Zeche Zollverein ist zu den meist besuchten Denkmälern Deutschlands aufgerückt, viele Einwohner von Ruhr sind unprätentiös selbstbewusster geworden. Es fanden auch viele Kongresse statt, die sich mit Ruhr beschäftigten, den Diskurs ausweiteten.

Es ist fraglich, ob diese diskursiven Beiträge von außen Ruhr helfen, ja vielleicht ist das Gegenteil der Fall. Eine Millionenmetropole mit Attraktivität und steigender Wirtschaftskraft ist Konkurrenz für andere Städte und Regionen. So macht es auch Sinn, Ruhr schlecht zu reden – mit Stichworten, die aus ruhreigenen Diskursen kommen – der Ruhrpott lässt symbolisch grüßen.

Konkurrenz gibt es so um die »Zuwendung« der Bundespolitik. Die Informationen zur Raumentwicklung Heft 9/10.2008 berichten, dass nicht nur im Bereich Wissenschaft und Forschung, sondern auch in allen anderen Bereichen raumwirksamer Bundesmittel Ruhr unter dem Bundesdurchschnitt gefördert wird, einschließlich des Städtebaus und des Umweltschutzes, nur mit Ausnahme der arbeitsmarktpolitischen Instrumente. Quintessenz: »Der Vergleich unter den Agglomerationen belegt, dass im Ruhrgebiet – vor allem gegenüber mehreren süddeutschen Konkurrenten – auf vielen Feldern weiterhin Nachholbedarf besteht.«

Ruhr muss von Bund und Land einfordern, dass es einwohnergerecht gefördert wird und dabei metropolitane Funktionen anstrebt. Die in glorienreichen Nebel entschwindende montanindustrielle Vergangenheit war auch Arbeitsleid und ökologische Devastierung. Wenn das Menschen in Ruhr selbst vergessen, ist es für das gesellschaftliche Weiterleben verständlich, wenn das außerhalb nieder diskutiert wird, hilft es dort eingefahrenen Besitzständen. Die Steinkohlensubventionen wurden zum Nachteil von Ruhr zu lange gezahlt, aber von den Bergleuten und ihrer Gewerkschaft lässt sich eines lernen: politisch vielseitig zu kämpfen.

Wolfgang Clement

»Wir machen alles zusammen –
so verändert man doch die Welt«
Über neue Wege und neue Bewegungen

Herr Clement, Sie sind ein Kind des Ruhrgebiets, stammen aus Bochum, arbeiteten als Redakteur in Dortmund, warum sind Sie nach Bad Godesberg in die Nähe von Bonn am Rhein gezogen?

Warum ich aus dem Ruhrgebiet weggegangen bin? Weil Hans-Jürgen Wischnewski mich damals im Auftrag von Willy Brandt gefragt hat, ob ich Sprecher des SPD-Vorstandes werden wollte. Deshalb bin ich 1981 mit meiner Familie nach Bonn gegangen und war dort sechs Jahre Sprecher der SPD.

Sie waren zuvor Redakteur der Westfälischen Rundschau. Gab es keinen Job, der Sie im Ruhrgebiet hätte halten können?

In meinem Fall ging es ja nicht um einen Job, sondern um den Job. Einen solchen Wechsel aus dem Journalismus hinaus in eine politische Sprecherfunktion kann man nur machen oder nicht machen. Ich habe mich dafür entschieden. Punktum.

Ist Ihr Beispiel ein Beispiel für viele Entwicklungen in der Region? Etliche aufstrebende Menschen mit Potenzial verlassen die Gegend, weil sie hier keine wirklich spannenden Jobs finden?

Für diese Entwicklung bin ich sicher kein Beispiel. Es ging bei mir ja nicht um Entwicklungsmöglichkeiten, sondern einfach darum, dass ich den Wechsel in die Politik, aus der journalistischen Distanz ins aktive politische Tun mit vollem Bewusstsein unternommen habe. Ansonsten aber ist klar: Das Ruhrgebiet war in seiner Zeit der klassischen Industrie eine Heimat für sechs Millionen Menschen, und für so viele Menschen gibt es hier und heute keine Arbeit mehr. Den Faden beißt keine Maus ab. Und so viele Arbeitsplätze wird es im Ruhrgebiet auch in Zukunft aller Voraussicht nach nicht mehr geben und muss es auch nicht mehr

565

geben. Das Ruhrgebiet normalisiert sich. Es war ein Zentrum der Kohle-, Stahl-
und Chemieindustrie mit einer enormen Anziehungskraft auf Menschen aus fast
allen Regionen Deutschlands und Europas. Aber die althergebrachten Branchen
spielen heute nicht mehr eine so ausfüllende, alles andere verdrängende Rolle.
Aus diesem Grund vollzieht sich ein aus meiner Sicht eigentlich normaler Wandel. Manche Leute gehen weg und ziehen ins Münsterland – wie die Älteren,
wenn sie es nach der Pension etwas ruhiger haben wollen. Andere gehen der
Karriere wegen in zur Zeit für sie attraktivere, ökonomisch oft stärkere Regionen.

Das ist auch Ausdruck des Wettbewerbs, in dem alle Regionen Europas heute
miteinander stehen. Dieser Wettbewerb wird sich aufgrund des demographischen
Wandels in Deutschland sogar noch erheblich verschärfen. Die Frage wird sich
immer klarer herauskristallisieren: Hat das Ruhrgebiet in diesem Wettbewerb
genügend Anziehungskraft, um Menschen zu halten oder gar wieder zu gewinnen?

Und? Kann das Ruhrgebiet noch Anziehungskraft entwickeln?

Da ist sicher noch Erhebliches zu tun. Bis heute versteht es die Region nicht, ihre
Kräfte und vorhandenen Potenziale so zu bündeln, dass daraus wirklich etwas
hoch Attraktives wird. Aus diesem Aspekt war für mich auch das Jahr der Kulturhauptstadt ein bisschen enttäuschend, denn soweit ich es wahrgenommen habe,
standen – von außen gesehen – vor allem die großen, die Massenveranstaltungen
im Vordergrund und tiefer gehende, konkrete Veränderungen waren kaum zu
erkennen.

Waren Sie bei Veranstaltungen dabei?

Nein. Aber darum geht es nicht. Das Ruhrgebiet ist eine Metropolregion, aber
wer außerhalb des Ruhrgebietes weiß das? Was geschieht, damit aus dieser Fest-
stellung auch eine Wirkung wird? Wie kommt es, dass das Ruhrgebiet von der
Bundespolitik kaum wahrgenommen und – wenn nicht gerade Wahlen anste-
hen – fast ignoriert wird?

*Wie beobachten Sie die Diskussion innerhalb der Region? Man spricht immer über
die Metropole Ruhrgebiet. Aber gibt es diese überhaupt in Ihren Augen?*

Im Bewusstsein vieler Menschen ja, im Bewusstsein der Politik offensichtlich
nicht. Der Mangel des Ruhrgebietes ist aus meiner Sicht, dass die politisch Ver-

antwortlichen nicht verstehen oder überwiegend offensichtlich nicht bereit sind, ihre Kräfte zu bündeln. Wir reden in Europa über eine Integration der National-staaten und wissen, dass wir dazu die Haushaltspolitik, die Investitionspolitik, die Steuerpolitik, die Arbeitsmarkt- und Sozialpolitik zusammenbringen müssen. Und hier im Kleinen reden wir über das Ruhrgebiet als eine Stadtlandschaft, die in Deutschland und sogar in ganz Europa einmalig ist, aber hier kommt nichts auch nur annähernd Ähnliches zustande.

Dabei ist die Aufgabe klar: Wir brauchen, wie in Europa, auch in dieser Met-ropolregion eine gemeinsame Haushalts- und Finanzpolitik, eine gemeinsame Investitions- und Verkehrspolitik, eine gemeinsame Wissenschafts- und Kultur-politik, innerhalb deren die jeweiligen Möglichkeiten genutzt und auch ausge-spielt werden. Das ist das, was es heute allenfalls hier und da und in zaghaftester Form gibt und was ich beklage.

Sie haben in Ihrer Zeit einige Reformen im Ruhrgebiet versucht. Sie wollten die Regio-nalverbände, Landschaftsverbände, diese ganzen Zwischeneinrichtungen in einer Agentur konzentrieren. Das scheiterte. Dann haben Sie die Projekt Ruhr GmbH als Förderinstitut des Landes für das Ruhrgebiet gegründet. Das Ganze liegt jetzt zehn Jahre zurück, ohne bedeutende Spuren hinterlassen zu haben. Was würden Sie heute anders machen? Woran hat es gelegen?

Ich bin überzeugt, ohne jetzt auf die Einzelheiten, die Sie andeuteten, einzu-gehen: meine schwerste Niederlage war das Scheitern des Transrapid. Der Bau des Transrapid hätte bedeutet, dass von Dortmund bis Düsseldorf, letztlich bis nach Köln eine unschlagbare und zugleich hochattraktive Verkehrsverbindung geschaffen worden wäre. Entlang dieser Verbindung wären unweigerlich neue Bahnhöfe, eine völlig neue Infrastruktur entstanden und das hätte wiederum neue Entwicklungsimpulse gesetzt. Das ist leider an allem Möglichen geschei-tert. Auch an vielen Kleingeistereien im Ruhrgebiet, aber auch an parteilichen Borniertheiten und an der Bahn, die nicht von der Schiene lassen wollte. Heute gibt es nicht einmal den Rhein-Ruhr-Express als Nachfolger. Dieses Verkehrspro-blem betrachte ich als die größte Entwicklungsbremse für das Ruhrgebiet, dessen gedeihliche Zukunft ich mir nur in einem engen Verbund mit der Rheinschiene vorstellen kann. Das Ruhrgebiet und die Rheinschiene, das ist eine Stadtland-schaft von zehn Millionen Menschen und attraktiven Industrien aller Gattungen. Das ist eine Region, die mit den anderen großen europäischen Metropolregionen beinahe jede Konkurrenz aufnehmen kann.

Sie haben schon Recht: Ich bin auch an der Reform der Landschaftsverbände gescheitert. Jeder spielt in diesen Zwischenebenen seine Egoismen aus. Das ist wie in Europa. Und die Frage ist: Gewinnt dennoch irgendwann die Idee der Gemeinsamkeit, der Bündelung der Kräfte, der Integration die Oberhand? Ich bin überzeugt, in Europa wird sie letztlich obsiegen, auch über all die aktuellen Turbulenzen, weil immer deutlicher wird, dass wir anders in der sich verändernden Welt mit ihren neuen Wirtschaftsmächten nicht bestehen können.

Aber hier im Ruhrgebiet sehe ich zurzeit nicht, dass diese Idee der gemeinsamen Politik an Kraft gewinnt. Dabei droht auch hier Gefahr, weil die Demografie selbstverständlich auch den innerstaatlichen und innereuropäischen Standortwettbewerb anheizen wird. Ich kann nur warnen. Die Entwicklung wird schneller und es bilden sich sehr rasch starke und stärkste Regionen heraus, die mit ihrer Anziehungskraft die schwächeren Regionen stetig weiter schwächen und zurückdrängen werden.

Junge Leute bekommen künftig wieder mehr Chancen. Ihre Arbeitsmarktlage wird sich Jahr für Jahr verbessern, weil weniger junge Leute bereit stehen, die Arbeit der Älteren zu übernehmen. Heute haben gute Leute überall in den hochattraktiven deutschen und europäischen Regionen ihre Chancen – sei es in Hamburg, Stuttgart, München, Mailand oder Barcelona. Der Wettbewerb um die besten Köpfe ist längst in Gang. Und mit diesen und einigen anderen europäischen Regionen muss sich das Ruhrgebiet messen, wenn es um die guten Leute geht. Dazu ist es aber heute nicht oder, diplomatischer gesprochen, nicht hinreichend in der Lage.

Sie wollten in Ihrer Regierungszeit den Kommunalverband Ruhr auflösen als einzigen Zusammenschluss aller Städte im Ruhrgebiet. Wie passt das mit Ihrer Idee zusammen, das Ruhrgebiet zu stärken?

Da müssten wir uns den Gesamtzusammenhang der seinerzeitigen Diskussionen anschauen und würden doch nur feststellen: »Von oben«, von der Landespolitik herunter geht eine solche Reform nicht. Keine Revolution von oben. Richtig ist ein evolutionärer Prozess, also so zu beginnen, wie auch der europäische Prozess begonnen wurde. Wichtige Stadtväter und Stadtmütter müssten sich entscheiden: Wir tun uns zusammen und beginnen mit einer gemeinsamen Haushaltspolitik. Das ist doch das Wichtigste. Und dann folgen einige weitere Schritte. Nur wenn sich zwei Städte oder vier oder noch mehr Städte so zusammentun, nur dann kann es zu einer wirklichen Veränderung kommen.

Wie kann denn so etwas realisiert werden?

Niemand kann ein solches Projekt blockieren, wenn die Räte in den betreffenden Städten dies wollen. Es geht nämlich keine Landesregierung und keine Bundesregierung etwas an, wenn – ich phantasiere jetzt einmal – Essen und Oberhausen und Mülheim und Gelsenkirchen und Herne und Bochum und noch ein paar – etwa Dortmund? – sich entscheiden: Wir machen alles zusammen.

So verändert man doch die Welt. Ich habe gelernt, dass diese Prozesse nicht von oben kommen sollten, sondern wir brauchen eine Bewegung von unten, aus den Kommunen.

Dabei kommt ja hinzu, dass die Städte ohnedies gestärkt werden müssen. Die föderalen Strukturen in Deutschland stimmen nicht mehr. Ich will nun nicht über die Details der Landesstrukturen diskutieren. Aber eindeutig ist doch, dass die Städte in diesen Strukturen die Schwächsten sind: finanziell und auch politisch. Sie haben in Wahrheit über sich selbst hinaus gar keine Rechte. Gleichzeitig sind sie jedoch demokratisch und standortpolitisch die Wichtigsten.

Das muss ich zugeben: Wir haben damals als Landespolitiker den Städten zu wenige Mitentscheidungsbefugnisse in kommunalen Angelegenheiten gegeben. Doch das ist notwendig. Kommunale Angelegenheiten dürfen nicht mehr über die Köpfe der Städte und Gemeinden hinweg geregelt werden. Wir brauchen eine Stärkung der Städte und Gemeinden, und zwar finanziell, aber auch politisch.

Gewissermaßen im Gegenzug würde ich allerdings erwarten, dass die Städte und Gemeinden ebenfalls neue Wege zu gehen bereit sind. Dass gerade die Städte und Gemeinden im Ruhrgebiet sich bewegen und sich zusammentun, um ihre Stärken zu stärken und ihre Schwächen zu überwinden. Ich will die Hoffnung nicht aufgeben, dass Einzelne die Kraft dazu doch noch finden werden.

Es gibt einen Aufsatz der Kulturhauptstadtmacher Fritz Pleitgen und Oliver Scheytt, in dem sie sagen, die Kulturhauptstadt habe das Kirchturmdenken im Ruhrgebiet überwunden. Wurden strukturelle Veränderungen eingeleitet?

Allenfalls minimale. Was ich enttäuschend finde, betrifft weder Fritz Pleitgen noch Oliver Scheytt. Erwartet habe ich aber, dass die Kulturhauptstadt auch handfeste strukturelle Veränderungen bewirken würde. So hätte ich erwartet, dass Bund und Land in der Vorbereitung dieses Jahrhundertereignisses vor allem in den Norden des Ruhrgebiets kräftig investieren würden. Denn der Norden braucht dringend Erneuerung. Das geht nicht aus eigener Kraft. Und es ist schon dramatisch, wie tief die Kluft zwischen Nord und Süd im Ruhrgebiet immer noch ist. Ich bin vor einigen Monaten einmal vom Süden in den Norden Essens gewandert. Es heult einem die Seele, wenn man sieht, wie es die Menschen auseinander treibt und wie einzelne Stadtteile, nehmen Sie nur Kray oder Katernberg oder andere, wie sie darben.

Wir haben das nicht überwinden können, trotz all der Bemühungen, etwa mit der Internationalen Bauausstellung und der Schaffung vieler Industriedenkmäler und manch Anderem. Die Kulturhauptstadt hätte eine neue Chance geboten, dachte ich. Jetzt muss aber vor aller Augen sein: die Erneuerung muss aus den eigenen Kräften kommen. Und das geht nur, wenn das Kirchturmdenken nicht nur verbal, sondern ganz konkret überwunden wird. Die Entscheidung für Essen als Kulturhauptstadt und gewissermaßen im Namen des ganzen Ruhrgebiets war unter diesem Aspekt ja schon ein Anfang. Daraus könnte und sollte jetzt mehr werden.

Das erste ist die Einsicht: wir können nicht alles doppelt und dreifach haben. Es muss doch allen klar sein, dass alle sich anpassen müssen. All die Investitionen in den Bereichen Wissenschaft, Kunst und Kultur, um jetzt nur die zu nennen, müssen endlich abgesprochen und abgestimmt werden. Drei Musikhäuser im Abstand von je zwanzig Minuten Fahrzeit, die gibt's in keiner Metropole oder Metropolregion auf der Welt. Ist das in einer Stadtlandschaft, in der beinahe jede einzelne Gemeinde aus finanziellen Gründen unter Staatsaufsicht steht, wirklich verantwortbar? Geht zusammen! Zwischen den Universitäten scheint es sich ja zu bewegen: Eine Ruhr-Universität aus den Unis Bochum, Dortmund, Essen/Duisburg – das wäre ein Signal für das Ruhrgebiet und in die ganze Welt der Wissenschaft: Hier bildet sich ein neues wissenschaftliches Kraftzentrum von internationalem Rang heraus!

Bleiben wir beim ersten Schritt. In welchem Rahmen sollten die Absprachen zwischen den Städten über gemeinsame Projekte, über gemeinsame Haushaltspläne, über einen Steuerausgleich und Gewerbeansiedlung getroffen werden?

Zwei, drei, vier, fünf oder mehr Städte und Gemeinden entscheiden sich, eine gemeinsame kommunale Vertretung, einen gemeinsamen Rat zu bilden, dem sie bestimmte Kompetenzen überantworten, etwa beginnend mit einer gemeinsamen Haushaltsführung, mit einer gemeinsamen Investitionspolitik und so fort. Ich weiß nicht, ist aber rasch zu klären, ob dazu ein voraufgehender Bürgerentscheid notwendig wäre. Angebracht wäre er. Nun, dann riskiert's!

Kommen wir ins Konkrete, dorthin, wo es melancholisch wird. Zur Gewerbesteuer. Jede Stadt hat einen anderen Hebesatz. Einen Ausgleich zwischen den Städten gibt es nicht. Bisher sind alle Ansätze gescheitert, die Gewerbesteuer zu vereinheitlichen.

Wer zahlt denn hier Gewerbesteuer? Es gehört aus meiner Sicht zu den Schwächen, ja zu den Absurditäten, dass die Ruhrgebietsstädte im Deutschen Städtetag sich seit Jahren gegen eine grundlegende Reform der kommunalen Besteuerung wenden. Das haben sie schon getan, als Gerhard Schröder, Hans Eichel und ich es versucht haben. Und das widerfährt nun auch Herrn Schäuble und anderen. Aus Münchener und Frankfurter Sicht, aus der Sicht von Herrn Ude und Frau Roth kann ich die Forderung nach Erhalt der Gewerbesteuer ja verstehen. Die haben doch die potentesten Gewerbesteuerzahler. Aber in den meisten Ruhrgebietsstädten sieht es anders aus – und das wird in konjunkturellen Schwächephasen ja auch stets unübersehbar und laut beklagt. Aber eine Reform, eine andere, verfassungsfeste und zugleich verlässlichere Finanzierungsquelle für die Kommunen? Fehlanzeige, weil unerwünscht. Das ist absurd. Deshalb wäre ich ohnedies dafür, dass man hier eine andere Sichtweise einnimmt. Wir müssen endlich neu denken. Das Ruhrgebiet verliert als Stadtlandschaft, so wie es heute aufgestellt ist.

In welchen Bereichen glauben Sie an ein Zusammenführen der Kompetenzen?

Es wäre wahrscheinlich das Beste, wenn die Universitäten voran gingen. Wir bräuchten eine Ruhr-Universität, die sich aus allen Universitäten zusammensetzt, die es hier gibt. Darüber hinaus bräuchten wir dringend eine in den Schwerpunkten abgestimmte Zusammenarbeit der Universitätskliniken aus der Rheinschiene und dem Ruhrgebiet. Das würde die richtigen Signale aussenden. Nur so wären wir in der Lage, mit Amerikanern und Asiaten Schritt zu halten.

Die Mercator Stiftung hat hier einen Anstoß gegeben. Durch ein konkretes Anreizprogramm wurde die Uni-Allianz von Dortmund bis Duisburg gefestigt.

Gut. Das ist tatsächlich ein guter Anstoß. Aber sie brauchen auch Vollzugskompetenzen. Sonst verändert sich nichts. Sie müssen die Entwicklungen schon anwerfen und da muss schließlich auch die Politik agieren. Nur ein Beispiel: Das Heidelberger Krebsforschungszentrum, das ich ein wenig kenne, arbeitet heute auf das Engste mit der Heidelberger Universität zusammen. Und nun entsteht von dort aus gemeinsam mit sechs weiteren Standorten in ganz Deutschland

571

gewissermaßen ein Netzwerk der Krebsforschung und -behandlung. Das ist eine sehr spannende Entwicklung. Das Krebsforschungszentrum hat zusammen mit der Universität einen Prozess gestartet, der über die Grenzen hinaus wirkt.

Das könnte und sollte im Blick auf Nordrhein-Westfalen dazu anregen, dass etwa die Universitätskliniken aus Aachen, Köln, Bonn und Essen zusammenarbeiten. Sie müssten ihre Fähigkeiten und Möglichkeiten aufeinander abstimmen, konzentrieren und je spezifische Spezialitäten und Qualitäten entwickeln. Solche Dinge müssen meines Erachtens in Gang kommen. Das sehe ich jetzt nicht einmal nur auf das Ruhrgebiet bezogen, sondern auf unser Land und auch darüber hinaus. Auch da ist neues Denken gefragt.

Sie haben gerade davon gesprochen, dass Städte zusammenwachsen müssen, indem sie gemeinsam Aufgaben wahrnehmen sollen. Ist das realistisch?

Warum nicht? Wer hindert uns, wer hindert die, die sich im und für das Ruhrgebiet verantwortlich fühlen, Neues zu wagen? Und zu sagen: Wir schließen uns zusammen? Die Wirklichkeit heute ist doch völlig hinter der Zeit. Überall Grenzen. Die Stadt Bochum existiert weiter, die Stadt Herne auch. Wenn ich das sehe, das Klein-Klein zwischen den Städten und wie aufwendig das alles ist. Kein Mensch erkennt die Grenzen, aber überall sind sie.

Können Unternehmen, können private Menschen Einfluss nehmen?

Der Initiativkreis Ruhrgebiet ist dazu eine hervorragende Plattform. Dort können die zu Wort kommen, die zu Wort kommen müssen. Dies ist auch der Rahmen, in dem über die vielen Tabus, die wir pflegen, diskutiert werden kann und sollte. Hier können von der Politik Dinge verlangt werden, die es heute eben nicht gibt. Sowohl von der kommunalen Ebene und endlich auch vom Bund.

Von hier aus kann auch ein neuer Trend in Deutschland für die Industriepolitik gesetzt werden, der diese zunehmend industriefeindliche und risikoscheue Haltung in der öffentlichen Diskussion überwindet. Allerdings wird das wohl nur gelingen, wenn die Bewegung von den Bürgern mitgetragen wird, und das wäre dann der Fall, wenn Wirtschaft und Wissenschaft sich zu Wort melden.

Ich kann im Übrigen nicht einsehen, dass eine Region von fünf Millionen Menschen vom Bund so behandelt wird, als sei es ein Haufendorf. Das gilt insbesondere für die Politik, das gilt auch im Blick auf die Deutsche Bahn.

Tja, stimmt, die Hauptverbindungsstrecke vom Westen nach Berlin hat die miserabelsten Züge.

Es gibt keine Stadt in der Größenordnung von Essen oder Dortmund in Deutschland, die von der Bahn so schlecht bedient wird. Das gilt auch für Bochum oder Gelsenkirchen. Ich bin beinahe täglich mit der Bahn unterwegs. Ob Sie Hannover, Leipzig oder Erfurt nehmen, viel kleinere, viel unbedeutendere Städte. Sie sind alle besser ausgestattet.

Der Hauptbahnhof Essen ist ja eine reine Fressmeile. Wer das mit anderen Städten vergleicht, wie da Bahnhöfe in Einkaufszentren umgebaut wurden, der erkennt, wie minderwertig das Ruhrgebiet abgehandelt wird. Auf manchen Nahverkehrsstrecken im Ruhrgebiet und besonders auf kleineren Bahnhöfen muss man direkt froh sein, wenn man morgens zum Job fährt und ohne Depression aus der Bahn steigt.

In Ihrer aktiven Zeit in der NRW-Landespolitik versuchten Sie, durch konkrete Förderpolitik das Auseinanderfallen des Ruhrgebiets zwischen Norden und Süden zu stoppen. Trotzdem konnte der Prozess nicht aufgehalten werden. Hat überhaupt der politische Wille die Macht, so etwas umzusetzen?

Wir haben so gehandelt, wie es uns die Fakten vorschrieben. Im Süden des Ruhrgebietes ist der Bergbau als erstes gestorben. Deshalb begann dort der Erneuerungsprozess. Der Bergbau im Norden war erst sehr viel später an der Reihe. Und entsprechend haben wir die großen Entscheidungen, die schon unter Johannes Rau gefallen sind, unter anderem für den Aufbau der Universitäten an der Ruhr, im Süden des Ruhrgebietes, realisiert. Dabei haben wir den Norden vernachlässigt. Ich habe die letzte Zeche in Gelsenkirchen geschlossen. Dort war es vorher kaum möglich, den Wandel einzuleiten. Danach haben wir nur noch Ersatzhandlungen zustande gebracht. Wir haben etwa Abteilungen aus Hochschulen in den Norden verlegt, dazu sind noch einige Fachhochschulen gekommen. Von der Internationalen Bauausstellung haben wir schon gesprochen. Aber all das reicht nicht. Die »Stadtteile mit besonderem Erneuerungsprozeß«, von denen wir früher sehr bürokratisch sprachen, brauchen mehr substantielle Unterstützung.

Was kann die Politik tun, um einen Standort zu sichern?

Ich denke, die Politik hat zwei wichtige Aufgaben. Das eine ist die Förderung von Bildung, Wissenschaft und Forschung. Das andere ist die Entwicklung der Infrastrukturen. Diese beiden Themen bestimmen die Standortpolitik.

Blicken wir in den Norden des Ruhrgebietes. Dort ist die Infrastruktur am schlechtesten, auf Straßen und Schienen. Und wir brauchen neue Zentren für Bildung und Qualifikation – warum nicht auch ein Zentrum für Unternehmensgründer? –, vielleicht auch, indem wir neue Formen der Public-Private-Partnerships erproben. Es ist viel zu tun, auch mit privatem Engagement. Das Projekt »InnovationCity« des Initiativkreises ist dafür ein gutes Beispiel.

Ist es in Ihren Augen ein Problem, dass sich im Norden Migrantenkommunities tummeln?

Wir haben damals von »Stadtteilen mit besonderem Erneuerungsbedarf« gesprochen, weil wir Angst hatten, das Thema deutlicher zu thematisieren. Wir sahen das Risiko, Ausländerhass zu schüren und radikale Parteien zu stärken. Wir sind sehr scheu an die Sachen heran gegangen. Das war aus heutiger Sicht ein Fehler.

Auch haben wir damals stärker als heute in Beton gedacht. Wir wollten mit den bescheidenen Mitteln des Landes an den richtigen Stellen investieren, aber wir haben das Geld nicht zuerst in Erziehung, Bildung und Qualifikation investiert, sondern in Gebäude.

Natürlich haben wir auf etlichen Feldern, insbesondere im Bereich der Universitäten, seit Paul Mikat und Johannes Rau auch Hervorragendes geleistet. Aber man muss doch sagen, dass wir nicht verhindert haben, wie sich hier oder da so etwas wie eine eigene Kultur, heute spricht man von Parallelgesellschaft, entwickelt hat. Ich meine, noch ist es nicht zu spät. Aber es ist höchste Zeit zu handeln, damit Menschen, Stadtbezirke oder Regionen sich nicht immer weiter auseinander entwickeln.

Sie fordern, dass die Städte im Ruhrgebiet gemeinsam handeln sollen. Gemeinsames Handeln heißt Aufgaben teilen. Das bedeutet, jeder muss Kompetenzen abgeben. Glauben Sie, dass die Politik in einer Kommune überhaupt fähig ist zu verzichten?

Sie muss dazu fähig sein. Ich stelle mir immer die gleiche Frage bezogen auf Europa. Denn im Grunde genommen ist das die gleiche Diskussion. Jeder Staat will möglichst alles für sich behalten und entscheiden. Tatsächlich aber müssen die Nationen Kompetenzen abgeben. Es wird immer mehr auf der europäischen, später auf der globalen Ebene entschieden. In dieser Situation dürfen wir nicht glauben, dass auf der kommunalen Ebene alles so bleiben könnte wie es ist.

Die Chinesen gründen jedes Jahr ein paar neue Städte, und zwar Millionenstädte. Und wir sind nicht in der Lage, zwei, drei, vier Städte, die gemeinsam viel Potenzial haben, zusammen zu bringen? Natürlich muss jeder etwas abgeben. Aber dadurch gewinnt man die Möglichkeit, Neues zu gestalten, und zwar besser und auskömmlicher als zuvor. Hier wird immer nur diskutiert, welche Stadt und wer die Führung übernehmen soll. Wenn wir nicht über diesen Schatten hinweg kommen, werden alle Schaden nehmen.

Das ist eine gute Beobachtung. Gerade zwischen Essen, Dortmund und Duisburg kommt es immer wieder zum Streit.

Dortmund sieht sich sehr stark in der Verbindung zum Umland, insbesondere zum Sauerland, und tut sich deshalb schwer, im Ruhrgebiet mitzuspielen. Auch ist Duisburg aufgrund der Lage am Rhein in einer Sondersituation – tut sich aber mit dem übrigen Ruhrgebiet, wenn ich es richtig sehe, nicht so schwer wie Dortmund. Ein Verbund all dieser Städte mag auf Anhieb schwierig sein oder scheinen. Aber Essen und die anderen, teils schon erwähnten Städte und Gemeinden sind fast auf Gedeih und Verderb aufeinander angewiesen. Sie sollten den Sprung über die Barriere endlich wagen!

Die Städte im Kernruhrgebiet sollten anfangen, sich zusammenzuschließen?

Das sollten sie tun.

Das Problem ist nur, dass die Politiker der Gemeinden im Klein-Klein ihrer eigenen Stadt so fixiert sind, dass die wenigsten wissen, was in der Nachbarstadt los ist.

Ich vermute, dass die Bürger das auf die Dauer nicht hinnehmen. Entweder gehen die Jungen, die Guten, die Cleveren weg und sagen der Region Adieu oder es kommt zum Wandel. Der Prozess läuft bereits. In den fünfziger, sechziger Jahren gab es keinen Grund, aus dem Ruhrgebiet wegzugehen. Das Land und seine Wirtschaftskraft waren stark. Doch schon mit meiner Generation begann nach und nach der Trend nach außen. Wir haben uns kürzlich, 50 Jahre nach dem Abitur, zu einer kleinen Erinnerungsfete getroffen und festgestellt: Die meisten von uns kamen von außerhalb des Ruhrgebiets angereist. Das Ruhrgebiet verliert zu viele Menschen. Deshalb müssen wir hier unbedingt mehr in die Zukunft investieren, also in Kindergärten und Schulen, in Hochschulen und Forschungsstätten, da gehört mehr Kraft und Geld hinein als in anderen Regionen unseres Landes.

Ich glaube, große Ausgabeblöcke, die nicht in die Zukunft investiert werden, lassen sich bei den Subventionen finden. Gerade wurde bekräftigt, dass bis 2018 weiter Milliardensummen in den Bergbau versenkt werden.

Ja, die Subventionen! Die großen Subventionen zahlen wir im Moment für Photovoltaik. Mehr als fünf Milliarden Euro im Jahr. Die kommen nicht aus der Staatskasse, sondern direkt von den Kunden, und wir finanzieren damit kaum zwei Prozent unseres Stromverbrauchs. Das ist doch verrückt! Stellen Sie sich vor, wir würden stattdessen jährlich fünf bis sieben Milliarden Euro, die uns demnächst die Photovoltaik kostet, in die Hochschulen stecken. Was für eine Welt!

Wäre es nicht klug, die Subventionen für den Bergbau in die Universitäten zu stecken? Die Industrie hat doch keine Zukunft mehr.

Das geht nicht. Die Subventionen, die jetzt noch kommen, die gehen in die Altlasten, die können Sie nicht woanders hin steuern.

Aber wäre es nicht gut gewesen, früher aus den Kohlesubventionen auszusteigen, dann hätte man mit den Milliarden Universitäten finanzieren können?

Im Moment denke ich eher, ob es nicht vernünftig wäre, mindestens eine Zeche offenzuhalten. Wir gehen in die rohstoffschwierigste Phase der Geschichte. Da brauchen wir den Zugang zu unseren Lagerstätten. Koks beispielsweise können wir heute schon zu konkurrenzfähigen Preisen produzieren. Und in der Stahlindustrie ist, wie Sie wissen, ohne Koks wirklich nichts los. Richtig wäre es deshalb, man würde eine Kokskohlezeche in Nordrhein-Westfalen erhalten und diese würde von einem privaten Investor betrieben. Vielleicht wächst auch diese Einsicht noch. Man darf die Hoffnung nie aufgeben.

Das Gespräch führten Rolf G. Heinze und David Schraven.

Jörg Bogumil

Steuerung und Koordination der »Metropolregion« Ruhrgebiet
Ein Problemaufriss

Das Ruhrgebiet hat sich auf der Grundlage der Montanindustrie zu einem der größten Wirtschafts- und Ballungsräume in Europa entwickelt, der allerdings seit Jahren durch den Strukturwandel mit den wirtschaftlichen und sozialen Folgen einer weit überdurchschnittlichen Erwerbslosigkeit zu kämpfen hat. Das Ruhrgebiet könnte zusammen genommen die drittgrößte Stadt in Europa sein und ist sogar nachts auch aus dem Weltall erkennbar. Ist das Ruhrgebiet damit eine Metropole?

Metropolen sind Städte oder Agglomerationen, die überregional wichtige Zentren von Wirtschaft, Wissenschaft und Kultur darstellen. Sie üben in diesen Bereichen wichtige Steuerungs- und Dienstleistungsfunktionen aus und bilden Knotenpunkte der internationalen Kommunikation. Eine Metropole ist, mit anderen Worten, nicht bloß eine große Stadt oder das Zentrum einer Region, sondern eine Stadt, welche Entwicklungen in Wirtschaft, Wissenschaft und Kultur in kontinentalem Maßstab beeinflusst oder steuert. München übt solche Steuerungsfunktionen politisch zumindest für Bayern aus, wissenschaftlich, wirtschaftlich und technisch reichen seine Wirkungen oft weltweit. Auch Paris und London prägen viele wirtschaftliche, politische und kulturelle Entwicklungen weltweit. Keine dieser Metropolen steuert globale Entwicklungen allein, aber jede ist ein wichtiger Knoten in globalen Netzwerken. Diese Knotenfunktion hat mit Größe allein nichts zu tun. Alleine die Größe macht das Ruhrgebiet also nicht zu einer Metropole.

Für die politische Steuerung und Koordination des Ruhrgebietes ist die *Größe* sogar gegenwärtig eher ein *Nachteil* als ein Vorteil. Mit wachsender Größe steigt zwar das Gesamtpotenzial (an Akteuren, an Geld, an Standorten), aber zugleich wächst der Umfang der zu berücksichtigenden Interessen und damit das Konfliktpotenzial und die Abstimmungsdauer. Hinzu kommt, dass das Ruhrgebiet kein homogener Raum, sondern ein *polyzentrisches*, vielschichtig miteinander verwobenes Raumgefüge ist. Die Koordination eines solchen polyzentrischen Raumes, also im Falle des Ruhrgebietes von 11 kreisfreien Städten sowie vier Kreisen mit 42 Kommunen mit insgesamt 5,2 Millionen Einwohnern ist wahrlich kein einfaches Unterfangen. Im Ruhrgebiet kann zudem zwischen der Hellwegzone, dem Emscher-Lippe-Raum, dem Kerngebiet, dem westlichen Ruhrgebiet mit dem Kreis Wesel, dem südlichen Ruhrgebiet mit Hagen und dem Ennepe-Ruhr-Kreis sowie dem östlichen Ruhrgebiet mit Hamm und dem Kreis Unna unterschieden werden. In diesen Teilräumen gibt es zwar enge Verflechtungen, aber auch unterschiedliche Problem- und Interessenlagen. Zudem bestehen ähnlich enge Verflechtungen bei allen Teilräumen auch mit angrenzenden Landesteilen. So zeigen insbesondere ökonomische Verflechtungsanalysen, dass im Ruhrgebiet die wirtschaftlichen Beziehungen von bestimmten Ballungsräumen in die jeweils angrenzenden Regierungsbezirke Arnsberg, Düsseldorf und Münster ungleich intensiver als die Beziehungen innerhalb des Ruhrgebietes selbst sind.

Diesem großen Ruhrgebiet gelingt es trotz einiger Bemühungen in der Vergangenheit zu wenig, seine Kräfte und Potenziale zu bündeln. Das hat mehrere Gründe: Der eine ist das bekannte *Kirchturmdenken*, also eine eher unterentwickelte kommunale Kooperationsbereitschaft, die in polyzentrischen Regionen nicht selten anzutreffen ist. Ein anderer Grund liegt in der *mangelnden funktionalen Differenzierung* zwischen den Städten der Region und ihrer Wirtschaft. Und ein dritter Grund liegt darin, dass es, wie die Verflechtungsanalysen zeigen, *nicht immer sinnvoll* ist, von einem *klar abgegrenzten Ruhrgebiet* auszugehen. Im Folgenden wird kurz auf die Problemlagen eingegangen, bevor Vorschläge betrachtet und gemacht werden, wie man die Steuerung und Koordination im Ruhrgebiet verbessern kann.

Das Kirchturmdenken

Spätestens mit der Urbanisierung und Industrialisierung Deutschlands, beginnend im 19. Jahrhundert, wurde deutlich, dass selbst die größeren Städte für die effektive und effiziente Bearbeitung vieler öffentlicher Aufgaben oft räumlich zu klein geschnitten sind. Sozioökonomische Verflechtungsräume und administrative Zuständigkeitsräume fielen mehr und mehr auseinander. Das förderte die Überzeugung, dass *interkommunale Aufgabenerfüllung* sinnvoll ist und eigene regionale Trägerstrukturen geschaffen werden sollten. Dabei waren es vor allem zwei Typen von Aufgaben, die nach neuen überkommunalen Lösungen verlangten. So sollte die *Landes- und Regionalplanung* ordnend eingreifen, um der Zunahme von Konflikten aufgrund der rapiden Siedlungsentwicklung zwischen unterschiedlichen Raumnutzungsansprüchen, etwa zwischen Wohnen und Arbeiten sowie Siedlung und Freiraum, entgegen zu wirken. Zum anderen bot der Bereich der *technischen Infrastruktur*, also der ÖPNV und die Ver- und Entsorgungsleistungen, bei denen die einzelnen Gebietskörperschaften für die optimalen Betriebsgrößen oftmals zu klein waren, neue Möglichkeiten, so dass Verkehrsverbünde und Zweckverbände gegründet wurden.

Auch heute noch sind die Regional- und Flächennutzungsplanung, die Verkehrsentwicklung, die Infrastruktur für Ver- und Entsorgung (Wasser- und Energieversorgung, Abfallbeseitigung, Stadtentwässerung) sowie das regionale Standortmarketing die Kernaufgaben regionaler Kooperation. In einigen dieser Bereiche gibt es im Ruhrgebiet aber einen deutlichen Verbesserungsbedarf. Das offensichtlichste Beispiel ist der ÖPNV. Ein gutes Mobilitätsangebot ist gerade für das Ruhrgebiet wichtig, weil es ansonsten sein Kultur- und Freizeitangebot sowie seine Hochschullandschaft und seine Marktpotenziale nicht ausreichend bündeln kann. Im Ruhrgebiet gibt es einen Verkehrsverbund, der ein leistungsfähiges Nahverkehrsangebot für die Region bereit stellen soll. Allerdings stellt man immer wieder fest, dass der öffentliche Personennahverkehr im Ruhrgebiet oft rasch an Grenzen stößt. Ein Vergleich z. B. mit dem ÖPNV in Hannover, Berlin, Hamburg oder München zeigt, was man besser machen könnte. Der Verkehrsverbund Rhein-Ruhr ist nicht die Verkehrsgesellschaft der Region, sondern eine Hülle um 26 kommunale Verkehrsgesellschaften. Rund ein Dutzend dieser Gesellschaften gibt es allein im Kern des Reviers. Für diese Situation gibt es keine vernünftigen Gründe – eine Region braucht eine oder, wenn sie sehr groß ist, drei oder vier Verkehrsgesellschaften, aber nicht ein oder zwei Dutzend. Das ist keine neue Einsicht, aber eine, die sich nicht durchsetzt, weil die Städte ihre Eigeninteressen über das regionale Interesse stellen. Dabei könnten sie an dem mittlerweile attraktiven Radwegenetz erkennen, welche Potenziale sich durch Kooperation ergeben könnten.

Der ÖPNV macht klar, wie schwer das Kirchturmdenken im Ruhrgebiet überwindbar ist. Während in Städten vergleichbarer Größe sich ganz selbstverständlich viele dichte Netze über die ganze Stadt hinweg bilden, sind die Netze im Ruhrgebiet oft in den einzelnen Städten oder Teilregionen viel dichter als die im Ruhrgebiet insgesamt. Schlimmer noch: In vielen Fällen sind die städtischen oder teilregionalen Netze in gleichen Bereichen untereinander eher durch falsch verstandene Konkurrenz als durch Kooperation oder wirklichen Wettbewerb verbunden. Was bei den Fußballfans von Schalke und Dortmund immer wieder leicht sichtbar wird, nämlich wechselseitige Ablehnung, Misstrauen oder gar offene Feindschaft, existiert versteckt und weniger hart auch in vielen anderen

Bereichen. Bei den Oberbürgermeistern, Wirtschaftsförderern, Stadtvermarktern, Kammern und vielen Verbänden und Vereinen findet man zwar zumeist nicht gerade Feindschaften, aber doch den starken Wunsch, für sich zu bleiben und viel Misstrauen gegenüber Kooperation. Auf einen einfachen, nur leicht überzogenen Punkt gebracht: Das Ruhrgebiet ist nicht wie eine große Agglomeration organisiert, sondern wie eine Ansammlung von Städten, die man in einem relativ kleinen Raum zusammen geschoben hat. Hier regiert eine verquere »Konsenslogik«, die das Ruhrgebiet aus seiner montanindustriellen Vergangenheit übernommen und bewahrt hat. In dieser Logik werden Verteilungskonflikte so gelöst, dass alle Städte (und auch die anderen wichtigen Akteure) einen Anteil am Kuchen erhalten – und wenn das nicht geht, dann kriegt niemand was. Nach diesem Muster wurden im Ruhrgebiet immer wieder große Ideen und große Programme klein gehackt oder blockiert. Allerdings ändert sich dies langsam in manchen Bereichen.

Ein gutes Beispiel ist die Entwicklung der Hochschullandschaft im Ruhrgebiet. Als Anfang der 1960er Jahre die Ruhr-Universität gegründet werden sollte, gab es zunächst einen Streit um den Standort dieser Universität. Als diese Entscheidung zugunsten von Bochum getroffen war, haben die anderen Großstädte sich mit viel Erfolg darum bemüht, jeweils eine eigene Universität zu kriegen, ohne sich besonders um Synergieeffekte zu kümmern. Erst nach der Zwangsfusion von Duisburg und Essen kommt es durch die Universitätsallianz Metropole Ruhr immer mehr zu einer Bündelung von Kräften und Potenzialen. Die Region fängt langsam an, sich ihre starke Hochschullandschaft anzueignen und Entwicklungen stärker aufeinander abzustimmen. Dazu gehört auch die Kooperation mit den in der Region beheimateten außeruniversitären Forschungseinrichtungen (etwa die Max-Planck-Institute und die Fraunhofer-Institute in den Bereichen Mikroelektronik, Materialfluss und Logistik, Software und Systemtechnik sowie Umwelt-, Sicherheits- und Energietechnik), welche die ohnehin dichte Hochschullandschaft inzwischen ergänzen und insgesamt dem Ruhrgebiet ein Kompetenzpotenzial verleihen, das auch im interregionalen Vergleich vorzeigbar ist (vgl. auch den Beitrag von Heinze in diesem Band).

Die mangelnde funktionale Differenzierung

Große Städte leben wirtschaftlich zu einem guten Teil von und für ihr Umland. Für dieses Umland nehmen sie wichtige Zentrumsfunktionen ein. Sie sind beispielsweise für das ganze Umland der Einkaufsort für gehobene Güter und

Dienstleistungen oder der Ort, an dem besondere Angebote in Kultur, Bildung oder Gesundheit für das Umland bereitgestellt werden. Durch diese Zentrums-funktion vervielfachen Städte ihre Kaufkraft – und genau das versetzt sie erst in die Lage, gehobene Marktsegmente zu bedienen oder gehobene Angebote in Kultur, Bildung oder Gesundheit zu machen. Im Ruhrgebiet funktioniert dieser Mechanismus nicht, denn das Umland aller großen Städte im Ruhrgebiet besteht ganz oder zu einem großen Teil aus anderen großen Städten.

Andere große Agglomerationen mit mehreren großen Städten, wie London, Los Angeles oder Tokyo, bearbeiten dieses Problem durch *funktionale Differen-zierung*, d. h. es gibt zwischen ihren Städten so etwas wie eine Arbeitsteilung. Jede Stadt nimmt in einem bestimmten Bereich die Zentrumsfunktion für die ganze Agglomeration ein. Die einzelnen Städte engen sich damit nicht ein, sondern ergänzen sich im Gegenteil sogar. Deshalb haben solche Metropolen einen star-ken inneren Zusammenhang und sind nach innen und außen handlungsfähig.

Im Ruhrgebiet sind in der Vergangenheit einige Chancen verpasst worden, die Handlungsfähigkeit durch funktionale Ausdifferenzierung zu sichern. Die abnehmende wirtschaftliche Einheit wurde lange nicht wahrgenommen, dann eher übertüncht als produktiv genutzt. Übertüncht wurde sie sowohl durch Visionen einer neuen Ruhrgebietswirtschaft, etwa der einer Dienstleistungsme-tropole oder einer IT-Region, als auch durch die vielen Landesprogramme, die immer wieder für das *ganze* Ruhrgebiet wenige *einheitliche* Entwicklungslinien und Handlungsfelder vorgaben. Erst spät kam der Versuch, strukturpolitisch über Kompetenzfelder jeweils auf spezifische Stärken der Kreise und Städte zu setzen. Dieser Ansatz war jedoch nur mäßig erfolgreich, weil die meisten Städte und Kreise versuchten, sich an möglichst vielen Kompetenzfeldern zu beteiligen, selbst wenn die Kompetenzen ihre Existenz nur der Geduld von Papier verdank-ten, auf dem sie wortreich beschrieben wurden. Eine nachhaltige funktionale Differenzierung konnte sich dabei nicht entwickeln. Erst in jüngster Zeit schei-nen sich die Rahmenbedingungen für Förderung langsam zu ändern, wie man am Beispiel des Gesundheitscampus in Bochum oder generell der Hochschul-entwicklung im Ruhrgebiet erkennt und wie es offenbar auch mit der neuen Initiative InnovationCity Ruhr geplant ist.

Bessere Steuerung durch einen eigenen Regierungsbezirk oder die Ruhrstadt?

Angesichts neuer Aufgabenstellungen im europäischen Zusammenhang und einer zunehmenden Globalisierung steigt auch im Ruhrgebiet der Druck hin zu einer stärkeren gemeinsamen »Positionierung nach außen«. Hinzu kommt der Druck zu einer stärkeren interkommunalen Zusammenarbeit in Folge der stark eingeschränkten kommunalen Finanzsituation gerade im Ruhrgebiet. Die Frage ist, ob die im politischen Raum diskutierten Vorschläge wie ein Regierungsbezirk Ruhrgebiet oder die Ruhrstadt sinnvolle und realistische Optionen sind, zu einer besseren Koordination und Steuerung im Ruhrgebiet zu kommen und vor allem das Kernproblem der mangelnden kommunalen Kooperation zu beseitigen.

Die Diskussion um einen eigenen Regierungsbezirk im Ruhrgebiet lässt sich bis zum Ende des 19. Jahrhunderts mit dem Ziel der Gründung einer Ruhrprovinz zurückverfolgen. Auch später hatte diese Idee immer wieder Konjunktur, denkt man an das Arnsberger Gutachten von 1955, die Rietdorf Kommission 1968, die Diskussion im Zuge der kommunalen Neuordnung Anfang der 1970er Jahre, die Forderungen des damals neu gewählten CDU Bezirksverbandsvorsitzenden Norbert Lammert aus dem Jahr 1987, an das Düsseldorfer Signal im Jahr 2003 und zuletzt an die Pläne zur Bildung einer Regionalverwaltung (unter Einbeziehung der Aufgaben der Landschaftsverbände) im Ruhrgebiet. Das Ergebnis dieser über hundert Jahre andauernden Diskussion unter unterschiedlichsten politischen Konstellationen war immer, dass es vorteilhafter ist, die gegenwärtigen Regierungsbezirke beizubehalten. Allein diese Tatsache sollte den Befürwortern dieses Vorschlages zu denken geben.

Einer der wesentlichen Gründe für dieses konstante Scheitern ist in der Regierungserklärung von 1971 ausformuliert worden, nämlich, »daß das Ruhrgebiet mit seiner überragenden Bedeutung für das ganze Land verwaltungsorganisatorisch nicht isoliert werden soll. Es muß vielmehr dafür gesorgt werden, daß dieses großstädtische Verflechtungs-, Verdichtungs- und Wirtschaftsgebiet möglichst eng mit den Randzonen verbunden bleibt.«

Dahinter steht die Überzeugung, dass kein Kerngebiet aus sich selbst und für sich selbst lebt, sondern dass es immer auf Anziehung und Ausstrahlung nach außen angewiesen ist. Nicht ohne Grund geht die Landesentwicklungsplanung schon lange davon aus, dass *Ballungsräume, Ballungsrandzonen und ländliche Gebiete zu ausgeglichenen Funktionsräumen zusammengefasst* werden und dass dies

582

auch ein, wenn nicht das wichtigste Kriterium bei der Abgrenzung von Bezirks-regierungen ist.

Bedenkt man zudem den weiter unten ausgeführten Sachverhalt der mangeln-den funktionalen Differenzierung, so ist doch eher das Problem, dass das Ruhr-gebiet sich viel zu lange nach außen abgeschottet und Entwicklungen »draußen« nicht oder verspätet wahrgenommen hat. Die Außenbezüge in die prosperieren-den Umfelder des Ruhrgebiets, insbesondere das Rheinland, das Münsterland, das Sauerland und das übrige Westfalen, wurden lange Zeit nicht als Chance für das Ruhrgebiet genutzt.

Auch die Idee der Ruhrstadt ist gerade für das Ruhrgebiet nicht sinnvoll. Sie setzt wieder auf Abschottung nach außen und verneint die positiven Ver-netzungseffekte mit den prosperierenden Umlandregionen. Vor allem aber bein-haltet sie die Gefahr einer weiteren Verschlechterung der Lage im Ruhrgebiet. Angesichts einer pulsierenden Region Rheinland und eines durchaus optimis-tisch gestimmten Bereiches Westfalen mit ihren Zentren ist die Gefahr eines »Armenhaus Ruhrgebiet« nicht gering. Ein kleines Indiz in diese Richtung ist, dass allein die Gründung eines eigenen Landschaftsverbandes für das Ruhrgebiet die Umlage in den Ruhrgebietsstädten um 24 Millionen Euro erhöht hat. Es geht für die Zukunft des Ruhrgebietes um den *Aufbau von Heterogenität*, nicht um die Bewahrung der Homogenität, denn jede monofunktionale Struktur birgt die Krise der Zukunft in sich. Deshalb gilt bei allen kommunalen Gebietsneuord-nungen das Prinzip, eine möglichst heterogene Wirtschaftsstruktur zu erhalten oder zusammenzubringen. Zudem wird die Größe des Ruhrgebietes falsch einge-schätzt. Erfahrungen mit Gebietsreformen haben gezeigt, dass größere Einheiten nicht automatisch wirtschaftlicher sind, denn ab einer bestimmten Größe steigen Abstimmungskosten und die Verwaltung entwickelt eine stärkere Eigendynamik.

Neue Chancen durch verbesserte interkommunale Kooperationen

Weder die Einrichtung einer Bezirksregierung Ruhrgebiet noch die ohnehin nicht durchsetzfähige Gründung einer Ruhrstadt löst die angesprochenen Problemla-gen im Ruhrgebiet. Daher spricht viel dafür, umso intensiver auf eine verstärkte interkommunale Zusammenarbeit zu setzen. Aufgrund der räumlichen Dichte und der Nähe vieler Städte und Kreise ist es im Ruhrgebiet ohnehin sinnvoll, in bestimmten Politikfeldern einen Gesamtzusammenhang herzustellen (vor allem Regionalplanung, ÖPNV, regionale Wirtschaftsförderung, regionales Touris-musmanagement, Kulturpolitik, Abfall- und Abwasserentsorgung, Trägerschaft

Berufs- und Förderschulen, Wissenschaft) und eine vernünftige Arbeitsteilung zwischen den Städten und Kreisen des Reviers auf- bzw. auszubauen. In manchen Bereichen gibt es bereits funktionierende Kooperationen. Um die Möglichkeiten von Verbesserungen und Weiterentwicklungen zu diskutieren, bedarf es politikfeldbezogener Analysen der bisherigen Kooperationsformen und ihrer Stärken und Schwächen. Hier fehlt eine fundierte empirische Bestandsaufnahme, da die Ausgestaltung interkommunaler Zusammenarbeit ein durchaus komplexes Unterfangen ist. Im Folgenden wird daher nur überblicksartig und vorläufig bezogen auf einige Politikfelder der Stand interkommunaler Kooperationsformen und möglicher Perspektiven skizziert.

Der ÖPNV im Ruhrgebiet ist in einem 16 kreisfreie Städte und fünf Kreise mit 7,2 Millionen Einwohnern umfassenden kommunalen Zweckverband VRR zusammengeschlossen, der über das Verbandsgebiet des VRR hinausreicht (Düsseldorf, Krefeld, Mönchengladbach, Solingen, Remscheid sowie der Kreis Viersen und Mettmann). In die 67 Mitglieder umfassende Verbandsversammlung schickt jede Gebietskörperschaft, je nach Größe, zwischen einem und sechs Vertreter. Hier stellt sich die Frage, warum dieser Zweckverband offenbar nicht in der Lage ist, einen höheren Anteil am Gesamtverkehrsaufkommen auf den ÖPNV, der im Ruhrgebiet nur 11 Prozent beträgt (im Vergleich zu Berlin mit 25 Prozent), umzuleiten. Warum sind die Verbindungen vor allem innerstädtisch angelegt, die Fahrpläne schlecht abgestimmt und mit niedrigen Taktzeiten versehen und die Preise trotzdem vergleichsweise hoch? Ist das Gebiet zu groß, um es zentral zu steuern, und/oder fehlen die zentralen Steuerungskompetenzen? Oder liegt dies an der Konstruktion der Verbandsversammlung, in der sich offenbar die Ruhrgebietsgroßstädte im Kernbereich auf Kosten der Randbereiche und kreisangehörigen Kommunen durchsetzen, und deshalb dort das ÖPNV-Netz eher ausgedünnt ist, was den Umstieg der Bürger auf den ÖPNV nur begrenzt zulässt?

Im Bereich der *Regionalplanung* ist zwischen der Einbeziehung der Kommunen in die staatliche Regionalplanung und interkommunaler Kooperation mit Planungselementen zu unterscheiden. Der *Regionalplan* (früher Gebietsentwicklungsplan) legt auf der Grundlage des Gesetzes zur Landesentwicklung (Landesentwicklungsprogramm LEPro) NRW und des Landesentwicklungsplanes (LEP) NRW die regionalen Ziele der Raumordnung und Landesplanung für die Entwicklung und alle raumbedeutsamen Planungen und Maßnahmen im Planungsgebiet fest. Die damit festgehaltenen Ziele der Raumordnung sind von den Behörden des Bundes und des Landes, den Gemeinden und Gemeindeverbänden sowie von öffentlichen Planungsträgern bei allen raumbedeutsamen Planungen und Maßnahmen zu beachten. Mit dem Regionalplan werden die Rahmenbedingungen für die Flächennutzungspläne aller Kommunen im Planungsraum geschaffen. Die Städte und Planungsträger sind an die Zielaussagen des Regionalplanes gebunden und brauchen bei der Aufstellung oder Änderung ihrer Flächennutzungspläne die Zustimmung des für die Regionalplanung zuständigen Gremiums.

Von 1920 bis 1975 gab es eine einheitliche Regionalplanung für das Ruhrgebiet durch den Siedlungsverband Ruhr (SVR), der für Planungen und Maßnahmen von überörtlicher Bedeutung zuständig war. Diese Zuständigkeit ging dann an die Bezirksregierungen und die neu geschaffenen Bezirksplanungsräte (seit 2001 als Regionalräte bezeichnet). 2004 wurde dann für das Verbandsgebiet des RVR das Instrument des Regionalen Flächennutzungsplanes (RFNP) zunächst für fünf Jahre eingeführt. Mittlerweile gibt es zwar einen genehmigten RFNP der Städte Bochum, Essen, Gelsenkirchen, Herne, Mülheim und Oberhausen, also im Kern des Ruhrgebietes, aber die alte Landesregierung beabsichtigte nicht, das Instrument des RFNP dauerhaft in die Landesplanung einzubauen, sondern plante, den Regionalen Flächennutzungsplan auslaufen zu lassen. Mit der Übertragung der Regionalplanung auf den RVR im Herbst 2009 übernimmt die Verbandsversammlung die Aufgaben der früheren Regionalräte einschließlich der Beratungskompetenz für strukturwirksame Förderprogramme des Landes. Bis der RVR einen neuen Regionalplan erstellt hat, gelten die drei Teilregionalpläne, die von den Bezirksregierungen in Zusammenarbeit mit den Bezirksplanungsräten erstellt wurden. In der Regel wird nur alle 10 bis 15 Jahre ein neuer Regionalplan erstellt. Ob sich durch die Aufgabenwahrnehmung der Regionalplanung durch die Bezirksplanungsräte in den letzten 34 Jahren Nachteile fürs Ruhrgebiet ergeben haben und ob die jetzige Lösung zu besseren Ergebnisse führt, ist unklar, da es hierzu keine umfassenden Untersuchungen gibt.

Interkommunale Kooperation mit Planungselementen findet sich zudem im Bereich Regionaler Einzelhandelskonzepte, dem Masterplan »Emscher Landschaftspark« sowie in der Städteregion Ruhr 2030, welche langfristige Zukunftsbilder für die Städteregion und Spielregeln für die Umsetzung kooperativer Leitprojekte entwickelt (vgl. Bürgerschaftliche Initiative Ruhrgebiet 2010, 26). Seit 2007 sind hier alle 11 kreisfreien Städte im Ruhrgebiet beteiligt. Der 2006 vorgelegte Masterplan Ruhr stellt die Potenziale der Region in den Themenfeldern Wohnen, Stadtentwicklung und Region am Wasser dar und benennt Entwicklungsziele. Hier fragt sich, welches Steuerungspotenzial diese Masterpläne entfalten.

Mit der Schaffung des RVR im Jahr 2004 erhielt dieser als neue Aufgabe die *regionale Wirtschaftsförderung* zur Entwicklung und Vermarktung von Gewerbeflächen mit regionaler Bedeutung. Im Januar 2007 ist die »Wirtschaftsförderung metropoleruhr GmbH« (wmr) gegründet worden, die mit Zustimmung der 53 Kommunen übergreifende Marketingaufgaben wie nationale und internationale Bewerbung des Standortes Metropole Ruhr auf Kongressen und Messen, die Bereitstellung wirtschaftsrelevanter Informationen über die Region, die Vermittlung von Netzwerken, Kontakten und Ansprechpartnern vor Ort sowie die Initiierung und Begleitung regionaler Netzwerke und Kompetenzzentren und die Unterstützung der Kommunen bei der Beantragung von Fördermitteln übernommen hat. Auch wenn es hier gegenüber dem Land, dem Bund und der Europäischen Union sowie auf den Messen dem Ruhrgebiet zunehmend gelingt, als einheitlicher Akteur aufzutreten, so reicht dies nicht aus, wenn das gemeinsame Auftreten wieder ganz schnell endet, wenn es um die Verteilung der Mittel aus Düsseldorf, Berlin und Brüssel oder um die Ansiedlung der auf den Messen gewonnenen Investoren geht. Das liegt vor allem daran, dass das Ruhrgebiet weder ein gemeinsames Selbstverständnis noch eine gemeinsame Vision und ein gemeinsames Handlungsprogramm oder eine Form der Verteilung von Gewinnen und Kosten entwickelt hat. Bei konkreten Ansiedlungsplänen wenden sich die Investoren letztlich jedoch an die Kommunen, da die wmr nicht von sich aus über Flächen verfügt, so dass das Kerngeschäft der Wirtschaftsförderung also nach wie vor von den 53 Kommunen wahrgenommen wird. Besteht hier die Notwendigkeit, die wmr stärker in die reale Ansiedlung einzubeziehen, oder reicht die Funktion als regionale Marketingstelle und als erster Ansprechpartner aus? Benötigt man zudem bei einer möglichen stärkeren regionalen Wahrnehmung der originären Wirtschaftsförderungsfunktion nicht finanzielle Ausgleichsmechanismen?

Auch das *regionale Tourismusmanagement* ist dem RVR übertragen worden, der dies unter dem Dach der Ruhr Tourismus GmbH durchführt. Ein positives Beispiel ist der Ausbau regionaler Radwege, bei denen unter der Leitung des RVR interkommunale Kooperation stattfindet (Emscherpark: Radwegeplanung mit 17 Kommunen). Ist Tourismus aber insgesamt zunehmend Aufgabe des RVR oder machen das nach wie vor die 53 Kommunen? Wie sind die Kommunen zu überzeugen, mehr regionales Tourismusmanagement vorzunehmen?

Prinzipiell sind die Kommunen im Rahmen ihrer Gewährleistungspflicht frei in der Entscheidung über die Art der Aufgabenerfüllung rund um die *Abfallbeseitigung*. Es gibt jedoch schon länger interkommunale Kooperationen auch unter Beteiligung des RVR bzw. seiner Vorgängerorganisationen. Bereits der SVR entwickelte in den 1960er Jahren ein grundlegendes Konzept für eine städteübergreifende Abfallbeseitigung im Ruhrgebiet. Mit dem Bau der zentralen Müllverbrennungsanlage RZR in Herten wurde schließlich 1982 die heutige Abfallentsorgungs-Gesellschaft Ruhrgebiet mbH als hundertprozentige Tochter des VRR gegründet. Die Unternehmensgruppe besteht derzeit aus fünfzehn Tochtergesellschaften und bietet ihre Leistungen den Kommunen im Ruhrgebiet an. Seit den 1990er Jahren haben zahlreiche Gemeinden aber einzelne Aufgaben der Abfallbeseitigung mit zum Teil sehr langen Vertragslaufzeiten auf private Unternehmen übertragen. Diese Privatisierungspraxis und die daraus resultierende Heterogenität der Aufgabenwahrnehmung führt einerseits zu Problemen bei der Ausnutzung von Synergien durch interkommunale Zusammenarbeit; andererseits hat sich unter den privaten Anbietern ähnlich wie im Energiesektor eine für die Kommunen nachteilige oligopole Marktstruktur entwickelt, die in NRW vereinzelt zu Rekommunalisierungen und damit einhergehenden Neugründungen von Zweckverbänden führt. Im Ruhrgebiet entstand 2002 Deutschlands größter Zusammenschluss von Städten, Kreisen und Gemeinden im Abfallsektor, der Zweckverband EKOCity. Neben Bochum sind dort die Städte Remscheid, Herne und Wuppertal, der Ennepe-Ruhr-Kreis, der Kreis Mettmann und der Kreis Recklinghausen beteiligt, schließlich auch der RVR. Der Verbund sorgt für eine bessere Auslastung der bereits vorhandenen Müllverbrennungsanlagen und Sortiermaschinen und ist ein gutes Beispiel für effiziente Kooperation. Insgesamt stellt sich die Frage, ob über die vorhandene interkommunale Zusammenarbeit hinaus weitere Synergieeffekte erzeugt werden können.

Im Bereich der *Kulturlandschaft* ist das Ruhrgebiet zweifellos ein bedeutender Faktor. Das Ruhrgebiet besitzt eine Kulturlandschaft, die sich auch international gut sehen lassen kann. Die Ruhrfestspiele, das Klavierfestival Ruhr, die Ruhrtriennale, die internationalen Kurzfilmtage Oberhausen, die Lichtburg in Essen, die Folkwang-Hochschule, das Folkwangmuseum, das Lehmbruckmuseum, das Aalto-Theater und das Musiktheater im Revier, das Schauspielhaus Bochum, Varietes und Kabaretts und andere Einrichtungen sowie (einmalige) Ereignisse im Ruhrgebiet bieten Kultur auf hohem Niveau und genießen auch internationales Ansehen. Das große Aber besteht jedoch darin, dass Einrichtungen zwar Kultur machen oder Ereignisse in das Ruhrgebiet bringen, die zur internationalen Spitze gehören oder an sie anschlussfähig sind, diese Spitze aber selber nicht regelmäßig vorantreiben. Das Ruhrgebiet nimmt zwar neue Entwicklungen in der Kultur oft früh auf, aber diese neuen Entwicklungen werden hier selten gemacht oder durch die Kultur im Ruhrgebiet stark beeinflusst. Deshalb ist das Ruhrgebiet in den transnationalen Netzen der Kultur ein wichtiger Punkt, aber kaum ein Knotenpunkt.

Gerade in der Kultur liegt allerdings der Status einer Metropole für das Ruhrgebiet nicht mehr unerreichbar in den Sternen. Die vorhandenen Einrichtungen und Ereignisse bieten mehr als genug Potenzial für eine kulturelle Metropole. Was noch fehlt, ist die Fähigkeit der Kulturlandschaft im Ruhrgebiet, regelmäßig mit bedeutenden kulturellen Innovationen auszustrahlen und neue Entwicklungen anzustoßen oder zumindest erheblich zu beeinflussen. Sucht man nach den Gründen für dieses Defizit, stößt man vor allem auf die schwache Vernetzung und Bündelung der kulturellen Potenziale im Ruhrgebiet, das dünne soziale Umfeld der Kulturlandschaft im Ruhrgebiet und drittens auf die schwache kommunikative Vermittlung der kulturellen Leistungen und Potenziale des Reviers. Negativ war lange, dass die vielfältigen Einrichtungen in der Regel untereinander weder durch regelmäßige Kooperationen noch durch einen starken Wettbewerb miteinander vernetzt waren und sich primär in einem lokalen Kontext mit einem lokalen Publikum auseinandersetzten. Da die Mittelschicht und das »Bildungsbürgertum« in allen Ruhrgebietsstädten schwächer sind als in Städten vergleichbarer Größe anderswo, hat fast jede kulturelle Einrichtung im Ruhrgebiet ein eher dünnes und vor allem stark lokal begrenztes soziales Umfeld. Der gut ausgebauten Kulturlandschaft des Ruhrgebiets fehlt ein großes städteübergreifendes Kulturpublikum. Das schränkt die Innovationsfähigkeit der Kulturlandschaft im Ruhrgebiet ein. Darüber hinaus verhindert es auch, dass Kultur im Ruhrgebiet ein starkes und wichtiges – und vor allem städteübergreifendes – Thema ist.

Mit der Kulturhauptstadt ist nun hoffentlich vieles anders geworden. Sie ist zunächst ein sehr positives Beispiel, dass die interkommunale Zusammenarbeit von sogar 53 Kommunen erfolgreich sein kann, da für das gemeinsame Ziel Aktivitäten gebündelt und mitunter auch Eigeninteressen zurückgesteckt werden mussten. Die *regionale Kulturförderung* und das gesamte Image des Ruhrgebietes haben hierdurch ohne Zweifel erheblich an Bedeutung gewonnen. Die offene Frage ist, was nach dem Kulturhauptstadtjahr auch angesichts der schwierigen kommunalen Haushaltslagen im Ruhrgebiet und der Tatsache, dass freiwillige Aufgaben in der Regel unter diesen besonders leiden, bleibt. Gibt es hier einen aus finanzieller Not angestoßenen Schub in Richtung einer stärkeren Zusammenarbeit jenseits von Großereignissen? Gibt es eine gemeinsame Verantwortung der Kommunen zur Gestaltung regionaler kultureller Angebote und Einrichtungen und Bemühungen zur Vernetzung und für gemeinsame Trägerschaften von

Theatern, Orchestern und Museen? Wird dieser gemeinsame Lernprozess im Kulturhauptstadtjahr eine neue Kooperation im Kulturbereich verstetigen?

Auch in weiteren Bereichen ist zu untersuchen, inwieweit interkommunale Kooperation die Kommunen und das Ruhrgebiet insgesamt voranbringen könnten. Mögliche Aufgabenbereiche wären in Anlehnung an Erfahrungen aus anderen, besser aufgestellten Regionen z. B. die Trägerschaft bei den Berufs- und Förderschulen, das Straßennetz (Baulast und Unterhalt), die Gesundheitsämter und das Veterinärwesen, der Natur- und Gewässerschutz oder die Trägerschaft der Krankenhäuser.

Interkommunale Zusammenarbeit im Ruhrgebiet braucht externe Hilfen

Es gibt im Ruhrgebiet unterentwickelte interkommunale Kooperationen in zentralen Handlungsfeldern. Zwar trifft diese Einschätzung nicht auf alle Politikfelder mit regionalem Handlungsbedarf zu und es gibt in letzter Zeit auch einige ermutigende Signale, dass die interkommunale Kooperation langsam besser wird (wie z. B. die Kulturhauptstadt). Dennoch besteht die Notwendigkeit, in diesem Bereich deutlich stärker aktiv zu werden und institutionelle Lösungen zu finden, die zwischen den Städten im und um das Ruhrgebiet herum Arbeitsteilung, Profilbildung und Zusammenarbeit ermöglichen und damit die Steuerung und Koordinierung der »Metropolregion« Ruhrgebiet deutlich verbessern.

Die wesentlichen Ursachen für die unterentwickelte interkommunale Kooperation liegen in der Größe des Ruhrgebietes, in der Polyzentralität und in den lokalen Animositäten. Der Druck, interkommunale Kooperationen auszubauen und zu verbessern, steigt nicht nur aufgrund des Wunsches nach einer stärkeren gemeinsamen »Positionierung nach außen« im Prozess der Europäisierung und Globalisierung, sondern auch angesichts der katastrophalen kommunalen Finanzsituation im Ruhrgebiet. Wie ist es angesichts dieser Ausgangssituation nun möglich, zu Verbesserungen zu kommen?

Zum einen sollte sich die zukünftige Ausgestaltung weiterer interkommunaler Kooperationen der großen polyzentrischen Region Ruhrgebiet an das Modell einer »funktionalen regionalen Governance« anlehnen. Damit ist eine von den *Aufgaben abhängige, variable räumliche Abgrenzung* bei der Regionsbildung gemeint. Das heißt, je nach Politikfeld muss die Kooperation *nicht immer alle* Kommunen im Revier betreffen und muss auch *nicht auf den Raum des RVR beschränkt* sein. Zum anderen sind die Erfahrungen und Erfolgsfaktoren mit interkommunaler Zusammenarbeit in anderen Regionen zu analysieren, um Hinweise für die Entwicklung der Prozesse im Ruhrgebiet zu erhalten. In der folgenden Tabelle sind einige wichtige Regeln für eine erfolgreiche Zusammenarbeit zusammengestellt:

Tabelle 1: Wichtige Regeln für eine erfolgreiche interkommunale Zusammenarbeit

Regel	Grund
– Mit Einzelprojekten beginnen • Keine vorzeitige Gründung neuer Institutionen • Nicht zu viele einzelne IKZ gleichzeitig	– Erfahrungswerte sammeln/Lernen – Steuerungsfähigkeit erhalten – Transparenz sichern
– »Leichte« Aufgaben zuerst • Administrativer Bereich • Bürgerferne Back Office-Aufgaben • Hohe Standardisierung • Nicht gruppenspezifisch, sondern die Allgemeinheit betreffend • Aufgaben des übertragenen Wirkungskreises (Pflichtaufgaben) • Diskussionsvermeidung von freiwilligen Aufgaben	– Frühes Scheitern verhindern – Schnelle Erfolge – Hohe Transparenz
– Ertragreiche Aufgaben zuerst • Umstrukturierung/Konzentration kostenintensiver Organisationseinheiten • Aufgaben, die teure Fachkräfte/Spezialisten erfordern • Aufgaben, die teure Gerätschaften erfordern	– Erfolge sind für die Beteiligten sichtbar
– Einbindung der Verwaltungschefs/Übernahme der Promotorenrolle	– Präsenz schaffen – Wichtigkeit des Vorhabens hervorheben

– Gleichberechtigung zwischen den Partnern	– Notwendige Vertrauensbildung – Gegenseitiger Ausgleich als Kooperationsbedingung
– Ressourcenbereitstellung (Personal und Zeit)	– Rechtliche Unklarheiten beseitigen – Konstanten Fortschritt im Planungsvorhaben sichern
– Bewahrung von Autonomie der neuen Kooperationsform	– Steuerungs- und Einfluss-möglichkeiten erhalten
– Klare Entscheidungs- und Organisationsstrukturen	– Transparenz gewähren

Interkommunale Zusammenarbeit wächst am besten durch Kooperationser-fahrungen und Vertrauen der kommunalen Gebietskörperschaften zueinander. Wenn dies nicht von alleine geschieht, was in polyzentrischen Regionen wie im Ruhrgebiet nicht selten der Fall ist, braucht es externe Hilfen durch Expertise, Anreize und/oder Druck oder am besten alles drei zusammen.

1. *Expertise* könnte über die Aufbereitung von Erfahrungen funktionierender interkommunaler Zusammenarbeit in wichtigen Politikfeldern den Akteu-ren zur Verfügung gestellt werden, um die Chancen einer interkommuna-len Zusammenarbeit zu verdeutlichen und den Druck auf Veränderungen zu erhöhen. Allerdings fehlt es an aktuellen empirischen Untersuchungen über die Erfahrungen, Möglichkeiten und Grenzen interkommunaler Koopera-tionen im Ruhrgebiet bezogen auf wichtige regionale Politikfelder. In vielen Bereichen sind die Möglichkeiten interkommunaler Zusammenarbeit zudem schlicht noch nicht bekannt.

2. *Anreize* können durch gezielte Landesprogramme, die nicht nach dem Gieß-kannenprinzip funktionieren, gesetzt werden. Die Gewährung von Förder-mitteln kann mit dem Nachweis einer verstärkten interkommunalen Zusam-menarbeit verbunden werden.

3. *Druck* entsteht vor allem aus der immer größer werdenden Finanznot der Kommunen im Ruhrgebiet, die durch ihre jahrzehntelangen stärkeren Belas-tungen durch Sozialleistungen bei durchschnittlich geringeren Steuereinnah-men die sich auftürmenden Haushaltsdefizite aus eigener Kraft nicht abbauen

können. Interkommunale Zusammenarbeit kann diese Defizite nicht beseitigen, aber dazu beitragen, die vorhandenen Ressourcen effizienter einzusetzen. Zudem wird es über kurz oder lang einen staatlichen »Rettungsfonds« für besonders verschuldete Ruhrgebietskommunen geben müssen, da diese keine Chance haben, aus eigener Kraft die Schulden abzutragen. Solche Rettungsmaßnahmen müssen mit deutlichen Auflagen in Richtung einer verstärkten regionalen Zusammenarbeit verbunden werden und könnten damit die schon zu beobachtenden Initiativen zur Kooperation verstärken.

Literaturhinweise

Bogumil, Jörg (2010): Der zukünftige Handlungsbedarf im Bereich der Verwaltungsstrukturen in NRW unter besonderer Berücksichtigung der Probleme des Ruhrgebietes, Münster/Bochum

Bogumil, Jörg/Ebinger, Falk/Grohs, Stephan (2008): Modernisierung der Verwaltungsstrukturen im Großraum Braunschweig, Braunschweig

Bogumil, Jörg/Kuhlmann, Sabine (Hrsg.) (2010): Kommunale Aufgabenwahrnehmung im Wandel: Kommunalisierung, Regionalisierung und Territorialreform in Deutschland und Europa, Wiesbaden, im Erscheinen

Bürgerschaftliche Initiative Ruhrstadt (2010): Denkschrift (downloadbar unter http://pro.eqmedia.org/uploads/DenkschriftRuhrstadtlletzteVersion2.pdf)

Lehner, Franz/Bogumil, Jörg/Heinze, Rolf G./Strohmeier, Peter (2010): Ruhrvisionen. Von kollektiven Illusionen zu mehr Kooperation. Thesenpapier, Bochum (downloadbar unter http://www.sowi.rub.de/mam/content/fakultaet/aktuell/2010/gutachten_final.pdf)

Kultur und Medien

Marie-Luise Marjan

Wandel durch Kultur
Das Ruhrgebiet, wie es wirklich ist

»Kultur durch Wandel, Wandel durch Kultur«: Mit diesem Motto als Antriebsfeder ließ die Industriekultur das Ruhrgebiet als Kulturhauptstadt Europas leuchten und die Region präsentierte sich 2010 als gewandelte Metropole.

Ich bin stolz auf meine Heimat, die in Deutschland und Europa viel Aufmerksamkeit genießt. Zwischen Lippe, Emscher und Ruhr stellt man selbstbewusst die besonderen Leistungen und kulturellen Traditionen der Region heraus. Das Ruhrgebiet fasziniert die Menschen dank der eigenen Stärke, die nicht eigens zur Schau gestellt werden muss – und das alles längst nicht nur im Jahr der Kulturhauptstadt.

Der Wandel ist keine Errungenschaft der letzten Jahre, das Ruhrgebiet befindet sich vielmehr seit über 150 Jahren in einem ständigen Wandel. Immer sind Menschen ins Ruhrgebiet zugewandert, in der Hoffnung auf eine neue Existenz. Die Vorfahren meiner Mutter kamen – wie viele andere Zuwanderer auch – zur Hälfte aus Polen und Ostpreußen. Nach dem Zweiten Weltkrieg kamen Italiener, Spanier, Portugiesen, Griechen, Türken und viele andere mehr. Migration und Integration werden hierzulande seit dem 19. Jahrhundert praktiziert und gelebt.

Wir Pioniere

Die Erfolgsgeschichte des Ruhrgebiets beruht auf einem beispiellosen Aufstieg zur schwerindustriellen Metropole Deutschlands an der Schwelle zum 20. Jahrhundert. Sie wiederholte sich nach dem Zweiten Weltkrieg, als Kohle und Stahl zum Motor des Wirtschaftswunders in der jungen Bundesrepublik wurden.

Ich wurde in Essen geboren und wuchs in Hattingen an der Ruhr auf. Neben dem Städtchen mit einem Stadtkern aus dem 12. Jahrhundert gab es die 1854 gegründete Henrichshütte, ein riesiger Industriebetrieb, wo über 10.000 Menschen Arbeit fanden. Heute erinnert ein Industriemuseum an die schwerindustrielle Vergangenheit.

Nördlich von Hattingen, in Bochum, liegt meine zweite Heimat im Ruhrgebiet. Hier war ich von 1967 bis 1979 unter der Intendanz von Hans Schalla, dem

Nachfolger des legendären Saladin Schmitt, und in der Nachfolge auch von Peter Zadek engagiert. Zadek hat das Bochumer Theater revolutioniert. Das fing damit an, dass er ein Abonnement einführte, das sechs Theaterstücke vorsah und sechs Fußballspiele. Am Anfang hielt man ihn für verrückt. Theater und Fußball, wie sollte das gehen?

Aber Zadek wollte zeigen, dass Kultur nicht in einen abgeschlossenen Bezirk fern des Alltags der Menschen gehört. Wir spielten dann auch nicht nur im Theater, sondern auch in alten Industriehallen und begründeten damit eine Tradition, die heute etwa mit der Jahrhunderthalle in Bochum fortgeführt wird. Wir waren damals Pioniere. Und Zadek machte bewusst, dass auch die Alltagskultur wie Fußball Teil der Kultur ist.

Das Ruhrgebiet ist reich an Traditionen dieser Art. Vor hundert Jahren propagierte der Gründer des Folkwang-Museums und Visionär Karl Ernst Osthaus in Hagen die Idee einer Versöhnung von Kunst und Leben. Sein so genannter »Hagener Impuls« war der Versuch, das gesamte gesellschaftliche Leben durch Kunst umzugestalten. Er wollte die soziale Wirklichkeit einer ganzen Industriestadt, seiner Heimatstadt Hagen, prägen und ließ architektonische Meisterwerke schaffen. Dem Programm von Karl Ernst Osthaus haben auch Fritz Pleitgen und sein Team das Motto der Kulturhauptstadt Europas 2010 entnommen: »Wandel durch Kultur, Kultur durch Wandel«.

Ein weiteres Beispiel ist die Literatur. Das Ruhrgebiet war nach dem Zweiten Weltkrieg ein Zentrum der deutschen Literatur. Die Gründung der Gruppe 61 in Dortmund 1961 durch den Bibliotheksdirektor Fritz Hüser machte vor 50 Jahren die Arbeitswelt zum Thema der Literatur. Schriftsteller wie etwa Max von der Grün, Josef Reding, Günter Wallraff, Erika Runge und Friedrich Christian Delius vertraten gemeinsam das Ziel, die Realität der industriellen Arbeitswelt literarisch zu gestalten und bewusst zu machen.

Heute sind rund 3.500 Industriedenkmäler erhalten, die den Wandel des Ruhrgebiets von Eisen- und Zechenhütten in eine moderne Gesellschaft dokumentieren. Das Ruhrgebiet hat sich immer verändert, ist in stetigem Wandel und das dokumentiert auch die Kunst mit ihrer Veränderbarkeit und Lebendigkeit.

Die Größe des Ballungsraums bietet zugleich viele wirtschaftliche und kulturelle Chancen. Neben einer enormen Kaufkraft und einem großen Potenzial an Arbeitskräften hat man die Einmaligkeit der industriekulturellen Überlieferung als Standortvorteil für Tourismus und Kultur entdeckt. Viele traditionelle Kulturinstitutionen haben ein unverwechselbares Profil entwickelt, weil der Ballungsraum ihnen viel Resonanz bietet, um künstlerische Produktionen zu entfalten.

Die daraus entstehende Vielfalt ist ein Glück für die Region und führt zudem zu einer wohltuenden Konkurrenz zwischen den Städten.

Eine Liebeserklärung an das Ruhrgebiet

Meine Lebensgeschichte ist vielfach durch das Ruhrgebiet geprägt – und ich habe, was mich immer wieder freut, beruflich das Ruhrgebiet präsentieren dürfen. Zum Beispiel in zahlreichen WDR-Produktionen, die meine Ruhrgebiets-Sprache brauchten und schätzten, und nicht zuletzt in der von Elke Heidenreich geschriebenen Serie »Tour de Ruhr«, die 1981 zum Publikumsrenner wurde.

In der sechsteiligen Serie des WDR fährt der Dortmunder Bundesbahnbeamte Harald Schlümer (Eckhard Heise) mit seiner Freundin Ines (Elfi Eschke) mit dem Fahrrad durchs Ruhrgebiet. Schlümers Arbeitskollege Karlheinz Stratmann (Henry van Lyck), seine Frau Lisbeth (Marie-Luise Marjan) und die Tochter Martina (Klaudia Schunck) samt Freund Wolf-Rüdiger (Ralf Richter), genannt »Wölfchen«, schließen sich an. Sie fahren an Sehenswürdigkeiten vorbei, und es kommt zu Streit, Ehekrach, Eifersucht und Reifenpannen. Die Etappen führten von Dortmund über Henrichenburg, Westerholt, die Siedlung »Unser Fritz« in Wanne, Gelsenkirchen und Hünxe nach Duisburg. Elke Heidenreichs Familienserie, die auch heute noch viele Anhänger hat, ist eine Liebeserklärung an das Ruhrgebiet und zeigt die Region mit ihren überraschend schönen, grünen Seiten, aber auch den sozialen Problemen.

Chancen für neue Aufbrüche

Die Rolle hat mir viel Spaß gemacht. Es lag uns am Herzen, das Ruhrgebiet jenseits aller Vorurteile so darzustellen, wie es wirklich ist. Und wir wollten das lang gepflegte »Bild in den Köpfen« korrigieren, geradezu zurechtrücken. Hin zu mehr (gesundem) Selbstbewusstsein, dabei niemals arrogant, aber immer kernig und patent. Denn: Wir müssen uns nicht zur Schau stellen – wir können unsere eigenen Stärken selbstbewusst vertreten.

Der ständige Wandel, dies haben uns Fritz Pleitgen und sein Team in ihrer großartigen Arbeit für die Kulturhauptstadt Europas gezeigt, ist unsere eigentliche Leistung – und unsere besondere Stärke. Der Wandel, in dem sich das Ruhrgebiet befindet, geht weiter und steckt voller Chancen für neue Aufbrüche. Diesen Wandel sollten wir selbstbewusst gestalten und als Herausforderung begreifen. So sind wir ständig in Bewegung. Getreu dem Motto: Wandel durch Kultur.

Fritz Pleitgen/Oliver Scheytt

Kultur ist ein starker Treibstoff
Die Lehren von Glasgow und Liverpool

Zum Schluss gab es viel Beifall. Von Brüssel bis Breckerfeld, von Berlin bis Düsseldorf. José Manuel Barroso, Präsident der Europäischen Kommission, gratulierte der Kulturhauptstadt »Essen für das Ruhrgebiet« zu einem außerordentlich erfolgreichen Jahr und zum enormen Zuspruch durch die Bevölkerung. 2010 sei der europäische Geist dank der Kultur überall im Ruhrgebiet präsent gewesen. Für die Bundesregierung sprach Staatsminister Bernd Neumann von einer großartigen Leistung und bestens angelegtem Geld von Seiten des Bundes. Spitzenkultur sei erfolgreich mit Kultur für alle kombiniert worden. Nordrhein-Westfalens Ministerpräsidentin Hannelore Kraft erklärte, die Kulturhauptstadt habe ein neues Bild vom Ruhrgebiet geschaffen. Es stehe für Aufbruch und Erneuerung. Bürgermeister Klaus Baumann nannte die Kulturhauptstadt identitätsstiftend, sie habe das kreative Potenzial der Region Ruhr voll zur Geltung gebracht, auch in der Hansestadt Breckerfeld.

Zielsetzung Nachhaltigkeit

Vier unterschiedliche Sichtweisen, vier positive Urteile. Schöne Sache, so viel Lob! Aber zufrieden stellen können die guten Noten auf Dauer nicht. Die Kulturhauptstadt »Essen für das Ruhrgebiet« war auf mehr als das Jahr 2010 angelegt. Sie sollte nicht nur zwölf Monate brillieren, sondern langfristig wirken. So hatte es die Jury der Europäischen Union gefordert, als sie den anspruchsvollen Titel vergab. Nachhaltigkeit – das war auch die Parole der Gesellschafter von RUHR.2010. Die GmbH hatte die Aufgabe, die Kulturhauptstadt zu organisieren. Nachhaltigkeit war vor allem das Ziel der Macher von RUHR.2010. Konditionsschwäche verbot sich. Nachdem so viel Energie und Wagemut in das Projekt gesteckt worden waren, sollte die Wirkung auch von langfristiger Dauer sein.

Der Mensch gewöhnt sich an Vieles, vor allem an Gutes. Kulturhauptstadt Europas zu sein wirkte im Laufe der Zeit fast wie eine Selbstverständlichkeit. Dabei war es eine verwegene Idee gewesen, sich überhaupt an dem Wettbewerb zu beteiligen. Das Ruhrgebiet wurde in und außerhalb der vereinten deutschen

Republik mit Industrie und Fußball in Verbindung gebracht, aber nicht mit Kultur. Auch sonst war der Leumund nicht der beste. Verschuldet, überaltert, mit rapide schrumpfender Einwohnerzahl, angeschlagener Infrastruktur und hoher Arbeitslosigkeit landeten die Kommunen des Regionalverbandes Ruhr (RVR) im deutschen Städte-Ranking mit demütigender Regelmäßigkeit auf den hinteren Plätzen. Zerstritten waren sie überdies.

Dann geschah ein kleines Wunder. Die Städte im RVR taten sich zusammen, um sich gemeinsam um den Titel »Kulturhauptstadt Europas« zu bewerben. Aber was konnte man von einem so abgebrannten Kandidaten erwarten? Die 15 Konkurrenten, insbesondere Köln, vertrauten auf ihre Jahrhunderte alten Kulturtraditionen. Vom Ruhrgebiet sahen sie sich nicht bedroht.

Doch es kam anders, wie wir wissen. Es siegte nicht das selbstgewisse Bauen auf die Vergangenheit, sondern das beste Konzept für die Zukunft. Und das kam von »Essen für das Ruhrgebiet«. Ausschlaggebend war dabei die entschlossene Gemeinsamkeit von RVR, seinen 53 Kommunen, Land und Wirtschaft. Das war Akt I. Dieselbe Allianz bildete die Basis für das Gelingen von Akt II: die Umsetzung des Kulturhauptstadtprogramms. Schnee von gestern? Keineswegs! Was liegt näher als in Akt III, in dem es um die Sicherung der Nachhaltigkeit geht, nach gleichem Erfolgsmuster wie bei Akt I und II zu verfahren? Never change a winning team, muss es nicht nur im Fußball heißen.

Das Beispiel Glasgow

Nachhaltigkeit ist in Europa längst zu einer geflügelten Forderung geworden. Sie wird landauf und landab bei jedem Projekt gepredigt, sie droht wegen dieser Penetranz zur Phrase zu verkommen. Das gilt auch für das hehre Unternehmen »Kulturhauptstadt Europas«. Viele Titelträger haben, was langfristige Wirkung angeht, nur mäßig reüssiert, wenn überhaupt von Erfolgen geredet werden kann. Aber es gibt auch positive Beispiele. Glasgow und Liverpool gehören dazu. Beide Städte haben mit dem Ruhrgebiet einige Erfahrungen gemeinsam. Sie sind durch Industrie groß geworden, sie gingen mit dem Niedergang ihrer Industrien durch viele Krisenjahre und plagen sich seitdem mit einem lausigen Image.

Wenn Peter Trowles von Glasgow School of Arts den unebenen Werdegang seiner Stadt schildert, dann drängen sich Vergleiche mit der wechselvollen Geschichte des Ruhrgebiets auf. Ende des 19. Jahrhunderts lief Glasgow zu großer Form auf. Schwerindustrie, insbesondere Schiffs- und Lokomotivbau, machte die Stadt am River Clyde nach London zur Second City of the British Empire. Mächtig, wenn auch dreckig! Kommt uns bekannt vor. Internationale Krisen lösten einen permanenten Abstieg ein.

In den 1960er Jahren galt Glasgow als hoffnungsloser Fall. Die Wende kam 20 Jahre später. Wie das 80 km entfernte Edinburgh suchte Glasgow sein Heil in Kultur und Kreativität. Mit der Cartoon-Figur Mr. Happy und der Kampagne Glasgow's Miles Better machte sich das einstige Industriezentrum als Touristen- und Kunstattraktion interessant. Der Unternehmer Sir William Burrell sorgte dafür, dass der Durchbruch zu nationaler und internationaler Aufmerksamkeit gelang. Er spendierte der Stadt nicht nur ein Museum, sondern auch eine opulente Sammlung mittelalterlicher Kunst und einen reichen Schatz an großen Werken des Impressionismus. Weltklasse-Kunst im verrußten Glasgow! Das musste die Presse neugierig machen. Und sie kam, auch aus dem Ausland.

Die internationale Anerkennung machte Mut. Glasgow schuf sich ein exquisites Ausstellungs- und Konferenzzentrum und begann sich als europäisches Finanz- und Geschäftszentrum aufzubauen. Zugleich brachte sich die Stadt mit einem phantasievollen Garden Festival ins internationale Gespräch. Ein noch größerer Scoop war der Titelgewinn »Kulturhauptstadt Europas 1990«. Eine Überraschung, insbesondere für die Konkurrenz! Niemand hatte Glasgow auf der Rechnung gehabt. Einen stärkeren Schub für das Comeback der Stadt konnte es nicht geben. Über die wirtschaftliche Bedeutung von Kunst und Kultur für Glasgow schrieb das Policy Studies Institute damals: »Die Überzeugung wächst, dass die Künste und die Qualität des kulturellen Lebens einer Stadt oder einer Region einen entscheidenden Wettbewerbsvorteil verschaffen, als Quellen von Kreativität und Identität.«

Glasgow war entschlossen, seine Chance zu nutzen, und ging in die Vollen. Als erste Kulturhauptstadt Europas spielte sie ihr Programm über alle 365 Tage aus, wobei Kultur im weitesten Sinne definiert wurde, um alle Bürger und Bürgerinnen mitzunehmen. Gewiss, eine klare Linie war nicht zu erkennen, aber es war ein Jahr lang inspirierendes Leben in der Bude. Eine solche kulturelle Vielfalt und Vitalität hatten selbst die Glaswegians ihrer kürzlich noch völlig heruntergekommenen Industrie-Metropole nicht zugetraut.

Glasgow ist heute eine attraktive Adresse für alle, die in der Wirtschaft, Wissenschaft oder Kultur vorankommen wollen. Die Stadt hat den Anschluss an die internationale Spitze geschafft. Die Kultur hat dazu entscheidend beigetragen. Glasgow versteht sich zu verkaufen. Auch das gehört zum Geschäft. Nicht von ungefähr beschreibt die Presse die Stadt als »the coolest city in the

UK«. Das Etikett ist viel Werbegeld wert. Aber Glasgow hat weit mehr als einen flotten Slogan zu bieten. Was in den Jahrzehnten des Niedergangs zu verkommen drohte, ist wieder aufgemöbelt worden. Die Kulturhauptstadt gab dazu den Startschuss.

Die für Glasgow charakteristischen Tenements, die Mietshäuser im viktorianischen Stil, wurden in Schuss gebracht. Zugleich schuf man eine werbewirksame Legende um einen Architekten, der wie kein Anderer das Gesicht Glasgows geprägt hat, zwischendurch allerdings im Dunkel der Geschichte verschwunden war: Charles Rennie Mackintosh. Der Außenwelt wurde mitgeteilt: Was Antoni Gaudi für Barcelona und Frank Lloyd Wright für Chicago bedeuten, das bedeutet Mackintosh für Glasgow.

Seine Schöpfungen, wie die Glasgow School of Art, Willow Tearooms, the Scotland Street School Museum, the Queen's Cross Church bis hin zu den Straßenlaternen, wurden zu den Stars der Kulturhauptstadt stilisiert. Und sie sind es geblieben. Bis heute wird mit dem Art Nouveau-Architekten gewuchert. »The amazing Mr. Mackintosh« heißt ein brandaktueller Comic. 99 Prozent der Kinder und Erwachsenen identifizieren sich mit der Kultfigur, behauptet Kurator Peter Trowles. Nicht von ungefähr spielt Mackintosh auch in der Kampagne »Glasgow. Scotland with style« eine Hauptrolle.

Warum erzählen wir so viel über die ehemalige Kulturhauptstadt Glasgow? Sie ist, was Nachhaltigkeit und Vermarktung angeht, ein Vorbild. Wie jetzt die Städte des Ruhrgebiets hatte auch Glasgow nach dem Jahr als Kulturhauptstadt schwer zu krebsen, aber sich kein Nachlassen erlaubt, sondern neue Ziele ins Auge gefasst. So wurde die schottische Metropole noch vor der Jahrtausendwende kurz hintereinander »City of Architecture and Design« und »National City of Sports«. Erhebliche Anstrengungen waren dafür erforderlich, aber die Stadt schaffte es dadurch, immer weiter vom Abgrund wegzukommen, wie von Peter Trowles zu hören ist. Und Glasgow bleibt am Ball. In wenigen Jahren ist die Stadt Gastgeber der Commonwealth Games, die – wen wundert es – eine starke kulturelle Komponente erhalten sollen.

All dies sind kurzfristige Ereignisse. Aber es sind in der Zeit der Kulturhauptstadt und danach auch viele wertvolle Einrichtungen mit dauerhafter Wirkung entstanden. Die funkelnde Konzerthalle als Neubau zum Beispiel oder The Tramway, die größte Spielstätte für Künste aller Art, als Umbau eines riesigen Industriegebäudes aus dem 19. Jahrhundert. Am Clyde River, der mal so dreckig war wie die Ruhr, künden kühne Bauwerke vom Esprit und von der Kraft der zurückgekehrten Stadt. Wie in Duisburg hat auch hier Norman Foster nachhaltig gewirkt.

»Armadillo« wird sein Clyde Auditorium im Volksmund genannt, weil es einem gepanzerten Gürteltier ähnelt.

Aber wie Duisburg und viele andere Kommunen des Ruhrgebiets ist auch Glasgow eine Stadt der bitteren Gegensätze. Während das City Centre und Merchant City vor Energie, Einfallsreichtum und Lebensfreude strotzen, stecken andere Stadtteile, wie East End, in schwersten Problemen. Die Gesundung im Kern Glasgows, so hofft man, soll so viel Kraft entwickeln, dass auch die sozialen Notfälle wie East End saniert werden können.

Das Beispiel Liverpool

Die gleiche Strategie verfolgt Liverpool, Großbritanniens zweite Europäische Kulturhauptstadt. Auch hier war der Druck zum Handeln groß geworden. Nach Ende der industriellen Blütezeit war die Hafenmetropole auf der Westseite Englands mächtig geschrumpft. Das Schicksal kommt uns bekannt vor, denn im Ruhrgebiet ist die Einwohnerzahl ebenfalls kräftig abgesackt. Von 5,7 auf 5,3 Millionen. Im Vergleich dazu hat es die beiden anderen Metropolen noch härter getroffen. Glasgow rutschte von einer Million auf 590.000 ab, Liverpool von 850.000 auf die Hälfte. Der Verlust nagte an der Psyche, zumal andere Städte zulegten.

Aber dann kam die Kulturhauptstadt. Neues Selbstbewusstsein zog ein und mit ihm der feste Wille, das Erreichte zu festigen und auszubauen. Das ist die Beobachtung bei Glasgow und Liverpool. Beim Ruhrgebiet muss sich diese Entschlossenheit noch erweisen.

In Glasgow weiß man noch zwanzig Jahre später, dass die Kulturhauptstadt und die Kultur generell starke Impulse für die Stadtentwicklung gesetzt haben. Auch in Liverpool, Titelträger 2008, ist die European Capital of Culture in bester Erinnerung. Sie habe der Stadt eine Menge gebracht, erfährt man in den Pubs wie »The Crown«, auch wenn man die Philosophie von Liverpool 08 oder die Projekte nicht mehr so richtig auf die Reihe bringt. Wie stark sich die Stadt samt ihrem Image verändert hat, ist besonders prägnant am Bahnhof Lime Street zu erkennen. Vor 2008 waren hier nur Bretterwände zu sehen, gespickt mit Werbung für Billig-Porno und Quick Sex. Jetzt sind die Bauzäune weg und ein imposantes Gebäude, im Viktorianischen Stil gekonnt restauriert, beherrscht die Szene.

Wie die Beatles hat der Merseybeat aus Liverpool als Musikstil der 1960er Jahre Rockgeschichte geschrieben. »Ferry crosses the Mersey« heißt es im Song von Gerry & The Pacemakers. So liebevoll ist sonst nicht mit dem Fluss umgegangen worden. Im Zuge der Industrialisierung wurde aus dem Mersey eine Abwasser-Kloake. Nun ist der Fluss wieder in guter Verfassung. Auch die verlassenen Docks erleben ein starkes Comeback. Albert Dock war als Werft das Herzstück des Hafens zu dessen Glanzzeit, heute ist daraus ein charaktervolles Quartier für Kultur, Freizeit und Geschäftswelt mit maritimem Flair geworden.

Schon Jahre vor Liverpool 08 waren eine Reihe nationaler und europäischer Förderprogramme abgeschlossen bzw. angelaufen. Aber es war die Kulturhauptstadt, die wie in Glasgow der Entwicklung noch einmal einen kräftigen Push gegeben hat. Besucher und Einwohner nannten, was sie als Vorbereitung auf die Kulturhauptstadt erlebten, »the big dig«. Die Stadt schien von Baukränen besetzt zu sein. Auch nach 08 wird die Kulturwelle weiter geritten. Nun will sich Liverpool den Titel »Unesco City of Music« holen. Die Chancen dafür stehen gut. Die Stadt am Mersey River ist nicht nur der Olymp des Pop, sondern zugleich eine Größe in klassischer Musik.

Liverpool hat im Städte-Ranking viele Plätze gut gemacht. Und weil es insgesamt prima läuft, wird die Stadt für Investoren immer interessanter. Nun wird ein Mega-Projekt ins Auge gefasst. Die nördlichen Docklands auf beiden Seiten des Mersey sollen in ein hypermodernes Viertel am Wasser verwandelt werden. Hier soll es in eleganter Form alles auf engem Raum geben, was der Mensch zum Leben braucht: Arbeitsplätze, Geschäfte, Wohnungen, Freizeiteinrichtungen. Ein privates Projekt! Peel Waters Group Ltd. will dafür die Kleinigkeit von 5,5 Milliarden Pfund locker machen. Vor der Kulturhauptstadt war das Vertrauen noch nicht so ausgeprägt. Das spektakuläre Vorhaben genießt allerdings nicht die Sympathie aller. Eine Schanghai-Skyline wird befürchtet. Ein Pudong am ehrwürdigen Mersey River wollen eingefleischte Liverpudians nicht haben.

Ein Dekaden-Projekt, das bereits angelaufen ist, findet hingegen allgemeine Zustimmung. Aus gutem Grund! Wen es nicht lange auf Erden hält, der sollte nach Liverpool ziehen. Hier ist die Lebenserwartung um zehn Jahre kürzer als in London. Deshalb wurde letztes Jahr zum »Year of Health und Wellbeing« ausgerufen. Die Unternehmung soll nun bis 2020 unter dem Titel »Primary Care Trust« ausgedehnt werden. Die Strategie ist schlicht. Mit Vorbeugung auf breiter Front, auch mit Mitteln von Kunst und Kultur, soll dem frühen Tod und Siechtum entgegengetreten werden. Ob der Rückstand, was die Lebenserwartung angeht, gegenüber London in zehn Jahren wettgemacht werden kann, ist die spannende Frage. An der Antwort ist sicher nicht nur die Bevölkerung Englands interessiert. Auch so kann die Aufmerksamkeit der ganzen Welt hervorgerufen werden.

Kultur als Entwicklungsmotor in Europa

Die Erfahrung, dass mit Kultur eine Menge zu machen ist, hat zu einer nationalen Initiative geführt. Man will in Großbritannien nicht mehr darauf warten, bis das Vereinigte Königreich wieder an der Reihe ist, sich um den Titel »Kulturhauptstadt Europas« zu bewerben. Nun soll es alle vier Jahre auf der Insel eine City of Culture geben. 2013 geht es los. 14 Bewerber waren ins Rennen gegangen. Derry, die zweitgrößte Stadt Nordirlands, hat es geschafft. Die Erwartungen sind nach dem Erfolg von Liverpool sehr hoch.

Kultur ist natürlich kein Allheilmittel für Städte und Regionen mit massiven Strukturproblemen. Ohne prosperierende Wirtschaft geht es nicht. »It's economy, stupid!« Was Bill Clinton salopp formulierte, gilt überall. Erst recht für einen traditionellen Industrie-Standort wie das Ruhrgebiet. Aber es gibt einen effizienten Zusatz-Treibstoff, und das ist die Kultur, wie sich in Glasgow und Liverpool gezeigt hat. Auch Lille, im Jahr 2004 Kulturhauptstadt Europas, setzte auf die gleiche Karte. Mit Erfolg, wie die bisherige Erfahrung lehrt!

Dass Kunst und Kultur gesellschaftliche und individuelle Verhältnisse verändern können, ist keine neue Entdeckung. Schon vor über hundert Jahren vertrat der Hagener Unternehmer und Kunstsammler Karl-Ernst Osthaus die Auffassung, dass Kunst und Kultur zur menschenwürdigen Gestaltung der Welt beizutragen haben. Seiner Vorstellung folgend wurde das Leitmotiv für die Kulturhauptstadt »Essen für das Ruhrgebiet« formuliert: »Wandel durch Kultur – Kultur durch Wandel«. Für die Jury in Brüssel war das Motto einleuchtend, denn es gibt in Europa keine Metropole oder Region, die mehr für den Wandel steht als das Ruhrgebiet.

In der Politik der Europäischen Union spielte das Element Kultur lange Zeit keine Rolle. Die EU war als Wirtschaftsgemeinschaft gegründet worden. Von dieser Grundidee ist sie bis heute geprägt. Anfang der 1980er Jahre stellte die damalige griechische Kulturministerin Melina Mercouri fest, dass zum Zusammenwachsen Europas auch die Kultur gehört. Zusammen mit ihrem französischen Kollegen Jacques Lang entwickelte sie den Wettbewerb »Kulturhauptstadt Europas«. Großes hatten die Gründungseltern im Sinn. Sie wollten nicht nur Kunst und Kultur fördern, sondern mit Hilfe ihrer Intitiative europäisches Bewusstsein stärken und die jeweilige Kulturhauptstadt in ihrer Gesamtentwicklung voranbringen.

Erster Titelträger 1985 war Athen. Während die Idee der Kulturhauptstadt langsam Fahrt aufnahm, tat sich die Europäische Union mit der Kultur weiter schwer. Als sie sich 2004 in Lissabon für den weltweiten Wettbewerb aufstellte, wurde die Karte Kultur immer noch nicht gespielt. Dabei ist Europa auf diesem Feld dank seiner kräftigen regionalen Vielfalt jedem anderen Kontinent überlegen. Erst allmählich wurde das Versäumnis als Fehler erkannt. Die Kolportage ging um, Robert Schumann habe als einer der Schöpfer der Union in später Reue erklärt: Wenn er die EU noch einmal starten könnte, würde er das Vereinte Europa nicht mit der Wirtschaft, sondern mit der Kultur beginnen.

Ob Legende oder nicht, wirklich Klartext redete erst der gegenwärtige Präsident der Europäischen Kommission José Manuel Barroso. Auf der Tagung »Europa eine Seele geben« 2005 in Berlin verblüffte er die Öffentlichkeit unseres Kontinents mit der markigen Erklärung »Culture comes before Economy«. Seitdem setzt sich mehr und mehr die Erkenntnis durch, dass Kultur auch ein starker Standortfaktor sein kann.

Erfolgreiches Ruhrgebiet

Na ja, nicht überall! In vielen Köpfen sitzt immer noch die Vorstellung fest, als seien Kunst und Kultur Luxusgüter für wenige. So mischten sich denn in den Beifall auch Seufzer der Erleichterung, als die Kulturhauptstadt »Essen für das Ruhrgebiet« zu Ende ging. Nun seien mal andere dran, war nicht selten zu hören, wenn es an Haushaltsberatungen ging.

Für Erklärungen dieser Art gibt es Gründe. Die Not ist allgemein. Von 53 Kommunen des Regionalverbandes Ruhr ist nur eine schuldenfrei, die kleinste. Breckerfeld! Die meisten anderen quälen sich mit strammen Nothaushalten über die Runden. Wenn Schulen, Turnhallen und Heizungen in Rathäusern nicht instand gehalten werden können, weil das Geld fehlt, dann kann das Engagement bei freiwilligen Leistungen wie für die Kultur leicht erlahmen. Deshalb war es bewundernswert, dass die Kommunen trotz erdrückender Finanznöte ihr Bestes gegeben haben, um die Kulturhauptstadt zu einem Erfolg zu machen. Nicht zu ihrem Nachteil!

Nun droht die Luft auszugehen. Aus diesem Grund ist es umso wichtiger, dass die Allianz von Kommunen, Land und Wirtschaft bestehen bleibt. »Wir an der Ruhr gemeinsam nach vorn«, hat Paul Mikat die Leitlinie für den Initiativkreis Ruhr auf eine treffende Kurzformel gebracht. Ruhrbischof Hengsbach ergänzte, es gehe darum, die Region ökonomisch und kulturell zu unterstützen. Noch konkreter wurde Hilmar Kopper, als er Sprecher des Initiativkreises war: »Kultur und Bildung sind wichtig für den Strukturwandel.« Keines der Zitate hat seine Aktualität eingebüßt.

Was Paul Mikat vor mehr als 20 Jahren gefordert hat, ist mit der Kulturhauptstadt beispielhaft umgesetzt worden. Eine Gemeinschaftsleistung sondergleichen hat zu dem Ergebnis geführt, das vom Präsidenten der Europäischen Kommission ebenso als Erfolg gelobt wurde wie von allen Oberbürgermeistern, Bürgermeistern und Landräten im Regionalverband Ruhr. Der Gesamtauftritt hat dem Ruhrgebiet Respekt verschafft – angefangen von der Eröffnung auf der Zeche Zollverein über das Theaterprojekt Odyssee Europa, die großen Ausstellungen, die Aktion Schachtzeichen, den Day of Song, die Operation Still-Leben Ruhrschnellweg, die Sinfonie der Tausend bis hin zum Großen Finale. Noch nie hatte das Ruhrgebiet eine so umfangreiche und positive Berichterstattung wie im Jahr der Kulturhauptstadt. Der Mediawert überstieg den Etat der organisierenden Gesellschaft RUHR.2010 um das Dreifache. Von wegen, Kultur zahlt sich nicht aus!

L'art pour l'art, Kunst der Kunst wegen – diese Maxime aus dem 19. Jahrhundert gilt auch heute noch, allerdings begrenzt. Kultur kann mehr. Sie kann auch Arbeitsplätze schaffen. Die Zeche Zollverein ist dafür ein besonderes Beispiel. Im Zusammenspiel mit der Kulturhauptstadt hat sie ihre Besucherzahl auf über zwei Millionen mehr als verdoppelt und für zusätzliche attraktive Beschäftigungsmöglichkeiten gesorgt. Kein Einzelfall! Die Kulturhauptstadt verzeichnete andernorts ähnliche Erfahrungen, wenn auch nicht gleichen Kalibers.

Die Programme kamen bei den Menschen gut an. Die Veranstaltungen fanden überdurchschnittlichen Zuspruch, von einigen wurden Rekordbesuche gemeldet. Der Fremdenverkehr profitierte von dem Boom. Die Branche registrierte einen kräftigen Anstieg. Auch hier zeigte sich das Potenzial der Kultur. Sie leistete mit einem Mix aus klassischer Kunst, faszinierender Industriekultur und unerwarteter Vielfalt an Kulturen aus aller Welt die entscheidenden Schrittmacherdienste für die Entdeckung des Ruhrgebiets als attraktives Tourismusziel besonderer Art. Eine Selbstverständlichkeit war das nicht.

Wir hatten unsere speziellen Erfahrungen gemacht. Als wir uns 2009 auf Tour begaben, um für den Besuch der Kulturhauptstadt Europas »Essen für das Ruhrgebiet« zu werben, trafen wir auf wenig Kenntnis und sehr verhaltenes Interesse. Ob in Paris, Stockholm, Istanbul, New York oder Washington, die Vorstellung vom Ruhrgebiet war mehr als vage. Schwerindustrie im Niedergang, zweifelhafte Vergangenheit als Waffenschmiede, graue Städte, eine amorphe Masse. Als Kulturhauptstadt kaum vorstellbar, fanden die Gäste unserer Werbeveranstaltungen.

Mit der Realität hatte das Bild wenig oder nichts zu tun. Für unsere PR-Kampagne gab es deshalb nur eine Strategie: entschlossene Offensive. Das galt ebenso für das Inland, denn auch der Bundesbürger hat beim Ruhrgebiet eine Montanregion der 1960er Jahre vor Augen.

Nun ist es leichter, ein neues Image zu schaffen, als ein bestehendes zu verändern. Wir mussten deshalb radikal vorgehen. Weil beim Ruhrgebiet gleich die Vorstellung von qualmender Industrie und verrußten Städten auftauchte, sprachen wir konsequent von der Metropole Ruhr, wenn es um Gegenwart und Zukunft ging. Wir hatten dabei eine Metropole neuen Typs im Auge: polyzentrisch, mit 53 Städten, dynamisch, innovativ, im ständigen Wandel begriffen. Statt »Essen für das Ruhrgebiet« nannten wir unsere Gesellschaft RUHR.2010. Eine programmatische Ansage! Die Strategie hat nach innen wie nach außen funktioniert.

Das alte Ruhrgebiet ließen wir nicht fallen, sondern stellten seine Verdienste für die Bundesrepublik Deutschland und die Europäische Union heraus. Mit Kohle und Stahl sei es nicht nur Motor des deutschen Wirtschaftswunders, sondern auch Wiege des Vereinten Europas gewesen. Wer in Deutschland und Europa kann solche Leistungen vorweisen? Es ging darum, Selbstbewusstsein zu demonstrieren, Anerkennung zu gewinnen und Neugier zu wecken. Dabei konnten wir aus dem Vollen schöpfen, dank der Kirchturmspolitik vergangener Tage. Da jede Kommune ihre eigenen Kultureinrichtungen haben wollte, verfügt die Metropole Ruhr heute auf engem Raum über mehr Theater, Musikhäuser, Museen und Festivals als jede andere Region in Europa. Dazu kommen an die tausend Industriedenkmäler, von denen heute viele als Spielstätten für spektakuläre Aufführungen dienen.

Diesen lange übersehenen Reichtum zur Geltung zu bringen war Aufgabe der Kulturhauptstadt. Zugleich hatte sie gegen das veraltete und standortschädliche Image einer untergehenden Kohle- und Stahlregion anzugehen. Dies ging nur mit frischen, starken Bildern. Sie mussten die Identität und den Charakter dieser eigenwilligen Metropole zum Ausdruck bringen. Veranstaltungen wie der Festakt zu Beginn, die Aktionen Schachtzeichen und Still-Leben auf der A 40 sowie das große Finale haben diese Bilder geliefert. Da sie sowohl über Fernsehen und Internet als auch auf Fotos weite Verbreitung fanden, verfehlten sie ihre Wirkung nicht. Sie haben das überständige Image verdrängt. Vorübergehend!

Zukunftsperspektiven des Ruhrgebiets

Wie lange hält sich das neue Bild? Alte Vorstellungen kehren penetrant wie Vorurteile zurück, wenn sie nicht ständig überzeugend widerlegt werden. Nachhaltigkeit erfordert immer wieder neue Anstrengungen. Glasgow und Liverpool liefern dafür gute Vorbilder. Die Voraussetzungen, das Erreichte zu festigen und auszubauen, sind auch hier nicht schlecht. Mit der Kulturhauptstadt ist ein neues Denken eingezogen. Statt sich wie seit ewigen Zeit in Missgunst und Rivalität das Leben gegenseitig schwer zu machen, praktizierten die Städte und ihre Kultureinrichtungen fast wie selbstverständlich Zusammenarbeit. Jede von ihnen konnte ihre Identität wahren, sich aber auch bei großen Projekten in Joint Ventures einbringen.

Ein gutes Training für die Zukunft, denn im nationalen und erst recht im globalen Wettbewerb kann sich ein kleiner oder mittlerer Einzelkämpfer nur schwer behaupten. Die Kulturhauptstadt hat für eine hilfreiche Erfahrung gesorgt. Der Metropolengedanke kommt an, wenn er nicht von oben diktiert, sondern an der Basis praktiziert wird. Besonders nützlich sind dabei die Netzwerke, die sich im Zusammenhang mit der Kulturhauptstadt gebildet haben. Sie sind die besten Garanten für nachhaltige Wirkung. Glasgow und Liverpool haben ähnliche Erfahrungen gemacht.

Eine entscheidende Rolle spielte bei »Essen für das Ruhrgebiet« die Bevölkerung. Sie brachte sich mit eigenen Vorstellungen in das Programm ein und machte die Kulturhauptstadt zu ihrer Sache. Kultur als Volksbewegung, das war der ganz große Erfolg der Kulturhauptstadt. Die Bürgerinnen und Bürger entdeckten mit Stolz, dass ihre Heimat mehr ist als eine Schwerindustrie-Region im Niedergang, sondern eine Kulturmetropole von internationalem Rang. Durch die großen Gemeinschaftserlebnisse der Kulturhauptstadt hat sich so etwas wie ein Metropolengefühl entwickelt. Ob sich das neue Denken auf Dauer behauptet, wird sich in den nächsten Jahren zeigen. Die Kräfte der Restauration, die verbissen ihre Territorien verteidigen, setzen auf kleines Karo, um im Spiel zu bleiben. Die Macht der Apparate ist nicht zu unterschätzen.

Das Land und die Kommunen im RVR verfolgen eine andere Strategie. Sie wollen das Erbe der Kulturhauptstadt zusammenhalten. Es soll in die Kultur Ruhr eingebracht werden. Eine kluge Entscheidung! Die Einrichtung, die innerhalb weniger Jahre die RuhrTriennale zu einem weithin respektierten Markenzeichen gemacht hat, wird von Land und Regionalverband Ruhr gemeinsam getragen. Und auch die Wirtschaft ist indirekt vertreten. So kann weiter eine ganzheitliche Strategie verfolgt werden, insbesondere bei der Vermarktung, nicht zuletzt im Zusammenwirken mit dem Ruhrtourismus.

Land und Kommunen wollen in ihren Anstrengungen für die Kulturmetropole Ruhr nicht nachlassen. Dafür wollen sie beachtliche Mittel zur Verfügung stellen. Jeweils 2,4 Millionen Euro! Die Stiftung Mercator ist bereit, Kultur- und Bildungsprojekte jährlich mit fünf Millionen Euro zu unterstützen. Die Emscher-Genossenschaft will sich in ähnlicher Weise engagieren. Wenn sinnvolle Vorhaben entwickelt werden, sind auch Mittel von Bund und Europäischer Union locker zu machen. Das ist jedenfalls die Erfahrung der Kulturhauptstadt.

Wie Glasgow und Liverpool hat also auch die Metropole Ruhr gute Möglichkeiten, den als Kulturhauptstadt eingeschlagenen Weg fortzusetzen, ohne sich finanziell zu verheben. Allerdings darf sie sich nicht verzetteln. Die Kraft zu einer Gesamtstrategie muss schon aufgebracht werden, sonst geht der Anschluss an die nationale und europäische Konkurrenz verloren. Das Schrumpfen der Städte ist nur durch eine konzertierte Aktion von Kommunen, Land und Wirtschaft zu stoppen, und zwar durch attraktive Angebote von Arbeit, Bildung, Kultur und Freizeit.

Viel Großes ist in den letzten Jahren geschaffen worden. Neben Zeche Zollverein, Jahrhunderthalle Bochum, Gasometer Oberhausen und Landschaftspark Nord sind innerhalb und außerhalb der Kulturhauptstadt neue Markenzeichen dazugekommen, wie das Dortmunder U, das Hagener Kunstquartier, das Museum Folkwang, die Duisburger Küppersmühle, die Emscher-Insel und der gläserne Aufbau der Zeche Nordstern mit der mächtigen Herkules-Figur. Einiges wird folgen, wie das Viktoria-Quartier in Bochum mit Konzerthaus und Marienkirche. Der Wandel durch Kultur vollzieht sich in großen Schritten. Seine Markenzeichen bringen die Wesenszüge der Metropole Ruhr zum Ausdruck: Tradition und Moderne.

Wer über die Landschaft von Rhein, Ruhr, Emscher und Lippe fliegt, erkennt auf einen Blick den drastischen Wandel, der sich vom Ruhrgebiet zur Metropole Ruhr vollzogen hat. Aber auch die vielen Möglichkeiten werden erkennbar, die noch brach liegen. Wie dunkle Nester sitzen die alten Industrieanlagen in neuen Parklandschaften. Einige dienen längst als Orte kultureller Veranstaltungen, andere warten noch auf eine neue Bestimmung. Ihre charaktervollen Gebäude eignen sich bestens für die kreative Wirtschaft: Architektur, Design, Medien, Mode, Video-Games, Werbung. Wenn die Kreativwirtschaft tatsächlich die Industrie der Zukunft ist, dann bietet die Metropole Ruhr mit ihrer Infrastruktur und ihrem Bestand an soliden Werksgebäuden dafür gute Voraussetzungen.

Der Initiativkreis Ruhr will sich nach eigenem Bekunden aus RUHR.2010 zurückziehen. Das ist verständlich. Das Jahr Kulturhauptstadt ist passée, die Mission allerdings nicht ganz beendet. Die Nachhaltigkeit muss noch gewährleistet werden. Nun sagen sich die Mitgliedsunternehmen nach dem Ausstieg aus RUHR.2010 nicht von der Kultur los. Sie werden weiter mit beachtlichem Finanzaufwand viele Projekte unterstützen. Da Kultur ein starker Standortfaktor ist, sollte der Initiativkreis das individuelle Engagement seiner Mitglieder auch künftig nutzen, um im strategischen Gespräch zu bleiben, wenn es um die generelle Stärkung des Standorts Metropole Ruhr geht.

Wir präsentieren kein theoretisches Modell, sondern praktische Erfahrungen, die sich im Wesentlichen mit den Erkenntnissen von Glasgow und Liverpool decken. Welche Erfolgsfaktoren der Kulturhauptstadt lassen sich für die Weiterentwicklung der Metropole Ruhr empfehlen? Ganz vorne steht die Allianz von Land, RVR mit seinen Kommunen und Wirtschaft. Ebenfalls von entscheidender Bedeutung waren gemeinschaftliches Handeln, die Mitnahme der Bevölkerung, der Aufbau effizienter Netzwerke, gut entwickelte Kampagnenfähigkeit, Gemeinschaftsveranstaltungen mit weiter Ausstrahlung, selbstbewusstes Marketing, überzeugende Slogans und Stärkung der Marke Ruhr.

Die Metropole Ruhr sollte ihre Vorteile als europäische Region ausspielen. Ihre Lage ist gegenüber anderen Städten und Gebieten unseres Kontinents privilegiert. Wie eine Spinne im Netz sitzt sie zwischen Berlin und Brüssel in einem dichten System von Autobahnen, Eisenbahnstrecken und Wasserwegen. Was sie braucht, ist eine Road Map mit ehrgeizigen, aber erreichbaren Zielen, um den Strukturwandel konzentriert voranzutreiben. Sie sollte ihr Profil als Industriemetropole schärfen, die auf Wissen, Technologie und Kultur basiert. Dazu passt die Idee einer Klima Expo im Jahr 2020. Das neue Dekadenprojekt würde die Metropole Ruhr nach der Kulturhauptstadt in neuen Schwung versetzen.

Die Voraussetzungen sind günstig. Neben den erstklassigen Angeboten der etablierten Kultureinrichtungen kann KulturRuhr mit außergewöhnlichen Projekten die Metropole Ruhr im Gespräch halten, was angesichts der starken nationalen und europäischen Konkurrenz dringend notwendig ist. InnovationCity, das Mega-Vorhaben des Initiativkreises Ruhr, sorgt zusätzlich für nationale und internationale Aufmerksamkeit. Zudem schafft der Abschluss der Emscher-Renaturierung in der einst verseuchten Mitte des alten Ruhrgebiets große Entfaltungsmöglichkeiten für die polyzentrische Metropole. Die Zeichen stehen gut. Das Wort des Schriftstellers Adolf Muschg zu Beginn der Kulturhauptstadt kann fortgeschrieben werden: Das alte Ruhrgebiet atmete Staub, die Metropole Ruhr atmet Zukunft.

Hans-Georg Küppers

Es gibt etwas zu entdecken
Kulturgebiet Ruhr

Herr Küppers, Sie sind seit 2007 Kulturreferent der Stadt München. War der Wechsel vom kleinen Bochum ins große München eine sehr große Umstellung für Sie?

Erst einmal ist Bochum nicht so klein. In Bayern wäre es nach München und Nürnberg die drittgrößte Stadt. Und was den Kulturbereich betrifft: Bochum ist mit seinem Schauspielhaus, den Symphonikern und seiner Off-Szene keine Provinz. Aber natürlich war der Wechsel nach München eine Umstellung. Auch wenn der prozentuale Anteil der Kulturausgaben am städtischen Haushalt in Bochum ein klein wenig höher als in München ist, ist er absolut betrachtet in München wesentlich größer. Das Kulturangebot Münchens ist in seiner Vielfalt eher mit dem des ganzen Ruhrgebiets zu vergleichen als mit dem einer einzelnen Stadt dort. Allein die Vielfalt und Qualität der Museen und Theater hier ist beeindruckend. Und auch wenn wir in München als Kommune ebenfalls sparen müssen, ist der Druck nicht so existentiell wie in den Städten des Ruhrgebiets, die ja de facto pleite und oftmals noch nicht einmal mehr Herr ihrer eigenen Haushalte sind.

München, eine Insel der Seligen?

Nein, das sicher nicht. Wir haben andere Probleme, die aus Sicht des Ruhrgebiets nahezu unvorstellbar sind. Als ich gerade ein paar Wochen in München Kulturreferent war, bekam ich Besuch von einigen jungen Musikern. Die erklärten mir, dass es sehr schwer wäre, in München an Proberäume zu kommen. Ich sagte, ich würde mich um das Problem kümmern, und fragte die Schulreferentin, welche Grundschule in München als nächstes geschlossen wird. Meine Idee war, die zum Teil als Proberaumzentrum zu nutzen. Die Kollegin erklärte mir, in München würden keine Schulen geschlossen, sondern neue gebaut. Die Stadt würde weiter wachsen. Und das stimmt: In wenigen Jahren werden wir hier 1,5 Millionen Einwohner statt 1,3 haben. Im Ruhrgebiet eine unvorstellbare Entwicklung, die aber auch Probleme aufwirft: Günstige Räume sind knapp in München.

610

Sie gehörten ja in Ihrer Zeit als Kulturdezernent in Bochum zu den Motoren der Kulturhauptstadtbewerbung. Bochum unterlag Essen seinerzeit bei der Abstimmung im Ruhrparlament mit nur einer Stimme. Was war das Ziel der Bewerbung?

Wir haben uns mehrere Effekte erhofft: Wir wollten dem Publikum innerhalb des Ruhrgebiets zeigen, was für ein hervorragendes Kulturangebot das Revier zu bieten hat. Und wir wollten die öffentliche Aufmerksamkeit für eine Kulturhauptstadt auch dazu nutzen, das den Menschen in Deutschland und Europa zu erzählen. Das Ruhrgebiet braucht sich wahrlich nicht zu verstecken, was seine kulturelle Vielfalt betrifft, und auch die Qualität der Angebote ist hervorragend. Dann wollten wir dazu beitragen, den Zusammenhalt innerhalb des Ruhrgebiets zu stärken. Wenn Sie so wollen, den Einfluss des Kirchturmdenkens etwas zurückdrängen. Und schließlich wollten wir anderen Regionen etwas geben. Das Ruhrgebiet ist ja nicht die einzige Region in Europa, die von einem wirtschaftlichen Strukturwandel betroffen ist. Dazu gehört ja, neben wirtschaftlichen Schwierigkeiten und einer hohen Arbeitslosigkeit, in der Regel ein massiver Bevölkerungsrückgang und die Frage: Was geschieht mit den industriellen Hinterlassenschaften? Mit all den Brachen und den alten Gebäuden? Wir wollten Modelle und Vorschläge erarbeiten, was man damit anfangen kann, wo die Chancen liegen – und die dann europaweit präsentieren.

Ist das gelungen? Haben Sie in München viel von der Kulturhauptstadt mitbekommen?

Ehrlich gesagt: Nein. Ich weiß, dass mir jemand jetzt eine dicke Mappe mit Presseausschnitten vorlegen kann, aber mein subjektiver Eindruck als Leser, der sich ja sogar aus biografischen Gründen mehr für das Revier interessiert als andere, war: Im Feuilleton, sowohl in München als auch in der nationalen Presse, spielte die Kulturhauptstadt nicht die ganz große Rolle. Hängen geblieben sind vor allem die großen visuellen Ereignisse: Schachtzeichen und das Fest auf der A 40. Das waren die Höhepunkte, darüber wurde überall ausführlich berichtet. Dazu kam die Loveparade-Katastrophe. Viele andere Veranstaltungen wurden, zumindest meinem Eindruck nach, nicht so wahrgenommen, wie sie es vielleicht verdient hätten.

Es waren also vor allem die Aktionen von Fritz Pleitgen, die stark wahrgenommen wurden?

611

Ja. A 40 und Schachtzeichen sorgten für grandiose Fernsehbilder, und die blieben hängen. Was ja etwas Gutes ist. Die übliche Berichterstattung über das Ruhrgebiet ist nicht so positiv. Menschen, die fröhlich feiern, eine Autobahn zu einer Partymeile machen – das ist schon was anderes als Zechenschließungen und Arbeitslosigkeit. So schöne Projekte wie das Kooperationsprojekt der Theater im Ruhrgebiet, die Odyssee, oder auch die Touren zu den Museen der Region und auch die Symphonie der Tausend hatten es da schwer. Aber ist das die Schuld der Kulturhauptstadtmacher? Ich denke nicht. Die Kulturhauptstadt unterliegt den gewöhnlichen Mediengesetzen und vor allem das Fernsehen setzt auf Bilder. Was Feuilleton betrifft, muss man sagen, dass es ja nicht nur die Kulturhauptstadt gab. In München, Köln, Berlin oder Hamburg ging das Leben weiter, und dort gab es 2010 auch zahlreiche herausragende Kulturangebote. Und die schafften es natürlich auch ins Feuilleton. Was hat man denn von der Kulturhauptstadt Cork mitbekommen? Oder von Linz? Es ist nicht so, dass die Europäische Kulturhauptstadt ein Ereignis ist, das in der ganzen EU gebannt verfolgt wird. Und daran kann man auch den Erfolg nicht messen. Die Besucherzahlen der Veranstaltungen waren hervorragend – und das nicht nur bei den Schachtzeichen und auf der A 40. Das Feuilleton und die internationale Aufmerksamkeit sind nur ein Maßstab, nicht der Maßstab. Ich glaube, dass viele Ruhrgebietler heute einen anderen Blick auf ihre Region haben. Viele werden erst jetzt gemerkt haben, welche kulturelle Vielfalt das Ruhrgebiet bietet. Und es kam auch Publikum in die Region, das noch nie da war. Zum Beispiel der Münchner Kulturausschuss.

Und die Damen und Herren waren beeindruckt?

Ja, waren sie. Viele waren – das kennt ja der Ruhrgebietler – davon überrascht, wie grün das Revier ist. Aber vor allem Gebäude wie die Jahrhunderthalle oder Zollverein fanden viele sehr beeindruckend. So etwas gibt es in dieser Größenordnung ja sonst nirgendwo in Deutschland. Das ist schon einzigartig und wird auch so wahrgenommen.

Sie sagten, eine Idee der Kulturhauptstadt war es, Konzepte zu entwickeln, wie man mit den Folgen des demographischen Wandels oder alten Industriebrachen umgehen kann. Ist die Kulturhauptstadt diesem Anspruch gerecht geworden? Immerhin wurden ja Projekte wie »Land for Free« schon frühzeitig gestoppt.

Für das Aus von Projekten wie Land for Free mag es gute Gründe gegeben haben, bedauerlich ist es trotzdem. Im Idealfall hätte das Ruhrgebiet etwas entwickelt, von dem zum Beispiel Lille und die ehemalige nordfranzösische Bergbauregion auch etwas gehabt hätten. Wie man mit Schrumpfungsprozessen umgeht, wie man sich die Chancen erarbeitet, die da für eine Region entstehen, das wäre schon sehr spannend zu sehen gewesen. Diesem Anspruch ist die Kulturhauptstadt leider nicht gerecht geworden. Das war eine Chance, die nicht genutzt wurde.

Mit Dieter Gorny hatte eine Kulturhauptstadt erstmals einen eigenen Direktor für das Feld der Kreativwirtschaft. Von ihr sollten starke wirtschaftliche Impulse für das Ruhrgebiet ausgehen.

Das war nach meiner Zeit im Ruhrgebiet. Ich hatte aber immer meine Zweifel, dass die Kreativwirtschaft eine erhebliche wirtschaftliche Rolle im Ruhrgebiet würde spielen können, das heißt die vielen tausend Arbeitsplätze ersetzen könnte, die im Revier verloren gegangen sind. Aber die Details kenne ich nicht, und ich möchte auch keine Kollegenschelte betreiben. Wir haben damals die Kreativwirtschaft mit aufgenommen, weil sie zum Thema geworden ist. Vor allem im angloamerikanischen Raum wurde darüber ja schon vor fünf bis sechs Jahren diskutiert. Die Entscheidung für die Kreativwirtschaft als Thema für die Kulturhauptstadt hatte aber auch einen ganz praktischen Grund: Wir wussten, dass wir einen sehr engen finanziellen Rahmen haben würden – auch ohne die Krise, die dann ja alles noch schwieriger machte. Über das Thema Kreativwirtschaft wollten wir auch die Wirtschaftsförderer dazu bewegen, sich bei der Kulturhauptstadt zu engagieren. Das hat wohl auch gut funktioniert.

Kritik gab es auch, weil beispielsweise die großen Aufträge trotz der postulierten Begeisterung für die Kreativwirtschaft der Region beispielsweise an Agenturen aus Hamburg gingen.

Mit solchen Vorwürfen muss man vorsichtig sein. Wir haben in Europa aus guten Gründen ein sehr strenges Vergaberecht. Da kann so etwas vorkommen.

Wäre es denkbar, dass, wenn München Kulturhauptstadt wäre, eine Agentur aus Hamburg Leitagentur werden würde?

Denkbar wäre es. Wahrscheinlich wäre es bei dem Potenzial, das die Münchner Agenturen haben, nicht.

Schon bei der Bewerbung um die Kulturhauptstadt wurde viel von »Nachhaltigkeit« gesprochen. Gab es die?

Schon das Wort Nachhaltigkeit klingt ja schlimm. Aber das, was es bezeichnet, war natürlich unser hehrer Anspruch, als wir die Kulturhauptstadtbewerbung auf den Weg brachten. Konnte er erfüllt werden? Ich glaube, leider, dass das nicht immer der Fall ist. Sicher, es gibt mit dem U-Turm in Dortmund, dem Ruhr Museum und dem neuen Museum Folkwang Einrichtungen, die bleiben werden und die, vor allem mit dem was sie bieten, eine sehr hohe Qualität haben. Aber das Ruhrgebiet hat sich noch nicht dauerhaft verändert. Die Probleme sind geblieben. Ich sehe auch nicht, dass die Kulturhauptstadt dazu geführt hätte, dass die Städte enger kooperieren als vorher. Das war mein Wunsch, denn das Gegeneinander, die Konkurrenz untereinander, sind das große Problem des Ruhrgebiets. Kommt es nicht zu einer ernsthaften Zusammenarbeit der Städte auf allen Bereichen, hat das Ruhrgebiet keine Chance, seine Probleme in den Griff zu bekommen.

Nach der Kulturhauptstadt: Würden Sie, wenn es die Chance gäbe, dafür plädieren, dass sich München als Kulturhauptstadt bewirbt?

Nein. München gehört ohne jeden Zweifel zu den kulturellen Zentren Europas. Und jeder weiß, was München zu bieten hat. Das war auch der Vorteil des Ruhrgebiets zum Beispiel gegenüber Köln: Es gab etwas zu entdecken, das man noch nicht kannte. Ich wäre sowieso dafür, in Zukunft nicht mehr Städte zu Kulturhauptstädten zu machen, sondern Regionen. Warum nicht einmal eine Kulturhauptstadt Region Friesland oder Franken? Was dort geleistet wird, lässt sich auf andere Kulturregionen übertragen. Man könnte innerhalb Europas voneinander lernen. Das fände ich sehr aufschlussreich. München, Paris, Hamburg, London, Madrid – das sind Städte, deren Kulturangebot weltweit bekannt ist. Wir wissen untereinander, was der andere macht. Wir sind vernetzt. Das sind die ländlichen Regionen nicht. Hier gibt es etwas zu entdecken und zu lernen. Das finde ich sehr spannend.

Das Gespräch führte Stefan Laurin.

Susanne Fengler

Planet Ruhrgebiet
Wie Medien sich mit der Region wandeln

Vor zwanzig Jahren habe ich in Dortmund Abitur gemacht. Zwölf Tage nach der letzten Prüfung saß ich im Flugzeug nach New York. 18 Jahre hatte ich in Dortmund verbracht; ich ging fest davon aus, dass ich von nun an nur noch zu Familienbesuchen ins Ruhrgebiet heimkehren würde.

Weitere 18 Jahre später bin ich zurückgekommen – um zu bleiben. Der Neuanfang fällt mir leicht, denn alles scheint vertraut: Der Tonfall der Menschen, der nach wie vor zuverlässig ein Gefühl des Nachhausekommens bei mir in Gang setzt, wenn ich ihn unerwartet in Berlin höre (wie übersetzt man »ehrliche Haut« ins Englische?). Das Häusermeergrau rechts und links des Ruhrschnellwegs (ich kann mich immer noch nicht aufraffen, A 40 zu sagen). Das Nebeneinander der bescheidenen Nachkriegsjahre und des aufgesetzten Prunks der 1980er im Straßenbild, nunmehr gesprenkelt von Flagschiffen der Urbanität (ich bin, trotz allem, begeistert vom Dortmund-U).

Es fällt mir aber auch auf, dass meine Stadt leerer und voller zugleich geworden ist. Viele blinde Schaufenster, »Wohnung zu vermieten«. Dafür Völkerwanderungen jeden Morgen via S 1, kaum noch Raum zum Manövrieren von Rollkoffern am Hauptbahnhof. Die bescheidene Bürgerlichkeit, die in den 1970er, 1980er Jahren die Vororte des Ruhrgebiets prägte, ist einer grelleren Discount-Atmosphäre gewichen.

Gerade im Umkreis der City sind aber auch Orte mit großstädtischem Flair gewachsen, Restaurants, Geschäfte, die denen in den Metropolen nicht nachstehen. Das Nebeneinander von Menschen mit unterschiedlichem Hintergrund; trotzdem ist das Ruhrgebiet nicht wirklich ein Schmelztiegel geworden. Viel zu selten finden sich beispielsweise in unserem Studiengang Journalistik an der Technischen Universität Dortmund Studierende mit Migrationshintergrund.

Die Schaufenster, die Bahnhöfe: So erscheint für mich der Strukturwandel des Ruhrgebiets mit Händen greifbar – der Bevölkerungsschwund, aber auch das Auseinanderdriften der Lebensstile. Die traditionellen politischen, nicht zuletzt für die Mediennutzung bedeutsamen Bindekräfte werden weiter schwinden. Politisch interessierte Essener, Bochumer, Dortmunder, Duisburger haben sich über

Städtegrenzen hinweg mehr zu sagen, als dass sie Schnittstellen beispielsweise zu »hedonistischen Milieus« in ihrer eigenen Stadt finden – die wiederum ähnlich ortsübergreifend ähnliche Interessen an der Optimierung ihres Freizeitvergnügens verfolgen.

Eine große Herausforderung für die Medien in der Region, die sich bisher naturgemäß stark über ihr Verbreitungsgebiet definieren – und der sie bislang, trotz aller Schwierigkeiten, gerecht werden: Dass wir noch keine amerikanischen Zustände haben – »Zoning« genannt; in den USA kommen manche Problemviertel überhaupt nicht mehr in den Medien vor, weil es dort keine zahlungskräftige Klientel gibt, die zugleich als Adressat des Journalismus und Zielgruppe der Werbewirtschaft in Frage kommt –, ist für mich ein Beweis des Zusammenhalts, und damit der wichtigen gesellschaftlichen Rolle, die die Medien für ein so heterogenes Berichterstattungsgebiet wie das Ruhrgebiet bis heute leisten. Ich erhoffe mir, dass sie sich dieser Verantwortung auch in Zukunft bewusst bleiben, wenn die Kluft zwischen unterschiedlichen Bildungs- und Einkommensgruppen womöglich noch tiefer als heute sein wird.

In vielerlei Hinsicht werden sich die Medien zugleich wandeln müssen. Wer heute gerade als junger Mensch – und um die jungen Nutzer ringen die etablierten Informationsmedien – im Ruhrgebiet lebt, ist mobil. Die Informationsmedien werden mit diesen veränderten Lebenswirklichkeiten Schritt halten müssen, wie die Unterhaltungsmedien dies längst tun: Wo heute noch eine Westfälische Rundschau, eine Ruhr-Nachrichten kaum je eine Stadtgrenze überschreitet, da wird übermorgen eine publizistische Marke schon Teil einer elektronischen »Wolke« aggregierter Daten sein, die den mobilen Nutzer unsichtbar einhüllt und journalistische Informationen, Serviceleistungen und Werbung überall verfügbar macht.

Wer durchs Ruhrgebiet gleitet (oder staut), will schon heute auf seinem SmartPhone oder iPad Informationen aus dem Kommunikationsraum Ruhrgebiet abrufen, in dem er sich bewegt: Wie ist die Abstimmung ausgefallen, wie hat mein Verein gespielt, stockt der Verkehr nach Essen (und lohnt es sich, auf die S 1 umzusteigen?), wo gibt es in Castrop Sushi, und wenn ich schon einmal in Duisburg umsteige: Was sagen die Rezensenten über die Ausstellung im DKM? Informationen, die ich mir heute noch per Google zusammenpuzzele, fließen künftig als Datenstrom automatisch ineinander.

Mash-up-Medien können aus bereits vorhandenen Daten lebenspraktische Informationen machen – eine Chance auch für die lokal geprägten Medien des Ruhrgebiets: Pionier-Portale wie *Chicago Crime* in den USA filtern Statistiken und machen daraus Service on demand: Unterwegs möchte ich Geld ziehen, aber wie oft ist der Bankautomat in dieser düsteren Ecke schon überfallen worden? Nicht zuletzt können Mashup-Medien Anknüpfungspunkte für eine hyperlokale Berichterstattung bieten, weil das meiste Debattenpotenzial mutmaßlich in den kleinen Missständen vor der eigenen Haustür liegt. Welche Grundschule macht bei der Schulreform mit, welche verzichtet auf das klassenübergreifende Modell und unterrichtet jahrgangsweise – und was sagen Eltern und Lehrer dazu?

Augmented Reality im Ruhrgebiet wiederum könnte helfen, dass das sich allmählich verdichtende Bewusstsein für den Kultfaktor unserer alten Industriekultur weiter wächst: Über an Sehenswürdigkeiten postierte Signale werden automatisch kurze Beiträge aufs Handy gefunkt über Wissenswertes in der unmittelbaren physischen Umgebung des Mediennutzers. Als ich in den 1980er Jahren zur Schule ging, hätten viele im Ruhrgebiet wohl ohne Zögern all die Zechen und Kokereien gegen glitzernde Shopping-Arkaden getauscht. Nun liegt die Moderne weit genug hinter uns, sind die Bewohner stolz auf die stummen schwarzen Zeugen ihrer gemeinsamen Vergangenheit.

Ich stelle mir vor, wie die Medien im Ruhrgebiet mit 360-Grad-Videos vom damaligen Leben unter Tage experimentieren, diesen Schatz an Geschichten spielerisch heben und zugleich ihr Wissen für Besucher abrufbar machen. Einst war das Ruhrgebiet für die dunklen Wolken aus den Schloten der Schwerindustrie bekannt – wie wäre es, wenn die Medien im Ruhrgebiet als erste konsequent Datenwolken für diesen einmaligen urbanen Raum schaffen, einen virtuellen – und visuellen – Lonely Planet für den Planeten Ruhrgebiet?

Ganz selbstverständlich wird dieser große Raum bereits von den jungen Leuten benutzt, belegen viele Studierende im Ruhrgebiet Seminare an den Universitäten Bochum, Dortmund und Duisburg-Essen. 80.000 Studenten der UAMR – Universitätsallianz Metropole Ruhr, Tausende von Wissenschaftlern: Für alle im Kosmos UAMR endet das Interesse an Themen nicht an der Stadtgrenze von Herne oder Gelsenkirchen. Natürlich gehen die Dortmunder Studenten meist im Bochumer »Bermudadreieck« aus – das war schon zu meiner Zeit so. Doch bislang ist es nur eine studentische Zeitschrift – die *Pflichtlektüre*, ein von unseren Studierenden gemeinsam mit Kommilitonen aus Bochum und Duisberg-Essen produziertes (und von der WAZ Mediengruppe gefördertes), sehr erfolgreiches Magazin –, das die Städte des Ruhrgebiets als Kommunikationsraum versteht.

Noch bauen sich viele ein Patchwork aus regionaler Zeitung, Stadtmagazin, WDR und überregionaler Information zusammen. Mobile Medien für eine mobile Region: Umso wichtiger, will man auf Dauer verhindern, dass sich aus

Agentur- und PR-Material zusammengeklebte Gratiszeitungen etablieren, wie es sich seit einigen Jahren in der Deutschschweiz – einem ähnlich dicht vernetzten urbanen Ballungsraum – studieren lässt. Weil das Ruhrgebiet ein besonders dicht verwobener Kommunikationsraum ist, könnten die ansässigen Medien zum Labor für mobilen Journalismus werden, mit Ausstrahlung weit über die Grenzen des Ruhrgebiets hinaus. Wie wäre es, statt Kaffeeautomaten und Staubsauger einen iPad als Morgengabe für neue Abonnenten zu verschenken?

Ich habe übrigens schon eine Wunschliste für meine »Wolke«: Hochschulpolitik aus Düsseldorf und den anderen Unis der UAMR (werden die Studiengebühren tatsächlich abgeschafft, und was kommt dann?), Stadtpläne (weil ich mich knapp drei Jahre nach meiner Rückkehr ins Ruhrgebiet manchmal noch verfahre), Gastro-Kritiken (oute ich mich als Grufti, wenn ich meine Studenten zum Semesterabschluss ins »Sissykingkong« einlade?) und auch Werbung ist in meiner Wolke nicht verpönt: Morgen wird mein Vater 75, und ich habe immer noch kein Geschenk.

Tobias Schulz-Isenbeck/Carole Herzog

Die Medienindustrie im Aufbruch
Die Transformation von Wirtschaftsmedien

Eine bemerkenswerte Innovations-, Wachstums- und Prosperitätsgeschichte machte das Ruhrgebiet im neunzehnten Jahrhundert zum industriellen Kernland Deutschlands. Einer der größten Ballungsräume Europas entstand. Der dabei zum landschaftsprägenden Element gewordene Rauch der Schlote ist heute Vergangenheit – der von Willy Brandt proklamierte »blaue Himmel über der Ruhr« ist Realität geworden.

Aus dem Zentrum der deutschen Rohstoffgewinnung und Schwerindustrie wurde die Metropolenregion Rhein Ruhr. Erfolgreiche Unternehmen aus den Wachstumsbranchen Energie, Technologie und Dienstleistungen sowie renommierte Wissenschaftsinstitutionen sind das Ergebnis eines langen und schwierigen strukturellen Wandels. Die Auszeichnung als europäische Kulturhauptstadt 2010 zeigte die Region als Ort des lebendigen kulturellen Diskurses und vielfältiger künstlerischer Ausdrucksformen.

Die Transformation zur Metropolenregion Rhein Ruhr ist eine Erfolgsgeschichte. Sie zeigt einmal mehr, dass es einer gesamten Region gelingen kann, Wachstum aus Innovation zu schaffen, sich aus tradierten Schwerpunktindustrien in Wachstumsindustrien hinein zu entwickeln und sich dort Wettbewerbsvorteile auf dem internationalen Markt zu sichern. Die Region hat auf eine Veränderung der Nachfragestrukturen und neu in den Markt eintretende Wettbewerber reagiert, die den traditionellen Wertschöpfungsaktivitäten die wirtschaftliche Basis nach und nach entzogen hatten. Heute gewinnt sie wieder an Strahlkraft, indem sie sich überzeugend als Raum der Innovation und Modernisierung behauptet.

Das Handelsblatt wird seit 1946 in Düsseldorf herausgegeben, denn als »Schreibtisch des Ruhrgebiets« hatte Düsseldorf von dem starken Wachstum der nahegelegenen Ruhrregion profitiert. Hier, im administrativen Zentrum der Großindustrie und an einem traditionell bedeutenden Bankenplatz, war das Handelsblatt am Puls des Wirtschaftsgeschehens. Mit Deutschlands führender Wirtschaftszeitung und mit dem Magazin WirtschaftsWoche ist Düsseldorf neben Berlin, Frankfurt und München bis heute Standort eines nationalen Pressehauses.

Und wie die Region Rhein Ruhr in den vergangenen Jahrzehnten unterliegt auch die Medienindustrie seit Anfang des 21. Jahrhunderts einem tiefgreifenden Wandel der Nachfrage bei gleichzeitiger Intensivierung des Wettbewerbs. Während sich das Medienzeitbudget von 1964 bis 2010 annähernd verdreifacht hat, verstärkte sich das Medienangebot in dieser Zeitspanne noch weit ausgeprägter. Die große Zahl öffentlich-rechtlicher und privater Rundfunk- und Fernsehkanäle, die Vielzahl unterschiedlichster Zeitschriftentitel, auch die vielfältigere Landschaft der Tages- und Wochenzeitungen und in der jüngsten Vergangenheit die rasante Durchsetzung des Internet als Text-, Video- und Audiomedium haben zu einem deutlich intensiveren Wettbewerb um das limitierte Zeitbudget des Mediennutzers und die Marketingmittel der werbungtreibenden Wirtschaft geführt.

Zwei wesentliche Entwicklungsstränge kennzeichnen den Transformationsprozess der traditionellen Medien und definieren auch für die Wirtschaftsmedien die Herausforderungen der Gegenwart:

Die zunehmende Komplexität und gesellschaftsweite Differenzierung prägt die Wirtschaft und schlägt sich in den Wirtschaftsmedien nieder. Aus der »einfachen« Arbeitsteilung sind wir in eine hochspezialisierte Wirtschaftswelt hineingewachsen, innerhalb derer die Anschlussfähigkeit der Kommunikation zwischen den einzelnen Branchen und Funktionen an ihre Grenzen stößt oder schon verloren gegangen ist. Die jüngste Krise hat dies für das Verhältnis von Finanzsystem und Realwirtschaft deutlich demonstriert, andere Beispiele sind leicht zu finden.

Der technologische Wandel hat das Mediennutzungsverhalten erheblich verändert. Informationen sind ubiquitär und nahezu in Echtzeit im Netz verfügbar. Aus der Tages- oder Stundenaktualität von Zeitung, Rundfunk und Fernsehen ist die Minuten- und Sekundenaktualität des Internet geworden. Während Verlage sich im 20. Jahrhundert auf ein stabiles und sicheres Printprodukt verlassen konnten, konfrontiert das 21. Jahrhundert die Industrie mit volatilen Märkten und einer neuen Technologie, deren komplementäre oder substitutive Bedeutung noch unklar ist, die aber das Geschäftsmodell der Printmedien zunehmend unter Druck gebracht haben.

Dabei bergen die jüngsten Entwicklungen für Qualitäts-Medien ein großes Potenzial. Die digitale Revolution hat ein verändertes Medienbedürfnis erzeugt. Eine Gesellschaft mit wachsender Differenzierung und einer fortschreitenden Individualisierung steigert ihre gesellschaftsinterne Erklärungsbedürftigkeit. Dies gilt besonders für die hochkomplexe Welt der Wirtschaft. Wirtschaftsmedien können diese Chance nutzen und mit ihrer Orientierungsleistung auf dieses wachsende Bedürfnis mit innovativen Informationsangeboten eingehen – unter Ausnutzung der vielfältigen neuen Möglichkeiten der Inhalteaufbereitung und -verbreitung, die die digitale Revolution eröffnet.

Die Wahrnehmung dieser Chancen erfordert in den Verlagen das Management eines tiefgreifenden Veränderungsprozesses. Technologiekompetenz ist zur Voraussetzung für die Entwicklung eines technisch komplexen Produktportfolios geworden. Der Abschied vom Redaktionsschluss stellt arbeitsorganisatorische Anforderungen. Der unmittelbare, kürzeste Reaktionszeiten verlangende Kontakt zum Leser, der zum Mitgestalter von Medieninhalten wird, verlangt von Journalisten, sich auf ein neues Selbstverständnis einzulassen. Und die Kaufleute in den Verlagsunternehmen müssen damit zurechtkommen, dass für die digitalen Produkte kontinuierlich ein hoher Investitionsbedarf bei bisher tendenziell deutlich reduzierten Ertragschancen zu befriedigen ist.

Ein Zwischenfazit nach anderthalb transformatorischen Dekaden in der Medienbranche könnte aktuell lauten:

1. Die Digitalisierung etabliert ein neues Medienverhalten. Neben dem Internet sind die mobilen Endgeräte und in jüngster Zeit Tablet-Geräte Ausgabe- und Nutzungsplattformen, auf die Zeitungsverlage sich ausnahmslos einstellen müssen.

2. Die Transformationsprozesse dauern wesentlich länger als noch vor zehn Jahren vielfach angenommen. Das liegt unter anderem daran, dass funktionierende Geschäftsmodelle noch nicht entwickelt und am Markt durchgesetzt sind. Für die Refinanzierung vor allem großer, qualitätsorientierter Redaktionen gibt es bisher nur im Leser- und Anzeigenmarkt der Zeitung ausreichende Zahlungsbereitschaft.

3. Die Erreichbarkeit relevanter Nutzer- und Mediabudgets wird mittel- und langfristig über die Entwicklung des Angebots auf den unterschiedlichen medialen Plattformen entscheiden. Auf absehbare Zeit bleibt die Zeitung ein wesentliches Medium, dessen finanzieller Beitrag für die weitergehende Transformation der Industrie von hoher Bedeutung sein wird.

Darüber hinaus haben zwei schwere Medienkrisen in den vergangenen zehn Jahren das Geschäftsvolumen vieler Zeitungsverlage in ihren originären Geschäftsfeldern nachhaltig verringert und sowohl zu einer Steigerung der operativen Effizienz gezwungen wie zur Entwicklung von Nebengeschäften. Jetzt zeichnet sich eine leichte Markterholung ab. Die Nachfrage nach journalistisch aufbereiteten Informationen bleibt hoch: 74 Prozent der Bevölkerung in Deutschland haben das Bedürfnis, mehrmals pro Woche Zeitung zu lesen. Dieses Potenzial gilt es auszuschöpfen. Dabei bildet die kreative Weiterentwicklung des Geschäftsmodells unter Einbeziehung der elektronischen Medien weiterhin die Kernherausforderung. Die Bereitschaft und Fähigkeit zur Innovation, exzellente Kenntnisse der technologischen Möglichkeiten und des sich verändernden Nutzerverhaltens sowie immer wieder auch der Mut, nach dem Versuch-und-Irrtum-Prinzip vorzugehen, werden langfristig über »Grow or Go« der Titel entscheiden.

Perspektive: Starke Zeitungsmarken als Kern multimedialer Angebote

Zeitungsverlage sind heute weitgehend diversifizierte, crossmedial aufgestellte Medienhäuser. Das bietet neue Chancen im Leser- und Nutzermarkt wie im Mediamarketing. Die Integration von gedruckten und elektronischen Informationen eröffnet neue publizistische Möglichkeiten. Aus dem Nebeneinander mäßig differenzierter Inhalteangebote auf den unterschiedlichen Plattformen entwickelt sich eine über den Tag hinweg gezielt gesteuerte »Dramaturgie« des Nachrichtengeschehens, der Hintergrundberichte und Analysen sowie – im Fall der Wirtschaftsmedien – der aktuellen Bewegungen an den Finanzmärkten.

Mit journalistisch aufbereiteten Informationen geben Zeitungsverlage dabei einer wachsenden Zahl von Menschen Orientierung in der Unübersichtlichkeit des digitalen Inhaltestroms: Starke Zeitungsmarken sind Leuchttürme in der medialen Informations- und Meinungsbeliebigkeit. Sie erklären Hintergründe, ordnen aktuelle Geschehnisse in ihren Kontext ein und reduzieren Komplexität. Sie überzeugen mit Glaubwürdigkeit, Exklusivität, analytischer Tiefe und inhaltlicher wie sprachlicher Präzision.

In den vergangenen Jahren hat das Handelsblatt seine Reichweite durch neue Nutzer der digitalen Angebote verdoppelt. Für die Mediavermarktung sind durch die digitalen Medien neue innovative und kreative Lösungen für die Kommunikationsaufgaben und -anforderungen der werbungtreibenden Wirtschaft möglich geworden. Dass dabei die gleiche Reichweitenleistung in den digitalen Medien bedeutend schlechter entlohnt wird als in der Zeitung, verschärft die Herausforderung für die Verlage. Diese liegt im Kern darin, für die gewonnene Reichweite Erlöschancen zu realisieren, die einerseits die schmalere Erlösbasis im Printmarkt ergänzen und andererseits über die zusätzlichen Kosten der digitalen Inhalteerstellung und -verbreitung hinaus ein profitables Geschäft ermöglichen.

Digitale Diskrepanz: Hohe Investitionen bei geringer Zahlungsbereitschaft

Nachhaltigem Erfolg im Markt gehen Investitionen und Aufwendungen für digitale Plattformen voraus, und zusätzliche laufende Kosten müssen refinanziert werden. Mediaerlöse aus Reichweitenmodellen allein reichen dafür nicht aus. Für Erlöse an der Inhaltenutzung ist bisher nur ein geringes Potenzial erkennbar. Die Zahlungsbereitschaft im »klassischen« Internet ist nach wie vor minimal. Die mobile Mediennutzung hat noch eine zu geringe Penetration und führt bisher nur zu sehr geringen Erlösen pro Nutzungseinheit. Und die zumindest in absehbarer Zeit erwarteten Nutzerzahlen für Tablet-Geräte sind so klein, dass trotz möglicherweise durchsetzbarer höherer Preispunkte die erzielbaren absoluten Erlöse für eine Refinanzierung der Gestehungskosten des Angebots nicht ausreichen werden.

Auf Anbieterseite scheint sich die Erkenntnis durchzusetzen, dass der bisherige Weg, dauerhaft negative Cashflows aus dem digitalen Publishing-Geschäft zu akzeptieren, nicht mehr länger gangbar ist. Das kann das Angebot und das Pricing nachhaltig verändern, wobei es von taktischen Entscheidungen der einzelnen Wettbewerber abhängt, welche Richtung und Intensität diese Veränderung haben wird. Neben der forcierten Entwicklung nachhaltig wirtschaftlicher Geschäftsmodelle für die digitalen Medien kommt unter diesen Rahmenbedingungen der Weiterentwicklung des traditionellen Kerngeschäfts mit der gedruckten Zeitung erhebliche Bedeutung zu.

Die Chancen unserer Industrie durch die Vervielfachung unserer Zugangskanäle und die dadurch bereits erreichte und noch erreichbare Ausweitung unserer Reichweite sind nicht zu überschätzen. Für unsere Inhalteangebote werden wir auf den verschiedenen Medienplattformen neue, attraktive Formen entwickeln und den Nutzen (und die Lesefreude) der Menschen vergrößern. Die Zeitung wird auf absehbare Zeit darin ihren Platz finden – mit spannenden Inhalten, attraktiver, moderner optischer Gestaltung und einer für die werbetreibende Wirtschaft interessanten Reichweite. Sie wird damit weiterhin maßgeblich die Cashflows erzeugen, die zur Finanzierung der anhaltenden Transformation in die digitale Medienwelt erforderlich sind.

Nirgendwo als im Ruhrgebiet ist besser bekannt, was strukturelle Veränderungen von Industrien bedeuten und welche Anforderungen sie stellen. Die Verlagsgruppe Handelsblatt mit ihrem breiten Portfolio an Fachmedien befindet sich mitten in der zweiten Dekade der Transformation der Medien. Innovationskraft und eine langfristige Perspektive werden auch für die Zukunft von Wirtschaftsinformationen entscheidend sein und der Kontinuität unserer Position als führendes Medienhaus in unserem Segment eine sichere Grundlage geben. Die Medien der Verlagsgruppe Handelsblatt werden auf dieser Basis auch zukünftig aus der Metropolenregion Rhein Ruhr heraus Beobachter, Analytiker und Kommentatoren des weltweiten Geschehens in der Industrie, an den Finanzmärkten und in der Politik sein.

Klaus Schäfer

Jetzt ist Nachhaltigkeit gefragt
Kunstförderung ist Standortpolitik

Voller Enthusiasmus sind Essen und das Ruhrgebiet in das Kulturhauptstadtjahr gestartet. Wie im Fluge ist es vergangen: Wir können zurückblicken auf großartige Projekte, die dem Ruhrgebiet ein neues Gesicht gegeben haben und auch bei der Bevölkerung in der Region ein neues Selbstbewusstsein haben entstehen lassen. Jetzt geht es darum, diesen Effekt nicht einfach »verpuffen« zu lassen, sondern auf dem Erreichten aufzubauen. Nachhaltigkeit ist gefragt.

Dieses Prinzip hat sich als Erfolgsfaktor der langjährigen Kulturförderung der E.ON Ruhrgas erwiesen. Als Hauptsponsor der RUHR.2010 haben wir uns in besonderem Maße für das Kulturhauptstadtjahr engagiert. Dabei setzten wir grundsätzlich auf sichtbare und wirkungsvolle Kulturprojekte, die unsere Geschäftsaktivitäten sowohl politisch als auch wirtschaftlich bereichern. Mit dieser Leitlinie haben wir vor 25 Jahren eine Partnerschaft mit dem Museum Folkwang begonnen, die eine Reihe spektakulärer Sonderausstellungen hervorgebracht hat.

Den Anfang bildete eine Edvard-Munch-Ausstellung, mit der wir das zehnjährige Bestehen der Erdgasslieferverträge mit Norwegen feierten. Andere prägnante Beispiele waren eine Ausstellung zu den Sammlungen der beiden russischen Kaufleute Morosow und Schtschukin. Sie brachte Werke – insbesondere der französischen Moderne – nach Deutschland, die lange in russischen Museen verborgen waren. Weiterhin gab es Bilderschauen zu den Malern Vincent van Gogh, William Turner, Paul Gauguin und Caspar David Friedrich. Zunächst fanden diese Ausstellungen vor dem Hintergrund von Jubiläen mit unseren wichtigsten Erdgaslieferländern statt. Doch schon bald förderte E.ON Ruhrgas eigenständige Projekte mit dem Museum Folkwang.

Zwei Sonderausstellungen im Kulturhauptstadtjahr

Was lag also näher, als im Kulturhauptstadtjahr gemeinsam mit dem Museum Folkwang zwei große Sonderausstellungen zu realisieren?

Die erste mit dem Titel »*Das schönste Museum der Welt*« – *Museum Folkwang bis 1933* folgte kurz nach der Eröffnung des Neubaus des Museums. Sie befasste sich mit der Geschichte des Folkwang und bot gleichzeitig einen Ausblick auf die künftige Arbeit des Museums. Ein ideales Projekt für einen langjährigen Partner wie E.ON Ruhrgas. Bei der zweiten Ausstellung *Bilder einer Metropole – Die Impressionisten in Paris* ging es um die Entstehung einer Metropole am Beispiel von Paris in den Jahren zwischen 1860 und 1900. Das Thema korrespondierte direkt mit dem Motto der RUHR.2010 »Wir sind Metropole«. Darin kam der Anspruch des Ruhrgebiets zum Ausdruck, in Europa ein neues Image aufzubauen und die Kultur auch für eine nachhaltige Wirtschafts- und Stadtentwicklung zu nutzen.

Die Idee, dass sich E.ON Ruhrgas für so genannte »Blockbuster-Ausstellungen« engagiert, begründet sich darin, dass wir neben der Qualität auch immer auf Popularität gesetzt haben. Doch kann man insgesamt festhalten, dass diese Form der Kulturförderung die Beziehungen zu Russland, Norwegen und den Niederlanden gestärkt, das Kulturleben im Ruhrgebiet bereichert und den Ruf des Museum Folkwang mitgeprägt hat. Einer aktuellen Umfrage zufolge ist das Museum Folkwang heute das bekannteste Kunstmuseum in NRW. Ein schöner Erfolg, zu dem natürlich auch der Umzug in den großartigen Neubau von Chipperfield Architects beigetragen hat. Doch gerade hieraus ergab und ergibt sich der Anspruch, dass das Museum Folkwang weiter herausragende Ausstellungen bietet. Es spielt jetzt quasi in einer neuen Liga. Und dort gibt es noch viel Raum nach oben, denn derselben Umfrage zufolge rangiert es bundesweit in der Bekanntheit erst an achter Stelle.

Museen brauchen Planbarkeit

Weiterhin gilt also: Kunst braucht Förderer. E.ON Ruhrgas hat sich als solcher stets gerne und vor allem nachhaltig betätigt. Denn wir betrachten es als integralen Bestandteil unserer Geschäftstätigkeiten, sich gesellschaftlich zu engagieren. Kunstförderung ist Standortpolitik. Eine attraktive Region entfaltet eine hohe Anziehungskraft auf Investitionen und auf qualifizierte Arbeitskräfte. – Auch davon profitieren wir als Unternehmen.

Umgekehrt profitiert auch das Museum: Gelder, die mit den Sonderschauen erwirtschaftet werden, fließen dem laufenden Betrieb zu und helfen unter anderem, ein vielfältiges Programm für Bildung und Vermittlung anzubieten.

Der Neubau des Museum Folkwang und mehrere gesponserte Ausstellungen während der RUHR.2010 haben Zeichen gesetzt. Jetzt gilt es, die Anziehungskraft zu erhalten und das großartige Gebäude weiter mit Leben zu füllen. Unser gemeinsames Ziel muss es sein, das Museum Folkwang in der Rangliste der Museen bundesweit weiter nach oben zu bringen. Nur so kann es seine Strahlkraft erhalten und ein Anziehungspunkt für Besucher auch außerhalb der Region bleiben. Davon profitieren auch Stadt und Region.

E.ON Ruhrgas ist bereit, auch künftig ihren Beitrag zur Kultur zu leisten. Lassen Sie uns an die positive Kraft des Kulturhauptstadtjahres anknüpfen und sie in die Zukunft weitertragen. Gemeinsam können wir den erwünschten Strukturwandel im Ruhrgebiet schaffen!

Thomas Sauter

Das Klavier-Festival Ruhr
Über das nachhaltige Kulturengagement
des Initiativkreises Ruhr

Das Klavier-Festival Ruhr ist das weltweit größte Klavierfestival. Und es ist auch eine der wichtigsten Initiativen des Initiativkreises Ruhr: Am Beispiel des Klavier-Festivals Ruhr wird deutlich, dass es gerade das Engagement von interessierten Unternehmen ist, das großartige Kulturveranstaltungen dauerhaft gelingen läßt. Eine Verknüpfung von Kultur und Wirtschaft ist wichtig, um eine dauerhafte Perspektive für das Klavier-Festival Ruhr sicherzustellen.

Die Gründerväter des Initiativkreises Ruhr im Juli 1988 wollten ein klares Zeichen für den Aufbruch im Ruhrgebiet setzen. Da sie sich ihrer gesellschaftlichen Verantwortung in einer vom wirtschaftlichen Strukturwandel gezeichneten Region bewusst waren, wollten sie Impulse für ein neues Bewusstsein und damit auch für eine neue kulturelle Identifikationsmöglichkeit für die Menschen im Revier geben.

Den Gründervätern des Initiativkreises Ruhr ging es mit der Idee eines Klavier-Festivals auch zuletzt darum, die großen Pianisten unserer Zeit in das Ruhrgebiet zu holen; das hieß, diese Meister ihres Faches auch von der Bedeutung eines Klavier-Festivals zu überzeugen und sie für eine Mitwirkung zu gewinnen. 1989 zwar bereits schon gegründet, erfuhr das Klavier-Festival im Herbst 1995 eine Neuausrichtung: Die Moderatoren Friedhelm Gieske und Hilmar Kopper haben den damaligen Intendanten der Kölner Philharmonie Franz Xaver Ohnesorg eingeladen, die künstlerische Leitung des Festivals zu übernehmen. Dieser erarbeitete bereits damals die noch heute geltende künstlerische Programmlinie: die Idee eines Klavier-Festivals, das sich immer wieder selbst erneuern kann.

Die immer noch geltende Programmphilosophie des inzwischen weltweit größten Klavierereignisses zielt mit seinen über mehrere Jahre aufbauenden Programmlinien darauf ab, den gesamten Kosmos der Klaviermusik mit seinem vollem Reichtum und seiner Vielfalt für möglichst viele Menschen, und vor allem für die Jugend, erlebbar zu machen.

Die Nachwuchsförderung im Blick behalten

Die Nachwuchsförderung ist ein Schwerpunkt des Festivals. Ein besonderes Anliegen des Klavier-Festivals Ruhr ist die Initiative »junge Pianisten und junge Zuhörer«. Sechs »Education Module« wenden sich an junge Pianisten und vier Module an junge, potenzielle Zuhörer.

So lädt das Festival jährlich bis zu zwanzig junge Pianisten zu ihren *Debüts* ein – z. B. die Preisträger wichtiger internationaler Wettbewerbe. Bei dem Festival sind auf diese Weise regelmäßig mindestens ein Drittel der Konzerte Debüts. Einige Debütanten kehren nach ihren erfolgreichen Premieren in den Folgejahren immer wieder zum Festival zurück – ein schöner Beweis für die Nachhaltigkeit dieser Initiative. Und viele dieser Debüts werden inzwischen im Rahmen der Edition Klavier-Festival Ruhr auf CD dokumentiert. Dies erweist sich als eine überaus wirksame Förderung für die weitere Karriere dieser jungen Künstler.

Der Preis des Klavier-Festivals Ruhr

Große Künstlerpersönlichkeiten werden jährlich für ihr pianistisches Lebenswerk mit dem *Preis des Klavier-Festivals* geehrt. Mit der Vergabe des Ehrenpreises ist regelmäßig auch die Gewährung eines *Stipendiums* verbunden, wobei der aktuelle Stipendiat durch den jeweiligen Preisträger bestimmt wird. Der Stipendiat wiederum wird zum Ende des Stipendiats zudem zu einem Debüt-Konzert beim Klavier-Festival eingeladen. Die bisherigen Preisträger Bella Davidovich (1998), Daniel Barenboim (1999), Dmitri Bashkirov (2000), Graham Johnson (2001), Leon Fleisher (2002), Pierre-Laurent Aimard (2003) und Alfred Brendel (2004), Pierre Boulez (2005, ausnahmsweise ein Komponist, den wir so zu seinem 80. Geburtstag für sein KlavierŒuvre ehrten), Chick Corea (2006), Martha Argerich (2007), Maurizio Pollini (2008), dessen Auswahl eines Stipendiaten noch aussteht, und András Schiff (2009) haben so Peter Josza, Salem Abboud-Ashkar, Denis Lossev, Joseph Breinl, Nicolas Angelich, Tamara Stefanovich, Tim Horton, David Fray, Gwilym Simcock, Mauricio Vallina und Juho Pohjonen zu Stipendiaten erkoren. 2010 ist der Preis des Klavier-Festivals Ruhr an Grigory Sokolov gegangen.

Lehrer-Schüler-Beziehungen werden erlebbar, wenn die *großen Klavierschulen der Gegenwart* vorgestellt werden. 2007 stellten sich die Meisterschüler des großen Liedpianisten Irwin Gage vor, 2008 präsentierte sich in dieser Reihe wieder eine russische Schule, nämlich Alexei Lubimov und zwei seiner Meisterschüler.

Im Jahr 2009 widmete sich das Festival Alfred Brendel und stellte vier junge Pianisten vor, die von ihm geprägt wurden und die er besonders schätzt. Anlässlich seines 80. Geburtstags im Jahr 2011 hat das Festival im Rahmen der »Hommage à Alfred Brendel« die Pianisten Till Fellner, Francesco Piemontesi und Kit Armstrong eingeladen.

Die Familienkonzerte – auch für das künftige Publikum

Mit den *Familienkonzerten* wird das aktuelle und künftige Publikum angesprochen. Peter Ustinov stellte 2001 seine ganz eigene Version des »Karnevals der Tiere« vor. 2007 standen die beiden Familienkonzerte unter dem Titel »Im Dschungel mit Katia und Marielle Labéque«: Schüler der Folkwang Musikschule führten in zwei Familienkonzerten in der WeststadtHalle Essen zusammen mit dem renommierten Klavierduo Saint-Saëns' »Karneval der Tiere« auf – inmitten einer farbenprächtigen Dekoration, die Essener Grundschüler gestaltet hatten. Damit sind die Familienkonzerte seit 2006 nicht mehr länger »nur« Konzerte für Kinder, sondern Konzerte mit Kindern. Das »Dschungel«-Projekt war Bestandteil des 2006 gestarteten Education-Programmes des Initiativkreises Ruhr, das im Rahmen des Klavier-Festivals Ruhr 2007 mit fünf Konzerten erstmals einer breiten Öffentlichkeit vorgestellt wurde. Mehr als 200 Kinder, Jugendliche und junge Erwachsene wurden dabei künstlerisch aktiv und präsentierten die Resultate ihrer Arbeit in Dortmund, Düsseldorf, Duisburg und Essen vor mehr als 2000 Besuchern.

Das Programm für die Jungen:
Little Piano School, Encounters-Reihe und die Discovery-Projekte

Dass das Klavier für Kleinkinder nicht nur ein faszinierendes Spielzeug sein kann, sondern sich in geradezu idealer Weise dazu eignet, sie in die Welt der Musik einzuführen, beweist die *Little Piano School* auf eindrückliche Weise. Im Jahr 2006 hat das Klavier-Festival die Methode der italienischen Klavierpädagogin Kim Monika Wright ins Ruhrgebiet geholt und gemeinsam mit der Folkwang Hochschule und der Folkwang Musikschule innerhalb kurzer Zeit zu einem Modellprojekt im Bereich der frühkindlichen Bildung ausgebaut.

In der *Encounters-Reihe* des Klavier-Festivals haben Kinder und Jugendliche aus dem Ruhrgebiet die Möglichkeit, bedeutenden Festival-Pianisten ganz persönlich zu begegnen und von ihnen nicht nur für ihr Klavierspiel wichtige

Impulse zu erhalten. Die Form und der Inhalt der verschiedenen Begegnungen sind dabei so unterschiedlich und vielfältig wie die daran teilnehmenden Pianisten und Klavierschüler. Seit 2006 haben sich zahlreiche Pianisten, die dem Klavier-Festival Ruhr freundschaftlich verbunden sind, an der Encounters-Reihe beteiligt.

Mit den *Discovery-Projekten* möchte das Klavier-Festival Ruhr Kinder und Jugendliche unterschiedlicher kultureller und sozialer Herkunft und verschiedener Bildungsniveaus dabei unterstützen, selbst kreativ tätig zu werden, um einen aktiven Zugang zur Musik entwickeln zu können. In den mehrmonatigen Projekten, die vom Education-Team des Klavier-Festivals Ruhr in Zusammenarbeit mit erfahrenen Künstlern und Pädagogen geleitet werden, entwickeln die teilnehmenden Schüler in der Beschäftigung mit Musik und anderen Künsten ihre schöpferischen und musischen Fähigkeiten. In der gemeinsamen Tätigkeit und der Begegnung unterschiedlicher Kunstformen erschließen sich den Projektteilnehmern neue Erfahrungsräume. Gefördert wird dabei nicht nur die Fähigkeit des aktiven Zuhörens, sondern auch die Weiterentwicklung von sozialen, kognitiven und emotionalen Kompetenzen. Jedes Discovery-Projekt mündet in eine öffentliche Aufführung, bei der die Teilnehmer dem Festival-Publikum einen Einblick in ihre Arbeit geben.

Symphonische Klavierkonzerte

Die besonderen Chancen des Musiklandes NRW nutzt das Festival nicht zuletzt auch bei den *Klavierkonzerten*, bei denen in den letzten Jahren u. a. die sonst kaum zu hörenden spätromantischen Klavierkonzerte des 20. Jahrhunderts vorgestellt wurden – 1998 mit den Dortmunder Philharmonikern das Klavierkonzert von Max Reger, 1999 mit den Bochumer Symphonikern das Klavierkonzert von Hans Pfitzner und im Jahr 2000 mit den Essener Philharmonikern das Konzert für Klavier und Orchester mit Männerchor von Ferruccio Busoni. 2008 hat das WDR Sinfonieorchester unter der Leitung von Tan Dun die Europäische Erstaufführung dessen neuen Klavierkonzertes mit Lang Lang und sein Konzert für Zheng und Streichorchester mit der Solistin Yuan Li, das von 3Sat aufgezeichnet wurde, aufgeführt. 2009 begleitete das Orchester Herbert Schuch bei Griegs Klavierkonzert a-Moll sowie 2010 im Eröffnungskonzert den jungen Franzosen Bertrand Chamayou mit Richard Strauss' »Burleske«. Im Jahr 2011 wird das WDR Sinfonieorchester Michael Korstick begleiten, wenn er an einem Abend beide Klavierkonzerte von Johannes Brahms spielen wird.

Die Neue Philharmonie Westfalen war 2009 zu Gast, um Lang Lang und Herbie Hancock bei ihrem einzigen Konzert in Deutschland zur Seite zu stehen – u. a. in Ralph Vaughan Williams Konzert für zwei Klaviere und Orchester.

Weitere Orchester-Höhepunkte im Jahr 2010 waren das umjubelte Konzert von Murray Perahia und der Academy of St. Martin in the Fields sowie von Ivo Pogorelich und der Polnischen Kammerphilharmonie Sopot. Ton Koopman und das Amsterdam Baroque Orchestra entführten die Zuschauer ins 17. Jahrhundert, indem sie Bach'sche Klavierkonzerte auf Cembali aufführten, während Pierre-Laurent Aimard, gemeinsam mit dem Chamber Orchestra of Europe, dem Publikum wiederum auf dem modernen Konzertflügel Bach'sche Klavierkonzerte interpretierte.

Die Kammermusik

Eine zentrale Rolle kommt dem Klavier seit der Mitte des 18. Jahrhunderts naturgemäß im Bereich der *Kammermusik* zu und dabei wiederum insbesondere in der Besetzung als Duo für Klavier und Violine oder Violoncello (bewusst in dieser Reihenfolge z. B. bei Mozart und Beethoven) und als Klaviertrio. 2008 hat das Alban Berg Quartett mit Elisabeth Leonskaja, Heinrich Schiff und Alois Posch Schuberts Forellenquintett und sein Streichquintett aufgeführt. Gemeinsam mit Daniel Barenboim und weiteren Solisten des West Eastern Divan Orchestra kehrte Michael Barenboim 2009 zum Festival zurück, um u. a. Alban Bergs Kammerkonzert für Klavier und Violine mit 13 Bläsern zu interpretieren. André Previn spielte zusammen mit Anne-Sophie Mutter und Lynn Harrell Mendelssohns erstes, Jean-Yves Thibaudet gemeinsam mit David Garrett und Gautier Capuçon sein zweites Klaviertrio. Und schließlich waren Pierre-Laurent Aimard und Valérie Aimard mit Werken für Klavier und Violoncello von Beethoven und Mendelssohn zu hören. Im Jahr 2010 wurde diese Reihe mit Kammermusik-Höhepunkten des Jubilars Robert Schumann fortgesetzt: Martha Argerich gestaltete gemeinsam mit Mischa Maisky, Renaud Capucon, Gabriele Shek und Lyda Chen einen fulminanten Schumann-Abend, der auch von ARTE aufgezeichnet wurde. Elena Bashkirova und das Erlenbusch-Quartett begeisterten das Publikum mit dem Klavierquartett und Klavierquintett Robert Schumanns. Anne-Sophie Mutter kehrte ebenfalls zum Festival zurück und führte an einem Abend die drei Violinsonaten von Johannes Brahms mit Lambert Orkis auf. Christian Zacharias und Mitglieder des ehemaligen Alban Berg Quartetts interpretierten 2010 wichtige Referenzwerke der Kammermusik – das Forellenquintett von Franz Schubert sowie das Klavierquartett KV 478 von Wolfgang Amadeus Mozart. Im Liszt-Jahr 2011 werden Andrea Lucchesini und Mario Brunello (Violoncello) selten zu hörende Kammermusikwerke von Franz Liszt vorstellen, ebenso wie das Trio um Kit Armstrong, das Liszts berühmtes »Vallée d'Obermann« in der Fassung für Klaviertrio aufführen wird.

Die Musik der Gegenwart

Sehr bewusst gibt das Festival der *Musik der Gegenwart* ein besonderes Gewicht. Zahlreiche Komponisten-Schwerpunkte galten seither dem pianistischen Œuvre von Karlheinz Stockhausen (1996, 2008), Maurizio Kagel (1997), Conlon Nancarrow und Wolfgang Rihm (1998), Wilhelm Killmayer und Moritz Eggert (1999), Pierre Boulez (2000, 2005), Morton Feldman (2001, 2002) und Hans Werner Henze (2001, 2006 und 2010), den amerikanischen Komponisten Earl Brown, John Cage, Philip Glass, Steve Reich und Terry Riley (2002), russischen Avantgardisten (2003) und jungen österreichischen Komponisten (2004). Allein zehn Uraufführungen – acht davon als Auftragswerke des Klavier-Festivals Ruhr – verdankt das Klavier-Festival Ruhr den Komponisten York Höller (1997, 2005), Wolfgang Rihm (1997), Marc-André Hamelin (1998), Michael Harrison (2001), Wilhelm Killmayer (2002), Beat Furrer und Olga Neuwirth (2004) sowie Johannes Maria Staud und Marco Stroppa (2005) bis zum Jahr 2005. Im Jahr 2006 kamen weitere sieben hinzu, von denen sechs durch das Klavier-Festival selbst in Auftrag gegeben waren. Besonders hervorzuheben sind dabei »Geharnischt«, ein Stück für zwei Player Pianos von Steffen Schleiermacher, das Klavierkonzert von Thomas Larcher, der gebeten wurde, zu zeigen, wie ein Klavierkonzert mit dem Instrumentarium, das auch Mozart benutzt hatte, heute klingen kann, sowie ein »Lied« für Klavier und Violoncello von Sir Harrison Birtwistle als Geburtstagsgeschenk für Alfred Brendel. Hinzu kamen bis heute über weitere 30 deutsche bzw. europäische Erst- und Uraufführungen.

Die JazzLine

Um Zeitgenössisches geht es auch bei der ebenfalls nunmehr seit 1996 bestehenden *JazzLine*. In ihr spiegeln sich die avantgardistischen Strömungen neuer improvisierter Musik aus Europa ebenso wie traditionelle und avantgardistische Entwicklungen des amerikanischen Jazz. Das internationale ABC der rund 60 Jazz-Pianisten, die seit 1996 den Einladungen des Klavier-Festivals Ruhr gefolgt sind, reicht so von Monty Alexander (2008), Götz Alsmann (2005) über Dave Brubeck (1998), Uri Caine (2001) und Michel Camilo (2000, 2003, 2005, 2007 – mit einem Exklusiv-Schwerpunkt mit vier Konzerten u. a. mit dem Gitarristen Tomatito und im Trio, 2009), Frank Chastenier (2007, 2008, 2010), geht weiter mit Chick Corea (1997, 2001, 2005 – damals mit Bobby McFerrin!, 2006 für sein neues Klavierkonzert »Kontinente«, 2007 mit dem Vibraphonisten Gary Burton, 2008 u. a. mit Al Di Meola, 2009 solo und 2010 mit Roy Haynes und seiner legendären Freedom Band), Wolfgang Dauner (2000), Herbie Hancock (1998, 2003, 2009 zusammen mit Lang Lang), Ruben Gonzalez (1999), Keith Jarrett mit seinem Trio (das legendäre Konzert im Jahre 2007), Jacques Loussier (2004), Oscar Peterson (1997), dem unvergessenen Michel Petrucciani (1997), André Previn (2004), Gonzalo Rubalcaba (2002, 2006), Helge Schneider (1998 – für manchen überraschend ist er auch ein höchst kreativer Jazzer!), Gwilym Simcock (2007), Chucho Valdés (2006) bis hin zur Free-Jazz-Legende Cecil Taylor (2004) und endet schließlich mit Aziza Mustafa Zadeh (2000, 2003) und dem genialen Joe Zawinul (1996, 2006). 2009 gab Gerald Clayton mit der SWR Big Band ein grandioses Eröffnungskonzert. Im Jahr 2011 freue ich mich schon sehr auf die Rückkehr von Chick Corea und Jacques Loussier!

Eine neue Zeitrechnung: die Stiftung Klavier-Festival Ruhr

Am 1. Januar 2011 begann für das Klavier-Festival Ruhr eine neue Zeitrechnung, denn der Initiativkreis Ruhr hatte im Kulturhauptstadtjahr 2010 eine wichtige Weichenstellung für die Zukunft des Klavier-Festivals Ruhr vorgenommen. Die Einbringung des Klavier-Festivals Ruhr in die Rechtsform einer Stiftung (die »Stiftung Klavier-Festival Ruhr«) mit einer eigenen Sponsoring und Service GmbH (die »Klavier-Festival Ruhr Sponsoring und Service GmbH«) bringt dem Klavier-Festival eine rechtliche Unabhängigkeit. Gegründet von der *NATIONAL-BANK AG* und gefördert von der *NRW Kunststiftung* sowie von rund 90 Personen und Unternehmen, die als Mitglieder des Gründerkreises die Stiftung mit namhaften Beträgen unterstützen, ist der Gründerkreis noch bis Ende 2011 für neue Mitglieder, die sich engagieren wollen, offen (gruenderkreis@klavierfestival. de). Zwar bleibt das Festival auch künftig das kulturelle Leitprojekt des Initiativkreises Ruhr; gleichzeitig aber bietet die neue Rechtsform den Verantwortlichen die Chance, sich zusätzliche Finanzierungsquellen zu erschließen.

Neben diesen Spenden und Zustiftungen ist naturgemäß das Sponsoring die weit wichtigste Finanzierungsquelle. 54 Sponsoren – überwiegend aus dem Kreis der Mitgliedsunternehmen des Initiativkreises Ruhr – ermöglichen immer wieder das Klavier-Festival Ruhr. Die wichtigste Erfolgskomponente des Klavier-Festivals Ruhr bleibt aber das Publikum: Zu den vergangenen 15 Festivals kamen über 620.000 Besucher – über 340.000 sind es allein in den Jahren 2005 bis 2010 gewesen. Im Laufe der letzten 15 Jahre hat sich die jährliche Zahl der Besucher somit mehr als verdreifacht.

»Wir an der Ruhr – gemeinsam nach vorn! Mit neuen Initiativen die Metropole Ruhr beflügeln!« war der Leitgedanke der Gründerväter Alfred Herrhausen, Rudolf von Bennigsen-Foerder und Franz Kardinal Hengsbach. Das Klavier-Festival Ruhr hat diesen Leitgedanken des Initiativkreises Ruhr wörtlich genommen. Diesen unternehmerischen und kreativen Maximen gehört unser aller Unterstützung! Glück auf!

Walter Hagemeier

Wir bauen eine Region um
Wenn Kultur nahbar wird

Seit Jahren begleitet uns dieser Anspruch, und neue Konturen zeichnen sich immer deutlicher ab. Folgen sie einem großen Plan? Eher nein. Erst im Laufe der Entwicklung wird häufig deutlich, wie vielschichtig und weittragend eine Idee, ein Anfang sein kann.

Hier stehen wir heute auch mit den Museen unserer Region. Mit gesundem Selbstbewusstsein schließen sich zwanzig Museen aus dem weiteren Ruhrgebiet zu den RuhrKunstMuseen zusammen.

Die Häuser, oft in räumlicher Nähe und doch bisher ohne oder fast ohne Abstimmung oder Zusammenarbeit, beginnen zu interagieren. Durch den regen Kontakt im Rahmen der Ausgestaltung des gemeinsamen Auftritts und der inhaltlichen Abstimmung bildet sich eine neue Vertrauensbasis, es entsteht ein »Wir«.

Es ist keine Gemeinschaft unter gleichen. Dazu sind sie in ihrem Angebot und Auftritt zu unterschiedlich akzentuiert. Aber sie bergen ein großes gemeinsames Potenzial. Nicht alle Museen haben das in gleichem Maße erkannt, so wie es einige Vorreiter immer tun. Dennoch … Ideen werden generiert, es ist eine lebendige Plattform entstanden, die ihren Gestaltungsraum zu füllen beginnt. Aus ideenhaften Skizzen werden Projekte, die wiederum zur Definition von Projektanträgen und Sponsoringanfragen werden. So werden aus Ideen Konzepte – möglich gemacht durch neuen Schulterschluss.

Diese innovative Form der museumsübergreifenden Kollaboration gipfelt im Jahr 2010 in der Beteiligung an der Kulturhauptstadt RUHR.2010. Die RuhrKunstMuseen vermitteln die in dieser Form einzigartige Sammlungsvielfalt erfolgreich über das ideenreiche Vermittlungsprojekt »Collection Tours« und die gemeinsame Ausstellungsreihe »Mapping the Region«. Mehrere hunderttausend Besucher bezeugen durch ihren Besuch das vorherrschende Interesse an der Arbeit der Museen. Die räumliche Nähe der Häuser ermöglicht die Erschließung von Themenbereichen wie »Lichtkunst« oder »Sein oder Design« durch unterschiedliche Blickwinkel.

Die gemeinsamen Projekte der Museen werden gut angenommen. Sowohl die Besucherzahlen als auch die Wahrnehmung des einzigartigen Museumsnetzwerkes bestätigen die Idee. Es beginnt eine Markenbildung im Kulturraum. »Ruhr« geht – auch nach dem Kulturhauptstadthype – nun einher mit »Kultur«, das zeigt sowohl die Namensgebung des Museumsnetzwerkes (»RuhrKunstMuseen«) als auch die spielerische Namensgebung des VHS-Programms der Stadt Bochum (»Ruhr.2011«). Die bisher geltende Assoziation von Ruhr und Kohle ist in ihrer Vorherrschaft gebrochen.

Der erfolgreiche Zusammenschluss fördert in neuartiger Weise die Positionierung und Profilierung des Angebots und der Leistungen der Museen. Er bringt auch eine neue politische Dimension. Und er ermöglicht auch die gemeinsame Erschließung neuer Mittel, die alleine unerreichbar wären. Sei es ein Sponsoring durch Unternehmen oder der Zugriff auf signifikante Landesmittel zum überregionalen Marketing.

Bei allen gemeinsamen Aktivitäten ist die Wahrung der Identität nicht gefährdet. Es geht um die Stärkung der kulturellen Vielfalt – nicht um die Schaffung eines Über-Kuratoriums.

Welche Innovationsansätze sind hieraus ableitbar? Getragen von einer gemeinsamen Idee und der Überzeugung, dass man miteinander besser fährt, ist der erste Schritt gemacht. Hier zeigen die Museen bereits die Weitsicht, die man manchen Kommunen noch wünschen muss. Dies braucht es aber. Erfolgreiche Zusammenarbeit benötigt Mut, die Delegation von Verantwortung fordert Vertrauen. Die Zusammensetzung muss stimmen, es bedarf mehr als nur Ideengeber. Ohne Macher ist die Realisation nicht zu stemmen.

Die Realisation darf sich mutig erweiterten Zielgruppen mit neuen Konzepten zuwenden. Die Kunden, die Märkte sind hierfür offen. Es wird nicht jedermanns Zustimmung finden, Hochkultur in ein eventähnliches Paket einzubinden. Doch die Erfahrung der Collection Tours hat auch hier gezeigt: Ein konkretes Angebot, das als Paket buchbar die sonst mühsame Planung von Einzelbesuchen (welche dann oft nicht umgesetzt werden) ersetzt, ist erfolgreich. Sicherlich auch, weil hier ein Konzept nicht über-abstrakt aufgesetzt wurde, sondern konkret erfahrbar (im wahrsten Sinne des Wortes durch die eingesetzten Busse) verwirklicht wurde. Die gezielte Ansprache von Schülern gelang durch den begleiteten Besuch; viele Schüler waren überhaupt zum ersten Mal in einem Museum. Dadurch werden Hemmnisse abgebaut, Kultur wird nahbar. Ein Erfolgsfaktor dieses innovativen Ansatzes war der Aufbau der entsprechenden Vermittlungskompetenz in den einzelnen Museen. Hier wurde couragiert erprobt, wie sich Kunst nahebringen lässt.

Das Ruhrgebiet kann sich hier bedienen. Man möchte ihm zurufen: Finde deine Marken, zeig deine Stärken! Gehe neue Wege – deine Einwohner warten nur darauf. Mit der überwältigenden Teilnahme am Still-Leben auf der A 40 haben die Bewohner für ihre Region gestimmt. Sie zeigen die Begeisterung für Neues. Die Entstehung des Neuen (nach T. Wehner) ist weniger an eindeutige Fähigkeiten des Individuums gebunden als an ein soziales, kooperatives Milieu. Und für Milieu ist das Ruhrgebiet immer zu haben.

Damit sehen wir mehr als einen Anfang. Wir sehen den Beginn der Zukunft – einen weiteren Aspekt des Umbaus in der Region, einen Umbau in der Museumslandschaft, einer unserer vielfältigsten Kulturregionen.

Jochen Malmsheimer

Mit Freundlichkeit und Fleiß
Eine polemische Hoffnung

Das »Ruhrgebiet«.
Und genau hier fängt das Problem doch schon an.
Meine ich.

Dieser Begriff »Ruhrgebiet«, übrigens besonders reichhaltig von denen gebraucht, die nicht hier leben, aber gerne drüber sprechen, suggeriert eine Homogenität, die ich vor Ort auch mit den ausgeklügeltsten Meßverfahren nirgendwo habe finden können, wo auch immer ich suchte. Und ich suchte an vielen Orten, oft und lang.

Die Gegend an der Ruhr, wie ich diesen Städte- und Gemeindehaufen nenne, dessen genaue Grenzen an den jeweiligen Stammtischen jeden Abend neu festgelegt werden, ist ein bunter Flickenteppich, diese Gegend an diesem mittelgroßen Fluß ist eher wie ein Quillt gestaltet, wie jene stoffgewordene Entsprechung eines Eintopfes oder wie das Gericht, zu dem am Ende der Woche die übrig gebliebenen Lebensmittel in eine Pfanne geworfen wurden, zwei Eier drüber geschlagen und eine gewürfelte Zwiebel dazu, fertig! Meine Oma nannte das dann »gedrängte Wochenübersicht«. Viel schöner und zugleich treffender kann man so was nicht bezeichnen.

Diese Gegend an der Ruhr ist, wie die »gedrängte Wochenübersicht«, ein Gewebe mosaikal funkelnder Vielfarbigkeit und irrlichternder Blitzenz, ein Gemenge unterschiedlichster Orte, Menschen, Völkerschaften, was übrigens millionenfach besser klingt als das wollsockige »Ethnien«, ein Gärtank unterschiedlichster Wünsche, Vorstellungen, Ambitionen und Sehnsüchte, Anschauungen, Dia-, wie Soziolekte, Glaubensrichtungen und Philosophien und damit unterscheidet sich diese Gegend in nichts von anderen bevölkerungsreichen, industrie- wie zuwanderungsgeprägten Landstrichen in Europa, ja in der ganzen Welt.

Das Einzige, was die Ruhrgegend vielleicht ein wenig heraushebt, ist die – oft genug unfreiwillige – räumliche Enge und die direkt daraus resultierende Nähe zu Verkehrswegen und Naherholung, zu Industrie und Handwerk, zu Sport und Musik, zu Geruch und Gestank, zu Aggression und Frieden, zu Klerus und Virus, zu Verdammnis und Vergebung. Und Nähe nährt vor allem anderen Aggression, wie wir aus Laborexperimenten mit Nagetieren oder der Ehe einerseits und andererseits aus Beobachtungen der Schweiz wissen.

Hätten die Menschen an der Ruhr es jemals für opportun, schön oder gar erstrebenswert gehalten, in einer Stadt zu leben, als Bewohner eines Ballungszentrums, als Bürger eines Gemeinwesens zu gelten oder hätten sie sich jemals so gefühlt, dann wäre dieser Wunsch längst in die Tat umgesetzt und jener eine Siedlungsraum längst benannt und jene so oft gebetsmühlesk herbeigeschriebene Einheit(lichkeit) längst bewerkstelligt und damit gelebt.

Aber so ist es nicht. Und das will auch keiner. Warum auch?

Verordnete Gemeinschaft macht gesichts- und konturlos, individuelle Besonderheiten und profilstiftende Eigenarten werden zu Gunsten eines nivellierten, stirnflüchtigen Dutzendgesichtes schonungslos beigehobelt. Aber das ist mit den wenigsten hier zu machen.

Anstatt sich wie ein Pott Industriemayonnaise zu geben, also von zähschmieriger, blasenfreier, holzleimiger Viskosität, gebärdet sich die Gegend an der Ruhr, Gott sei's gedankt, eher wie Omas Griespudding, in sämigem Zusammenhalt, doch fein granuliert und sich zum Besseren wendend, mit jeder Zutat, wie Kirschkompott oder einem zuckrigen Zimtstoß.

Und gerade jene Granulation, die feinen Körnchen, sorgen für den Biß des Ganzen und dafür, daß man hernach auch richtig satt, also befriedigt ist, genährt! Und nicht einfach fettig gefüllt, wie es die Art der Mayonnaise ist.

Ständig wird, besonders von der politischen Klasse, die mit der von ihr verantworteten Verwaltung längst in einer von der Wirklichkeit restlos entkoppelten Parallelwelt lebt, der Konzentration das Wort geredet, das Zusammenwachsen beschworen, die Einheit angebetet, das Verbindende herbei phantasiert, Gemeinsames mühsam erst zusammen- und dann herausgestellt und das alles dann in einem dieser für die Initiatoren leider konsequenzlosen Marketing-Amokläufe unter dem lächerlich rustikal-kulinarischen Läjbel »Pott« versammelt, daß es mir direkt schlecht wird.

Nur eine Gruppe, die aus starken, selbstbewussten, individuell unterschiedlichen und darob stolzen, eigensinnigen, aber kompromißfähigen und dazu bereiten Einzelgliedern besteht, wächst mit der Zeit, die so was braucht, wenn ALLE das so wollen, dann freiwillig zu einer organischen, funktionierenden, gegenüber Dritten mit einer Stimme sprechenden, aber untereinander sehr wohl den Einzelnen hörenden und respektierenden Gemeinschaft von Gleichberechtigten und Gleichgesinnten heran.

Aber davon sind wir noch meilenweit entfernt, egal, was uns die Stadtmarketingschallblasen und Publicrelationsohrenbläser glauben zu machen suchen.

Daß ich an dieser Stelle den Sport und dann auch noch ausgerechnet den Fußball in's Felde führe, zeugt vom Grad meiner Erregung, die dem hier zu verhandelnden Topos geschuldet ist und damit sicherlich Ihr Verständnis findet. Da ich die Faszination und den Charme einer Sportart grundsätzlich immer nicht nur an der körperlichen, sondern auch an der geistigen Beweglichkeit der sie Ausübenden bemesse, sowie am mentalen wie am phänotypischen Auftreten ihrer Anhänger und Funktionäre, muß ich natürlich gerade den Fußball, gerade als Mensch, dem größere Menschenansammlungen, deren Mitglieder alle die gleiche Meinung haben, aber darüber nicht diskutieren wollen, unheimlich sind, rundheraus und zur Gänze ablehnen. Auch ist mir lautstark ausgelebte Gewalttätigkeit in Tateinheit mit quasireligiöser Verehrung von juristischen Konstrukten, wie sie Vereine nun mal darstellen, äußerst suspekt.

Sollte dermaleinst die Zivilisation gezwungen sein, ihr Heil unter der Erdoberfläche zu suchen, sollte man zuerst die Stadien dahin verlegen, vielleicht kann ja der Rest dann doch oben bleiben.

Trotz aller Ressentiments, die ich also dem Fußball, leider für ihn folgenlos, entgegenbringe, schätze ich seine lokale Verankerung sehr. Hier würde niemand auf die Idee kommen, die hierzustadt wesenden Vereine und deren Traditionen zu Gunsten etwa eines Ruhrclubs aufzulösen. Nein, die Vereinsgrenzen verlaufen nicht selten in der Mitte einer Straße und gerade das Wissen um eine bestimmte Zugehörigkeit gibt den Einzelnen die Sicherheit, die sie brauchen.

Leider eben auch die Sicherheit, die man braucht, um sich bereits frühmorgens generalangetrunken in öffentlichen Verkehrsmitteln jungen Müttern mit Kinderwagen als alternative Sexualpartner anzubieten. Ich habe zwar selten das schlagartige Aussterben der Deutschen intensiver herbeigesehnt als in diesem, von mir erst kürzlich erlebten Moment, andererseits erkannte ich aber eben auch, daß sich gerade diese tiefe emotionale Verwurzelung in lokalen Zusammenhängen und Lebenswirklichkeiten für den Betreffenden als Kraft- wie Rückhaltspende erwies, wurde das Anerbieten des illuminierten Fußballanhängers doch von weiteren, ebenfalls alkoholisierten Rüden seiner Rotte lautstark unterstützt, bevor sich diese in trunkener Kumpanei daran machten, ihr Revier auf dem Bahnsteig zu markieren. Für Hundehalter ein im Prinzip recht vertrautes, dennoch auf Bahnhöfen im Gleisbereich wie in der Wartehalle als verstörend empfundenes Bild.

Der jungen Mutter übrigens gelang es, das Angebot auszuschlagen, indem sie dem Antragsteller unmissverständlich seinen Platz im evolutionären Gefüge zuwies, und zwar so bildreich und griffig, daß selbst der cerebral untergewichtige Sportfreund dies weder für Einverständnis noch ein Kompliment halten konnte. Ich glaube, sie verglich ihn mit einem Schwamm, welcher übrigens häufig der ungeschlechtlichen Vermehrung anhängt.

Trotz dieses unschönen Einzelereignisses, welches hier Erwähnung findet, weil es ein Glied in einer Kette voller Einzelereignisse darstellt, transportiert die enorme und andernorts ihresgleichen suchende Sportvereinsdichte im Ruhrgebiet genau dieses, von mir für den Rest des Siedlungsraumes so herbeigesehnte individuelle, breitbrüstige Selbstbewusstsein seiner einzelnen Glieder.

Ich glaube fest, daß gerade die Rückbesinnung auf die eigene, lokal gewachsene, dem Ort und seinen Menschen verpflichtete, weil durch sie ermöglichte und geförderte Leistungsfähigkeit es ist, die ein Gemeinwesen befruchtet und die die ihm Zugehörigen antreibt.

Ebenso natürlich wächst und prosperiert eine Gemeinde nur durch den Blick über den eigenen Tellerrand und damit auch über den Anderer, die Befruchtung durch aushäusige Ideen und Menschen aus anderen Zusammenhängen und Gemeinden, aus anderen Religionen und Kulturkreisen, ja, von mir aus auch aus anderen Vereinen, durch die Überwindung der eigenen, schwiemeligen Engstirnigkeit und Borniertheit.

Und trotz alledem bedeutet das immer noch nicht, daß man jeden Scheiß mitmachen muß. Zum Beispiel seine Heimat Pott nennen zu lassen. Und als ob dieses seifige, einen unerträglich polizeisportvereinssammelumkleidekabinengeruchskohlfurzal umarmende, die Gegend und ihre Menschen in ihrer Vielfarbigwie -schichtigkeit in seiner blechernen Eimerigkeit geradezu verhöhnende Etikett nicht schon widerwärtig genug wäre, wird über all' das auch noch das Tranfaß der Folklore entleert, mit dem Ziel, uns alle endgültig vor aller Welt als grenzdebile, revalrauchende Eckensteher im jägermeisterfleckigen Unterhemd lächerlich zu machen und uns auch noch den Weg da raus gründlich abzuschneiden, auf daß die ganze Gegend endlich zu einem einzigen, großen Industriemuseum und wir zu unseren eigenen, disneyomorphen Darstellern verkommen mögen.

Dem muß mit aller Macht entgegengetreten werden!

Wie unglaublich zerstörerisch und das Wahre und Gute mit Füßen tretend das Missverständnis des »Volkstümlichen« als ein »dem Volke eigenen«, »aus dem Volke heraus gewachsenen« ist, zeigt das warnende Beispiel der Musik, das jeden, der mehr als 50 Gramm Hirnabtropfgewicht sein eigen nennt, daher die Mehrheit seiner fünf Sinne beisammenhat und diese auch zu nutzen weiß, am ganzen Leibe zitternd zurücklässt.

Was uns da seit Jahren unter dem euphemisierenden Tarnnetz der Folklore an »Musik« zugemutet wird, erfüllt den Tatbestand der vorsätzlichen, perfiden Geistverletzung, also der Volksverdummung aus niedersten Motiven in Tateinheit mit der nachhaltigen und irreparablen Beschädigung unersätzlicher Kulturgüter, in diesem Falle der tradierten Musik verschiedenster deutschsprachiger Volksgruppen, von den Bergen bis zur Küste, vom Regenwald zur Wüste.

Das aber, was uns alltäglich aus den »Stadln« der Fernseh- wie Rundfunkanstalten magenwindgleich entgegenweht, ist keine Volksmusik, die das tonale Schaffen ganzer Generationen sorgfältig abbildete und damit das uralte kulturelle Erbe für spätere Generationen bewahrte und weiterreichte, nein!

Das ist der monophone Veitstanz einer sich jeder geschmacklichen wie handwerklichen Kontrolle längst entwunden habenden Barbarei oral gekachelter, in armselige Trachtenimitate geschlagener Instrumentehalter, die mit einem in die gipsernen Grimassen geklatschten, permadebilen Dauergrinsen ihre platitüden, musikantigen Gesichtsfürze hochdement und weizenblond in unsere Wohnstuben erbrechen. Der Gott, der Silbereisen wachsen ließ, ist ein zorniger!

Wer solches ungeschützt aufnimmt, über die Ohren oder die Haut, fällt automatisch und zwanghaft in einen unkontrollierten Marschtritt, der nur durch einen kontrollierten Arschtritt wieder zu stoppen ist. Ich will das alles nicht!

Und nicht nur ich will das nicht. Folklore ist eine Heimsuchung, ist Tümelei, ist eine vom Massengeschmack sanktionierte, eindimensionale, lackierte Fehldarstellung, die wegen ihrer sandgestrahlten Kontur- und Porenlosigkeit niemand von denen, die es immer schon gewusst haben, vor allem besser, vor ein Rätsel zwingen, ihn dazu nötigen, sich zu beschäftigen, Fragen zu stellen, sich Erklärungen anzuhören, Entwicklungen zu verfolgen, kurz: sich Mühe zu machen! Folklore erspart einem alles! Nur eben nicht sie selbst. Leichtgängiger Konsum vorgestanzter Versatzstücke ist die Maxime, Folklore ist passierte Schonkost, der man nicht ansieht, ob sie nicht schon einmal gegessen wurde, da sich beim Darmdurchgang weder ihr Erscheinungsbild noch ihr Klang verändert.

Und wie die Musik, leidet eigentlich jede Äußerung menschlichen Daseins unter Folklore, jede landsmannschaftliche Gruppierung in diesem Lande hat mit den schiefen Bildern zu kämpfen, die außerhalb ihres Einflussbereiches unausrottbar und von offenbar ewigem Leben beseelt, ungestört kursieren.

Ich erinnere nur an die offenbar immer noch rußgesättigte Luft hier bei uns, die die Wäsche nie richtig sauber werden läßt und die Fensterbänke mit einem dünnen, schwarzen Film überzieht, weshalb wir, damit die Unterarme nicht rußgebeizt werden, während wir die Nachbarn beobachten, immer ein Kissen im geöffneten Fenster liegen haben. Und auch anderen geht es nicht besser.

Denken wir doch auch an die offenbar ganztägig krachtbelederten, gamsbartgekrönten, bierschnupfenden und tabaksaufenden, reich dekolletierten Bewohner der Gebirgsregionen oder die ihre nautische Begeisterung mit lähmender Kunstfröhlichkeit dokumentierenden, ständig ein oberlehrerhaftes »Moin!« mit Ausrufezeichen! im wettergegerbten Munde führenden Küstensiedler. Von den ewig Äbbelwoi trinkenden und Handkäs essenden und deshalb aus dem Munde wie ein Sack gut eingefahrener Skisocken riechenden Hessen ganz zu schweigen.

Das alles ist natürlich ein Riesenquatsch, aber es trägt auch ein kleines Fünkchen Wahrheit in sich und ist vielleicht gerade deshalb wirklich ganz und gar unerträglich, denn ein Fünkchen erhellt nichts, aber es reicht, einen Ballen Stroh, den ja allzu viele nicht mehr in einer Scheuer sondern im eigenen Schädel lagern, zu entzünden.

Und so müssen wir ständig auf's Neue erklären, daß hier bei uns die große Zeit des Bergbaus und der Stahlgiganten vorbei ist, unser Landstrich nicht stärker unter Emissionen zu leiden hat als Holland, inzwischen hier auch Grünpflanzen überleben, von denen es in der Gegend an der Ruhr und um die Ruhr rum mindestens so viele gibt wie im Hunsrück. Oder in der Rhön. Oder sagt man: auf der Rhön?

Jedenfalls (nur in der Gegend um die Ruhr kann man einen Satz mit »jedenfalls« oder mit »also« anfangen und wird in der Regel nicht zurechtgewiesen, sondern verstanden. Großartig.) Also jedenfalls, wie die Gegenden auch immer hießen, in die wir als Kinder »in Urlaub« mussten, um mal frische Luft zu atmen und zu erleben, wie Gras eigentlich aussieht, bevor die Kokerei es grau bemehlte.

Das müssen wir, die wir hier wohnen, immer noch und immer wieder erklären, geduldig und freundlich, auch wenn's manchmal schwer fällt. Aber wir tun das, jeden Tag auf's Neue, in der Hoffnung, die Halde an Vorurteilen über uns und unsere Gegend wenigstens ein klein wenig abzutragen, Stück für Stück, jeden Tag ein bißchen.

Doch dieses Bemühen wird ständig unterminiert und auch noch, und das ist das unerträglichste, von einigen, die hier wohnen und es eigentlich besser wissen müßten! Diese Leute werden nicht müde, die alte und vergangene Ruhrgebietsherrlichkeit, die übrigens für die meisten, die sie erleben mussten, keinerlei Herrlichkeit an sich hatte, in Form von Taubenvatta Jupp, dem Kiosk als Kristallisationspunkt der Kiezkommunikation, der Eckkneipe mit Gurken und Eier in Lake im Faß, Frikadellen in zweifelhafter lebensmitteltechnischer Qualität, nicht aber, sondern weil selbst gemacht, dem Sieben-Minuten-Pils, das immer sieben Minuten bis zur Servierreife brauchte, weil der Wirt selber gerne zwischendurch mal ein Schlückchen nahm, immerhin meist aus einem anderen Glas, also dieses ganze angemangerte, ausgekochte, »Anton, sachte Cervinsky für mich …«, Samstags das Auto waschende, auf Halden spielende, gepunktete Haushaltskittel ohne Ärmel tragende, schludrig sprechende und das schludrig Gesprochene auch nur rudimentär verstehende, im Hinterhof gegen eine Wand Fußball spielende und gerade weil das unter so ärmlichen Bedingungen praktiziert werden mußte, soviel Talent gebärende Ruhrgebietstümelei immer noch wider alle Vernunft, offenbar im Glauben, dies sei das originäre Bild von der Gegend an der Ruhr, erkenntnisresistent am Leben halten.

Was ein Satz! Aber der mußte raus. Ist doch wahr!

Dabei hat diese Gegend in den letzten 25 Jahren unter schwersten Anstrengungen und mit den schmerzhaftesten Veränderungen den ungeheuren Wandel von einem schwerindustriell geprägten Landstrich in ein Dienstleistungs- und Technologiezentrum europäischen Zuschnitts, trotz Einmischung der örtlichen Politik, geschafft, ohne daß Hunderttausende hätten abwandern müssen oder ganze Landstriche der Verarmung anheim gefallen wären und ohne, daß wir alle zusammen wieder in der Steinzeit gelandet wären.

Das war und ist doch eine irrsinnige und ihresgleichen suchende Leistung der einzelnen Menschen hier, ein prachtvolles Dokument ihrer Zähigkeit und Leistungsbereitschaft, ungeachtet jeder sich noch so hoch auftürmenden Schwierigkeit! Das sollte besungen und beschrieben, photographiert, betöpfert, behäkelt und be- wie gemalt werden! Vom Rest, von dem, was mal war, haben wir genug. Um es nie zu vergessen.

Denn jetzt sind wir, wie ich glaube und hoffe, auf dem geraden Weg in eine moderne, aufgeschlossene, weltoffene Gesellschaft, die allenfalls beim Fußball ihre Grenzen findet, aber das ist nicht schlimm, findet doch schließlich das Allermeiste im oder am Fußball seine natürliche Grenze.

Ich bin im Ruhrgebiet geboren worden, und zwar ohne mein Zutun und lebe seitdem hier. Das aber inzwischen wegen meines Zutuns. Und ich lebe gern hier. Weil man mich in Ruhe leben läßt.

Und das ist das Geheimnis, das Geheimnis von Frieden und Eintracht, das Geheimnis des ganz besonderen Geistes, der durch unsere Gegend weht und der unseren Siedlungsraum zu etwas ganz Außergewöhnlichem macht, egal was auch immer an anders lautenden Kopfblähungen auf irgendwelchen T-Shirts steht: Das Geheimnis besteht in jenem freundlichen Unbehelligtseinlassen, in der mir von meinen Nachbarn und Mitbürgern eingeräumten Freiheit, ungeachtet meiner Herkunft, meiner Farbe oder meiner Überzeugung ganz nach meiner Fasson selig werden zu können.

Wenn ich aber Hilfe brauche, ist jemand da, der sich kümmert, der mit anpackt. Und zwar ohne großes Gelaber oder Gehampel. Aber nur dann. Heimat ist da, wo man in Ruhe sein darf. Das hat mit der Gegend nichts zu tun, sondern nur mit den Menschen.

Und wenn wir es schafften, die ewigen Klischees denjenigen in den Hals zurückzustopfen, die sie immer wieder gebetmühlenartig unters Volk jodeln und an unsere Fähigkeiten glauben, auch die ernsteste Wendung des Schicksals durch Fleiß und Freundlichkeit letztendlich zum Guten oder sogar Besseren zu wenden, wie in der jüngeren Geschichte erst wieder eindrucksvoll bewiesen, dann könnte für uns alle und sogar für mich, als Bewohner Bochums, jene kleine Utopie Realität werden, jene kleine Utopie, die ich schon mal anderenorts erwähnte, die hier aber noch mal stehen soll, weil ich es mir doch so wünsche:

Ich stelle mir manchmal vor, wir wären nicht allein, also im Raum, und irgendwo da draußen würde eine Gruppe Astronomen, vielleicht auf einem Begleitplaneten in der habitablen Zone der Sternes Gliese 581, seine außerirdische Entsprechung eines Teleskops in unsere Richtung schwenken und endlich auf unseren Teil der Galaxis, auf einen unscheinbaren gelben Stern der Spektralklasse G2 V und dessen Planetensystem und dabei besonders auf den dritten Planeten, einen zu 70 Prozent mit flüssigem Wasser bedeckten Gesteinsplaneten, der über genügend Schwerkraft verfügt, eine eigene Atmosphäre festzuhalten.

Und dann justierten sie vielleicht die Optik und fokussierten auf die Nordhalbkugel des Planeten, auf eine größere Landmasse und dort so ziemlich auf die obere Mitte und dann wieder auf die Mitte dieser Mitte und dann wieder ungefähr auf die Mitte der Mitte dieser Mitte und dann sähen sie sie: Aus der Höhe erst schwer auszumachen, dann immer klarer erstünde vor ihren erstaunten Teleskopaugen eine mittelgroße Stadt am Ufer eines mittelgroßen Fließgewässers mit vielleicht 350.000 mittelgroßen freundlichen und aufgeschlossenen, gerade dem Fremden in freundlicher Neugier zugetanen Einwohnern, regiert von einer Gruppe mittelgroßer Männer und Frauen, die, von Sachverstand und Liebe zum Gemeinwesen gleichermaßen beseelt, von keinerlei Kalkül getrieben, als dem bedingungslosen Willen, das Beste für die Gemeinde und ihre Bewohner zu erreichen und die eigenen Wünsche und Sehnsüchte zum Wohle Aller hintanzustellen, die jedem Prestigedenken, jedem Gebuhle um tönerne Aufmerksamkeit eine strikte Absage erteilen, die mit den ihnen von den Bürgern anvertrauten Mitteln bis ins Detail verantwortungsvoll umgehen, jederzeit bereit, allem und jedem Rechenschaft über ihr Tun und Lassen abzulegen, stets Expertenrat einzuholen und Entscheidungen nach reiflicher Überlegung ausschließlich zum Wohle aller und nicht nach Parteiräson treffen, kurz: eine offenbar sehr liebenswerte Gemeinde unter verständiger und lernfähiger Leitung, in der zu leben selbst einem Außerirdischen nicht schwerfallen würde, weil der Atem der Toleranz durch die Straßen weht, etwa durch die schöne, historische, nach einem großen Kriege mit kundiger Hand und dem Gespür für das Gewesene und dem Mut zum Neuen wieder aufgebauten, mit alteingesessenen Geschäften gesäumte Fußgängerzone, die den gewachsenen Gassen der alten Stadt folgt.

Eine Stadt mit einer gelungenen Infrastruktur und durch große Ein- und Ausfallstraßen an den Rest des Landes hervorragend angebunden. Eine Stadt mit einem großen Radioteleskop, einem silberglänzenden Planetarium und einer vortrefflichen Universität für offensichtlich viele tausende Studenten aus allen Gegenden dieses Planeten. Eine Stadt mit einem hochgerühmten Theater, vielen Gotteshäusern aller Konfessionen, mit einem wundervollen Auditorium Maximum, in dem der Klangkörper der Gemeinde offenbar auch weithin beachtete Konzerte veranstaltet, einer Sportarena, die offenbar Ruhr-Stadion heißt und Heimat eines traditionsreichen Vereins ist, der in seiner Sportart, deren Sinn sich jetzt aus der Höhe nicht sofort erschließt, in seiner Region aber wohl zu den geachteten gehört.

Und dies alles in einen Landstrich eingebettet, der einmal das industrielle Herz des Kontinents barg und es geschafft hat, sich aus eigener Kraft zu einer Dienstleistungsregion ersten Ranges, zu einem Technologie- und Forschungszentrum internationaler Bedeutung, die den Vergleich mit anderen Oberzentren der Welt nicht zu scheuen braucht, zu wandeln, ohne daß ganze Landstriche versteppten oder Hunderttausende der Gegend, perspektivlos und enttäuscht, den Rücken gekehrt hätten.

Eine Region, die es offenbar satt hat, ständig mit der eigenen Folklore von Kumpel Anton und dem kaputten Kiosk anne Ecke belästigt zu werden, die wohl auch nicht Pott heißt, sondern irgendwann vielleicht einmal Ruhrgebiet und damit einen uralten, von außen herangetragenen Anspruch von innen heraus endlich erfüllt wird und die deshalb anscheinend äußerst stolz ist auf die Innovationskraft und Weltoffenheit, Tatkraft und den Fleiß und die Freundlichkeit seiner Bewohner.

Hach. Ist das nicht schön? Doch.

Diese Utopie könnte nicht nur für Bochum, sondern für alle Gemeinden in unserer Gegend Wirklichkeit werden, dazu müßte allerdings noch einiges passieren. Aber das ist möglich, davon bin ich fest überzeugt.

Und manchmal habe ich das Gefühl, es passiert auch schon so einiges.

In Bochum. Und Essen. Und Dortmund. Und Duisburg. Und Castrop. Und überhaupt.

Also jedenfalls hieße es dann endlich zu Recht: Das Ruhrgebiet.

Die spannendste Provinz
der Welt

Arnold Voß

Was das Ruhrgebiet von Woody Allen lernen könnte
Über die Kultur des »Trotzdem«

Als ich in der Kultstadt Wanne-Eickel, mitten im tiefsten Ruhrgebiet, in den 1960er Jahren das einzige Gymnasium für mehr als 100.000 Menschen besuchte, wurde mir im Geografieunterricht mein Heimatort als »Stadt der 1.000 Züge« präsentiert. Ich war tief beeindruckt – mindestens ein ganzer Zug alle anderthalb Minuten und das 24 Stunden lang. Dass es nicht weniger als sage und schreibe 3.000 Menschen bedurfte, nur um den Bahnhof meiner Stadt in Gang zu halten, war da nicht verwunderlich. Das Problem war aber, dass das keinen interessierte, der nicht in unserer Stadt lebte. Den Grund begriff ich, als ich auf Nachfragen erfuhr, dass sich der allergrößte Teil dieser Züge aus Güterwagen zusammensetzte, die mit nichts als Kohle gefüllt waren.

Später hörte ich, dass den Schülern der Nachbargemeinde Gelsenkirchen ihre Heimat als die »Stadt der 1.000 Feuer« vorgestellt wurde, die im harten chemischen Kern aber nichts anderes als ihre zehn mal hundertfache Vergiftung bedeuteten. Mein Vater kommentierte solche Zahlen mit dem damals wie heute typischen Ruhrgebietshumor: »Wer es hier schafft zu überleben, der schafft es überall.« Welch herrlich böse Anspielung auf die Stadt New York, die schon zu seiner Jugendzeit weltweit und unbestritten als das galt, was seine und meine Heimat heute endlich auch sein möchte: eine Metropole.

Seine Worte wurden in den frühen 1980er Jahren auch wissenschaftlich verifiziert, als der erste deutsche Krebsatlas veröffentlich wurde. Die Sterblichkeitsrate war zu dieser Zeit im Ruhrgebiet mehr als doppelt so hoch wie der Spitzenwert in allen anderen Gegenden Deutschlands und viel größer als in anderen ähnlich großen Ballungsräumen Europas. Als mein Vater seinen ersten Metropolenvergleich wagte, war die relative Sterblichkeit sicher noch viel bedrohlicher. Was blieb den Menschen im Ruhrgebiet da anderes übrig als diese Kultur des »Trotzdem«, die Kultur der großen Zahl, das Ausspielen der Quantität gegenüber der Qualität.

Die Magie der großen Zahl

Produktionsquantität gegen Lebensqualität, physisches Aus- und Durchhalten gegen ästhetisches Innehalten, das waren Gegensätze, die schon im Ursprung dieser Industrieregion angelegt waren. Der Mensch als Restgröße der Produktion war unter den gegebenen Bedingungen nur dadurch in der Lage, (s)eine räumliche Identität zu entfalten, ja überhaupt nur zu bilden, indem er sich die enorme ökonomische und materielle Leistung der Region zumindest zahlenmäßig aneignete und sich selbst als Individuum und als Kollektiv im wahrsten Sinne des Wortes zurechnete. Nicht zuletzt auch weil der eigene gesellschaftliche Wert im Wesentlichen danach bestimmt wurde. Die riesige Zahl derer, die in dieser Region ausgebeutet wurden, spiegelte sich so noch einmal im Selbstbild der großen Stückzahlen ihrer produktiven Leistung, auf die zugleich die ganze Nation angewiesen war.

Die regionalen Repräsentanten in Politik und Kultur neigen auch heute, wo sich die durchschnittliche Lebensqualität im Ruhrgebiet enorm gesteigert hat und die Frage nach der besonderen Qualität der Region zunehmend in die Köpfe seiner Bewohner dringt, noch immer in der Mehrheit dazu, diese Qualität in Stückzahlen auszudrücken. Wer so viel Einwohner und so viel Quadratkilometer an Fläche wie das Ruhrgebiet hat, der kann nach ihrer Ansicht schon allein deshalb den Titel »Metropole« beanspruchen. Jetzt sind es aber statt der Produktions- die Reproduktionszahlen aus Kultur und Freizeit, die deshalb Furore machen, weil man sie als reine Menge der Veranstaltungsstätten für alle Ruhrstädte zusammenaddiert, um locker und wahlweise klassische Weltstädte wie London oder Paris überflügeln zu können.

Die »Trotzdem«-Metropole

Dahinter aber lugt immer noch die alte Kultur des »Trotzdem« hervor. Wenn uns trotz dieser eindeutigen Zahlenbeweise keiner von sich aus Metropole nennt, dann bezeichnen wir uns eben selbst so und erfinden diesen Begriff einfach als Vornamen. Wieder taucht ein abgewandelter New York Vergleich auf. Nicht so sarkastisch und bodenständig wie der meines Vaters, sondern im luftig lockeren Marketingsprech der Kulturhauptstadt 2010: »Was hier geht, geht überall.« Dabei war das meiste, das in RUHR.2010 »gegangen« ist, nicht von hier. Auch nicht die Mehrzahl der Leute, die es produziert, kuratiert und sonstwie ans Licht der Welt gebracht haben.

651

Das muss nicht schädlich sein, im Gegenteil. Weltstädtisch ist es aber auf keinen Fall. Metropolen setzen und kreieren Trends, sie kopieren sie nicht. Was bei ihnen geht, geht deswegen keineswegs überall. Wo es bei ihnen noch Publikum gibt, das die Produktion zumindest im Off-Bereich ohne Subventionen finanzierbar macht, gibt es in der so genannten Provinz nur fast bis ganz leere Säle. Eine ausreichende öffentliche materielle Unterstützung gibt es in der Regel dort auch nicht, sondern nur das Vor-sich-hin-Vegetieren bestimmter innovativer, zumindest aber nicht am Mainstream orientierter Veranstaltungen und Veranstalter. Die Totalsubvention anderswo schon anerkannter avantgardistischer Highlights ist dabei nur die Kehrseite des förderlosen Hungertuchs derer, die solches als regionale Eigenkreation wagen. Beides gibt es in der selbsternannten Metropole Ruhr zuhauf.

So herum betrachtet ist die Aussage, »was hier geht, geht überall«, bei näherer Betrachtung und ganz gegen die dahinter stehenden Vermarktungsabsichten erschreckend wahr. Man muss nur die Aussagefolge umkehren: »Was überall geht, das geht auch hier«. Korrekter: »*nur* was überall geht«. Aber wer will sich in meiner Heimat schon mit solchen Dekonstruktionsergebnissen der Lila-Laune-Sprüche von hochbezahlten Wortdrechslern anfreunden. Außer denen, die täglich mit diesem Ruhr-Dilemma als Kulturmachende und -veranstalter konfrontiert sind. Die die wirklichen Zahlen kennen. Die betrüblich kleinen hinter den selbstgefälligen großen. Die, auf deren Quantität man nicht stolz sein kann.

Die Marketingzahl als Autosuggestion

Solche gibt es nicht nur im Ruhrgebiet, und um diese zu vergessen oder besser zu verdrängen, gibt es für die Öffentlichkeit als kompensatorischen Ersatz die so genannten Marketingzahlen. Sie sind mittlerweile fester Bestandteil der sich immer weiter durchsetzenden Auffassung, dass sich auch Städte, ähnlich wie Unternehmen, ab einer bestimmten Größenordnung in permanenter globaler Konkurrenz befinden. Dabei handelt es sich um eine Art allgemeine und professionelle Notlüge, die im Ruhrgebiet jedoch ein geradezu fatales Ausmaß angenommen hat, weil sie sich hier besonders gut in einen strukturellen Minderwertigkeitskomplex einfügt.

Was früher im Ruhrgebiet wahrhaft groß war – wenn man die Umweltfolgen mit betrachtet, sogar von erschreckend realer Gigantomanie –, wird heute in ebenso gigantomanischer Weise schlicht gefälscht. Eine Art postmoderne Form der Kultur des »Trotzdem« im XXL-Format; anders: wenn nicht genug zu unseren Veranstaltungen kommen, dann behaupten wir einfach, es seien viele gekommen. Oder wir verramschen die Karten so günstig, dass man unsere Angebote als Schnäppchen einfach mitnehmen muss.

Natürlich musste am Ende der Kulturhauptstadt die höchste Besucherzahl aller bisherigen Austragungsorte stehen. Natürlich hatten schon bei den nicht mit einer Katstrophe endenden Loveparades im Ruhrgebiet die Raver zahlenmäßig die Millionengrenze locker gesprengt. Obwohl jeder, der die Veranstaltungsorte vom Augenschein her kannte, wusste, dass diese Zahlen absolut unmöglich waren. In Duisburg hatten sie sich unter den besonderen Vermarktungszwängen der Kulturhauptstadt endlich und zugleich in fürchterlicher Weise final um mehr als das Vierfache von der Realität entfernt.

Aus der professionellen Übertreibung wurde jenseits der Katstrophe eine peinliche Luftnummer. Das Konzept der Marketingzahl hatte sich im Ruhrgebiet durch Maßlosigkeit selbst erschlagen. Aus dem Prinzip der möglichst hohen realen Zahl durch gemeinsame Anstrengung ist das Prinzip der unmöglichen Zahl durch gemeinsamen Selbstbetrug geworden. Vom real überwältigenden Industriegebiet zur Metropole als Selbstüberwältigung, als Autosuggestion, als selbst erfundene Superzahl.

Dispersion und Provinz als Realität

Dabei ist das Ruhrgebiet nach wie vor überwältigend. Überwältigend groß, überwältigend vielfältig, überwältigend multikulturell, und vor allem überwältigend dezentral und dispers. Diese hochkomplexe Ausgedehntheit, ja Überdehntheit räumlich zu bewältigen ist beim aktuellen Zustand des öffentlichen und privaten Nahverkehrs dagegen eine permanente Sisyphusaufgabe – so wie ihre touristische Vermarktung, die bei realistischer Betrachtung eigentlich unmöglich ist. Dispersion-City liegt nämlich nicht direkt am Meer, verfügt nicht reihenweise und kompakt über tausendjähriges und zugleich geschichtsträchtiges Gemäuer, besitzt nach massiver Kriegszerstörung und ihrer eiligen städtebaulichen Ausbesserung kaum Altstadtgassen, hat keine klassische Hochhausskyline und keine weltberühmte Brücke, ist nie Hauptstadt gewesen und wird auch nie eine werden. Ja sie hat nicht einmal in sich selbst ein großes allüberragendes Zentrum.

Das Ruhrgebiet verfügt also als Stadt nicht oder nur sehr begrenzt über das, was zum Standard der Reichen, Schönen und Mächtigen gehört? Es gibt hier auch im herkömmlichen Sinne schöne Orte. Reichlich sogar. Aber sie kommen selten im Zusammenhang zur Wirkung, verstecken sich im nie endenden Straßen-, Häuser und Landschaftsge- und -verwirr. Was Karl Ganser einmal für sein Verhältnis zu diesem Ballungsraum treffend als »Liebe auf den zweiten Blick« bezeichnet hat, ist in einer Dekade des allgemeinen medialen Aufmerksamkeitskrieges, in der kaum Zeit für den ersten Blick bleibt, nur bedingt hilfreich. Erst recht, wenn dieser weltweit wirken soll.

Die Selbstpräsentation dieser Stadtregion tut das Ihrige dazu, denn sie ist bis in die Knochen provinziell. Die Provinz hat auch ihre guten Seiten, die sich obendrein exzellent und sogar international vermarkten lassen. Im Ruhrgebiet sammelt und verdichtet sich aber, was die Außenwirkung betrifft, personell und organisatorisch mehrheitlich ihre kleinkarierte und muffige Seite. Die erste und damit entscheidende Pressekonferenz zur Loveparade-Katastrophe war dafür ein geradezu erschreckendes und dazu noch weltweit ausgestrahltes Paradebeispiel.

Nicht dass es hier, wenn auch eher vereinzelt, keine äußerst klugen, ja weltgewandten Bürgermeister und Dezernenten gibt, oder hochbegabte politische und journalistische Rhetoren und Kulturschaffende von Weltrang – von den unternehmerischen Globalplayern, die es in der Ruhrstadt Essen mehr gibt als im gesamten Großraum Berlin, ganz zu schweigen. Das Konzert aller Kräfte hat es, trotz Kulturhauptstadt 2010, in Ermangelung eines dazu fähigen und zugleich charismatischen Dirigenten nur zu angestrengtem Mittelmaß gebracht.

Der Regionalverband Ruhr ist, trotz der erneuten Stärkung durch die Landesregierung, immer noch ein Schatten dessen, was er einmal war: ein starker Zusammenschluss aller Ruhrgebietsgemeinden. Die Städte selbst, fast alle verschuldet bis an und über den Stehkragen, sind immer noch versessen auf eine kommunale Planungs- und Verwaltungshoheit, der mittlerweile jede materielle Basis abhanden gekommen ist. Die viel gerühmte Kooperation und Integration »von unten« steckt immer noch in den Anfängen und setzt regelmäßig dann aus, wenn sich die Bürgermeisterinnen und Bürgermeister in ihre jeweiligen lokalen Prestigeprojekte verliebt haben.

Woody Allen und die Ruhrstadt

Wo also wäre das Vorbild zu suchen, das in einer solchen Situation Orientierung bieten könnte? Eine andere Stadt oder städtische Agglomeration kann es kaum sein, denn als solche ist das Ruhrgebiet weltweit einmalig. Leitlinien für den weiteren systematischen Selbst- und Fremdbetrug gäbe es zwar, zumindest methodisch, beim Stadtmarketing zu holen, aber Potemkin soll ja in die Verbannung geschickt werden. Bleiben also als Vorbild nicht Orte, sondern Menschen, die in ihrer natürlich gegebenen Ausstattung nicht zu den Schönen, aber trotzdem oder gerade deswegen zu den Erfolgreichen gehören. Davon gibt es gar nicht mal so wenige, aber da es um Aufmerksamkeit – und das heißt heute: um Medialität – geht, wäre eine Person aus der Filmbranche von besonderem Interesse. Am besten eine, die sowohl Schauspieler als auch Drehbuchschreiber als auch Regisseur ist.

Mir fällt da, nicht um diesem Menschen wegen seines Äußeren übel zu wollen, sondern weil er mir als menschliche Bezugsgröße geradezu ideal für das Ruhrgebiet erscheint, eigentlich nur Woody Allen ein. Er hat als Vorbild obendrein den Vorteil, dass ihn fast alle Leser dieser Zeilen kennen. Nicht persönlich, sondern eben in seiner hier relevanten Dreifaltigkeit als Ideengeber, Konstrukteur und Ausführender eines der wichtigsten Produkte unserer Zeit, des Films. Und genau darum geht es mir im Folgenden: um einen neuen Film vom und mit und über das Ruhrgebiet.

Dabei wird in naher Zukunft für dieses Produkt auch das Gesetz der äußerst knappen Budgets gelten. Alles zusammen passt auf den frühen Woody Allen, und die beiden Fragen, die er sich damals beantworten musste, sind die gleichen, die sich endlich auch das Ruhrgebiet stellen sollte: Welche Produkte respektive Filme produziert man, wenn man kein Geld und so gut wie keine Superstars hat und trotzdem als Regisseur gegen Hollywood antreten will? In welchen Filmen spielt man mit, wenn man auf den ersten Blick so aussieht wie Woody Allen in seinen jungen Jahren und was oder wen verkörpert man darin, um trotzdem weltweit Anklang zu finden?

Das Woody Allen-Prinzip als alternative Marketingstrategie

Schauen wir uns die erste Filmgeneration dieses genialen Mannes an, die die Basis seines späteren weltweiten Erfolges darstellen, zu denen eben auch schon international Bestseller wie »Manhattan«, »Mach's noch einmal Sam« und andere gehörten, und die er alle in seiner Heimatstadt gedreht hat. Nicht nur, aber vor allem – um Geld zu sparen. Deswegen ist er auch selbst der Regisseur und einer der Hauptdarsteller. Die anderen sind (noch) keine Stars. Frei nach dem Motto Teddy Roosevelts während der Zeit der großen Krise und des New Deals: »Do what you can, where you are, with what you have!« Einen Satz, den sich das Ruhrgebiet schon seit längerem auf die Fahnen hätte schreiben sollen!

Es gibt aber noch einen anderen mindestens so wichtigen Grund für diese Vorgehensweise: Woody Allen versuchte erst gar nicht Hollywood zu toppen, sondern setzte und setzt immer noch gegen die Meister des schönen Scheins von Anfang an auf sich selbst, d. h. auf Authentizität und geradezu gnadenlose Offenbarung der eigenen Mängel. Frei nach der anarchistischen Parole. »Du hast keine Chance, also nutze sie.« Er setzt gegen den systematischen Fake auf die weltweite Glaubwürdigkeit menschlicher Schwächen und den diesbezüglichen Humor; beides verkörperte er zu Anfang seiner Karriere bis zum Irrwitz als Schauspieler auch selbst.

Dazu passend verzichtet Woody Allen bis heute weitgehend auf den Glamourfaktor, obwohl er mittlerweile ein unbestrittener Weltstar geworden ist und es insofern mit Hollywood locker aufnehmen könnte. Er bleibt der Welt dabei aber zugewandt, hält die Spielregeln der Vermarktung genau bis zu dem Maß ein, bei dem er seine Identität nicht dem marktschreierischen Boulevard oder dem weltweit genormten Blockbustergestus opfern muss.

Bescheidenheit als Weltmarke, Unaufdringlichkeit als Größe, die er, wenn er denn öffentlich auftritt, um sich und seine Produkte zu präsentieren, auf äußerst charmante und witzige Weise demonstriert. Mit einem Gesicht als überzeugendem Beweis, dass Charisma nicht mit Schönheit verwechselt werden darf – ja: dass es der Schönheit im klassischen Sinne gar nicht bedarf, um eine Ausstrahlung zu haben, die genau diese Schönheit in den Schatten stellen und auf eine ganz besondere Art sexy wirken kann.

Auf den Plot kommt es an

Bis heute kosten Woody Allen Filme in der Regel nicht viel mehr als eine einzige Explosionsszene in Bruce Willis Filmen. Aber mittlerweile haben auch Superstars mit dem gleichen Bekanntheitsgrad wie eben dieser Willis in seinen Filmen mitgespielt bzw. würden es gerne tun. Was also macht die offensichtlich enorme, wenn auch nicht massenhafte Attraktivität eines typischen Woody Allen Films für Zuschauer und Schauspieler aus? Und was könnte das Ruhrgebiet daraus lernen?

Ich bin kein Film- und Theaterwissenschaftler. Trotzdem glaube ich, dass die folgenden Elemente bis heute eine wesentliche Rolle in seinen Werken spielen:
- Der Plot und nicht die Ausstattung ist entscheidend.
- Selbst das Tragische ist immer auch komisch, wenn nicht sogar idiotisch.
- Intellektualität und Intelligenz sind kein Grund zur Überlegenheit, sondern immer Teil vergeblicher Selbstüberschätzung.
- Selbstüberschätzung und Selbstmitleid sind zwei Seiten der gleichen Art, sich lächerlich zu machen.
- Es gibt keine Siege, sondern einen ewigen Wettlauf um Platz zwei, drei und niedriger.

– Das Absurde ist genauso Teil des Alltags wie das Banale.
– Die überzeugendste Form der Selbstkritik ist die Selbstironie und die Fähigkeit, über sich selbst lachen zu können.

Über alledem liegen zwei unausgesprochene Leitsprüche, die wohl auch das emotionale und geistige Selbstbild des Regisseurs bestimmen:

– Das Spektakuläre und Spannende liegt nicht in der Größe und Breite, sondern in der Tiefe.
– Wer nicht stark und schön ist, hat die heilige Pflicht, wenigstens intelligent und witzig zu sein.

Ruhr 2011: Es wird höchste Zeit für die Wahrheit

Mit der Umsetzung dieser beiden Leitsätze könnte und sollte das Ruhrgebiet sofort anfangen. Denn gerade 2011 ist das Jahr, das sich hervorragend dafür eignet. Es ist der Beginn eines neuen Jahrzehnts, direkt gelegen nach einem Jahr, in dem Erfolg und Selbstbetrug oft ganz nahe beieinander lagen. Es liegt neun Jahre vor dem nächsten avisierten Marketing-Großereignis, das den ominösen Namen »Expo« tragen soll und mit Sicherheit was mit dem Klimawandel zu tun haben wird. Wir haben demnach neun Jahre vor uns, ohne medial verschärften Zwang, am laufenden Band weltweit Erfolgsmeldungen liefern zu müssen. Zeit also, der Wahrheit Raum zu geben, Zeit, die echten Zahlen zu nennen. Auch zu RUHR.2010. Und zuerst und vor allem zur Lage der Schulden und Verbindlichkeiten.

Aufbruchsstimmung lässt sich damit aus dem Stegreif nicht erzeugen. Das ist aber auch gar nicht nötig. Dauernde Euphorie ist auch klinisch eher ein Krankheitsbild als Zeichen von Gesundheit. Stattdessen geht es um eine neue Form der Selbstsuggestion. Dass man es nämlich aus einer schwierigen Lage nur dann heraus schaffen kann, wenn man sie genau kennt. Wenn man weiß, wie schlimm es wirklich ist. Welche Mängel und Schwächen man beheben und über welche man sich nur unverfroren lustig machen kann. Welche zur eigenen unveränderbaren Identität gehören und welche einen daran hindern, eine neue zu finden bzw. sie zu verändern.

Erst auf dieser Basis wird Stärke zum Kraftzentrum statt zur schnell durchsichtigen Kraftmeierei. Auf diesem Boden werden Zahlen wieder zu echten Maßstäben und aussagekräftigen Vergleichsgrößen, egal wie niedrig oder hoch sie sind. Zumindest für einen selbst. Im Übrigen würde Zollverein nicht dadurch weniger beeindruckend sein, dass die Gegend, in der es sich befindet, nicht mehr Metropole heißt oder sich so nennt. Die Besucherzahlen werden sehr wahrscheinlich die gleichen bleiben.

Wider das ängstliche Setzen auf die sichere Bank

Die Anwendung des Woody Allen-Prinzips heißt aber auch, die Menschen, Organisationen und Veranstalter zu fördern, die im Ruhrgebiet immer schon nach diesem Produktions- und Vermarktungssystem vorgehen. Nicht nur aus Not, sondern auch aus Überzeugung und mit Erfolg. Als Künstler steht dafür wohl niemand mehr und zugleich prototypischer als Helge Schneider. Wobei damit – und ganz abgesehen davon, dass Helge Schneider ein hervorragender Jazzpianist ist – auf keinen Fall die These vertreten werden soll, dass »Quatsch machen« die Domäne der Ruhrgebietskunst sein sollte.

Aber auch im nichtkünstlerischen Bereich gibt es Personen und Firmen, die bislang viel zu wenig Aufmerksamkeit und öffentliche Unterstützung gefunden haben. Natürlich geht es in der Wirtschaft weniger um Witz oder sogar Irrwitz, sondern um das Prinzip David gegen Goliath, wenn man Neues wagt. Aber auch und gerade auf diesem Feld hat Woody Allen nicht nur äußerlich einiges zu bieten, das sich Unternehmer zu Herzen nehmen können und im Ruhrgebiet auch schon genommen haben.

Es sind nämlich auch hier zunehmend die kleinen innovativen Betriebe ohne Glamourfaktor, ohne Management-Wasserkopf und ohne Subventionen, die schon gezeigt haben, dass sie den Weltmarkt ebenso erobern können wie die großen Konzerne dieser Region. Es sind ihre Produkte, die überzeugen – frei nach der Leitlinie, dass der Plot entscheidender ist als die Ausstattung. Dass die Persönlichkeit der Unternehmerin oder des Unternehmers mindestens so viel zählt wie sein Produkt. Das ängstliche Setzen auf die sichere Bank ist im Ruhrgebiet nach wie vor dominant. Es kombiniert sich bestens mit der Magie der großen Zahl bzw. mit den großen Summen, die man bereitwillig für allseits Anerkanntes ausgibt, während man selbst kleinste Einsätze für riskante Dinge scheut – sowohl von privater als auch von staatlicher Seite. Sprich, Woody Allen hätte in seinen Anfängen im Ruhrgebiet weder eine öffentliche Subvention noch privates Sponsorengeld bekommen; das hätte man ihm alles erst angeboten, als er es nicht mehr gebraucht hätte.

Die Magie der großen Zahl vom Kopf auf die Füße stellen

Das heißt nicht, dass das Ruhrgebiet auf die großen Zahlen völlig verzichten sollte. Das Ruhrgebiet kann schon von seiner schieren äußeren Dimension und seiner nach wie vor potenten inneren Substanz her nicht gänzlich darauf verzichten. Es sollte weiter große Ambitionen haben. So wie sie auch Woody Allen immer hatte und sie in den Filmen der letzten Jahre auch im tragischen Fach bewiesen hat. Aber es sollte dabei endlich zur Kenntnis nehmen, dass es schrumpft. Nicht für immer, aber doch für eine geraume Zeit, an deren Ende allerdings immer noch eine sehr große Zahl stehen wird.

Das Stillleben A 40 während der Kulturhauptstadt RUHR.2010 z. B. hatte zwar nichts mit Kunst, sehr wohl aber etwas mit ihrer Magie zu tun. Die magische Wirkung erlebte man in einem Flugzeug, das den Event von oben dokumentierte: Die Strahlkraft der enormen Menschenmenge war beeindruckend. Diese Wirkung war verbunden mit der plastisch dargestellten Selbstironie, dass sich im Ruhrgebiet der größte Platz nicht im historischen Zentrum, sondern auf einem Highway befindet. Und: dass die lineare Straße – also der Weg – das Ziel unserer Urbanität ist.

Dies ist bedauernswert für die Romantiker der alten europäischen Stadt. Und interessant für Menschen, die offen für neue Formen urbanen Lebens sind. Und identitätsstiftend für die Bewohner des Ruhrgebietes, die immer schon wussten, dass sie in Wahrheit in einer Millionenstadt wohnen. Auch wenn sie meist wie ein nie endendes Dorf aussieht und von dutzenden von Bürgermeistern regiert wird, die sich auch entsprechend verhalten, anstatt endlich ein Ruhrparlament einzuführen bzw. zuzulassen, dass alle diese Menschen präsentiert und vor allem von ihnen auch direkt gewählt werden kann.

Die spannendste Provinz der Welt

Dadurch veränderte sich das Ruhrgebiet der tausend Dörfer zwar nicht – wozu auch. Die Mentalität in der Region allerdings schon, denn die Bewohner bekämen zwar keine städtebauliche, aber doch eine öffentliche Mitte, einen politischen Kristallisationspunkt und ein hoffentlich charismatisches Gesicht. Es ginge nicht darum, produktive Dezentralität zu unterlaufen und räumliche Dispersion zu leugnen, sondern um die Konzentration aller Kräfte auf das Wesentliche: die gemeinsame Zukunft des Ruhrgebietes in einer heftig konkurrierenden globalen Umwelt.

Nur so kann die alte Tonnenideologie, die Kultur der großen Zahl, endlich vom Kopf auf die Füße gestellt werden. Wir sind Viele, haben Vieles zu bieten und die Welt kann das ruhig wissen, weil wir uns auf die reine Menge nichts mehr einbilden. Nichts dagegen, wenn uns Leute von außen Metropole nennen. Wir selbst werden es auf jeden Fall nicht mehr tun. Stattdessen wollen wir die spannendste Provinz der Welt werden. Unter dem machen wir es einfach nicht. Und natürlich haben wir ein charmantes und zugleich verschmitztes Lächeln auf den Lippen, wenn wir das sagen.

Es ist aber auch strategisch besser, eine Provinz zu vermarkten, hinter der auf den zweiten Blick eine Metropole aufscheint als umgekehrt. Nur so bleibt dann auch genügend Zeit, die Wahrnehmung der Metropole geduldig und kontinuierlich zu verbessern, statt andauernd und ganz außer Atem dem eigenen Wunschselbstbild hinterher zu hecheln. Die durchsichtigen Hilfskonstruktionen von der Metropole »im Werden« oder »neuen Typs« können dann getrost dahin verschwinden, wo sie hin gehören: in den Keller des eigenen Minderwertigkeitskomplexes. Die Tür zu diesem Keller sollte danach ein für alle Mal zugemauert werden.

Autorenverzeichnis

Frank Baranowski, geb. 1962, Oberbürgermeister von Gelsenkirchen

Burckhard Bergmann, Dr.-Ing., geb. 1943, bis 2008 Vorsitzender des Vorstands E.ON Ruhrgas AG, persönliches Mitglied im Initiativkreis Ruhr

Wulf H. Bernotat, Dr. jur., geb. 1948, bis 2010 Vorsitzender des Vorstands der E.ON AG, persönliches Mitglied im Initiativkreis Ruhr

Kurt Biedenkopf, Prof. Dr., geb. 1930, 1967 bis 1969 Rektor der Ruhr-Universität Bochum, danach u. a. bis 2002 Ministerpräsident des Freistaates Sachsen

Christoph Blume, geb. 1952, Sprecher der Geschäftsführung Flughafen Düsseldorf GmbH, persönliches Mitglied im Initiativkreis Ruhr

Harro Bode, Prof. Dr.-Ing., geb. 1951, Vorstandsvorsitzender des Ruhrverbands, persönliches Mitglied im Initiativkreis Ruhr

Werner Böhnke, geb. 1951, Vorsitzender des Vorstands der WGZ Bank, persönliches Mitglied im Initiativkreis Ruhr

Jörg Bogumil, Prof. Dr., geb. 1959, Lehrstuhl für Öffentliche Verwaltung, Stadt- und Regionalpolitik an der Ruhr-Universität Bochum

Wilhelm Bonse-Geuking, geb. 1941, Vorsitzender des Vorstands der RAG-Stiftung, persönliches Mitglied im Initiativkreis Ruhr

Bruno O. Braun, Prof. Dr., geb. 1942, Vorsitzender des Aufsichtsrats der TÜV Rheinland AG, persönliches Mitglied im Initiativkreis Ruhr

Arnim Brux, Dr., geb. 1952, Landrat des Ennepe-Ruhr-Kreises

Bodo Buschmann, Prof., geb. 1955, Unternehmer (BRABUS GmbH)

Wolfgang Clement, geb. 1940, 1998 bis 2002 Ministerpräsident von Nordrhein-Westfalen, 2002 bis 2005 Bundesminister für Wirtschaft und Arbeit

Klaus Engel, Dr., geb. 1956, Vorsitzender des Vorstands der Evonik Industries AG, Präsident des Verbandes der Chemischen Industrie (VCI), persönliches Mitglied im Initiativkreis Ruhr

Raimund Erbel, Prof. Dr., geb. 1948, Direktor der Abteilung für Kardiologie, Westdeutsches Herzzentrum Essen, Universitätsklinikum Essen

Susanne Fengler, Prof. Dr., geb. 1971, Wissenschaftliche Leiterin Erich-Brost-Institut für Internationalen Journalismus, Technische Universität Dortmund

Uwe Franke, Dr., geb. 1949, Vorstandsvorsitzender der BP Europa SE, persönliches Mitglied im Initiativkreis Ruhr

Rüdiger Frohn, geb. 1950, Vorsitzender des Beirats der Stiftung Mercator

Eberhard Geisler, Dr., geb. 1949, Leiter des Referats Landschaftsentwicklung und Umwelt beim Regionalverband Ruhr (RVR)

Jürgen Gramke, Prof. Dr., geb. 1939, 1978 bis 1994 Verwaltungschef des Kommunalverbandes Ruhrgebiet (KVR), Vorstandsvorsitzender des Institut for European Affairs (INEA)

Jürgen Großmann, Dr.-Ing., geb. 1952, Vorstandsvorsitzender der RWE AG, persönliches Mitglied im Initiativkreis Ruhr

Rüdiger Grube, Dr., geb. 1951, Vorsitzender des Vorstands der Deutschen Bahn AG, persönliches Mitglied im Initiativkreis Ruhr

Walter Hagemeier, geb. 1957, Managing Director Accenture Holding GmbH & Co. KG, persönliches Mitglied im Initiativkreis Ruhr

Ulrich Hartmann, geb. 1938, Vorsitzender des Aufsichtsrats der E.ON AG, persönliches Mitglied im Initiativkreis Ruhr

Rolf G. Heinze, Prof. Dr., geb. 1951, Lehrstuhl für Allgemeine Soziologie, Arbeit und Wirtschaft an der Ruhr-Universität Bochum

Carole Herzog, geb. 1984, Project Associate der Geschäftsführung Verlagsgruppe Handelsblatt

Dieter Heuskel, Dr., geb. 1950, Chairman Boston Consulting Group Deutschland, persönliches Mitglied im Initiativkreis Ruhr

Josef Hilbert, Priv.-Doz. Dr., geb. 1954, Geschäftsführender Direktor am Institut für Arbeit und Technik

Reiner Höck, geb. 1949, Referent des Rektors an der Ruhr-Universität Bochum

Hendrik Hollweg, geb. 1964, Mitglied der Geschäftsführung Ernst & Young GmbH, persönliches Mitglied im Initiativkreis Ruhr

Stephan Holthoff-Pförtner, Dr. jur., geb. 1948, Rechtsanwalt und Notar, Vorsitzender des Politischen Forums Ruhr e. V.

Bodo Hombach, geb. 1952, Geschäftsführer der WAZ Mediengruppe, persönliches Mitglied im Initiativkreis Ruhr, seit 2011 dessen Moderator

Thomas Hunsteger-Petermann, geb. 1953, Oberbürgermeister von Hamm

Ludwig Jörder, Dr., geb. 1946, Hauptgeschäftsführer der Westfalenhallen Dortmund GmbH, persönliches Mitglied im Initiativkreis Ruhr

Joe Kaeser, geb. 1957, Mitglied des Vorstands der Siemens AG, Leitung Corporate Finance and Controlling, persönliches Mitglied im Initiativkreis Ruhr

Rainer Kambeck, Dr., geb. 1961, Leiter Kompetenzbereich Öffentliche Finanzen beim Rheinisch-Westfälischen Institut für Wirtschaftsforschung (RWI)

Recep Keskin, Prof., geb. 1949, Bauunternehmer

Jürgen Kluge, Prof. Dr., geb. 1953, Vorstandsvorsitzender der Franz Haniel & Cie. GmbH, persönliches Mitglied im Initiativkreis Ruhr

Friedrich P. Kötter, geb. 1966, Geschäftsführer von KÖTTER Services, persönliches Mitglied im Initiativkreis Ruhr

Lambros Kordelas, Dr. med. Dr. phil., geb. 1969, Arzt am Universitätsklinikum Essen

Hannelore Kraft, geb. 1961, Ministerpräsidentin von Nordrhein-Westfalen

Hans-Georg Küppers, Dr., geb. 1954, 1998 bis 2007 Kulturdezernent der Stadt Bochum, seit 2007 Kulturreferent der Stadt München

Thomas A. Lange, Prof. Dr., geb. 1963, Sprecher des Vorstands der NATIONAL-BANK AG, persönliches Mitglied im Initiativkreis Ruhr

Stefan Laurin, geb. 1964, Journalist und Autor

Claus Leggewie, Prof. Dr., geb. 1950, Direktor des Kulturwissenschaftlichen Instituts Essen (KWI)

Bernhard Lorentz, Dr., geb. 1971, Geschäftsführer der Stiftung Mercator

Herbert Lütkestratkötter, Dr.-Ing., geb. 1950, Vorstandsvorsitzender der HOCH-TIEF AG, persönliches Mitglied im Initiativkreis Ruhr

Jochen Malmsheimer, geb. 1961, Kabarettist

Marie-Luise Marjan, geb. 1940, Schauspielerin

Winfried Materna, Dr., geb. 1944, Geschäftsführender Gesellschafter der MATERNA GmbH, persönliches Mitglied im Initiativkreis Ruhr

Jochen Melchior, Dr. Dr., geb. 1943, 1995 bis 2004 Vorstandsvorsitzender der STEAG AG, Vorsitzender des Vereins der Freunde und Förderer der Universität Duisburg-Essen

Andreas Meyer-Lauber, geb. 1952, Vorsitzender des DGB Nordrhein-Westfalen

Jürgen Mittag, Prof. Dr., geb. 1970, Leiter Institut für Europäische Sportentwicklung und Freizeitforschung, Deutsche Sporthochschule Köln

Dagmar Mühlenfeld, geb. 1951, Oberbürgermeisterin von Mülheim an der Ruhr

Ansgar Müller, Dr., geb. 1958, Landrat des Kreises Wesel

Bertram R. Müller, Dr., geb. 1952, Gesellschaftender Geschäftsführer der MC-Bauchemie GmbH & Co. KG

Eckhard Nagel, Prof. Dr. mult., geb. 1960, Ärztlicher Direktor und Vorstandsvorsitzender des Universitätsklinikums Essen

Rüdiger Oppers, geb. 1960, Chefredakteur der Neuen Ruhr/Neuen Rhein Zeitung (NRZ)

Franz-Josef Overbeck, Dr., geb. 1964, Bischof von Essen

Reinhard Paß, geb. 1955, Oberbürgermeister von Essen

Fritz Pleitgen, Dr., geb. 1938, bis 2010 Vorsitzender der Geschäftsführung der RUHR.2010 GmbH

Ludger Pries, Prof. Dr., geb. 1953, Lehrstuhl für Soziologie/Organisation, Migration, Mitbestimmung an der Ruhr-Universität Bochum

Jewgeni Maximowitsch Primakow, geb. 1929, Präsident der russischen Industrie- und Handelskammer, Präsidiumsmitglied der Russischen Akademie der Wissenschaften

Simone Raskob, geb. 1961, Beigeordnete für Umwelt und Bauen der Stadt Essen

Thomas Rünker, geb. 1976, Redakteur für Wirtschaft und Kirchenthemen der Neuen Ruhr/Neuen Rhein Zeitung (NRZ)

Jürgen Rüttgers, geb. 1951, 2005 bis 2010 Ministerpräsident des Landes Nordrhein-Westfalen

Adolf Sauerland, geb. 1955, Oberbürgermeister von Duisburg

Thomas Sauter, geb. 1960, Mitglied des Vorstands der KMPG AG Wirtschafts-prüfungsgesellschaft, persönliches Mitglied im Initiativkreis Ruhr

Klaus Schäfer, geb. 1967, Vorsitzender des Vorstands des E.ON Ruhrgas AG, persönliches Mitglied im Initiativkreis Ruhr

Oliver Scheytt, Prof. Dr., geb. 1958, Geschäftsführer der RUHR.2010 GmbH

Heinz-Peter Schlüter, geb. 1949, Aufsichtsratsvorsitzender der TRIMET ALU-MINIUM AG, persönliches Mitglied im Initiativkreis Ruhr

Christoph M. Schmidt, Prof. Dr., geb. 1962, Präsident Rheinisch-Westfälisches Institut für Wirtschaftsforschung, Professor an der Ruhr-Universität Bochum

Nikolaus Schneider, geb. 1947, Präses der Evangelischen Kirche im Rheinland und Vorsitzender des Rates der Evangelischen Kirche in Deutschland

Ottilie Scholz, Dr., geb. 1948, Oberbürgermeisterin von Bochum

David Schraven, geb. 1970, Redakteur der WAZ Mediengruppe

Jürgen Schröder, Dr., geb. 1963, Partner und Office-Manager des Düsseldorfer Büros von McKinsey & Company

Wolfgang Schulhoff, Prof., geb. 1939, Präsident der Handwerkskammer Düssel-dorf

Reinhold Schulte, geb. 1948, Vorsitzender der Vorstände der SIGNAL IDUNA Gruppe, persönliches Mitglied im Initiativkreis Ruhr

Ekkehard D. Schulz, Prof. Dr.-Ing., geb. 1941, Mitglied des Aufsichtsrats und ehemaliger Vorsitzender des Vorstands der ThyssenKrupp AG, persönliches Mitglied im Initiativkreis Ruhr

Tobias Schulz-Isenbeck, Dr., geb. 1968, Sprecher der Geschäftsführung Verlags-gruppe Handelsblatt, persönliches Mitglied im Initiativkreis Ruhr

Burkhard Schwenker, Prof. Dr., geb. 1958, Vorsitzender des Aufsichtsrates von Roland Berger Strategy Consultants, Vorstandsvorsitzender der Roland Ber-ger Stiftung, persönliches Mitglied im Initiativkreis Ruhr

Ullrich Sierau, geb. 1956, Oberbürgermeister von Dortmund

Peter Sloterdijk, Prof. Dr., geb. 1947, Rektor der Staatlichen Hochschule für Gestaltung Karlsruhe, Philosoph, Fernsehmoderator, Kulturwissenschaftler und Essayist

Albert Speer, Prof., geb. 1934, Stadtplaner und Architekt

Erich Staake, geb. 1953, Vorsitzender des Vorstands der Duisburger Hafen AG, persönliches Mitglied im Initiativkreis Ruhr, seit 2011 dessen Co-Moderator

Jochen Stemplewski, Dr., geb. 1949, Vorsitzender des Vorstands der Emschergenossenschaft, persönliches Mitglied im Initiativkreis Ruhr

Wolfgang Straßburg, Prof. Dr., geb. 1945, Rechtsanwalt der Kanzlei Kümmerlein, Rechtsanwälte & Notare

Martin Stuschke, Prof. Dr., geb. 1959, Direktor der Klinik für Strahlentherapie im Universitätsklinikum Essen

Cay Süberkrüb, geb. 1954, Landrat des Kreises Recklinghausen

Johannes Teyssen, Dr. jur., geb. 1959, Vorsitzender des Vorstands der E.ON AG, persönliches Mitglied im Initiativkreis Ruhr

Frank Thorwirth, geb. 1963, Vorsitzender der Geschäftsführung der Messe Essen GmbH, persönliches Mitglied im Initiativkreis Ruhr

Beate Timmermann, Priv.-Doz. Dr., geb. 1967, stellv. ärztliche Leiterin des westdeutschen Protonentherapiezentrums Essen

Bernd Tischler, geb. 1959, Oberbürgermeister von Bottrop

Bernd Tönjes, geb. 1955, Vorsitzender des Vorstands RAG Aktiengesellschaft, persönliches Mitglied im Initiativkreis Ruhr

Fritz Vahrenholt, Prof. Dr., geb. 1949, Vorsitzender des Vorstands der RWE Innogy GmbH

Michael Vassiliadis, geb. 1964, Vorsitzender der Industriegewerkschaft Bergbau, Chemie, Energie (BCE)

Arnold Voß, geb. 1949, Raumplaner, Publizist und Inhaber des Planungsbüros Office for the Art of Planning (OfAP)

Florian Weig, Dr., geb. 1974, Partner im Münchner Büro von McKinsey & Company, 2000 bis 2001 verantwortlich für die McKinsey-Arbeit für das dortmund-project

Elmar W. Weiler, Prof. Dr., geb. 1949, Rektor der Ruhr-Universität Bochum

Paul J. J. Welfens, Prof. Dr., geb. 1957, Präsident des Europäischen Instituts für Internationale Wirtschaftsbeziehungen an der Bergischen Universität Wuppertal

Christoph Zöpel, Prof. Dr., geb. 1943, Staatsminister a. D., freier Publizist

Stefan Zowislo, geb. 1963, Leiter Marketing & Event der WAZ Mediengruppe sowie Mitglied der Geschäftsführung des Klartext Verlags

Klaus Tenfelde/Thomas Urban
Das Ruhrgebiet
Ein historisches Lesebuch

2 Bände im Schuber, 1.106 Seiten,
mit zahlreichen Abbildungen,
ISBN 978-3-8375-0286-2

Das Ruhrgebiet ist eine ganz besondere »Geschichtslandschaft«. Diese – nach London und Paris – größte Städteballung Europas ist nicht von Fürsten, sondern von Menschen der Moderne »gemacht« worden, von Unternehmern und Arbeitern. Die Region entstand mit dem Aufstieg der Montanindustrie. Deren Prägekraft reicht, weit über die von schweren Krisen und verheerenden Kriegen unterbrochene Blüte der Jahre 1850 bis 1960 hinaus, bis in die Gegenwart. Seit dem Niedergang von Bergbau und Stahl sucht das Ruhrgebiet nach einer neuen Identität.

Über das Ruhrgebiet gibt es eine Unzahl von historischen und sozialwissenschaftlichen Untersuchungen. Dieses »Historische Lesebuch Ruhrgebiet« erzählt die weit mehr als 200-jährige, z.T. im Mittelalter wurzelnde Geschichte dieser Region erstmals und nahezu ausschließlich anhand von Quellen. Die Vielfalt der rund 600 ausgewählten, in 18 Kapiteln zusammengefassten Dokumente – von der Autobiografie Franz Haniels über Gedichte von Bergarbeitern bis hin zu Quellen über Fußball, Kinos und Theater im Revier – macht deutlich, dass diese außergewöhnliche Region nicht nur von Arbeit, Schmutz und sozialem Elend geprägt war. Sie brachte auch ungewöhnliche kulturelle Leistungen hervor und formte Menschen, die sich hier, und nur hier, wohl fühlten und ihrer Heimat Gestalt gaben.

Das »Lesebuch« richtet sich an die Bewohner und die Besucher des Ruhrgebiets. Es bietet die Möglichkeit, Geschichte in der Begegnung mit den Quellen unmittelbar nachzuerleben. Viel Neues lässt sich erfahren, manche skurrile Besonderheit leuchtet aus den Dokumenten hervor. Zugleich werden langfristige Entwicklungen sichtbar, die unsere Gegenwart oftmals auf versteckte Weise beeinflussen.

KLAUS TENFELDE / THOMAS URBAN (HG.)

DAS RUHRGEBIET
EIN HISTORISCHES LESEBUCH

BAND 1

KLARTEXT

KLAUS TENFELDE / THOMAS URBAN (HG.)

DAS RUHRGEBIET
EIN HISTORISCHES LESEBUCH

BAND 2

KLARTEXT

Klaus Wisotzky/Ingrid Wölk
Fremd(e) im Revier!?
Zuwanderung und Fremdsein im Ruhrgebiet

352 Seiten, mit zahlreichen farbigen Abbildungen,
ISBN 978-3-8375-0350-0

Das Ruhrgebiet hat sich wie keine andere Region Deutschlands durch Zuwanderung erst konstituiert. Es zog die Menschen an wie ein Magnet. In der Industrialisierungsphase kamen sie freiwillig als finanzstarke Unternehmer und als junge Arbeitssuchende, in den Kriegsjahren wurden viele Fremde hierher verschleppt und zur Arbeit unter menschenunwürdigen Bedingungen gezwungen.

Für »Fremd(e) im Revier!?« haben sich Ruhrgebietsarchive aus neun Städten und zahlreiche andere Kooperationspartner des Themas Migration und Fremdsein für ein gemeinsames Ausstellungs- und Publikationsprojekt angenommen und einen weiten Bogen gespannt: Von den Fremden des Mittelalters und den Glaubens- und Revolutionsflüchtlingen der frühen Neuzeit über die Arbeitsmigranten des 19. und 20. Jahrhunderts bis hin zur heutigen Situation hier lebender Migranten und Migrantinnen. Das Fremdsein und das Heimischwerden war die Erfahrung, die viele Neubürger des Reviers gemacht haben. Den umgekehrten Prozess der Ent-Fremdung erlebten und erlitten vor allem die jüdischen Bürgerinnen und Bürger aus dem Ruhrgebiet während des »Dritten Reiches«.

Die Beiträge untersuchen das Gegen-, Neben- und Miteinander von Fremden und Einheimischen. Sie stellen das spannende Wechselspiel von »fremd« und »eigen« vor.

Ein Projekt der Kulturhauptstadt Europas RUHR.2010
Eine Ausstellungsreihe der Ruhrgebietsarchive

RUHR.2010
Kulturhauptstadt Europas

FREMD(E)
IM REVIER!?

Zuwanderung und Fremdsein im Ruhrgebiet

KLARTEXT